启蒙的另一面

古典时代地下哲学文稿研究

La Face cachée des Lumières

Recherches sur les manuscrits

philosophiques clandestins de l'âge classique

［西］米格尔·贝尼泰兹（Miguel Benítez）著

闫素伟 译

商务印书馆
创于1897
The Commercial Press

Miguel Benítez

LA FACE CACHEE DES LUMIERES:

Recherches sur les manuscrits philosophiques clandestins de l'âge classique

© 1996 Voltaire Foundation Ltd

The copyright of the simplified Chinese edtion is granted by the Author.

本书根据伏尔泰基金会 1996 年法文版译出。

谨以此书献给佩帕(PEPA)

致　谢

　　这本书中的文章及研究是在十多年的时间里完成的，均得益于同事和朋友的帮助，作者谨在此向他们表示感谢。我无法详尽列出所有应当感谢的人，但其中有些人是我尤其应该感谢的：让-路易·勒塞尔克莱（Jean-Louis Lecercle）和罗兰·戴斯内（Roland Desné）陪伴我走过了研究地下书刊的最初一段路；奥利维埃·布洛克（Olivier Bloch）极其耐心地指导了我的博士论文写作；安托尼·麦凯纳（Antony McKenna）启发了我最初的思路，后来又负责出版了这本文集。还有很多人也是我尤其应当感谢的，比如这些年我在欧洲各地常去的图书馆中的工作人员。最后，我还应通过阿兰·墨图（Alain Mothu）特别感谢那些为我提供了有益的建议和材料，从而给予我帮助的人。

目　　录

三 没有教条的唯物主义

四 批判的激进主义

古典时代的地下哲学手稿:方法问题①

一、如何限定研究对象是一个非常复杂的问题。当然,对于如何具体地确定研究的对象——手稿,是不应当有什么困难的。但我们仍需确定手稿的抄件与印刷件一样,也是一种批判性思想传播的原初方式。有人便说过,手稿是一种防止受到审查的很发达的技术。从这种意义上来说,地下手稿应是在印刷版本之前出现的思想传播手段;只是到了对哲学家的迫害比较缓和的时候,才出现了印刷出版的版本。正因为如此,到了18世纪后半叶,第二代哲学家才将一些匿名作者的作品交给出版社出版。这些作品本来是通过手抄本的形式传播的,而且这些匿名作者生前根本没有想到他们的作品能够公开出版。② 从某种意义上说,一些地下文稿的作者自己已经暗示了这种对事实的解释,他们强调自己的思考只针对极其有限的少数人。③ 手稿也许比极少数的地下出版物更好地保证了激进言论的私密特点,同时强调这些言论是

① 本书的研究成果都在不同的媒体发表过。就连本书的引言也是在《地下文论名录及收藏地点》(*Liste et localisation des traités clandestins*, 1982)以及《17世纪和18世纪地下哲学手稿清点材料》(*Matériaux pour un inventaire des manuscrits philosophiques clandestins des XVIIe et XVIIIe siècles*, 1988)的基础上补充而来。只是,本书对以前发表的文章进行了修改,在引用手稿时,一律恢复原文的书写形式(个别在印刷中受到破坏的文本也恢复了原样),增加了一些原来不得不删除的页面,文章发表后的新发现也在这里得到了体现,对参考书目进行了重新整理,对个别地方的文字也作了一些修改。

② 一些对地下书刊进行研究的先驱者便持有这样的观点。朗松(G. Lanson)建议:"出版业于1750年提出的哲学运动的变化,很可能是一种出于战术的变化,而不是思想的变化……"(《关于1750年前法国哲学精神历史的各种问题》,载《法国文学史杂志》,1912年,第3页)。后来,瓦德(I. O. Wade)认为有一点是可以证实的,"警察的迫害使他们(作者)有必要发明一种技术,以免遭迫害,那就是手抄论文的技术"。参见《法国1700—1750年哲学思想的地下传播和组织》(*The Clandestine Organisation and Diffusion of Philosophic Ideas in France from 1700 to 1750*, Princeton U. P., 1938, p. 1)。

③ 详见后文《启蒙与地下文稿中的精英论》。

秘密,是禁忌。同样,当时的某些见证突出了这些书刊的特别之处。在世纪之交,雷纳尔神甫(abbé Raynal)认为批判文论的手稿传播是一个必要的阶段,一部作品能否受到人们欢迎,决定了有没有必要将其交付印刷。在提到《论世界的起源及其古代时期》(*De l'origine et de l'antiquité du Monde*)时,他写道:"亵渎神灵者在暗中杜撰一些东西,但他们并不一定有勇气将这些东西暴露在光天化日之下。从某种意义上说,他们之所以通过难得一见的手稿,让自己的作品传播于世,是想做个试验,如果作品受人欢迎,便将其公开,否则只能永远让它留在黑暗中。但是,这些人的希望常常会变成失望。作品一旦印刷成书,来到光天化日之下,在人们原来只能看到力量的地方,常常会暴露出弱点。"①二十多年之后,图书的出版似乎已经成了必由之路:到了 1770 年,巴肖蒙(Bachaumont)便很怀念"那些可恶的体系只见于尘封的手稿,只有学者才知道"的时代。②

然而事实似乎否认了这种解释,因为很多地下文稿在 18 世纪早期便有了印刷版本。1700 年,《希波克拉底写给达马吉特的信》(*Lettre d'Hyppocrate à Damagète*)的出版者在解释出版这本书的理由时说,在喜欢读书的人常去的图书馆,手稿经常丢失,有必要让公众看到这些作品:"人们无法自由地表达自己的情感,所以有时候便会出现一些匿名的手稿,其中说的一些话都带有伪饰。有好奇心的人便把这些手稿偷偷拿走,放在自己的书房里,公众便无法再得到阅读这些手稿的乐趣。"③普罗斯佩·马尚(Prosper Marchand)在 1711 年出版了戴佩里耶

---

① 《文学、哲学和批评通信》(*Correspondance littéraire, philosophique et critique*, tome Ⅱ, Paris, Garnier, 1877, XL, 8 mars 1751, p. 33.)。

② 《法国文学团体历史的秘密回忆录》(*Mémoires sécrets pour servir à l'histoire de la république des lettres en France*, Londres, 1779 - 1789, tome V, p. 80)。维尔(F. Weil)在《手稿相对于印刷图书的作用》(La fonction du manuscrit par rapport à l'imprimé)当中引用了这句话。维尔的文章载于姆洛(F. Moureau)的《可靠来源,18 世纪的手稿传播》(*De bonne main. La communication manuscrite au XVIIIe siècle*, Paris-Oxford, Universitas-Voltaire Foundation, 1993, p. 24)。

③ 《传播丛书或者已经绝版的精华图书丛编》(*Bibliothèque volante ou elite de pieces fugitives*. Par le Sr. J. G. J. D. M. A Amsterdam. 1700, Avertissement, pp. Ⅰ - Ⅱ)。

(des Périers) 的《洋琴世界》(*Cymbalum mundi*), 流传中的作品是根据 1537 年和 1538 年出版的版本手抄的, 而且这两年出版的版本已经无法找到。这本书后来又再版过好几次。戴佩里耶那些胡格诺教派的朋友们逃到荷兰, 也参与过地下文稿的出版事宜。鲁塞(Rousset) 和列维埃(Levier) 似乎为 1719 年出版的《斯宾诺莎的生平与精神》(*Vie et l'esprit de Spinoza*) 做过准备。两年之后, 书商博姆(Böhm) 也出过另一个版本的《三个骗子的论文》(*Traité des trois imposteurs*)。① 洛(Lau) 于 1717 年印刷出版了《哲学沉思》(*Meditationes philosophicae*), 这肯定是在手抄稿大量出现之前, 因为手抄稿是在出版的版本被查抄之后才大量出现的。托朗(Toland) 的文章以及(一般来说) 所有英国哲学家的作品都是先印刷, 后来才被翻译和传抄的。在 18 世纪 40 年代, 有人出版了《宗教研究》(*Examen de la religion*)、《新的思想自由》(*Nouvelles libertés de penser*)、《特里梅德》(*Telliamed*)。而且打算出版图书的人也有很多:勒布朗神甫(abbé Le Blanc) 被捕时正打算把《作为宗教主要准则的基础的偏见之坟墓》(*Tombeau des préjugés sur lesquels se fondent les principales maximes de la religion*) 交给书商出版②;神甫加尼埃(Garnier) 和勒图(Letort) 把三份手稿卖给了书商拉马什(La Marche), 其中有《关于宗教的理性系统》(*Système de raison sur la religion*), 从手稿的提要可以看出, 这其实就是伪称"瓦勒"(Vallée) 著的《什么也不相信的艺术》(*Ars nihil credendi*)。③ 最后, 1747—1749 年间侦查地下印刷的密探博南(Bonnin) 和拉马什(La Marche) 的活动让我们看到了一个由作者、手抄者和爱好者组成的世界, 作者和手抄者一心期盼的无非是那些无

---

① 马尚(P. Marchand), 《历史词典或者与各种杰出人物, 尤其是文学领域人物的生活和作品有关的批评和文学回忆录》[*Dictionnaire historique, ou Mémoires critiques et littéraires, concernant la Vie et les Ouvrages de divers personnages distingués, particulièrement dans la république des lettres*, article "Impostoribus (Liber de tribus)", rem. S., tome I, La Haye, Pierre d'Hondt, 1758, pp. 324 et 325]。

② Paris-B. N. n. a. fr. 10781, ff. 46 – 47.

③ Paris-Arsenal 11629。我们在 Paris-Arsenal 10307 当中找到一份该手稿的"摘要"。

法得到当局公开或者默许出版的作品得以印刷问世。①

有些作品的作者本来只能希望通过手稿的途径在少数朋友的小圈子里传播作品,这对某一篇文章的使用看起来似乎是过分了,但我们不能因此而责备作者。然而,《对宗教和人的认识的道德和形而上学思考》(*Réflexions morales et métaphysiques sur la religion et sur les connoissances de l'homme*)的作者,一个名叫德洛博(Delaube)的人,自 1715 年便向书商李尔(R. Leers)提议出版这本书,只是因为书商突然逝世才未能最终出版。② 博努阿·德·马耶(Benoît de Maillet)的《特里梅德》最终在律师古耶(Guer)的关照下得以出版——古耶律师通过买卖地下论文挣得一碗饭吃。但是,原执政官马耶还是希望把自己的作品印出来,作品于 1720 年完成,其中还有他得到的一些地下论文的手稿,尤其是《古人对世界的看法》(*Opinions des Anciens sur le monde*)。奇怪的是,他好像不大乐意看到手抄本的数量太多。也许是因为他觉得某篇文章还没有完成,还需不断地修改,但也有可能是因为他担心手抄本多了,会影响印刷本的销售。③ 当一个作者说他只想把作品留给少数精英看,这并不一定意味着他在说谎。通过仔细观察,我们注意到,有的书在出版时会限制印数,当然,我们假设印出来的图书不会再被传抄。诺戴(G. Naudé)借口《对政变的政治思考》只是"写给一个人看的",所以出版时只印了十二册。④《论三个骗子》尽人皆知的第一版对公众声称,本书在出版时的"印数是如此之少,比手抄本的数量也多不了多少"。⑤ 而且马尚也说,博姆先生(Böhm)以《论三个骗子》(*De tribus*

---

① Paris-Arsenal 10300,"博南和拉马什书信及报告摘要……"

② 详见后文《宗教禁书:对宗教和人的知识的道德和形而上学思考》(*Liber de religione abolenda*:*Réflexions morales et métaphysiques sur les religions et sur les connoissances de l'homme*)对这件事的描写。

③ 详见本书"新的世界体系:《特里梅德》"一辑,尤其是《18 世纪地下书刊的社会学因素:〈特里梅德〉的读者和出版者》一文。

④ 根据 1667 年出版的"罗马手抄本"图书,一份"致读者"就是这么说的。

⑤ 见于 1719 年《斯宾诺莎的生平和精神》的"告读者"。很多手抄本在这里都说这本书只印了"七十册"。

impostoribus,*Des trois imposteurs*)为名出版图书时,"只印了一百册"。①

当然,大量地下的论文从未出版过,其中的很多我们只知道篇名。但是这一情况与自由思想界的谋略很可能并不一致,因为自由思想界的人士似乎只用手抄本传播具有较大危险性的作品。原因是当局很关注这些东西,出版的图书常常被没收,没有收益②;也因为文稿很多,市场饱和;这里还不包括纯粹文学方面的原因。③ 然而,如果手稿的天命是为印刷出版探路,那如何解释手抄本与印刷版本的共同存在呢? 的确,同一部作品同时在地下以两种形式流通并不少见。可以肯定的是,一份文本得以出版,手抄本的流行并不一定会因此而停止。更重要的是,手抄本常常是根据印刷本抄写的。这一现象是市场条件导致的。首先是一些纯粹经济方面的原因,我们在前面已经指出过,印刷的版本太少,所以定价太高,手抄本于是可以与之竞争。有人在谈到几年前出版的《宗教研究》时指出,出版的作品"卖得太贵,致使有人宁愿手抄一份,也不愿意花二十多埃居去买"。④ 不过除此之外,由于是在地下传播,手稿怎么说也比印刷的图书容易找到:即使不计价格,找到印刷的版本也不总是件很容易的事,而手抄一份,或者让人为自己手抄一份值得关注的文稿,还是更加方便一些。

---

① 见《斯宾诺莎的生平和精神》第324页。

② 拉马什从勒图和加尼埃手中买来的手稿便遭到了被没收的命运。印刷商要支付四百五十法郎的总价,其中两位神甫收到两百法郎的预付款,如果图书出版后卖得好,还有礼物。在寄给莫尔帕(Maurepas)的一份报告中,我们看到:"书肯定会卖得好,很多人都在追求这类的新书。"(Paris-Arsenal 11629,f.16)但这件事最终泄露了风声,印刷中止……

③ 比如《地狱的信和烙印》(*Lettres infernales et les Tisons*)的无名氏作者便说,一些作品之所以以手稿的形式传播,是由于其文学水平不够。该作者在讲完地下出版物之后又写道:"还有些更加精明的作者以假名将作品手稿流布于世,并通过这种方式让胎死腹中的孩子为世人所知,因为一旦出版,这类的作品便等于进入了坟墓。"参见《地狱》(*Aux Enfers*),1740年,第64—65页。

④ 《丹麦的女观众》(*La Spectatrice danoise*,II,1750,p.467)。唐姆逊(A.Thomson)在《何为地下手稿?》(Qu'est-ce qu'un manuscrit clandestin?)中引述过,见《18世纪的唯物论和地下文稿》(*Le matérialisme du XVIIIe siècle et la littérature clandestine*,Paris,Vrin,1982,p.14)。参见于莫洛(F.Moureau)的《笔与铅:18世纪的手稿传播》(La plume et le plomb:la communication manuscrite au XVIIIe siècle),载《未出版的文学书信》(*Correspondances littéraires et inédites*,Paris-Genève,Champion-Slatkine,1987,pp.21-30)。后来在《可靠来源,18世纪的手稿传播》第5—16页又再次提到这一点。

不管怎么说,相对于印刷本来说,这一现象似乎抹杀了手稿在传播批判思想中的特殊性。审查导致出现地下文本,这些地下文本首先是通过手抄本的途径传播的,因为手抄本使作者遭受迫害的可能性更小。但是很快,手抄本和印刷本共同存在。看起来手抄本是印刷本的附属,只是由于印刷本制造起来容易,在地下的条件中,才常常使其成为不可替代的。我们能够因此而只考虑"地下的文本",而不特别关注手抄本吗?① 但不管怎么说,手抄本具有一些特点,使其与印刷本不同。首先,每部手抄本都是一份独一无二的文件,即使是以手抄为业的人生产出的文本,或者根据印刷本手抄的版本也是如此;其次,出版会使一个文本最终固定下来,而手抄本提出的话语总是开放的,可供各种篡改,因而同一论文会有不同的版本。有了这些理由,我们便足以把地下的手抄文本书刊当成一个特别的研究题目来对待。

二、在地下手抄文本中,我们仅对论文有兴趣,只对在一定程度上具有文学和理论实际价值的作品有兴趣。因此,我们不考虑那些在所谓有水平的文集当中流通于世的很多二流的文章,即使文集的作者或者手抄者对这些二流的文章曾有过兴趣。出于同样的理由,我们不仅应当排除阅读笔记或者显然供手抄文本者个人使用的摘要,或者由图书馆的馆员作的摘要,比如阿达莫利(Adamoli)作的安托尼·科兰(Anthony Collins)的《思想自由论》(*Discours sur la liberté de penser*)的提要。② 或者如我们在塞菲神甫(abbé Sépher)的文件当中看到的《辛辛

---

① 唐姆逊便持这一观点。在 1980 年索邦大学组织的圆桌会议上,他表示:"……手抄本不总是一个特别的种类,而只在有些时候才是另外一种传播形式,代表了数量太少或者价格太贵的一些反宗教图书的传播形式。因此我们应该说,不是'地下手抄本',而是'地下文本';如果是这样,那就没有理由区别以手抄本的形式流通的文本,并认为这些文本可以形成一个特别的种类。"(见原书第 14 页的引述)

② Lyon-B. M. P. A. 54, ff. 82 v - 99。"根据一本名为《思想自由论》的书币记的笔记,该书是为一个新的无神论学派或者自由思想的人而写的;译自英文(作者安托万·科兰),并增加了一封一个阿拉伯医生写的信;伦敦,1714 年……"在页面的下面,阿达莫利写道:"可以把这段文字看成我对这本特殊作品的分析。"实际上,里昂的图书馆馆员只是把最前面两篇论文中的一些段落照抄了下来,很少有其个人的思考,即使有也并不重要。

朵夫伯爵或其弟子的作品摘要》(*Extrait des ouvrages du comte de Zinzin-dorff ou de ses disciples*)，其中个人对《圣经》的文笔、矛盾或者解释的思考很少，相互之间又根本没有什么联系；但是也有一些不太重要的文章，比如《论动物的情感，与笛卡尔论者论战》(*Sur le Sentiment des Animaux，contre les Cartesiens*)，或者属于书信体的一些文章：《致某某先生》、《愿灵魂只是感情，愿人只是通过自己的感觉而行动，并致某某先生》，或如《致某夫人的信》，没有提到任何其他名字，足以说明其观念也是很朴素的。① 《约书亚时代太阳以何种方式停止转动的合理解释》(*Explication raisonnable de la maniere dont le soleil s'arresta du tems de Josué*)的情况似乎值得讨论，这是一份"译自英文的摘要"论述，译者先是作为旁观者转述了原文的话，然后才把原文中的话变成自己的。②

对论文进行识别并不是一件很容易的事。几部作品同时存在于一本文集当中有可能导致混淆，尤其是如果这些作品都是出自同一个复制者或者手抄者之手，这是经常出现的情况。以《论野兽的感情》(*Sur le Sentiment des Bêtes*)和《论本能和理智》(*De l'Instinct et de la Raison*)为题的文章，实际上只是《论野兽的感情、本能与理智，与笛卡尔论者论战》(*Dissertation sur Le Sentiment des Betes，l'Instinct et la Raison，Contre les Cartésiens*)的组成部分。《皮浪主义的论据，写给一个想学习这一学派哲学原理的小姐》(*Les Argumens du Pirronisme，Pour Une Demoiselle qui vouloit aprendre les Principes philosophiques de cette Secte*)是由两篇明显有区别的文章组成的。但是，题为《有些人在很多事情上通过本能行动》(*Que plusieurs hommes agissent par Instinct en bien des choses*)的论文虽

---

① 最后两篇文章分别以《关于宗教……而致某先生的信》、《致某夫人的信……人可以四肢着地走路了》为名，列入了我的《17 世纪和 18 世纪地下哲学手稿清点材料》，载《哲学历史杂志》[*Rivista di Storia della Filosofia* XLIII (1988)，501–531]。

② 1993 年在圣太田以"地下书刊"为题组织的研讨会上，我提交了一篇论文《地下哲学手抄论文集：批判的审视》(*Le corpus des traités manuscrits philosophiques clandestins：un regard critique*)，深入研究了这篇文章，也一般性地研究了 Aix-en-Provence-B. M. 10[《关于〈圣经〉的回忆录》(*Mémoires sur l'Ecriture Sainte*)]和 Douai-B. M. 702[《哲学讨论》(*Dissertations philosophiques*)]文集中的文章。我的论文后来以《古典时代的地下哲学》(éd. A. McKenna et A. Mothu，Paris-Oxford，Universitas-The Voltaire Foundation，1996)为题出版。

然在文集中位于这两篇文章之前，但很可能是最后的结论。文集中还有一些地方论述"情感与反感"，而文章中没有任何内容与这一思考具有实际的联系，但看起来还是为了补充文章的主题而写的。各文本在后期乱七八糟地连缀在一起，导致也许本来很完整的论文显得支离破碎。有时候，论文本身的结构导致了论文显得破碎。《耶稣基督被破坏的神性》(*La Divinité de Jésus-Christ détruite*) 最后的结尾是"《以赛亚书》第五十三章的解释"，也是文章的最后一节。有几个抄写者却以种种方式对最后这些部分的处理有所不同，甚至有些部分的页码编排方式也不一样。但是，没有实例说明作品的这一部分曾单独流行于世——只有独立流行过，才能够说明这些部分成了真正的论文，我们假设人们并没有想到对这些部分进行伪饰，以消除其来源的蛛丝马迹。①

在另外一个极端，也有将几篇论文混成一部的。名为《激励基督徒的信仰并让他们常常付诸行动的紧急理由》(*Motifs pressants pour exciter la foi des chrétiens et leur en faire fréquemment produire des actes*) 的著作只不过是两篇分别流行的作品《论耶稣基督》(*De Jésus-Christ*) 和《古人对犹太人的看法》(*Opinions des Anciens sur les Juifs*) 放在一起形成的，除了抹掉原作各自的题目之外，表面看并没有其他的改动。《揭下了面具的偏见》(*Préjugé démasqué*) 的作者只不过是将一些在地下流行的文章编辑在一起而已。作者并没有掩饰这一点。在不同的作品前面，他列出了篇目：《反驳帕斯卡和洛克先生关于未来生活的可能性之理由》(*Réfutation de l'Argumt de Mrs Pascal et Locke sur la possibilité d'une*

---

① 《让·梅叶的形而上学论》(*Traité de métaphysique de Jean Meslier*) 便遭遇了这样的命运。这部作品完全是由《回忆录》的哲学思考组成的。从某种方式上来说，《论我主的奇迹》(*Discours sur les Miracles de nôtre Seigneur*) 也属于这种情况。《论我主的奇迹》其实只不过是阿尔贝·拉迪卡梯(Albert Radicati) 所翻译的沃尔斯顿(Woolston) 同名作品的第一部分。因为，虽然阿尔贝·拉迪卡梯以自己的名字传播了这部作品，但老实说，他并没有隐瞒作品的来源。从作品一开始，作者便提到另一本名为《对不信教和叛教之间的仲裁》(*The moderator between an infidel and an apostate*) 的作品。我感谢冈多(J.-D. Candaux) 为我提供了这一情况。从他提到的这另一本书的书名来看，我们知道那是沃尔斯顿1725年为安托尼·科兰的《论基督教的基础和理由》(*Discourse of the Grounds and Reasons of the Christian Religion*) 辩护而发表的论文。

vie à venir)、《哲学家对灵魂性质的观念》(*Sentiment des Philosophes sur la Nature de l'âme*)、《对灵魂存在的反思》(*Réflections sur l'existence de l'âme*)、《自由论》(*Traitté de la liberté*)。但是，他自以为创作了一部新的作品：在与第一部作品文本杂糅在一起的一篇简短的引言中，通过与一位朋友"就宗教的某些最为根本性的问题展开一系列假想的谈话，将不同的论文联系在一起，比如上帝的存在，灵魂的神性和不死，人的自由"；他还从第三篇论文中删除了关于上帝是否存在的一些思考，原来的文章中这些思考是有的，但是在他的文本中，这些思考会让他的话语从形式上前后不一致；另外，大概是从结构上考虑，他还删除了论述自由的文章中最后两段文字。①

　　最后，一篇论文最初版本上的注和说明与原文脱离，再经多次转抄而面目全非，虽然原文的痕迹还存在于标题上：传抄者在分析《基督教》一书时只简单地指出了作品与其渊源的联系，并没有提供具体的证据。② 另外我们觉得，这也是与同一篇论文的抄本放在一起的另一篇文章的宿命，《对形而上学和批判的不同主题的思考，所有主题均与上一部作品的材料相关》(*Réflexions sur differens sujets de Métaphisique et de Critique tous relatifs à la matiére traitée dans l'ouvrage précédent*)③其实是用从《宗教研究》和《论三个骗子》(*Traité des trois imposteurs*)中拿来的一些材料拼凑而成的，但远不是一篇寄生的文章，也自有其充分的意义。但对于这种情况来说，我们没有证据说明其过程是完整的。

　　三、从内容的角度来看，地下哲学资料是具有批判性的资料。当

---

　　① 手稿是杜莱·德·默桑(Durey de Morsan)根据杜布洛斯基(Dubrowsky)的文章抄写的。书名页写的是："揭下了面具的偏见，形而上学作品，作者为某某男爵，1756 年。"不过，默桑也许窃取了别人的东西，因为他在引言中谈到"所有你称之为宗教或者现实真理的问题"，而不是"被揭示的真理"，这对作者来说是不可想象的错误。

　　② 这份资料附加在《论三个骗子》的后面，也曾单独流行于世。而《论三个骗子》由贝尔纳·德·拉莫努瓦耶(Bernard de La Monnoye)的一封无名氏写的回信以及据说是《文学回忆录》(*Mémoires de littérature*)中的一个注组成。不过，这算不上一篇论文。

　　③ Montpellier-B. M. 338.

然,这一定义还是相当不明确的。但通过这样的定义,我们可以排除根本无法与此适应的某些论文。名为《皮浪主义的论据,写给一个想学习这一学派的哲学原理的小姐》的作品介绍了怀疑主义传统的全套理论。但严格说来,作品本身并没有任何可能危及宗教的东西,而且可能成为该作品后续内容的一些文章也无法改变这一根本性的判断。《论野兽的感情、本能与理智,与笛卡尔论者论战》的作者驳斥把动物看成简单机器的学说,据说帮了宗教很大的忙,对此,该书的作者心知肚明。作品认为动物也有灵魂,但是明确地将这种物质的灵魂区别于上帝专门给予人的灵魂,认为动物的灵魂是由巧妙的、变幻不定的物质形成的。①反笛卡尔的话语并不一定是批判性的,即使是对笛卡尔主义自认为具有最为根本性的辩解性质的地方。《对圣体的秘密与物质不灭系统的解释》(*Explication sur le mystère de l'Eucharistie par rapport au système de l'infinité de la matière*)的匿名作者明知道圣餐变体(transsubstantiation)是与他采取的笛卡尔对物质和空间的识别不相兼容的,但是他并没有强调这一矛盾,并因此而否定教条,却试图用他的哲学话语解释这种矛盾。可以肯定的是,正统的卫道士并不喜欢他的办法。尽管如此,他的办法还是暗中把一切归于奇迹,作者并没有声称"用《圣经》和传统作为见证",以拨开神秘的迷雾。

　　这种具有批判性质的资料多种多样,五花八门,千变万化。但是这些资料并不能"混成一锅粥"(*totum revolutum*),毫无鉴别地包含灵感上有矛盾的文本,否则就用不着分析和理解了。具有批判性质的资料从根本上说是与神的启示相对立的,而且特别与基督教相对立。因此其中并不包括基督徒的论战文章。每个教派内部争吵中产生的资料要排除在外,比如天主教中围绕詹森主义和高卢主义而出现的一些资料,

---

　　① 论文《论野兽的感情,与笛卡尔论者论战》表达了相同的观念。书信《致某某先生,灵魂只不过是情感;人完全是由于感觉来行动的》(*A Monsieur... Que l'âme n'est que sentiment; Et que l'Homme n'agît que par les sensations*)的作者并没有谈到人的灵魂与使动物有了生命的物质的灵魂之间的区别。但是,作者明确地说,神性是大自然造就的,并区别了自然的财产和超自然的财产。

或者与新教教派的分化有联系的资料都不在我们考虑的范围之内。之所以有人为这些文章的流传制造了一些障碍，并不是因为这些文章真正危害了宗教，而是因为这些文章滋养了民众的激情，并因此而有可能扰乱公共秩序。无论如何，这些文章之所以在地下流行，表明同一个教会当中共同存在的不同派别之间的角力，原则上只有教会的信徒才对此有兴趣。由于不同教派之间的学说之争或者其他对立而产生的著作也与哲学资料无关。在某个教派占有支配权，有时候甚至受到政治和宗教权力鼓励的地方，一份完全正统的论文［比如斯托普（Stouppe）写的论战檄文《荷兰人的宗教》就属于这种情况］在信徒成为少数派的地方便会成为地下传抄的文稿。宗教改革派的神学家雅克·阿巴迪（Jacques Abbadie）所写的《关于耶稣基督的肉体确实存在于圣餐中的思考》之所以与一些地下哲学论文并行不悖地流传过，无疑是因为手抄文稿的人在天主教的环境中也做了自己该做的事。在新教徒当中，雅克·阿巴迪的思考也许不会引起任何反对。天主教的教阶制度也许不会从任何一点上反对《巴克斯特对启示录的理解的观察及其对此的一些思考》（*Observations de Baxter sur l'intelligence de l'Apocalipse avec quelques réflexions dessus*）——这显然是英国圣公会教派的信徒改宗信奉最为偏激的天主教后所写的东西。在英国，这样的观察肯定会被认为是侮辱。这些论战作者在败坏对方的立场的同时，无意中也在保护他们在自己的建筑上造成的一些裂纹，对这一点，哲学家的理解十分清楚，并在与宗教的战斗中常常很好地利用了这些文章，但是他们在心中丝毫没有质疑过基督教。

对那些当面怀疑基督的人，我们好像就不能这样说了。天主教和新教对塞尔维特（Servet）的论文共同责备的也正是这一点。塞尔维特竟敢否认上帝的永恒，而且据诽谤他的人说，因此也否认了上帝的神性，总而言之，这也就使他成了一个"伊斯兰教信徒"。我们不能从字面上来理解这些指责，因为我们知道，当时即使最为虔诚的教徒，也可能把事情做得太过分。塞尔维特自称是基督徒：他的基督是圣言圣语（Verbe divin)在时间上的表达,而且他的事业就是要按照再洗礼教教派的路线,恢复基督教;他自称是再洗礼教教派的信徒。不管怎么说,他开始时是得到索齐尼教义的信徒们认可的,而索齐尼教义的信徒们真正把基督看成一个人。塞尔维特的作品手抄稿在 18 世纪之前大量流行,其中大部分是在索齐尼教义信徒们当中流行的,一般来说也在信仰三位一体论的信徒们当中流行,而这些人,我们不能把他们与不信教的自由派人士混为一谈。尽管如此,他的论文的手抄本还是与地下的手稿装订在一起,这便证明人们对他的作品作了不信教的自由派的解读。①

由此看来,区别文章的文字和精神便显得十分重要。也许不总是这样,不会从根本上是这样,就我们可以正当地怀疑作者用具有欺骗性的外表来掩饰他的真实情感而言,或许并不总是这样,或根本上如此,但这要求现代的读者不仅要熟练掌握历史背景,还要特别仔细,因为有可能是作者蓄意而为。但是,对一个历史学家来说,一部作品本身就是由对这部作品的不同解读形成的,不管这些解读看起来多么缺乏根据,解读与作品的实际话语具有同样的重要性。费尔明·阿博齐(Firmin Abauzit)在《启示录历史论》(*Discours historique sur l'Apocalypse*)当中讨论据认为是圣约翰所作的文章是否符合教规时,无疑认为他所说的任何话都不会使信奉加尔文教义的信徒们感到不快——费尔明·阿博齐本人也是信奉加尔文教义的。但是这部作品并没有受到新教信徒们的欢迎,他们认为作者把神父置于可笑的境地,并严厉地批评了所有的圣

---

① 我们看到,与《论三位一体之谬误》(*De trinitatis erroribus*)共成一册的,有《论三个骗子》(*De tribus impostoribus*)和《三个骗子的论文》(Tübingen-Evang. Stift Nachreform. Handschr. 9),据说是波斯戴尔(Postel)所作的《为塞尔维特辩护》(*Apologia pro Serveto*,Hamburg-SuUB Theol. 1812),或者名声堪称狼藉的霍布斯(Hobbes)之作《教会史哀歌》(*Historia ecclesiastica carmine elegiaco concinnata*,Wien-Stiftung Fürst Liechtenstein N‑7‑6;手稿 Kobenhavn-K. B. Thott 213 Quart. 中包含霍布斯诗篇的另一个手抄版本);《关于三位一体的对话》(*Dialogorum de trinitate*)和《论基督统治的合理性》(*De iustitia regni Christi*)与斯托施(Stosch)的《理性与信德之和谐》(*Concordia rationis et fidei*)和《智慧的象征》(*Symbolum sapientiae*)以及其他作品共成一册[(Helsinki-Y. K. Fö II 43),et avec les traités de Lau(Gdanks-P. A. N. 2002)]。另外,文集 Berlin-DSB Diez C Quart 37 当中,与各种地下手稿排在一起的,还有塞尔维特所写文章的一份清单(ff. 276‑280)。还应当补充说明的是,在书商的目录当中,这些作品常常是列在同一栏目中的。

书。有人指责他是索齐尼教义的信徒，虽然他在死前始终在教会里。这就说明为什么这部作品在地下哲学界流行，而且伏尔泰称作者是"日内瓦阿里乌教派的创始人"（le patriarche des arriens de Genève），在《历史词典》中的"启示录"词条中大段地引用了《启示录历史论》的内容。①

在与基督教的斗争中，所有的武器都是好的。对于围绕这一资料而忙碌的人来说，感觉上距离最远的莫过于犹太教，但他们也毫不犹豫地利用了犹太人反基督教的卫教论。影射奥罗比奥·德·卡斯特罗（Orobio de Castro）、伊沙克·德·特罗基（Ishak de Troki）等人的很多作品都是用西班牙文、葡萄牙文，甚至用希伯来文流传于世的，如果认为这些手抄本不是给犹太人看的，而是另有读者，那么由此所冒的风险就太大了。另外有些文章译成了法文，很可能就是犹太人自己翻译给那些只懂得法语的教友们看的，甚至极而言之，翻译的版本是专门给基督徒的群体看的，至福千年说使这些群体的基督徒开始关注犹太教中的各种灾难说。但我们可以肯定，哲学家对犹太教的这种护教论发生了兴趣。名为《弥赛亚论》（*Dissertation sur le Messie*）的论文抄袭了奥罗比奥·德·卡斯特罗的《论神对以色列的偏见》（*Prevenciones divinas contra la vana idolatria de las gentes*）和《耶稣基督被破坏的神性》——后者是从《〈以赛亚书〉第五十三章的解释》（*Explicación paraphrastica del capítulo 53 de Isaías*）翻译过来的，也在一些文集当中与批判性的论文共同流行于世。布兰维利耶（Boulainvilliers）从同一个奥罗比奥·德·卡斯特罗与林伯奇（Limborch）的争论中作了一些摘要，林伯奇的拉丁文原作也

---

① 英国圣公会的主教哈尔（F. Hare）题为《以个人判断研究〈圣经〉的困难和沮丧》（*The difficulties and discouragements which attend the study of the Scriptures in the way of private judgement*）的论文以及惠特比（D. Whitby）的《对三位一体教理研究的劝诫》（*A Dissuasive from inquiring into the doctrine the doctrine of the Trinity*）无疑也属于这种情况。我们不能怀疑这些作者具有不信教的自由派人士的目的，总的来看，他们还是在劝人们信守教会当局的命令。但可以肯定，人们是以这种眼光去解读他们的作品的，因为他们的作品是以这类文集流传并被译成法语的。

有过好几种翻译的版本。① 拉克洛兹(Lacroze)将葡萄牙匿名作者的《对我国一个人从法国寄出的一篇论文的回答》(*Reposta ahum papel que aqui mandou de França huma Pesoa de nossa naçao*)译成了拉丁文；这篇论文本来是写给犹太人看的,拉克洛兹想让它在其他读者圈子里传播。②

从严格的哲学角度来看,地下手抄本的论文中有明显的自然主义倾向。当然我们不能把所有的地下资料都归在自然主义这一类中。然而,地下手抄件的大部分作者都认为物质是有活力的,宇宙是有生命的,是无限和永恒的,常常以其全部或者最为崇高的部分与上帝视为同一。自然主义中多种倾向互相交织在一起,继承了作为手抄本对象的波斯戴尔(Postel)和瓦尼尼(Vanini)、布鲁诺(Bruno)和希拉诺(Cyrano)的风格。在这些领域,塞尔维特直到很晚的时候才引起了人们的关注,这在很大程度上无疑是与他的文章隐隐透露出的泛神论联系在一起的,尤其是《基督教的复兴》(*Christianismi restitutio*)当中,据说是波斯戴尔所作的《为塞尔维特的生命世界辩护》(*Apologia pro Serveto Villanovano de anima mundi*)题目便很能说明问题。因此,斯宾诺莎的作品能够唤起人们特别的注意也就不奇怪了。《伦理学》(*Ethique*)有多个译本,对于关注这些资料的人来说,这部作品是自然主义导致的必然结果,也把自然主义推向了极致。但是,人们常常很难把作品中的学说与自然主义区分开来。③ 即使是马勒伯朗士的学说,也被简化成泛神论的一个变种。相反,无神论的机械唯物论似乎并没有吸引这些论

---

① 详见后文《奥罗比奥·德·卡斯特罗与地下资料》。

② Hamburg-SuUB Theol. 1831 抄本当中有几页拉克洛兹翻译的文字。抄本前面有一封写于 1710 年 1 月 18 日的信,戴维尼奥尔(Des Vignoles)在信中鼓励拉克洛兹完成翻译,"哪怕只是为了让朋友们高兴"。

③ 然而,如果把《哲学对决》(*Certamen philosophicum*)看成批判性的论文,那也属过分了。可以肯定的是,这篇文章被看成传播斯宾诺莎思想的途径之一,朗格莱·杜弗莱斯努瓦(Lenglet Dufresnoy)于 1731 年再版这部作品,也证明了这一点。奥罗比奥对布莱登堡(Bredenburg)所主张的斯宾诺莎学说的驳斥并没有任何让基督教的正统派看不惯的地方;这一驳斥甚至得到经院派繁琐理论的支持。这部作品之所以得到出版,是因为从形式上被看成斯宾诺莎的驳斥。在针对不信教的自由派人士的手抄本当中,这种反驳是没有意义的。因此,应当相信,这部以手抄本的形式流行于世的译本是为犹太人的读者群体而译的。

文的作者和手抄者的注意，即使吸引了，也是在极例外的情况之下。只有拉梅特里（la Mettrie）的《机器人》（*Homme-machine*）和一篇《对常识的一些思考》（*Quelques Reflections du Bon-Sens*）与其他地下论文一起形成文集，流行于世。虽然我们还要确认，人们并没有像经常解读霍布斯（Hobbes）的作品那样，以自然主义的眼光解读拉梅特里的文章，不管这会显得多么奇怪。这种唯物论的确是很晚才建立起来的，而且表达这种唯物论的作品曾大量出版。尽管如此，自然主义这时候还是十分活跃，而且自然主义的论文仍然在出现和被传抄，即使有些作品已经出版了。因此我们不得不相信积极参与这些资料传播的人有意优待了自然主义在现代所采取的形式之一。从这种意义上说，人们称之为"旧体制下的自然主义"的说法是有道理的。① 但是我们不能简单地确认这种唯物论代表了与"新"相对的"旧"。自然主义没有转身背向新的趋势，只不过在新的趋势中保留了能够反映自己的一些方面而已，而且自然主义与机械主义一样现代。因为只有近视的人才会否认自然主义塑造了现代性，在这一点上与在哲学上一样，人们有些过分地认为组成现代科学摇篮的只有哲学。

　　政治论文不多。原因并不是因为批判没有涉及政治领域。质疑君主及其大臣的治理，质疑法国和欧洲的状态、对外事务、财政，或者论述宫廷世风日下的文章，甚至在反宗教的文章出现之前便有过。② 《黎塞留的遗嘱》（Testaments de Richelieu）或者《马扎兰言论集》（Mazarinades），《宫廷逸闻》（Anecdotes de la Cour）或者《摄政回忆录》

---

① 这是奥利维埃·布洛施（Olivier Bloch）的说法，详见《唯物论和地下流行的特点：传统、文笔、阅读》（Matérialisme et clandestinité：tradition，écriture，lecture），载《地下思想和运动》（*Ideas y movimientos clandestinos*，Cadiz，1988，pp. 13 - 26）。

② 《1660 年以来根据国王的命令而扣押的无证印刷的作品和文章或者手稿》当中没有任何这种性质的论文，一直到 1718 年之前也没有。相反，在手稿当中，有些篇目在地下手稿中是有的，比如《对掌玺大臣的意见》（*Avis concernant M. le Chancellier*，1659），《王后的餐盒》（*La custode de la Reyne*）以及《隐藏的真理》（*La vérité cachée*，它们是《1648—1652 年间巴黎战争期间流行的两篇文章》），《法国和英国条约的秘密条款》（*Articles secrets du traité de France et d'Angleterre*），《王宫皮条客和绿帽子》（*Le maquerellage ou le cociiage de la Cour*）或者《王宫之爱》（*les Amours du Palais Royal*，1669，Paris-Arsenal 10304）。

(Mémoires de la Régence)之类的文章许多人手里都有,更不用说那些满街飞的论战性或者诽谤性的小册子了。当权者特别害怕这些东西,竭尽全力想让这些东西消失。① 尽管这些文章值得关注,并至少从传播的程度上与我们关注的手稿保持着联系,②从某种意义上,我们可以广义地称这些资料为论战性的资料;这种资料与我们研究的题目无涉。从这方面来看,我们的研究题目只不过是对权力和制度的性质的思考。然而,我们那些不信教的自由派人士并没有想到对政治制度发动攻击,即使想到也是例外;之所以如此,是出于信念,也是由于当时的一些原因所致。他们大概是通过在政治上保持缄默,从而换得当局在一定程度上的宽容。但如果认为他们这样的行为背叛了自己的信念,那是不对的。他们与偏见斗争,而偏见损害了精神的平静;但是同时,他们也认为这些偏见是一堵最为坚固的墙,可以防止混乱和社会瓦解。正因为如此,他们一般没有触及绝大多数人感兴趣的问题。人们在这条路上走得太远了,所以在《神学政治论》(*Tractatus theologo-politicus*)的一个译本当中删除了民主共和的章节。但是某些经典著作还是以手稿的形式流行于世,比如诺戴(G. Naudé)的《对政变的政治思考》(*Considérations politiques sur les coups d'Etat*),或者马基雅维里(Machiavelli)的《君主论》(*Il Principe*,其意大利原版和翻译版都出现了很多手抄本)。这些文本尤其揭示出宗教的政治源头以及政权是如何在历史上利用宗教的。但是其他的文本,比如《论真假光荣》(*De la vraie et*

---

① 这类论战性的批评文章言辞激烈,从1746年在一个名叫拉莫特(La Motte)的人衣袋里搜查出并扣留的一篇题为《法国浪汉的圣父经》的文章中我们可以略见一斑:"我们在凡尔赛的父啊,你的名字已经得不到人们的尊重,你的统治已经受到人们的蔑视,你的意愿不管是在陆地还是在海上都无法实现。今天给我们持续的和平吧,如果将军事情做不好,那就原谅他们吧,正如轻骑兵抢了我们的钱,我们还是原谅他们一样。不要再想着打仗,把税务减轻一些吧,我们已经被压得喘不过气来。但愿如此。"(Paris-Arsenal 11597, f. 30)在搜查这个人的住宅时,据说还找到了另一份手抄本。拉莫特说文章是"一个神甫在咖啡馆里散发的"(f. 21)。

② 勒古特(Lecouteux)的办事员博奈(Bonnet)手抄过《斯宾诺莎的生平和精神》,也手抄了一本据说是皮埃尔·朱里叶(Pierre Jurieu)写的在阿姆斯特丹印刷的《渴望自由的法国奴隶的希望》(*Les Soupirs de la France esclave qui aspire après sa liberté*, Paris-Arsenal 10889),为的是"向公众散发"。勒古特是在1725年被捕的;回忆录始于17世纪末,最先谈到"教会、贵族和城市的压迫"。

fausse gloire),或者《一个欧洲人与杜莫卡拉王国岛民的谈话》(*Entretien d'un Européen avec un Insulaire du Royaume du Dumocala*),公然批评国家的制度。这些文本好像的确也没有得到广泛的传播。

　　布兰维利耶(Boulainvilliers)关于法国历史的文章提出了不同的问题。这些文章的确是以手稿的形式在地下流传的。我们很容易想到当权者认为这些文章包含对专制君主政体的批评以及对贵族的封建权利要求。① 但是,这种解释似乎太过于简化了布兰维利耶的论断,这样的解释当然是对封建主义的赞美,但同时也认为封建主义不可避免地会被超越,并宣扬让贵族适应君主制度。② 但是,我们不能将这些论文排除在外,借口这些论文当时没有被人理解,这些论文的批评作用实际上出自令人遗憾的误解。正如我们指出的那样,文本就是其历史。因此,我们要分析古典时代的地下书刊是怎么回事,而不是我们觉得是怎么回事或不是怎么回事。况且,布兰维利耶真正宣扬的是君主专制王权与贵族的权利和解,这从本质上也不是当权者所喜欢的。那些论文从根本上具有历史的意义,总而言之是对的。但是通过历史,布兰维利耶在诸如《关于法国旧时议会的信》(*Lettres sur les anciens Parlements de France*)或者《法国政府历史的回忆录》(*Mémoires sur l'histoire du gouvernement de France*)之类的作品中论及像国家的起源、暴力在社会建立中的作用,或者权力的合法性之类的问题,这些都是政治思考的基础。

　　四、最后,在传播的问题上,我们说所谓的"地下"就是手抄稿以伪

---

　　① 瓦德(I. O. Wade)已经影射这些文本应当包括在地下论文材料当中:"Also the political writings of Boulainvilliers deserve mention"(前面所引作品第 10 页注 26)。似乎当权者特别感兴趣的是这一类的文章。1725 年在热罗姆·勒古特(Jerôme Lecouteux)的办公室扣押的十箱文件当中,后来只留下了据认为是伯爵所写的文章,尤其是"题为《包括君主政体从开始以来的治理历史的简要回忆录》的两份手抄两卷本未装订资料","题为《哲学家作品的真正实践》的手抄稿,其中包含有大量四开笔记本",以及《斯宾诺莎的生平和精神》(Paris-Arsenal 10889, f. 156)。但是案件摘要只提到"有违于管理的几份手稿,比如布兰维利耶的回忆录"(f. 145)。

　　② 详见文图利诺(D. Venturino)的《传统的理由,布兰维利耶作品中的贵族和现代世界》(*Le ragioni della tradizione. Nobilità e mondo moderno in Boulainvilliers*, Torino, Le Lettere, 1993),尤其是写法国历史和贵族君主制的一些章节。

装的名义流传,上面并没有作者在书房中悄悄写下的亲笔签名,①因此
地下的手抄本就是经过传播的文本。然而,我们知道很多论文都只有
一份。在这种情况之下,标准很难核实,因为作品往往都是匿名的。然
而,我们若声称我们无法提供这些文本流行过的确切证据,那也是不恰
当的。② 在某些情况之下,我们也找到了表面上看来独一无二的文本
的蛛丝马迹。这些论文当中有一些的确是将分别传播的作品拼凑而成
的,比如杜莱·德·默桑的《揭下了面具的偏见》(*Le Préjugé
démasqué*),也许还有《关于追求真理的论文》(*Essais sur la recherche de
la vérité*)——这本书的最后一部分以《论灵魂》(*De l'âme*)为题,有多种
手抄本传世,也可以说人们从这本书的原作中拿出来一部分,让它成为
一份独立的论文。③

　　况且,一份根据印刷本手抄的单独手稿本身就证明这一文本通过
手抄本的形式传播了,虽然传播的范围很有限。伏尔泰(Voltaire)或者
霍尔巴赫(Holbach)的大部分论文(或者据说是出自他们的大部分论
文)都遇到了这种命运,比如《怀疑者和崇拜者的对话》(*Dialogue du
douteur et de l'adorateur*)、《布兰维利耶伯爵的晚餐》(*Le dîner du comte
de Boulainvilliers*)、《初学教理的旅行者》(*le Voyageur catéchumène*)、《常
识》(*le Bon sens*)、《伦理官僚》(*Ethocratie*)或者《写给欧也妮的信》
(*Lettres à Eugénie*)。拉迪卡梯(Radicati)的某些作品也是这样:《与印
度斯坦的异教相比的伊斯兰教》(*la Religion mahummedane comparée à
la payenne de l'Indostan*)和《在伦敦教友派大会上的布道辞》(*Sermon*

────────────

　　① 维尔(F. Weil)坚持认为"手抄本从本质上说是属于私人的和地下的,与公开的东西
相对立[……]从定义上说,凡是没有发表的或者没有公布的,都是地下的"(见前面所引文章
第18—23页)。然而从严格的意义上说,凡是没有发表的,都是未公开的,但不一定是地下
的。说到地下,便牵涉秘密,一旦公布于众就会对作者造成危险,人们就不会让它公布于众。
　　② 在1980年布洛什(O. Bloch)组织的圆桌会议上,唐姆逊所表达的就是这种太过于激
进的观点。他写道:"我们无法确信只有一份的手抄稿曾确实流行于世,而不是专为一个人
抄写的。"(见前面所引文章,第15页)
　　③ 论文《一个正直的人在生活中应有的行为》(*De la Conduite qu'un honnête homme doit
garder pendant sa vie*)最后一章的灵感来自《宗教研究》(*Examen de la religion*)。但是文本并
不一样。因此严格说,我们不能肯定地确认前一篇论文是通过第二篇论文大量手抄本的出现
而得以流传于世的。

prêché dans la grande assemblée des Quakers de Londres),据说手抄本源自"1737 年由耶稣会付费在伦敦"出版的版本;《一个欧洲人与杜莫卡拉王国岛民的谈话》手抄本源自"1755 年巴黎"的一份印刷品;还有《旧时信徒的神谕》,手抄自 1760 年伯尔尼出版的书。况且有理由相信,这些作品的手抄本传播由于范本的大量存在而变得容易,即使范本是地下印刷的,也常常是难得一见的版本。此外,根据印刷本手抄的版本可以再次成为手抄的范本。因此,每次都需要确定一份手抄本与明确的原本之间的关系,因为奇怪的是,手抄本的原本有可能证实该文本手抄流行的重要程度。① 然而也不应当忘记,一篇论文一旦通过印刷而出现了很多份的时候,严格说,也就用不着手抄了。

译本可以看作与前面的情况一样。有时候,实际上是没有任何区别的。比如我们可以怀疑《一位阿拉伯医生的信》(*Lettre d'un médecin arabe*)抄本并不是源自托朗(Toland)写于 1714 年的作品的翻译出版件。有时候,手写的译本自称源自原语言作品的出版版本:贝尔纳·曼德维尔(Bernard Mandeville)的《关于宗教、教会和国民幸福随想》(*Pensées libres sur la religion*, *sur l'Eglise*, *et sur le bonheur national*)说明这份论文"译自英文",并准确地说是译自"经过修订和增加内容的第二版"图书;《就修订或者放弃人们一般称之为十戒的某些规则的比尔计划而写给一名议会议员的信》(*Lettre à un membre du Parlement concernant un Projet de Bill pour revoir*, *corriger ou rejeter certains Status hors d'usage*, *qu'on nomme communement Les Dix Commandements*)也自称"译自英文",原本是 1738 年在伦敦出版的文本。标题上没有说明的某些译本大概也是这样,比如《基督教会的原始组织》(*Constitution primitive de l'Eglise chrétienne*),其实只不过是 1726 年出版的《约翰·托朗文集》

---

① 《对〈新约全书〉的批判说明》据说出自拉迪卡梯之手,该书的传抄者说,"本抄件源自荷兰一份印得很糟的出版图书,1756 年由奥拉利托会付费在巴黎印刷,八开小本,但文字很准确"(Reims-B. M. 651)。这是根本不可能的,因为范本中到处是错误。他无疑抄了手稿上的一条注释,而且我们也不知道这份手稿与印刷件之间的关系是远还是近——如果曾经有过印刷件的话。

（*Collection of several pieces of Mr. John Toland*）第二卷中一篇作品的一个版本；《奇怪的哲学研究》（*Recherches curieuses de philosophie*）是 1713 年用拉丁文出版的一部作品的法文译本。严格来说，我们当然不能混淆原作和译本。另外，在例外的情况之下，我们可以觉得，我们所面对的是这些版本的作者亲笔。总之，这些译本证明印刷文本通过手抄本的途径流行于世。我们不能借口译本和原本之间存在着实际的不同，从而质疑论文手抄本的传播，因为我们还认为同一份论文一些不完全一样版本的存在，恰恰证明该论文曾流传于世。①

在完全不存在多种抄本的情况之下，也可以通过各种迹象合理地认定一篇论文的传播。通过对文集的研究，有时可以得到决定性的论据。某本文集包括某篇论文已知的唯一样本，同时也包括一些明显在地下流传的其他作品，可以被视为该论文曾得以传播的迹象。尤其是如果所有的文本均出自同一个抄写者之手，这是我们通常所见到的。否则，我们不得不得出的结论便是有关文集是作者的亲笔，对此，我们可以证明很多情况都是不可能的，因为各篇论文并不是出自同一作者。因此我们几乎可以肯定，《基督教的特点》（*Caractères de la religion chrétienne*）、《论灵魂的能力》（*Essai sur les facultés de l'âme*）或《摩西之辩，从中可以看出摩西是个骗子和伪善者》（*Dissertation sur Moïse où l'on fait voir qu'il est un fourbe et un imposteur*）是匿名流传的。但是，我们不能把问题简单化。② 还有时候，已知只有一份样本的论文所在文集中只有一部作品的传播得到了恰当的证明。属于这种情况的一方面有《复活的乔尔达诺·布鲁诺》（*Jordanus Brunus redivivus*）、《霍布斯对〈新约全书〉的注释》（*Notes d'Hobbes sur le Nouveau Testament*）以及《米

---

① 比如《生与死之平等》（*Parité de la vie et de la mort*）就属这种情况。

② 瓦德（I. O. Wade）认为，他在一些文集中只找到一份样本的五十二篇论文"有可能曾经流行于世，但这并不绝对是显而易见的"（前面所引作品第18—19页）。但是对于各种情况来说，决定并不是很容易作出。比如《对常识的一些思考》好像与文集中的其他论文出自同一人之手抄，而且都经过广泛的手抄传播。但是文中没有可以被认定是作者出于无意或者知识缺乏而产生的错误，文本中所传达的无神论的机械唯物论与一般地下论文中的自然主义相去甚远，尤其是与同一文集中其他作品的泛神论也相去甚远。

洛·伯林布洛克致波普的信》(*Letttre de Mylord Bolingbroke à M. Pope*)，
另一方面有《关于奇迹的书信集》(*Collection des lettres sur les miracles*)；
与这些文章编在同一本文集中的还有梅叶(Meslier)的《回忆录》
(*Mémoire*)摘要；①《灭失的信仰》(*La Foi anéantie*)摘要、《对使徒象征
的贬责》(*Censure du symbôle des Apôtres*)摘要与《物质的灵魂》(*Ame
matérielle*)排在一起；还有，《摩西论》(*Moïsade*)、《对犹太教徒和基督徒
圣书的反驳，或者对犹太教和基督教的反驳》(*Objections contre les livres
saints des Juifs et des Chrétiens ou contre le Judaïsme et le Christianisme*)、
《对族长约瑟夫的反驳》，都出自塞菲神甫之手，与这些论文放在一起
的《关于〈启示录〉的历史讲话》(*Discours historique sur l'Apocalypse*)同
样也应该出自塞菲神甫。我们在这里可以提议，如果一些文章的传播
已经得到证实，那么这些文章的出现便证明与其在一起的其他文章也
曾得到传播。但我们不能完全排除其他的可能性。当然，我们不能怀
疑与梅叶神甫的作品放在一起的那些论文也是梅叶写的，可是也不应当
忘记以手抄本形式流传的他的《回忆录》的不同摘要本并不是出自他之
手。无论如何，我们确切地知道的是关于启示录的话语出自牧师阿博齐
(pasteur Abauzit)。但是即使在这种情况之下，我们也不能仅以此标准排
除塞菲神甫手抄了阿博齐牧师的作品，同时又是其他论文的作者。

　　因此，在每种情况之下都必须对文本进行具体的分析。常常有的
文本表面看来是唯一的，但经过分析，便可知道文本存在着多种样本。
有时候这是显而易见的。某个抄写者手抄了某个关于宗教的文本残
篇，文本的题目没有保留，②抄写者在页边的注释中提到"原作"，有些
名字看不清楚，便用省略点来代替，或者写错了；最后，他的很多句子意
思不完整，这让我们相信，他所参照的原件已经距离最初的原本很远。

----

　　① 　在第二种情况之中，手抄者只抄录了作者的生平和前言的开始部分。《书信集》
(*Collection*)在接近结尾处戛然而止。
　　② 　到目前为止，该文本只以最初的残篇题目得到统计，《某某论宗教的前言》(*Préface
du traité sur la religion de M*)。

除了存在一些错误和误解的地方之外,出自塞菲之手的论文包含一些评论和说明,与文本的原本有差别,这就足以证明其是手抄本。他甚至在《对犹太教徒和基督徒圣书的反驳,或者对犹太教和基督教的反驳》中增加了一篇长长的议论,论述《创世记》前面几章,破坏了文章的连续性,虽然他把这段议论放在了括号里。我们看到,他手抄其他论文时也采用这种方法,这些论文的作者不可能是他。① 因此,这种分析在决定包含在文集中的某些文本是否流行或者只是译本的手抄本时是一个有益的补充,但对于一些孤立的论文来说就是必不可少的了。② 论文所在的文集中不包括其他经证实有过流行的论文在各方面均与此相似,只是有一点例外,只要证明其中一篇文本是抄件,我们便可以判断其他文本的性质。比如《玛丽的儿子耶稣的批判历史》(*Histoire critique de Jésus, fils de Marie*)显然是一份"手抄件",虽然"与手稿原作很接近,因为在专有名词方面没有任何变形",③我们可以猜测,出自同一人之手的《基督教时代之前的人与宗教关系的各种处境之思考研究》(*Examen réflechi des diverses situations où se sont trouvés les hommes par rapport à la religion jusqu'à l'époque du christianisme*)也是手抄本。同样,已经证实《就荷兰的不同宗教致某夫人的信》(*A Madame de... Sur les différentes Reli*

---

① 比如佛罗伦萨洛伦扎纳图书馆(bibliothèque Laurenzana de Florence)馆藏《特拉西布尔致乐西普的信》(*Lettre de Thrasybule à Leucippe*)的手抄本,或者保存在圣彼得堡的《宗教的困难》(*Difficultés sur la religion*)的手稿。

② 瓦德(I. O. Wade)统计到七份。他说,这些文稿"不一定曾经传播过。这些文本有可能是有的人出个人喜好,为了自己学习而抄写的"(前面所引作品第19页)。但是后来人们还是发现这些论文当中的一些手抄件,尤其是《对〈创世记〉的批判研究》(*Examen critique sur la Genèse*)和《对〈新约全书〉的批判研究》(*Examen critique sur le Nouveau Testament*),这两篇论文其实只是一部作品,《犹太教的精神》(*Esprit du judaïsme*)也是。经仔细研究,他看过的《〈圣经〉评论》(*Commentaire sur la Bible*)——也就是特鲁瓦(Troyes)据说出自"Mde. du Chatelet手笔"的那本——之后得知,这本《〈圣经〉评论》的的确确是一本抄本。某些细节还可以被认为是未完成的工作,比如一条注释指出"援引帕斯卡的段落",这个段落正是评论的对象(ms. 2376, III, f. 83),或者在文本的两处不同的地方有空白(ms. 2376, III, f. 125 et ms 2377, II, f. 18)。但显而易见,作者是不会否认自己说的话的,比如在下面这一段话中:"虽然占星家在耶路撒冷对希洛德(Hérode)讲过话,约瑟(Joseph)和路加(Luc)同意(注:圣路加根本什么也没有说),希洛德才到了耶利科(Jéricho)"(ms. 2377, I, f. 11)。

③ 罗兰·德斯内(Roland Desné),《关于被霍尔巴赫利用的一份手稿:〈玛丽的儿子耶稣的批判历史〉》(*Sur un manuscrit utilisé par d'Holbach: l'Histoire critique de Jésus, fils de Marie*),见《18世纪的唯物论和地下文稿》(前面所引作品第175页)。

gions d'Hollande)唯一样本不是直接手抄自让-巴迪斯特·斯托普(Jean-Baptiste Stouppe)的《荷兰人的宗教》(la Religion des Hollandais),①因此我们可以合理地认为与这封信在同一文集中的所有文本都是抄本,虽然证明每一个文本都是抄本并非易事。

　　一份手稿中的重要错误无疑能够暴露手抄者。相反,文字的准确并不一定表明其就是原件。一部文本变得越来越糟,一定是被转手传抄得越来越多,而且大都是那些对手下的活不太感兴趣的职业抄手干的。但是,为自己使用而手抄一篇论文的哲学爱好者会抄得很仔细,必要时会把模本上错误、没有意义的地方改过来。然而有时候,一份手稿作者亲笔的特点是毋庸置疑的。博纳文图·德·福克鲁瓦(Bonaventure de Fourcroy)1698年被逮捕,当时他正在整理《向索邦的博士们提出的关于宗教的疑问》(Doutes sur la religion proposés à MM. les Docteurs de Sorbonne)的草稿。我们保留有大部分包含论文最终版本的笔记本,上面还有最后几章的第一稿,有很多说明和修改的地方,只是一些包括完整章节的页面消失了。我们可以回溯写作《阿波罗纽斯·德·梯亚纳的生平》(La Vie d'Apollonius de Thyane)的各个不同阶段,案卷中包括好几种状态的文本,而且是乱七八糟地装订在一起的;但是看起来像是最后写的那份文本却不完整,分成了两部分。我们在《但以理的七十周论述》(Dissertation sur les 70 semaines de Daniel)当中也注意到相同的现象,其也是一份残缺的草稿,显然也是用属于前后不同状态的一些文本连缀而成。从《巴克斯特对〈启示录〉的理解的观察及其对此的一些思考》的结构就可以看出,作者并不认为文章已经写完:文本开始的地方很突兀,是《对〈新约全书〉的解释》(Paraphrase on the New Testament)的翻译,没有任何说明,而且所选择的一些段落前后缺乏连贯性。

---

　　① 详见我的文章《容忍的游戏:〈就荷兰的不同宗教致某夫人的信〉的出版》(Le jeu de la tolérance: Edition de la lettre A Madame de... Sur les différentes Religions d'Hollande),参见:G. Canziani éd., Filosofia e religione nella letteratura clandestina (secoli XVII e XVIII), Milan, F. Angeli, 1994, pp. 427 – 468。

另外,作者还删除了某些思考。而且很难相信,一些乱七八糟的资料,或者组织得很乱的文章会吸引手抄者的注意,比如《基督徒自己对〈圣经〉和对神甫的评判》(*Jugemens des chrétiens mêmes sur l'Ecriture et sur les Peres*),或者《约书亚时代太阳以何种方式停止转动的合理解释》,不管这些文章是不是作者的亲笔。

喜欢收集地下手抄稿的塞菲为我们保留了一系列的文稿,对他来说是独一无二的,也是一个叫朗格奈尔(Languener)的作者亲笔抄写的:《坎(伯莱)先生对斯宾诺莎的体系的简要反驳之研究》(*Examen d'une refutation abregée du systeme de Spinosa par M. de C*[*ambray*]*)、《一个本笃会修士(拉米)对斯宾诺莎的体系的新反驳之研究》(*Examen d'une nouvelle refutation du systeme de Spinosa par un moine bénédictin*[*Lamy*])以及第三份没有标题的论文——塞菲神甫给这篇论文取了个名字《斯宾诺莎(为反对雷米而做的)对上帝和大自然的辩护书》(*Apologie de Spinosa*[*contre Régis*]*sur Dieu et la nature*)。我们没有理由怀疑他的见证。我们没有找到抄本,而且他转述给我们的文件的性质让我们相信,那的确是出自作者亲笔的手稿——有很多修改和删节的地方。另外,最初的草稿也部分地保留下来。① 但是,凡据说是独一无二的文本,并不一定就是独一无二的。塞菲神甫认为他所保留的《斯宾诺莎的观念阐述》(*Exposition des sentiments de Spinoza*)抄本也是一份"独一无二的文件,没有被手抄过"。事实上,有人发现过这一论文的手抄

---

① 某一论文已知的唯一一份样本是作者的亲笔,并不一定不意味着这份样本没有以某种形式流行于世。因此拉比(Raby)不可能没有把他的论文[《关于三个著名的骗子的历史和批评论文》(*Essai historique et critique sur les trois fameux imposteurs*)、《关于灵魂的来源及性质和上帝存在的研究》(*Recherches sur l'origine et la nature de l'âme et sur l'existence de Dieu*)、《一个中国和尚写给索邦一个博士的信》(*Lettres d'un bonze chinois à un docteur de Sorbonne*)]给"几个朋友"看过,他说作品本来就是为这些朋友写的,其朋友也可能手抄了一些当时没有人知道的样本。像这样的行为并不是没有先例的:博努阿·德·马耶(Benoît de Maillet)看起来不大愿意看到他的《特里梅德》出现很多抄本,他很可能把亲笔的原件文稿借给了高蒙侯爵(marquis de Caumont)(详见"新的世界系统:《特里梅德》"一节中的文章《18 世纪地下书刊的社会学因素:〈特里梅德〉的读者和出版者》)。另外,拉比很可能是一个地下手稿传播网络的成员,因为他手抄了一些文稿,在制造某些自己的文本时,又使用了一些其他地下手稿。然而,由于没有可以证实这一情况的资料,我们无法将这些文本归在已经证实流传于世的论文之列。

本。因此,我们可以怀疑塞菲是这一文本传播的源头,更何况对于这一文本来说,他也说他的手稿"来自作者,文稿出自作者的手笔"。①

最后,我们不能忽视当时证明这些文本以手稿形式流行于世的证据。② 一些在不一定出自作者亲笔的作品当中,我们发现对一些地下手稿的评论、批判、反驳,需要的时候,也可以证明这些作品在地下传播过。《信使报》(*Le Mercure*)于 1733 年断言,伏尔泰的《哲学书简》"很久之前便以手稿的形式为人所知"。③ 另外一份证明还确认《关于灵魂的信》(*Lettre sur l'âme*)"有多种手稿和匿名抄本流行……"到近期为止,只找到一份样本。④ 通信当中也包含地下手稿的丰富信息。马莱(M. Marais)谈过他的朋友布兰维利耶的手稿。伏尔泰经常和与他通信的人谈他看到的手稿,他在自己的书房中就保留了好几份。杜莱·德·默桑是做手稿买卖生意的,在写给父亲的信中也会谈到这些东西。普罗斯佩·马尚(Prosper Marchand)为好几个顾客提供这种资料……最后,书商的图书目录当中常常也会列出书商出售的手稿,这也可以证明手稿流通的规模,在某些情况下也可以证实某些文本的传播⑤:在塞菲神甫的目录中发现的 1756 年的《论关于上帝和三位一体的几种观念》(*Essai de quelques idées sur Dieu et sur la Trinité*)毫无疑问就是《论关

---

① 塞菲也许认为文稿出自"朗格奈尔"之手。《斯宾诺莎的观念阐述》的抄件文笔与别的文件文笔不同。与找到的其他抄本相比,该抄本包括一些不同的地方,使得塞菲神甫的保证很难令人相信。

② 朗松(G. Lanson)在关于地下资料的文章中指出,必须指出"在论战和卫道的文章中,哪些地方提到亵渎宗教的手稿,以及提到这些内容的日期"(第 3 页提到的文章)。

③ 朗松在伏尔泰的《哲学书简》(revue et corrigée par A. M. Rousseau, Paris 1964, tome I, pp. VIII)批评版本中引述过这种说法。

④ 兰贝克(J. G. Reinbeck),《关于理性灵魂及其永生不死的哲学思想,以及对一篇法文论文的几点思考,其中赞成物质是会思考的》(*Philosophische Gedanken über die vernünftige Seele und derselben Unsterblichkeit, Nebst einigen Anmerckungen über ein Französisches Schreiben, Darin behauptet werden will, dass die Materie dencke*),柏林,1740 年。不知何人所作的前言解释,兰贝克之所以写这部作品,是为了反对"一篇哲学论文,文中作者竭力证明在我们身上,是物质在思想。几年之前,我拿到过好几份匿名的抄本……"(ein philosophische Schreiben, darin sich der Verfasser bemühet, darzuthun, dass die Materie dasjenige sei, was in uns dencket. Es liessen vor wenig Jahren verschiedene Abschriften ohne Namen davon unter der Hand herum..., s. p., 24 - 25)。

⑤ 详见姆洛(F. Moureau)先生的文章《地下文本和公开销售:手稿的地位》,载《可靠来源,18 世纪的手稿传播》,第 143—175 页。

于上帝的几种观念》(*Essai de quelques idées sur Dieu*);巴莱书店(librai-rie Barré)的目录中提到的《对亚当以前的人的哲学论述》(*Dissertation philosophique sur les préadamites*, Catalogue Barré, Paris 1743, n° 6672)无疑就是《亚当之前的人的确证论》(*Traité confirmatif des préadamites*),人们发现的有可能是作者亲笔的样本也带有相同的题目①;而且我们还从另外一份目录(H. V. Lefebvre, Paris 1797, n° 112)得知,还有一份题为《人的原罪状态》(*Etat de l'homme dans le péché originel*)的手稿,其实不是别的,正是贝夫兰(Beverland)的《论原罪》(*De peccato originale*)。

---

① 该论文的作者利用了拉佩莱尔(la Peyrère)的《亚当之前的人》(*Praeadamitae*),但作者并不是简单地翻译拉佩莱尔的作品,因为他对文章进行了重新编排,以另外的方式组织内容。况且发现的抄本并不完整,也许包括有对《亚当之前的人假设的神学体系,第一部分》(*Systema theologicum ex Praeadamitarum hypotesi, pars prima*)的翻译,因为两部作品是在 1655 年一起发表的。林盖(Linguet)在 1733 年巴黎 n° 2647 号售书目录上提到题为《拉佩莱尔对亚当之前的人的称颂》的手稿,这也许仍然是我们说的那篇论文。

一　作品与人

宗教禁书:《对宗教和人的认识的 道德和形而上学思考》[①]

整个 18 世纪期间以手稿抄本的形式在地下流行的论文当中,人们了解得最少的,无疑是一篇题为《对宗教和人的认识的道德和形而上学思考》(*Réflexions morales et métaphysiques sur les religions et sur les connoissances de l'homme*)的论文。好像这篇论文从来没有出版过,而且它在地下资料中的经历也并不是特别地出彩,至少我们如果从所知道的抄本数量来判断是这样(Grenoble-B. M. 329, Rouen-B. M. 1569)。[②]这种情况的原因似乎是手稿的编辑日期较晚。第一份抄本表明论文完成于"1742 年,里昂",当时这种资料虽然还没有消失,但已经表现出显而易见的衰竭迹象,因为论文的原文越来越少了。第二份抄本上面写着"1767 年,科泽科德"。手抄者想为自己的工作留下日期,而不是为了标明论文的日期,也许他们接受抄本的原件时,上面就没有任何关于地点和日期的说明,这在地下资料中并非没有先例。然而,我们没有任何理由质疑这个相对较晚的日期,也许例外的是,我们从中可以看到笛卡尔的影响,可以看到在马勒伯朗士(Malebranche)的作品中扎下根的泛神论,看到与贝克莱(Berkeley)的反唯物主义之间的可能联系。但是这两种潮流的影响在 18 世纪本来就持续到很晚……[③]

---

① 原载 *Lias* XVII (1990),第 163—184 页。

② 但这两份手稿中的任何一份都不是作者的亲笔,里面错误百出,很让人怀疑手稿不是转抄自原件。

③ 详见洛比内(A. Robinet),《18 世纪马勒伯朗士的传统》(La tradition malebranchiste au XVIIIe siècle),载《布鲁塞尔大学杂志》[*Revue de l'Université de Bruxelles* 2 – 3 (1972), 167 – 187];布拉肯(H. M. Bracken),《早期对贝克莱的非物质论的接受(1710—1733)》[*The early reception of Berkeley's immaterialism (1710 – 1733)*],海牙,1965 年。

一部拼凑的作品？

论文的结构也许与其命运并非无关。的确，作品有点长，过于累赘，与这类资料中常用的那种简洁、综合的风格相比，阐述的过程太慢，论述得太仔细。另外，论文内容繁杂，拼凑起来的那些东西乍一看来，相互之间并不协调。论文主要分成两个部分。第一部分的前面有一个长长的前言，论述人与动物相比具有的所谓优势是人的知识的不确定性和虚荣，而第二部分开始时是对读者的一个说明，详细论述了上帝和宗教，最后描述了作为诚实人的哲学家及其对这个世界和另一个世界的思考。作品的统一性似乎很脆弱，多处文字似乎缺乏必要的联系，最为明显的是两个部分之间的割裂，而抄本使这种割裂感显得更加明显：格雷诺布尔的手抄者为每个部分编了不同的页码（分别是从第 1 页到第 132 页以及从第 1 页到第 191 页）。鲁昂的手抄者在标题页上把论文的写作时间推到了 1767 年，却给第二部分标了一个令人感到惊奇的日期："里昂，1742 年。"[f. 107]因此，我们可以相信，这两个部分大概是通过把本来单独存在的不同材料组合在一起，拼凑而成的。后来，到了世纪中叶，一个未知的编者简单地把它们处理了一下，凑成一篇论文，就连题目也让人想到这一特点。①

然而，仔细阅读这一作品，我们会有不同的感觉。从第一章开始，匿名的作者便概要介绍了论文的总体安排，虽然作者着重描写了开始部分，但我们很快便发现他简单地列举了在第二部分所关注的主题。他说："我们先对人进行论述，但是，由于人这一存在的内心本质是无法洞穿的，我们将努力通过其完善程度，对这一存在作出判断，其内心

---

① 瓦德在《地下组织以及哲学思想在法国 1700 年到 1750 年之间的传播》(*The Clandestine Organisation and Diffusion of Philosophical Ideas in France from 1700 to 1750*, Princeton, 1938, pp. 182－183)当中认为这是一份较晚期的文稿，并根据他唯一见过的鲁昂抄本不同部分的不同日期得出结论，"第二部分（……）看起来是另外一份手稿的抄本"。

的完善会有外在的表现,而且占据首要的地位。理性应超越所有其他的品质,对理性我们不能只根据其所拥有的崇高知识作出判断:对天空和植物的认识似乎属于人的伟大,而且有利于人的伟大,这将是我第一个思考的主题。然后,我们再论述一般的动物,再凝视上帝,研究宗教,以及描述完全诚实的人。最后,我们将简短地回复某些反驳,作为对作品的说明,也用以预防我们生活中的愁苦。"[Rouen 1569. I, 1; f. 23]①

　　第一部分最后还明确地说明文章未完待续。另外,从这个地方的文字来看,也不可能有任何被删除的东西。的确,第二部分论述的是灵魂,开始的内容是第一部分对人的研究的继续,而且是对研究原则的补充;这一部分的考查似乎也是必不可少的,唯如此,才能通过比较人的行为和动物行为,使得出的暂时结论得到最终确认;在综合目前为止思考的成果时,作者说:"法则假设人具有某些品质,但是人实际上并没有这些品质;对于古人所说的人的伟大,我们现在看不到任何现实意义,也不见丝毫的伟大。让我们看一看,在我们通过这一法则对上帝和我们的精神所产生的观念当中,有没有什么虚假的东西。现在我们先把动物和整个宇宙放在一旁,专注于我们自己的心,努力发掘是何种内心的原动力让我们做了如此多的不同思考,并使地球上所有的动物,所有的植物有了生命。如果我能够找到这一原动力,通过对这一原动力的了解,我便能够很容易判断哪些动物具有优势,如果我得不到法则所给予我们的关于上帝的模糊而一般的观念,那就必须承认,人已经没有任何资格认为自己比动物高级,而且法则是人的头脑直接杜撰出来的东西。"[I, 8; ff. 105 - 106]②在对人的分析当中,这本来是引入了一

――――――――――

　　① 我们引用的仍然是鲁昂的抄本;罗马数字标明的是论文的部分,阿拉伯数字指的是章节。19 世纪的某个人对抄本作了修改,对于有些修改的地方,我们无法看清原来的文字了。通过阅读格雷诺布尔的抄本,我们才恢复了文本原来的意义。

　　② 我根据格雷诺布尔的抄本[I, f. 132]作了修改,鲁昂的手抄者写的文字从语法上来说是错误的(... et s'il n'est pas possible de le trouver çette idée confuse et ordinaire etc.)。这里所说的法则是指基督教的教条。

个纯粹形式上的分割,可是这个分割却出人意外地以极其坚固的方式将作品的两个部分联系在了一起。

像这一类的情况还有很多。比如,在卫道者提出证实人的本质高于动物的理由当中,作者提到宗教让人"与上帝产生关系"的理由——这是只有人才形成的一种制度,动物是没有的。但是对此,作者又提到了另外一个问题,那就是崇拜是否真的给人某种优先权。他说:"我在后面将可以思考其好处,来看宗教的修行是不是人之所以伟大,之所以优秀的真正标志。现在让我们来看一看吧……"[I, 7; ff. 67 - 68]作者在论文第二部分详细分析了宗教之后,才给出了彻底否定的答复,同时明确提到先前提出的问题:"这就是在前边一些章节当中大肆炫耀自己优于动物的两足生物的政治或者宗教!"他叫道,"政治或者宗教美化了人!让人与上帝产生了伟大的关系!相反我们可以说,他们生活在深深的盲目当中,这不仅使他们无法与上帝在一起,而且在他们的额头上打下了无知的烙印,宗教就像一块令人感到耻辱的蒙眼布,让人们看不到什么是上帝。"[II, 7; ff. 209 - 210]在另外一段文字当中,在批判宗教为了证实自己的必要性而提出的证据时,作者把人定义为最完美的动物,拒绝列出人的全部缺陷,借口说他先前已经关注过这一问题。他用几句话否认了原则,之后又说:"关于人的不完善,我们这里就不详细地列举会让人感到厌烦的细节了,我只需要在心里想想对于地球上的动物所做的思考就行了。"①[II, 4; f. 158]通过这种似是而非的说法,他并没有打算一般性地让我们参阅当时有关这方面的丰富资料,而只是肯定地让我们去看他在第一部分就这一问题所作的论述。

论文的两个部分之间其他互相参阅的地方似乎更加明显。在谈到什么是对灵魂的无知时,作者说:"正如我在别的地方说过的那样,名称对于事物不会产生任何影响,名称并不能解释事物的性质,我们心中所有的,只是名称而已。"[II, 1; f. 109]作者的确在第一部分的最后

---

① 这里的意思是说,人和动物差不多。——译者注

一章谈到过事物与名称的关系问题,强调了科学的虚荣,人的所有知识不是侧重于事物,而是文字。然而,他在强调其语言观的实用特点的同时得出结论:"上帝给我们语言并不是为了让我们发现事物的性质,而只是为了让我们对事物产生形象和现实感,为了向我们明示事物对于我们的必要性。"[Ⅰ,8;f. 104]①后面,在讨论物质的存在时,事情更加清楚。他说,有的人认为物质的存在是上帝影响灵魂的偶然原因:"我们在第一部分的最后一章已经看到,这一原因与人们对上帝应该有的观念是不兼容的。"说到这里,作者立刻又把话题转到幸福的哲学家在神秘的自言自语时所面对的默不作声的上帝,"而且这一原因会让你以一种复合的、从属的方式行动,配不上人之伟大的观念。"[Ⅱ,9;f. 233]他从讲偶然性的地方得出的结论用的几乎是相同的词语,对物质究竟是什么,他已经提出认真的质疑,却没有明确地表达意见,他"认为让物质依附于上帝,好让物质成为我们改变的偶然的或者惩戒性的原因,这是可笑的,因为在人们的心目中,上帝的这一行为太做作,从方方面面透露出人的不完善,说明人习惯了在行动上总是有依赖,而且行动的方式模糊、混乱。"[Ⅰ,8;f. 88]

　　尽管如此,如果是一个精明的编辑者,怎么说也可以很容易地在最终形成的论文中恰当地引入一些说法,把原本风马牛不相及的一些文本拉扯在一起。但是有另一种线索或索引可以为作品的连贯性辩护,这就关乎其学说。第一部分字里行间透出的怀疑论,在后面并没有发生根本性的改变。② 在论文的后面,作者承认不了解灵魂的性质和上帝的本质。另外,哲学家在作品最后所作的思考结果是承认自己完全的无知,整个大自然,首先是他自己的存在,都被他称之为无法冲破的

---

　　① 前一章在谈到语言使人和动物产生的不同时,作者指出:"我认为人的语言并不是一个多么了不起的奇迹,而是一个沉重的负担,窒息了他们所有的思考,让人无法认真地思考他们的知识,人的头脑完全被字词所填满,在寻找所谓的真理时,人只不过是在用字词自欺欺人而已。"[Ⅰ,7;f. 65]
　　② 而且作者在有的地方还提到在论文的第一部分对物质的思考:在谈到人为了证明一个宗教的必要性而提出的一些理由时,作者问道:"我们不是已经看到他们所谓的思维完全成了黑暗和怪诞吗?"[Ⅱ,4;f. 153]

迷雾遮掩。作者在第一部分结尾时提出的关于神性的观念中,上帝被定义为"普遍的存在"(l'etre universel)[I, 8; f. 87]或者"影响到我们所有的人,并只把其无限的一面展示给我们的普遍精神"[I, 8; f. 89],因此,神性的观念在后面便凝聚成一种唯灵论的泛神论,认为上帝就是一切,一切都是精神。这种学说在最前面一些章节的字里行间已经有所流露,作为诚实人的哲学家在对世界的思考当中又进一步系统化了而已。

论文的作者从第二部分一开始便关注灵魂的性质问题,读者看到这一点时可能会感到惊奇,这是不无道理的。但是作者这样做之后,很快便注意到灵魂本身是无法认识的,而且除了灵魂的作用和效果之外,我们也无法判断灵魂究竟是什么。他肯定说:"这种判断已经作出了,我觉得这一判断是最终的"[II, 1; f. 111],这又让我们回到了整个第一部分的思想。而且这一结论并不是什么新鲜事。在他为作品制定的大纲当中,作者肯定地说,为了认识人,他将思考人们所说的人之完美,因为人的内心存在是无法进入的。这只是一个计划。但是在第一部分,当他批判有的人认为只有人才有精神,否认动物也有精神时,他已经阐述了这一点;在这一背景当中,他证明"这种所谓唯灵论的原则,其基础是未知的"[I, 7; f. 76],并因此而强调需要把注意力局限在作为比较对象的存在的行为上:"我们并不是要再一次通过这种假象来考察事物,而是我们应当以效果为准。"[I, 7; f. 81]然而的确,说精神是未知的,并不一定意味着精神就是不可知的,这也正是我们的作者在论文的后面想证明的一点。

我们还可以怀疑作品的大纲是在把各个组成部分拼凑在一起之后才写的。然而,我们很难认真地思考这种可能性,因为大纲是建立在表面上看十分坚实的基础之上的。作者在制定大纲之前,解释了大纲的逻辑。他认为宗教让人不幸,因为宗教不允许人享受激情,而激情属于人的本性,所以人是无法遵守这些戒律的,所以人会害怕受到宗教的永恒惩罚。人还被剥夺了乐趣,永远处在焦虑当中。人无法放弃本性,所以开始有兴趣去审视宗教,如果人至少还想找到幸福的话,而不管怎么说,寻找幸福是论文的目标,这是在前言中就已经说明了的。作者在前言中说:"我的主要目的是建立一种幸福生活的体系。"[f. 11]然而这一观念使宗教命悬一线,即认为人与神性维持着特殊的关系,正因为如此,宗教才说人的本质超越所有的存在物,并认为上帝具有的属性可以证实上帝会特别关照据说是按照他的形象而创造的人。因此作者认为,在考察宗教时,必然会先考察宗教使我们如何想象人和上帝。因此,在这一背景之下,论文的每个部分对于另外的部分来说都是必要的,而且每个部分只有在整体当中,才会具有充分的意义。

　　因此,不管表面看来如何,多种迹象表明论文从根本上是统一的。虽然建立在这些基础之上的房子看起来并不是很稳固。仍然是在谈到对宗教的考察时,作者在相同的上下文中承认,"对宗教进行考察的困难是,顺序要非常正确、连贯,思考中不能遗忘任何重要的东西"[I, 1; f. 22],虽然用词不一样,但这让我们想起对方法理性的担忧。然而应当承认,从方法上来说,论文还是有些待改进的地方。的确,第一部分的论述方法似乎令人相当地不知所措。在第一章,作者列举了根据宗教所说,人在世界上之所以成为独一无二的存在的特点:能够思想和推论的唯灵论原则、人的认识能力、人的预见和鉴别能力完全适应必要的身体结构以及人对地球上的动物和产物具有影响的领域。稍后一些,他还说,宗教把人看成最完善的动物,并认为这种完善是因为人有能力认识自己,认识事物,人有思维的能力,有生活和生活得更好的技巧。我们本来会指望作者详细地阐述每一点,正如他自己说的那样,考察应"遵循法则为我们描述的人及其特点"[出处同上]。既然我们只能通过灵魂的作用及其效果来认识灵魂,而且他认为思维是灵魂最重要的作用,那么考察从人对天空和植物的认识开始,然后再过渡到对动物和对人的考察,对此我们不应当感到奇怪。正是从这里开始,隔阂不知不觉地产生了。因为到目前为止,作者一直是在分析,而从现在开始,作者采取了不同的角度,并从这一新的角度出发,对人和动物的能力及其机巧进行了系统的比较。正是在这一新的框架之内,他阐述了所提出的其他一些标准,①而且也补充了他并没有彻底完成的最初分析,最后又关注了动物的本性,而且承认和对天体、植物一样,他也无法明确地表明意见,只能说动物的一切形态和一切行为都可以使我们得出结论:动物和人从根本上是没有区别的。② 自相矛盾的是,作者在第一部分的最后一章破坏了一切知识的基础,指出一切形而上学的不可能性和数学的无用性,因为从某种意义上说,这些思考是在前一主题的基础之上直接做的,但他的注意力又转移到了他刚刚开始考察的另外一个领域。

因此,我们的作者交替使用两种不同的方法来思考提出的问题,这对文章的连贯性造成了损害。他本来应该先分析宗教使人具有的各种品质,对这些品质进行批判,或者从其本来的意义上分析这些品质,然后再指出人其实并不比其他动物更加优越。在他提出问题的前一个文本当中,这种方法似乎是必要的。但是他也可以像后面一个文本所要求的那样,从最后开始,并由此展开所有的分析,包括从逻辑上思考人在认识的方式、知识的数量和质量上与动物有何不同。作者在最后一章只是这样开了个头。第二种途径无疑从形式上更加复杂,但也能更快地引领我们走向目的。作者之所以没有采取这一途径,肯定是由于他想强调对认识论的思考的重要性,突出作为这一分析基础和最终结果的怀疑论。然而,在方法上的犹豫和猜疑也许并没有削弱他在第一部分的分析之后得出的结论,可他的分析本身却变得模糊、混乱、缺乏内在的联系。

而且论文当中还有很多相互矛盾的地方。作者既然不能否认这些

---

① 他抛弃了人对动物和地球上的产物绝对的掌控[第 6 章,"人与动物在力量、勇气和灵巧方面是平等的"],指出,动物的身体结构更合理,能够更好地耐受大自然的考验[I, 7; ff. 68 - 70],还认为,人的预见性被大肆夸耀,但是这种预见性却给人带来了无数的忧虑和灾难[I, 7; ff. 70 - 71]。

② 第一部分第七章最后几页就是用以阐述这一思考的。

矛盾,便想在前言中努力弥补。他认为有些矛盾是由于阐述的学说本身是新的,以及所使用的见证不适合发现的新现实。因此他有时很抱歉地认为,与自然同一的上帝具有传统神学中人神同体的属性。他确认:"对事物的基本实质,我的说法并不是自相矛盾的。同样的思想放之四海而皆准,并在我的一切思考中引导着我。虽然从外在的方面来看,我的说法有时候是互相矛盾的,这种表面上的矛盾是因为我在表达新的、不同寻常的思想时缺乏需要的词汇。在第二部分的第四章,我指出,才智、智慧、能力、善意、无限性、正义以及人们赋予上帝的很多其他的属性都是纯粹的幻想。然而,我又不能不使用这些词语,而且是从完全的、一个睿智的人很容易理解的意义上来使用。"[ff. 2 - 3]①当然,读者可以怀疑,这一矛盾的根源也许是由于作者思想贫乏或者不会表达自己的思想,是作者的文本调整得不好,把产生于不同思路的东西放在了一起,这在地下论文中是常见的缺点,即使是名声很好的论文也难免这种缺点。但是,这里的似是而非是一般无神论的资料有意培养出来的,因此,我们不能不加分析而指责论文的作者粗心大意或者疏忽。

前言中指出的其他矛盾之处——让人以更加深刻的方式,对作品的一致性提出了质疑——对此,作者是想极力弥补的。"我还以无可辩驳的方式摧毁人的自由",他补充说:"可是在第二部分的第八章,通过我提出的有益的建议,我似乎是在证明人的这种自由。我不曾有别的办法,到了后面,你们就明白为什么了。"[f. 3]的确,他在第二部分开始处的"告读者"中说:"要想理解作者的思想,必须特别关注阅读第二部分的第八章;这一章似乎与第三章'论自由'是矛盾的,而实际上根本不矛盾。在第八章'幸福的哲学家'当中,我们阐述的是作为诚实人的哲学家所应有的品质,我们并不奢望提供让人成为诚实的哲学家的准则……"[f. 108]②然而,这一矛盾导致了作品的不连贯,而且这也是

---

①　这里指的实际上是"第二部分"第二章,题为"神圣的属性",而格雷诺布尔的手抄者则写成了"我在第一章中已经指出"。[f. 2]

②　这里指的是第二部分的第三章。

作者正式承认的唯一一处使作品缺乏一致性的地方。的确,在为论文作结论的那一章,作者很高兴摆脱了偏见,并生活在十分平静的状态:"这种状态多么值得爱和羡慕啊,"他感叹道:"生活在这种处境里的人是多么幸福啊!只是到了最后一章,这个难得的人物才出现,他的真正的、可以看得见的功劳,就是让我有机会对诚实的哲学家令人赞美的品质进行了一些思考。"[II,10;f.240]然而,他是在分析宗教的结论中,勾画出了第一个幸福的哲学家的肖像,以面对普通人的苦难:"最后,地球上有那么多王国,那么多省,那么多城市,难道这些地方是为了容纳灾难才建设起来的吗?"他问道:"在这种监狱里,我们能不能看到几个更加幸福、更加高级的两足动物,精神足够睿智,能够承认这一政治,超越那些可笑的准则,并生活在精神的独立之中,发现秘密,为自己建立一个体系,能够幸福生活,做一个完全诚实的人?(……)"[II,7;ff.210-211]我们觉得,作者似乎已经明明白白地承认,论文开始时的结构是不包括最后三章的。①

最后,前言的作者还间接地让读者注意作品最显而易见的裂痕,也就是作品第一和第二部分之间的裂痕。在作最后的总结时,前言的作者说:"在第三章,我好像推导出了一切人文科学的基础,而人文科学是高于宇宙学和动物科学的,但我又无意倾向于专门怀疑一切的皮浪主义。"[f.3]②我们能不能相信,有那么一个编者,对为了保证论文各个不同部分之间的统一而巧妙地散布在文中的伏笔感到不满意,而且认为第一部分的结论公开持有的怀疑论有可能会让读者觉得第二部分

---

① 从这一角度来看,引文应是论文的最后几句话。后面的文字让我们很清楚地看到这一点:"对于精神和人心来说,令人着迷的,是不用去承担虚伪的高尚事业,永远不会被逼去听两足动物骗人的声音和法则,除了明智的爱提出的准则之外,不用遵循任何其他的准则。这种温馨是多么迷人啊。"况且,对在这一章和前面考察宗教的章节论述的主题所作的简单回顾,为这种结构的论文的第七章作了总结,更进一步加强了观点:想把后来补充的文本联系起来的痕迹太明显了。

② 格雷诺布尔的抄本[f.3]给人的感觉一样,虽然文本似乎写得并不好,的确,我们本来希望听到说:"人文科学高于一切宇宙的知识……"有关的章节在"第一部分"。但是手抄者犯了一个错误,第三章讲的是"植物"。显而易见,前言的作者说的是作为最后一章的第八章,这一章的题目是"智者的矛盾或者他们所谓的知识无法穿透的迷雾"。

是多余的,想证实整个第二部分存在的理由,所以才说了这些话呢?

未能出版的作品:一些新的资料

经过对作品的分析,我们的结论是,作品具有拼凑的特点,手稿作者没能消除文章中的矛盾和是非不清之处,虽然作者作了仔细的说明——在这一领域,这样的说明并不常见。1715 年一个名叫德洛博(Delaube)的人给荷兰出版商李尔(Leers)写了一封信,使我们对这篇论文的理解豁然开朗。①

> 　　先生,您也许会感到奇怪,我们并不相识,我却为一件小事给您写信。但我相信,当您得知我出于对您的正直品德的完全信任,才想委托您办好这件事,您的惊奇会转成愉快的。我有一份手稿,也许在我所处的国家印出来会很危险。我的朋友劝我在其他国家把它印出来,为此,我向您所在城市的几家书商打听过,在他们所提到的人当中,我更愿意选择您。所以我才给您写信。先生,我相信您是个十分正直的人,能够为这件重要的事保守秘密,审慎处理。
>
> 　　请注意,先生,世界上有很多作者,图书馆里也装满了图书,可是其中没有一本书以改善人的精神、让人在这个世界上尽可能得幸福为目的。那些无益而晦涩的科学,不管是靠不住、矛盾的历史学,还是不完善、没有结果的道德学说,看完以后,我们的头脑和以

---

　　① 我复制了莱顿 Rijksuniversiteitsbibliothek 图书馆马尚的藏品 ms. March. 2 中保存的作者亲笔信。参见信:《从里昂寄给鹿特丹书商李尔先生》(De Lion / A Monsieur / Monsieur Venir [*sic*] Leers / marchand libraire / A Rotterdan)。March. 66 手稿包括德国人,也就是马尚(P. Marchand)的受遗赠人对这封信的亲笔抄本,题目是"一份不恰当的大纲,计划的是一本更加不恰当的反宗教的书"(Programme impertinent pour un livre plus impertinent encore contre la religion)。我们在信封上看到"为什么要出版一本主张取消宗教的书"(*Argumenti libri edendi de religione abolenda*)[详见贝克文-斯特夫林克(C. Berkvens-Stevelinck)的《普罗斯贝・马尚收藏的手稿目录》(*Catalogue des manuscrits de la collection Prosper Marchand*,Leiden,1988),p. 112 et 7]。感谢博特先生提醒我注意到原件的存在。

前一样，仍然空空荡荡，不知所以。因为读这样的书根本不能清除我们内心不安的根源，反而通过不断增加的新偏见而进一步强化了我们的不安。人之所以六神无主，是由于人对死亡感到恐惧。在两种永恒的对立之间要作出取舍，是使所有的人都感到害怕的事，这使他们内心总有一场无休止的战争。这种无法克服的负担压抑了生活的乐趣，破坏了生活中的温馨。

这种精神的不幸状况使我经常在内心寻找其根源，同时也寻找医治的有效办法。为此，我深入地思考了人的本质、人文科学的特点，思考了上帝和宗教的特点。所有这些思考都取得了很好的结果，因为我得知人是动物中最愚蠢、最无知的，所有的人文科学都只不过是愚弄人心，是人们自鸣得意，上帝根本不像宗教所说的那样。地球上所有的宗教就是使我们感到不安的源泉，因为我们把它们当成真正的宗教，而实际上宗教只不过纯粹是政治，与另一个世界根本无关。人们所犯的这个普遍的错误，这一致命的偏见导致并维持了我们的不安，并在精神和肉体之间引起无休止的战争/1/，一直到坟墓里才会停息。先生，我在这里所说的，是作品当中阐述的一个永恒的真理。这一真理不是建立在传统、历史之上的，也不是以经院哲学的语言为基础的。这是谎言和无益争执的三个取之不尽的源泉。我回避这一使本世纪的学者经常遭遇沉船事故的暗礁，并从人所共有的纯粹的理性之光中得到真理。

所有所谓神圣的法则都把人看成最为完善的动物。只有通过愚蠢的教育才能证明人优于其他动物的完善。这些法则认为人的优越性是宗教的第一原则。人相对于动物的优越只能来自其特殊的启蒙，其现世的幸福，我通过论据证明，人是最无知、最不幸的，因此人没有任何优秀的地方，从而可以占据优越的地位，或者可以让我们不得不承认人具有更加高尚的性质。我在后面又指出，宗教给予我们的关于神性的观念是错误的，是骗人的，配不上被称为至臻至善的存在，我发现有更加高尚，更符合神性的不可言喻的神圣特点。因此我得出结论,地球上的所有宗教让我们觉得人是如此高尚,如此虚伪,让我们觉得上帝是如此下流,如此具有欺骗性,宗教都是人造出来的,都是纯粹的政治,只是为了维持社会才需要的政治。我的思考并不局限于此,我还考察了宗教,考察了宗教的特点,宗教根本上的、显而易见的缺陷再一次让我得出结论,宗教与上帝的观念是绝对不兼容的,只不过是人和有野心的立法者杜撰出来的东西。

到目前为止,先生,我致力于清除我们在不断接近另一个世界时恐惧产生的根源,争取难得而珍贵的精神平静,以面对未来的命运。要想生活在完全的平静之中,更进一步地,除了来世的安宁,要想生活得幸福,我们还要有一个完全正直的人的名誉。如果没有这一名誉,只有另一个世界的安全也是永恒的财富,这我是承认的,但是其中还有无数的忧虑,而且如果没有这一安宁,只有正直人的名誉,那这种财富也是会发生变化的财富,里面间杂着不断的苦涩。因此,要想生活得幸福,这种双重的境况是绝对必要的。这种境况具有那么大的魅力,那么强有力的吸引力,因此只要我们自爱,便不得不屈服于它。/2/因此,在使精神获得不受宗教威胁的平静之后,我致力于找到一种办法,能够使我们面对此生的变故,让我们在一般情况下能够赢得别人的爱和尊重,同时迎合世人的规则。这正是一个完全正直的人应有的特点,我描述了这样的人的各种状态,最后又思考了我们应该用什么样的办法来对待这一世界,以及我们如何从这个世界过渡到另一个世界。

先生,这就是作品简短而混乱的大意,您大概不难理解。这种体系并不是一般人能够理解的。要想摆脱偏见的束缚,需要力量,需要精神的睿智,而使宗教得以维持的,正是这些偏见。要想深入地了解人心和人的本质,需要有多么强的洞察力啊!灵魂要有多么高的高度,才能够认识神性的虚假属性啊!正是这些虚假的属性,成了所有宗教的借口。一般平民没有如此的高度,没有时间思考自己的错误,也没有胆识承认自己的错误,平民就是平民,注定了要在地上爬,要永远忍受宗教的枷锁,这就是平民的命运。只有某些精神优越的人才能完全地进入该体系,这一体系的宗旨是让人生活得更加幸福,因此,从外部形式上符合人们所处的宗教崇拜环境,以不丧失百姓对我们的信任。平民一般把那些不信宗教的人看作无神论者,是邪恶的人,尽管这些人是世界上最为正直的人。

使这部作品显得十分珍贵的,有四点:我认为作品文笔新颖,独辟蹊径,因为我是以我自己的材料进行研究的;主题之重要前所未有,无疑可以促使所有学者了解这种与他们休戚相关的题材;作品文笔优雅、高尚、紧凑、感人;最后是内容丰富,可以印成十二开本或者小八开本。前三个优点应能使这本书为本世纪所有的学者所知,而且小开本印刷可以从很大程度上为此作出贡献;大开本总是出版者和公众的负担,读的人不多,书又卖不出去。这本书大小合理,正适合一般懒惰的人手持,书中没有无用的文字。只是思想正确,基础还不够坚实,还算不上重要的新作。这是行家里手的判断。假设这部作品正如我所描述,甚至超越您的期望,先生,请您告诉我,如果您打算印刷这本书,并在这个国家为我指定一个审稿人,/3/一个有智慧、精神优秀的人,与我一起审阅这本书,然后根据他给您提供的报告,我们再采取秘密的措施,达成一致。希望您不会怪罪我这封信的冗长。我认为有必要让您从某种程度上感觉到这一手稿的重要性,您再自己作出判断,并作出正确的、迅速的决定。

很荣幸向您表达我的敬意和忠诚。

您的谦卑顺从的仆人

德洛博

1715 年 8 月 13 日于里昂

德洛博向李尔提议要出版的作品不是别的,正是《对宗教和人的认识的道德和形而上学思考》。首先,他勾勒的大意符合论文的总体结构。在论文的结构上,宗教传播的"人是最完善的动物"的思想[Ⅰ,1;f. 22],是以教育的偏见为基础的,①由此而来的分析也得出结论,人"是动物当中最愚蠢,最不幸的"[Ⅰ,8;f. 105],因此"根本没有资格认为自己优越"[Ⅰ,8;f. 106]。然后,作者以同样的方式否定并抛弃了宗教赤裸裸的神人同形说,阐述了一种关于上帝的观念,并在好几个地方说这一观念是"崇高的",而且是一种否定的观念,与德洛博称之为神性不可言喻的特点相呼应,因为神的性质被认为是不可企及的,无法被人理解。他还分析了宗教为证实神的形成而提出的理由,并从分析中得出结论:"宗教是人杜撰出来的东西。"[Ⅱ,4;f. 169]正如德洛博的描述一样,作者在这里展开批判了"宗教的缺陷"(这是作品第一章的题目),并由此推论:"人们对上帝的观念与宗教的必然性根本不相容,宗教的准则总是令人感到耻辱地贬低神性。"[Ⅱ,5;f. 173]我们的作者也相信这些准则不过是"纯粹的杜撰"[Ⅱ,5;f. 181],是"维护社会必要的政治"[Ⅱ,7;f. 203],是有野心的立法者编造出来的,想通过这些准则让属民百依百顺。况且作者有一章的篇目就是"宗教之政治"。最后,他还描写了"一个幸福的哲学家的特点",说这是智慧的模式,"不管是贫穷,还是富有,不管是做生意,还是在上流社会,不管是从军,还是当法官,不管是否拥有世俗的和宗教的各种尊严"[Ⅱ,8;f. 212];作者还在论文的最后两章重复了他的思考,一章的篇目是"应该用什么样的眼光看待这个世界",另一章是"另一个世界的人们

---

①　作者在前言里就已经提出了这种学说:"年轻的时候,我们遇到了开始在世界上为我们指引道路的亲属和老师。"他写道:"也就是说,这些人把他们从父母那里继承来的偏见传给了我们。我们未加审查,甚至根本就没有能力审查,便接受了这些偏见。我们似乎被错误浸透了,而且一辈子便在偏见和陌生的观念当中没完没了地转圈子,又小心翼翼地用这些东西把我们的后代包裹起来。"[f. 14]在谈到别的问题时,作者又回到这一学说上来,比如他说:"这种本性上的优越(与动物相比,人的优越),是宗教的基础,这种优越完全是想象出来的,只是来自童年时对我们进行教育的那些人给我们留下的印象。"[Ⅱ,4;f. 160]还可参见:ff. 164,174,194。

应当有什么样的安全感"。

他采用的方法再一次让我们想到德洛博自称遵循的思想方法。他也蔑视书本知识。他怀疑科学,抛弃学者的行话:"有的人需要拿这些东西混饭吃,"他在前言中说,"也有的人需要这些东西维持徒然的名誉,以为有了名誉,他们便与一般人不一样了。"[f. 7]这种判断在后面并没有改变。他说他不愿意"让历史完全地失去威望",但是也不得不注意到其不确定性,这种不确定性由于"作为历史学家的两足动物的无知和矛盾,他们一般在写作时,只依靠回忆,而回忆受制于各种各样的偏见"[II, 4; f. 176]。但是,他尤其批判的是那些"讲虔诚和道德的书":"这些书永远不会从正确的方向深入题材。"他指出:"这些书所宣称的宗教是偏见得以存在的基础,并能神奇地加强古老偏见的起因,让人处在永恒的混乱之中,只要人们一读有关虔诚的书,这些偏见便在人们心中不断地发酵。"[II, 10; f. 240]因此,他的作品不是以传统和历史为基础的,他觉得传统和历史是宗教最为坚实的支撑①;他的作品也不是按照经院哲学的方式写出来的,他说经院哲学"三段论的思维似是而非",而且"总是假设一些原则,但又并不能够证明"[前言, f. 2]。正如德洛博在信中提到的自己的做法那样,我们的作者也不得不"退隐到精神的孤独之中"[同上述引文],"进入到自己心中"[I, 1; f. 17],在考察时不使用其他工具,只用理性,正如他所说的那样,理性是大家都可以用的一种工具:"理性和自然是唯一的,"他写道,"而且在各个民族都是一样的,理性和自然在各地使用的都是同样的语言,对于生活中必不可少的事物从不自相矛盾"[前言, f. 12]。

我们在德洛博的信中还发现一些论文中所使用的词语的影子。比如"对另一个世界的恐惧"[II, 8; f. 212],②在"如此相反的两个极端

---

① 作者写道:"以历史、传统和全体人民的信仰为基础的轻信,其原因对于所有的民族来说都是一样的。"[II, 4; f. 164]

② 作者还使用了"对另一个世界的恐慌"[II, 7; f. 197],并在好几个地方讲到"恐惧"和"恐慌"。

之间的取舍",其中的一个极端允诺了无限的幸福,而另一个则用永恒的惩罚来威胁[前言,f. 10],①说那是一场"没有尽头的内战",或者"肉体和精神,自然和偏见之间造成了人的一切不幸的内战"[II, 8; f. 229]。两个文本之间是如此相似,我们可以看到,信中有整段整段的文字与论文中完全一样。比如,我们可以比较信中解释作品的主体向附件过渡的那段文字(论述诚实的哲学家的附件)和匿名作者在论文结尾处对圣贤的幸福条件的描写。作者说:"本作品的宗旨是如何让人生活得幸福,我给出能够达到这一极乐境地的不二法门;不仅仅让人的精神在面对死亡之时保持平静,而且要享有一个完全正直的人的声誉,如果只享有对另一个世界的安全感,而没有正直人的声誉,那只是高兴和忧虑的混合,只有声誉而没有对另一个世界的安全感,那是混合了苦涩的幸福,而我们要在尘世间享有极乐,精神就必须拥有这种双重的境界。这种学说的魅力是如此之大,对人的吸引是如此强有力,只要人还有智慧,还有自爱,那就一定会接受它。"[II, 10; ff. 244 - 245]②德洛博还引用这段文字后面的内容,以让李尔放心,说这样的学说不会对社会产生很大的影响,因为掌握这一学说的,只有少数学者。我们在论文中可以看到:"人民既没有时间,也没有必要的能力来阅读和理解形而上学的作品,人民就是人民,而且人民会永远忍受宗教的枷锁,只有某些有文化的人,或者生来便有洞察力的人才有机会和能力完全地理解这一作品,而且只要这些人理解了作品,他们就会成为值得社会信赖的人,成为值得公众相信的人,成为具备了无数品德的人。"

---

① 论文的作者在讲到人无法彻底从自己的偏见中解放出来,却又不得不违反偏见的状态时,再一次使用了同样的说法。

② 在论文中,我们还可以找到这一段文字后面内容的影子。在谈到"幸福的哲学家的特点"一章的开始处,我们看到有这样的文字:"这个智慧的人对另一个世界的恐惧已经有着平静的心态,他下定决心让自己做好准备,克服一切杂念,以便在余生保持完全的平和。"[II, 8; f. 212]作品的前言中还提到让人"对今生的事故"[f. 11]保持平静心态的办法。此外,作者还谈到自爱,当然,这种自爱使得"每个人为了能够得到其他人的爱,要主动去寻求他所喜欢的东西"[II, 6; f. 189]。

[II, 10；f. 245]①

我们应该从这些资料当中得出什么样的结论呢？可以肯定的是，《对宗教和人的认识的道德和形而上学思考》有可能是一个名叫德洛博的人写的，而且论文1715年便已经存在。不管论文是如何写出来的，我们所看到的只是后期的抄本。总而言之，作品总体的大纲，尤其是作品的逻辑、作品本身的结构，都说明组成论文的两个部分不大可能曾经分别流行于世。但是作品形式上表现出某种不连贯性，而且有些矛盾之处作者本人也没有想要否认，这就让人怀疑，也许并不像他对李尔所说的那样，论文来自他自己的收藏。德洛博鼓吹论文的文笔优雅，这种说法并不适合用来形容一本拼凑起来的作品。当然，在这一点上，我们不一定非要赞成他的说法，但是他说论文有独创性，这是我们不得不同意的。虽然在他编撰这篇论文的时候，泛神论远不是难得一见的东西，他认为神是广袤无边的，而且简单地表现为精神，他把这样的神和宇宙视为同一。马勒伯朗士的偶因论已经使笛卡尔的二元论变得虚弱不堪，而他的观点则把笛卡尔学说的二元论从最后的阵地上驱赶了出去，这无疑是独创的见解，不管我们对这一学说的实质作何判断。不过，论文实在是太复杂了，论文中还谈到其他主题，从科学的虚荣到对宗教的批判。而且严格说，德洛博并非不能利用从别人那里借来的题材，经过巧妙的安排，表达他的唯灵论的泛神论——在编撰地下论文的圈子里，这一般是为人所惯用的伎俩。另外，写给李尔的信有一部分就是用论文中一些现成段落组成的，但不管怎么说，论文中的假设只是假设，而这封信并不是为了揭穿这些假设。

还要解释抄本中论文的日期何以那么晚。德洛博向出版商的游说

---

① 论文的作者在前言中已经警告，必须在智慧上和道德上有一定的水平，才能够理解他的思想的意义："为了完全理解这些思考，要有睿智的、有洞察力的、自由的、完全无私的精神；与偏见斗争，摆脱偏见的枷锁是最困难不过的；不管是为了与偏见斗争，还是为了摆脱偏见的枷锁，都要有很大的勇气，很强的精神力量，很高的灵魂高度。一般的人没有这些品质，因此，由于他们的缺陷，一般的人无法从自己的怀疑中得到明示；只有某些特别享有优势的人才能够领略这些新的思考，并从中得到我们提出的一切好处。"[ff. 2-3]关于整个地下资料中的这一问题，详见后文《启蒙与地下手稿中的精英主义》。

并没有取得结果,因为李尔于 1914 年 11 月逝世。然而,他的信还是到
了普罗斯佩·马尚的手中,也许是李尔直接转给他的,也许经过了李尔
的朋友加斯帕·弗里茨(Caspar Fritsch)和米卡埃尔·博姆(Michael
Böhm)之手——从 1709 年开始,加斯帕·弗里茨和米卡埃尔·博姆便
收购了李尔的出版社。① 似乎这两个人对出版这本书没有兴趣,原因
似乎是德洛博对论文的介绍中透露出批判宗教的激进态度,或者是出
于经济或者其他方面的原因。② 我们可以猜测,经过这一失败之后,德
洛博便把论文收了起来。他意识到,散布作品中的思想会有危险。他
在论文中提及僧侣和一般的修道士反对揭示真理时,简单提到过这种
危险,因为真理从根本上会伤害他们的利益,"这样一来,"他归结:"本
作品的思考把他们的秘密揭露无遗,如果他们知道了,这本书会惹起他
们的愤怒和怨恨,或者受到他们的诅咒。"[II, 7; f. 204]而且他向李
尔强调,他们的关系必须审慎和保密。从这种意义上说,《对宗教和人
的认识的道德和形而上学思考》是他的遗作。③ 在这种情况下,抄本上
出现的日期便是论文流行于世的日期,④也许由于德洛博在信中说的
一些"行家"⑤特别看重他的才智和作品,打算通过这种方式维护他在
后世的名声。⑥

---

　　① 详见朗高斯特(O. S. Lankhorst)的 *Reinier Leers (1654 - 1714)*, *uitgever en boekverkoper te Rotterdam*, Amsterdam et Maarssen, APA-Holland University Press, 1983。

　　② 麦凯纳(A. Mc Kenna)的勇气要更大一些,目前正在准备出版这一作品。

　　③ 而且这也并不是个案。我们知道让·梅利埃的《回忆录》遭到的命运。另外,将近世纪末,霍尔马赫写道:"众人皆知的是,几年来出现的所有这一类的作品,都是一些伟大人物的秘密遗作,他们在有生之年不得不深深地将光明隐藏起来,躲开疯狂的迫害,在他们死后,他们的思想才得以流传于世……"(《写给欧也妮的信,或者防护偏见的措施》,伦敦,1768年,告读者,第 11 页。下划线是原作者加的。)

　　④ 鲁昂抄本中论文两个部分标注的不同日期,可以解释为手抄者在心理上常常自认为是作者:手抄者想代替作者,所以改变了第一部分上的日期和地点,到第二部分又忘记了自己的作者身份,又成了手抄者。

　　⑤ 就我们目前所知,马尚及其朋友都没有对论文的传播起到任何作用,我们不能证实他们最终得到过德洛博的手稿。

　　⑥ 在前言中,作者劝告胆小的人不要碰这份手稿,"万一这本手稿落入他们的手中"[f. 11.下划线是我加的],这有可能让我们认为作者本人就想让论文以这种形式流行于世。这是作者唯一一次用"手稿"这个词来谈到自己的作品。我们因此也可以冒险说,这个词不是作者使用的,而是在流行的过程中被人加进去的,也许整个前言都是这样加进去的。

地下资料中的德洛博

不管怎么说,德洛博始终默默无闻,这是显而易见的。我们对他的了解仅限他在作品中谈到的自己。[①] 在前言中,他讲过自己的学习,但也只是泛泛而言,因为他尤其想告诉读者的是他的意识形态和知识特点:"我从年轻时候便开始学习哲学,一直用心地学习到成年之后很久。然后我又学习了神学以及一些其他科学。在这期间,我有幸从来没有因为顺从或者嗜好而接受某种观点。我始终想深入研究一切事物,对一切事物都想有一个明确的观念……"[f. 1]他怀疑现有的知识,一切都要经过自己的考察,这在一开始便表明他与笛卡尔的思想有相近之处。稍后一些,他又说到自己对人的本性的无知,这种无知是"我在人们当中学习了那么多年,思考了那么多事情之后的结果"[I, 1; f. 16]。而且他还证实,他"通过经验"了解经院派学者教条主义思维的缺陷[前言, f. 2],对于一个自称花了很多时间学习哲学的人来说,这是自然而然的。从这些文本当中我们能够推断出来,这份论文是德洛博在十分成熟的年龄写的。[②] 虽然还需要肯定在写下这些文字的时候,作者是否的确通过哲学家之口讲述自己个人的经历。

然而,德洛博似乎还写过其他在地下传播过的论文。在抄本最后补充的一个注释中,作者对读者说,要想从神学的角度去考察《对宗教和人的认识的道德和形而上学思考》中以哲学的方式论述的主题,必须阅读"托朗(Tholand)、单达尔特(Tindhalt)、托马·布鲁恩(Thomas Brouun)、博兰布鲁克(Bolinbroke)、休谟(Hume)这些人的英语作品"以及"他的手稿",然后他列出了几个篇目。只是,这些手稿的目录在

---

① 我们在里昂找寻过,结果一无所获。
② 详见 II, 10; f. 257:"因此我是这样看待我的上帝的",幸福的哲学家在阐述了自己的观念之后说:"我的身体正在强壮的时候,我的精神也正处在锐利的时候。"

每个传抄者的笔下都不相同。鲁昂的抄本援引的是"斯宾诺莎的法文本《神学政治论》,基督教分析和第三份题为"rel：chret"(基督教研究)的手稿。在格雷诺布尔的抄本当中,除了斯宾诺莎的作品之外,还有"另一本作品,题为关于宗教的真理文集","第三本,题为哲学日课经"。应当相信,这个注释是手抄者加上的,而且无论如何,即使注释在原作当中已经有,手抄者也认为可以随意更改,所以就现在的状况而言,我们很难识别作者本人援引的论文是哪些。然而,最后一个手抄者提到的"文集"和"日课经"分别包括《基督教分析》(*la Religion Chrétienne analysée*)① 和《基督教研究》(*Recherches sur la religion chrétienne*)。② 这一情况非常值得关注。因为两份抄本在这里提到相同的论文,虽然两个手抄者中有一人把目录展开抄录了。同时,这一细节使得抄本的归属显得可信了。

然而,透过这些论文之间的联系可以看出或多或少的蛛丝马迹。《神学政治论》和《关于基督教的研究》之间的关系便很清楚。的确,在斯宾诺莎的以手稿的形式地下流传的不同译本作品当中,注释的作者无疑想说的是与鲁昂的抄本中德洛博的《对宗教和人的认识的道德和形而上学思考》装订在一起的译本。然而译本上的签名是"j. f. p.",而且译本是不完整的:"因为我只想阐述宗教的基础,"译者在前言后面的"告读者"中解释,"所以我只特别关注了与此有关的一些题材,放弃了斯宾诺莎穿插进去的所有政治话语,以及我认为与我的主题无关

---

① Grenoble-B. M. 331,《真理文集》,包括第一部分,《基督教分析论》(*Essai d'annalise de la religion chrétienne*)。Grenoble MDCCLIX；第二部分,《现代塞尔斯或者对耶稣基督的思考(*Celse moderne, ou reflexions sur Jesus Christ*),格雷诺布尔,1759 年。更多人知道的题目是《论耶稣基督》(*De Jésus Christ*)和《对〈新约〉的批判考察》(*Examen critique du Nouveau Testament*)。

② Grenoble-B. M. 740,《哲学日课经》(*Bréviaire Philosophique*),其中包括:第一部分《灵魂起源的性质以及上帝存在的研究》(*Recherches sur l'origine et la nature de l'âme et sur l'existence de Dieu, Par J. Byar, Bengerol*, 1770),其中 Byar 和 Bengerol 两个词分别是 Raby 和 Grenoble 的改写;第二部分,《基督教研究》(*Recherches sur la religion chrétienne, A Grenoble*, 1770)。

的最后一些章节。"［Rouen-B. M. 1569, f. 9］①然而,他还是觉得应当把刊登在《遗作》(*Opera posthuma*)上斯宾诺莎与奥尔登堡(Oldenburg)关于《神学政治论》的通信,以及"霍特维尔(Houteville)神甫反驳斯宾诺莎的系统当中关于耶稣基督复活的意见(第二卷第十三章事实证明的基督教)"补充进去。② 但是,《基督教研究》大部分是对霍特维尔神甫 1722 年出版的《事实证明的基督教》的回复。更能够说明问题的是,在《关于基督教的研究》的一个抄本上,说这部作品是"J. F. Priere 所作"。③ 这已经是我们怀疑这些论文不是出自德洛博之手的理由了。

尽管如此,在后一篇论文和《对宗教和人的认识的道德和形而上学思考》之间,我们发现了一些相似的片段。作者本人也试图说明作品中为什么会有一些矛盾,④奉劝胆小的读者不要再读下去了,⑤并宣扬精英主义。⑥ 正如斯宾诺莎的《神学政治论》一样,《基督教分析》、《基督教研究》涉及如何从历史的角度考察宗教。⑦ 这种历史学的方法

---

① 译本的篇目是《神学政治论,包括一些论述,证明让人们自由地思考哲学不仅无损于群体的和平和虔诚,而且没有这一自由,群体的和平和虔诚是不能存在下去的》(*Traité Theologo Politique , contenant quelques dissertations , dans lesquelles on démontre que la liberté de philosopher non seulement peut s'accorder avec la paix de la République et la piété ; mais encore que la piété et la paix de la Republique ne peuvent subsister sans cette liberté.* Traduit du latin, par j. f.. p: A Hambourg, chez Henri Kunrath, 1672)。

② Grenoble-B. M. 741。保存的译本抄本当中没有这两个附件。论文也说是由"J. F. P."翻译的。

③ Grenoble-B. M. 330。抄本上标注的日期是"1749 年,格雷诺布尔",题目略有改动:《关于基督教的思考》(*Réflexions sur la religion chrétienne*)。

④ 他写道,那口气如同《思考》的前言一样:"我之所以有的时候显得有些自相矛盾,请读者不要惊奇。矛盾只是表面上的,因为我有时候不得不采用天主教教徒、新教教徒、犹太教教徒、穆斯林、异教教徒、自然神论者的语言(所有这些教派都是互相矛盾的),我只是以引申的方式利用这些人的语言。"［Rouen-B. M. 1570, ff. 15 – 16］

⑤ "如果这一手稿落入一个习惯了偏见的枷锁的人,而且还是一个对戴着这种枷锁感到很满意的人之手,"他很善解人意地说:"我奉劝他还是读完这段前言就算了,不要再读下去了。"［f. 16］

⑥ 比如他说他的作品是"写给自己和几个朋友看的,想让朋友们避免十分无味的研究过程"［f. 15］。在论文的最后,他再次声称,他的论文只适合哲学家看,不宜落入百姓之手［ff. 242 – 243］。在这些地方,他用的一个说法与《思考》中的说法完全一样,德洛博在写给李尔的信中也毫不犹豫地使用了这种说法"百姓就是百姓……"［f. 242］

⑦ 《基督教分析》和《基督教研究》在共同的部分表现出相同的思路,因为后一篇论文对《旧约全书》并不感兴趣。另外,这些作品还有一些间接的联系。《基督教研究》的确包括很多取自《论耶稣基督》(*De Jésus-Christ*)的段落,或者也许取自两者共同的源泉。然而,这一论文与《基督教分析》一起组成了《思考》的手抄者之一所说过的《真理文集》(*Recueil de vérités*)。

在最后一篇论文中表现得尤其明显。作者在前言中说:"关于基督教的作品很多,反对基督教的作品却难得一见:我们只看得到从思维的角度驳斥基督教的一些文章。这是因为资料匮乏! 应当考察上帝是否说过什么。这是一切的关键。因为如果上帝向人揭示过其意愿,人的理性又怎么能与万能的上帝作对呢。"[Rouen-B. M. 1570, f. 14]这些话来自霍特维尔神甫写的文章。他接受了霍特维尔的前提,在霍特维尔的阵地上与他战斗,所谓以其人之道,还治其人之身,也像霍特维尔神甫一样,相信"唯一能够让理性之人有所决断的,是事实"[f. 11]。这又一次证明德洛博没有改动过这篇文章。① 否则,一方面他在考察中强调事实比教条优先,也就是说,历史比理性优先(或者说历史比形而上学优先);但另一方面,在《思考》当中又明显不赞成这样的判断,这两个方面该如何协调呢? 当然,他也是会变化的,至少他有时间发生变化,因为据说出自他之手的这些其他论文似乎都是四十年之前写的。但是,除非这一情况足以最终否定了据认为论文是出自他之手的根据,我们难道真的能够相信他否认自己的第一部作品,把自己新写的文章说成是对第一部作品的否定吗? 我们能够认真地想象,自称揭开宗教隐秘性质的德洛博,能够写下《基督教研究》前言里的这些话吗? "到目前为止,还没有出现任何批判基督教的本质,否认基督教的神性的作品。"[f. 14]我们能够同意论文作者这种无所谓的态度吗? 作者以迎合的口吻将没有个性的作品展示在读者面前,②又自称具有独创性,而且《对宗教和人的认识的道德和形而上学思考》的字里行间也常常流露作者想别出心裁,不管是真是假。因此,应当相信有个不那么聪明的手抄者,注意到两篇论文之间具有相似性(推而广之,这个手抄者知道或者疑心有可能出自同一个人之手的一些论文之间具有相似性),便认为可以暗示,这些论文都出自同一作家之手。

---

① 德洛博大概也没有改动过其他文本。极而言之,我们可以理解他对《神学政治论》有过兴趣,尽管他的泛神论与斯宾诺莎阐述的学说没有丝毫学说上的特别亲和之处。

② "对此,我已经警告过读者,"他说:"让读者不要期待看到的都是新颖的,要想拿出新的东西来,是很困难的。"[f. 15]

奥罗比奥·德·卡斯特罗与地下资料[①]

> "……一个离开了祖国的人，不管到哪里都是外国人。"
>
> *《论神对以色列的偏见》*

被流放的人通过背井离乡换取对自己的救赎，虽然背井离乡之后的他乡并不一定就是一片荒芜之地，却能改变人的日常生活，迫使人重新建立生活的基础。只是，这艰难的改变有时会导致我们到灵魂的深处去寻找丢失了的身份。比如，著名的医生奥罗比奥寻找犹太人的根，西班牙宗教裁判所对他的迫害揭示了他的犹太人出身，将他抛弃在17世纪后半叶欧洲这片宗教和哲学争论的广阔战场上。他为了捍卫自己的宗教而与林伯奇（Limborch）斗争，为了捍卫一般的宗教而与布莱登堡（Bredenburg）和唐璜·普拉多（Juan de Prado）斗争。

地下资料被认为是制造思想的秘密工厂。这个善于论战的犹太人为法国关注地下资料的人所认识和尊重。他甚至很早便为人所知了，因为在《布兰维利耶伯爵的读物摘要》（*Extraits des lectures de M. le comte de Boulainvilliers*）当中，我们已经看到有一份《菲利普·林伯奇的"关于基督教的真理，对犹太人奥佐里奥的理由的回答"摘要》（Extrait du livre de Philippes à Limborech De veritate Religionis christianae in quo

---

① 原载《18世纪的唯物论和地下文稿》（*Le matérialisme du XVIIIe siècle et la littérature clandestine*, Paris, Vrin, 1982, pp. 219–226）。

respondet argumentis Ozorii judaeie［，］Goudae 1687），①摘要并不是从拉丁文原文中选择了一些文字，然后再准确地翻译过来，而是简短地阐述了有关论点。以这种方式摘录异端的思想，从原则上来说是由于争论的对手身份非同小可。因为显而易见的是，在一场主要针对《圣经》文本的争论中——奥罗比奥尤其提出疑问的，是《圣经》中的一个地方，那就是上帝为了挽救弥赛亚的信仰，而不得不向世人露面的故事——一个犹太人，而且还是加尔文教派的信徒，其观点不可能是天主教徒喜欢的。因此，布兰维利耶清楚地指出他偏向哪一边。这并不只是因为奥罗比奥的论据详细地得到了阐述，而林伯奇的反驳却显得十分简短，因为说到底，这无异于把犹太教教徒的思考看成人种学上的奇闻；也不是因为林伯奇的立场从总体上显得无关紧要，因为对于林伯奇来说，只有弥赛亚才能够担保自己的神圣性，因为一个聪明的读者也可以得出这一结论。但是，布兰维利耶在争论中表明了自己的立场，而且从一开始便认为奥罗比奥是对的。的确，他认为基督徒的理由是有问题的，也就是说，由于弥赛亚的认识，上帝曾向好几个人现身，所以他指出："奥佐里奥反对这一证明，同时提出了一个根据，而且这个根据是对的，那就是，对弥赛亚有信仰或者信心便意味着对上帝有信仰或者信心，而对上帝的信仰或者信心可以是十分的，不需要弥赛亚的认识……"［ff. 165 r - v］林伯奇出版的作品部分译本也曾以匿名流行于世，篇目是《一个犹太教徒与一个基督徒的比较》（*Conférence d'un juif avec un chrétien*）。② 当然，文章很长，译者又很累了，所以翻译得不是很好，但尽管如此，这回取得胜利的还是奥罗比奥，这位犹

---

① Paris-B. N. A. fr. 11075, ff. 165 - 215。布兰维利耶知道这个荷兰加尔文信徒的匿名反对者是谁，这并不奇怪，因为就在林伯奇于《普通丛书》（*Bibliothèque Universelle*，t. Ⅶ, 1687, 289 - 330）发表辩论文的同一年，勒克莱克（Leclerc）便已经披露了这个反对者的身份。文本的结构相当糟糕，有时候连对手的名字都写错了，被手抄者纠正过来，然而说的却还是奥佐里奥（Ozorio）。摘要包括三篇奥罗比奥的文章提要，附带林伯奇的回答。最后，页边的一条注释说："后文详见 409 页"，但是注释被删除了，也不见有后文。也许指的是放在林伯奇的版本最后的乌里埃尔·德·阿高斯塔的论文。

② Paris-B. N. F. fr. 22920。但是这一抄本中没有任何东西可以让我们对对话的双方有所了解。

太教徒的第二篇文章将犹太教和基督教进行了详细的比较,从而结束了讨论。

《哲学对决》(*Certamen philosophicum*)是一本驳斥布莱登堡的书,这本书后来很难找到了,西班牙文的抄本有过流行。这本书的译本也在地下资料当中流行过,①因而使更多的人了解了这场斯宾诺莎学说之争的一些新情况,这场争论以犹太教徒之间的讨论为引子,以布莱登堡为中间人,虽然最后人们不得不注意到奥罗比奥的批判并不是以随便什么犹太教哲学的名义提出的,而是以传统的基督教经院哲学的名义提出的。事实上,这类的资料借驳斥斯宾诺莎的无神论之名,一般却在行传播其自有学说之实,不管怎么说,朗格莱·杜弗莱斯努瓦(Lenglet Dufresnoy)把奥罗比奥的拉丁文文本与费纳隆(Fénelon)、拉米(Lamy)的一些二流文章以及《形而上学论文》(*Essai de métaphysique*)放在一起,以所谓的《对斯宾诺莎的错误的驳斥》为题,于1731年匿名出版,其目的似乎正是如此。②

基督教徒自称是上帝的子民,犹太教徒对基督教徒这一意图的批判,自然会得到萌生地下资料的群体的厚爱,因为这一群体以法则的纯粹而自夸,而犹太教徒的批判也是以纯粹法则的名义作出的。③ 比如,题为《某先生的宗教论前言》的文章在写作的过程中便参考了很多犹太教的法学资料,以证明耶稣基督的人性,证明耶稣基督并不是弥赛亚,犹太教徒已经抛弃了他,并最后理所当然地让他死了,而且通过列举一系列的理由,证实上帝选民的行为是正确的。奥罗比奥向林伯奇提出的关于基督徒的弥赛亚是否可靠的问题便在文中不加区别地一一列举了出来,而且是匿名的,是完全照拉丁文抄过来的[Paris-Arsenal 2239, ff. 188-189]。奥罗比奥作为犹太教徒的作者,在《对基督教辩

---

① 这本书发表于1684年。Bordeaux-B. M. 828(XXXIII)有一份法文的抄本,在同一城市的市政档案馆戴尔皮(Delpit)藏书的"犹太教徒"卷宗中也保留有一些残篇。

② 关于这一版本,详见托莱(N. L. Torrey)的《布兰维利耶,其人其假面具》,载《伏尔泰研究》第一卷("Boulainvilliers: the Man and the Mask", *Studies on Voltaire* I, 1955, 159-173)。

③ 这里的意思是,根据这些法则规定什么是真正的教徒。——译者注

护士的批判考察》(*Examen critique des apologistes de la religion chrétienne*)
中也有所援引,以说明基督徒道德上的苦难足以证明应当给人带来和平
的弥赛亚根本就没有来[Paris-B. N. F. fr. 13.212, ff. 260 - 261]。

奥罗比奥·德·卡斯特罗和勒维斯克·德·布里尼: 《论神对以色列的偏见》和《复仇的以色列》

将近 1670 年时,奥罗比奥通过写作《论神对以色列的偏见》
(*Prevenciones divinas contra la vana idolatria de las gentes*),把作品论战
推到了顶峰。这是一篇长长的论文,分为两个部分,奥罗比奥借口与
他的委托人加尔默罗会修女的讨论,指出上帝的确在律法和先知书
中告诉他的子民,说明了基督教的虚伪;他认为,基督教对于上帝来
说是最具侮辱性的宗教,因为除了与其他宗派共同的偶像崇拜之外,
还有罪加一等的情节,那就是基督教诞生于犹太(Judée),诞生在犹
太人之中,以与上帝签约,是上帝的选民而自夸。这部作品从来没有
出版过,但是传播广泛,在法国也为人所知。作品中的批判是严肃
的,这无疑说明,尽管它篇幅很长因而似乎不适合在地下传播,但还
是有人把它译成法语了。[①]
　　这种性质的作品自然而然地使专门传播一切带有异教色彩资料的
人发生了兴趣。一些地下的论文就这样使用了这部作品。从 17 世纪
的前二十五年开始,法国便有两篇文章匿名传播,最终以奥罗比奥的名
字印刷:《复仇的以色列》(*Israël vengé*),又名《耶稣基督被破坏的神

---

　　① 科兰(A. Collins)援引奥罗比奥的作品时,说其是犹太教徒为了反对基督教而写的
三份手稿论文之一(*A Discourse of the Grounds and Reasons of the Christian Religion*, Londres,
1724, pp.83 -84, 注)。欧洲主要的图书馆中都保留有论文的样本。法国巴黎的国家图书
馆有一份日期标明为 1731 年的样本(F. esp. 40, ff. 1 -328)。波尔多也有一份,日期较
晚,因为上面注明的日期是 1756 年(B. M. 348, 2 卷本),还有一份译本,题目是《论神为以
色列采取的预防措施》(*Traité des préventions divines en faveur d'Israël*, B. M. 347),文本中说
是"作者死后,从西班牙语译成法语的"(实际上,译本的模本是同一图书馆中的西班牙文
抄本)。

性》(*la Divinité de Jésus-Christ détruite*)，另一篇题为《论弥赛亚》(*Dissertation sur le Messie*)。根据找到的抄本，我们可以推断，这些文章先是作为同一个作者、相同思路的作品一起流行的，但两个部分之间有着明确的区分。有一些抄本把两篇论文放在一起，统一编页码，Paris-B. N. F. fr. 14923 抄本和 Nancy-B. M. 484 抄木就是这样。但是出于谨慎，为了提高思想传播的效率，为了让地下作品更加轻便，两个部分大概很快便分开了：在 Paris-Mazarine 1178 抄本和 1190 抄本中，只有单独的第一篇论文在 Paris-B. N. F. fr. 13351 抄本、F. fr. 24884 抄本、N. A. fr. 10988抄本中。Paris-Mazarine 1194 抄本和 Paris-Sorbonne 761 抄本中只有单独的第二篇论文。作品解体的过程还不仅仅限于此，开始时在《耶稣基督被破坏的神性》中只是最后一章的一段文字，评论《以赛亚书》预言的一段话也从母体上脱离了出来，成了一篇新的论文，比如在 Paris-Mazarine 1190 抄本当中，《以赛亚书》第五十三章的解释从上下文中脱离，并以此为题作为新的作品，单独编了页码。后来的人们便无法得知这些文章的原本是相似的，或者手抄者忘记了文章的作者是谁，这无疑进一步促使作品越分越散。

1770 年，在伦敦出现了一本作者署名为伊萨克·奥罗比奥的书：《复仇的以色列，或者希伯来预言的自然阐述，基督徒张冠李戴，把希伯来的预言说成是他们的弥赛亚耶稣的》(*Israël vengé, ou Exposition naturelle des Prophéties Hébraïques que les Chrétiens appliquent à Jésus, leur prétendu Messie*)。大概是霍尔巴赫把先前以手稿的形式流行的两篇论文以此题目出版。出版者的话表明："该作品的作者是一个名叫伊萨克·奥罗比奥(Isaac Orobio)的西班牙犹太教徒用西班牙语写的。后来由一个名叫亨利盖兹(Henriquez)的犹太教徒根据从未出版过的手稿译成法语。"这种情况在较晚时候一个手抄者留下的一条注释中也有所反映："本作品是由一个名叫奥罗比奥的西班牙犹太教徒写的。后来由名叫亨利盖兹，在荷兰定居的犹太教徒译成法语。"［Paris-B. N. F. fr. 14928］在印刷的版本当中，有一条补充的说明："应一个生活在荷兰的文人的要求出版，该文人似乎对译文有所改动或者修改。"这个文人，我们现在已经知道指的就是勒维斯克·德·布里尼（Levesque de Burigny）。正是他本人，在 1780 年从巴黎写给圣勒日神甫（abbé de Saint-Léger）的一封信中，有保留地以迂回的方式把这一情况告诉我们，当然，凡是涉及思想的地下流行时，言语的保留和迂回是司空见惯的：

> 因为我在荷兰，所以认识了一些犹太教的学者，其中有人向我保证，他有一本奥罗比奥的作品，基督徒无法反驳其中的观点，作品是手稿。我知道奥罗比奥这个人，因为我在朗博克（Lamborc）反对犹太教徒的作品中提到过他，我请人手抄了奥罗比奥的手稿，是对《以赛亚书》第五十三章的解释，他把这一章与犹太教的一般观念相联系。犹太教的观念已经相当久远，正如我们在奥利金（Origene）的作品中看到的那样。
>
> 除了这一评论之外，还有一篇相当好的论述，奥罗比奥声称并证明我们通过预言而看到的弥赛亚的特点不可能适合耶稣基督。
>
> 几年前，我把手稿交给了一个朋友，过了一段时间，我收到一份题为《复仇的以色列》的印刷本，我认为这是难得一见的论文。①

因此，据布里尼所说，是他把奥罗比奥引入法国的。我们还要审查他在这件事上所扮演的真正角色。首先，我们知道，《论神对以色列的偏见》文本很长，其中有一些部分几乎不久便从母体中脱离了出来，有了各自单独的生命：比如，第二部分的第二十章到第二十二章便形成了

---

　　① 瓦德（I. O. Wade）［详见前面所引作品第 229—232 页］首先吸引了人们对这封信的注意。这封信的手稿贴在巴黎国家图书馆编号为 Rés. D 5193 的《复仇的以色列》印刷本上。但是，瓦德还是将这一作品与他不了解的《论神对以色列的偏见》混淆了。

一篇题为《解释但以理七十周预言的论文》(Tratado en el que se explica la prophesia de las 70 semanas de Daniel)的文章,还有一篇题为《对先知〈以赛亚书〉第五十三章的解释》(Explication paraphrastica del capitulo 53 del propheta Ysaias),这是奥罗比奥在作品后面三章论述的主题。的确,作者在前言中已经说明了研究要达到的目的;他在前言中说,在对《圣经》的批判中,他只想局限于犹太教教士当中的一些既定观念。但尽管如此,他在文本中也强调,自己对但以理那段文字的解释具有独到之处。他仔细评论了《以赛亚书》的每个诗句,说明作品的这一部分一定引起了人们的关注。因为《论神对以色列的偏见》当中这些章节的法文译本也曾单独流行过,虽然老实说,好像人们并没有打算把这些章节说成原始的论文,因为这些片段看起来并不像是原始的论文。①

因此,可以合理地认为,布里尼提到的"对《以赛亚书》第五十三章的解释"不是别的,正是《论神对以色列的偏见》的一份提要,他让名叫亨利盖兹的人翻译的也是这份已经与原作分离开来的文字。然而,虽然这份提要的确在《耶稣基督被破坏的神性》的写作中使用过,但这本法文的作品一开篇便是奥罗比奥非常喜欢的论断,说预言不是用来改变法则的;另外法文的作品还用详细的文字,驳斥了人们提出的想把这一预言挪用到基督教上的各种办法,而且在驳斥时,把《圣经》中所有讲到弥赛亚的特点的段落,所有提到犹太人民的救赎的真正性质的段落,都联系了起来。论文仍然保持了《论神对以色列的偏见》的精神,但是我们也应该注意到,其中很多内容也是奥罗比奥的文章中所没有的。因此,我们可以相信,这部作品仍然是一篇把各种来源不同的文章拼凑在一起的论文——这在地下书刊当中是常见的方法。关注过奥罗比奥的传记作家不多,德·罗西(G. de Rossi)是其中的一个。读过

---

① 波尔多的《但以理的七十周解释》(B. M. 1529)在篇章的目录中编号是《论神对以色列的偏见》原有的编号。而在波尔多市政档案馆保存的戴尔皮(Delpit)藏书中保存的一些片段(从第二十三章一直到结束,但是不完整)中,章节编号也与原作中的编号一致。

德·罗西写的传记,我们最初的印象得到了进一步加强。德·罗西暗示,《复仇的以色列》只不过是一本根据奥罗比奥的作品和论断拼凑起来的书。① 有人武断地说,这本书是根据霍尔巴赫从科兰关于预言的作品翻译的法文译本写成的,因为这本书在世纪之初很早便以手稿的形式流行;虽然这样说是没有意义的,但是这一说法以不同的方式,表达了同样的意思。② 当然,布里尼提供的证明是明确的,证实他只是让人抄写了奥罗比奥的手稿。然而,哲学家们却告诉我们,对这些人提供的有关地下文稿的作者及其写作背景的情况不能轻信,不管是公开的还是私下里提供的情况,在这一点上,谨慎是一条没有例外的规则。

　　布里尼自己也在书信中讲到另外一篇文章,根据他对这篇文章的简单描述,我们在奥罗比奥的所有作品当中没有找到任何有关这篇文章的蛛丝马迹。然而我们知道,被认为是这一作品译本的《论弥赛亚》有一部分却是用《论神对以色列的偏见》里的材料写成的:前言和前四章从题材上与奥罗比奥的论文第一部分相应章节是一样的,第五章照搬了原作品后面五章的内容,把这些内容混杂在一起,顺序有所不同(有时候只是顺序上作了调整,但并没有改善文本的内容),虽然尊重了《论神对以色列的偏见》原作的精神,有时候甚至连文字都没有变,但总体的思路变了,最后使文章有了质的不同,成了一篇新的文章。后面一些章节论述的是奇迹,是上帝在被囚禁期间对人民的关怀,以及结论。这些章节以系统的方式分析了奥罗比奥只是提出,而没有详细阐述的一些主题,这让我们想到不定期一定有其他的我们一无所知的资料来源。布里尼在信中说是作品的翻译——其实他的信写得相当模糊——实际上是他自己对《论神对以色列的偏见》的解读,又与很可能是从其他作者那里剽窃来的文章杂糅在一起了。

---

　　① 详见德·罗西(G. de Rossi)《反基督的犹太教图书》(*Bibliotheca judaica antichristiana*, Parma, 1800, p. 86),以及《希伯来作者及其作品历史词典》(*Dizionario storico degli autori ebrei e delle loro opere*, Parma, 1802, p. 84)。
　　② 托莱(N. L. Torrey),前面所引作品第 171 页,注释。

对于非常了解地下书刊运作机制的人提供的见证,我们怎么提防都不过分,因为这些人几乎总是在有意识地欺骗。但我们并不能够因此而放弃将他们说的话尽可能与事实进行对照,否则很可能会上当受骗。比如《耶稣基督被破坏的神性》除了一些不太重要的删减和少数几处看起来是手抄者增加的内容之外,根本就是照本宣科地按照《对先知〈以赛亚书〉第五十三章的解释》翻译的版本,而《对先知〈以赛亚书〉第五十三章的解释》又是奥罗比奥在《论神对以色列的偏见》一些章节的基础上自己写的。在《论神对以色列的偏见》当中,奥罗比奥已经论述过这一问题,但他意识到,这篇文章的使命是专门拆毁基督徒对《圣经》解释的一块基石,所以需要传播得更加广泛。①

然而,布里尼还是觉得有必要说明这一作品相对的独创性,虽然他的说法特别模糊。对于《论弥赛亚》来说,尤其是这样。在前言中,《论弥赛亚》无疑被说成一部犹太教徒的作品,但是精明的读者完全看得出,那个热情洋溢的卫道士不是别人,就是奥罗比奥,他会讲法语,而且把这一特长贡献给犹太法学,像一件专用的武器,用来传播犹太教徒对基督徒弥赛亚的看法。因为奥罗比奥有可能会讲法语,但是他在文章中从来没有用过法语,而且他自己说完全不懂希伯来语,不过奥罗比奥是出于谦虚才说他不擅长圣书语言的,但他在《圣经》上的评注经常表明他在人们针对原文,针对希伯来文的词和字符意义的争论中,持什么立场,这便足以说明他至少掌握希伯来文的基本常识。而且,一段偶然的"法国为了摧毁加尔文教派而对新教教徒的迫害"[Paris-B. N. F. fr. 14928, ch. VII, f. 272]引文,无疑也可以转移读者对一个法国作者的

---

① Ets Haïm Montezinos 图书馆有一份奥罗比奥的论文抄本(2. E. 6)。牛津大学图书馆有一份葡萄牙文译本,标注的日期是 5435(也就是 1675 年,见:Opp. add. ms. 4°, 148)。我们在维也纳的 Osterreichische Nationalbibliothek 图书馆找到了另外一份抄本(10388 Rec. 34),而且这份手稿的内容与巴斯纳日(Basnage)在《犹太教徒的历史》(Histoire des juifs, nouv éd. augm., tome IX, La Haye, 1716, pp. 1046 – 1047, note)中描述的一致,里面有一份《论但以理的预言》的抄本。

怀疑。① 另外,奥罗比奥在论文原文中介绍了他为什么阐述对救世主《以赛亚书》一章的想法,在《耶稣基督被破坏的神性》中,布里尼忘记了前边的内容,无意识地扩大了这篇知识读本类文章的受众范围——文章的原意是给和基督徒生活在一起的犹太教徒看的,想让这些人能够恰当地回答基督徒提出的一些论据——结果作品保留了所有反基督教的口吻,同时犹太教的出发点却消失了。抄本是匿名的,这更让人觉得有人故意掩饰作品的来源:事实上,我们只发现一份样本的篇目上有奥罗比奥的名字,而且还是以骗人的方式把名字写在上面的:"犹太医生奥罗比奥反驳基督徒对《以赛亚书》第五十三章的解释而写的前言"[Paris-Mazarine 1178]。有人还在比较文章的特点,以让读者能够想象出真正的作者是个什么样的人,比如,另一份抄本的副标题便保证该作品是"伦敦18世纪一位无私的作者从希伯来文翻译过来的"[Paris-Mazarine 1190]。这样一来,写了这些论文的犹太教徒在读者的眼中便很容易成了地下书刊中俯拾皆是的老一套人物。

　　布里尼的态度有可能显得比一般情况更加让人感到吃惊,因为人们一般会把地下论文的作者说成过世的人物,他可以把本来不是奥罗比奥写的文章说成奥罗比奥的,因为奥罗比奥是犹太教徒,而且已经死在了阿姆斯特丹。他之所以掩饰文章的作者,不是为了让作者免遭迫害,而是因为一旦隐瞒了作者的身份,即使作者根本用不着害怕什么,无疑渲染了一种云山雾罩的气氛。而且他之所以改变论文写作的背景,也许是为了小心翼翼地告诉了解内情的读者,这是欧洲反基督教的少数人感兴趣的作品,若有人把摘要拿来给你看,是很有可能遭受当权者迫害的。布里尼这样做的同时,僭取了奥罗比奥的研究成果。当然是为了效劳于他所珍重的事业。然而,虽然他没有背叛自己的意图,但

---

　　① 但含糊其词的情况还是有可能存在的,因为奥罗比奥在图卢兹生活过……到1662年他才离开。而且不管怎么说,这段引文也有可能是手抄者加上去的,这种情况也很常见。

不可避免的,他因此也就彻底地被剥夺了作者的权利。①

① 　关于奥罗比奥·德·卡斯特罗,可参阅:加尔瓦罗(J. de Carvalho),《奥罗比奥·德·卡斯特罗和斯宾诺莎》,载《里斯本科学院回忆录》("Oróbio de Castro e o Espinosismo", *Mémorias da Academia das Ciencias de Lisboa*, Clase de letras II, Lisbonne, 1937, pp. 183 – 300)[里斯本于 1940 年重印];肖普斯(H. J. Schoeps),《以奥罗比奥的宗教为题与林伯奇商榷》["Isaak Orobio de Castros Religionsdisput mit Philipp van Limborch", *Judaica* II, 1946 – 1947, 89 -105];雷瓦(I. Révah),《斯宾诺莎和普拉多博士》(*Spinoza et le Dr. Juan de Prado*, Paris-La Haye, 1959);德·昂吉利斯(E. de Angelis),《17 世纪哲学家当中关于几何学方法的意识危机》,载《比萨高等师范学院年鉴(文学、历史和哲学班)》["Crisi di coscienza fra i seicentisti per il metodo geometrico", *Annali della Scuola Normale Superiore di Pisa* (Classe di lettere, storia e filosofia) XXXI (1962), 253 -271];雷瓦(I. Révah),《斯宾诺莎与宗教决裂的原因:关开除斯宾诺莎出教时期阿姆斯特丹犹太-葡萄牙群体中无宗教信仰的新材料》,载《犹太研究杂志》["Aux origines de la rupture spinozienne: nouveaux documents sur l'incroyance dans la communauté judéo-portugaise d'Amsterdam à l'époque de l'excommunication de Spinoza", *Revue des études juives* CXXIII (1964), 357 -431];《斯宾诺莎与宗教决裂的原因:对斯宾诺莎-普拉多-利贝拉事件的起源、过程和后果的新考察》,载《法兰西学院年鉴》("Aux origines de la rupture spinozienne: nouvel examen des origines, du déroulement et des conséquences de l'affaire Spinoza-Prado-Ribera", *Annuaire du Collège de France* LXX, 1970 – 1971, pp. 562 -568; LXXI, 1971 – 1972, pp. 574 -587, et LXXII, 1972 -1973, pp. 641 -653);克莱尔(P. Clair),《自由思想和不信宗教(1665 -1715?),17 世纪研究》(*Libertinage et incrédules* (1665 – 1715?), *Recherches sur le XVIIème siècle* VI, Paris, C. N. R. S., 1983),第三部分第十八章("奥罗比奥"),第247—253 页;卡普兰(Y. Kaplan),《从基督教到犹太教:奥罗比奥的故事》(*From Christianity to Judaism: The Story of Isaac Orobio de Castro*, New York, Oxford U. P., 1989)。

《论三个骗子》二三事:吉约姆事件①

　　梅叶(Meslier)看到末日将近,抄写他的《回忆录》的时候,另一名本堂神甫艾田·吉约姆(Etienne Guillaume)1728年4月12日被关进了巴士底狱,他的罪名是写反宗教的书,并相信无神论。② 这个可怜的乡下本堂神甫也许的确积极参写了一些从17世纪末期开始在地下流传的反宗教文章。对这个人物,我们了解的情况不多。一条写于本堂神甫被剥夺自由期间的匿名说明,让我们觉得他出身农民家庭:"他名叫吉约姆,贝尔尼河畔弗莱斯纳(Fresne sur Berny)的本堂神甫,弟弟是当地一个农民。此前,他曾是蒙太古中学的教师。年轻时应征当过龙骑兵,然后又当过嘉布遣会的修士。"③然而,虽然他家里有人是农民(一个兄弟,还有一个叫奥利维埃的叔叔,也就是"住在索城教区的索西兹"),但他应当出身于摆脱了农民阶层的资产者家庭:他父亲尼古拉(Nicolas)出生于1678年或者此前不久,是"维苏的税收代理,农民土地和贵族领地的收税员",他叔叔艾田(Etienne)在索城买了个相同的职务,另一个叔叔加布里埃尔(Gabriel)在巴黎是"商人"。这个大家庭里的老大艾田·吉约姆大概出生于1673年,因为在巴士底狱接受审

　　① 原载《法国研究》[*Studi Francesi* XCI (1987), 19-34]。
　　② 案件的资料保存在巴士底档案馆,编号是Paris-Arsenal 11012, ff. 239-366。关于逮捕吉约姆的文件,拉维松(F. Ravaisson)在《巴士底狱档案》(*Archives de la Bastille*, tome XIV, pp. 197-201)中发表了其中的一部分。除了这些文件之外,案卷中还有在他家里搜查到的一些材料,一些信件,一个记了各项内容的笔记本以及一份没有篇目的论文手稿。
　　③ 这份说明在地下流行过,流行时的题目十分怪诞:"海牙亨利·杜索塞(Henry du Sauzet)1716年印刷的《文学回忆录》(*Mémoires de Littérature*)第二部分第一卷第九篇文章的抄本。"这一抄本是《论三个骗子》(*Traité des trois imposteurs*)卷宗里的一份资料,在某些抄本的附录里出现过。我们援引的是抄本Nantes-B. M. 204, ff. 161-162。实际上,这些本人简历性质的文字似乎是他于1733年被最终释放之后加上去的。

问的时候,他说自己"55 岁"[卷宗,f. 250]。他于 1683 年首次出现在
维苏的教区档案上,是他弟弟弗朗索瓦洗礼的代父,弗朗索瓦后来也成
了"教士"和"巴黎大学教授",后来在 1689 年又是他父亲葬礼的见证
人。到了 1697 年,我们才又发现了他的踪迹,是他妹妹玛丽·菲利普
的证婚人,这时候他作为"巴黎教会法学院的神学毕业生,已经是六品
修士,住在蒙太古中学"。几年之后,他成了同一所中学的教师。1704
年,他作为"教会法学院的神学毕业生和蒙太古中学人文教师",见证
了妹妹克洛德(Claude)结婚。① 在军队待过不长的一段时间之后,他
才进入宗教界,这些情况与逮捕他时扣押的信件同样可靠,还证明他在
一家修道院当过议事司铎。②

　　吉约姆于 1707 年 6 月当了弗莱斯纳的本堂神甫,是在原来这地方
的本堂神甫死后几乎还不到一个月的时间被努瓦依(Noailles)红衣主
教任命的。他尽职尽责,毫不松懈,至少一直到 1721 年是这样。到了
1721 年,他逐渐把职责推给一个名叫加斯帕·富梯雅(Gaspard Fau-
tias)的副本堂神甫。1725 年初,他重新又把教堂的事务接了过来,做
了一些从精神上支持教区教民的事,一直到被逮捕。③ 但他在工作上
并不是一个过分热忱的人,因为可以肯定他从来不特别热爱自己的职
责。在他还是议事司铎的时候写的一封信中,我们的本堂神甫已经推
心置腹地对一位朋友讲到他的顾虑:"当议事司铎,当本堂神甫,留在
巴黎,那该多好。但是不行。一定要作出选择。我希望不要承担人们
灵魂上的事,不要与农民打交道,因此,我想当议事司铎。希望我不会
被逼而干出傻事,希望能够永远待在十字架下,因此我愿意当本堂神

----

① 这些信息我们是在维苏教堂 1660—1670 年的民事登记上看到的,登记资料存放在
市政档案中(埃索省档案馆存有 1692—1715 年、1737—1760 年的档案抄本)。
② 他不是嘉布遣修会的修士,但肯定是查尔特勒修会的修士。巴黎嘉布遣修会人员名
单上没有他的名字(这一情况是从维利布洛德处得知的,在此谨向他表示感谢)。我们在国
家图书馆找到了一篇据说是吉约姆用拉丁文作的《颂歌》[Rés. m. Yc 919 (45)],是写给巴
黎查尔特勒修会的院长和蒙太古中学校长墨兰(F. Maurin)的,标注的日期是 1699 年 12 月 28
日,签名是"斯戴凡·吉约姆,法学院的神学毕业生,蒙太古中学人文科教师"。
③ 参见瓦尔德马讷省档案馆保存的弗莱斯纳的档案,编号 1 E*3 (1668 - 1717) 和
1 E*4 (1718 - 1736)。

甫"[卷宗,f. 292],看来他并不是由于身处良心上无法接受的处境,从而在道德问题上忧心忡忡,而是因为他不喜欢修道院按部就班的生活,而且显然他也不喜欢农民信徒。总而言之,他似乎并没有特别的理由为教区教民和同事的事闹出丑闻,而且看起来他是迫于形势,才成了一个"双面人"的高手。至少一个叫佩莱(Pelet)的人是这样说的。佩莱是圣尼古拉神学院的院长,在弗莱斯纳教堂的本堂神甫被逮捕之后,负责整理教堂的资料,而后在写给警察中尉艾洛(Hérault)的一份报告中说:"这一教区秩序良好,教区的教民作证,教区的事务管理得很好。可怜的穷人们都在抱怨,想让他们的本堂神甫回来。这个人没有触犯任何公愤,工作尽职尽责,毫不懈怠,附近教区的本堂神甫无法理解怎么能这样把一个本堂神甫抓走。"[卷宗,f. 258],报告上标注的日期是"1728 年 5 月 20 日,于贝尔尼城堡"]

　　丑闻是如何爆出来的呢? 对此,我们得到的信息好像是矛盾的,但是矛盾的信息相互之间好像是切合的,是互相补充的。米拉波(Mirabeau)在从未出版的《路易-罗贝尔-希波利特,普雷罗公爵的生平》(*Vie de Louis-Robert-Hippolyte*, *comte de Plelo*)中说,一个名叫古埃(Couet)的本堂神甫向努瓦依主教告发,主教急忙拜访了大法官莫尔帕(Maurepas)。据古埃揭发,在普雷罗公爵的客厅里定期召开的"主教会议"上,《论三个骗子》的作者本堂神甫吉约姆主持全盘否定宗教的全体会议。① 我们前边提到过的那份匿名说明的作者则提到,"一个领主死后",在他家里找到了一份《论三个骗子》手稿,"这才导致逮捕了不幸的作者"[抄本,f. 160]。然而,在吉约姆被关进巴士底狱受到询问时,

---

① 米拉波一定是在回忆录的第一稿写完之后才了解事实真相的,因为在作者亲笔的手稿上,页边写满了补充的文字(巴黎国家档案馆卷宗编号 M 356, dossier IV¹, ff. 56 - 61。在档案馆编号为 M 356 dossier IV² 和 M 783¹¹ 的卷宗中,这一段文字有几处删节,看得出来是后来加进文本中的)。给他提供信息的人大概以某种方式参与了这件事,但是时间长了,人们一定有些遗忘:在被人讲述的故事当中,吉约姆的被捕时间是在 1726—1727 年之间[朗松(G. Lanson)在《法国文学史杂志》(*Revue d'histoire littéraire de la France* XIX (1912), 21 - 24]上发表的《关于 1750 年之前法国哲学精神历史的一些问题》(Questions diverses sur l'histoire de l'esprit philosophique en France avant 1750)当中,把这几段文字公之于众了。

他曾被问到把他写的文章给谁看过,在他回答之后,审问的人又问他是否还给雅斯里耶(Jaselier)领主看过。这个雅斯里耶很可能就是死后使事情得以败露的领主。

然而,米拉波的故事好像并不完全是杜撰的。可以肯定的是,古埃神甫为了得知论文的作者身份而活动过,据米拉波说,这并不是难事,因为他说"吉约姆先生,有了这么一本漂亮的作品以及写了这一作品的功劳,难免在巴黎到处传播[……]他把书给好几个人看过,而且在与人闲谈中更难掩饰他的得意之情"[《普雷罗生平》,f. 57]。宗教当局甚至有可能事先得到过弗莱斯纳原副本堂神甫的告密,佩莱在写给艾洛的报告中说,正是因为有人告密,吉约姆才被逮捕:"是他的对头导致他被囚禁的,因为一个原来当过他的副本堂神甫,被教区的教民赶走了的教士,来打听过好几次,想知道本堂神甫是不是还在弗莱斯纳,还说他在这里待不长了。"[卷宗,f. 259]即使这件事不是官司的起源,但有人告密似乎是肯定的,因为在审问时明确问过他关于"从1722年以来"对宗教事务松懈的事,那段时间正是他实际上把教区的事都交给副本堂神甫处理的时候。总而言之,可以肯定正是古埃神甫揭发了他。米拉波说是向主教揭发的,他说的不对,实际上是向警察局揭发的,古埃在4月12日星期一写给艾洛的办事员罗西尼奥尔(Rossignol)的一封信证明了这一点:"先生,这个教士叫吉约姆,是贝尔尼河畔弗莱斯纳的本堂神甫。我们明天要召开协议会,因为命令还没有执行,我什么也不会说。星期三,我会带着你的问候与 S. E. 谈,在之前我不会说的,恐怕有人会说出去,泄露了秘密。"[卷宗,f. 246]第二天,他感谢罗西尼奥尔很好地处理了事情,因为吉约姆是星期一被逮捕的:"非常感谢您的关注,先生。我现在去向努瓦依主教大人报告,以便找人替补弗莱斯纳教区的职务。"[同前面所引卷宗,f. 248]

古埃认为木已成舟,才让主教面对既定事实。当然,他的提防是有理由的,因为我们从两个方面得来的消息一致证实,有人把被揭发的事通知吉约姆了。米拉波保证说莫尔帕当时就向其妻弟普雷罗发出了警告,说"参加主教会议的教士"把文件都藏了起来,吉约姆也在巴黎得知了消息,跑到弗莱斯纳处,"然后烧毁了所有的文件,几件他写的虔诚笔记除外"[《普雷罗的生平》,f. 61]。另一个消息的来源只是说吉约姆"得到了风声,在搜查的文件当中没有找到任何可以证明他有罪的东西"[抄本,f. 160]。然而,从他家里查抄的文件并不像传说的那样清白。主要的证据的确没有:没有找到与骗子的论文有关的任何东西。然而,我们知道吉约姆是个什么样的人,只要有人感兴趣,他很愿意把论文拿给人家看。古埃无疑把在吉约姆的住处发现的唯一一份论文交给保罗本堂神甫分析过,保罗淡化了这份论文的重要性,在一些敏感的神学问题上越说越让人觉得糊涂。不过对其他文章和书信的分析足以证明吉约姆的感情受到了腐蚀:"在这个教士所写的文章中无不流露着放荡和纵情,简直让人愤慨,不能容忍[……]除了放荡和腐败之外,我们在查扣的他的书信和不多的文章中,多次看到他拿宗教开玩笑,我认为这完全出自一个根本不信宗教的人之口。"[寄送弗洛利(Fleury)的报告,卷宗,f. 254]

可这是一个十分虔诚的人心里的感觉,他不得不承认,如果想对吉约姆"司法处理的话,也许很难找到足够的证据,让他丢掉饭碗",但是同时他也认为,在这一丑闻之后,"不幸的本堂神甫也许再也不能享有任何教士的俸禄"[同上述引文]。我们能够相信吉约姆故意把有危害的文件留给司法当局的吗?把这类的文件留下,而没有烧掉,他难道不知道会遇到麻烦吗?因此,似乎我们应当相信吉约姆的确得到了通知,知道有人打算迫害他。然而,当局动手极快,大概没有等颁发命令,立刻将他逮捕,使他无法采取必要的措施,或者没有来得及采取必要的措施。不过警察在他的文件当中没有找到真正有危险的东西,总而言之是没有找到关于"骗子"的论文,人们便以为他把东西都销毁了。

不管怎么说,从这个案子里,我们看到一系列参与串通共谋的人。当然,在米拉波讲的故事当中,努瓦依主教也读过论文,但是迫于某个本堂神甫过于热忱,不得不揭发了一个他并非不赞成的企图,这绝对是令人难以相信的,因为谁能想象这个倾向詹森派的主教会沦落到如此处境当中呢? 按照米拉波的说法,告发吉约姆的古埃也是属于杰出的自由思想家一伙的,也以种种方式牵涉写作和传播反宗教的论文当中。然而,他描述的这个神甫是和吉约姆及其朋友们"一样不信教的人",而且"有过之而无不及,卑鄙,虚伪"[《普雷罗的生平》,f. 59],这与努瓦依忠诚的主教毫无关系,其行为从来不应受到这种怀疑的玷污。①相反,大法官莫尔帕的角色至少可以说是模棱两可的。据米拉波说,他知道在普雷罗的全体会议上发生的事,在揭发之前,也知道吉约姆的论文的事。这并不是不可能的,因为他与普雷罗有家庭联系,而且对这类案件的检查和必要时的镇压是他职责内的事,但是整个故事当中的传奇特色却有损细节的真实。相反,消息是由莫尔帕"泄露"的,这大概没有什么可疑的地方,所以普雷罗及其朋友才得以"把他们的文件隐藏了起来"[《普雷罗的生平》,f. 60]。大法官无疑了阻挠了有可能危及高层人物的调查,这些高层人物当中,肯定有些是他的朋友。

　　对普雷罗的小圈子里的人,我们认识的不多。伯爵本人是当时典型的贵族人物:没有多少钱,放荡,对哲学感兴趣,也喜欢科学(科学门类当中有一种"神秘学",他和当时很多自由思想界的人一样,都很喜欢这门科学)。在"参加主教会议的神父"当中,米拉波举出了拉谢瓦勒莱(La Chevaleraye),在小团体解体之后,所有的资料都由他保存,还有蒙克里夫(Moncrif),一个年轻的自由派,后来当了审查员,晚年当了学士院信徒党的党首。除此之外还有神甫特里亚农(Trianon)和谢里

---

① 在《布兰维利耶伯爵的晚餐》中,伏尔泰也强调了同一个古埃神甫与主人和邀请的客人弗雷莱(Fréret)在争论中,从学说上表现出的严谨(这一点在好几部作品当中都有表现,这些作品一般都是匿名的,是捍卫冉森派论断的)。然而在晚餐后,神甫最终还是承认,他赞成客人们主张的自然宗教。米拉波读过伏尔泰的文章吗? 不管怎么说,他大概后来了解清楚之后,又改变了主意:在 M 356 dossier IV² 抄本当中,他贬低神甫的话被删除了,而且在 M 783¹¹ 抄本当中这类话已经不见踪影。

耶(Chérier)，吉约姆说他们都在读过他的文章的人之列。①　这些都不是什么重要人物。但是与其有染的还有其他重要的人物，因为米拉波确认，蒙克里夫"跟别人讲他们开会的事，指名道姓地讲到参会的人"[《普雷罗的生平》，f. 59]，要不是这些人位高权重，不会有什么麻烦，他是不敢违反这个圈子里谨言慎行的规矩，指名道姓地说出这些人来的。②

　　在逮捕了吉约姆之后，大家好像都不约而同地要避免爆发丑闻。好像显而易见的是，他的朋友们没有忘记他，而且都动用了各自的关系，要把他从巴士底狱捞出来。佩莱大概对这个圈子里的人提出的要求很敏感，暗示要交给上级处理，要由教会来监管。他向艾洛写信："如果你能把这个本堂神甫交给唯一能够审判他的行为和宗教感情的上级处理，很多正直的人，甚至很多受人尊重的人都会感到高兴的[……]如果把这个人交给他的上级，如果把他放在一个很好的修道院里，我想以后的结果是会让人感到满意的。"[卷宗，f. 259]古埃也没有什么别的要求，在他寄给圣保罗本堂神甫的关于吉约姆的文章的报告上，他归结："如果把这个

---

　　①　关于谢里耶神甫，详见盖萨尔(F. Guessart)的《18 世纪初的新闻审查，谢里耶神甫，未发表的书信》，载《文学书信集》["La censure au commencement du XVIIIe siècle. L'abbé Chérier-Lettres inédites"，*La correspondance littéraire* II (1858)，pp. 73-81]以及《法国传记词典》(*Dictionnaire de biographie francaise*，tome 8，1959，p. 1028)。关于蒙克里夫，详见肖(E. P. Shaw)的《弗朗索瓦-奥古斯坦，蒙克里夫的天堂》[*François-Augustin Paradis de Moncrif* (1687-1770)，New York，1958]。关于普雷罗，除了米拉波的手稿之外，还可参见拉谢里(E. Rathéry)的《普雷罗伯爵，法国 18 世纪的贵族、军人、外交家》(*Le comte de Plelo*，*un gentil-homme français au XVIIIe siècle. Guerrier*，*littérateur et diplomate*，Paris，1876)；路易(P. Louÿs)，《普雷罗伯爵的加洛特军团》，载《旧书杂志》(后来收入路易的《古书研究》中)["Le Comte de Plélo et le Régiment de la Calotte"，*Revue des Livres Anciens* I (1913)，125-127，repris dans P. Louÿs，*Etudes sur les Livres Anciens*，Paris，De Boccard，s. d. (1947)，pp. 71-76]；卡里(H. Carré)，《普雷罗伯爵的冒险家生活》(*La vie aventureuse du comte de Plélo*，Paris，Plon，1946)，以及我本人的文章《约瑟夫-尼古拉·德里尔写给普雷罗的三封未发表的信》，载《18 世纪》["Trois lettres inédites de Joseph-Nicolas Delisle au comte de Plelo"，*Dix-huitième Siècle XVIII* (1986)，191-200]。

　　哥本哈根的 Kongelige Bibliotek 图书馆有几份关于普雷罗伯爵的文件：1733 年 8 月和 1734 年 2 月与布萨厄(A. Bussaeus)的通信，以及苏西耶神父 1734 年 1 月写给伯爵的一封信[Gl. kgl. S. 2867 Quart]；书的封面上有一条注释，里面包括有布萨厄的 *Historike Journal eller Dag Register* [Gl. kgl. S. 949 Fol]，以及一份《第一次召见法国大使普雷罗伯爵的回忆》[Le-dreborg 253^b Quart]。

　　②　米拉波在生前亲笔写的文本当中，把参与此事的那些人的名字写得龙飞凤舞，让人难以辨认：蒙克里夫死于 1770 年，拉谢瓦勒莱保存了"主教会议"的文件，而且据他所讲，他"现在还保存着"(《普雷罗的生平》，f. 60)。

糟糕的教士交给司法处理,那岂不是丑闻,重要的是永远不要让他再当本堂神甫,养活他,把他放在一个安全的地方。"[卷宗,f. 254]

有人关照了本堂神甫的命运。当然,他不能退隐进四枢德修道院,他自己倒是很愿意这样做,只是这样做本身便会让这家修道院显得可疑。佩莱巧妙地推托了,借口他领导的修道院里没有位置,这说明他与吉约姆的团结一致是有极限的,可能是他怕受到连累,也可能是他并不太喜欢这个人物——尽管那些关注囚犯的"受人尊重"的人提出要求,让他不得不扮演一个角色。于是人们试图把本堂神甫放在吕松耶稣会的修道院里,有人想说"这个人不是由于詹森派的事被逮捕的,而是因为无神论,以此让修道院的人放心"[卷宗,f. 364],我们在这里顺便说说,这一点表明宗教界内部的争论是比其他任何考虑都重要的。耶稣会的修士们不接受,弗洛利最终同意把他送到伊夫诺修道院,双方对这个去处好像都同意[卷宗,f. 363]。吉约姆1729年2月13日从巴士底狱出来,是在普雷罗出发去当丹麦大使的一天之后。让吉约姆出狱的命令说,他必须在二十四小时之内退隐伊夫诺修道院,因此显而易见,人们不想让两个人见面;这两个人后来也不会再见面,伯爵1734年英勇而死,再没有回过法国。此前不久,吉约姆离开了被逼退隐的修道院,他在修道院里的生活条件让人认为他始终受到朋友的看重:"1733年,他完全恢复了自由,"有匿名的消息来源说,"圣利盖尔修道院的院长原来在收益中给自己留了350法郎的俸禄,这下又多了250法郎的年金"[抄本,ff. 160–161]。甚至一切都让我们相信,只是到了这时候,他才放弃了弗莱斯纳的本堂神甫职位,只是到了这一年的6月份,这个职位才最终有人接替了。①

---

① 维尔(F. Weil)研究过吉约姆生平的最后一些年。实际上,好像他在伊夫诺修道院一直待到1734年底,因为他[弗莱斯纳原本堂神甫吉约姆]9月10日作为见证人签署了一个人的下葬文件[巴黎国家档案馆,LL 1454];"1793年瑞士哲学印厂"印刷出版的《论三个骗子》中复制的这份文件说,本堂神甫是在1734年被释放的。吉约姆死于1741年11月21日;第二天在奥利下葬,他的兄弟加布里埃尔和尼古拉·约瑟夫参加了葬礼。在他的文件当中,有一份1733年9月19日的特许证书,准许他在圣利盖尔修道院领取一份终身年金,圣利盖尔修道院的负责院长是布瓦梯埃的主教,路易·富德拉·德·库斯奈(Louis Faudras de Courcenay)。

放荡与自由思想

卫道者的身份经常在哲学家和放荡者之间游移,而吉约姆这个人似乎生来就是这种身份的一个代表。卫道者不是荒淫之徒,但是在这方面,他又并不是无可指责的——有违常理的是,如果一个本堂神甫也参与批判其宗教,那岂不正是这样的一个典型。指责他的人最感到吃惊的不是他在哲学上思考了些什么,而是他在私人文件中的放荡言语。首先是他的通信[卷宗,ff. 289－301],其中用词随意,常常很庸俗,隐含有性的意思,流露出本该是禁忌的东西。提到朋友的小圈子时,因葡萄酒和美食聚会的时候比因工作和思想上的要亲和得多,这在我们提到的背景之下,尤其值得关注。他在信中提到与收信人共同的一个朋友来了,说是"希望能够好好开心一下",吉约姆在信中说他和来访的朋友将去拜见什么人,并事先就想到了见面后的安排:"短弥撒长晚餐"[f. 297 v]。而且在另一封信中,好像是在提到一个要离开修道院去参军的朋友时,他回忆一起度过的"愉快的日子",说他们一起沉迷在"青年人喜欢的娱乐当中"[f. 299 v]。当然,这都是很清白的事,但是在很长时间里,一些更加无所谓的词语使帕丁(Patin)和加桑迪(Gassendi)落下了放荡的名声。况且,在这些聚会中发生的,并不都是"放荡的事"。吉约姆暗示得相当清楚,他不得不卧病在床的时候,遗憾的是错过了在聚会中能够说说知心话的人,而不是没能赴宴:"我很痛苦地想象着本来会与你谈得多么开心,我们本可以敞开心扉,交流最为秘密的事。"[f. 292]但是,这些秘密的心事远没有改善他的形象,反而使放荡者经典的老生常谈变得更加完美,其中自由思想的精神反抗似乎成了心性狡黠所导致的后果。

如果站在超脱的立场上来看,我们不得不承认,这些信对人没有太大的教益:里面充斥着一些厚颜无耻的话,离奇的语言,放肆的玩笑。不过若说还有其他的内容,也只不过是没有根据的推测:谁也不能证明在客客气气的晚餐上，他们会有过分的行为，谁也不能说就餐的客人致力于诽谤宗教。然而，在一封信中，紧挨着一句低级趣味的玩笑话，吉约姆也言语轻浮地谈到了宗教。他对生病的朋友说："知足吧。我主爱你，因为他让你受苦，这便可以肯定地说明你不是反基督的人，因为我主说过，义人是要受很多苦的。"[f. 312]况且，这并不是唯一让我们了解他对宗教的感情的言语。吉约姆信中轻浮的口吻与他在笔记本中记下的滑稽小调、俚语、谜语的口吻一样，抄录在本子上的这些东西，不会提升一个教士的形象［卷宗，ff. 303－347］。先不说其他证据，只是吉约姆在这些资料里嘲弄教士的卑躬屈膝，便让圣保罗的本堂神甫感到厌恶，他认为这足以证明吉约姆是个不信宗教的人："比如，他用讲道的方式庸俗地嘲笑戴绿帽子的男人，把放荡与说教的形式混在一起，是让我觉得最招人气愤的。"［给弗洛利的报告，卷宗，f. 254］可以肯定，这段说教不是出自吉约姆之口，据说这种说教的确是为了让有疑心的信徒相信，给丈夫戴绿帽是好事，是普天下哪儿都有的事，他只不过抄录了地下流行的滑稽故事，这些东西在整个 17 世纪期间放大了民众反教会的情绪。① 但是这并不能开脱他的罪责，因为他与嘲弄《圣经》的人同流合污，虽然通过布道词的形式把事情神秘化了。他也拿原罪之类十分严肃的事开玩笑［卷宗，f. 315］。

在审问本堂神甫时，人们不会不强调他放荡的生活。比如首先问他的忏悔师是谁，他承认没有，但他去圣母院忏悔。当被问到他向谁忏

---

① 卷宗，f. 315。我们在一本短文文集中，找到了一份 1642 年以来便为人所知的《关于戴绿帽子的丈夫的布道词》抄本（Reims-B. M. 2475），是在 1750 年前后印刷的。我们在这本 1751 年 3 月 22 日印刷的《文学，哲学和批判通信集》中看到："有人在世界上传播了一本小册子，里面有一些充斥着低级、粗俗、滑稽玩笑的布道词，我们在这里称之为修士的玩笑。正直的人对小册子开头这段安慰戴绿帽的丈夫的布道词感到愤怒。有人借此证明，丈夫戴绿帽子并不是一般人认为的不得了的坏事，即使是不得了的坏事，也可以聊以自慰，因为有很多这种不幸的人。"［图尔内（M. Tourneux）出版，巴黎，加尼埃出版社，1877 年，第二卷，第 41 页］吉约姆的文本只有布道词的最后部分，由一段开场白和两点阐述组成，但是有迹象表明，笔记本被撕掉了很多页，被撕掉的页面上无疑包括缺失的部分。本堂神甫的私人生活和公共职务之间的反差也颇具嘲讽意味地表现在佩莱写给艾洛的信中："我读了这些布道词或者散文。实际上，这些东西很正统，我可以向你保证，教士可以在巴黎最大的教区用这样的布道词讲道……"［卷宗，f. 259］

悔时，他一个人也说不出来。当问他"能否向我们说出自从 1722 年以来听过他忏悔的人"时，他只简单地回答说"不能"，这便意味深长地说明教士宗教修行的程度了，竟然还有人说他是个对教区的教民十分尽职尽责的人。还有其他的理由让我们相信他的行为并不像人们说的那样具有建设性。比如通过在弗莱斯纳代替他行使职责的人，我们知道吉约姆家里有个女仆，在他被捕之后，我们想找到这个女人，也许这是据说毫无瑕疵的本堂神甫另一个令人气愤的理由[卷宗，f. 262]。

在吉约姆家里搜查到的文件也让我们看到了这个戴着本堂神甫面具的人实际是个什么样的人物，他对文学、哲学、政治有兴趣；他到处抄一些古典诗人的诗句，认真地关注"季节变化"，研究某些房子对后代的影响，抄录医生的方剂，复制诺查丹玛斯（Nostradamus）的预言集；他在本子上抄写反对耶稣会修士，反对黎塞留（Richelieu）、马扎兰（Mazarin）和科尔贝（Colbert）的诗，与谴责法国走向毁灭、人民苦难、专制恶行的讽刺诗或者歌曲一唱一和；他自以为邦克拉斯（Pancrace）在《被逼无奈的婚姻》（*Mariage forcé*）中的自画像与他自己非常相像，这一点也不奇怪……

《论三个骗子》

到了启蒙时代，中世纪"三个骗子"的传说又时兴起来。这个传说所表达的并不是公开地让人们相信无神论，当时相信无神论的人还很少，而只是表达了一种对自然宗教的吁求，自然宗教没有任何教条，并能够消除骨肉相残的战争。从 17 世纪中期开始，听说过《论三个骗子》这本书的人屈指可数；手里有过这本书的人更少。对于大部分人来说，这只不过是想出名的人杜撰出来的无稽之谈，这些人只想维持当时正处在发展时期的反基督教的感情。的确，没有任何人能够向人炫耀这本书，也没有人能够认真地说出书的起源或者版本。然而，我们今天知道，1540 年左右，大概在英国或者在冈特的索齐尼教徒当中，有人写了一本《论宗教骗子》(*De imposturis religionum*),而且在 1700 年之前至少有过三个版本。从 17 世纪开始,另外一本《论三个骗子》(*Traité des trois imposteurs*)在地下流传,被有些博学之士悄悄收藏在书房里,但是这本书与《论宗教骗子》没有任何关系,自称是皮埃尔·戴维尼(Pierre des Vignes)根据莫须有的原作翻译过来的。

我们不知道吉约姆是不是知道这些论文的存在。但不管怎么说,可以肯定,他自己写了一本主题相同的作品。他的作品题目是《论三个骗子》,来自传说中颇有争议的拉丁文论文的书名直译。米拉波简单地指出:"在这本让人想入非非,被人议论纷纷的书中,"吉约姆"很开心地写了一伙骗子"[《普雷罗的生平》,f. 56]。但是,他没有像以前的人那样把两部作品混为一谈。出版说明的匿名作者说:"在作品的前言中,作者说,人们早就在谈论关于三个骗子的作品,可是哪里也找不到这本书。也许是这本书从来就不曾真正存在过,或者是彻底消失了,因此,为了让这本书再见天日,他想以同样的主题重新写一本。"["抄本",ff. 158-159]声称让读者能够看到原来关于骗子的论文,这已经是大胆至极了,因为这本书已经无法找到。然而,吉约姆想写一部新的作品,让他自己也相信只不过是传说的东西变成现实,这说明他的胆子有多么大,但也说明他的企图是有极限的。因为这样一来,他的口吻就不能像被误认为是出自皮埃尔·戴维尼之手的论文那样激进。翻译的作品如果言辞激进,那只能怪作者,不是译者的错;如果吉约姆的作品言辞激进,便会危及自己的安全,虽然是匿名的,但谁能说匿名就百分之百安全呢?所以吉约姆不可能在书中言辞激烈地抨击各种宗教的创始人。因此,有可能他先说明宗教创始者是如何骗人的,借口是为了反驳人们对他们的攻击。所以,当被问及是否写过关于宗教的文章时,吉约姆承认"他写过一篇捍卫宗教,反对犹太教徒,反对自然神论者和伊斯兰教徒的文章"。对这样的事,你能责备他什么呢?只能是他在驳斥错误的时候做得有些过分了吧。不幸的是,作者要反驳错误,必须先把错误展示在读者面前,然后才能向读者证实这是错误的:"当被问到他是不是先把反面的意见表达出来，然后只是简单地回应，为给自己万一被逮捕留条后路时，他回答，他对错误的回应比错误本身要有力得多。"[卷宗，f. 250]这便是卫道者的危险。

　　吉约姆的论文始终没有找到。然而我们知道论文的大致安排和内容。那份我们经常提到的匿名的出版说明确认，除了前言，"书分成很多章"，而且"作品很长，很乏味，写得很糟；没有原则，没有推理。只是从各种书里收集来的对三个宗教创始者的辱骂、抨击的堆砌"[抄本，ff. 160 et 159]。米拉波的描写要更加详细，但也没有增加什么根本性的东西："他的作品分成三个部分。第一部分把摩西拉下了宝座，第二部分败坏了人们对我主耶稣基督的尊敬，第三部分则猛烈地抨击了穆罕默德。然而，提及摩西和穆罕默德只是为了凑够题目所说的数字，而三人中的第二个，才是他憎恨的对象。他费尽九牛二虎之力，来证明二加二等于四，而三只能等于一。"[《普雷罗的生平》，ff. 56–57]而且米拉波对作品整体上的评价也不好："他炫耀自己的学问，但他的学问都是生吞活剥，整本书不过是一部大杂烩，只能算得上是可供人欣赏的奇文而已。"[同上，f. 57]因此，出版说明和米拉波都暗示，这部作品只能是文本的堆砌，结构乱七八糟，没有特色，像一个随时可供反宗教的人汲取的资料库一样：这是很有可能的，地下资料当中，各种手稿之间互相借用是常见的事。

　　如果我们没有搞错的话，我们甚至可以说有一份吉约姆作品的摘要，就是兰斯的律师阿德里安-约瑟夫·哈维（Adrian-Joseph Havé）放在一本地下文章文集中的《关于题为〈论三个骗子〉的作品手稿摘要》（Extrait d'un ouvrage manuscrit intitulé *Des trois imposteurs*）：

　　　　"这一作品的题名是贺拉斯的一句诗：有一次我是一段树干（*olim truncus eram*）。"作者在文中论述了三个骗子：摩西、耶稣和穆罕默德。他声称，摩西生得十分美俊，少年时颇得法老女儿的欢喜，法老的女儿收养了他，他学习了埃及人最为秘密的科学。孟斐斯的大祭司为他的聪明所迷,向他传授了所有的奥义,把所有的秘密都告诉了他。革命发生了。国王死了,根据律法,摩西不能成为王位的继承人,所以他被排斥了。他对此感到不满,便与希伯来人走到了一起。通过幻术,他让很多人追随他。但是,为了达到目的,他认为应当与亚伦(Aaron)联合,亚伦是所有部落的首领。虽然他是过继的,但兄弟情谊依然十分真切。作者研究了摩西的所有奇迹,而且根据他为我们留下的书,发现埃及的教士模仿了他称之为的奇迹。由此,他归结,由于他是孟斐斯的大祭司培养的,所以他尤其懂得植物学,比埃及其他的教士更了解物理。

耶稣。作者声称,耶稣虽然是一个木匠的儿子,但是为摩西留下的书所指引,也想在犹太人当中出名。他学习了摩西的律法,读了所有论述法术的书,并尤其致力于学习植物学。他花了很长时间学习。到了三十岁,他才开始通过幻术深入希伯来人的精神。所有这些奇迹都曾被梯亚纳的阿波罗纽斯(Appolonius de Thyane)模仿,阿波罗纽斯是异教徒,没有受过割礼。另外作者还讲述,在韦斯巴芗(Vespasien)、提图斯(Tite)、图密善(Domitien)、禁军步兵大队长、元老院的议员和骑士的时代,一个叫艾勒阿扎(Eléazar)的犹太人从很多中邪的人身上驱鬼。驱鬼时,他只使用从所罗门的书中得知的一种树根。他把树根绑在中邪人的鼻子上,念几句从所罗门的手稿中学来的咒语,将邪恶的鬼从人的身体里驱赶出来,鬼立刻便出来了:他再次念咒语,让鬼把地上一只罐子里的水倒出来,以证明他永远不会再回到人身上。于是人们看到罐子自己起来,里面的水被倒了出来,然后罐子自己回到原处。在描述之后,作者分析了一个行过割礼的犹太人如何对待这样的奇迹,而那时根据我们的偏见,只有基督的宗教才是真正的宗教。他还讲了此前魔法师西蒙在尼禄的宫中所做的一切,说彼得和保罗比西蒙优越,正如摩西比埃及教士优越一样。由此,他把摩西、耶稣和苏格拉底、柏拉图、孔子进行比较,并证明苏格拉底、柏拉图、孔子要更加公道，更加正直，在宣讲道德方面，这些人比摩西和基督做得更好。

　　穆罕默德。作者说，如果穆罕默德在法国人非常开明的时代来到法国，那人们远不会把他归入骗子的行列，而是会把他关进牢房里。他既不懂历史学，不懂植物学，也不懂魔法，因此，当拒绝加入他的宗派的人要求他出示奇迹时，他回答说，摩西、耶稣和其他人已经出示得够多了，他用不着再出示奇迹，只要向人们传授真主的意志就行；人们必须听他的，相信他，否则他要消灭所有的反抗者。好像理性可以被力量和威胁所主宰。然而，因为他看到，如果没有奇迹，很多人便不会接受他的可笑的观念，于是他便展示了一种新式的奇迹。他把所有的信徒都召集到麦地那（Medine），在离麦地那四分之一里的地方游神，半路上有一口很深的井，他让一个嗓音洪亮的朋友藏在井里，让朋友听到信号，当穆罕默德和很多人一起从旁经过时，便从井底说："Alla，Alla，Mehemet irresoul alla"，意思是"真主真主，穆罕默德是唯一的真主"。穆罕默德立刻喊道："真主在让你们知道他的意志，吉布列大天使在向你们宣布。从今以后，这口井便是圣井。"同时，他拿了一块石头，让他的信徒们也都手拿一块石头，一起扔进井里。井被填了起来，他的朋友也成了他的骗术的受害者。［Reims 651，ff. 209-213］①

　　只是题目的契合当然还不足以断然保证这段文字就是吉约姆的作品的摘要。的确，我们知道，17 世纪还有另一份抄本以差不多的题目流行于世。然而，显而易见的是，哈维说的根本不是所谓皮埃尔·戴维尼根据莫须有的拉丁文论文翻译的版本，因为文集中本来就有这个翻译的版本［《论三个骗子》（*Traité des trois imposteurs*），ff. 148-208］。

---

　　① 瓦德（I. O. Wade）［前面所引作品第136—138 页］全文引述了这一摘要。在引文之前，他刚刚讲述了吉约姆本堂神甫的倒霉遭遇，但是他丝毫没有想到将这段文字与吉约姆联系在一起。

当然还有一个叫拉比(Raby)的人在1768年左右写的那篇《关于三个最有名的骗子,摩西、耶稣和穆罕默德的历史和批判论文》(*Essai historique et critique sur les trois plus fameux imposteurs*, *Moyse*, *Jésus et Mahomet*),拉比在写这篇文章的时候顺便使用了旧时论文的几段文字,还说对旧时的论文颇感失望。而且,我们还从艾梅利(Hémery)那里知道,有个名叫勒布朗的神父,是1749年被逮捕并被关在巴士底狱的一个改革派教士,他在1768年左右写过一本题为《作为宗教主要准则的基础的偏见之坟墓》(*Tombeau des préjugés sur lesquels se fondent les principales maximes de la religion*)的书。艾梅利在日记中为我们简短地概述了这本书的大概内容:"他批驳了《创世记》和其他圣书,而且把圣书当成随意记下的流水账[原文如此],并由此得出结论说根本没有什么奇迹。在他发现了穆罕默德的骗术之后,又解释耶稣基督的法则和奇迹……"[Paris-B. N. N. A. fr. 10781, f. 46]①但是,哈维的提要中简单介绍的手稿与这些论文当中的任何一本都没有关系。拉比的文章与哈维的提要肯定无关,因为这篇文章我们是知道的(Grenoble 919),而另外一篇文章,好像修道士只是修改了一下据说是皇帝弗里德里希(empéreur Frédéric)的秘书所写的论文,顺便增加了一些新的思考,这并不违反规则,因为手稿是公共财产,每个人都可以随意增删。因此,如果说哈维的提要说的就是如今已经不见踪影了的吉约姆的论文,大概是不会错的。

无论如何,可以肯定的是,《论三个骗子》在地下流行过。有人抄写过,因为出版说明的匿名作者明确地区别雅斯里耶先生(sieur Jaselier)的样本和原手稿,并说原手稿是"对开两卷本,很厚,文字写得很漂亮,而且字体相当小"[抄本,ff. 159 - 160],这的确是吉约姆字体的特点,我们在从他家里查抄的文件和弗莱斯纳教区的登记上这是可以经

---

① 关于这件事,详见斯平克(J. S. Spink)的《18世纪的哲学家教士雅克-约瑟夫·勒布朗》(*A Prêtre philosophe in the Eighteenth Century -Jacques-Joseph Le Blanc*),载《现代语言杂志》[*Modern Language Review* XXXVII (1942), 200 - 202]。

常看到的。米拉波从正面确认，本堂神甫"把他的书给好几个人看过"
[《普雷罗的生平》,f. 57]。当然,他的见证在细节上并不是特别可靠,
不过吉约姆自己证实了这一事实:在被问到他把自己的作品给什么人
看过时,他回答说"给谢里耶神甫(Cherier)、谢瓦利埃(Chevalleraye)和
特里亚农(Trianon)神甫看过"[卷宗,f. 250]。他之所以否认曾把论文
借给雅斯里耶看过,肯定不是怕已经很棘手的事变得更加严重,但是应
当相信,这时候已经有其他渠道来传播他的文章。另外,哈维的见证似
乎也证实了这一点。哈维在一个注释中解释,《论三个骗子》的摘要是
他根据律师朋友乌迪奈(M. Oudinet)的口述写的,而乌迪奈是"根据记
忆口述的,乌迪奈在四十多年前读过这本书,是这一城市(兰斯)圣德
尼修道院的一个修会议事司铎借给他的"。① 因此,吉约姆的论文已经
在他称之为"本堂神甫大家庭"的朋友们当中传播,已经传播到普雷罗
的小圈子之外,逐渐涉及爱好这类资料的公众。②

《论创世》

在从吉约姆家里查抄的文件当中,最能够让我们了解他的思想状

---

① 哈维最早的文集在 1760 年之前并没有完成。除了《论三个骗子》(*Traité des trois imposteurs*)之外,文集中还包括《古人对犹太教徒的意见》(*Opinions des Anciens sur les Juifs*)、《论耶稣基督》(*De Jésus-Christ*)、《天空向所有的人开放》(*Le ciel ouvert à tous les hommes*)、《古信徒的神谕》(*L'oracle des anciens fidèles*),贝尔纳在 1760 年出版的版本手抄本)以及《对〈新约〉的新的批判说明,作为里查·西蒙神父的〈新旧约全书〉的批判历史后续》(*Nouvelles Remarques critiques sur le Nouveau Testament, pour servir de suite à l'Histoire critique du Vieu et du Nouveau Testament du Père Richard Simon*,"根据荷兰一个相当糟糕的印刷版本[1756]"复制的抄本)。

② 默里(G. Mori)认为《关于某先生为〈论宗教〉写的前言》的手稿[Paris-Arsenal 2259]和吉约姆的论文[《艾田·吉约姆的〈论三个骗子〉片断》("Un frammento del *Traité des trois imposteurs* di Etienne Guillaume", *Rivista di Storia della Filosofia* XLVIII (1993), 359–376)]是同一篇文章。在为确认这两者是同一篇文章而提出的证据当中,没有任何一个证据是论证性的,其中的任何一个证据单独来看不称其为证据,所有的证据加在一起也不能起到证明的作用。况且,组成《前言》的任何东西都不会让我们想到吉约姆在被审问的时候对自己的论文的描述[我在我的文章《关于宗教的不完整的论述:吉约姆本堂神甫或者乌特雷尔神甫》当中阐述了这些论点,文章即将在《哲学历史杂志》(*Rivista di Storia della Filosofia*)上发表]。

况的是《论创世》(*Traité de la création*)。① 然而,因被怀疑是无神论者
而关进巴士底狱的神甫写的这部作品,有很多令人感到吃惊的东西。
内行的读者读到这些文本时会觉得很滑稽。本堂神甫保证信仰是一切
哲学思考必不可少的支持和向导,他坚持认为三位一体是神秘的,他甚
至抨击无神论者、自然神论者和一般的自由思想者;这无疑只是一些自
我防护的机制,企图让他的作品具有令人尊敬的外表。然而,这篇未完
成的论文在总体上还是流露出蒙昧主义的味道,简直让人无言以对:作
品以某种玄学的名义,一再地蔑视学者和科学,从对《圣经》的批判到
数学,无一不在被他蔑视的范围之内,只有玄学才能够论述事物的基础
和可靠性。除此之外,作品还拒绝一切哲学。吉约姆否定并抛弃经院
哲学,说经院哲学“到目前为止的作用,只是耀花了我们的眼睛,让我
们看不到上帝和真理,让我们沉浸在无数的幻想之中”[卷宗,f. 278
v],但是他也弃绝新的思想潮流,他认为所有新的思想潮流都是有罪
的,新的思潮孕育了原罪状态之后的暴力状态,让暴力成了人的自然状
态,这导致了自然的独立,而自然的独立事实上是荒唐的,使创世者从
某种程度上依附于创造物,这成了无神论的根源。根据吉约姆所说,经
院派的哲学家认为上帝知道一切永恒事物的本质,而且不能不任其所
以,最终不管怎么说,必然导致无神论或者泛神论。因为,如果说肉体
的观念不属于神圣的本质,而从外部发生事故时,由于必须相信上帝,
而上帝必须服从于事物,事物又不是上帝,如此等等,这种感觉经过相
当的挤压,“会将人一直带到无神论的边缘”[f. 282]。相反,如果我们
遵循这一学说的内部逻辑,那我们应当认识到,事物的本质是永恒的、
不变的和必然的,在完善的存在和事物之间便没有任何区别。在各个
学派的哲学当中只不过是潜在的思想,在马勒伯朗士的作品当中却突

---

① 吉约姆只写了这篇论文的前言和前三章,作品实际上没有题目,但是他提到过这本
《论创世》的“致读者”;在前言之后,作品开篇便是“论人的创造”。作品是用细小而清晰的
字体写的,在卷中占有的篇幅[ff. 267-286]。据 Aix-B. M. 818 样本的手抄本说,《对宗教的
考察》(*Examen de la Religion*)也是吉约姆的作品,但是这一说法似乎没有任何根据。

然间明确地表达了出来;马勒伯朗士认为,"作为创造物的表象,观念就是上帝的本质"[ff. 282 v 及以后部分],因为如果对肉体的观念就是上帝的本质,那就必须认为肉体具有物质的属性,因此也就是把肉体和事物看成一样的。

这条道路可以把一个唯物论者引向很远,但是吉约姆并没有走上这条路。正相反,他强调物质的绝对偶然性,强调肉体在上帝"任意的概念"中产生,所谓"任意的概念"就是"神圣的本质随心所欲地抛向身外的自由的意图"[f. 281 v]。圣保罗的本堂神甫之所以对这一论文的判断十分审慎,原因也正在于此。在别人怀疑是无神论的时候,他认为只不过是才智平庸的人思考一个难题的时候,在思想上迷失了方向:"编号为第一捆的文件不能被视为反宗教的文件,虽然里面有一些虚假的原则,有违健康的神学理论中上帝造物的观念。这个作者说上帝是个任意的概念,上帝具有偶然性的观念,而实际上上帝不可能具有这样的观念,这让人从理性上难以接受,与我们对上帝应有的思想相抵触。但是,对一个迷失在如此抽象的问题当中的人,如果我们找不到证据证明他思想腐朽的话,就不能指责他不虔诚。"[寄送弗洛利(Fleury)的报告,卷宗,f. 254]因此,难道吉约姆并不真的像人们说的那样,是一个无神论者?因为,根据我们还能看到的作品来判断,他好像并不想怀疑上帝的存在,只是怀疑某种神学让我们看到的上帝的形象。如果说他是无神论者,那是因为他并不完全接受天主教的学说,因为那纯粹是当时的教士们凭空推断出来的……

但是,实际上事情要更加复杂。为了免去本堂神甫的责任,人们毫不犹豫地承认了他的作品所汲取的源泉,吉约姆自己推心置腹地说这是很可能的,他身边一些了解内情的人也说:"我知道你们拿到的这篇论文是波莱牧师(ministre Poret)的,而不是吉约姆大人的。"佩莱在吉约姆被逮捕之后,写给艾洛的材料[前面援引过的 1728 年 5 月 20 日的报告,卷宗,f. 258]让我们知道佩莱对吉约姆有好感。然而,他揭示的隐情只有一半是真的。无可争议的是,前言中的一大部分是吉约姆从普瓦莱(Poiret)的《神的结构》(*Economie divine*)当中抄袭来的——除了写作理由和作品总体安排之外,其他都是抄袭的。而且已经写完的三章正文是他一字不落地抄袭了新教牧师根据神秘主义者们的说法(这是他的原话)所描绘的宏大神学画卷。吉约姆时不时地中断他认为是多余的阐述,概略地说一下那些过于详细的描写,但是一般来说,这样的部分很少,他并没有补充任何他自己的东西。当然,他没有理睬普瓦莱提供上帝存在的"多个证据"的那一章,但那是因为原作者本来就说了,不太习惯玄学的细微之处的读者可以将这些思考放在一旁。然而,不管人们如何看待吉约姆的厚脸皮,他还是照样说,经过如此拼凑出来的东西是他的作品:在紧接着"前言"的"告读者"当中,在提到"第一篇论文",提到《神的结构》的大纲还包括六篇其他的文章的时候,吉约姆还谈到"第二篇论文",第一篇无疑是指让他在普雷罗的小圈子里名声大噪的那篇关于骗子的作品。①

现在的问题是,为什么这个持自由思想的本堂神甫在上流社会的沙龙里宣称反对宗教,却又以自己的名义转抄这种描绘神秘学思想的

---

① 在写过一系列受笛卡尔的思想启发的文章之后,皮埃尔·普瓦莱(Pierre Poiret, 1646—1719)在1687年发表了《神的结构,或者上帝针对人的作品和意图的普遍及已经证明的体系》(*Economie divine, ou système universel et démontré des oeuvres et des desseins de Dieu envers les hommes*),这是一篇神秘主义得到尽情发挥的论文,里面充斥着安东奈特·布里尼翁(Antoinette Bourignon)和雅各·博埃姆(Jakob Böhme)的思辨内容。普瓦莱并不是一个陌生的人:他写过反对霍布斯和斯宾诺莎的文章,莱布尼兹在《单子论》(*Monadologie*)中援引过他。另外一篇地下手稿《物质的灵魂》(*Ame matérielle*, éd. A. Niderst, Rouen, 1969, p. 124)中也提过他,在《物质的灵魂》中,匿名的作者说普瓦莱更新了使上帝成为世界灵魂的学说。关于普瓦莱,详见弗雷谢(J. W. Fleischer),《哲学家皮埃尔·普瓦莱,对哲学历史的贡献》(*Pierre Poiret als Philosoph. Ein Beitrag zur Geschichte der Philosophie*, Erlangen, 1894);维塞(M. Wieser),《德国浪漫语言神秘学之父皮埃尔·普瓦莱》(*Peter Poiret, der Vater der romanischen Mystik in Deutschland*, München, Langen-Müller, 1932);科拉科夫斯基(L. Kolakowski),《没有教堂的基督徒》[*Swiadomosc religijna i wiez kóscielna*, Warszawa, 1965,法文译本《没有教堂的基督徒,17世纪的宗教意识和教派联系》(*Chrétiens sans Eglise. La conscience religieuse et le lien confessionel au XVIIe siècle*, Paris, 1969, ch. X, § 4)];克里格(G. A. Krieg),《神秘主义的小团体,皮埃尔·普瓦莱神学中的存在与变化》(*Der mystische Kreis. Wesen und Werden der Theologie Pierre Poirets*, Göttingen, Vandenhoeck & Ruprecht, 1979);谢瓦利埃(M. Chevallier),《皮埃尔·普瓦莱,异端学说书目,16世纪和17世纪非正统宗教学说目录》(*Pierre Poiret, Bibliotheca dissidentium. Répertoire des non-conformistes religieux des seizième et dix-septième siècles*, tome V, Baden-Baden, Koerner, 1985);默里(G. Mori),《笛卡尔与贝尔之间,普瓦莱与神正论》(*Fra Descartes e Bayle. Poiret e la teodicea*, Bologna, Il Mulino, 1990)。

东西。他借用普瓦莱的作品，无疑是为了指出经院哲学的贫乏，指出马勒伯朗士的哲学具有泛神论的内涵。从这种意义上说，我们用不着多么精明便可以预见到，吉约姆本来可以利用牧师在稍远处对偶因论的后果所作的颇为聪明的分析，或者牧师对"可悲的斯宾诺莎"发出的责备。但是，凡是想做些哲学思考的人都可以这样做，这也是符合文学惯例的，因此，提出这些东西来，不会冒什么风险。另外，吉约姆不可能相信有一天上级神职人员或者图书警察问他的时候，这样大段的转抄《神的结构》对他能有什么好处，因为他要解释清楚为什么会关注这样一本书——不管怎么说，对一个本堂神甫来说，这不是一本值得称道的书。因此，他之所以尽心竭力地干这种事，无疑是因为他自以为可以利用这些东西为他的思想服务。

普瓦莱认为创世是神性的表现，其过程颇能让人想到新柏拉图主义的说法：作为圣父的上帝知道他的圣子是他自己产生的，而圣灵则产生于他自己的欲望。圣子包括"可以理解之世界的意识种类"，意识或者形式是物质事物的范型，物质事物的产生是圣灵导致的：上帝是自知的，所以上帝想通过与自己的意愿完全无关的行为表现于外在。因此而产生的创物，其本身什么也不是，创造物的全部现实就在于它是来自观念的被参与的存在："事物只是上帝观念的复本"[《神的结构》，1687 年版，第 87 页]。然而，既然观念就是圣子，因此也就是上帝，普瓦莱便不得不杜撰出"绝对概念"的学说，根据这种学说，上帝设计事物的观念时，不是根据上帝的本质设计的，也不是根据圣子（son Verbe）设计的，而是在他的另一个三位范畴中设计的，这另一个三位范畴对他来说并不是本质性的。因此，普瓦莱反反复复地说，他根本不想混淆造物主和造物，创造在这两者之间引入了一种优先的依附关系，这是本体论上的，或者也许是时间上的依附关系。因为，事物是所谓永恒的，而物质是虚无，与上帝和恶的化身没有任何可能的关系，不会化为乌有："肉体，尽管人们说它会死亡，尽管它的部分会从以前的组合中分解，然而肉体的性质和物质是永远存在的，物质仍然是一种存在的物

质,不会变成乌有,不管它是聚合还是分散。"[第287页]

在这一类的思辨当中,有很多似是而非的东西。尽管作者小心翼翼,但上帝常常还是会被说成一切事物的本质:"尽管观念的外在形式与上帝的形式有别,然而这些形式的基础以及观念中的一切,其理性,其根源,就是上帝,就是一个强大的、美好的、善良的、智慧的、幸福的、光荣的存在之意愿,就是强大、美好、智慧、善良、幸福和光荣,所有造物的观念本身都只是这一意愿的线条、铅笔和不同的以及多种多样的标志(……)"[第560—561页]事物不是别的,只是上帝的再现和形象:"上帝到处都是可见的。万事万物都在表现着上帝,都在指示着上帝,都带着显著性和信念证实着上帝。就连异教徒也说:'朱庇特主神遍及一切'(*Jovis omnia plena*)。"[第118页]在普瓦莱的作品当中,大概新柏拉图主义和自然主义传统的其他主题也吸引过吉约姆的注意:创世被设想成神圣光明的传播,人被认为是"万物的精义"……但是他无疑更加关注普瓦莱的体系,这一体系可以让他尽情地解释灵魂的命运:如果人自由地选择,并因此而被认为对其做的恶负有责任,那么灵魂是"与上帝同一性质"的[第250页],而上帝又是"听天由命的上帝"[第256页],所以灵魂最终是不可能被谴责的。当普瓦莱怀着信心就灵魂的命运面向上帝时,他的神秘主义便恢复了铿锵的语调:"你不会从你自身的性质中创造和抽取灵魂,以让它们遭受永恒的地狱之苦[……]你不能折磨你的性质,拒绝它拥有你儿子的形象,不让它受到你的精神之爱,且以此为乐事。"[第411—412页]因此,从尘世开始,惩罚灵魂便意味着不了解上帝。

从这样的分析来看,吉约姆的企图便具有了完全不一样的意义。首先,他的选择并不像表面上看起来那样清白。一方面,我们看到,他排除了那些在造物主和造物之间做出明显区别的文本;另一方面,他系统地避开了探索神秘学的段落。普瓦莱的作品从头至尾贯穿始终的泛神论,通过吉约姆的抄录和加工之后,已经有所显露。当然,我们从中仍然可以看到牧师反复强调的上帝和造物之间的不同以及创造在选择上的随意性，但是存在中的一切实在性也是上帝："……只有一切事物，一切观念，一切真理，一切现实才是唯一可以设想的，哪怕只是在一点上，总而言之，一切本身具有光明，具有真理，具有善意的东西，而且是以独立的、必然的方式具有这些品质的东西，才是可以设想的。所有这一切都只能是上帝本身的本质、观念和自然。因为这些品质参与属性，而属性是与神圣的本质不可分的……"［卷宗，f. 278 v］这样一来，吉约姆用不着放弃他的模式，便可以确认，"所有事物的自然、真理、善意以及最为深刻的本质，便是再现上帝及其观念"［f. 279 v］，因为事物本身就是"上帝的形象"［出处同上］，"是上帝及其观念的复本和表现"［f. 284 v］。普瓦莱反对各种泛神论的激烈口吻，与成了对头的亲兄弟之间在争吵时的激烈口吻是一样的。吉约姆清楚地看到了这一点，才以牧师为掩护，将上帝和事物视为同一："他是。他是一切。他就是这么说的：我是。其他的一切都只不过是绝对和普遍的虚无，没有任何保留，除了他的自然和神圣本质的唯一观念。"［f. 285］

＊　　＊　　＊

　　吉约姆事件在地下资料中投下一束新的光明。通过当时的一些见证，我们知道很多地下的论文都是采用从各处转录、巧妙地传抄而来的文本制造出来的。吉约姆的活动证实这是 17 世纪初以来一种被普遍采用的方法：人们说他的关于骗子的作品是从各种书里抄袭来的，是抨击三个宗教立法者观点的大杂烩，而且我们已经看到，他所写的关于创世的论文只不过是对《神的结构》的改写，旨在把普瓦莱隐藏在暗处的东西凸显出来。

　　对于作为地下资料培养基的社会环境，我们也作了深入的分析。围绕着吉约姆，于半明半暗之中出现了一些五色杂陈的人物：有像普雷罗这样的贵族以及普雷罗放荡的青年时期的伙伴，他们参与了有关的事件，却并没有冒很大的风险；一些不知名的作家，比如蒙克里夫或者谢里耶,这些人才智平庸,但平庸的才智也被用来收集批判的资料;除此之外还有一伙本堂神甫,所有乡下的本堂神甫们与老百姓保持着密切的关系,梅叶认为,这些人有可能是泛神论和新的社会秩序的宣传者。根据这些资料从社会学的角度来研究地下书刊并非易事,但这努力是必不可少的;在这一努力当中,我们不可能过分地强调这些资料的重要性。的确,这样的资料很少,在地下传播的条件当中,要求资料的作者一定是匿名的,即使有人透露了信息或者有关人被逮捕了,也很难找到真正的作者是谁。这也说明人们为什么如此关注这个可怜的本堂神甫,米拉波说他“好比一头鹿,被猎人追得躲进了葡萄园,可它不知道是葡萄植株保护了它,不表示感谢也罢,却忘恩负义,把葡萄的叶子都给吃光了”[《普雷罗的生平》,f. 56]。

哲学家和自由思想家:杜莱·德·默桑[①]

　　能够让表面现象自圆其说的,应该是那些具有批判精神的人。一个人如果声名狼藉,那么他提出的理由即使是最为牢靠的,也就没有人相信了。教会明白这一点,所以一向把放浪形骸视为不信宗教的根源。因此,启蒙的哲学应该讨厌放浪者。但是,在这个表面现象之下,却隐藏着一群志趣相投的人。名正言顺的作品当中不应当有放浪的言语,然而,放浪者和哲学家并不是老死不相往来的两种人。色情文章和哲学论文通过相同的渠道在地下流传,而且针对的也是相同的读者。有的时候,色情文章和哲学论文甚至出自同一个人之手。约瑟夫-马里·杜莱·德·默桑(1717—1795 年)的生平和作品便很好地说明了这种情况。他是个轻率的放浪者,自己散尽了家财;他是个荒唐的人,生活中充满了不幸的遭遇。他自称是丰特奈尔(Fontenelle)的学生,与卢梭(Rousseau)和爱尔维修(Helvétius)通信,为伏尔泰工作。但是,他因为参与出版一本特别淫秽的作品而被关进了巴士底狱。他精通匿名流行的文学,不管是手稿还是印刷作品。他在自己的国家遭到查禁,却在欧洲积极参与了启蒙思想的传播。[②]

---

① 原载《法国研究》[*Studi Francesi* XCI (1987), 19 - 34]。
② 在杜莱·德·默桑的生平当中还有很多不为人知的事情。关于他的大致生平,详见《记者词典(1600—1769)》[*Dictionnaire des Journalistes* (*1600 - 1789*), sous la direction de J. Sgard (Grenoble, 1976), pp. 286 - 287],以及《记者词典补充本第一卷》[*Supplément I* (Grenoble, 1980), pp. 117 - 119]。通过伏尔泰的通信,通过巴士底狱的卷宗[Paris-Arsenal 11480, ff. 125 - 241; 11492, ff. 16 - 19; 11836, f. 244; 12056; 12075, ff. 23 - 26; 12491, ff. 68, 71, 74, 85],以及他在 1753 年和 1754 年写给普罗斯佩·马尚的信[Leiden-UB March. 2],在 1769 年和 1783 年写给纽莎戴尔印刷协会的领导人的信[Neuchâtel-B. P. U. 1142, ff. 231 - 233; 1145, ff. 425 - 524],我们了解了杜莱遭遇的挫折。(转下页注)

巴士底狱中的杜莱·德·默桑:《交合的艺术》

1741 年 2 月 22 日,"二十三岁的最高法院律师"杜莱·德·默桑被逮捕。他被指责帮助巴库拉尔·达诺(Baculard d'Arnaud)出版《交合的艺术》(*L'Art de foutre*, Paris-Arsenal ms. 11480, dossier Baculard d'Arnaud, ff. 125‒241)。通过审讯记录我们知道,这两个人年轻时便很要好。当然,杜莱想让人相信,他们"中学"毕业之后,这种联系便有些荒疏了。的确,他声称,从那以后,他们"并不常联系",而且他们的通信也不是太多。但他不得不承认他向朋友要过爱情诗,也为一些比较重要的事与朋友见过面,他承认其中大概也有关于宗教的事,也就"一两次吧"[f. 179]。他还收到巴库拉尔以早熟的天才写的一些作品,其中就有导致他犯案的那本书。听他说来,他只是为巴库拉尔·达诺找了个印刷商,一个叫维尔努瓦(Vernois)的人,是穆兰市的印刷商。正是因为这个合作方不守信用,才导致了年轻的自由思想者们的不幸,因为他接着说,"印刷商不讲信用,不顾他们事先明确的约定,散发了很多份作品,而他们本来说定只印四百本的"[f. 180],而且印刷商应该把这四百本书都交给他。

一个多月以后,当局便知道了这本书的事。1 月 21 日,莫尔帕(Maurepas)便已经拿到作品的一份样本。但这时他对这件引人议论纷纷的事件背后的人物还一无所知。样本是迪瓦尔(Duval)给他的。他对迪瓦尔说:"要是知道作者和印刷者是谁,那就好了。"[1741 年 1 月 21 日的信,f. 149]然而,多种迹象表明,密探在为此而开始的调查中起到了重要作用:在卷宗中有一张小纸片,上面说有个线人告诉警察,

(接上页注) 这些信当中有一部分由维克鲁依斯(J. Vercruysse)以《弗莱斯纳的专栏作家约瑟夫-马里·杜莱·德·默桑,1769—1772,以及纽莎戴尔版本的〈关于百科全书的问题〉》["Joseph Marie Durey de Morsan chroniqueur de Ferney (1769‒1772) et l'édition neuchâteloise des *Questions sur l'Encyclopédie*", *Studies on Voltaire* CCXXX (1985), 323‒391]为题出版。

"吉约姆神父(Guillaume),又名奥施农(Auchenon)曾把《交合的艺术》手稿装在口袋里好几天,而且后来,有人给了他一定数量的书,这是奥施农说的"[f. 140]。2 月 9 日,警察逮捕了印刷商奥斯蒙(Osmont,也称 Osemont),是"书商和印刷商吉约姆的弟弟"[f. 137]。奥斯蒙被逮捕是"因为他散布《交合的艺术》,一本十分下流的书"[f. 151]。几天之后,巴库拉尔·达诺和杜莱·德·默桑也被逮捕了。奥斯蒙一个月之后被释放。决定他的命运的是弗洛利主教。有人提醒弗洛利主教,奥斯蒙之所以被关进巴士底狱,是"因为他印刷和散发了一本非常下流的诗集"[f. 204]。释放他并不是警方放错人了:在同一份报告中,人们强调"他保证再也不印这类作品了"。应当相信,巴库拉尔·达诺通过不止一个中间人印刷了他的作品,当然这样做会使风险更大。

　　杜莱·德·默桑在这件事上所起的真正作用也是个问题。戴梅利(D'Hémery)明确地说,巴库拉尔·达诺是因为写了《交合的巴黎》(Paris foutant)而被捕的,这是这本书一般为人所知的另一个篇名,"他与年轻的德·默桑一起写了这本书,德·默桑是包税官达农古(d'Arnoncourt)的儿子"。① 然而,我们另外还知道,杜莱"写过几本诗集"[f. 180],曾拿给朋友们看过,而且他自己也承认,"有时候,有些诗还是他们一起写的,但是不多"[出处同上述引文]。虽然他招认了,但是在被监禁期间,没有任何人因他这一罪行而责备他。从他 2 月 27 日给耶稣会神学院的院长达依神甫(pères Dailly)和巴士底狱的指导神甫古夫里尼神甫(Couvrigny)写信时的遣词造句足以看出,在这方面,他并没有什么可担心的。他给达依神甫写信说:"我为一个有罪的朋友写的自由体诗集的出版提供了方便"[f. 205];给古夫里尼神甫写信说,他违反了国王的命令,"非法印刷了一个危险的朋友的自由体诗集"[f. 183]。如果对这个朋友有所担心的话,他在言语之间无疑会更

---

　　① 德洛尔(J. Delort)在《巴士底狱和樊尚监狱关押哲学家和文人的历史》[Histoire de la détention des philosophes et des gens de lettres à la Bastille et à Vincennes (Paris, 1829), t. II, p. 151]中曾提到过这个人物。

加小心的。

因此,看起来只有巴库拉尔才是那本被说成"有失体面的诗集"[f. 127],那本"下流诗集"[f. 153]的作者。这些形容词没有丝毫侮骂的意思。故事的确发生在一家妓馆中,其中有几个妓女在当时这一行里颇有名气,她们从事的就是作品题目所说的艺术,作品是由一些极其厚颜无耻的诗句组成的,充斥着猥亵的言语。诗分成三幕,应该是用冈普拉(Campra)的《多情的欧洲》(*L'Europe galante*)序曲的音乐唱出来的,乐队由"妓女、老鸨、皮条客和妓院的常客"组成,与演员一唱一和。① 这个"舞剧"很受欢迎。有些放荡的人甚至想到把它搬上舞台。至少莫尔帕大法官是这样说的,在让迪瓦尔找出这本书的作者和印刷者时也曾说:"要知道演员是哪些人,倒不是难事,但是不能指望会有什么收获。时间长了也许会发现些问题。"[f. 150]后来再没有提到过演员的事,这也许证明了大法官的审慎,他担心有身份的人参与了这个案子。但是也可能他开始时就被别人拿给他的印刷本骗了,书的扉页上肯定地说,舞剧"1741 年 1 月 1 日在德拉库瓦小姐妓院的猪舍上演",这大概纯粹是假想的,是在开玩笑。

虽然第一版比较失败,作品却在地下流传开来。1747 年,警察逮捕了皮埃尔·吉利耶(Pierre Guillier),罪名是售卖"无耻的图书手稿抄本,有违宗教,伤风败俗"[Paris-Arsenal ms. 11616, f. 572]。在他家里查抄出"各种图书,比如一本宗教研究的书;一篇关于犹太教徒的论文;一篇关于耶稣基督的论文,古人对灵魂性质的看法;一本关于世界和人的历史论文;一本几个诗人的作品文集,主要是卢梭的作品;一本

---

① 拉·维尔艾维(B. de la Villehervé)认为巴库拉尔之所以被关进巴士底狱,实际上是因为他写了悲剧《高里尼或者圣巴戴勒米》(*Coligni ou la Saint Barthélemi*,阿姆斯特丹,1740年),巴库拉尔自己也相信这一点[《弗朗索瓦·托马·德·巴库拉尔·达诺》(*François Thomas de Baculard d'Arnaud*, Paris, 1920, pp. 13 - 16)]。La bibliothèque de l'Arsenal 有一本1747 年出版的《交合的艺术》[Rés. 8° B. L. 35550]。道松(R. L. Dawson)的《巴库拉尔·达诺:生平及其散文故事作品》(*Baculard d'Arnaud: life and prose fiction*),邦布里(Banbury)的《伏尔泰和 18 世纪研究》(*Studies on Voltaire and the Eighteenth Century* 141 - 142, 1976, 659 - 660,关于案件详见第 55—58 页)对该作品有描述。另一本《交合的艺术,或者上流社会妓女的床上技巧》于 1789 年在阿姆斯特丹出版,但这本书与巴库拉尔·达诺的书没有任何关系。

关于被惩罚的罪恶"[f. 579]。在被审问时,他否认曾经售卖过这些手稿,他之所以保留同一篇论文的各种抄本,只是"想保留最为准确的"[引文出处同上]。虽然不得不承认卖了四本《论三个骗子》和六本《被惩罚的让福特》(*Jeanfoutre puni*),但他还是否认"曾把题为《交合的巴黎》卖给过别人,因为他从来不曾有过这本书"[引文出处同上]。但是,警察局的指控有根有据,不会错的,因为下级警官达夫奈尔(Dadvenel)为了取得他有罪的证据而让人从他手中买过几本这种书。吉利耶之所以不愿意承认在书的传播中推波助澜,无疑是因为一旦承认,后果非同小可。几个月之后,一本《交合的艺术》手稿落入博南(Bonnin)和拉马什(La Marche)的手中,这两个人都是地下印刷商,他们的活动警察是知道的。在注明日期是 1748 年 1 月 29 日的戴梅利的报告中,博南"谈到装订商纹特(Ventes)和默尼埃(Monnier)向他提议印刷《交合的艺术》……"[Paris-Arsenal ms. 10300, f. 1]但是戴梅利无疑没有同意秘密地印刷这本书,认为这本书太下流,即使在地下传播,也是不合适的,后来再没有提过这事——虽然纹特和默尼埃仍然与印刷商保持关系,并提议过印刷其他的书。①

　　奥斯蒙于 3 月 10 日出狱。巴库拉尔·达诺在圣拉萨尔监狱待了两个月。但是,看起来罪过并不算最大的杜莱·德·默桑却在 5 月份被转移到康布雷城堡。选择这个地方的是他的父亲,他父亲根本没有想到要解救他,反而想让他在监狱里待着。"他父亲为他支付年金和日常开支"[Paris-Arsenal ms. 11480, f. 217],让他被关在康布雷,因为他没能让警察把他继续关在巴士底狱。通过这种办法,他一定是想让放浪的儿子改邪归正。杜莱也谈到"自己青年时迷失",而且父母"让他很危险地无所事事,游手好闲地待了三年",并因此而归罪于父母[写给马维尔(Marville)的信,1 月 26 日,f. 157];另外他之所以交友不

---

　　① 抄本 ms Budapest-B. Szécheniy Quart Gall 68《风流作品文集》(*Recueil de pièces gaillardes*)里有一份《交合的巴黎,风流欧洲的滑稽模仿,哑剧》(*Paris Foutant. Parodie de l'Europe Galante. Ballet Pantomime*)[ff. 97－108]。

当,是因为父母吝啬,他请表姐艾洛作证,"我没办法与良友交往,一个月只有一百法郎,包括日常用度"[3月1日,f. 188]。对古夫里尼称之为"他让人感到丢脸的冒险经历"[写给马维尔的信,4月14日,f. 208],我们几乎一无所知。① 他与巴库拉尔·达诺的友谊也许是最为可疑的,当他听说他们之间的通信被查抄时,他的反应之激烈便很能说明这一点。他在巴士底狱的第一封信似乎是1月26日写给警察局上尉马维尔的,信中恳切地请求他"不要让他的父亲和母亲知道他写给达诺的信"[f. 157]。一个月之后,他已经听说要被转移到另一家监狱去,便要求"烧掉他那些有罪的信"[同上,4月25日,f. 219]。他不想在他走后,"在住处留下只会不断地导致可怕的绝望"的文件。在他4月29日写给马维尔的最后一封信中,他自己说他的信是"难以根绝的祸患"[f. 221]。

但是,与这些信相比,好像他父亲感到更加气愤的是在得知他欠的债之后。我们可以想见,他的债务数额一定不小。在写给达依神父的信中,杜莱·德·默桑说他给"一个骗子侯爵写过一张十万法郎的汇票",是一个叫德·萨依(Sailly)的人,后来他从这人手中又把这笔钱不无危险地要了回来,为此两人不得不决斗。由于侯爵走漏了风声,骑警队阻止了这次决斗,并在杜莱被捕的当天,判决杜莱有理[ff. 205 - 206]。的确,这一天在他口袋里查抄的文件当中有一份合同,根据合同,萨依承诺以一万法郎为价为他搞到一份官方采购的合约。一万法郎,对一个"没有工作,没有身份,没有钱也不受人器重的人来说"[写

---

① 我们知道他的家庭教师已经带他去过"塞纳街一家十分可疑的铺子"[f. 143]。这个家庭教师就是皮隆(A. Piron),杜莱1769年时还很友好地谈到这个人。这也是博南在写给戴梅利的报告中提到过的那个皮隆[Paris-Arsenal 10300, f. 13]。1732年,圣日尔维的本堂神甫向警察局提供消息说,"达农古(Mr Darnoncourt)在他的教区供养着一个十四岁的姑娘",但他无疑说的是父亲,而不是儿子,因为本堂神甫接着又说,达农古付"一千利弗的年金,还为她在其他的地方花钱"[Paris-Arsenal 11480, f. 141],从年龄和杜莱所说的能够支配的钱财上来看,这很难说是杜莱。伏尔泰的见证也从另一个方面证实了这一假设。伏尔泰提到过杜莱从学校毕业后生活费用很少,并说"他父亲给他做出的坏榜样不可能让他在生活中循规蹈矩"[写给路易丝·德·索维尼(Louise de Sauvigny)的信,1769年1月30日,《伏尔泰通信集》(*Voltaire's Correspondence*, Best D 15454)]。

给艾洛夫人的信,f. 188],是一笔不小的数目。这件事说明家里为什么对他十分严格,并说明他父亲为什么非要坚持完全剥夺他的行动自由。父亲不想让红衣主教因为儿子的行为而改变主意,他再次向红衣主教提到 1736 年他女儿结婚时红衣主教的承诺,说让他加入官方采购公司:"即使他的错误非常严重,阁下也不会因儿子的过错而惩罚父亲吧。"[3 月 4 日,ff. 192 – 193]

　　杜莱·德·默桑以最好的精神状态同意被监禁。他假装接受罪有应得的惩罚,以洗刷年轻无知的罪过,并借机浪子回头。"我向缪斯道声永别。在重回人世之前,我愿意当个丈量员,"他在 2 月 26 日写给巴维尔的信中讲道。第二天,在写给乌代(Oudet)、达依(Dailly)和古夫里尼神甫的信中,他几乎重复了同样的话。但是不管怎么样,他不能不又说了些表面看来无所谓的话,就像是在挑衅,因为作为囚犯,他的话看起来充满了狡黠。他说:"我提出的反对意见只是为了让我看得更清楚;我知道真理是不怕审查的。"[f. 183]因为他指望不久之后能够被释放。"我要在这儿待三个月,"3 月 3 日他推心置腹地向另一个人,一个叫德拉库瓦(Delacroix)的人写信,这个人是"一个六十来岁的亚里士多德式的人物,一个可怜的人",医学博士,哲学和数学爱好者。杜莱·德·默桑请他到监牢里来[ff. 186 – 187]。但是,从 3 月 7 日开始,他知道要被转移到另外一家监狱去,他并不知道要在那儿待多长时间,这时他似乎绝望了。当古夫里尼最终获准来探望他时,他向古夫里尼承认他好几次想上吊,因为他再也受不了现在所处的孤独[古夫里尼致马维尔的信,4 月 20 日,ff. 209 – 210]。

杜莱·德·默桑和地下书刊

　　杜莱·德·默桑在康布雷监狱待的时间大概并不长。6 月底,姐姐路易丝·德·索维尼要求改善一下他被监禁的条件。她的要求被拒绝了,因为杜莱·德·默桑的父亲反对这样做[Paris-Arsenal ms.

12056, dossier Durey de Morsan, ff. 24 – 25]。但是一年之后,他到了
贝桑松。1743 年 8 月,我们在巴黎发现了他,而且看起来又恢复了使
他被关进巴士底狱的习惯[ff. 309 – 310,杜莱致布松小姐信的摘要]。
我们从他父亲那里知道,他的债务额快速增长,最终导致他"不得不离
开王国"[父亲致儿子的信,1759 年 6 月 23 日,f. 283]。① 他好像也没
有忘记对边缘文学的爱好。的确,他父亲暗示,儿子的第一次流放不仅
仅是由于债务。他说:"人们补充说,还因为把你关进巴士底狱的那些
事"[引文出处同上],当然,这意思有可能是指他生活放浪。因此,在
为费利波(Phélypeaux)大法官写的关于他参与《交合的艺术》出版案件
的摘要当中,报告人指出:"好像人们为他选择了一些手稿,但是没有
找到。"[Paris-Arsenal ms. 11492, f. 17]然而,既然我们知道他在 1741
年被捕时的情况并不是这样,那么如果我们说这里指的是另一次搜查,
也许不会冒太大的风险,因为同一摘要指出他有过"第二次案件,而且
被关进了主教监狱"[引文出处同上],1753 年 8 月的确发出过一封有
当局封印的信,命令把他关进监狱[Paris-Arsenal ms. 11836, f. 244]。
几年之后,1759 年 8 月 2 日,"四十一岁,出生于巴黎,自从 1756 年以
来继承弗朗什孔戴财政普通税收员职务"的杜莱·德·默桑再一次被
捕。这回他在樊尚监狱待了十八个月,"因为制作淫秽的、反宗教的作
品,杜撰政府回忆录、财政计划,密谋和通信,被怀疑荒淫,放荡,行为不
轨"[f. 15]。

　　杜莱得了梅毒。尽管他健康状况不好,人们还是最后一次在他的
住处进行了严格的搜查,"但是没有找到任何与陌生人的通信",结案
时,罗施布鲁纳(Rochebrune)检察长在樊尚城堡的主塔上不得不承认
[f. 68]。费利波大法官大概担心像他这样到处旅行,与外国人经常来

---

① 大概是去了西班牙,因为在 1769 年 9 月的一封致奥斯特瓦尔德(Osterwald)的信中,
他谈到过在马德里的短暂逗留,并归结:"在二十五年的时间里,发生了很多变化。"
[Neuchâtel-B. P. U. 1145, f. 430]这次旅行最早是 1746 年的事,因为这一年的 3 月份,他写
给布松小姐(Pousson)的最后一封信上标注的还是巴黎。

往的人会有些什么活动,大法官自己也承认这一担心,以为先前曾证明过他无罪[1759 年 11 月 16 日,ff. 100‐101]。因此,因犯认为自己倒霉是因为欠了债,他也承认欠了债。他的文学活动被人发现,他好像并不特别感到担心。但是,在他的秘书查理·吉耶(Charles Quillet)的房间里,除了其他与他的命运有关的文件之外,还发现了一些"为了反驳虚假的体制而做的关于信贷的思考,一份社会草案,关于英格兰现状的思考,使徒象征审查"[f. 36]。而且在杜莱的房间里,在一些财政计划当中,还有一些诗和信件,一些文章的手稿,是从 17 世纪末以来便在地下流传的哲学资料:"东方专制研究、关于奇迹的论述、关于三个骗子的论述、思想自由的四个部分、帕斯卡和洛克关于来生的可能性的思考、关于奇迹的讲话、论耶稣基督、一个哲学家对于灵魂的性质的观念、关于灵魂存在和上帝存在的思考、关于罪恶的起源和性质、从英文翻译的六封信。"[引文出处同上,ff. 68‐69]①

　　大概他知道这类的买卖是相对受到容忍的,虽然他可以担心自己会被指责是某些作品的作者。在大部分情况之下,杜莱·德·默桑只不过抄录了一些已经匿名流行很久的文章,这对于所有的人来说都是显而易见的:《论三个骗子》原本写于 1687 年,1719 年已经印刷了第一个版本;《论思想自由》(*Traité de la liberté de penser*)据说是丰特奈尔的作品,似乎出现于 1700 年之前,总之第一次出版是 1743 年,或者前一年的年底,是放在《新思想自由》(*Nouvelles libertés de penser*)文集当中出版的;还有《关于帕斯卡和洛克的论据的思考》(*Réflexions sur l'argument de Pascal et de Locke*),《关于灵魂存在和上帝存在的思考》(*Réflexions sur l'existence de l'âme et sur l'existence de Dieu*),《哲学家对灵魂性质的观念》(*Sentiments des philosophes sur la nature de l'ame*)。我们

---

　　① 审问记录中有十七份手稿。很可能其中包括《论思想自由》(*Traité de la liberté de penser*)的不同部分,也包括据说是从英文翻译过来的第一封信。如果真是这样,《论奇迹》(*Discours sur les miracles*)和《论耶稣基督》(*De Jésus-Christ*)便是同一篇目,也就是沃尔斯顿(Th. Woolston)1729 年出版的作品。

不知道《关于奇迹的论文》是什么内容,同一篇论文常以不同的篇名流传,但很可能是《论奇迹》(*Traité des miracles*),有些抄本说是根据《复活的狄奥弗拉斯特》(*Theophrastus redivivus*)的一章翻译的。这本书与上面提到的三本书是在该世纪前二十五年写的。①《关于东方专制起源的研究》(*Recherches sur l'origine du despotisme oriental*)是布朗吉(N. -A. Boulanger)的作品,始终匿名流行,一直到霍尔巴赫(Holbach)1761 年在作者死后出版。当然,当时这一文本还太新,从这种意义上有可能让人觉得似是而非。严格说,杜莱也很可能翻译了关于罪恶的信,我们现在对这些信一无所知。

可以肯定的是,他既有能力,又有必要的知识,可以从不同来源的文本中抄袭一些东西,编纂一些这类的作品。杜莱·德·默桑本人告诉我们,他以马克·达尔努维尔神甫(abbé Marc d'Harnouville)的假身份,为高斯书商(libraire Gosse)"以《五花八门》(*Bigarrure*)为题的周刊小报"撰稿,小报从 1749 年到 1753 年之间在海牙出版[1755 年 9 月 3 日写给他父亲的信,ff. 253 - 254]。几年以后,他向贝尔特朗(Bertrand)证实了这件事,贝尔特朗和奥斯特瓦尔德(Osterwald)正试图在纽莎戴尔(Neuchâtel)创办另一份期刊;"为了使期刊赢得名声",杜莱劝他要好好地选择工作人员,给他们一份好的待遇。为了说明这一黄金规则的重要性,他介绍了自己在这一行的经验:"在海牙办题为《五花八门》的期刊时,作者太一般,而且支付的报酬也太低,让这份期刊失去了信誉。后来工资提高了一倍;我在那里工作了一年,而且很成功。我们又提高了报酬,后来小克里比翁(Crébillon)代替了我,老实说,我是被他挤走的。"[1769 年 8 月 26 日,Neuchâtel-B. P. U. 1145, f. 427]②当然,他的

---

① 《论耶稣基督》(*De Jésus-Christ*)如果真是一本与沃尔斯顿的作品不同的书,那也是一本作于 1720 年左右的作品;1737 年,杜布依松警长(commissaire Dubuisson)在一封写给高蒙侯爵的信中描述了书的内容(详见前面所引瓦德的作品,第 205—206 页)。而且作品于 1752 年被一个名叫高梯埃的神甫(abbé Gaultier)以《现代塞尔斯》(*Le Celse moderne*)为题出版。

② 戴梅利认为报纸的第一作者是戴斯特雷神甫,详见布鲁诺(M. R. Bruno)的《戴梅利的日记,1750—1751》(*Journal d'Hémery, 1750 - 1751. An Edition*, Vanderbilt Un., Ph. D., 1977, tome I, p. 151)。

记忆好像不太准确,因为多年以前,他向父亲承认,他只在"那儿充当了临时作者的角色[……]也就是四个多月";这时,在谈到小克里比翁时,说是他的接替者,"他的文章比我好,"他谦虚地承认;"但是需要时我可以作诗,而他没有这个耐心。"这样说来,他与《五花八门》的合作大概是在1751年7月到11月之间,因为在这一日期之后,报纸上的诗的确越来越少了。①

　　况且,旅行让他知道了这个世纪期间出现的反宗教的文章,这些文章在法国是不允许印刷的。通过1755年他写给父亲的一系列书信,我们得知杜莱打算运回家乡三大箱图书,一个他称之为的"巡回图书馆",大部分都是他去英国之前在荷兰买的。他指望依靠父亲作为包税官的影响,让这些图书避开书商行会理事的审查。但是父亲有疑虑,不是因为不赞成这类的图书,他是想让儿子行为谨慎,比如他曾建议儿子不要购买在法国被查禁的图书,而只是租。因此杜莱不得不列了一份书单,他承认"书单上半数的书都是被查禁的,比如《耶稣会修士的教理问答》(*Cathéchisme des Jésuites*)、《罗马宫廷的万能钥匙》(*Le passe-par-tout de la Cour de Rome*)、《耶稣会修士的历史》(*L'histoire des Jesuites*)、《弥撒解剖》(*L'anatomie de la Messe*)、《费朗会长的自由诗》(*Poesies libres du President Ferrand*)、《宗教研究》(*Examen de la Religion*)、《哲学家戴莱斯》(*Therese Philosophe*)、《关于大赦和宽恕的信》(*Lettres sur les jubilés et les indulgences*)、《揭去面纱的柏拉图主义》(*Le platonisme devoilé*)、《恢复南特赦令对法国的好处》(*La France interessée à rétablir l'Edit de Nantes*)、《贝尔关于彗星的各种书信》(*Lettres diverses de Bayle sur les Cometes*)、《蒙田论文集》(*Essais de Montaigne*)[……]其他的或者是被允许的,或者是得到宽容的,"他向父亲证实。但是他

---

　　①　另外我们还知道,从1748年底或者1749年初一直到1751年间,杜莱在阿维尼翁(详见 Paris-Arsenal 12056, ff. 93, 104 和106)。似乎这时他被怀疑重婚罪,但是盖约·德·毕ցⁿ瓦尔(Gayot de Pitaval)在《知名案件》中提到的德·默桑骑士(chevalier de Morsan)与我们的人物没有任何关系。

说的只是法语的书,因为他还指出,"还有些被查禁的书是用荷兰文、意大利文、西班牙文、德文、英文和拉丁文写的"。在这个反宗教的万国图书馆中,还有手稿:"我有很多这种东西",他承认。但是他觉得没有必要列出篇目,因为书商行会理事不懂得这些语言,而且凡是没有印刷的,都不归他们管[Paris-Arsenal 12056, 22 juin, ff. 210–211],好像危险只来自书商的关注,而不是他带进法国的图书本身的性质。杜莱同一天给父亲写过另一封信,告诉父亲,第一份书单只包括"那些最危险的书";大概是担心如果父亲觉得受骗了,反应会更加强烈,他还提到"拉梅特里的作品,十六开本的两卷,哲学书信,哲学思考,批判思考,神意论,雅克·马塞(Jasques Macé)的游记以及六七种并非故意忘记了的书"[ff. 218–219]。

7月初,达农古(d'Harnoncourt)最终把儿子的书箱从海关取了出来。在这期间,杜莱还写过几封同样值得关注的信,可以帮助我们了解他这些年经常来往的人群以及他受到的保护。他对这件事的结果感到担心,向父亲提出了好几种把箱子从海关取出来的方法:"西班牙使节阿布勒侯爵(marquis d'Abrieu)在伦敦时向我提过,说可以把箱子寄给西班牙驻法国的大使索托·梅约(Marquis de Soto-Mayor)侯爵,"他在6月22日的信中对父亲说。"可以说,我是这个卡斯蒂利亚人的朋友;如果还来得及,我可以让他去取三个箱子,然后再让人运到你那里去。"[ff. 210–211]6月28日,他还在强调这一办法[f. 230]。当然,这些西班牙的贵族也许并不知道行李里的东西真正是什么,虽然众所周知,笃信天主教的西班牙,最终还是有些人被哲学精神所俘获。但是杜莱还向父亲提议可以求助德斯坦伯爵(comte d'Estaing),德斯坦伯爵可以向拉姆瓦尼翁大法官(chancelier de Lamoignon)索要箱子[f. 230]。我们从另一封4月14日写的信中得知,因为当时伯爵还在英国,向他提议过"让禁书绕过书商行会理事的检查",运到他父亲处[f. 205]。三天之后,他又给父亲写信,"他要去见大法官的儿子",书店经理马勒泽伯(Malesherbes)告诉他箱子实际上属于一个名叫艾德的骑士(chevalier

Head)[7 月 1 日,f. 238]。而且我们还知道,奥利维神甫(abbé d'Olivet)帮助他顺利地解决了这件事[7 月 12 日,f. 243],虽然他不可能不知道箱子里的东西为什么会让他的包税官朋友感到害怕。

杜莱·德·默桑不仅是一个与众不同的兜售地下书刊的人,他也自称是地下书刊的作者。在《论宗教研究》(*De l'Examen de la religion*)的一份抄本中[Léningrad-B. Saltykov-Schédrine, F Q I, n° 72],扉页上有一个注,说这一作品"作者是达农古·德·默桑";当然很难说这一说法是真的,因为一切都让我们相信该作品写于世纪之初,但这一注释说明对于关注地下书刊的人们来说,男爵一定参与了地下论文的写作。的确,他至少写过一本名为《揭下了面具的偏见》(*Le Préjugé démasqué*)的书。① 然而,这本书其实只是此前在地下流传的一本文集,里面有对帕斯卡和洛克相信可能有来世的理由的驳斥,哲学家对灵魂性质的观念,关于灵魂存在的思考,以及论自由,文集分为两个部分。杜莱并没有掩饰这一事实:虽然文集的页码是连续的,里面的每篇论文都有自己的题目,篇与篇之间都是不同的。但是尽管如此,把这些不同的文章编成一本新书的想法还是显而易见的。这些文章前面有一篇《偏见颂》(Ode sur le préjugé, p. I–V),作者援引贺拉斯的话,说他想"以理性之箭为武器",打倒无知的儿子,无知的儿子是个被错误引导着的鬼怪,比暴君更可怕,因为它奴役的是人的意志。这首诗里充斥着常见的陈词滥调,也许是杜莱个人对这本书唯一的贡献,虽然还要指出的是,这首诗事先在 1752 年 12 月的《五花八门》上发表过,②题目略有不同,《反对偏见的颂歌》(Ode contre les Préjugés),这里"偏见"一词用复数是有道理的,因为诗中还包括另外三段,批判了引起决斗的虚假勇敢,

---

① 据杜布罗夫斯基(Dubrowsky)大使说,作者亲笔手稿的题目是《揭下了面具的偏见,形而上学作品,作者:某某男爵,1756 年》(*Le Préjugé Démasqué, Ouvrage Métaphysique. Par Monsieur le Baron de M****. 1756*)[Saint-Petersbourg-B. Saltykov-Schédrine, F. Q III, n° 3]。我们没有找到这份抄本。

② 第十九卷,第 138—143 页。诗后面评论的口吻表明,据说是"法国人"的作者只能是克里比翁(Crébillon)。

对女人的诽谤,以及以出身来论英雄的习惯。他编写的第一篇论文《对帕斯卡和洛克的理由的驳斥》(Réfutation sur l'argument de Mrs Pascal et Locke)开篇便泛泛地提到对一些宗教的"根本性问题的讨论,比如上帝的存在,灵魂的精神性和物质性,人的自由"[f. 1],这篇文章显然是对整个文集的引言。另外,一般来说,杜莱还是尊重这些肯定不是他写的文章的,因为这些文章明显就是买来的文稿。但是,他毫不犹豫地删改了后面两篇论文,他的"思考"只是《关于灵魂的存在和上帝的存在》的第一部分,而《自由论》(Traitté de la liberté)正如题目所表明的那样,原作据说是丰特奈尔写的,被他删去了很大一部分,除此之外,原作的统一和内在逻辑也被破坏了。然而很明显的是,对文章的修改并不是为了改变文章的意思,手抄者有时候是会这样做的,但杜莱这样做,只是为了让作品有他自己的特点。

晚年:流放

杜莱·德·默桑 1761 年 1 月 25 日从樊尚监狱出来。"1760 年 2 月 17 日夏特莱监狱的判决禁止他在法国居住"[Paris-Arsenal 12056, f. 15],所以他经历了漫长的流放生活,身上总是背负债务,常常不得不过着贫苦的生活。① 但是,在艰难的朝圣路上,他仍然在启蒙思想的传播中扮演着重要的角色。他自己常常喜欢说是"荣誉合伙人"。作为"荣誉合伙人",他主要参与了奥斯特瓦尔德和贝尔特朗 1769 年在纽莎戴尔创立的印刷公司的工作。他"原来的老板"似乎提议让他负责编辑出版《海尔维弟日报》(Journal helvétique),但是他没有接受。"我太忙了,在办报的事上不能帮你,"他对贝尔特朗说[Neuchâtel-B. P. U. 1145, 1769 年 8 月 26 日, f. 427],但他不遗余力地出主意选择

---

① 在 1769 年 8 月 8 日写给奥斯特瓦尔德的一封信中,他提到"累积了十二年的失意"[Neuchâtel-B. P. U. 1145, f. 425],因此,也就是自从 1757 年他被债主逼得不得不离开他当时担任波兰国王办公室秘书时所在的南锡(Nancy)以来的时日了。

合作人员，要人们注意办这样的事应有的审慎。他借口忙，说没有"闲暇写道德故事"给期刊用[1769 年 9 月 20 日，f. 429]。他明确地拒绝背叛伏尔泰，为了伏尔泰，他"在巴纳斯山的山脚下[……]甘愿做个马前卒"。他为报纸提供一些"他的新作品"的摘要，其中有些"只能在很久之后才能见天日"[第 429 页]。但是，他为朋友们找了一些通信人，其中有默尼埃·德·盖隆（Meunier de Querlon），一个"很好的作家和记者"[1769 年 8 月 29 日，f. 428]，①索邦的博士，"西班牙国王小教堂的神甫，出生于西班牙的巴伦西亚，是个立场坚定的哲学家"[Au Pin-de，1769 年 10 月 10 日，f. 431]；同时，他也鼓励他们去寻找关系，"想办法与狄德罗（Diderot）和让-雅克（Jean Jacques）建立联系，好让你们的《海尔维弟日报》赢得名声。"[1769 年 9 月 20 日，f. 430]

　　杜莱似乎在印刷厂的地下活动中表现得尤其热忱。听他说来，应该是伏尔泰首先想到利用出版机构出版被查禁的图书，以大印数作为对印刷商的诱饵。的确，他向奥斯特瓦尔德说，伏尔泰听说该公司成立，便开始为朋友们在通信人当中寻找"两三个能够把好几部用英文和法文写的好作品译成西班牙语的人：像这样的译本如果能够在纽莎戴尔印刷，在西班牙和其他有西班牙人的地方，比如非洲和亚洲，很快便能够销售大量的图书，让出版商两三年内便可以发财"。据杜莱说，他甚至想到哪些图书能够既广泛传播哲学精神，又尽可能地与印刷商追求的利润一致："没有删节过的百科全书"，还有针对其他公众的《哲学词典》（Dictionnaire philosophique）、《机器人》（L'Homme machine），"以及其他类似的作品"。伏尔泰是"一个见多识广的人，能把理论与实践结合在一起"，他的权威无疑足以说服奥斯特瓦尔德相信这件事的好处。为了打消人们的疑虑，杜莱又借用伏尔泰的话强调："药剂师在药

---

　　①　戴梅利证实了这一判断：默尼埃·德·盖隆"是一个十分诙谐的人，但是行为欠考虑"；1752 年，他在《法国新闻》有个很不错的职务"[布鲁诺（M. R. Bruno），《戴梅利的日记》（Journal d'Hémery, op. cit., t. II, p. 720）；亦见于《记者词典》（Dictionnaire des journalistes）上关于他的词条]。

房里卖鸦片、升汞和其他致命的毒药,是不会有什么顾忌的。兵器商天天都在卖杀人的剑和刀。军火商卖长枪短炮也不会有负罪感,才不管买枪的人拿去干好事还是干坏事。对来自怯懦者的攻击,神圣的基督教是完全能够战胜的,就是地狱对基督教也毫无办法。公开的和个人的胜利都是属于上帝的。"[1769 年 8 月 8 日,f. 425]

对这些掷地有声的理由,奥斯特瓦尔德只能信服。我们不知道杜莱最终是否找到了可在西班牙国家销售的哲学家作品,虽然多年之前他便尽心竭力地在马德里编织友情的关系网络。可以肯定的是,他建立了一个地下的印刷厂,把从别人那里接受的建议付诸实施。正是在这些印刷机上,他印制了《关于百科全书的问题》的仿印本,杜莱反复强调,最终让伏尔泰不得不同意,这让克拉梅(Cramer)感到非常气愤,因为他自己的利益受到了损害;①杜莱还印刷了《自然体系》(*Système de la Nature*),最终印制完成是在 1771 年的 6 月或者 7 月。杜莱向瑞士的朋友建议非法印刷其他作品:帕利索(Palissot)的一个喜剧,题目究竟是什么,他记不起来了(《危险的人》),但是在巴黎引起了很大的反响;还有《人间的主子》(*les Maîtres de la terre*)是一本"论调非常大胆的对专制政权不利"的作品[1771 年 6 月 8 日,f. 462];一本《哲学秘密》(*Confidence philosophique*),"一本全新的小册子",而且"非常好玩,风格自然,对于读过其他更加深刻的作品的读者来说,读这本书会感到很轻松的"[1771 年 6 月 14 日和 7 月 9 日的信,ff. 464 和 466];以及《耶稣基督的批评史》(*Histoire critique de Jésus-Christ*),"来自荷兰的一本新书",伏尔泰对这本书也很有"好评"[1771 年 11 月 5 日,f. 481]。

杜莱鼓励奥斯特瓦尔德把公司的印刷厂办成哲学精神传播的中心之一。他出版的书应该很容易在德国和北欧,在英国,"甚至在意大

---

① 对书的仿印要在"不可侵犯的秘密保护之下"来进行[未注明日期的信,f. 434]。1771 年 12 月,伏尔泰甚至通过受他保护的杜莱向奥斯特瓦尔德提议"出版一套完整的诗集丛书,这样就可以把其他的都压下去"[f. 485]。但杜莱让他的朋友注意这样做的后果,因为有三个版本正准备在德国和英国出版[1771 年 12 月 13 日,f. 490]。

利"流行开来[1771 年 6 月 14 日和 7 月 9 日的信],还有殖民地,男爵在信中说了他为此所做的努力,并建议"对那些你感兴趣的图书,能发送多少就发送多少"[1771 年 6 月 8 日,f. 462]。然而,要把这些书引入法国,好像并不容易。当然,总可以把这些书送到一些知名的爱好者手中,杜莱便在这样做,当然他也在这一买卖中略有收益。但是他告诉奥斯特瓦尔德开发这一市场的困难之处:"既然已经用一些相当恣肆的文章得罪了领导人,那就很难再带一些图书进法国"(Difficilis admodum est introitus librorum in Galliam, ex quo Proceres lacessiti fuere licentioribus papyris)[1772 年 2 月 27 日,f. 492],他突然使用拉丁文写信,一定说明事情让他难以开口。另外,他还通过一些忠诚于哲学理想的人发行印刷的作品,这些人的身份和职责可以让他们参与地下的书籍买卖,却不会遇到麻烦。在 1771 年 7 月 9 日写给奥斯特瓦尔德的一封信中,他暗示,"只要一名外国的教士或者他的秘书帮帮忙,就能运三四十本《自然体系》到威尼斯去"[f. 467];在用拉丁文写的信中,他谈到两个巴黎人,一个准备"自己掏腰包"(suis impensis)去一趟葡萄牙,另一个打算"让路易国王出钱"(sumptibus Regis Ludovici)去荷兰和英国。

　　不幸的是,朋友们习惯了从仿印的图书中轻松获利,杜莱并没有说服他们出版有特色的书。他徒然打算把自己的文学作品卖给奥斯特瓦尔德。在 1771 年 10 月 16 日写给奥斯特瓦尔德的信中,他的确给奥斯特瓦尔德出了个难题:要么出版他的论文,要么把论文手稿还给他,"如果你坚持不印我的手稿,"他对奥斯特瓦尔德说,"那我就在这儿找点印书的钱"[f. 479]。但是,他这样施加压力并没有得到期望的结果,因为几天之后,男爵无情地说还没有收到他的"手稿"[1771 年 11 月 8 日]。这些手稿也许不是别的,正是他那些地下的论文抄本,因为这时候,他并不寻求作者应该得到的光荣,而是想实实在在地找到一种办法,帮助嗷嗷待哺的家庭还掉一部分债务。

　　他还企图发表另一个合作者的作品,尤其是他求助过爱尔维修(Helvétius)的才能,这似乎是更加值得关注的。从 1770 年开始,杜莱向奥斯特瓦尔德提议出版一个波尔多通信人的作品,他说,"一个人用二十多年时间写出的一部作品,将由你的公司印刷"[f. 437]。9月,他又一次提出这一要求,虽然他知道"这类的东西公司是不要的":他提到的作品是一本"关于自然的形而上学论"(dissertation métaphisique sur la Nature),而且作者承诺"在这方面推出新东西"[f. 445],这并不是什么新鲜事。我们知道,杜莱手上有过这本手稿,因为一年之后,他向奥斯特瓦尔德再次提到这本书时他的说法就显得矛盾了:伏尔泰认为,"自然哲学是平庸的东西",而"来过这里,读过这一作品的文人和有水平的人谈起这本书来赞不绝口"[1771年10月16日,f. 479]。伏尔泰的看法似乎是决定性的,更何况杜莱自己也承认,"这本书并不像出自奈斯托(Nestor)笔下的作品那么大胆,那么优美"[f. 479],而要说服奥斯特瓦尔德冒险出版这部作品,本来就应当说"这部作品跟奈斯托的作品一样大胆、优美"才行。

也正是在纽莎戴尔的事业正在巩固的时候,杜莱向爱尔维修提议,让爱尔维修的书在他瑞士的"亲爱的老板"那里出版。在1770年9月25日的一封信中,他把收到的"另一个作者"的回答转述给奥斯特瓦尔德,说这个作者的"第一本书已经为他奠定了很好的信誉,后来却又感到十分失意":因为迫害的气氛再一次笼罩了这个国家,爱尔维修变得十分警觉,也因为考虑到自己的家庭责任,原则上回绝了这一邀请,不是因为担心邀请方不替他保守秘密,他向与他通信的人解释,而是"从一本书的文笔,就可以看出书是谁写的,而且你知道,在法国,怀疑就是证据";但是,"如果情况向好的方面转变了",他还是保证重新考虑这一决定[ff. 445 – 446]。① 而且看起来他也是的确这样做的。几乎在

---

① 信的口吻总体上相当悲观。杜莱提到启蒙在欧洲的进步,爱尔维修相应提到法国的形势,当时法国刚刚发生了律师塞吉耶(Séguier)对哲学家的抨击事件:"当所有其他的民族都走向光明的时候,我们却好像在退向黑暗。我们的书将照亮外国人,在我们自己的国家却不能给任何人带来光明,我们的书是坟墓里的灯。"他表现得很谨慎,但同时又蔑视迂回和妥协:"法国,或者至少是法国有权势的人是狂热的,我不想成为他们的牺牲品。必须把我们想说的话印出来,否则就什么也不要印。好作品之所以不多,那是因为很少有作者是自己思考的;因为他们为无数的顾虑所阻挠;因此,他们的作品里有谎言也有真理,是一堆不相干的思想的大杂烩。"

一年之后,杜莱声称,"我给爱尔维修写信,我们的哲学泰斗准许了,请他让他在文学界的朋友现在就把书拿去付印,不用再等了"[1771 年 8月 21 日,f. 474]。然而,12 月 3 日,杜莱责备奥斯特瓦尔德不回爱尔维修的信,"我尽最大的努力,让他对你们的印厂产生了好感"[Neuchâtel-B. P. U. 1142,f. 232]。他自荐做说客,去完成这项并不是特别令人愉快的任务,对此,爱尔维修也许并不知情,因为在这期间,他突然死了:"我回信拒绝了,但是向爱⋯⋯先生表达了十分的敬意⋯⋯"他向朋友证实。"因此,你这下可以摆脱自然哲学的麻烦了。我把拖延的责任都揽在了自己身上。"[1771 年 12 月 10 日,Neuchâtel-B. P. U. 1145,f. 489]三天以后,他再一次令人感到惊奇地将拒绝爱尔维修的回信和这本作品的命运联系在一起:"你不用再给爱尔维修写信,我也不用你再印《自然哲学》。"[12 月 13 日,f. 490]大概波尔多那个与杜莱通信的人和爱尔维修联系过,在这之前爱尔维修很可能曾把"一个文人朋友",也就是德利尔·德·萨尔(Delisle de Sales)的手稿交给了男爵。

1774 年底,杜莱·德·默桑最终不得不离开了伏尔泰。他已经不再是"可怜的奴隶杜莱",这话是弗莱(J. R. Frey)说的。① 相反,他终生穷困潦倒,先是在洛桑,后来又到了日内瓦,不得不在"有钱的资产者家里给人家的孩子"当家庭教师。哪怕是这样,他大概也尽了微薄之力,为传播启蒙精神作出了贡献。一个远离祖国、疾病缠身的老头写下了这样的话:"我希望有用的科学、艺术、真理之门,日日夜夜为所有认识字的人开放着。"[致奥斯特瓦尔德的信,1778 年 4 月 17 日,f. 505]这些话中的启蒙精神带着愉悦的回声,至今回荡不绝。

---

① 　1774 年 5 月 23 日致伊斯林(I. Iselin)的信,载《伏尔泰书信集》(*Voltaire's Correspondence*, Best. D 15955)。

启蒙前夜的秘密哲学团体：
泛神论者和自然主义者[①]

在人们称之为"欧洲意识危机"的那些年，出现了很多哲学的小团体和小圈子，这些群体常常成为地下书刊的中心。今天的人们对这一现象了解得并不是特别清楚。托朗（Toland）当时已经让人们注意到这一现象的范围之大。他甚至在《泛神论要义》（Pantheisticon）中描述了这样的一个团体。哲学家在团体里对各种问题自由地思考。这是一个泛神论者的小圈子，有人认为这是共济会组织雏形。[②] 但是好像并没有证据显示这一团体曾经确实存在过。好像没有任何人谈到过这一团体，而且托朗自己也有意把话说得似是而非。的确，在与论文穿插在一起的议论当中，他说这个"苏格拉底式的团体"有可能只是"假想，是有意让人设想由学者组成的，令人感到愉快的团体会是什么样"［Paris-

① 原载《启蒙时期的自由言论》（*Discours libertins des Lumières*, Paris, Champion, 1984, pp. 21 - 38）。

② *Pantheisticon, sive Formula Celebrandae Sodalitatis Socraticae, in Tres Particulas Divisa; Quae Pantheistarum, sive Sodalium, Continent I, Mores et Axiomata: II, Numen et Philosophiam: III, Libertatem, et non fallentem Legem, Neque fallendam. Praemittitur De antiquis et Novis Eruditorum Sodalitatibus, Ut et de Universo infinito et aeterno, Diatriba. Subjicitur De duplici Pantheistarum Philosophia sequendâ, Ac de Viri Optimi et ornatissimi idea, Dissertatiuncula*, Cosmopoli（Londres）1720。这部作品以手稿抄本的形式在地下流传，流传的版本有拉丁文和译成法文的版本。我们举的是这些版本中的 Paris-B. N. N. A. fr. 21799，但读者可阅原始版本的文字。

托朗所描写的团体很快便被看成共济会的一种形式。在出版《泛神论要义》时，米歇尔·梅戴（Michel Maittaire）曾整理了注释，普罗斯佩·马尚（Prosper Marchand）把这些注释保留了下来，并写了一段话，与朋友的注释放在一起。在这段话中，普罗斯佩·马尚认为这干脆就是从16 世纪以来便在地下流行的"酒神会"的"世俗礼拜仪式"，共济会也是"酒神会"之类的一个组织："我不了解共济会的组织情况，"他写道，"所以不敢冒昧地妄加评论，但是从人们详细讲述的那些奇特、怪诞的仪式来看，集会上这些先生们发出的如此强烈的声音，如此简单的姿态与《泛神论要义》和其他酒神会中的声音和姿态如出一辙，所以我们很愿意相信，这些组织都是一样的，只不过名称不同而已。"［Leiden-UB March. 62］马尚自己也被怀疑与共济会有染。

B. N. N. A. fr. 21799, f. 92；*Dissert.* §6]。他这样做也许是为了保护泛神论者，不让一般的人们恨他们，让那些只是感到好奇的人们远远地离开，因为这个组织不对外人开放。尽管如此，文中的某些材料让人怀疑作者是在想象，尤其是集会上一成不变的仪式，让人清楚地想到天主教的礼拜仪式。况且主持人（*moderator*）在会议过程中所说的"哲学规则"中的一些学说，与作品理论主干所阐述的理论有违。因此，在这一点上，托朗表现得最为胆小，因为读者只能依靠自己的常识判断背景是否可信。相反，他以最为决断的口吻证实，哲学团体是存在的，而且与论文中所描述的泛神论的团体相似。但是同时，这些哲学小团体与现实之间的关系，仍然被作者经过巧妙设计的暧昧遮掩着："可以肯定的是，"他说，"在好几个地方有很多泛神论者，他们根据我们的习惯，有他们自己的圈子和特别的集会。他们在集会时一起吃饭，而且比吃饭重要得多的是，他们还互相讨论哲学问题。"[ff. 93-94；*ibid.*]他还在文中列举了哪些地方有这种哲学的小团体。伦敦这种组织最多，而且托朗认为"宗派的总部"也在伦敦（这又让人想到文学的虚构），除了伦敦之外，"他们一般在巴黎，也有的在威尼斯，荷兰的城市里也有好几个，尤其是在阿姆斯特丹，奇怪的是，有人甚至一直打进了罗马的教皇宫……"[f. 45；*Diat.* §16]

　　当时的另外一篇论文，《向索邦神学院的博士某某先生提出的关于宗教的疑问》（*Doutes sur la religion proposés à MM. les Docteurs de Sorbonne*），可以让我们更好地理解这些文字。① 文中的确描写了一个地下的自然主义者小圈子，与《泛神论要义》中提到的"苏格拉底式的团体"有着惊人的相似之处。经过研究我们看到，这两部作品的哲学文化基本是一样的，也就是神秘学和魔法学的文化，这种文化在现代从极

---

　　① 作者博纳纹图·德·福克鲁瓦（Bonnaventure de Fourcroy）自称是"文学家"，于1698年正在整理他的作品时被逮捕。文本剩余的部分包括第一份抄本的大部分笔记本，以及绝大部分原始草稿，都保存在巴士底狱的档案馆中[Paris-Arsenal 10515]。我们所有的引文都是从作品的草稿中摘录的，福克鲁瓦没给草稿编页码。

其深刻的意义上获得了新生。托朗的泛神论经常被解释为是对传统的神秘学进行合理化的一种企图。① 他推崇的是诞生于埃及的古代智慧,希伯来人和希腊人也主要是从这里汲取智慧的。然而这一智慧被遮掩了,有时候变成了难解的谜,有时候又被从表面上尊重民众偏见的话语所掩盖。传统上人们用一条线来区别民众的无知和哲学家的轻信,在此基础之上,他又提出了一种新的分界线,用以分别他称之为的"一般的哲学家"和真正的圣贤。只有泛神论者,而且是作为圣贤的泛神论者,才了解事物的真正性质。因此,《泛神论要义》让世俗的人们知道了一个体系,体系的基础仍然隐藏在秘传的藏书中,托朗几次谈到过这些藏书。然而,这一智慧并不是神启。只要是不带偏见地研究自然的学者,便可以获得这种智慧。泛神论者的秘传哲学与江湖骗子的神秘学毫无共同之处。有的人声称通过特别的方法取得了一般人不可能得到的神秘知识。托朗与这种人保持着距离,并揭露星相术士和炼金术士的愚昧无知。因此,真正的知识不是一成不变的,而是有生命的,是通过研究和批判而不断丰富的。没有哪一种教条可以通过仪式传给入教者。泛神论者的科学并不是以埃及的教士兼魔术师及其希腊信徒们的格言为基础。他们在聚会时讨论体系的原则,而且托朗明确地证实,"他们的结论是用'特别抽象的物理定理'表达的,常常与古时候苏格拉底式的学者们推断出的定理不同"[f. 49;*Diat.* § 17]。在《对宗教的疑问》当中,神秘学的影响不太明显。然而,福克鲁瓦的论文最后一章还是"关于能不能很好地利用魔术的问题的讲话"。从一开始,他便定义,这个问题是"对智慧的研究"[Paris-Arsenal 10515, brouillon, f. 38]。在定义中,他把这一研究与星相学家和占卜者的江湖骗术作了清楚的区别,认为星相学家和占卜者的行为从根本上说与

---

① 详见最新的研究,雅各(M. C. Jacob)的《牛顿学说的拥护者和英国革命》(*The Newtonians and the English Revolution 1689 - 1720*, Hassocks, 1976)以及尤其是《彻底的启蒙:泛神论者、共济会会员和共和党人》(*The Radical Enlightenment*: *Pantheists*, *Freemasons*, *and Republicans*, Londres, 1981);吉安梯尼(C. Giuntini)的《泛神论与共和思想:约翰·托朗》(*Panteismo e ideologia reppublicana*: *John Toland*, Bologna, 1979)。

一般老百姓幼稚的迷信没什么两样；他还让这一研究摆脱了当时很多
论述这一题材的作品使这些问题披上的可笑外衣。这种智慧基本上都
深藏在古人的文章中，所以他要求人们读"柏拉图、泰奥弗拉斯特
（Theophraste）、菲洛斯特拉（Philostrate）、杨布力克斯（Jamblicus）、普罗
克洛斯（Proclus）、普斯鲁斯（Psellus）、迪奥斯科里德（Dioscoride）、阿普
雷（Apulée）[……]波菲尔（Porphire）等人的作品"[引文出处同上，f.
39]，这些人曾在自由的世纪写作，他们认识了真理，并毫不掩饰地阐
述了真理。福克鲁瓦并没有引导人们爱好传统神秘主义的秘密；他甚
至证实，埃及人用黑暗和神秘将知识掩饰起来，让很多人觉得这种知识
可疑了。智慧也不是一种配方，不是让人拿起来就可以认识自然的，自
然的原动力被严密地隐藏着。古人的知识只不过是一个稳固的基础，
现在科学的建筑便建立在这一基础之上，包括机械学、数学、物理学，魔
法师通过这些学问，才能像国王一样君临一切，才能成为大自然的使
者，他掌握了大自然，为大自然效劳，让大自然披露其秘密和神奇，因为
他能够帮助大自然发展其隐藏着的力量。就这样，福克鲁瓦在为贝尔
纳·德·夏尔特（Bernard de Chartres）作结论时，借用站在巨人肩上的
矮子的故事，既表达了学者对古代遗产的感激之情，又表明知识具有未
完成的特点。①

　　当然，我们现在就应当说明，福克鲁瓦所说的自然主义者不是泛神
论者。托朗把上帝看成无限的、永恒的宇宙，或者从更加特别的意义上
说，他把上帝看成力量，是激励他的智慧的活力，好比古人的世界之灵
一样。这种智慧是"天之火"（*ignis aethereus*），是"比思想更加活跃的
火焰，比所有其他的物质更加巧妙"[f. 13；*Diat.* § 6]，它无所不在，
它浸润着宇宙的所有物体，并与宇宙的物体成为一体。所以泛神论者

---

　　①　对卷宗中保留的文件所做的分析表明，福克鲁瓦非常看重魔法和一般的神秘科学。
尤其是他有一本密码的目录，其实就是一份长长的关于魔术、犹太教神秘哲学、星相学、炼金
术、魔鬼、预言等的论文目录，在这些论文中，有古人的，也有现代权威的作品，比如毕果·戴
拉·米兰多拉（Pico della Mirandola）、费西诺（Ficino）、彭波纳齐（Pomponazzi）、阿格里帕
（Agrippa）。另一卷宗中的还一份密码文件，里面有一些摆脱妖术的咒语。

将掌控着大自然的智慧或者灵魂和大自然本身看成同一的,将上帝与万物看成一致的:"在整个世界上,一切为一,而且这个一便是所有事物的一切",这是人们在集会上念的咒语。"在所有事物中的一切就是上帝,上帝是永恒的、巨大的,上帝不是被创造的,也不会消失。"[f. 57; *Form.*]这一力量使整个大自然充满生机。一切都生活在宇宙当中,矿物和植物,以及动物,托朗肯定地说,同时援引了克洛德·贝里加(Claude Bérigard)的《西库鲁斯·比萨努斯》(*Circulus Pisanus*)当中一段长长的文字:"大自然中没有任何东西不是有机的。"[f. 22; *Diat.* § 8]然而,他并不能用万物有灵论的话语来解释宇宙的机制。虽然他认为大自然有着"无限的审慎"[f. 7; *ibid.* § 4],有着"某种特别的意图和令人赞叹的天意"[f. 30; *ibid.* § 11],在物质的活动当中,没有任何东西让我们想到它是有生命的。宇宙是个神圣的动物,在这个动物的作品当中,没有任何东西是自发的;但是,肉体的生成和腐败是按照"机械的契合和失契合"实现的[f. 9; *Ibid.* § 5],也就是说,是通过有着不同的重量和大小的物质各个部分的局部运动实现的。但是将泛灵论和机械论以独特的方式混合在一起,并不是没有后果的:通过这样的混合,托朗想挽救自然的自主性,因为只有给予物质活力的力量,才能够解释物质的运动。

相反,福克鲁瓦并没有想到混淆自然主义者的上帝和宇宙,虽然他肯定是在读古人的书时发现这一学说的。但不管怎么说,他在基督教中觉察到了这一学说,基督教把宇宙之广漠归功于上帝,而上帝与物质合二而一。他引用圣托马(Saint Thomas)的话说上帝在事物的深处。他本可以增加一些其他的说法,像托朗所做的那样,而且他对这类的资料再熟悉不过了。但是,对于福克鲁瓦来说,这种基督教的泛神论并不是披着玄妙外衣的古代智慧的残余,而是表现了一种矛盾,证明独一无二的上帝并不存在。因为,在使大自然充满动荡的普遍运动当中,与物质密切联系在一起的存在以及物质本身,应该永远保持不变,正是这一存在导致了大自然中发生的一切,导致了人的善与恶。

　　然而我们不应当认为自然主义者是无神论者。福克鲁瓦在关于魔术的一章中说明，他们从古代的异教，从柏拉图家族和毕达哥拉斯的弟子们那里继承了一个充斥着精神的世界。在上天的等级中最高的是神，我们在作者所作的"自然主义者的信仰"摘要中看到，"天上的神是与英雄的肉体分别开来的灵魂"[Doute XVII, f. 16]。当然，人神转化的学说在这里好像被扩大化了，因为这里还说，"一切遵守自然法则的人都可能变成神"[引文出处同上]；但是，并不是每个人都可以变成神的：要想戴上神的桂冠，大概一定是"伟大的人"，不仅在道德上要完美，甚至要以生命为代价来证明真理。① 在天神之下，是善和恶的精灵：以天神的使者身份出现的天使，是一般人中真福者的灵魂，而罪恶者在死后，其灵魂会变成恶精灵或者魔鬼，福克鲁瓦在讲到魔法时，详详细细地转述了恶精灵或者魔鬼的恶行。然而，虽然灵魂在肉体死后仍然存在，但灵魂本身还是物质的，是由极其细小和极其动荡的粒子组成的，"一种火，其性质不像其他物体那么容易腐败"[Doute XVIII, f. 19 v]，或者正如自然主义者所定义的那样，是"一种火的精灵"[引文出处同上，f. 21]。因此，天神不是永恒的，也不是长生不死的，因为组成天神的粒子早晚会分解。

　　尽管如此，天神还是关照着人的命运，并给人以酬劳。自然主义者之所以聚会，正是为了将天神应得的祭祀奉献给他们："主持正义的地点是宫殿，我们每个月的第一天在这里聚会，以表明我们在现世和精神上共同的爱。在神庙当中，大法官或者大法官选择的一个人开始祈祷，每个人都在内心支持着他。然后，音乐奏出对天神的颂歌。祈祷和颂歌之后，讲话人坐在法官的位置上，只穿职业装，不穿其他衣服；他鼓励我们行善、避恶，人们证实信仰的庄严真理，批驳错误和虚伪的宗教谎言。在此之后，人们为穷人募捐，把募集的钱交给济贫院的院长。"[Doute XVII, ff. 14 r - v]面对这里描述的情景，我们

―――――――――

　　① 详见后文《启蒙与地下文稿中的精英论》。

怎么能不想到泛神论者的聚会呢？在这样的聚会上，客人也是由一个主席或者"主持人"（*modiperator*）引导，背诵咒语，包括"团体的希望、原则和规则"[f. 48; *Diat.* § 17]，这期间还要唱歌，以激励人们的智慧、正直、愉悦……①正如自然主义者一样，泛神论者也在会议期间研究并深化他们的学说，有时候是先以恰当的方式向参会者介绍一个主题，然后自由讨论，有时候是由一名事先提出的讲话人阐述[ff. 46-47; *Diat.* § 16]。在会议上，他们批判各种形式、各种表现的迷信。主席要求团体成员不参加任何宗派，团体的成员们回答："我们憎恨人发明的各种祭祀。"[f. 57; *Form.*]的确，托朗告诉我们，"他们正是这样发现虚假的奇迹，荒唐的神秘，似是而非的预言以及所有的诡计、投机、欺骗、荒唐的故事的，所有这一切都使宗教落入厚厚的迷雾，使真理被遮挡在无法穿透的黑暗当中。"[f. 50; *Diat.* § 17]最后，在咒语的第三部分，在一系列的格言当中，泛神论者看到的是得到阐述的贤者的道德，托朗用"健康的身体，健康的理性"（*mens sana in corpore sano*）来归结这一点，这句话应该按照自然主义者所十分珍重的伊壁鸠鲁的意思来理解：要通过所有的办法寻求属于正直人的福利，摆脱对死亡的恐惧。

　　当然，从某些方面来看，好像自然主义者团体比哲学团体更像是宗教的宗派。他们的整个生活，从出生到死亡，似乎都是由团体来规定节奏的，大法官扮演的角色，在宗教中是属于教士的。大法官"登记自然主义者的出生、结婚、死亡"[Doute XVII, f. 14 v]，而且颁发证明这些事件的证书。大法官准许有知识的人把知识传授给他们的兄弟，同意仁慈的人看望病人，只要他们愿意。因为正如福克鲁瓦通过自然主义者之口说的那样，"根据他们的法则规定，没有人以此为职业"[引文出处同上]。也是由大法官指定学者将自然的法则传授给感兴趣者，因为自然主义者的聚会是不对"没有信仰"的人开放的。大法官接受新

---

　　① 这一比较是有根据的，因为福克鲁瓦在这一章最后的注释中写道："我专门写了一本书，介绍在我们的神庙念的所有祈祷词，唱的所有颂歌，自然主义者在自己家里根据向天神发出的不同要求，或者根据当时的不幸或者繁荣，也会念这些祈祷词，也会唱这些歌曲……"

的信徒,公布放弃光明者的亵渎,将他们的名字从"生命登记簿"上删除。虽然福克鲁瓦没有明确说,但是大法官也在真正的信徒当中主持正义,因为文中多次称他为"仲裁者"。因此,在自然主义者的群体当中,有两类不同的人,一类是大法官,他们是法则的守卫者,另一类是一般的人,也许还有由学者组成的第三类人。学者的聚会与全体会议不同,全体会议是所有自然主义者都参加的会,而学者聚会则是为了保证法则的本质不会被新会员的错误影响。

在泛神论者当中,我们没有发现类似的情况,泛神论者自认为所有的人都是"平等的兄弟"[f. 51; Form.]。的确,托朗把泛神论看成一种清除了谎言和迷信的宗教,"简单、清楚、纯粹、自由"[f. 78; Diss. §1]。但是"苏格拉底的小团体"(sodalitas socratica)是基于对自然的知识而建立的,对自然的知识通过研究和讨论得到发展,而不是建立在父子相传的基础之上,这就说明人并不是生来就是泛神论者,而人生来可以是自然主义者。因此,泛神论者的聚会与古人的友爱聚餐相似。所以,能够让共同的生活更愉快的品质,似乎与学说同样重要,也正因为如此,他们在接受一个新的会友时,要求会员一致同意,而要驱逐一个会员时,只要大多数人同意就行。另外,主持讨论的主席完全是按照会龄选举的,而且"话语和葡萄酒一样,都是大家共同拥有的"[ff. 46-47; Diat. § 16]。

除了这些区别之外,我们发现自然主义还有以另外一种形式表现的模糊的宗教特点,这一特点所决定的,好像不仅仅是泛神论者的哲学,更是托朗的"苏格拉底小团体"(sodalitas socratica)的性质。的确,托朗说,人们一般会忘记的是,欧洲到处都有的这些团体当中,只有"大部分"学者"才因为他们对神性和宇宙的感情而被称为泛神论者"[f. 5; Diat. § 3]。另外,泛神论者和自然主义者都说遵守自然法则,他们也把自然法则看成理性。① 因此托朗很可能在《泛神论要义》当中

---

① 关于自然的法则,我们在《泛神论要义》当中看到:"这一如此真实,永远不会欺骗人的法则也就是理性……"而自然主义者则把"自然的法则"和"理性的法则"视为同一:"[……]自然的法则是统一的,因为只有一个理性,所以只能有一个真理……"

描述了他在朝圣的路上遇到的一些地下哲学团体,同时把模式理想化了;在他遇到的这些团体当中,大概也有自然主义者的社团。这种推测很有可能是真的,因为自然主义者没有国界,自然主义者的信徒"用心中和平的语言"赞美天神[Doute XVII, f. 14]。

然而,福克鲁瓦的见证很可能纯粹是文学创造。况且,在他被捕后的审问记录中,根本没有提到自然主义者的团体。审问时的确没有追问事情的根底,只是问到在他家里找到的一些文章。不管怎么说,他讲到自然主义者聚会的文字,好像在原始手稿中被删掉了,这有可能意味着他认为这段文字有可能对自然主义者构成危险,但是也有可能是他删除了一些能够影响故事的可信度的细节。不管怎么说,我们今天从其他资料来源得知,有一些地下的哲学团体与托朗和福克鲁瓦所描述的团体相似。我们在托朗的文件中发现了一份资料,里面有 1710 年伦敦一个自称是"欢乐骑士学会"的组织召集会议的纪要。① 我们在这份文件当中看到的是一些真实的人物,有些人由于对地下书刊的关注而为人所知。尤其是普罗斯贝·马尚(Prosper Marchand),他在荷兰避难时出版过一些不同版本的《洋琴世界》(*Cymhalum mundi*),作品的手抄本在整个世纪期间流行于世,他还出版了贝尔(Bayle)的词典,成了地下论文作者不断汲取的源泉。他死后 1758 年在海牙出版的《历史词典》(*Dictionnaire historique*)当中,有他为《论三个骗子》(*De tribus im-postor-ibus*)写的一个词条;我们从他写的这一词条得知,与他在团体中一起参加聚会的博姆(Böhm)和雕刻家贝尔纳·毕卡(Bernard Picart)每个人都有一册的《斯宾诺莎的精神》(*Esprit de Spinoza*),其实也就是在地下流行的《论三个骗子》的另一个题目。

当然,讲故事的口吻让人觉得好像是在嘲弄共济会的组织和仪式,

---

① Londres-British Lib. Add. 4295, ff. 17‒18。雅各(M. C. Jacob)发表过《一份英格兰共济会未出版的有关资料:1710 年》(An unpublished Record of a Masonic Lodge in England:1710),载《精神和宗教历史报》[*Zeitschrift für Religions-und Geistesgeschichte* XXII(1970),168‒171],后来作为附录收在我们前边所援引的关于启蒙的激进主义作品当中。

与对待哲学团体、泛神论者团体或者自然主义者团体的认真态度颇不相称。从这个角度来看，好像"在约定的日子"由艾田·吉约姆（Etienne Guillaume）在普雷罗伯爵（comte de Plelo）家里主持的聚会更值得关注。艾田·吉约姆是弗莱斯纳的本堂神甫，于1728年被逮捕，从而也使以彻底否弃宗教为主旨的"这种像主教会议式的聚会"最终结束。① 对这个小团体，我们所知不多。成员当中有一个叫谢瓦利埃的人，在团体解散之后保留了所有的文件，还有一人名叫蒙克里夫，是个年轻的自由思想者，后来成了法兰西学会的委员。蒙克里夫冒冒失失地在上流社会中给人讲他们在聚会时讨论什么事，连参加会议的人是谁也毫不掩饰；除此之外大概还有特里亚农神甫和谢里耶神甫，谢里耶是戏剧审查员。吉约姆本堂神甫在这个小圈子里之所以有权威，是因为他写过一本《论三个骗子》，曾以匿名的形式流传于世；作品很长，分成很多章节。在他的文件当中，我们找到了《论创世》的开始部分，论文的口吻颇有泛神论的味道……

---

　　① 米拉波伯爵在未曾出版过的《普雷罗伯爵的生平》（*Vie du Comte de Plelo*）中讲述了这个故事。关于哲学团体，详见本书的文章《〈论三个骗子〉二三事：吉约姆事件》。

启蒙与地下文稿中的精英论[1]

如果我们抛开启蒙的阴影，只看启蒙运动，那我们很可能会被耀花眼睛。然而，有一些问题让我们相信阴影与光明是混淆在一起的，不仅仅因为有很多暗点，还尤其因为启蒙的性质在这些问题上好像被否认了。比如一方面哲学家有一种使命感，以传播真理为己任，另一方面他们在言语之中又流露出精英主义的思想，这两个方面的矛盾就说明了这一点。我们经常认为启蒙的哲学超越了精英主义；从理论上所持的怀疑和社会影响来说，精英主义是保守的，决定了17世纪博学自由思想的特点。[2] 然而，虽然这个时期的确出现了一种新知识的观念，是知识得以向普天下传播的基础，但是哲学家也在试图限制其影响。[3] 从这个角度来看，从17世纪末期便以手稿的形式在地下流传的论文，在博学的自由思想和启蒙的哲学之间，从历史和理论上起到联系的作用，所以通过这些论文，我们可以很好地对有争议的问题进行分析。

首先，显而易见的是，只是地下书刊的存在便已经表明了一种意图，那就是让知识走出哲学团体有限的小圈子。因为，我们所面对的，一般来说并不是明确标明作者的作品：那是些翻译版本，经常还是简写本，是经过改写的，由于里面的思想而难以发行印刷的版本；也有已经难得找得到的善本抄本的书评和摘要，而且尤其是根据各种来源的文

---

① 原载《18世纪》[*Dix-huitième Siècle XIV* (1982)，289–303]。

② 施耐德(G. Schneider)的观点也是这样，《自由思想者：16世纪和17世纪资产阶级的知识和社会历史》(*Der Libertin. Zur Geistes-und Sozialgeschichte des Bürgertum im 16. und 17. Jahrhundert*，Stuttgart，1970)，尤其是第160页和169页。

③ 详见默梯埃(R. Mortier)的《神秘主义和启蒙，18世纪思想的两难选择》，载《启蒙世纪的光明与阴影》("Ésotérisme et Lumières；un dilemme de la pensée au XVIIIe siècle"，*Clarté et ombres du Siècle des Lumières*，Genève，1969，pp.60–103)。

本编写的一些作品,必要时作品还经过巧妙的编辑,删除了书中原有的意识形态内容。很多这类的作品编写简单,经常按照单独的主题安排结构,说是要根除偏见,却在书的结构上不顾偏见的复杂性,只在短短的一段文字中对问题进行阐述(虽然经过手抄者的忽略,这种安排在多次传抄之后会消失),这也反映了一种愿望,那就是想让正直的人更简单地了解当时意识形态领域的争论。

　　作品的语言是有明确讲究的,为了让不习惯哲学和神学修辞的人更好地理解,大家一致抛弃了各学派的行话,这说明这些作品写出来就是为了在学者的金字塔之外传播的。经院派的连篇空话是一定会遭到蔑视的(弃绝经院派哲学的人,其思想也是被经院派哲学浸透了的,因为这些爱好哲学的人在他们的体系当中常常留一个后门,让被驱逐的经院哲学半遮半掩地再回来)。博纳文图·德·福克鲁瓦在1698年被捕时,正在最后修订《向索邦神学院的博士们提出的关于宗教的怀疑》(*Doutes sur la religion proposés à MM. les Docteurs de Sorbonne*),①他在书中称圣奥古斯坦(saint Augustin)只会夸大其词,并批判圣托马(saint Thomas)故意制造黑暗;他嘲笑圣托马,称他是"圣乱七八糟"(saint Galimatias):"圣乱七八糟或者圣托马作为神学家,就好比是医学中的化学家,他说的话没有一句是让人听得懂的,clarus ob obscuram linguam(因对傻瓜说些莫名其妙的话而著称),他就像迪奥仁·拉埃尔斯(Diogene Laerce)说的鱼一样,因为害怕被抓住而把水弄混,要听懂他的行话,比反驳他要困难得多。"[Paris-Arsenal 10515, cahier VIII, f. 3]《关于上帝、世界和人的哲学思考》(*Méditations philosophiques sur Dieu, le monde et l'homme*)②的作者解释,他选择泛神论,而且不使用"经院派神学家和形而上学家在思辨中采取的那些词语"[Paris-Mazarine 1190, f. 12]。因为,必须直接表达自己的思想,像笛卡尔一样,正如《奇怪的

---

　　① 详见本书《启蒙前夜的秘密哲学团体:泛神论者和自然主义者》。
　　② 这是洛(T. L. Lau)1717年出版的《关于上帝、世界和人的哲学思考》(*Meditationes Philosophicae de Deo; Mundo; Homine*)译本。作品还以拉丁文原文手稿抄本的形式流行。

哲学研究》(*Recherches curieuses de philosophie*)的作者说的那样,笛卡尔"大胆地藐视抽象的本质、实体的形式、基本的实质和无数其他徒然的没有任何意义的词语",这是非常值得称道的[Paris-B. N. F. fr. 9107, f. 2]。新的哲学打破了只顾咬文嚼字的争论导致的恶性循环,回归常识,让亚里士多德哲学中那些神秘的东西成为人人可以理解的东西:"先生,这就是读过现代哲学之后我所做的",《论灵魂的能力》的作者在一封信中说。"我认为,现代哲学对我们来说更加清楚易懂,也更适合让我们发现真理,我们从中得到的结论都来自我们自己心中可以感觉到的事实;从各个方面来看,这些哲学远高于经院哲学的所有思辨,我认为,经院哲学只不过是文字和思辨元素编织成的东西而已,这种东西会不知不觉地将人引入无休止的争论,让人永远无法取得一致。"[Paris-Mazarine 1192]

这种偏见波及所有的哲学派别,旧的和新的毫无区别,内行者的语言最终一定会成为人们理解事物的障碍,话语遮掩了真理,本来有常识的人其实都是可以理解真理的。哲学话语应与所描写的对象一样简单,不要用骗人的技术术语,直接说出事物是什么,当然,正如《特拉西布尔写给乐西普的信》(*Lettre de Thrasybule à Leucippe*)的作者说的那样,指导这一原则的,不能是无知:"[……]问题是永远不要谈论我们不知道的事物,不要把各种哲学流派让我们习以为常的词语产生的模糊的意象当成清楚和明白的观念。抽象的概念指示的,并不是我们不知道的东西,我可以使用这种语言,而不用担心吓着你们,但是这些东西的巧妙细微之处,对你们没有任何用处。"[Paris-B. N. F. fr. 15288, ff. 73-74]布兰维利耶也以同样的意思声称,他是为了方便阅读,才从斯宾诺莎的《伦理学》(*Éthique*)当中去除了那些"使得半数学者无法读下去的枯燥的数学内容的";他说之所以这样做,是为了让"使用一般的语言,使用普通的词语表达的体系,能够激起人们的气愤之情,就像他感到的气愤一样,并通过这种办法,让人们真正地憎恨这些邪恶的原则"[《关于斯宾诺莎哲学原理的形而上学论》(*Essai de métaphysique*

dans les principes de Benoît de Spinoza）,Paris-B. N. F. fr. 12242, ff. 43 -
44]。

我们必须在这一背景之下评判当时的人们为什么放弃拉丁文而采
用法文写作。虽然这一做法并不是没有遇到困难(有几部作品不多的
抄本仍然用拉丁文流行),但最终法语还是为人们所接受了。有些故
步自封的人对此不满,他们留恋精英主义,但精英主义似乎是早晚要消
失的。《论世界的形成》(*Dissertation sur la formation du monde*)是一个
很能够说明问题的例子,说明了必须克服的阻力,因为当时并不是所有
的人都认为法语是一种适合于谈论哲学的语言。有人提议这本书的作
者考虑一下能否用法语写作,作者说:"如果你允许我使用你很熟悉,
我们在各种谈话中使用得十分顺利的语言来论述我的主题,我是很愿
意满足你的期望的;但是你要求我使用法语。法语怎么能提供我们所
需要的所有词汇呢[?]"[Paris-Mazarine 1168, ff. 1 -2]

《关于宗教、人的灵魂和上帝存在的信》的作者在鼓励女收信人的
时候,简要地阐述了地下书刊使用的所有说教手段:"由于你的性别,
你未能用心地学习语言,所以我只使用你懂得的语言。你不懂各个学
派的行话,所以我将避开这些行话,甚至有些词也不用,或者至少在用
的时候会让你看得懂。至于我的证明,我希望其性质可以被远不如你
精明的人看懂,因此,你一定是能够看得明白的。"[Paris-Mazarine
1183, ff. 5 -6]法语的普遍使用,以肯定无疑的方式使传统的拉丁文
化变得大众化了,而且也让人们得以了解,在其他国家的哲学界和反宗
教的批判领域,首先是在英国,都出现了哪些新的东西;对常用的一些
晦涩难懂的词进行清理,无疑为知识的普及提供了方便。同样,由于繁
琐而变得令人难以理解的系统过于复杂,取而代之的是简单的推论,而
且常常喜欢采用一些振聋发聩的格言,显得过于简单化了。

是为人民而写……

因此,经过不多的几年时间,好像对知识的社会功能的观念发生了根本性的变化:知识已经不再是少数人关起门来的特权,而是成了人类的共同财产。从 17 世纪末开始,默默无闻的福克鲁瓦保证,必须以生命为代价宣传真理:"我说对死亡的恐惧不应迫使我们将真理(珍贵的宝贝)埋藏在心中。"[Paris-Arsenal 10515, Doute XX, f. 36 v]当然,英雄主义是个别灵魂高尚的人异乎寻常的举动。对于一般的哲学家来说,也许没有被自由思想者们否认的建议仍然是有效的:"永远不能通过说谎直接反对真理,但是,人们并不是一定要直接发现真理"[引文出处同上,f. 37]——我们看到福克鲁瓦尤其区别外部荣誉和内心的自尊:为了外部的荣誉,我们不得不取悦别人,甚至假装对宗教仪式的尊重;而内心的自尊自重是永远也不能放弃的,原则就是"自然法则[……]源于心,而不是源于嘴"[同上,f. 38]。然而,自由思想家的尊重形式和哲学家的谨慎之间,已经存在着一道鸿沟,自由思想家之所以尊重形式,是由于他们相信形式能够使社会得以维持,而谨慎的哲学家则认为,保持缄默,使用狡猾,是摧毁偏见的必要条件。

梅叶也认为,要正直,就必须把真理告诉人们。他在《作为滥用的上诉》(*Appel comme d'abus*)中说:"除了力图发现并天真、真诚地说出真理之外,我没有任何其他的想法,没有任何其他的意图。凡是真诚的人,有荣誉的人,都应该以讲出真理为责任,如果他知道的话。"[《对让·梅叶的思想和观念的回忆》(*Mémoire des pensées et sentiments de Jean Meslier*),Paris-B. N. F. fr. 19460, f. 350 v]他在结论中呼吁贤者表现出勇气,面对所有的危险去争取公共的财富,"因为有思想的人,正直的人不应当因为保持沉默而为如此可恶的错误,如此可恶的滥用和如此可恶的为不正义大开方便之门。"[f. 348 r]

梅叶认为保持沉默并不是什么大的过错,但是有的人如果相信他

说的话,或者虽然没有看过他的书,但是知道错误和谎言,那就不应该
再保持沉默,因为知道错误和谎言的人可以更好地揭穿错误和谎言,否
则会在他们自己一生的不幸当中又多了一条,那就是用好心掩盖他们
本来深恶痛绝的错误:"如果他们生前不敢让我公开地批评、谴责错误
和谎言,那就让他们自己这样做,至少到晚年,他们能够公正地说明他
们认识的真理[……]"也许他自己不能给予别人东西,他也不敢向别
人提出要求。从回忆录的一开始,他便表达了对沉默的理解,这也是他
的沉默,他理解人们为什么顺应宗教和政治的惯例,偏见的力量和权利
的暴行对惯例起到了推波助澜的作用。但是,我们从结论的口吻可以
看出,对他来说,这些遗言只不过说明,他是在利用最后一次机会表明
自己是个正直的人。而且他无疑认为,最好是由贤者随时随地地发现
并揭露错误和谎言。在人能怎么样做和希望怎么做之间,是有张力的,
而这种张力在作品的最后又凸显出来:一方面梅叶认为,人临终前的见
证就足以"让世界改变面貌",但另一方面,他也表达了自己的遗憾,认
为正是人们日常的沉默,导致了实质性的错误:"贤者对此有所隐瞒,
他们不敢公开表达自己的想法。正是由于贤者这种卑鄙、懦弱的沉默,
所有的错误,所有的迷信,以及我说过的所有的滥用,才得以像我们看
到的那样,在世界上维持和日益增长。"[ff. 350 r – v]①

　　有些人可能会引经据典地说,启蒙的哲学家很难从福克鲁瓦的狂
热和对苦难的蔑视中看到自己的影子,梅叶的这种态度是因为他相信,
英雄在死后,其灵魂是长存的,会变成神。而且梅叶之所以十分严格,
原因也许是他并不是凭着良心在说话,他一辈子不仅默默地充当了谎
言的同谋,而且还是谎言的奴仆;启蒙的哲学家没有这样的严格。不过
很多人虽然没有大肆张扬,却已经在到处传播真理。

---

① 梅叶在写给"邻居本堂神甫"的信中用同样的话提出问题:"如果你像我一样不敢在
你生前公开声明反对如此有力地统治着世界的如此多和如此可恨的错误,如此多和如此危险
的滥用,你现在至少应该保持沉默,并在临终前表明对真理的赞同。"[f. 356 r]

　　同样是在这些年写了《论三个骗子》①的人,介绍了投身这一任务的哲学家,这样的任务无疑是不会有报答的,是有风险的,但是它能让傻瓜变得聪明起来。他说偏见是无知的根源,"那么多人民沉浸在无知当中,只有真正的学者才能将人们从无知的深渊当中拉出来(不管这个深渊有多么深),而有的人则以欺骗为业,阻挠学者的热忱,想让人们生活在盲目当中。尽管哲学家的努力看起来成功的机会不多,但也不应当放弃真理,哪怕只是考虑到那些以生命为代价、防止了如此大的罪恶发生的人,或者至少是能够做到这一点的人,也应当有仁慈者站出来,说出事情的真相。"[Paris-B. N. F. fr. 24887, ff. 30 - 31]在这里,人民已经不再是自由思想者们口中的贱民,而是可以理解真理的对话者。在各个时代,哲学家都是掌握真理的人:"……神学家,也就是把谎言说成真理的人,是世界上最不真诚的人,他们出于恶意,滥用人民的轻信,把他们喜欢听的东西暗示给他们,好像一般的人只能拥有幻想,或者他们只配用乏味的肉来养育,似乎他们只看得见空、无、疯狂,而看不到一粒盐的存在,不懂一点点真理,没有一点点智慧。很久以来,人们迷恋的,只是这种荒唐的推理;但是自古以来,一直就有坚强的、真诚的人,他们不怕迫害,奋起反对这样的不正义。"[Paris-B. N. N. A. fr. 10978, ff. 264 - 265]②

　　大概是在晚些时候,借着另一次机会,哲学家的心里出现了一种意识,要完成世纪的历史使命,把人们从偏见导致的思想贫困当中解放出来。《复活的乔尔达诺·布鲁诺》(*Jordanus Brunus redivivus*)的作者描

---

　　① 一般来说,很难确定地下论文的写作日期,因为改变有可能成为论文标志的日期和资料可以更好地掩饰作者的身份。尽管如此,我们还是可以说,这篇论文 1716 年已经存在,因为这一年的年初,阿普(Arpe)在《对拉默努瓦关于三个骗子的论述的回答》中已经详细地描述了这一论文。

　　② 这段文字是《感性而明显的真理》的最后一章。但显而易见的是,这段文字是后来加在原始论文里的。从阿普的摘要我们看到,这一章 1716 年时便有,但是唐塞尔(W. E. Tentzel)1704 年在《奇书汇编》(*Curieuse Bibliothec*)中的描述却没有这一章。在《奇书汇编》中,他抄录了 1700 年 8 月 12 日一封信中的文字;斯特鲁夫(G. B. Struve)1706 年在耶拿(Iéna)出版的《论骗人的学者》(*Dissertatio de doctis impostoribus*)第二版中,把这段文字译成了拉丁文。

绘了哲学家自古以来在与错误斗争中走过的道路之后，在颂扬了加登（Cardan）、皮埃尔·拉哈美（Pierre la Ramée）、布鲁诺（G. Bruno）和瓦尼尼（Vanini）之后，想亲自启示当代人：“这样的热忱使我充满活力，我也要像他们一样承担一项伟大的任务，把人们引向理性之路，一方面向他们指出他们自己是何等样人，他们身处何种环境，以及哪些是他们的幻想；另一方面，让他们看到与他们的错误相对立的真理。”［Rouen-B. M. M 74 , ff. 55 - 56］

就这样，人们承认人民（总而言之是所有并不关心追求真理的人，以及更多的是那些没有办法去追求真理的人）有了获得知识的权利。的确，从某些方面来看，这一诉求有可能显得荒唐：如何通过这些作品让不识字的人发现真理呢？如果考虑到这样的计划在地下传播条件中的作用，问题便显得不那么尖锐了。① 但是，这肯定不是一个伪问题，因为我们知道至少在一种情况之下，有人明确地为不识字的农民写过文章。这一事实无疑说明，梅叶的《回忆录》一开始便承认，他始终想的是亲口把他的思想告诉教区的教民们，他之所以用文字把感情表达出来，那是因为他担心在临终之前没有机会亲口把心中的感情宣讲给人们听［Paris-B. N. F. fr. 19460 , f. 2 r］。同样，他请有知识的人、正直的人把真理“告诉”人民，就像他自己做的那样，这种说法当然是模糊的［ff. 348 r , 350 r］。的确，他之所以如此信任话语的作用，有部分原因是，面对把《回忆录》之类的文字送到受众手里的困难，口耳相传的信息效果要更好一些。梅叶意识到书刊审查的罪恶，审查阻止了某些书刊的自由流通［f. 9 v］，比如他村子里的村民便很难有机会看到他的书。但显而易见的是，之所以希望口耳传授，也是考虑到受众有着天然

---

① 《关于洛克先生的信》（*Lettre sur Monsieur Locke*）的作者在当时也是这样提出问题的：“如果把人类分成二十个类别，其中有十九个是由劳动者组成的，他们只知道干活，并不知道世界上还有个洛克，在剩下的第二十个类别当中，有多少人看书，在看书的人当中，如果有二十个人读小说，也不一定有一个人读哲学［……］”［Paris-Arsenal 2557 , ff. 26 - 27］这段文字来自《伏尔泰的哲学书信》（*lettre XIII*, éd. Naves, pp. 68 - 69）。关于伏尔泰的总立场，详见前面所引默梯埃（R. Mortier）的作品第 73—79 页。

的限制。

尽管如此,梅叶最终还是把他的思考写成了文字,他甚至急切地鼓励人们传播这类文字:"你们开始先秘密地互相传播自己的思想和愿望,"为了让受压迫的人得到解放,他给他们出主意,"到处传播像这样的文字,尽可能巧妙地传播吧[……]"[f. 345 v]因为《回忆录》不仅仅是为教区的教民们写的,正如题目说的那样,也是为"所有与他们一样的人"写的,在这些人当中,无疑也有那些开明的、正直的人,梅叶想与这样的人合作;他的《回忆录》也是为掌握着"科学和智慧的钥匙"的同事们写的[f. 355 r]。① 如果我们由此而得出结论,梅叶根本没有想到的是,教区的教民根本无法读到他的书,因为他们不认识字,而且《回忆录》的话语也不一定是农民能够懂得的,这样的结论风险未免太大。因为他一定想到让人们集体读他的作品,"共同谋划",想让不那么无知,能够看懂他的文字的人把消息传达给不识字的人。

当然,他肯定不会指望这部分读者能够从根本上理解他的哲学批判。但是在《回忆录》中,哲学并非就是一切。而且他有理由相信,有一些原则,比如"世界是由物质和运动形成的,根本不需要创世者",或者"凡是真实的,都是物质的",像这样的原则,那些习惯了每个星期天都去听一些同样十分深刻的神秘故事的人是能够听得懂的。他从来没有想过用一种神秘体系代替另一种,而是要摧毁以假作真的神学家和哲学家的诡辩,让理性自由驰骋。他认为,这正是贤者的使命,因为困难并不在于如何认识真理,真理本身是简单的,是所有的人都可以理解的,哪怕不经过科学研究,困难的是如何让人们摆脱使他们看不到光明的错误。

---

① 详见戴斯内(R. Desné)的《梅叶及其读者》(Meslier et son lecteur),载《梅叶本堂神甫以及知识、宗教和社会生活(17 世纪末至 18 世纪初)》[*Le curé Meslier et la vie intellectuelle, religieuse et sociale (fin 17e-début 18e siècle)* , Actes du colloque international de Reims (17 – 19 Octobre 1974), Reims, 1980, pp. 415 – 423]。

……还是让人民固执偏见？

在以宣传为首要目标的书刊当中，教育人民的必要性似乎是自然而然的事情。然而，在手稿的作者和手抄者当中，很少有人坦率地明确表达这样的立场。持自由思想的人们对精英主义的超越，在我们援引的论文中是显而易见的；但是，通过对这种书刊仔细分析，我们可以衡量这一态度的极限。因为阻碍真理的广泛传播的不仅仅是在地下发展的运动所遇到的困难，而主要是有些手稿的作者和传播者都相信，有必要把人民抛弃在偏见当中。从这种意义上说，在地下论文当中，博学自由思想的传统材料并不少见：真理的私人特点和对无知人民的蔑视。

因此，有很多作者表示自己的作品具有严格意义上的个人特点，并强调像这样的作品，即使作者真正愿意为人民服务，对人民的影响也会很小。《向马勒伯朗士神父提出的关于宗教的困难》（*Difficultés sur la religion proposées au Père Malebranche*）的作者便把自己的思考说成供私人使用的工具，要想确保意识本身的自由，这一工具是必不可少的："我为自己使用，或者更准确地说，由于我自己需要，所以才做了这项工作，我只是为我自己做这 工作的。"［Paris-Mazarine 1163，f. 147］《关于宗教和人的知识的道德和形而上学思考》的作者也说了很多这样的话："对于我来说，我这样思考，完全是为了学习，为了在我体会到某些虚伪而可笑的恐慌时，让我的精神平静下来；在我童年的时候，两足动物们便把我抛弃在这样的恐慌之中。"［Rouen-B. M. 1569，f. 206］他同时还意识到，他的作品是面向有选择的公众的，而且对此并不感到遗憾："一般的人没有资格（没有自由的、洞察入微的、敏锐和无私的精神），因此，由于这一缺陷，他们无法澄清自己的疑问；只有某些有天赋的、高等的人才能够领略这些新的思考，才能够得到应得的好处［……］人民没有时间，也没有必要的能力阅读和理解形而上学的作品;人民就是人民,人民会永远忍受宗教的枷锁。"[ff. 4 et 245]《霍布斯对〈新约〉的笔记》(*Notes de Hobbes sur le Nouveau Testament*)所谓的译者更加强调了精英歧视,从他的原话来看,他是让自由思想又回到了原来的黑暗的小教堂:"我的书出版之后,如果它能够出版的话,不会使人们称之为'公众'的阶层感兴趣;它只适合少数不自负的哲学家。"[Rouen-B. M. M 74, ff. 13 – 14]

我们认为地下书刊假想的目的和精英主义的这种表现之间存在着明显的矛盾;我们只能认为,作者这样说,是为了自我保护,以免受当权者的迫害。我们可以认为,无端地指责某个作者是无神论,这总是很危险的;对于哲学家来说,平安是理想,是完美的幸福(正好比地下论文所表达的那样),但是警察的迫害让理想变成了因循守旧,让哲学家重归自我反省。这种安抚教会和国家的意图是可以感觉得到的,比如在《关于洛克先生的信》(*Lettre sur Monsieur Locke*)中,作者说:"哲学家永远不会伤害国家的主流宗教,为什么呢? 因为他们没有激情,他们不是为人民而写作的[……]有思想的人为数极少,而且这种人不会想到去扰乱世界。"[Paris-Arsenal 2557, ff. 26 – 27]《基督教研究》(*Recherches sur la religion chrétienne*)肯定地说:"审慎和政治迫使在我们之前进行思考的人所做的事,我们也会照样去做的,也就是说,只为我们自己和少数几个朋友思考。"[Rouen-B. M. 1570, ff. 14 – 15]

然而,我们确实应该考虑到对迫害的恐惧,但是如果把精英主义的继续存在完全说成狡猾的花招和外交辞令,那也未必全对。作者完全保持匿名,如果只是想避免遭受严酷的迫害,其实根本用不着做这种精英主义的宣言。另外,这些论文以手稿的形式在地下传播,使得精英主义的宣言更加可信,由于手抄一份论文不容易,价格大概也不会低,所以其传播范围肯定是有限的。最后,手抄者和贩卖者在复制论文的时候对原文的忠实程度是不同的,他们在手稿的发行中起着一定的作用,作者根本无法控制作品的性质和传播,因此也没有办法控制手抄者和贩卖者的责任。①

　　我们有见证,虽然是另一个层次上的见证,但足以证明,对于在地下背景中写作的文人来说,精英主义并不总是一种诡计。在 1747 年到 1755 年之间,巴黎有一家地下印刷厂,印刷厂的工匠博南(Bonnin)和拉马什(La Marche)其实都是警察的密探。这件奇怪的事是贝利耶(Berryer)主使的,源自两位印刷工对英国教士加尼埃(Garnier)神甫和一个名叫斯托特(Stort)的人的揭发,这两个英国教士把三份手稿交给他们印刷,《宗教审判的历史》(*Histoire de l'Inquisition*)、《亨利之歌批判》(*Critique de l'Henriade*)和《关于宗教的理性系统》(*Système de raison sur la religion*),三份手稿都是亵渎宗教的作品,最后一份尤其危险,"充斥着疯狂和恐怖"(从人们保留的摘要来看,这种说法并不夸张)。除了一些色情文章以及关于政治和宗教的作品之外,这家印刷厂 1748 年还印刷了《特里梅德》的第一个版本(《特里梅德》的第一个版本并不是据印本所提供的情况和出版的种种波折所表明的那样,是在阿姆斯特丹出版的②)。从这一事件当中我们看到,很多精神不正常的人愿意出大价钱,好把自己的东西印出来,不过其中也有狄德罗(Diderot),图森(Toussaint),布洛-戴兰德(Boureau-Deslandes)等一些人。我们从拉马什妻子的一份报告(1749 年 9 月 10 日)中得知,布洛-戴兰德刚刚提交了一份题为《巴黎审判,古人让人不见而信的体系》(*Jugement de Pâris, système des anciens qui veulent faire croire avant de voir*)的手稿;她又补充说:"我丈夫劝他印一百份,说反正已经排版了,他花不了太多钱的,但是他只想印五十份,因为这只是

---

　　①　狄德罗在《怀疑论者的散步》中使用了这一借口,以规避有人在地下贩卖他的论文时他应负有的责任:"我已经给了别人一些抄本。现在抄本越来越多……"[Montivilliers-B. M. 15, f. 11 v]

　　②　详见本书后面的《博努阿·德·马耶和地下书刊:马耶和勒马斯克里埃神甫的通信研究》以及《18 世纪地下书刊的社会学因素:〈特里梅德〉的读者和出版者》。

给朋友们看的……"①

　　我们还可以说,精英主义只不过是个假面具,用来防止当权者的打击,因为我们可以证明,主张人民有权利得到光明的论文是在审查制度逐渐放松的情况下写的。然而,梅叶的《回忆录》一定写于 1729 年之前;而且《论三个骗子》(*Traité des trois imposteurs*)第一稿也许写于福克鲁瓦的《怀疑》之前,在 17 世纪的最后几年,也正是在《希波克拉底写给达马吉特的信》(*Lettre d'Hippocrate à Damagète*)把德谟克利特(Démocrite)作为博学的自由思想家的典型介绍给读者的时候;德谟克利特是个远离人间烟火的人物,是与"群众"公开对立的。对于他来说,"公共的声音"只不过就是"很多疯子的声音,这些疯子联合起来,反对智慧和真理,想让无知统治世界,想败坏哲学家的名誉,因为哲学家厚着脸皮地宣称掌握着真理"[Paris-B. N. F. fr. 736,f. 5]。②

　　实际上发生的情况恰恰相反。在这一世纪期间,某些论文当中谈到不信宗教的倾向有所发展,客观上出现了新的条件,有利于哲学精神的一般传播。然而,精英主义的表现在手稿当中并没有消失。因此,一些作者声称他们想适应习惯的做法,正好比世纪初一些作者的做法那样,我们认为也不能说这是出于害怕。大概写于 1760 年的《关于灵魂的对话》(*Dialogues sur l'âme*)的作者说,宗教是欺骗的结果,然而,"由于谨慎,我们必须表面上遵守它,但从精神上并不接受它,同时尘世间的幸福也不至于因此而受到影响"[Paris-Mazarine 1191,lère partie,f. 12]。作者之所以这样说,大概并不是由于他特别担心对头的警觉,因为他在

――――――

① 关于这件事的资料主要保存在巴士底狱档案馆 Paris-Arsenal 10300 – 10303(引文源自 10301 档案)。关于加尼埃和斯托夫案件,详见 11629 档案。10307 档案中有三本手稿的摘要:《关于宗教的理性系统》其实不是别的,正是以瓦勒(Vallée)为作者,题为《什么也不相信的艺术》(*Ars nihil credendi*)的论文。夏克勒冬(R. Shackleton)的《18 世纪的两个警察:贝利耶和戴梅利》(Deux policiers du 18e siècle: Berryer et d'Hemery),载《启蒙世纪的主题及人物》(*Thèmes et figures du Siècle des Lumières*. Mélanges R. Mortier, Genève, 1980, pp. 251 – 258)介绍了这些警察眼线的一些活动。

② 《希波克拉底写给达马吉特的信》出版于 1700 年的"科隆,贤者雅克出版社";同一年,在阿姆斯特丹由 J. G. J. D. M. 在《传播丛书或者已经绝版的精华图书丛编》(*Bibliothèque volante ou élite de pièces fugitives*, par J. G. J. D. M., à Amsterdam, pp. 1 – 65)中再版。

作品的一开始便彻底地声明:"一切知道并隐藏有用的真理的人,都是骗子。"[引文出处同上,f. 10]他最终得出的结论是,应当把偏见留给人民,作为维护社会秩序的最好方法:"我为自己制定了一条法则,那就是,有的人在错误当中感到无比快活,那就永远不要把他们从错误当中拉出来"[引文出处同上,f. 175];或者还有的说法并不那么巧妙:"对于那些怯懦而腐败的人来说,宗教的教条和假设的因果关系是必要的。"[引文出处同上,f. 234]

《与自身原则相矛盾的基督教》(*Religion chrétienne combattue par ses propres principes*)的作者声明:"我们终于来到了这样一个时候,哲学似乎可以照亮地球上所有阶层的人了。"[Paris-Mazarine 1195, f. 8]他甚至承认,条件已经成熟;但奇怪的是,为了说明当权者努力减少反宗教的批判造成的损害是有道理的,该作者直截了当地说:"要进行这样的改革,局势是十分有利的,因为现在只有人民还忠实于教士们,甚至还不是人民当中所有的人;为了让他们相信理性,只要给他们指明道路就行。我并不认为一个聪明的基督教统治者应当准许在公众当中散布宗教虚伪的证据。恰恰相反,我认为应当强调神性。"[ff. 82 – 83]这意思不是要根除偏见,而是要把偏见好好地安排一下,以保证社会的维系。

在这一前景之下,《基督教研究》(目前保留的抄本上标明的日期是1759年)的作者提到的"谨慎和策略",便有了完全不同的意思:这里说的谨慎并不是产生于害怕,而是产生于永远有必要为了国家的理性而牺牲真理:"[……]我们不是要消灭基督教,更不是要建立新的宗派。恰恰相反,我们愿意承认,基督教是最有理性的宗教之一,而且我们知道,一个国家必须至少有一种宗教,才能够维持社会的秩序和安全。"[Rouen-B. M. 1570, ff. 199 – 200]作为结论,他鼓励为数不多的朋友们(他自称只为少数朋友写作)不要放弃宗教,而是要遵守宗教的教条,但是,"要作为一个理性的人,一个有知识和思想的人来相信和遵守宗教"[f. 243]。

　　狄德罗《怀疑论者的散步》(*Promenades du sceptique*)的前言是克勒奥布尔(Cléobule)和阿里斯特(Ariste)的一段对话;这段对话具有系统性的特点,可以帮助我们更好地理解精英主义意识形态和社会的根源,说到底,精英主义表达了哲学家的关注和人民的境遇之间的矛盾。克勒奥布尔代表的是圈内人的诱惑,是精英主义的诱惑,认为对当权者的恐惧就是最好的理由:"宗教和政府是神圣不可侵犯的主题,掌管宗教和政权的人拿不出让我们保持沉默的合理理由,但是最保险的是服从,是沉默,除非你在空中找到了一个他们的箭射不到的固定点,能够向他们宣布真理。"[Montivilliers-B. M. 15, ff. 13 v - 14]这种退回到自己内心最深处的态度(对退隐生活的歌颂更加强了这一态度,而退隐生活对应的,恰恰就是哲学家的传统形象)似乎是迫不得已的,因为能够从错误君临一切的处境中得到好处的人,你根本不可能让他相信真理,因为哲学家"不仅要与一无所知的人打交道,也要与什么也不愿意知道的人打交道。对于无意犯了错误的人,你可以指出他的错误,但是对于连常识都不意愿懂的人,你能拿他怎么办呢?"[f. 13]

　　从这一点来看,精英主义也是在不平等的社会土壤里长出的果实,而不平等的社会是以最底层人的无知为基础的。克勒奥布尔说:"有那么一些偏见,你必须让人民沉浸在这样的偏见之中。"[ff. 15 v - 16]克勒奥布尔假装怀疑能不能给人启示;在他的论调当中,领导阶层的非难导致的恐惧心情很难掩饰克勒奥布尔的贵族感情——当然表现得不是那么充分,但很能让我们理解精英主义的真正性质——很难掩饰对人民的蔑视情绪,他把人民"愚蠢的顺从"和"有见识的人"那种"开明的见证"相对立,从而也表现了他对"这群蠢人"的害怕[f. 104 v],他认为要让这群蠢人待在偏见之中,因为克勒奥布尔说,"如果让他们摆脱了偏见,我们要冒的风险就太大了。也许他们只有保持在盲目的状态,才是有用的"[f. 52]。相反,阿里斯特表达了要把人们从偏见中解放出来的义务和愿望:他拒绝把自己的手稿锁在屋里,只给朋友们看,他不愿意写一些让人看不懂的或者只供圈内人看的论文,而是就一些

所有人都关心的问题写作,以宗教和政府为题来写作,用"贝尔
(Baile)、蒙田、伏尔泰、巴克莱(Barclay)、沃尔斯顿(Woolston)、斯威夫
特(Swift)、孟德斯鸠的口吻来写作"[f. 25]。然而,人们不会混淆社会
的激进主义和学说的激进主义,哲学家的无神论经常能够与对愚民的
蔑视协调起来,所以必须分辨清楚这种声称要教育人民的愿望背后隐
藏着什么。事实上,这种意愿停止在偏见的面前,而偏见是不平等的社
会秩序的意识形态基础:阿里斯特认为人民不需要偏见,但是他的大胆
在这一点上并不是清醒的,并不认为上帝的存在和灵魂的不死也是偏
见,虽然在阐述皮浪哲学的信徒和无神论者的一般原则的同时,他也向
读者介绍了如何超越有神论的办法。

　　因此,地下论文的作者似乎并没有以普遍传播启蒙精神为己任
(虽然有一些重大的例外)。对于他们当中的大部分人来说,知识仍然
是一种特权。当然,这种特权今天已经扩大到整整一个社会范畴,也就
是正直的人——"哲学家"。地下书刊从理性和自由思想传统中接受
了一些观念,曾想扩大这些观念的传播范围,但并不是要让人民也接受
这些观念。也许在这一点上,他们宁要不正义,也不想要混乱。

二 新的世界体系:《特里梅德》

博努阿·德·马耶和地下书刊:马耶与勒马斯克里埃神甫的通信研究[①]

　　有时候,有些阴影比最为强烈的颜色更加耀眼。博努阿·德·马耶是个默默无闻的作者,像他这样的作者有很多。了解这些作者,可以使我们在启蒙这幅画卷上投下几块色斑,使这幅常常由没有差别的线条组成的画面变得更加丰富。我们发现了马耶从埃及的开罗和意大利的里窝那寄给勒马斯克里埃(Le Mascrier)的一些外交信件,以及1717年回到马赛之后写给海军委员会的秘书莫尔帕伯爵(comte de Maurepas)和他的朋友,住在阿维尼翁的高蒙侯爵的一些信;信中提供的简单情况勾勒出博努阿·德·马耶(1656—1738年)生平的大致轮廓,使我们对这个人物略见端倪。马耶是个小贵族,家境已经破落,1692年开始担任地位不高的公职,一直到1724年。我们从他写的文字可以看出,作为一个有责任心的外交官,他愿意与时俱进,也像一个哲学家那样生活。[②] 当然他的作品并不是不为人所知,人们甚至对他在《特里梅德》中阐述的进化论的一些论断有过太多的争论;实证论的历史学家们一向很喜欢列出各个行业的先驱者;为了把马耶也列入这些先驱者的行列,对马耶的作品中那些有可能破坏启蒙的科学理想的东西,他们视而不见。所谓启蒙的科学理想,指的就是科学的直线性发展。可是

---

　　① 　原载《伏尔泰和18世纪研究》[*Studies on Voltaire and the Eighteenth-Century CLXXXIII* (1980), pp. 133 – 159]。

　　② 　详见罗斯查尔德(H. D. Rothschild)发表在《伏尔泰研究》(*Studies on Voltaire*)上的文章:"Benoît de Maillet's Leghorn letters", XXX (1964), pp. 351 – 375; "Benoît de Maillet's Marseilles letters", XXXVII (1965), pp. 109 – 145; "Benoît de Maillet's letters to the marquis de Caumont", LX (1968), pp. 311 – 338; "Benoît de Maillet's Cairo letters", CLXIX (1977), pp. 115 – 185。

说到底,被他们忽视了的马耶的理论框架,是自然主义。自然主义与当时甚嚣尘上的机械主义是相反的,但在 18 世纪的法国,却受到不少人的拥戴,很多作者的作品和论文都具体表现了自然主义,但是今天,这些作者都被认为是边缘人,而且当时表现自然主义的论文大都是在地下流传的,比如《特里梅德》。

18 世纪以来,在针对《特里梅德》的写作过程的讨论中,人们提出了一些难解的问题;这部作品具有系统化的特点,乍一看来,这些特点形成了作品的统一性,作品证明了海水的逐渐退却,也有一些不同程度上的独创,但对宇宙学和生物学的思辨却显得十分散乱;作品的联系似乎便隐藏在证明和思辨之间。马耶与勒马斯克里埃的通信①在这些问题上投下了一束光明。也为人们仍然不大了解的地下书刊的写作和传播机制提供了一些非常宝贵的情况。

马耶和地下书刊

地下书刊五色杂陈的特点,反映了人们称之为哲学群体的人群多样化的意识形态。但是这种特点首先反映了地下书刊来源的千变万化。地下书刊是个地下思想的制造工厂,其唯一的指导原则,就是批判思想传播的效率,完全不管作品是不是有独创性,尽量少考虑关于文笔或者知识本身的问题。大量的翻译作品便反映了这一点;翻译的原本主要是英国的自然神论者的作品,常常只是根据印刷本转录,也有从拉丁文原本翻译的,甚至还有一部根据被流放的奥罗比奥·德·卡斯特

① 我们在研究地下书刊的过程中发现的这些通信保存在巴黎国家图书馆,N. A. fr. 22158,《物理和机械的混合》,ff. 186-219:"《特里梅德,或者一个印度哲学家与一个法国传教士的谈话》的作者博努阿·德·马耶的注释和书信"。书信集中包括一系列用来最后完成和出版《特里梅德》的回忆录,以及七封信,第一封信是"我[马耶]抄写的八到十年前写给丰特奈尔(Fontenelle)的信"[f. 187],其他信是 1736 年 8 月 8 日[ff. 204],1736 年 9 月 26 日[f. 209-210],1737 年 1 月 7 日[ff. 211-213],1737 年 10 月 21 日[f. 214]和 1738 年 1 月 8 日[ff. 217-219]从马耶在马赛的住宅寄给"巴黎的勒马斯克里埃神甫的"。写给勒马斯克里埃的第一封信[f. 191]上面没有标注日期。我们在引文当中照抄马耶十分怪异的拼写和文法。

罗的西班牙文作品翻译的论文;因此,有些已经印刷的法文的作品无法大量发行,便以手稿的形式流传。这些作品不管是不是摘要,在18世纪的传播数量变得很大。但是最值得关注的是,之所以优先考虑传播的效率,也正是论文原文的写作机制所决定的;这些论文大都是从各种各样的文本当中截取一些段落,拼合在一起,进行巧妙的编辑,把本来分散的一些批判因素放在一起,以集中、易懂的方式编辑成文。地下书刊的流行使当时十分常见的抄袭成为系统的方法。

　　原材料经常是经过仔细选择的,经过这样的编辑,是为了最终编造出一篇文章,让被抄袭的作者很难再被读者辨认出来。对这种编辑,作者难得承认,因为作者一方面认为真理是共同的遗产,人人都有义务传播,另一方面也害怕圈子里人们怀有敌意的反应——圈子里的人们对那些既没有独创性,也没有天资的编者经常胡编乱造的一些东西感到厌烦了。然而,布兰维利耶在一篇告读者中却坚持说明他在写作《古代历史摘要》(*Abrégé d'histoire ancienne*)时所汲取的源泉:马夏姆(Marsham)、博夏尔(Bochart)、勒克莱克(Le Clerc)、辛塞尔(Sincelle)、塞尔登(Selden)、斯卡利吉(Scaliger)以及皮托(Petau)神甫和皮仔隆(Pezeron)神甫,而且他也解释了为什么要仔细地将源渊介绍清楚:"我很愿意说明这一点,因为通过这种办法,我认为赎回了抄袭的罪过,因为我认为这部作品不应该受到这样的责备;虽然老实说,如果不参考其他作者的资料是根本不能编写历史的;但是,我知道在援引时,我有可能疏忽;所以最好事先说明,虽然我并不完全赞成每一个人的观念,但我还是打算从他们的作品和思想当中借用很多东西,不管是这个作者还是那个,在选择时我是不加以区别的;但是我始终忠实于真理,我的论文也只不过是对真理不懈的追求而已。"[Paris-B. N. F. fr. 6363 – 6364,I, ff. 5 – 6]

　　指责抄袭是有根据的,但是这些指责并不能阻止作家和手抄者的行为,他们相信自己在启蒙的传播中起着重要作用。在18世纪初,他们毫不犹豫地公开承认自己的作品没有独创性,我们要用其他的标准来评判这些作品。比如,格雷诺布尔有个名叫拉比(Raby)的人,自称是 1770 年几部手稿的作者;他在《关于灵魂的性质和起源以及关于上帝存在的研究》(*Recherches sur l'origine et le nature de l'ame et sur l'existence de Dieu*)前言中说:"这些研究的作者为了避免抄袭之嫌,有责任告诉读者,本书的研究只不过是作者用心地在贝尔(Baile)的作品,在《百科全书》,在数本英文的作品当中选择了他认为在这一主题上最好的一些东西的结果;他像一只蜜蜂一样,只是采集了最有力,最正确的思想,并把这些思想编纂在一起,用一些简短的想法调了调味;那些太过于精明的,只喜欢新思想的人,读过本前言之后,便可以停止了。"[Grenoble-B. M. 740,s. n.]

有些手抄者也揭示出一些广泛传播的论文不过是合成品。后来加在《论三个骗子》前面的一条注释[Saint-Petersbourg-B. Saltykov Fr. Q III. n 1]让读者参阅"伏洛兹(Vroese)的《斯宾诺莎的精神》(L'esprit de Spinosa)","沙隆(Charron)的《论智慧》(De la Sagesse)"以及"诺戴(Naudé)的《政变》",说这些都是作品的源头。在一份《基督教分析》(*La Religion chrétienne analysée*)[Orléans-B. M. 1197]的最后,手抄者将手稿和 1767 年的版本进行了简短的比较之后,指出:"这本非宗教的书又是无知者,或者骗子的作品,他没有转抄对反驳意见的回答,虽然这些反驳意见就在他抄袭的同一些源本当中。"①

马耶也参与了这种活动,而且不仅仅局限于《特里梅德》的写作。我们知道,《特里梅德》曾以手稿的形式得到广泛传播,后来才有了印刷本。我们从他的信中得知,他与巴黎传播地下书刊的小圈子里的人有联系,而且他也积极地参与了地下书刊的传播。比如,他写过供地下

---

① 今天,我们开始知道这种做法在地下书刊中是多么广泛。瓦德(I. O. Wade)的《地下组织》(*The Clandestine organisation*, *op. cit.*)尤其使人们注意到手稿之间的互相借用。尼德莱斯特(A. Niderst)注释版本的《物质的灵魂》(*L'Ame matérielle*)表明,作品只不过是用来自四面八方的文本拼凑起来的,是用摘自贝尔、莫雷利(Moréri)、拉米(G. Lamy)、马勒伯朗士的一些片断,以及来自游记、日记等的一些段落编辑而成的。我的《对法国 18 世纪地下唯物论书刊研究的贡献》(南特大学论文,1978 年)提供了一些新的资料,详见该作品第一章第 1—76 页。

流传的其他作品，至少写过一篇关于灵魂的论文，这是他与丰特奈尔谈起过的，后来也对高蒙侯爵以及与他合作的勒马斯克里埃谈起过，[①]作为对编辑这类图书的常用技术非常内行的人，他向勒马斯克里埃提议编一本新的反对基督教的论文："我说，你今天一定能够收到关于宗教的疑问的论文和犹太教徒起源的信。这两份手稿以及你在我的论文中看到的关于灵魂的性质的内容以及贝尔词典中的两三篇文章，我敢肯定，都能让你清楚地知道可以提出哪些反驳意见；至于方法和回答，还要再读两三篇新的证实宗教真理的论文。我相信，你有两个月的时间就足够了，然后再好好编辑一下正反两方面的意见，如果能在荷兰印刷，那卖出去的份数会远远超过《特里梅德》，虽然我希望《特里梅德》也能卖出很多份。对你编的这类文稿，我会付好价钱的。"神甫当时正在忙着改写《特里梅德》。为了完成编新书的任务，马耶甚至声称愿意接过神甫手上那份一定是费力不讨好的工作："我甚至向你承认，我只喜欢真理，我也是真理的工匠，我不相信不能把你解放出来，我一定要把你解放出来，帮助你整理一下将在荷兰或者巴黎印刷的东西，我可以拿出六个月的时间，虽然不一定做得很好，如果你愿意的话，请你只拿出一刻钟的闲暇，给我标出我[在马赛]哪些书里能够找到赞成和反对所论述主题的内容，[马赛]不缺为我开放的好图书馆，但是我最想要的，是你的笔记的一份抄本，你曾经对我说过你的笔记，对于手抄笔记的人，我会给个好价钱的。"[第一封未注明日期的信]

　　马耶与勒马斯克里埃的合作所表明的，我们认为是一般地下书刊的另一个不同的特点：事实上，每一篇论文都可以被看成一部集体创作的作品；不仅仅是因为论文常常是一个哲学团体研究成果的结晶，而且尤其是这些文章在内行的手抄者手中不断地重新整理，手抄者可以修改手稿中的元素，有时候甚至可以修改手稿的结构。在这样的情况下，寻求文章的作者到底是谁便没有什么意义了。某些抄本标注的作

---

　　① 　详见后文关于《特里梅德》读者的研究。

者——同一作品常常会有多个作者——几乎总是已经死去的作者,而且表面上看目的只有一个,那就是追求知识的名人效应。

一般来说,写作和传播这些书刊的人都会仔细隐藏起自己的名字,并使用各种方法,转移好奇者对他们的关注。勒维斯克·德·布里尼(Levesque de Burigny)不想让人知道是谁出版了《复仇的以色列》(*Israël vengé*),"因为这个人还活着"。① 1714 年出版的《生与死的平等》(*Parité de la vie et de la mort*)上面带有作者的名字,但1771 年的版本上隐去了原作品作者的名字,借口"标明作者的名字有可能再次引发旧时的争吵,在以迫害为生的人心中重新燃起怨恨之情"。② 为了保护自己,狄德罗在《克雷奥布尔的散步》中说:"那些对风格自称内行的人试图破译我的作品是徒然的。知名作家当中并没有我的位置" [Montivilliers-B. M. 15, f. 1]。在当时来说,此话并不完全虚妄。1768 年,《写给欧也妮的信》(*Lettres à Eugénie*)的作者告诉读者,不要试图知道手稿的作者是谁,这种企图是无益的、危险的;据他自己作证,这些手稿到目前为止仍然有很多在读者手中流传。③

马耶的信中之所以流露出这种谨慎,是由于当时的迫害,这种迫害虽然不轻易发生,但在当时仍然是十分可怕的。比如,马耶在写给丰特奈尔的信中赞美了一篇题为《古人对世界的看法》(Opinions des anciens sur le monde)的论文,他说:"你大概也有同一个人写的另一篇论文,是第一篇的后续之作,题目是《论灵魂的性质》(Traité de la nature de l'ame);我还没有读过,但是很希望读一读,我等纹迪米依夫人(Mde. de Vintimille)带给我这本书;我想是我启发作者写了这本书的,因为在读过他写的第一篇论文后,我与作者谈过一次话,但他并不知道

---

① 写给圣勒吉神甫(abbé de Saint-Léger)的信。这封信粘贴在巴黎国家图书馆藏 Rés. D² 5193《复仇的以色列》印刷本上。

② 前言,第 7 页。作品是《哲学文选》(*Recueil de pièces philosophiques*)中的一部分。出版者对手稿的结构略有修改,并增加了一些个人的思考。

③ 《写给欧也妮的信,或者防止偏见的措施》(*Lettres à Eugénie ou préservatifs contre les préjugés*. A Londres, 1768. Avertissement, pp. v, xi ss)。

我的想法。"手抄者和贩书者谈话时提到的各种消息,各种飞短流长的话,到了谨慎的马耶这里便都戛然而止,在与丰特奈尔这样的人通信时,他不仅不提有关人的名字,而且不让作者知道他是了解内情的人。

在《特里梅德》最初的手稿版本当中,马耶便开始隐匿有可能从某种程度上成为他的论断的思想基础的人,担心为他们招来麻烦。特里梅德向对话者保证:"在你们的法国,我发现有些闻名遐迩和功勋卓著的人也有同样的观念,我本来应该在这里提到他们,他们也值得我列出他们的名字,但是我相信他们很愿意在这里保持匿名,不让对某些观点怀有猜忌的人知道他们。"[Paris-B. N. F. fr. 9774, f. 126]然而,后来在寄给勒马斯克里埃,让他穿插编辑在《特里梅德》中的回忆录里,马耶有时候会打破保密的约定。之所以约定保密,是因为有些作者曾经成功地骗过了书报审查部门的警觉,他不能在这些人生前招惹别人注意他们。原因常常不是为了保证涉及的作家的平安,而是他们意识到,严格地保持匿名,是地下书刊得以生存的条件。比如,当勒马斯克里埃提议不仅不能指名道姓地提到有可能受到危害的人,也要删除所有能够让人联想到原来驻埃及领事的一切相关描写,马耶甘心情愿地接受了这一提议,并对勒马斯克里埃说,"对于在作品中增加一个前言的意图",他没有"任何要说的,调整特里梅德进行研究的处所,删除两个仍然活着的与特里梅德的思想毫无二致的作者的名字,以及你提出要从作品中删除的其他东西,我都同意,并深信你的做法能够让人们更好地接受特里梅德的文章。"[1737 年 1 月 7 日的信]①

---

① 这里提到的两个作者是丰特奈尔和孟德斯鸠(Montesquieu);他们与西拉诺·德·贝日拉克(Cyrano de Bergerac)和惠更斯(Huygens)在草稿中都被认为是有多个世界的学者,草稿虽然丢失了几页,似乎也看得出来是出版的各版本中第五天定稿的内容("第四天。海水减少的原因"。与星球从前、现在和未来的状态相比,这一系统导致的后果,ff. 198‑201)。他们的名字在回忆录中的确被删除了,印刷本中也没有见到这些人的人名。但是,在马耶同意这一方案一年之后,马耶去世,勒马斯克里埃便不用再像预定的那样掩饰了。神甫还否定了马耶在 1737 年 10 月 21 日的信中寄给他的另一篇文章,这篇文章中提到马赛"一个律师文人",马耶说是"一个学者,我想他叫夫拉齐(Vrazy)"。

《特里梅德》的写作

手稿经过多次加工整理,经常让我们实际上根本没有办法确定地下论文的最初写作日期。为此,我们不能把分散在抄本中的一些情况认为是决定性的标准:一方面,因为手抄者经常会修改某些本可以作为标志点的日期。另外,随着批评的进步,常常会在原始文本当中增加一些新的论据,使原始的文本变得更加丰富,虽然后来的文本不能代替更老的文本。①

《特里梅德》是地下书刊不断被重新编辑的一个极好例子。在作为出版前言的"马耶先生生平"当中,勒马斯克里埃证实,从法国大使馆领事在埃及第一次想到这部作品开始,他花了三十年时间修改书稿,②这是在他们合作之前三十年的事,他们的合作目的是将论文最终定稿。保留下来的抄本的确留下了这些修改的痕迹,不管是形式上还是内容上。在我们发现的六份抄本上,我们可以区别出一份较短的,很可能是较早的版本[Paris-B. N. F. fr. 9775, Le Mans-B. M. 384]与另一份较详细的版本[Paris-Arsenal 2885, Paris-B. N. F. fr. 9774, Paris-Institut 263]。两个抄本都是分成三场对话。但是,夏尔特尔图书馆从前有一份抄件,③从形式的安排上完全不同:文本与最完整的版本相

---

① 启蒙世纪的批判思想家已经认为,出现在文本中的日期,或者对可供确定手稿日期的一些事件来说是一种手段,可被作者和手抄者用来转移人们的注意力。比如一个叫高梯埃的神甫(abbé Gautier)于1752年发表了《〈新约〉批判研究》(*Examen critique du Nouveau Testament*)手稿,题目是《现代塞尔斯》(*Le Celse Moderne*),为的是进行驳斥。他说:"从作者米利尤斯(Millius)在刚刚出版的《新约全书》(*Nouveau Testament*)长长的绪言里说的这些话来看,好像我们的对手的作品是于本世纪初写的。从鹿特丹1710年的版本可以看出,米利尤斯是在1707年让人在牛津出的第一版。我们认为这是一种诡计,现代的塞尔斯就用这种计谋来掩饰自己的真实面目。"[前言,九页]

② 在1732年4月20日写给高蒙侯爵的一封信中,马耶自己证实,他用三十年的时间写了一篇"关于海水减少的糟糕的论文"。详见后文《18世纪地下书刊的社会学因素:〈特里梅德〉的读者和出版者》。

③ B. M. 762。该抄本在第二次世界大战期间被毁。我们在这里用的是努贝尔(F. Neubert)在《马耶的〈特里梅德〉批评版本引言》(*Einleitung in eine kritische Ausgabe von Benoît de Maillet's Telliamed*, Berlin, 1920, p. 43.)当中的描述。

像,却分成了五天,而且针对地质问题的一些思考的一般顺序也被破坏了,在远离海洋的地方发现海洋生物遗体的故事放在了一般性思考的前边;宇宙学和生物学部分分别是第四场谈话和第五场谈话。①

这些抄本中包含的一些支离破碎的参照信息,不能供我们确定作品的写作日期。恰恰相反,马耶和手抄者后来对原始手稿做了一些修改,旨在支持特里梅德的论断,而且还增加了一些新的事实,如果不认真地把这些文本与作品原始的核心内容进行对照,就会导致出现一系列具有欺骗性的年代错误。第一个版本提出的日期是1705年到1706年,作为谈话的日期,当时马耶在埃及,这一谈话成了《特里梅德》的因由。第二个版本使作品的写作日期成了十多年以后。我们在两个版本的所有抄本中发现的日期都更晚,也提到一些后来才出版的论文,比如《波斯书简》(Lettres persanes)。有些抄本企图把传教士讲的故事向后推到1724年,以避免这种年代安排上的错误②;但是这一天真的借口并不能完全解决矛盾,因为传教士只不过转述了特里梅德的话,而特里梅德的谈话充其量是在1715年和1716年之间说的,他不可能了解后来才发生的一些事。

在这些条件之下,我们可以肯定地知道,《特里梅德》在1730年时便已经存在,因为在巴黎研究所发现的抄本上面有手抄者的名字和抄写日期"anno 1730. Scripsit P. T. de la busiere"。根据马勒泽伯的见证,这时的论文甚至已经很有名气。马勒泽伯于1750年写了一篇文章,论述刚刚出版的布丰(Buffon)的《自然史》(Histoire naturelle)前三

---

① 瓦德(I. O. Wade)忘记了巴黎国家图书馆的抄本。努贝尔(F. Neubert)不知道巴黎研究所(Institut de Paris)的那份抄本。这份抄本属于朱尔·弗雷德里克·德·拉图多维尼亲王(Jules Frédéric de La Tour d'Auvergne)。第一页的彩页上有他的名字和贵族族徽。这一作品在地下书刊中的重要性也是由于有人做过组成论文初始版本的三场谈话的摘要:Paris-Institut 1771,Paris-Arsenal 2885(两份抄本,其中一个是作品的前言)。关于本作品发表之后新发现的抄本,详见本书专论马耶作品的读者的文章。

② Paris-Arsenal 2885:《新的世界系统,或者印度哲学家特里梅德1715年和1716年经过开罗时,与法国传教士的谈话,法国传教士1724年将他送到巴黎的一个朋友处。分为三场谈话》。Chartres 762:《新的世界系统,或者印度哲学家特里梅德与法国传教士的谈话,分为五场谈话,由传教士于1724年写给一位朋友》。

卷。马勒泽伯是法官,喜欢自然科学。他对布丰的论断是否具有独创性提出了异议,认为海水作用导致地表形成的理论是贝尔纳·帕利西(Bernard Palissy)首先提出来的;他说,贝尔纳·帕利西的观点提出来之后,曾得到其他博物学家的赞成或者反对。用马勒泽伯的原话说,这一理论"是由一本知名手稿的作者完整制定,并做了相关证明;在二十年期间,文人手里都有这份手稿,不久之前才以《特里梅德》为题印刷出版。"他还在后面补充说:"虽然在印刷布丰的作品时,《特里梅德》的印刷还没有完成,这一手稿的名声是如此卓著,一个文学家是不可能不知道其存在的,一个研究地球理论的人也不可能不参阅这一手稿。"①

然而,在与勒马斯克里埃的通信当中,在他写于 1737 年 1 月 7 日的信中,在谈到与住在荷兰的一个朋友就海水的消退和天下普发大洪水的真正性质而发生的争议时,马耶意外地说了他的回忆录是在什么时候第一次系统化了的。他写道,这个朋友不记得"1720 年,他出于纯粹的友谊,为我抄写了一份关于海水消退的论文……"

当然,在一部不断变化的作品当中,可以提出的问题是,最初的谋篇布局究竟是何种性质。对各种抄本之间的区别所做的分析表明,论文的结构从根本上没有变:在阐述得最为详细的版本上,只不过多讲了几件事,与最为简洁的版本相比,只是细节的不同,有时候对事实的阐述顺序略有变化,某些段落的写法也有些调整。② 其他更加简单的版本的确有可能先在地下流传过,但这种可能性并不是特别大。

马耶和丰特奈尔

马耶 1726 年寄给丰特奈尔的信让我们看到,在那个时代,论文的

---

① 《拉姆瓦尼翁-马勒泽伯关于布丰和都邦顿的普遍和个别的自然历史的意见》(*Observations de Lamoignon-Malesherbes sur l'Histoire naturelle générale et particulière de Buffon et Daubenton*, éditées par L. -P. Abeille, Paris, Pougens, 1798, tome I, pp. 222 et 242 - 243)。

② 详见前面所引努贝尔(F. Neubert)的作品第 54—61 页:"手稿中的不同之处"(Die Abweichung innerhalb der Handschriften)。在这些版本当中,前面两场对话实际上是一样的。不一样的地方主要在最后一场谈话,里面增加了几个意思并不太大的小故事。

大体结构已经最终定了下来："作品的首要宗旨在文人的圈子里并不是什么新颖的东西。对地球的地表组成进行过思考的作者都和我一样承认，地表是冲积形成的，我列举了在这方面写过文章的，我也读过其文章的人，并向他们表示了他们应得的敬意。但是我认为我是第一个发现了其真正原因，并证明了这一原因的人，从此之后，人们在这一问题上再不会有疑问。"①马耶向丰特奈尔表示敬意，承认作为法兰西学院院士的丰特奈尔提出的建议，在他的论文结尾部分的论述中起到了十分重要的作用，这一部分旨在"证明所有动物都来自海里的可能性，人也不例外，人是动物当中最奇怪、最巧妙的动物，以及证明各种动物的生存状态，从一个星球到另一个星球之间，虽不是同种同类，也能互相沟通的可能性"；马耶最初的计划只是解释陆地的物质是在海中形成，后来海水不断退却，陆地才露了出来；因此，在丰特奈尔的要求之下，马耶最初的计划发生了改变，在作品的分析中考虑到了宏大的天体演化，说明星体漩涡的体系一会儿昏暗，一会儿光明，里面生活着各种来自水里的生物。但是，在承认他是在丰特奈尔的鼓励之下才写了这一部分的同时，他对丰特奈尔说："你激励我深化这一题材，而且我也希望能够配得上你的看重"——马耶也清楚地说明丰特奈尔在何种程度上参与了他的论文写作。

马耶谦虚地说，根据丰特奈尔提出的问题，他"很高兴地知道了如何把事情说得最清楚"，但是他也认为应该"适可而止，不能太多地麻烦有能力的人"，他还要求人家配合："不敢指望能劳你的大驾删除你认为多余的或者无用的部分，也不敢指望你修改文笔当中过于拖沓，会让读者感到厌倦的地方，更何况文章的题材对于一般的学者来说并不是特别有意思。但是如果你愿意手拿一支笔，把整个作品浏览一遍，删除多余的东西，在需要修改的段落旁边简单标注一下，我便可以理解你

---

① 这封信的一份抄本后来寄给了勒马斯克里埃，勒马斯克里埃在出版的《特里梅德》前言中援引了其中的一段话，并确认，这封信写于"1726 年，或者大约是在这个时候"。

的想法,进行修改。你只要花几个小时的时间,我便可以最后修订一下,使作品蓬荜生辉,对此我会感激不尽。"但是《特里梅德》已经写完了,这是马耶的作品,丰特奈尔的直接影响显得十分有限。我们知道,在评论提交给王家科学院的回忆录时,丰特奈尔带着必要的谨慎,对主张我们的地球古时候完全被海水所淹没的理论表示支持,却从来没有把这一理论放在天体演化学说的框架之内;当然,我们可以认为那不过是在一定场合做的说明而已,在像《科学院的历史》(*Histoire de l'Académie*)这样正式的出版物当中,很难展开来阐述涉及世界不断盛衰生死的理论。因此,从 1686 年开始,他便在《关于多个世界的谈话》(*Entretiens sur la pluralité des mondes*)当中表达了他的观念。无论如何,在 1736 年 8 月 8 日写给勒马斯克里埃的一封信中,马耶肯定地说,他在写自己的文章时,并不知道《关于多个世界的谈话》:"因为我不久之前才读了关于多个世界的文章,我理解所谓星球,是指宇宙在广漠的空间,或者说无限的、无边无际的空间所包含的星球,这是我一向就有的观念,而且你们一定也注意到,我在我的论文最后证明这些星球是如何不断运动的,过去,现在和将来它们都是永恒的。我最后又对地球上正在发生的事做了思考。"

　　另外,丰特奈尔所做的纯地质学的分析①还表明,科学院终身院士在这个问题上的观点对马耶没有产生任何影响;我们知道丰特奈尔相信某种假设,根据这一假设,化石是种子生成的,种子在海水退却之后留在了土壤当中,或者随着地下水的蒸汽上升到最高山脉的表面,他尤其认为,退到低洼处的水存在于地球的内部。我们知道,《特里梅德》中详细地驳斥了这一论断。因此,我们并不知道丰特奈尔在生物学方面究竟向马耶提了什么样的建议,似乎我们应当相信的是,一般来说,他只是良师益友,对论文的写作本身并没有做出什么具体贡献。

---

①　详见毕兰波(A. Birembaut)的《丰特奈尔与地质学》(Fontenelle et la géologie),载《科学历史杂志》[*Revue d'histoire des sciences* X (1957), pp. 360 – 374]。

与勒马斯克里埃的合作

但是与勒马斯克里埃的合作却十分重要。勒马斯克里埃与马耶的关系的问题在 18 世纪便已经有人提出。根据出版《拉姆瓦尼翁-马勒泽伯关于布丰和都邦顿的普遍和个别的自然历史的意见》的路易-保尔·阿贝依（Louis-Paul Abeille）的说法，原来的总领事专门研究了海水对地球表面的形成产生的作用，以及与此有关的地质学问题，也就是"科学的"问题；而宇宙进化论和生物学部分的"梦想和荒诞不经"都是神甫的功劳，是神甫随心所欲地整理了回忆录，用他手头的"注释和散乱的片断组成"的。阿贝依说明："他的整理方式是组成六场《谈话》，或者《六天》。前面的四场谈话有很多值得关注的说明，出自一个认真的，见多识广者的手笔，虽然冗长、做作的文笔对内容颇有损害。最后两场谈话只不过是一堆梦想和荒诞不经的东西，从中我们看出弱智而自负的前言作者和'献给西拉诺·德·贝日拉克'题词作者的影子（前言长达 119 页）。因此，在《特里梅德》当中，我们没有驻埃及总领事的回忆录。我们看到的只是勒马斯克里埃认为适合在前四场谈话中发表的东西，而且被删改得肢残体破，又增加了一些别的内容，按照编辑和发表谈话的'顺序'做了一些修改。"①

当代评论也很关注这一问题。马耶说过对《特里梅德》"杂乱的特点"感到吃惊，根据当时的见证，人们认为书中"发狂一般的宇宙论"和进化论的假设都是出自勒马斯克里埃神甫的手笔。② 罗吉（J. Roger）从作品的统一性出发，指出的事实是，在论文最后部分明确表达的论断是地质理论中已经证明了的，可是没有任何人会说这些地质学

① 见前面所引《拉姆瓦尼翁-马勒泽伯关于布丰和都邦顿的普遍和个别的自然历史的意见》（*Observations...*, *op. cit.*, pp. 223 - 224）。事实上，阿贝依以为古耶（Guer）于 1748 年出版的《特里梅德》就是勒马斯克里埃出版的版本。关于这两个版本，详见后文。

② 《科学家狄德罗》（*Diderot*, *homme de science*, Rennes, 1959, p. 247, note）。

理论不是马耶首先提出来的。不过,即使这一说法与古老的意见(认为《特里梅德》的组成部分杂乱无章的意见)有违,我们也没有任何根据,说有关部分的作者不是马耶,而是另有其人,尤其是因为罗吉认为,作品的统一性在于作品各个组成部分反基督教的口吻都是一致的,而用不着在马耶辛辛苦苦制定出来的体系各元素之间的结构联系上去找。因此,虽然他很清楚,马耶之所以写出这样的文章,原因就是他的思想方式还远没有受到新科学的原则和方法的熏陶;从他的思想方式来看,他还是一个上世纪的自由思想者,但罗吉事先也说过:"严格地说,我们可以认为勒马斯克里埃神甫要为增加的这些内容负责。"①

可以肯定的是,马耶在埃及生活过,在意大利、法国、瑞士进行过研究,记了大量观察笔记,他读过一些书,这些书似乎证实了他的基本思想,也就是古时候淹没着地球表面的海水是逐渐退却的。所有这些观察和思考并不能组成一部作品,而只是一堆笔记和散乱的回忆录而已,他好像曾经求助朋友,让朋友帮助他整理材料。后来,抄本越来越多。这似乎证实了阿贝依的见证。阿贝依确认,"回到法国后,[马耶]便把由笔记和文字片断组成的回忆录拿给人们看。人们迫不及待地传抄了这些珍贵的资料。"②因此,当马耶在我们前面已经援引过的信中要求丰特奈尔读一读他的作品,必要时在作品的边上做些笔记,以修改有毛病的地方时,他还激励丰特奈尔的虚荣心,补充说:"作品可以根据你的笔记,让你认识的一个年轻人重新组织,现在的年轻人越来越能干了,可他们没有财产,所以会很高兴使用自己的天才",而且马耶也很愿意为丰特奈尔"选中的一个年轻人"支付一份不低的工钱,让这个年轻人"用读者喜欢的文笔加工一下作品,让作品具

---

　　①　《18 世纪法国思想中的生命科学》(*Les sciences de la vie dans la pensée française du XVIII* siècle, Paris, 1963, pp. 520 – 521 et 525 – 526)。

　　②　前面所引《拉姆瓦尼翁-马勒泽伯关于布丰和都邦顿的普遍和个别的自然历史的意见》(*Observations...*, *op. cit.*, pp. 222 – 223, note)。

有你所喜欢的形式"。

很难相信马耶和勒马斯克里埃的关系是丰特奈尔撮合，在这封信之后才建立的。马耶在通信中根本没有提到这两个人物之间的关系。他与勒马斯克里埃的通信是由他在巴黎的一个朋友阿尔诺（M. Arnaud）负责传递的，①而且说到底，尤其是勒马斯克里埃神甫在谈到丰特奈尔对马耶最初的计划所起的负面影响，甚至会破坏这一计划时，其口吻似乎是不再抱有幻想，所有这一切，都使我们有理由认为，丰特奈尔和勒马斯克里埃神甫之间没有任何关系。

在《马耶生平》（Vie de m. de Maillet）当中，勒马斯克里埃另外还描写了自己与马耶是在何种情况之下有了联系的，那是在印刷《埃及描述》（*Description de l'Egypte*）的时候。马耶希望让一个作家将他的回忆录校订、修改一下，由于马耶的朋友格拉奈神甫（abbé Granet）和国王的地质学家列博（Liébaux）都指望不上，于是手稿便到了勒马斯克里埃的手中。后来，马耶把《特里梅德》也交给了他，原则上只是为了听听他的意见。这大概是三十年代初的事，因为从 1728 年开始，马耶便说要推出关于埃及的书；而且勒马斯克里埃证实，马耶指责 1735 年出版的版本中有很多错误，部分原因是他在书的编辑过程中过于仓促，②而且通过《特里梅德》的前言，我们还知道，勒马斯克里埃神甫与马耶为

---

①　阿尔诺负责接收马耶的信，并将勒马斯克里埃神甫的回信和文章交给马耶："先生，根据我的委托，阿尔诺先生将与你商定在关于埃及的回忆录和埃塞俄比亚的回忆录中，你要做的工作"；还有："先生，收到你在这个月 3 号写给我的信时，我正要结束这封信以及写给阿尔诺的信。同时我还收到了你上月 30 号的来信。"[1737 年 1 月 7 号的信] 在 1736 年 8 月 8 日的信中，他也提到阿尔诺作为中间人的作用，马耶在这封信中谈到要转交给勒马斯克里埃的回忆录。

②　勒马斯克里埃把马耶的回忆录编辑成大四开本，500 页，是以十四封信的系列形式出现的。在 1735 年 8 月到 12 月间与高蒙侯爵的通信中，马耶指出了这一版本的成功之处和错误，似乎尤其对合作伙伴的僭越感到伤心；合作伙伴说作品是由"勒马斯克里埃神甫根据国王原派驻埃及的总领事马耶先生的回忆录写成的"。马耶对印刷商罗森（Rosin）也不满意，指责他没有取得作者的同意，便在国外印刷作品[1738 年 1 月 8 日写给勒马斯克里埃的信]。他已经在考虑重新出版这部作品，以补偿他的权益，并说愿意向勒马斯克里埃支付这件事的费用，因为他看重勒马斯克里埃的能力，虽然这个人缺乏真诚。这部作品的确由勒马斯克里埃于 1743 年再版。

了重新出版这一论文的合作持续了六年多时间。①

　　勒马斯克里埃不是这方面的专家,所以马耶认为,在参与关于埃及的作品最终版本的编辑工作中,勒马斯克里埃的作用只是局限于整理他寄去的一些意见和注释,让本来显得十分散乱的回忆录具有统一的风格。我们知道,勒马斯克里埃在极个别的地方给《埃及描述》点画了几笔特别的色彩,但马耶并不是特别喜欢。但是在写作《特里梅德》的时候,马耶似乎让勒马斯克里埃承担了另外一种完全不同的角色。马耶仍然把回忆录寄给他,里面常常带有非常明确的说明:"新的意见,可以加入论海水减少的论文中","可加入同一论文的其他意见,加在我试图解释动物如何通过同种交配生产,在海水中繁殖的地方","关于地球上火山产生的原因,以及火山通过燃烧,根据火焰中的不同物质分离出不同的金属",以及在页边上写的"本回忆录中的内容应加入关于海水减少的论文",等等。

　　但是,在这些回忆录中,马耶不仅给了勒马斯克里埃很大的行动自由,由他去安排文本,决定风格,而且他还要求勒马斯克里埃表现出创造性,在文中加入他自己对所论述问题的思考。比如在关于自然的一般法则的回忆录中就是这样,由于自然的一般法则,宇宙的运动和维持用不着神的干预;在这段回忆录中,马耶几次提请勒马斯克里埃神甫的注意:"这个地方是关于海水减少的论文的关键点,勒马斯克里埃神甫不能过分地强调我刚刚阐述的东西,不能刻意让人感觉到上帝是想通过最自然的事情,使世界和自然得以不断更新……我已经感觉到勒马斯克里埃神甫在这里的雄辩和论理的力量,他用我提供的材料,再通过他有力的论理,会把这本书写得像诗人们说的那样,'我修造的建筑比

---

　　①　勒马斯克里埃说:"我可以补充说,在六年多的时间里,我与他共同工作,以让这本书达到能够出版的程度;今天我们提供给公众的版本是我们互相交换意见的结果。"[La Haye 1755, p. ix]实际上,很可能是在《埃及描述》(*Description de l'Egypte*)出版之后,勒马斯克里埃才真正着手处理《特里梅德》出版的事,"我刚刚与他通信联系上,"勒马斯克里埃在《马耶生平》中谈到与马耶的合作时证实:"他便把论文给我寄来了,并要求我把想法告诉他。从那以后,我们以此为题交换了一些看法,在出版了《埃及描述》之后,他立刻要求我整理我们今天呈现给公众的书。"[第16页]

青铜更加坚固,比金字塔更加高大'(exegi monumentum aere perennius regalique situ piramidum alcius)。请勒马斯克里埃神甫把这里再整理一下,以让人感觉到,如我这般思考大自然的创造者,不比那些幼稚的神学家伟大得多吗。我觉得这里说的话有很多重复的地方,但是经过整理之后,在作品里就不会显得重复了。还有很多东西是我没有想到的,将来也会在作品当中出现。"①

因此,马耶要求的,不仅仅是一个有经验的手抄工,一个整理文笔的匠人,而是一个合作者,或得更准确地说,是一个为人捉刀者。因为他根本不希望勒马斯克里埃的名字出现在他的作品上,这是我们从他们的通信中看出来的。在最初的一封没有注明日期和地点的信中,马耶鼓励合作者把自己的感情替换成笔记中的感情:"先生,在这封信中,我就不说得太远了。我知道有幸在给谁写信,也知道收信人根本就不需要我在这封信中说的这些话。然而,接到这封信的时候,如果你在巴黎已经把第四场谈话编完,我会非常高兴的。对于那些已经谈到过这些题材的作者,我就什么也不说了。你看着应该怎么处理就怎么处理吧,不要考虑我在计划中说过的话。"在 1736 年 11 月 26 日的信中,他也用类似的口吻说:"先生,我还要告诉你的是,我认为你应以什么样的方式来结束我的论文《论海水的减少》。你不一定非要按照在这封信中看到的想法去做,不一定非要放弃你的更好的想法……先生,由你以最巧妙的方式来写这一段文字吧,你知道该怎么做:别的地方你都写得非常好,我远没有认为你会觉得你看到的论文是合适的,这些想法也是一样,如果你喜欢这些想法,那你就看着把它们表达好吧。"而且马耶在字迹潦草的信中最后又亲笔补充说:"在重读这封信的时候,我觉得还有很多不清楚的地方,甚至在系统的主体部分也有很多重复,但是因为这只是给你解释一下结束论文的想法,我以为没有必要整理得更加清楚,也不用删除你已经在别

①　Paris-B. N. N. A. fr. 22158, ff. 202,203。用第三人称指勒马斯克里埃可以解释为信件是由阿尔诺转交的。马耶在这里提到的诗是贺拉斯的《歌集》中的一首(*Carminum*, III, 30)。

处看到过的东西了,信写成这样就行了,只要能告诉你,我想让你清楚地理解我的想法,就算是我最后一次向你谈到这一主题吧。"

最后,当勒马斯克里埃负责写前言时,这一合作变成了僭越。但是即使是前言,马耶也要保留在印刷之前先看一下的权利:"我说过,你这个月把论文整理完成,写一个要放在论文前面的前言,在送往荷兰印刷之前,我想只看一下前言。"在写这封信的时候,也就是在 1737 年 1 月 7 日,马耶还不知道前言的内容,因为他是凭想当然说的。在这一天之后,在回复刚刚接到的勒马斯克里埃的一封信时,他虽然同意草稿,但是勒马斯克里埃神甫的工作并没有满足他的希望,因为一年之后,马耶又提到这件事,言语之间表露出的意思是,要让马耶感到满意,这个任务对勒马斯克里埃来说大概并不容易,因为开始时马耶说勒马斯克里埃可以自主决断,实际上他并没有多大的自主权。马耶在 1738 年 1 月 8 日最后一封信中说:"先生,你曾向我允诺重写前言,而且你给我寄来不止一次。的确,让特里梅德说出有多个世界的理由,让他表示赞成这一观点,看起来并不是很难调和的事,也不是件太大的工作。对体系,我一点都没有动,因为你可以借特里梅德之口,把欠缺的一点点东西补充进去。"事实上,根据回忆录中杂乱无章的意见,似乎勒马斯克里埃在写前言时,最终使用马耶寄来的文章,通过简短地回顾《特里梅德》中的场景,最终满足了雇主的意图。

《特里梅德》的版本

我们知道,《特里梅德》第一次是 1748 年"在阿姆斯特丹"由古耶律师(avocat J. -A. Guer)出版的,而 1755 年在海牙,勒马斯克里埃向公众提供了一个"新的版本,经过校订、修改,根据作者的原稿进行了补充,同时还附有一篇《马耶生平》"。①

---

① 　还有一个"巴塞尔联合书商"于 1749 年出版的版本;这个版本主要的内容与古耶负责出版的版本不谋而合。

　　马耶早就想出版自己的作品,他对自己的研究成果自视甚高,而手稿的传播必然是有限的,自然与他的想法有矛盾。开始时,他甚至认为可以在法国印刷。他在写给丰特奈尔的信中说:"让人印刷这一作品我不会生气;如果在法国不行,至少在荷兰可以。"后来,他委托勒马斯克里埃把作为他们的研究和思考成果的材料加入作品当中,在一封没有注明日期的信中,他对勒马斯克里埃说过,作品"将在荷兰或者法国印刷"。

　　最后,马耶相信在法国出版作品的想法纯属幻想,便决定在荷兰出版。因此,在1736年11月时,他已经说他的作品将在荷兰印刷。从这时开始,他便想办法通过海运把手稿寄出去;他向勒马斯克里埃打听过,勒马斯克里埃向他提议了几种办法,"以把这一作品带到荷兰,而且很快",但是他也与巴黎其他的朋友们接触[1737年1月7日]。最终,他好像放弃了合作伙伴的提议,决定把手稿寄到敦刻尔克,那里有个朋友名叫洛吉·德·塔西(Laugier de Tassy),住在阿姆斯特丹,由他负责把书稿带往荷兰。

　　不管怎样,一年之后,在1738年1月8日的信中,马耶再一次与勒马斯克里埃谈到这件事,口吻相当苦涩。显而易见的是,在这段时间,马耶与阿姆斯特丹的朋友关系冷淡了,他不愿意再让这个朋友负责出版他的书。因此,他告诉勒马斯克里埃,他曾试图把手稿寄到英国或者荷兰去——他甚至向一个朋友允诺,如果他能把这件事办好,就送给他一所房子,供他终生居住,但是马耶被拒绝了——马耶推心置腹地对勒马斯克里埃说,若不是气力不支,他真想亲自去一趟荷兰;他再次询问勒马斯克里埃是否认识荷兰的一家书商,因为他决定让人"将一份作品带到荷兰"去,他更愿意让勒马斯克里埃挣这份钱。不过,马耶又补充说:"然而,我今天还是同时给荷兰的那个人也写了信,你知道的文件通过海路,通过'海王星'号船发给他了,船期经常会晚好几个月,我写信给他,是让他把通过海船发给他的文件先保留着,直到有新的吩咐为止。文件运到之后,我们就可以用不着德·塔西了,可以让另外一个人来印刷。"

　　整个这段离奇故事可以说明为什么《特里梅德》会有两个版本:第一个版本是古耶在阿姆斯特丹印的,用的大概是第一次寄出的手稿,①而勒马斯克里埃在几年之后用他与马耶合作时留下的回忆录也印了一个版本。这个版本尤其阐明勒马斯克里埃对第一个版本的简单评价,他认为这个版本"编辑得很差,删得残缺不全,充斥着明显的错误",他的怨恨没有任何理由,因为他编的版本只增加了一些枝节事实和无所谓的阐述,当然《马耶生平》和最后增加的古代作者的一些文章除外。

　　《特里梅德》各个版本之间大致差不多,也说明勒马斯克里埃在作品的写作过程中真正的作用。勒马斯克里埃是个自负的人,说到他与马耶的合作时,声称他们是平等的,虽然他公开得到的能够自己做主的范围很有限,但说到底,勒马斯克里埃也就是个拿钱替人编书的人而已。马耶是个狂妄自大的人,这让他不可能利用勒马斯克里埃神甫所谓的天才;而由于勒马斯克里埃神甫的无能,或者说是对作品的漠视——怎么说这本书也不是他的——导致在马耶死后,勒马斯克里埃对论文的结构没做任何改变。的确,与手稿相比,印刷本增加的内容都是马耶自己写的,因为这些增加的内容在他的通信文件当中都有,勒马斯克里埃的工作完全是机械的,只是对回忆录粗糙的文笔略加润色,并使一段段的回忆互相衔接,将一些新的文件与整体作品配合协调。马耶有时候发出指示,催促得紧了,在对手稿原文的处理上,常常会导致出现一些可笑的重复和风马牛不相及的东西;这在宇宙进化论的部分尤其明显,这一部分重写过好几次,没有求助于马耶,根本没有表现出勒马斯克里埃所谓的能力。

　　后来的增补就像人的神经症一样,是为了修改而修改;与增补相比,文中的缺失更能够说明问题。比如,我们注意到两个版本都简单地

────────────

　　①　实际上,这个版本不是在阿姆斯特丹印的,而是在巴黎印的。详见关于该作品读者的文章。

忘记了手稿结尾的部分,这一部分有十多页,流露出泛神论的自然主义倾向,这种倾向是这一段文字中表现的宇宙无限论的理论基础,这个无限的宇宙交替产生着生成和腐败,诞生和死亡:树、草、动物和人都是神性的表达方式,世界由于普遍的灵魂而有了活力,而普遍的灵魂又维持着生命和死亡的周期,代表了上帝。出版的版本中漏掉了这一段文字,这一事实很能够说明问题,更何况我们发现的所有手稿抄本都有这几段遭到非难的文字,而且做过《特里梅德》摘要的人,都认为这些文字非常重要,所以不像作品其他地方一样只是概述,而是照本全抄。因此,当时这些文字如此吸引读者的注意,恰恰代表了地下书刊为人喜欢的特色,简短而清楚地阐述了一些反基督教的思想,不可能后来就这样消失得无影无踪。

当然,我们可以认为,这是手抄者所为,手抄者过早地得出了结论,认为对《特里梅德》的分析必然导致这样的结论。因此,在后来相继出版的版本当中取消这些文字,只不过意味着作者抛弃了插入原始文本当中的异物而已。然而,这一假设似乎是站不住脚的。从马耶写给勒马斯克里埃的信中可以看出,这几页文字表现的自然主义,的确是他的思想的基础。1736 年 8 月 8 日,他写道:"最后,我对地球上发生的事做了一些思考,我认为这些事证明,既然地球是存在的,既然一切有生命的东西都在地球上繁衍生息,那么地球内部一定也包含有从某种意义上使生命精神灭亡的原因,早晚有一天,生命精神在地球上将停止,地球将完全燃烧,我们假设所有其他星球也会发生同样的事,从某种意义上说,所有我们并不了解的星球都和人的身体一样,在整个生命期间,获得并积存了终将使其灭亡的因素。"在1738 年 1 月 8 日的信中,他说:"我对你说过,最硬的岩石、最软的木头、石头,各种品质的大理石都可能由硬变软,由软变硬。我们在大自然中看到,有些东西好像已经不硬了,或者表面上看起来不硬了,但这些东西有再一次变成石头的倾向。物质是生命的居所,或者说生命依依不舍于物质,两者之间如水乳交融。这种物质是可以识别的,因为它可以产生活力;生命是如此适合物质,物质是如此适合生命,物质在海中石化,而且在那么多个世纪的石化和丧失生命精神之后,仍然没有失去其活力;物质总是倾向于恢复活力,即使在丧失生命多少个世纪之后,也随时可以恢复生机。"

马耶有些病态地关注作品的印刷,对自己的观念具有的普遍性深信不疑。手稿最后一段文字的消失,应当从他这种病态的关注当中去找。这种关注可以说明为什么在定期寄给勒马斯克里埃的回忆录中,他越来越多地提到上帝,他的上帝是大自然和大自然秩序的创造者,人应该向这样的上帝表示敬意,虽然上帝无动于衷地看着他制造的这架机器无情地转动着。这种想法在 1736 年 11 月 26 日的信中达到了顶峰,在这封信中,马耶向收信人阐述了他如何结束论文的想法。马耶认为,一方面,要找到一些在文学界享有盛誉的,受人尊敬的人作为担保,比如让丰特奈尔、惠更斯、孟德斯鸠(也包括西拉诺)具有和特里梅德一样的思想,"虽然考虑到人们的偏见以及这些名人出生的年代,他们只是用虚构的专栏故事的办法,表达了他们是如何看待很多星球上都有和他们一样的造物居住的观念的。孟德斯鸠虽然为了加入法兰西科学院,放弃了地球永恒的观点,但他仍然深信我们的地球存在的年限是不可测的,正如沙子的粒数是不可数的一样,沙子海边有,广袤的平原上也有,散布在很多地方。也许特里梅德对基督教的看法正像这些伟大的人物一样。"

但是另外,他认为显而易见的是,必须明确地表达信仰,以避免授人以柄,因为神学家一定会抓把柄的:正因为如此,特里梅德在去过的所有国家,看到的人民都相信基督,他让基督再生,他的道德是神圣的,他自己也是上帝的儿子。作者的意图很明显:这样一来,"只有罗马的天主教徒还不满意,因为这些人,不管你怎么编,他们都是不满意的。教皇是不会犯错误的,这是原则,在原则问题上,他们永远不会屈服。但是至少还有所有其他的博士们,不管是哪种不同宗教的博士;书要在荷兰印,而荷兰有各种各样的博士,他们会赞成我们,不会从宗教方面对作品提出责难。"①

　　因此,如果我们的假设真的是可信的,如果古耶的确在 1748 年付印了马耶通过朋友洛吉·德·塔西寄送的抄本,那就是马耶本人为了出版这个版本而把作品删改得支离破碎。然而,在马耶临逝世之前几天,在 1738 年 1 月 8 日写给勒马斯克里埃的信中,我们已经注意到,他还在谈物质的活力问题,也就是说,自然主义思想本来是事先就应该排除的,因为这是妨碍《特里梅德》出版的障碍。而马耶觉得气虚体弱,不能做更加深远的思考了,他似乎深信勒马斯克里埃会替他这样做:"先生,我就是在想到这一点的时候没了思路,我没有时间给你描绘这几段文字了,但是关于物质,今天你知道得比我更多,你比我聪明,我不会感到不高兴的。我甚至深信你知道得一定比我多。因此,先生,对于认为存在多个世界的作者来说,这一点是根本性的,我期待你能够让这个伟人的理论出彩,伟人没能表达明白的,你来告诉他,他没敢说出来的话,或者他不知道的东西,是留着让你来替他说的。"②

　　因此,我们必须对假设给予补充。实际上,一切都使我们相信,勒马斯克里埃蔑视自然主义,他觉得自然主义是真正的欺骗。我们首先知道,对《特里梅德》当中的宇宙进化论和生物学方面的思辨,勒马斯克里埃在整体上是有看法的,如果没有这些思辨,论文开始时本来是一篇扎实的物理论文,里面有很多源自常识的观察和思考,而思辨歪曲了论文的思想。③ 更加具体地说,似乎勒马斯克里埃从来没有打算在这方面深化马耶的观念,可是从他们为出版《特利梅德》而合作的一开

---

　　①　关于为了在他的论文和基督教之间进行调和而做出的努力,我们还要提到的是马耶所说的向勒马斯克里埃发出的一些指示,以让勒马斯克里埃神甫在最后一章可以提出一些关于灵魂性质的意见,这些意见要与宗教的教条一致[1737 年 9 月 20 日写给高蒙侯爵的信];他的指示还要勒马斯克里埃放弃论述关于天命和圣宠的问题,照他的意见,他的体系可以很容易地解决这些问题,因为"这也许会为特里梅德的系统制造新的障碍";因此,他只论述"他思想当中可以说的东西,不会使那些不信奉天主教的基督徒感到不快的东西"[1736 年 11 月 26 日写给勒马斯克里埃的信]。

　　②　显而易见的是,马耶在这里说的是丰特奈尔。

　　③　勒马斯克里埃在《马耶生平》中说,原来的外交官有个习惯,那就是把他的作品读给"各种境遇和各种地位的人听",并根据他们的意见进行修改;勒马斯克里埃肯定地说,马耶"甚至有时候会把作品改得很糟,比如他增加的最后两场谈话"[第 15—16 页]。

始,马耶便鼓励他这样做,比如在 1736 年 8 月 8 日的信中,他鼓励勒马斯克里埃神甫用其他的理由补充他寄来的回忆录,这段回忆录谈的是关于世界的灵魂问题,"我本来也很想这样做的",马耶说,"本来不想麻烦你,但我认为应当留给你来做,以便让你修改这一部分,从而更加了解这个体系,其实这一事实和文中包括的其他的事实一样真实可靠。"尤其是勒马斯克里埃将马耶所有的注释和新的说明都弃之不顾,也许他把马耶的注释和说明都当成了荒唐的饶舌。① 比如,他曾试图说服马耶,让始终有所保留的马耶相信,应当从作品当中把所有看起来使自然主义的思想合法化的内容都删掉。如果真是这样的话,上述一些有明显倾向的、言之确凿的段落在最终的版本中都不见了踪影,就一点也不奇怪了。

《特里梅德》和《古人对世界的看法》

博努阿·德·马耶是跟着世纪的脚步前进的人。他的自然主义没有使他成为落伍者,可是有些人想把他说成落伍者,认为机械主义是代表启蒙的最后一个词——如果不是唯一的词的话;但是我们也不能因为他的生物学论断,便说他是进化论的创始人,正好比那些喜欢追根溯源,对什么事都要找出祖先是谁的人说的那样。② 与当时的很多作家一样——我们这里说的不仅仅是人们称之为的无名作家——马耶也抄袭过别人的东西。在 18 世纪,有人已经发现《特里梅德》和一篇题为《世界,其起源和古代》(*Monde, son origine et son antiquité*)的论文有些段落是相似的;《世界,其起源和古代》其实是手稿《古人对世界的看

---

① 比如有一段回忆录中包括戴维·冯·德·贝克(David von der Becke)关于物质结构的观点;这个无名的荷兰物理学家证明,"作为元素的水和太阳火是形成所有物体的两种直接元素"[Paris-B. N. N. A. fr. 22158, f. 197]。马耶说这是从《学者日记》(*Le journal des Savants*)中看到的材料。可是笔记中的内容无论是在古耶的版本中,还是在勒马斯克里埃的版本上都没有。

② 详见本书专门论述这一问题的文章。

法》(*Opinions des anciens sur le monde*) 在 1751 年发表时采用的题目。
和马耶的作品一样,《古人对世界的看法》也曾在地下流行,但是,人们
从一开始便认为《世界,其起源和古代》的匿名作者抄袭了《特里梅
德》,这种指责有些奇怪,因为不能根据出版的先后证实是谁抄袭谁,
《古人对世界的看法》1740 年第一次在贝尔纳(J. -F. Bernard) 的《对各
种重要和奇怪主题的综合论述》(*Dissertations mêlées sur divers sujets im-*
portants et curieux) 中第一次出版。然而,马耶被抄袭说法却大行其道;
到了 1920 年,努贝尔(F. Neubert) 还在想方设法寻找根据,以证明这种
说法是对的。①

　　相反,马耶的通信却说明这种传统的解释是轻浮的。在当时,《古
人对世界的看法》应该是一份在传播地下书刊的人群中流传相当广泛
的手稿。可是马耶在 1726 年给丰特奈尔写信并寄送论文时,肯定地
说,他是在写完《特里梅德》之后才看到了《古人对世界的看法》的:
"我很想在我的作品中加上一篇你一定看过的论文,题目是《古人对世
界的看法》,布隆戴尔先生(Mr. Blondel) 有一份抄本,你认识的加尼埃
先生(Mr. Garnier) 也有一本,这份论文好像专门是为我的作品写的,
或者我的作品是专为它写的。但是我就不加它了,因为我的作品中已
经有这些内容,而且我是后来才看到它的。"马耶一定非常看重这篇论
文,因为十多年之后,在 1736 年 8 月 8 日写给勒马斯克里埃的信中,他
差不多用相同的话,反复将这篇论文与他的《特里梅德》进行比较:"在
我寄给阿尔诺,让他转交给你的回忆录中,你一定看到我曾说过,当时

---

①　高夏(Gauchat) 在谈到大洪水时说"《论世界的起源》(*de l'origine du monde*) 中的抄
袭真是奇怪。一字不差地从《特里梅德》中照抄了三页半,并没有标明来源",而且的确,高夏
用两栏对照的形式,列出了有关的文字;他认为马耶的作品比《古人对世界的看法》出版更
早,"《世界的起源》出版于 1751 年,《特里梅德》出版于 1755 年,"他写道:"但是,后者先于前
者。"[*Lettres critiques* , Paris, 1755 - 1763, lettre CLI, tome XV, pp. 103 - 111]格里姆(M.
Grimm) 在对《世界,其起源和古代》(*Monde, son origine et son antiquité*) 的书评中指出,关于创
世的段落似乎是从《特里梅德》中抄来的[《文学通信 1753—1790》(*Correspondance littéraire*
1753 - 1790 , Paris, 1877 - 1829, tome II, p. 53)]。盖拉尔(J. Quérard) 知道贝拉尔的版本,但
是他照样肯定地说,在这篇论述当中,发现有"关于创世和大洪水的一些文章来自《特里梅
德》"[《文学法国》(*La France littéraire* , Paris, 1827 - 1829)]。参见前面所引努贝尔的文章第
91—110 页[《特里梅德和米拉波的"世界"》]。

我手头有一本手稿,题目是《古人对世界的看法》,里面的体系与我的体系非常适合,很好地证明了我的海水退却体系是真理,好像就是专门为了证明我的体系而写的,或者我的体系就是专门为了证明那篇论文的真理而写的。"因此,毫不奇怪的是,正因为马耶认为这篇地下论文的论断事先就证明了他自己的理论,所以后来才从中去寻求他认为特别坚实的支持,这也说明为什么人们在《特里梅德》的手稿中便已经发现了大段大段的借用。我们前边已经看到,马耶始终忙着不断地修改他的作品,后来又对作品做了一些不大的修改,有增有删,是在出版时才看得出来的。

根据马耶向勒马斯克里埃寄送的回忆录附带的参考资料来看,他似乎想明确说明《特里梅德》的资料来源。至少在一种情况之下,我们可以肯定马耶承认他欠《古人对世界的看法》的债:在通信材料当中,他提到宇宙进化论的写作过程,①谈到格洛梯于斯(Grotius)和瓦塔布尔(Vatable)翻译的《创世记》中关于创造世界的内容时,他在页边上补充说:"详见《古人对世界的看法》第二章。"当然,手稿中没有这个说明,出版的版本当中也没有。② 原因无疑可以归在布兰维利耶称之为的"对标注引文出处的忽略",手抄者有这种忽略时,表现的应该是根本不在乎的态度。

抄袭在当时是常见的事,很难相信马耶自己会想方设法在《特里梅德》当中掩饰从别人那里借用了一些文字的事,尤其是他好几次表示要把《古人对世界的看法》与他自己的论文印在一起。因此,在1736年8月8日写给勒马斯克里埃的信中,马耶先赞扬了一通那篇论文,又补充说,如果勒马斯克里埃神甫在巴黎搞不到,他会给神甫寄一份抄本来,"因为我的想法是,"他解释说,"把两篇论文印在一起,而且我深信

---

① Paris-B. N. N. A. fr. 22158, ff. 198–201:"第四天。海水减少的原因。与地球的过去、现在和将来的状态相比的后果。"

② 在勒马斯克里埃的版本中,有对这一作品的一个说明,但是在另一个上下文当中:"关于人们对大洪水的普遍性的看法,除了这里所说的之外,还可查阅一篇题为《古人对世界的看法》的论文。"[La Haye 1755, tome I, p. 129, note]

你看了这篇论文,也会这样想的";在 1737 年 1 月 7 日的信之后,马耶再一次表达过这一想法,因为这时勒马斯克里埃向他建议最终组织《特里梅德》的结构,他同意了,并在顺便提到这事时强调,他的作品出版时,应当有这篇论文作为证据:"先生,你在这封信和前一封信中很好地支持了我一向就有的看法,那就是经过你修订的论文和《古人对世界的看法》都能受到公众的欢迎,尤其是受到学者的欢迎。"这一意图不仅仅是个良好意愿,它还证明,当马耶不想让洛吉出版他第一次寄往荷兰的《特里梅德》时,寄出的手稿还没有抵达,他只想假意告诉洛吉,书稿还不完整,因为还缺这份必不可少的论文,当然还缺其他的东西。在 1738 年 1 月 8 日写给勒马斯克里埃的最后一封信中,他就是这么说的:"洛吉手头还没有《特里梅德》的任何东西,我希望他会相信我手里有《古人对世界的看法》以及完整印刷作品的其他材料。"最后,古耶于 1748 年出版了这些不完整的资料,后来,勒马斯克里埃认为不便在他出版的《特里梅德》当中加入这篇关于世界永恒的论文,因为他也许在这之前,于 1751 年已经出版过这篇论文,人们一般都是这么认为的。

18 世纪地下书刊的社会学因素：
《特里梅德》的读者和出版者①

在 1714 年 10 月 19 日写给海军国务秘书蓬夏特兰伯爵（Comte de Pontchartrain）的一封信中，马耶很自豪地说，他"一辈子努力做了一项特别的研究"，也就是"地球陆地的出现以及随着岁月更迭、海水减少产生的变化"。② 因此我们可以提出的问题是，他是不是真的对自然历史怀有深厚的兴趣，正如他描写的那个印度学者一样，虽然故事的情景一般来说显然具有传奇性质。无论如何，马耶从 1692 年到 1708 年间，在开罗任总领事，勒马斯克里埃神甫证实，"马耶先生正是在埃及时，设想了海水退却体系的最初草案"。③ 在出版《特里梅德》时根据马耶的请求而写的前言中，勒马斯克里埃神甫又补充，"马耶先生花了三十年时间研究海水退却的体系"。④ 他只是重复了在论文中看到的话："经过三十年的思考、怀疑和自我反驳，或者别人对我的反驳之后，"印度人特里梅德告诉传教士，"经过仔细研究哲学家和各个学派对这一

---

① 原载《可靠来源，18 世纪的手稿传播》（*De bonne main. La communicaction manuscrite au XVIIIe siècle*, Oxford-Paris, The Voltaire Foundation-Universitas, 1993, pp. 71 - 96）。

② 国家档案馆，领事通信……B1 711。科恩（C. Cohen）在巴黎第三大学的博士论文《〈特里梅德〉的产生，博努阿·德·马耶和启蒙前夜的自然历史》（*La genèse de Telliamed. Benoît de Maillet et l'histoire naturelle à l'aube des Lumières*, Thèse de Doctorat de l'Université de Paris III, 1989, dactylogramme, p. 79）中曾援引这封信。

③ 《特里梅德，或者印度哲学家与法国传教士关于海水减少的谈话》（*Telliamed, ou Entretiens d'un philosophe indien avec un missionnaire françois sur la diminution de la mer.* Nouvelle édition, revue, corrigée et augmentée sur les originaux de l'auteur, avec une vie de M. de Maillet, La Haye, 1755, tome I, "Vie de Monsieur de Maillet", p. 11）。

④ 《特里梅德》第 7 页。他在《马耶生平》中强调了这一事实。他在谈到《特里梅德》时写道："由此，他花了三十年的心血完善他的体系"（第 15 页）。关于马耶和勒马斯克里埃的关系，详见本书前一篇文章。科恩在我们前面援引的论文第 484—532 页部分援引了博努阿·德·马耶寄给勒马斯克里埃的"注释和信件"[Paris-B. N. N. A. fr. 22158, ff. 187 - 219]。

主题的各种观点之后,对我们看到的关于天空和大地发生的事件,由于没有找到更合适的解释,更符合二十亿年以来海水减少的无可辩驳的证据的解释,我才于昨日简单地向你阐述了我们的地球是如何形成的……"①况且,原来的总领事还很高兴地向高蒙侯爵再次提到这一情况:"我花了近三十年的心血,才写出一篇关于海水减少的糟糕论文,以及另一篇关于灵魂性质的文章。"②不到一年之后,在给同一个高蒙寄送论文时附带的一封信中,他又大大缩短了这一时段。1734 年 3 月5 日,他写道:"我花了二十年的时间写这篇论文,你将看到它是不是值得让你赞成和称道,并让可怜的哲学家特里梅德感到光荣;果真如此,那么我这二十年的辛苦也就得到报答了。"③但是,不同的说法并不一定是矛盾的,后一种算法也许不包括在写最早的回忆录之前的思考和研究时间。

1714 年,马耶也许已经写了他在给蓬夏特兰的信中说的关于海水退却的一本"小小的集子"。这本文集显然还不是《特里梅德》。至少除了他对托斯卡纳土地性质的观察之外,马耶明确说他想把这些观察补充在里面,我们认为这本文集还不包括论文的最后部分,不包括从宇宙规模上对系统的阐述,以及生物如何出自大海的想法。很可能马耶很快便用海水减少的新证据补充了这本文集,甚至也把与这一主题相

①　Paris-B. N. F. fr. 9774, f. 161。勒马斯克里埃在出版《特里梅德》时,略微修改了这一文本,详见第二卷,第 131—132 页。

②　马耶写给高蒙的信日期从 1732 年底到 1738 年初,信件保存在慕尼黑 Bayerische Sta-atsbibliothek, Cod. Gall. 721。这里援引的信上未注明日期,但在书信集中被安排的位置不对。罗斯查尔德(H. D. Rothschild)[前面所引作品"博努阿·德·马耶写给高蒙侯爵的信"]认为这封信写于 1732 年 4 月 20 日,因为马耶在信的最后以令人难以辨识的潦草字体写道:"维尔尼夫先生(M. de Villeneuve)4 月 20 日信的新摘要。"实际上,马耶只是通过这几个字告诉高蒙,他寄出了在信中提到的驻伊斯坦布尔大使的一封信的摘要,大概是用来在报纸上发表的。实际上马耶的信有可能是在一年之后的 1733 年 5 月写的。的确,信中提到他要到巴黎去"七天或者八天"。后来的信件证实他 1733 年 7 月 1 日到了巴黎,而且借此机会到阿维尼翁去拜访侯爵。还有一些细节也能加强对这一日期的猜测。比如,马耶在这封信中谈到高蒙向他要一种能够入药的树皮,叫"苦木皮"(simarouba)。1733 年 6 月 5 日他说苦木皮已经寄出了。感谢罗斯查尔德借给我这一通信的缩微胶卷。

③　马耶的秘书在两行字之间把年数具体说了("二十年")。"特里梅德"便代替了签名,是马耶的亲笔。

反的一些理论讨论补充了进去。这时,作品当中有关地质的核心内容基本上已经完成。勒马斯克里埃说,马耶做了很多研究,读了很多书,他的研究成果和读过的书形成了他的论文,马耶"向好几个学者,向各种境遇和各种地位的人读过这一论文;根据人们提出的意见,他做了校订和修改,增加了一些内容,有时候甚至是越改越糟,比如他听信一个很精明、很有名气的作家的话,补充在后面的最后两场谈话。"①我们很容易想见,马耶在 1719 年离开外交界之后,在巴黎哲学家们常去的沙龙中,夸夸其谈地对人们讲他的思想,见谁给谁看他的关于海水退却、露出地表的论文。大概正是在这个时候,他认识了丰特奈尔,并在其建议之下,进一步完善论文,这是他自己承认的。听说名声卓著的科学院院士索要他的"关于海水减少"的文章,他于 1726 年写道:"先生,我该对你说,你对我的恩典,我是当之无愧的,至少对于第三部分来说是这样,因为我致力于证明所有的动物都来自海里的可能性,人也不例外,人是动物当中最奇怪,最巧妙的动物;我还致力于证明各种动物的生存状态,证明从一个星球到另一个星球之间,生物虽不是同种同类,但也有互相沟通的可能性,也因为你鼓励我深入研究这一题材,我希望能够配得上你的尊重。"②果若如此,那他一定很快便写了这些文章,因为我们听他自己说,论文就是在这些年最终定型的。在 1737 年 1 月 7 日写给勒马斯克里埃的信中,他说:"先生,我收到阿姆斯特丹朋友的信,他不记得关于海水减少的论文了,可是 1720 年在巴黎时,他纯粹出于友情,亲手为我做了论文的第一份抄本。他的信让我怀疑海水是不是在整个地球上平均地向后退却的……"他也许记错了一年或者两年,时间长了,记忆也就模糊了,因为印度人特里梅德援引过 1721 年出版的

---

① 《马耶生平》第 15—16 页。神甫认为这个作家是"丰特奈尔先生"。
② 马耶说这封信是"八到十年"前寄给丰特奈尔的。该信保存在自 1736 年以来他与勒马斯克里埃的通信集中。

《波斯书简》中的一段话,但并没有点明书名。① 马耶是 1723 年或者 1724 年离开巴黎的,如果我们相信在他出发去马赛之前,论文已经最终成型,那应该是合理的。② 从这一角度来看,论文手稿一开始的文字只能证实这一解释。这些文字相当清楚地提示,这一文本是对另一篇针对相同题材而写的文章的补充。传教士说:"因为先生,1715 年到 1716 年间,我在这里经常见到一个旅行者,我在 1717 年 5 月写给你的信中谈到过他,你希望我更详细地给你介绍一下他的奇怪的观点,那我就尽可能准确地介绍吧……"③

　　也许是马耶自己根据回忆录最终整理了论文。在他写给勒马斯克里埃的信中,他明确谈到了第一份抄本,这便意味着有一份原件。尽管文字有时候几乎让人根本看不懂,但很可能《特里梅德》的原本出自原来的领事之手,而且他一辈子保留着这份文本。在 1734 年 2 月 3 日的一封信中,马耶告诉高蒙侯爵,他本想"把关于海水减少的论文唯一的手稿"寄给侯爵,但是没有成功,之所以想把唯一的手稿给侯爵,是因为他没有办法给侯爵另抄一本。当然,"唯一的"并不一定就是"作者亲笔的"。况且,由于神甫费纳隆(Fénelon)挑起反驳他的关于灵魂性质的思考,3 月 3 日,他给侯爵寄了一份对费纳隆神甫的反驳的回复。同时抱歉地说,他以同一主题写的另一篇文章只好自己留着,因为没有

---

　　① Paris-B. N. F. fr. 9774, f. 136。马耶还谈到 1721 年出版的《对地球的新的猜测》(*Nouvelles conjectures sur le globe de la terre*);但是印度人明确地说有人在巴黎给他看过"一份以此为题的匿名手稿"[f. 204]。

　　② 勒马斯克里埃神甫证实,马耶 1720 年在巴黎[《马耶生平》第 7 页]。在我们已经援引过的 1733 年 5 月写给高蒙的信中,马耶自己说他在马赛待了"九到十年……"

　　③ Paris-B. N. F. fr. 9774, f. 3。在马耶的想法当中,这一开场白似乎是为了说明为什么故事中的年代是颠倒的,他原来没有顾及日期,所以把故事的日期讲乱了。在最老的版本当中,第三场谈话里出现了几个 1716 年之后的日期,我们可以认为这是手抄者的错误[Paris-B. N. F. fr. 9775, ff. 69, 71, 74],因为同样的事实在其他抄本当中也讲过,可是日期的安排并不完全一样。但是马耶毫不犹豫地将后来几年发生的一些事加到了早先的文本当中,并借此机会把日期讲乱了。也许正因为如此,一组手稿从题目便开始说明传教士的第二封信是 1724 年写的。然而,困难还是完全存在,传教士转述了印度人在 1716 年说的一些话。令人惊奇的是,任何人都没有想到纠正这一显而易见的错误。勒马斯克里埃的版本是马耶十分关注的,里面没有提到传教士早于论文的第一封信;奇怪的是,这一版本仍然照搬了与特里梅德的谈话的原始日期。

找到人另抄一份。我们很难想象两天之后，他会毫不犹豫地把一份他自己写的论文交给侯爵，正如寄送论文时附带的信中可以让我们相信的那样。他在1734年3月5日写于艾克斯的一封信中说："杰出的侯爵先生，有一个可靠的人会交给你一个大信封，里面有几部作品，其中有三部是我的，包括分为三个部分的《论海水的减少》，另外一篇题为《关于灵魂性质的意见》，第三篇是巴黎一位夫人写给一个朋友的信，其他的论文不是我的，题为《古人对世界的看法》的论文和《关于犹太人起源的一封信》是我手抄的，我不大习惯抄写作品，我想这两篇论文与《古人对灵魂性质的看法》出自同一作者，甚至与《对宗教的疑问》的作者也是同一个人，一个信得过的人希望知道这个作者是谁。先生，这些都是我的原件，请你耐心读完之后，一定归还于我……"他的确寄送了两份他承认是自己手抄的论文。因此，很可能他这样说，是为了强调这些论文之间的区别，说明这些论文表达的不都是他的思想，虽然是经过他手抄的。最后两篇文章明显说明不是他手抄的，那就是抄书人抄写的作品，也许是在马耶的要求之下，由他的某个秘书抄写的。我们不用再提醒，说他之所以只限于提到作品的题目，是认为侯爵知道这些文本，因为几天之后，他在另一封信中又提到这些文章，证明这些书的确是借给侯爵的。他之所以说这些作品是他的原件，大概是想强调他没有其他的抄本。然而几个月之后，他要求高蒙归还"哲学家特里梅德关于海水减少的论文"，而且同时也请高蒙归还其他的手稿，借口说他想重读，说高蒙"手中那些东西，他没有抄本"［Marseille，le 23 Juin 1734］。另外，他还给高蒙写过亲笔信，①当然不是出于要保持信件的私密性，而是因为他有时候找不到人为他笔录信件，不得不亲自动手。他说很遗憾自己的字迹潦草，会让收信人难以辨识，但话语之间无疑有些卖弄的意思。他深信只是因为有时候写得太快，字迹才变得潦草，让

---

① 1734年8月30日和1735年4月6日，6月19日和24日，10月4日的信都是亲笔。其他几封信中有他的亲笔注释。

人无法辨认,而有些与他通信的人,比如莫尔帕公爵,便能够很容易地看懂他的笔迹。而且高蒙也能看懂,因为高蒙经常阅读古旧的羊皮纸文稿,所以也说可以看懂他的手稿。① 几年之后,我们看到马耶用相同的言语请高蒙看"勒马斯克里埃神甫为他已阅原件的论文写的漂亮前言",也就不奇怪了[1737 年 2 月 25 日]。我们还可以合理地推测,他在这里说的是勒马斯克里埃神甫后来改过的文本。总而言之,从总体上来看,他的话说明很有可能存在一份《特里梅德》的作者亲笔原件手稿。而且从塞菲神甫(abbé Sepher)的藏书销售目录来看,可能性便几乎可以肯定无疑了。塞菲神甫是地下手稿的收藏家,在他的销售目录中,对马耶的作品是这样描述的:"印度哲学家特里梅德与一个传教士的谈话,作者马耶亲笔纸版手稿,四开本。"②

手稿的读者及其解读

作品手稿的抄本很快便多了起来。1750 年时候,拉姆瓦尼翁-马勒泽伯谈到"一份有名的手稿,在二十年的时间里,所有的文人手中都有,不久之前才以《特里梅德》为题印刷"。③ 我们发现的十多本抄件样本证明这一说法并不夸张。④ 还有一份摘要以手稿的形式传播,摘要的作者不详,但忠实地综述了论文的全部内容,同时一字不落地抄录

---

① 1734 年 10 月 7 日和 1735 年 1 月 3 日的信。

② "索邦神学院博士,大学副校长,圣太田戴格莱修道院(*Saint-Etienne-des-Grès*)的议事司铎和财务总管塞菲神甫珍本善本藏书目录,目录中的藏书将于 1786 年 3 月 6 日在普拉特里埃尔街布利翁公馆拍卖",在拍卖的图书目录中,马耶的手稿编号为 n° 2787。拍卖地点在巴黎圣米歇尔桥乌尔普瓦街福尔尼耶书店(M. D. CC. LXXXVI)。目录作者的信息无疑来自神甫,因为他有个习惯,常常在他抄写的手稿上加一些注释。

③ 《拉姆瓦尼翁-马勒泽伯关于布丰和都邦顿的普遍和个别的自然历史的意见》(*Observations de Lamoignon-Malesherbes sur l'Histoire naturelle générale et particulière de Buffon et Daubenton*, éditées par Louis-Paul Abeille, Paris, Pougens, 1798, tome I, p. 222)。

④ Aix-en-Provence-B. M. 1905;Illinois-Univ. ms. 500 [两份抄本];Le Mans-B. M. 384;Saint-Petersbourg- Voltaire 8 – 239;Lyon-B. M. 6293 ;Paris-Arsenal 2885;Paris-B. N. F. fr. 9774, F. fr. 9775;Paris-Institut 263;Paris coll. privée F. Moureau;Vire C 828.

了论文最后有关自然主义的原话，也证明这部作品在当时所引起的关注。① 出版拉姆瓦尼翁的作品的阿贝依在解释这一现象时说："回到法国后，[马耶]便把由笔记和文字片断组成的回忆录拿给人们看了。人们急不可待地传抄了这些珍贵的资料。"② 在有些不重要的方面，阿贝依说错了，错误地以为《特里梅德》是勒马斯克里埃后来根据这些材料编辑而成的。但是不管怎么说，马耶把作品拿给人看了，这一做法推动了作品的传播。而且从各种不同手稿的版本上，似乎都看得出他的手笔的影子，这更让我们不能怀疑这一事实。后来对作品的修改，不管是形式上还是内容上的修改，好像都是由作者改动的，而不是手抄者，因为这些修改基本上都体现在了最终出版的版本中。③

我们不知道马耶论文的第一份抄本到了谁的手里。从他说的话来看，似乎并不在朋友手中，而从他与勒马斯克里埃的通信来看，我们可以认定这里说的朋友就是洛吉·德·塔西（Laugier de Tassy）。④ 洛吉·德·塔西忘记了《特里梅德》中提出的论据，但是并没有忘记论文本身，虽然他语焉不详，很可能让人以为他连论文都忘记了——说明他有很多年没有再看过论文，想不起其中的具体内容，也就不奇怪了。但不管怎么说，为了解决他的困难，马耶曾想到过"让洛吉·德·塔西

---

① 《一部题为〈世界新体系，或者印度哲学家和法国传教士的谈话〉的论文摘要》。这一摘要曾单独流行［Paris-Institut 1771］，也曾与论文一起流行［Lyon-B. M. 6293，Paris-Arsenal 2885。两份抄本，其中第二份是论文的前言，题为"本作品的摘要，包括世界的新体系，印度哲学家特里梅德和法国传教士之间的谈话，分为三场"］。据梅南-阿尔迪加（G. Menant-Artigas）［《〈特里梅德〉的一份未知手稿》，载《18 世纪》十五卷，1983 年，第 310 页］说，诺曼底的博物学家托马·毕雄（Thomas Pichon）有另一份"摘要"的样本，今已遗失［他的目录收藏于 Vire，ms. 217］。
② 前面所引作品第 223 页注。
③ 况且，我们不能夸大这些修改的重要性，作者本人也认为作品是三十年的研究成果，于 1720 年完成。我们发现的所有手稿抄本都分成三场谈话。在今天已经失踪了的夏尔特尔（Chartres）的版本中，论文是分成五天的。出版的版本分为六天。关于内容，我们看到有一个较短的版本，也许出现得更早［Le Mans 384，Paris-B. N. Fonds fr. 9775］，还有一个更长些的版本，梅南-阿尔迪加［详见前面所引文章］分析了后一个版本几种状态的文本之间的关系。
④ 洛吉·德·塔西曾是法国驻阿尔及尔大使馆专员，后来又当过驻荷兰的海军特派员。写过一本《阿尔及尔王国历史》（*Histoire du Royaume d'Alger*），于 1725 年在阿姆斯特丹出版，并于两年之后在巴黎再版。作品的题辞注明"1724 年 12 月 20 日于阿姆斯特丹"。该作品被翻译成多种语言。

参考他[马耶]的论文,他[马耶]认为在论文中已经有力地驳斥了一些
错误的观念"[详见已经援引过的 1737 年 1 月 7 日的信]。然而,我们
不能把这种说法看成论文在洛吉·德·塔西手里的证明。无疑马耶是
想说,若不是这样,他就用不着专门回复洛吉·德·塔西的反驳意见
了。① 马耶后来还告诉勒马斯克里埃,他指望这个朋友在荷兰出版他
的论文,还想过用什么办法把论文寄给这个朋友。他甚至在 1737 年 1
月 8 日的一封信中肯定地说,洛吉还没有"任何特里梅德的东西"。然
而清楚的是,他想说的是经过修改的版本以及洛吉·德·塔西要帮忙
出版的版本中应包括的一些资料。

　　无论如何,可以肯定的是,马耶让人抄写了他的论文。他还说过,
丰特奈尔曾向律师和议会参议员蒙维尔(Montvert)先生要过论文的抄
本。当然,他说朋友没能帮上这个忙,因为巴黎没有手稿[详见前文援
引过的写给丰特奈尔的信]。但是,我们有理由相信,丰特奈尔手头确
实有一份论文的抄本,因为他拿到过马耶其他作品的抄件,但他并没有
特别重视这些东西。这个"有才智的人"②当时正住在马耶在马赛的家
里,恰逢马耶收到一份勒马斯克里埃于 1735 年出版的《埃及描述》
(*Description de l'Egypte*)。原来的领事马耶向高蒙侯爵写信说蒙维尔认
为这本书"很好,写得不错"[1735 年 8 月 12 号]。一周之后,在一封文
笔不畅,明显是口授的信中,他解释说蒙维尔的判断是有根据的,因为
他手里有一份原始材料,勒马斯克里埃就是根据这些材料编辑出版那
本书的,他[马耶]对这个版本一点也不满意:"我想已经和你提到过蒙
维尔先生,那本书他读了一大半,在我家里待了四五天,没觉得前两三
封信有什么新东西,即使有也很少。他可以比其他人评判得更准确,
因为他看过,甚至让人抄过这些东西,他的书房里就有抄本。"[1735 年

---

　　①　寄给勒马斯克里埃的信还附带了一份"[他]给 M. L. D. T. 的回复的抄件"。
　　②　这话是马耶说的。他在[1734 年]8 月 30 日给高蒙的一封亲笔信中写道:"我让蒙
维尔先生住在了我家,蒙维尔先生是勒布莱先生(M. Lebret)的红人,他父亲死后成了议会的
参议员,到处都被人认为是个有才智的人……"勒布雷是艾克斯议会的第一主席。

8 月 19 日〕

无论如何,马耶急忙将论文给丰特奈尔送了过去,之所以这样做,是因为丰特奈尔在文人圈子里很有身份,也因为马耶认为丰特奈尔在论文最后部分的思路中启发了他。我们不知道丰特奈尔是不是保留了这份抄本,或者如马耶写信要求的那样,曾"删除多余的东西,在需要修改的段落旁边简单标注一下",并写几行字,指出"哪些事实适合于放在哪些地方",然后才把抄本还给作者的。的确,我们不能不注意到,最长的手稿文本似乎正是按照这样的标准修改过的。① 论文在送交收件人之前,曾经过布隆戴尔(Blondel)之手,布隆戴尔和一个叫加尼埃(Garnier)的人以及纹迪米依夫人同属于一个小圈子,大家都是从事地下论文买卖的——当然是不追求私利的买卖。因为马耶在一封信中向丰特奈尔暗示,他可以从这些人手中得到题为《古人对世界的看法》的一篇论文,而且承认自己也等纹迪米依夫人带给他一份《古人对灵魂性质的看法》。因此,我们可以并不过分地怀疑,这两个人趁机抄写了《特里梅德》的复制本。

几年之后,马耶又把论文亲手交给了高蒙。从他的书信来看,我们注意到,马耶是制造机会亲自把论文交给高蒙侯爵的。侯爵向黎凡特地区艾谢尔的警官了解离突尼斯不远处某些建筑的古老程度,马耶以此为借口,想让侯爵了解一下他的体系。从 1732 年 12 月 3 日写的第一封信开始,他便以暗示的口吻提议侯爵看他的论文,而侯爵本来是问他是否有某些学者的回忆录。他曾预言,由于"海水日渐减少",这座海岸上的北非城市会离海越来越远,为了让这一断言显得更有根据,他觉得应当补充说:"针对我的这个体系,根据我在海岸上发现的建筑残余,我还提出了其他的意见,但是,我没有学者的回忆录,只有一部作

---

① 但是,除了第一场谈话中关于爱尔兰人从海中弄出来的一种草的描写之外,修改所涉及的,主要是作品的最后部分,尤其是受漩涡启发的宇宙进化论中的变化以及增加的关于海人出现的几段故事;这些故事当中有几段是原来就有的,略微有些改变,讲述的顺序个别的也有变化。然而,正是在第三部分论述的题材上,马耶承认受到了丰特奈尔的影响。

品,我在作品里提到过建筑的废墟。"侯爵没有丝毫的反应,马耶在回信中解释的情况已经让他感到满意了。一个月之后,马耶旧事重提。他找到了 1719 年去突尼斯时的日记,里面有侯爵感兴趣的蓄水池的事以及水池边上发现的"无数建筑的废墟或者基础",现在差不多已经被填满了,那就是迦太基的遗址。① 他给侯爵寄去的摘要"有几处作了修改",他还在与摘要一起寄出的信中说,摘要的主要的目的是引导侯爵了解他主张的学说。在 1733 年 12 月 12 日的信中,他说:"这一学说会让你了解,我的观点是海水日渐减少,而且地球上因海水不知不觉中的减少而日渐增多的所有土地,留下了数不尽的、无可辩驳的证据,证明土地就是海水减少造成的。"他列出很多海水退却的证据,证明土地就是淤泥在水中稀释,逐渐沉积形成的,证据大都是在侯爵居住的普罗旺斯选择的。他还顺便说,他不认为大洪水能够让我们看到被埋在山里的各种海洋生物的尸体、船的遗迹,甚至石化的人。他最后说,他的这一观念是"从回忆录中摘取的",但他并没有提到星球在无限的宇宙演绎出的光明与黑暗的交响,也没有提到生命之源在于海洋的观念。然而,毋庸置疑,他想推介《特里梅德》,因为在摘要的结论部分,我们看到他又重复了论文中关于物质永恒的思考,他说这些思考来自"一个还活着的知名人士",②而且试图把他对神性的想象与《圣经》文本进行协调,企图把神性和大自然视为同一。

---

① 然而,这些说明并没有写进《特里梅德》之中,大概是因为不管怎么说,这些遗址离海边很近,是自然而然的。马耶后来谈到在离海岸很远处发现的一些废墟,在意大利和北非的荒漠里,其中也有他自己在埃及看到的遗址。

② 这个"知名人士"有可能是孟德斯鸠。在《特里梅德》当中,在谈到关于物质不灭的"不可辩驳的证据"时,马耶的遣词造句几乎是一样的。但是他在这里说,这些证据来自他的印度人朋友在巴黎认识的一个"机巧的物理学家"。作为证据,他提到一个作者说的话,但他并没有说明作者的名字[Paris-B. N. F. fr. 9774, f. 136]。然而,他的引文来自《波斯书简》。而且众所周知的是,孟德斯鸠在这部作品发表之后,经常在巴黎小住,而且与自由思想界常有联系,也许在这个小圈子里,孟德斯鸠见到了原来的领事马耶。马耶 1736 年11 月 26 日寄给勒马克里埃的信证实了这一猜测:"虽然孟德斯鸠先生为了加入可敬的科学院而放弃了地球永恒的观念,但他仍然深信地球存在的年限是不可测的,正如沙子的粒数是不可数的一样,沙子海边有,广漠的平原上有,散布在很多地方。也许特里梅德对基督教的看法像这些伟大的人物一样。"马耶提到,特里梅德认为地球的寿命和"海中的沙子颗粒数"一样不可计。

　　如果这样做是为了引起侯爵的好奇心，那么他好像并没有成功。高蒙大概是不喜欢这个陌生人的冒昧，迟迟没有回答，而且在回答时一定对他的体系和论文都没有表现出特别的兴趣。只是到了5月份，马耶才提到高蒙侯爵的回信。这时马耶第一次明确地说到他的"关于海水退却的糟糕的论文"，不过这种说法是为了强调他为这篇文章花费的时间。然而，几个月之后，马耶说话的口气让我们相信，侯爵最终对他的作品有兴趣了："先生，收到你本月6日的来信，我感到十分荣幸"，他在1734年1月8日的一封信中给高蒙写道："我从信中注意到你对外国人有着越来越大的善意，而且哲学家和印度人颇能获得你的好感，这使我有信心过一段时间之后给你看我的关于海水减少的论文，希望对这篇论文，你也能有对作者相同的宽容……"这期间，马耶在6月份到阿维尼翁拜会过侯爵，那是在去巴黎和洛林的路上，后来到了11月份，他才从洛林回来。

　　马耶一定是注意到高蒙是个颇有哲学思想的人，因为他最终建议高蒙读的，不是《特里梅德》，而是其他批判性文章，其中有些甚至不是他写的。他怎么能怀疑这一点呢？侯爵向他讨要一份论文，从侯爵的话中可以看出他对教条的困惑。寄送的作品刚刚发走，马耶又给高蒙写信，向他推荐其他的作品，赞美某本书的文笔，强调其他作品的主题。然而实际上，他很怀疑侯爵会如何对待这些资料，因为他坚持公开申明理性要服从信仰，他不想让人怀疑他是个无信仰的人。1734年3月9日，他写信给高蒙："与这些观点无关的是，必须坚持弥赛亚诞生之前很久便已经预言的真理，因为那是宗教的基础，是不能有异议的，这可以使我们不必在这些观点当中去寻找真理。先生，我之所以与你再次谈到这一点，是因为你在我寄给你的手稿中看到的，似乎相反，而且我会很轻易地让你相信，尽管我写了关于海水减少的论文，但我是走在正确的道路上的……"大概后来他放心了，因为后来他的信明显变得自在多了。几个月之后，当高蒙告诉他把手稿寄还给他时，他公开地为批判的权利辩护，更加具体地说，那就是他想证实对土地古老的研究是善意的:"因为他们与我们的传统是对立的,所以不经过漫长的思考,人的思想会很难接受别人传统中的东西。这个世纪促进了这些观点的发展,这些观点看起来是新的,但实际上并不是。可以肯定的是,大自然中有证据表明,地球的古老程度远比人们认为的要更久,远不止是人们估计的百倍千倍。"[1734 年 7 月 7 日]一些天之后,他回信说收到了"回忆录",并赞美思想的自由,赞美在这一世纪将摆脱宗教枷锁的所有人们:"在这些问题上,人的偏见是非常大的,从摇篮时便生活在其中,怀疑神启是罪恶和耻辱。但是,在一个明智的世纪,很多人还是怀疑了只有神启当中才有人们从摇篮时便被灌输的真理。"[1734 年 7 月 26 日]

我们知道,高蒙立刻便开始读《特里梅德》。"你为什么要急着读我的关于海水减少的论文呢",在 1734 年 3 月 9 日的信中,马耶亲笔附言道:"反正论文在你手里。"然后,他们再也没有提到这事,一直到高蒙将手稿还给他。的确,似乎侯爵并没有想到就这一学说与他进行讨论,正如马耶要求的那样。1734 年 2 月 8 日,马耶对高蒙决定看他的论文感到高兴,写道:"若是那样,那就是我更多地受惠于你了,如果你愿意提出反驳的意见,我想预先告诉你,这一体系并不像那些值得怀疑的思想那样,作者之所以支持那样的思想,只是为了捧红作品,而不是为了追求真理。因为我深信,从来不曾有过别的作品像这一作品一样真实,有如此多的证据证明。"3 月 5 号,他再一次写信说,他会非常感谢高蒙侯爵,如果"针对我的关于海水减少的论文,你能把不满意的地方告诉我,因为我相信能够让你消除可能有的一切怀疑"。当然,自从他要求丰特奈尔帮忙以来,口吻显然有了变化。这种话不是让公众看到的,这揭示出马耶对自己的体系的一些想法,他并没有像勒马斯克里埃借他之口所说的那样,把自己的体系想象成一种轻浮的游戏,也不是像笛卡尔的信徒们那样(其中也包括他十分敬佩的丰特奈尔)认为自己的体系是一种可信的发明,而是认为自己的体系是真正的陆地的历史,严格说,也是整个宇宙的历史,①是经过他在内心深处深思熟虑过的。然而,必须承认的是,若想挑起对于他的作品的讨论,这并不是最好的办法,即使假设高蒙真像他吹捧的那样,看懂了他的手稿。无论如何,可以肯定的是,马耶没有把高蒙侯爵的行为解释成不赞成。多少年之后,他把与勒马斯克里埃的合作随时通报侯爵,甚至把信的抄件寄给侯爵[1736 年 12 月 10 日],论文出版时的前言也抄送给他[1737 年 3月 8 日],与他谈及对印度人的宇宙进化论的修改[1937 年 10 月 12日],并把这一版本的大纲交给他[1937 年 9 月 20 日]。

　　费纳隆的侄子费纳隆神甫也读过马耶的回忆录,也就是《特里梅德》以及其他批判性作品,因为马耶明确对高蒙说,他没有给费纳隆神甫看关于埃及的研究成果,因为费纳隆神甫看起来不大关注他的历史学作品,而是更关注他写的哲学方面的文章。马耶在 1733 年 5 月的信中写道:"费纳隆神甫在这里读了我写的所有回忆录,他会告诉你说,我仅仅局限于科学,我花了近三十年的心血,才写了一部关于海水减少的糟糕论文以及另外一篇关于灵魂性质的文章。因为,我写的关于古代和现代埃及的文章,他没有看,里面只描写了一些过去和现在的事实,是我在埃及时候细心收集的……"他还请高蒙让费纳隆神甫读一读关于海水减少的论断的摘要。然而我们不能怀疑虔诚的神甫有自由思想。他无疑不喜欢这些作品中非宗教的口吻。我们通过马耶得知,神甫对论文做了批判性的解读,这正是马耶所期望的。尽管如此,几年之后,当马耶想把手稿带到荷兰去时,他曾想到过费纳隆神甫,因为神甫的哥哥在荷兰当大使。1737 年 9 月 20 日,他写信给高蒙说:"很遗憾我事先一点也不知道费纳隆神甫要去荷兰看望哥哥,否则会把《特里梅德》交给他带去……"的确,在这一段时间,他和勒马斯克里埃竭

---

　　① 马耶意识到他的宇宙进化论的难点,也从来没有对这一点感到满意。然而他还是坚持这一点,因为他最终还是把宇宙进化论纳入了他的体系。1737 年 10 月 2 日,他仍然对高蒙谈到要重新考虑作品的这一部分,并归结:"亲爱的侯爵先生,你可能会觉得这是纯粹的幻想。但是特里梅德非常看重你的非凡才智,愿意说服你相信他。"关于论文与科学思考之间的关系,详见后文《博努阿·德·马耶和海中的生命起源:有趣的猜测还是科学假设?》。

尽全力从文本中删除所有可能使信仰宗教的人感到不快的内容。

因此,马耶很愿意让人了解他的思想,并从中获得少有的快乐。我们从 1737 年 6 月 7 日写给莫尔帕的一封信中得知,他把作品的最后一部分读给莫尔帕听了。① 而且他还把印度人的观点告诉了一个主教,正好比哲学家丰特奈尔给侯爵夫人讲天上的神奇事物,或者特里梅德给传教士讲海外奇谈一样:"我和土隆的主教成了朋友,让他对特里梅德十分尊重,我在艾尔博夫亲王家里,花了连续二十个晚上的时间与主教单独聚谈,向他深入地解释特里梅德,他没能如愿看到这本书印刷成册便死了,我也失去了一个要好的朋友。"②奇怪的是,他似乎并不愿意看到所有的人手里都有他的论文抄本。他并没有给他的朋友费纳隆神甫提供作品的抄本,也许是费纳隆神甫不愿意要。他把作品的"原件"寄给了高蒙,借口"抄一份复本花的时间太长了"[1734 年 2 月 3 日]。而且他间接地要求丰特奈尔归还早先寄给他的抄本,当然他请丰特奈尔提出校订和修改的意见之后再归还。

然而,在他的准许之下抄录的几份复本还是一再为人转抄,大概成了有人在地下买卖的东西。《特里梅德》的手稿传播开始时只是局限在马耶熟悉的小圈子里。但我们知道的第一个关于印刷文字的见证,似乎离这个小圈子已经很远。拉默纳里(La Monnerie)在 1733 年用法语出版帕林吉纽斯(Palingenius)的《生命的黄道十二宫》(*Zodiacus vitae*)第二版时增加的注释中指出:"我在此不能不转录几段题为《印度哲学家特里梅德与法国传教士的谈话》的手稿中的文字,手稿是印度哲学家 1715 年到 1716 年到开罗时的谈话,由传教士 1724 年写给一个

---

①　巴黎国家档案馆,领事通信 B III 262。马耶颇为自得地说,他在"一部作品"中援引菲利波伯爵(comte Phelipaux)的名字,从而使菲利波家族得以不朽,他在信中写道,"我深信这部作品将会成为不朽之作"。他说的就是《特里梅德》,虽然他在信中将作品的文本做了些改动,以引出路易大帝(Louis le Grand)"最令人难忘的几个大臣,科尔贝(Colberts)、戴利耶(Telliers)、菲利波(Philipaux)……"[详见 Paris-B. N. F. fr. 9774, ff. 89 v‑90。但这一修改并没有反映在出版的版本当中]

②　这封信的开始部分已经缺失,剩下的部分放在 1737 年 10 月 2 日的信后面,1737 年 10 月 2 日的信结尾部分缺失。但是这封信很可能是在几天前或者几天后写的,因为在两封信中,马耶都说十天或者十二天以来,他正忙着写完《特里梅德》的第四场谈话。

朋友的。"①他一字不落地照录了论文的开始部分,一直到印度人说他祖父对穿过大海的水流以及海底的格局的结论,对潜水者的服装和探索海洋深处时使用的机器的描述除外。"这就够了,"他归结,"根据这些我们可以了解,手稿作者的意图就是要证明,所有的陆地都是通过大海的运动形成的。"当然,如果综述一下整篇论文,读者会更感兴趣,因为他援引的抄本题目会让人以为作者论述的是生命源自海洋,地球是宇宙间无数活跃的星球之一。他之所以没有这样做,无疑是为了方便,但也是因为他与很多当代人一样,似乎不太喜欢马耶针对这些题材的思辨。他指出:"希望我在这里援引的片断能够使作者下决心把这一部分拿给读者看,这是一种全新的哲学。我深信,他的体系虽然从整体上是站不住脚的,但我们至少能从一些部分发现真理,丰富学者共识,帮助人们完善对大自然的知识,对这种知识,人们只是刚刚开始了解。"

几年之后,达尔根侯爵再一次提到论文手稿的流传。在他的《犹太人书简》(*Lettres Juives*)②中,在大概是 1736 年 12 月 31 日写的一封信③中说,犹太教教士伊萨阿克·奥尼斯(Isaac Onis)未指名道姓地向

---

① 《生命的黄道十二宫,或者指引人的行为和习俗的格言,分为十二卷,每卷为黄道十二宫的一宫,根据马塞尔·帕林吉纳斯的拉丁文诗翻译》(*Le Zodiaque de la vie humaine, ou Préceptes pour diriger la conduite & les moeurs des hommes. Divisé en XII Livres, sous les douze Signes. Traduit du Poëme Latin de Marcel Palingene, célèbre Poëte, de la Stellada*. Nouvelle Edition, revûë, corrigée, & augmentée de Notes Historiques, Critiques, Politiques, Morales, & sur autres Grandes Sciences. Par Mr. J. B. C. de la Monnerie, Mre. Pr. A Londres, Chez Le Prevost, & Compagnie, Libraires, sur le Strand. M. DCC. XXXIII, Tome premier, pp. 208 – 217. La première édition parut à la Haye, chez Jean Seyart, en 1732. Le poème latin avait été publié à Venise en 1534)。西尔万·马东(Sylvain Matton)好意向我提供了这一信息。

② 《犹太书简,或者一个在巴黎的犹太旅行者和各地的人之间以哲学、历史和批评为题的书信集》(*Lettres Juives ou Correspondance Philosophique, Historique & Critique, Entre un Juif Voyageur à Paris & ses Correspondans en divers Endroits*. A La Haye, chés P. Paupie, 1736, tome IV, lettre cxi, pp. 161 – 168)。

安托尼·麦凯纳(A. McKenna)在提交给 1988 年以"达尔根侯爵"为题组织的研讨会的文章《达尔根侯爵和地下手稿》(*Le marquis d'Argens et les manuscrits clandestins*)中,讲述了这一发现。文章收入让-路易·维西埃尔(Jean-Louis Vissière)编辑的《达尔根侯爵》(*Le Marquis d'Argens*, Aix-Marseille, Publications de l'Université de Provence, 1990)。

③ 详见拉金(S. Larkin),《普罗斯贝·马尚和达尔根侯爵的通信》(*Correspondance entre Prosper Marchand et le marquis d'Argens*, Oxford, The Voltaire Foundation, 1984, Appendice II, "La publication de la *Correspondance philosophique*", pp. 207 – 211)。

他的朋友蒙塞卡(Monceca)谈到"一份手稿",他对这份手稿的描述只能让我们想起《特里梅德》。他甚至引述了几段文字。他的"简短介绍"大致上忠实于马耶的思想,但还是包括一些重大的错误。所谓援引的话不仅是杜撰的,而且与论文的学说相反。"阿拉伯作者声称",他开始道:"地球上不知不觉地发生了变化;以致我们今天见到的几乎所有干燥的地方,以前都是被水淹没的。他坚持说,海洋和水不知不觉地干涸了,地球上其他地方在以后一些世纪,也要被太阳烤干,而且,当这些地方不再潮湿时,会燃烧起来,变成碎屑,消失在茫茫宇宙之中。"总而言之,地球的燃烧,或者任何其他的星球,或者"黑暗的球体"的燃烧,对于马耶来说并不意味着星球的分解,星球本身也会变成太阳,处在漩涡的正中心,直到火焰烧尽所有可燃的物质,到了边沿,或者在无限的空间随意徜徉,直到进入另一个太阳系,接受新的太阳从附近的行星蒸发来的潮气,慢慢变得适宜生命居住,并被各种各样的动物所栖息,就这样在永恒之中不断重复。但是,也许我们不能责备达尔根没有正确理解马耶不断地改来改去,改得乱糟糟的文字。

犹太教教士后来又转述了动物如何从海中出来,他转述的大概是马耶不能不承认的原话,而马耶是个不断地奋斗的人,想极力克服当作家的困难。"他说",犹太教教士在谈到阿拉伯作者时,补充道:"当水在一定程度上被耗尽,剩下很多露出来的土地时,一些水生动物习惯了到陆地上慢慢去吃草,他说人、牛、马开始时都是从水里出来的,它们在陆地上待一段时间,再回到水里去;但是,在渐渐远离水岸之后,它们完全适应了陆地,后来,它们渐渐地改变了性质;太阳让一些动物的皮变得更硬,有的动物长出了与从前不同的毛发。习惯是第二天性,后来,习惯使这些水生动物的后代除了在陆地上生活之外,已经不能在别的地方生活,比如,大部分鸟已经不能再到水里去,因为这些鸟出生以来便不习惯水了——那些被称之为海鸟和河鸟的动物除外,海鸟和河鸟的祖先没有远离水;人和四肢动物以及生活在空中和陆地上的鸟也是这样,它们慢慢地忘记了水,便养成了另一种天性。"

　　在这段非常清楚的归纳当中,达尔根把人们经常援引的马耶只用来指鸟的变化过程的文字文本扩大到所有的动物。在这里,很可能鱼鳞变成了毛发,鱼鳍变成了脚和手。犹太教的教士如此理解这一主题,我们本来没有任何话可说,但是后来,他把一种关于环境作用的学说假借给了马耶,这是马耶从来没有想到过的学说。"在人还是水生动物的时候",他借马耶之口肯定地说:"它们身上白白的,没有今天的毛发;但是,离开原来的生活环境之后,由于感觉到陆地上的蒸汽和太阳的热量,它们发生了或多或少的变化。"我们在《特里梅德》中怎么也没有找到这段文字,也没有找到另一段同样十分可怕的文字。因为,大家都知道,原来的大使馆领事不大相信环境的影响,所以正相反,说了很多海人的宗和种,一切重大的形态变化都源自生活在海里的同种动物。犹太教教士用据说是摘自手稿的另一段文字说,海人或者"半鱼人"的发现证明,人的机体适合于生活在水中或者空中,毫无区别。从根本上来说,马耶也是这么说的,虽然他坚持认为生活在海里的人和别的动物一样,在机体上也发生了一些不大的变化,以适应新的环境。①

　　如何解释这种奇怪的现象呢?达尔根对马耶的新的世界体系并不是特别赞成,他认为这一体系"滑稽",总而言之是"没有什么教益的"。他从根本上指责这一学说否认神性,这是可以理解的。特里梅德把上帝等同于使得物质具有永恒活力的力量或者精神,这不是宗教的上帝。因此,我们可以怀疑达尔根从某些方面伪造了马耶的思想,以更好地驳斥马耶的思想。然而,我们无法说清楚的是,地球最终分解的思想,或者整个人类具有唯一根源的观念,为什么会削弱马耶的体系,尤其是这些说法为什么会在读者心目中削弱这一体系,因为我们可以想象,读者并不知道作品的真实内容。因此,我们必须从其他方面寻找原因。有可能达尔根根本没有读过他说的手稿,而只是转述别人的评论,转述一

───────────

　　①　关于这一问题,详见本书后面的文章《从野蛮到文明:〈特里梅德〉中的历史和自然》。

场谈话的内容，而且是部分地被歪曲了的评论或者谈话。然而，我们应当承认，他先前声称一字不落地援引了阿拉伯作者的原话，这一推测与他的声称很难协调。因此，总的来说，似乎较为可信的是，他的综述源自原来有人对论文所做的解读，岁月的流逝导致产生了一些误解。①因为侯爵相当明显地暗示，他的资料与论文有着相同的渊源；犹太教教士最后说："亲爱的蒙塞卡，这就是那个阿拉伯哲学家的体系，阿拉伯哲学家今天仍然在寻找证据，以让这一体系看起来更像是真的。他曾问我对此感觉如何……"②

手稿的出版

如果说博努阿·德·马耶显然不喜欢看到人人手里都有他的论文，那也许是因为他害怕抄本多了会影响他一向梦想的出版。他已经向丰特奈尔谈到过出版的事："印刷这本书，[我不]会感到生气的，如果在法国不行，至少在荷兰可以。"他与勒马斯克里埃一起重新整理了作品，以图"在荷兰或者巴黎"印刷。他寄给勒马斯克里埃的信证明，为了达到这一目的，他自己曾毫不犹豫地删除一些敏感的东西。他委托朋友洛吉·德·塔西在荷兰找一家出版商，对洛吉·德·塔西感到失望后，他只好退而求其次，指望勒马斯克里埃，也没有成功。③ 在彻底失望之后，他甚至想到费纳隆神甫。马耶认为《特里梅德》是他写得

---

① 达尔根说在荷兰发现了一个曾在哈林（Harlem）生活过很长时间的海女（une fille marine）。我们在《特里梅德》中也发现了这个故事[Paris-B. N. F. fr. 9774, ff. 175 r/v]，只不过在《特里梅德》中的描述更加详细。

② 在已知的手稿读者当中，还有伏尔泰（伏尔泰拥有的抄本今天仍然保存于他在圣彼得堡的书房中），我们知道他对马耶的论断的批评；波利尼亚克（M. de Polignac）也读过手稿，波利尼亚克在《反卢克莱修》（Anti-Lucrèce）中说，一个"现代物理学家"坚持说"人是从鱼变来的"；波利尼亚克在1749年写道："我不知道这个作者的作品是否印刷成册了，但是作品是一份长长的手稿，由我保存过一段时间。"[努贝尔（F. Neubert）在前面所引作品中援引过，第33页注释]日期注明为1730年的Paris-Institut 263抄本是属于图尔奥弗涅（Tour d'Auvergne）的朱尔-弗雷德里克亲王（prince Jules-Frédéric）的。维尔（Vire）的抄本是属于托马·毕雄（Thomas Pichon）的。在里昂发现的抄本上面带有拉维奥维尔伯爵的藏书章。

③ 详见本书前一篇文章。

最好的作品,但他生前没有看到这本书的印刷出版。

马耶逝世之后,论文最终于 1748 年由让-安托万·古耶出版。然而,勒马斯克里埃保证,他以某种方式促成了这部作品的第一次印刷出版。在马耶死后,他写道:"这部作品由我保存,到了 17××年,我才允许出版。"①我们有很多理由相信他的话,这个版本与他在 1755 年出版的版本在各个方面都是一样的,包括前言,我们知道这个前言是他写的;当然两个版本的引言、注释和附件体系不一样,他认为这些东西是最后才应当加进去的。另外,戴梅利于 1749 年 6 月 6 日写的警察局的报告也证实,"是他领导了第一部《特里梅德》的出版以及给书商的各种版本"。② 但可以肯定的是,勒马斯克里埃神甫之所以借用古耶的名字,不仅仅是为了不出头露面。我们今天知道他是为这第一个版本的出版真正出过力的人,而且该书不像人们所说的那样在阿姆斯特丹出版,而是在巴黎的地下印刷厂,是在警察局的贝利耶警长的监视之下印刷的。从印刷工博南(Bonnin)和拉马什(La Marche)1747 年底开始寄给警长的信和报告当中,我们可以了解出版这本书的一些情况。③

---

① 《马耶生平》,第 17—18 页。

② Paris-B. N. N. A. fr. 10782, f. 146。这一文件由布鲁诺(M. R. Bruno)在《戴梅利的日记,1750—1751》(*The Journal d'Hémery, 1750 - 1751*: an edition, Dissertation for the degree of doctor of philosophy, Vanderbilt University, 1977, dactylogramme, tome II, Appendix II, p. 715)当中发表。科恩(C. Cohen)在我们前面提到的论文第 99 页也援引了这一材料。

③ 拉马什 1747 年 4 月与警察局开始有联系,当时他在装订工吉法尔(Giffard)的陪同之下,秘密来到警察局,揭发加尼埃和斯托特神甫,这两位神甫向他们提议印刷"三部充斥无神论言辞的手稿,教导人们起来反对教会和世俗的当权者,而且从不大合理的意义上证明人的独立性"[Paris-Arsenal 11629, f. 90]。这里说的手稿指的是《在罗马、西班牙和葡萄牙实施的宗教审判的历史,以及一个怀疑论的作者对宗教理性系统的批判思考》(*Histoire de l'Inquisition exercée à Rome, en Espagne, et en Portugal avec des Reflexions critiques d'un auteur sceptique dans le système de Raison sur la Religion*),《从亨利之歌到伏尔泰批评,其中证明亨利的宗教只不过是他搂在怀里的妓女》(*Critique sur Voltaire à l'occasion de l'Henriade où il est demontré que la Religion d'Henri IV est une fille entre ses bras*)以及《关于宗教的理性系统》(*Système de raison sur la Religion*)(在地下书刊界亦以伪称瓦勒之作的《什么也不相信的艺术》而流行)[*ibid.*, f. 56;在 Paris-Arsenal 10307 当中有这三份手稿的"摘要"或者"大意"]。拉马什和博南从 1747 年开始结伙。从这一年一直到 1755 年底,他们定期向警察局提供了参与地下书刊出版的作者、书商和印刷工的各种情报[Paris-Arsenal 10301, 10302 et 10303. 卷宗 10300 包括一份"博某和拉马某的信和报告摘要"包括 1747 年 10 月 29 日到 1749 年 2 月 10 日的信和报告]。关于这一问题,可参见夏克勒冬(R. Shackleton)的《18 世纪的两个警察:贝利耶和戴梅利》(*Deux policiers du 18e siècle: Berryer et d'Hemery*)[《启蒙世纪的主题及人物》(*Thèmes et figures du Siècle des Lumières*. Mélanges R. Mortier, Genève, 1980, pp. 251 - 258)]。

1748 年初,密探的报告中第一次提到古耶,似乎古耶打算印刷的是一本没有提供题目的作品。1 月 29 日,博南给贝利耶写信:"由于很难找到一个可以工作的住处,所以到目前为止,还没有着手把我此前说过的古耶先生的事办起来。关于古耶的事,迪瓦尔先生告诉了我你的打算。"然而,几个月过去了,古耶并没有提供论文,或者是贝利耶从一开始便建议不接受,或者是律师想另找个出版商,可是没有找到,后者的可能性更大,因为他对印刷商的态度表现出某种疑虑。同一个博南 6 月 15 日说:"我以前说过的古耶刚刚把一份题为《特里梅德》的手稿开始部分交给我,是一部哲学作品,我认为在各种重要问题上十分奇怪。"印刷的工作立刻就开始了,因为一周之后,也就是 6 月 21 日,他报告了出版物的详细内容,并向贝利耶寄送了好几页:"这就是古耶交付印刷的《特里梅德》的第一校样,我以前曾说过的。这部作品分为两部分,八开本,由三十个印张组成,印数为两千份。我会陆续提供其他的印张。"这些印张页码编号为 1 到 32,被保留在卷宗当中,分为 A、B、C、D 四本,最中一本未裁切。标题页是"特里梅德/或者印度哲学家/与法国传教士/关于海水减少/土地形成,人的起源的谈话/根据已逝的马耶先生的回忆录整理/整理者 J. A. G＊＊＊/第一卷/阿姆斯特丹"("TELLIAMED ／ OU ／ ENTRETIENS ／ D'UN PHILOSOPHE INDIEN ／ AVEC UN MISSIONNAIRE FRANÇOIS ／ SUR la Diminution de la Mer, la Formation ／ de la Terre, l'Origine de l'Homme, &c. ／ Mis en ordre sur les Mémoires de feu M. de MAILLET. ／ Par J. A. G＊＊＊/ TOME PREMIER ／ A AMSTERDAM. ／ Chez L'honoré & Fils, Libraires ／ M. DCC. XLVIII. ")。仔细研究这些文字,我们发现与人们始终以为在荷兰出版的版本标题完全相同,相应的部分也完全一样。①三个月之后,9 月 21 日,博南又给贝利耶写信道:"这里是《特里梅德》

---

　　①　而且连具体的细节也完全一样:第 31 页边上有一个副标题:"体系的新证据",与正文每段第一行相比略微有些倾斜;然而,我们发现装订好的样本上也是这样排版的[Paris-Arsenal 8° S 6.664],而且副标题经过修改:"Nouvelle, preuves de ce Sistesme"(这一体系的新证据),大概是古耶改动的。

的第一卷。第二卷正在印刷中……"在博南和拉马什的报告当中,没有其他提到马耶的论文的地方。但是,应当相信,出版顺利完成了,而且书都卖了出去,因为他们和古耶的合作又继续了一段时间。

我们不知道勒马斯克里埃是不是在论文发表之前认识古耶。即使他们认识,我们也不会感到奇怪,因为两个人都生活在自称"文人"的小圈子里,都是靠文字混生活的。戴梅利只是暗示,书出版之后,两个人的关系不是太好。另外,我们在写于 1750 年 4 月 9 日的一封短信中看到,"古耶……是根据马耶先生的手稿出版《特里梅德》的,他从律师卡蓬(M Capon l'avocat)处得到的这份手稿。"①我们不能不加审查便否定这一见证,不仅仅因为这个见证似乎来自密切关注了这个案件的迪瓦尔(Duval),也因为这一见证表明古耶是为克洛德-查理·卡蓬效力的,据他说,卡蓬是"王宫马厩管理员,议会和神职人员的律师,死于1746 年"。②此外,在《特里梅德》第二卷还没有印完之前,博南便警示上司,古耶"也在编辑一份已逝的卡蓬先生关于法国天主教教会自由的书"[1748 年 9 月 21 日]。无论如何,从他提供的马耶的论文出版情况来看,他所掌握的,是勒马斯克里埃在马耶仔细关照之下编辑的手稿。看到这一版本,勒马斯克里埃神甫尖刻地说,书"编得很差,删得

---

① Paris-Arsenal 10302。卷宗中包括一些申请,要求默许出版各种作品。

② 古耶(J.-A. Guer),《不幸的知恩者》(L'infortuné reconnaissant, Paris, Ballard, 1751, p.9)。这是一部自传体诗,分为四个曲目。1748 年 9 月 24 日警察局一份未签名的报告证实了这件事:"古耶先生是萨瓦人。他父亲让他参加了雅各宾党,他便来到巴黎。他对隐修院没有兴趣,热衷于阴谋搞鬼。通过卡蓬先生帮忙,他脱离了雅各宾党。卡蓬让他在自己手下当了一名神职人员,一年之后,他进入夏路先生(M. de Chalus)的事务所,在办公室工作了一段时间。他文笔一般,才思不佳,不适合事务所的工作,但他还是参与了土耳其人的事(当时闹得风生水起),但夏路把他放在了铜器包税所。他在那里认识了吉拉尔(Girard),吉拉尔让他参与了一些阴谋事件。他满怀希望地离职,想追随吉拉尔,但是吉拉尔被捕,于是他陷入了尴尬的处境。今天他与里昂一个公证人的遗孀佩隆夫人(dame du Perron)一起生活,佩隆夫人现在仍然供养着他。但是,他在总稽查员奥利(Controlleur g^ral Orry)那里认识了一些人,并跟着干一些事。奥利先生离开后,在马肖(M. de Machault)手下的古耶让包税所里的那些新人认为,对他们来说,他可是个有用的人。他衣着光鲜,外表看起来是个人物;他的耐心终于有了报答,他得到了国王包税所律师的职位,或者只是得了一个称号。他住在圣约瑟街靠近格洛施奈街一侧第五门。当有人上门来讨债时,都是佩隆夫人出面应对,但是,当佩隆夫人遇到麻烦时,古耶便出面,把法院的值达员赶走。夏路先生曾借给他 600 法郎,让他去谋求一个职位,后来不得不把他告上法庭,让他还钱,但是最终钱还是没有讨回来,夏路被判无理,以致夏路不得不放弃。"[Paris-Arsenal 10300,摘要]

残缺不全,充斥着明显的错误";他之所以如此尖刻,是因为古耶的僭越,因为古耶在书名页上说,作品是他"根据马耶先生的回忆录","整理成文"的。①

　　然而,虽然勒马斯克里埃反对,说只有他的《特里梅德》版本才是原始版本,是和作者商定好了要出版的,②但我们知道马耶是另有安排的。我们知道马耶曾想过很长时间,希望把《古人对世界的看法》(*Opinions des Anciens sur le Monde*)附在论文后面。③ 他让勒马斯克里埃加工过这篇论文,其文本也许是在《特里梅德》完成之前便编辑好了。1736 年 11 月 26 日,神甫写信给马耶说他在"忙着寻找必要的材料,以整理古人的看法这篇论文……"④然而,我们可以很容易地理解,贝尔纳(J. F. Bernard)已经在 1740 年出版过这部作品,勒马斯克里埃也 1751 年出版过,他觉得没有必要再次出版。⑤ 但是,他没有遵守

---

　　① 而且他在自传中强调了这一点:"经过多少个不眠的夜晚,我整理出了一个新的体系,那是心怀远大抱负的人,以其自信,用种种神奇的事物编纂而成的。那是天空在日积月累中所产生的奇迹。"[第 56—57 页]古耶很可能在马耶不知道的情况之下与勒马斯克里埃合作完成了这一任务。约当(L. Jordan)的确证实,1735 年时,他们便试图出版这本书:"古耶与马耶的一个朋友勒马斯克里埃合作,于 1735 年在阿姆斯特丹将手稿提交印刷,但是大概他没有得到印刷的许可,而且到了 1748 年才在未得到许可的情况下首次出版。"["Literarisch-bibliographische Studien", *Zeitschrift für französische Sprache und Literatur* XLIII (1915), p. 3]科尔布鲁格(J. H. F. Kohlbrugge)之前也确认:"第一个版本于 1735 年出版。但是第一个商业版本的出版是在 1748 年。"["B. de Maillet, J. de Lamarck und Ch. Darwin", *Biologisches Zentralblatt* XXXII (1912), p. 506]以上两个信息的来源似乎都是伊西朵·约弗洛瓦·圣伊拉尔(Isidore Geoffroy Saint-Hilaire),据伊西朵·约弗洛瓦·圣伊拉尔说,论文"于 1735 年印刷,到 1748 年才出版"。这事并不是不可能的,马耶是在《埃及描述》(*Description de l'Egypte*)于 1735 年 4 月出版之后才与勒马斯克里埃有了联系。

　　② 《马耶生平》,第 18 页。

　　③ 详见前面一篇文章。

　　④ 我们是通过马耶 12 月 10 日寄给高蒙侯爵的抄件得知这封信的内容的,这封信的抄本保留在慕尼黑的文集当中。

　　⑤ 很可能这个版本不像标题页所说的那样是在伦敦出版的,而是在巴黎出版的。巴士底狱第 10302 号卷宗在一张小纸片上提到请求默许印刷一部图书,原话是这样说的:"年轻的书商戴维于 1750 年 10 月 10 日提交了一本标题为《论世界的起源及其古代》的手稿。一部可观的作品,写得很好,是纯粹的哲学,作者阐述了到目前为止哲学家们如何思考世界的形成、人的起源、古人的地理,他们认为地球曾发生过的翻天覆地的变化,发生过大洪水。他们如何看待人的灵魂的性质、天空和星体的运动、地球、海洋,有六处折角的地方是重点要读的。最后一处是作者如何反驳关于人的起源的一些观点。"有人要求戴维说出"印刷商和作者"是谁。10 月 31 日,他用一块小纸片提供了印刷商和作者的名字,小纸片贴在前一张纸上:"勒马斯克里埃神甫,住在色夫兰街,与扎扎利街正对面。"在信的边上,后来有人写道:"作者是勒马斯克里埃,住在色夫兰街,与扎扎利街正对面,印刷商是瓦勒尔帮办(Sr Valleyre adjoint)。"

马耶的意图,主要是因为马耶临死前改变了主意,这是我们从他最后寄给高蒙的一封里看到的,他在这封信中描述了新的出版计划。比如,马耶在1737年9月20日写道,他想"通过神甫把第四场谈话再改一遍,我在里面增加了很多根本性的东西,也删除了不少没有用的,结果并不一定长太多,但我认为好多了。这是昨天晚上才完成的。我正在想第五场谈话,很短,内容还需要考虑。第六场谈话是最后一场。但是在第六场谈话之后,还应当有一段文字,好比是第七场谈话一样,是我的神甫想起来的,以把我对灵魂的性质的观点补进作品当中。他把所有可能使宗教感到不快的东西都删除了,而且对我说,他大大加强了从大自然中得到的所有其他的证据。今天晚上我有个朋友从巴黎来,他会给我把东西带来。"①

对这篇关于灵魂的论文,我们所知不多。马耶曾肯定地说,在《特里梅德》中他针对这个有争议的问题增加了一些个人的思考,他说的无疑就是这篇论文:"我也感到很为难的是",印度人在阐述动物源自水里的理论之前,对传教士说:"要让你放弃使人感到十分惬意,能够占领人的精神的一种观点,其实我也花了一生的时间,和你一样愿意相信这种观点是真的。有人钻研过这些问题,写过很多的书。这些书我都读过,我甚至还补充了很多我个人的思考,但是,不管人们的信仰有多大的利害关系,不管人们是多么倾向于这种信仰,可是有那么多的事实和理性与这种甜蜜的信仰相对立,使人很难不被触动,很难再去相信权威和别人的观点,而不被事实和理性的光明所指引。"②也有人说,在常常被人援引的信里,他向丰特奈尔暗示过这篇论文的存在,他比较了这篇论文和他假定的一部作品的优劣,期待巴黎的朋友给他送来这部

①　马耶没有把这个安排的变化告诉洛吉(Laugier)。在1738年1月8日写给勒马斯克里埃的最后一封信中,他抱怨洛吉的行为,说不让他管出版的事了,而且觉得这样做是可行的,因为"洛吉手头没有任何《特里梅德》的东西,他认为我手里有古人对灵魂的看法,以及其他印刷完整的作品所必要的其他东西"。我们认为马耶的话真正的意思并不是说他已经向荷兰寄送了所说的《古人论灵魂的性质》,而是根本不想出版这篇论文了。

②　Paris-B. N. F. fr. ff. 164 v‑165。出版的各个版本当中都没有这段文字。

以相同内容为题的作品。因为,我们很难认为他在这里提到的是《特里梅德》中讲人的起源的文字:"我们在不止一个方面是一致的",在谈到作品的作者时,他说:"如果说他的长处是比我博学,而且文笔无疑也十分出色,那他会把他的思想表达得很有价值。但是,在解释灵魂的性质,让人对灵魂的性质有切身体会方面,他做得并不比我好多少,这个问题从前和现在都是哲学中最令人关注的,也是最为模糊的主题,对这一点,你比任何人都知道得更加清楚。"①1734 年 3 月 5 日,马耶不仅向高蒙寄送了他经常挂在口边的"他最喜欢的作品"《特里梅德》,还寄去了《关于灵魂性质的意见》(*Observations sur la nature de l'âme*)以及《巴黎一位夫人写给朋友的一封信》(*Lettre ecritte par une Dame de Paris à une de ses amies*)。② 他与侯爵的通信另外还表明,无疑对这一主题比对海水减少的体系更感兴趣的费奈隆神甫,曾试图反驳马耶的意见。马耶通过高蒙,向费奈隆神甫发了一份对神甫的反驳意见的回复。马耶 1734 年 3 月 3 日向高蒙写道:"先生,你在其中会看到我对这个基本

---

① 他在这里谈到的《论灵魂的性质》(*Traité de la nature de l'ame*)不是别的,正是《古人对灵魂性质的观点》(*Opinions des Anciens sur la nature de l'âme*)。他之所以在读这篇论文之前便这样说,那是因为他认为自己认识论文的作者。在 1734 年 3 月 9 日写于艾克斯(Aix)的一封向高蒙示好的信中,马耶向高蒙揭示了这个人的个性:"《古人对世界的看法》(*L'opinion des Anciens sur le Monde*)、《古人对灵魂性质的看法》(*l'opinion des Anciens sur la nature de l'ame*)文笔是如此优美,先不说题材,只是文笔我想你也一定是喜欢的。我相信一个正直的人也会希望《关于犹太人起源的信》(*la lettre sur l'origine des Juifs*)和《对于宗教的怀疑》(*les doutes sur la Religion*)的文笔同样优美。作者到巴黎来看我,他是与他哥哥一起来的,事先我并不知道。他是诺曼底一个很有钱的贵族,他弟弟我认识,是马耳他骑士,在马耳他时是隐修院院长的管家,双桅战船军官,但是后来他离开了。是他给了我《古人对世界的看法》。这篇论文就好比是为我的关于海水减少的作品写的,或者好像是专门为了支持我的观点而写的,我想是我启发他们论述关于灵魂性质的问题,因为在谈话当中,我对他们说古人对世界的看法似乎说明所有的人并不是源于同一个人,地球上同时在多地出现了很多人,所以人只能是从海水中来的,土地显然不能产生这些人,正好比这篇论文试图证明的那样。这两位先生姓德里耶(Derieu)……"

② 在已经发现的地下书刊当中,没有任何一本的标题是《巴黎的一个夫人写给朋友的一封信》(*Lettre écrite par une Dame de Paris...*)。伏尔泰的手稿当中有一份《马耶的摘要》,不完整。摘要是根据从斯宾诺莎的《神学政治论》(*Tractatus Theologico-Politicus*)第 7 章和第 8 章当中对《圣经》的批判原文照抄来的一些片断编辑而成的。很有可能这些片断曾经是所提到的论文原件中的一部分。路易(P. Louÿs)认为,写于 1763 年的一本题为《两表妹,或者某骑士的婚姻》的小说是马耶写的,小说的故事围绕开罗的法国领事馆展开,发生在 1699 年[《小说家博努阿・德・马耶》("Benoît de Maillet romancier", *Intermédiaire des chercheurs et des curieux*, 20 février 1907)。这一情况是路易的传记作家古容(J. -P. Goujon)告诉我的]。

问题的观念，我认为，任何人都没有比我更经常，更仔细地思考过这一问题，因此，我写了一篇论文，费奈隆先生读过这篇论文，这封信只是个大概的介绍。这个主题既微妙，又重要，只能像我那样论述这一主题。你将会看到，我认为这是我们的理性和宗教所可以接受的东西。"我们知道马耶为什么夸大其词地谈到这个主题的重要性以及他为此所花的时间：马耶在这里谈到的不是《特里梅德》，对于《特里梅德》的论述，高蒙侯爵通过马耶一年之前寄来的"提纲"已经有所了解。况且，仅仅在几天之后，马耶明确地介绍了与费奈隆讨论的主题；3月9日，马耶又给高蒙写信："你会很高兴地知道，他在信中就灵魂的性质问题向我提出了什么样的要求，虽然他的信并不容易理解，我认为，正如我坦率地向他承认的那样，我无法满足他的要求，虽然我以此为题写了一篇论文，在我三天以前给你寄去的文章当中有这篇论文……"不幸的是，《关于灵魂性质的意见》失踪了，在高蒙的资料当中，没有这些信的踪影。实际上信是寄给费奈隆的。

无论如何，可以肯定的是，勒马斯克里埃从马耶手里接到了这部作品。当然，从马耶的话来看，这时的作者还没有想到要出版它，只是向勒马斯克里埃神甫建议从中汲取所需，编辑另一篇反对宗教的论文："我想你今天一定会接到《对宗教的疑问》(*Douttes sur la Religion*)，以及关于犹太人起源的信，"马耶给勒马斯克里埃写信道。"我敢肯定，这两份手稿以及你在我的关于灵魂性质的论文中看到的一些东西，以及贝尔(Baile)词典的三四个词条，会使你向前迈进一大步，从而知道人们有可能会如何反驳；至于解决问题的办法和对反驳的回复，要读两三篇为了提出宗教的真理而写的新的论文……"①我们可以想象，勒马斯克里埃为了讨好顾主，说不定提议更早地修改他的论文，也许可以借

---

① 这封信的开始部分缺失，而且没有日期。然而，这封信不可能是这一系列通信开始时写的，不可能是1735年勒马斯克里埃发表了《埃及描述》之后不久写的。通过马耶1737年1月7日写的一封信，我们知道神甫这时还忙于寻找海水减少的证据。然而，在另一封信中，他曾提到"重新组织第四场谈话"，也就是关于宇宙进化论的部分，是他后来才着手编写的一个部分，这大概是1737年夏天的事。

用神甫写的这些"笔记"，而且也是在这同一封信中马耶说愿意出个好价钱。无论如何，在马耶向高蒙描述说，要把作品出版一个合集版本的时候，工作已经进展到相当的程度。我们认为，勒马斯克里埃对《特里梅德》没有做大的改动，马耶肯定没有完成他说是已经想好了的新一场谈话。但是更加难于理解的是，勒马斯克里埃为什么没有尊重作者最后的意愿，虽然他极力表白，作者怎么要求，他就会怎么做。

古耶的行动也许说明了一切。在《特里梅德》出版之后，古耶似乎向印刷商提议出版另一篇论文，可是这篇论文的印刷不久便被中断了。1749 年 3 月 12 日，印刷商拉马什的老婆给贝利耶写信说，"《德卡姆隆》(Cameron)的作者德·日尔先生(Mr de Gerre)中止印刷作品，因为没有钱继续出版。"这与我们对这个人物的想象颇为吻合。但是我们后来还是从同一来源得知，停止印刷不是由于经济问题，古耶听到一些印刷商和警察局串通一气的传闻："《特里梅德》的作者德·日尔让拉盖伊特(Mr La Gaytte)最后印刷了《德卡姆隆》，对此我一点儿也不感到奇怪。"7 月 31 日，拉马什的老婆用磕磕巴巴的法语写道："因为，他对我们起疑心了，我丈夫跟他要他欠我们的钱。他说他才不给呢，因为他有很重要的证据对我们不满意，说他向阁下介绍我们印刷的《德卡姆隆》前边的印张以取得阁下准许时，你跟他说早就知道有人在印刷这本书；说他可以接着印时，他就知道，你一定是通过我们知道这事的……我恳求阁下让人烧掉你手里《德卡姆隆》的开始部分，因为我们不再印这本书了，以便这事别再透露出去……"①10 月 12 日，拉马什的老婆催促贝利耶查扣"印刷好的《德卡姆隆》"。

由于这些乱七八糟的事，作品没办法再出版，或者是作者慎重地收回了成命，或者是贝利耶改变主意了。1751 年，古耶在自传体诗中再

---

① 根据一份警察局的报告，"1747 年获准当书商，1748 年获准当印刷商"的弗朗索瓦·拉盖特(François Laguette)是"最精明和最可疑的人之一。他与贝利耶勾结，贝利耶为他提供保护，因为他向贝利耶报告他所做的一切……"（我们前边所引布鲁诺的作品中援引了这段文字，第二卷附件二第 694 页）

一次提到书"在印刷"。我们从中还得知,这一论文与博卡丘(Boccace)的小说没有任何关系,并不像题目上说的那样,实际上是关于灵魂的一部作品,具体题目是《历史的德卡姆隆,或者古代和现代人以及哲学家以人的灵魂性质和灵魂的不朽为题开展的严肃而慎重的谈话,附带针对这一基本真理的现实提出的每一个证据的论述》(*Decaméron historique, ou Entretiens sérieux & réfléchis, sur tout ce que les Peuples & les Philosophes anciens et modernes ont pensé au sujet de la nature & de l'immortalité de l'âme humaine, avec une dissertation sur chacune des preuves suggerées par la réalité de cette vérité fondamentale*)。[①] 我们可以提出的问题是,这部作品实际上是不是古耶在收到用于印刷的《特里梅德》文稿的同时一起收到的马耶的那篇关于灵魂的论文? 就我们所知道的不多的情况来看,这样解释并不是不可以。古耶用来描写这本书的诗句让我们认为,这是一本不可信的卫道者的作品:"不冒犯法则的规定,始终如一地顺从其神圣的体系,我问询理性,何为永恒的未来,何为我们的不朽。她手里拿着镜子,让人告诉她;不轻信的人徒然自卫,仍然被视为亵渎者:这个所谓的问题,据自由思想家自己的招认,会变成真理。"的确,根据在别的地方偶然提到这本书时的用词来看,似乎这本书的思想与马耶非常看重的唯物论的自然主义如出一辙。古耶在《关于动物灵魂的批判历史》(*Histoire critique de l'âme des Bêtes*)中写道:"我在《关于人的灵魂的历史的德卡姆隆》(*Décameron historique sur l'ame Humaine*)中指出,古人在认为神性和我们的灵魂并不是属于肉体的同时,感觉到了精神的力量,但灵魂只能用精细而轻巧

---

① 《不幸的感恩者》(*L'infortuné reconnaissant, op. cit.*, p. 57)。没有任何证据表明《历史的德卡姆隆》最终得以出版了。西约拉奈斯库(A. Cioranescu)在《法国 18 世纪的文学书目》(*Bibliographie de la littérature française du Dix-huitième Siècle*, tome II, Paris, Editions du CNRS, 1969)中说这本书出版了(s. l. n. d. 4°)。但是龚隆(P. M. Conlon)在《启蒙世纪,历年出版的图书目录》[*Le Siècle des Lumières. Bibliographie chronologique*, Genève, Droz, 1988 (tome VI, 1748 – 1752) et 1990 (tome VII, 1753 – 1756)]中列出的这一年出版的图书当中根本没有这本书。我们没有找到这本书的样本。

的物质的观念来表达。"①从这一角度来看,他的诗倒是让我们想到,马耶说过,勒马斯克里埃把他的论文弄得滑稽可笑了。戴梅利写的关于神甫的报告明显混淆了两个人物,但证实了我们的这种感觉:"我们认为古耶在不久将出版的讲灵魂之死的《德卡姆隆》中反对的应该是他。"

　　然而,在这些文本当中,没有任何一点暗示古耶不是他出版的论文的作者。他说他曾彻夜不寐地修改马耶的回忆录,这话肯定是在吹牛,尽管如此,他并没有声称那是他自己写的。他还肯定说,他负责过《泛神论要义》的编辑。但是他说该作品是托朗(Toland)的,他只把作品的翻译和一篇所谓反驳文章的功劳归在自己名下。② 他也的确不能不这样说。我们知道,自从 1735 年发表了《埃及描述》之后,人们都知道马耶是《特里梅德》的作者。③ 而且众所周知的是,《泛神论要义》的署名者"Janus Junius Eoganensis"不是别人,正是托朗。尽管如此,他还是写过好几部作品,尤其是一本关于动物灵魂的书,他在书中已经系统地列举了古人和现代人的观点,而且不仅仅是关于动物灵魂的观点。戴梅利不相信这是他写的,这也是真的:"这是一个没有思想的人,可是他写了好几本书,这些书不过是假借他的名字而已,其中有八开本的特里梅德的体系,关于动物灵魂的批判历史,包括古代和现代哲学家对这一

---

　　① 作品于 1749 年在阿姆斯特丹出版[实际上是在巴黎出版的],为两卷本,我们援引的文本在第一卷第 83 页的注释中。

　　② "犹太教徒中有名的自然神论者,托朗在英国人当中接受了错误;他想让这个犹太人风行一时,再一次发表了有罪的错误言论……这本由我翻译成法语的/拉丁文的作品,也由我驳斥……"在页面的底部,他明确地说。他说的是"由一个法国的泛神论者于地球第二次周期性转变的两千年译自拉丁文的《泛神论要义》(*Pantheisticon*),翻译于大都市,未印刷"[《不幸的感恩者》第 58—59 页]。

　　③ 勒马斯克里埃在前言中揭示了这一事实。在讲到他作为编纂根据的回忆录时,他写道:"回忆录来自洛林的贵族马耶,由于他的关于海水减少的论文而知名于文学界……"[《埃及描述,包含有对这个国家古代和现代地理学、古代建筑、风俗、习惯和居民宗教、政府和贸易、动物、树木、植物等等多种奇闻趣事的说明》(*Description de l'Egypte, contenant plusieurs remarques curieuses sur la Geographie ancienne et moderne de ce Païs, sur ses Monumens anciens, sur les Moeurs, les Coutumes, & la Religion des Habitans, sur le Gouvernement & le Commerce, sur les Animaux, les Arbres, les Plantes, &c.* A Paris, Chez Genneau et Rollin, 1735, p. viii)]。

问题的观点。"①

　　无论如何，无可怀疑的是《特里梅德》的第一版由博南和拉马什的地下印刷厂印刷，这个版本被人广泛地抄袭和伪造，标题和页码不同的种种样本的存在证明了这一点。② 勒马斯克里埃说，曾得知"根据一个糟糕的版本又出版了好几个别的版本，新的版本并不比样本好多少"。③ 古耶使用过的印刷商首先采取了这种办法，是为了通过这种办法弥补古耶欠他们的债务，而且这些出版商也都痛心疾首地向贝利耶告过状。此后，一些无良书商也采用了这种办法，书商认为可以从地下印刷这类匿名图书中谋利。标明 1749 年在巴塞尔出版的版本大概就属于这种情况，这个版本为一卷本，从各个方面来看，与第一个版本都是一致的。1755 年，勒马斯克里埃出版了"根据作者原稿修改、校订、增加内容的新版本"。第一个英文翻译版本于 1750 年在伦敦出版，另一个翻译版本于 1797 年在巴尔的摩出版。④ 由于版本的增多，《特里

---

　　① 古耶似乎另外还发表过以下作品：《瞎眼的旅者恺撒》[*César aveugle et voyageur*, Londres (Paris) 1740]、《土耳其风俗习惯》(*Moeurs et usages des Turcs*, Paris, 1746)、《关于电的一般和特殊历史》(*Histoire générale et particulière de l'électricité*, 1753)。博南在 1748 年 6 月 21 日寄送《特里梅德》第一卷时写给贝利耶的信中说，"古耶先生在出版了一本据说是献给庞巴杜夫人 (Madᵉ Pompadour) 的关于动物语言的书"之后……他无疑与诗中提到的《太阳宫》(*la Cour du soleil*) 混淆了。在一封注明 1752 年 9 月 15 日写于海牙的信中，古耶向普罗斯贝·马尚建议，说愿意为普罗斯贝·马尚寄来的两份手稿找个出版商。我们在一篇短文中发现了一份简单的描述："《太阳宫》分为两部分，厚厚的一卷本/封面是一本小说，讲的是一个喻义的梦境，描写了法国国王宫中所有的大臣和朝臣，以及对王宫的美好描绘。作品是题词献给庞……夫人的/瞎眼的旅者恺撒/1740 年出版了小开本，作者名叫古耶，书写得又臭又长。古耶先生留了这本小书的不到三个印张，出版了另一部八卷本的书……是按照桑肖·邦卡 (Sancho Panca) 的口味写的。瞎子是个喋喋不休的人，但是话都说得很好。有一些风流调情的话，不过分寸把握得很好。"[Leyde-UB March. 2] 戴梅利的报告中说的最后一点证明古耶在荷兰小住过一段时间："1752 年 8 月，他到荷兰去过一趟，在那里印了不少可疑的手稿，9 月份回来。从那以来，贝利耶先生要求我把他作为极可疑之人进行审查。"

　　② 科恩 (C. Cohen) 让我们注意到这样一个事实，1748 年出版的版本上标明了出版者的全名，而不仅是姓名的缩写 [前面所引论文，第 135 页注释29]。约当 (L. Jordan) 指出，他在这一版本样本的第二卷上说，作品是"由律师古耶根据已逝的梅…的回忆录整理"[前面所引文章第 4 页]。

　　③ 《马耶生平》，第 18 页。

　　④ 据科尔布鲁日 (J. H. F. Kolbrugge) 说，《普世传》(*Biographie universelle*) 中提到 1755 年在巴黎出版的一个版本 [*art. cit.*, p. 506]。梯也纳曼 (A. Thienemann) 在《事物的渐进，论 18 世纪自然物体的自然主义体系》(*Die Stufenfolge der Dinge. Der Versuch eines natürlichen Systems der Naturkörper aus dem achtzehnten Jahrhundert*, （转下页注）

梅德》大概在 18 世纪的后半叶得以大大传播。大量出现的读书报告和评论便证明了这一点。德·吕克(de Luc)1779 年写道:"只要是关心过从前的世界是什么样的人,都知道他……"①这也证明了马耶的作品流行之广泛。

（接上页注）　Habilitationschrift, Würzburg, 1909, p.227)中提到 1750 年在海牙印刷的另一个版本。纽贝尔(F. Neubert)证明梯也纳曼将勒马斯克里埃出版的版本混淆了[op. cit., p. 26, note]。约当(L. Jordan)重复了这个错误,但是没有指明其来源。

　　① 《以地球和人的历史为题的物理和道德通信》(*Lettres physiques et morales sur l'histoire de la terre et de l'homme*, La Haye, 1778 - 1780, vol. II, p.274. [前面提到科尔布鲁日援引过该作品]。

启蒙时代的物种不变论和进化论：
博努阿·德·马耶的《特里梅德》[①]

　　从设想知识发展的某种方式来看,科学的历史是由并不自觉的先驱者创造的。然而,一定要有非同寻常的胆识,才敢于开辟这样的道路,一定要有丰富的想象力,才能够在时代成熟之前宣布一种学说。博努阿·德·马耶似乎集所有这些品质于一身,因第一个谈到物种进化而著称。[②] 当然,我们很难深入了解他的真实情感:他的作品语句冗

　　① 原载《哲学历史杂志》[*Rivista di Storia della Filosofia* XLV (1990) , pp. 247 - 268]。
　　② 这是一种为人所接受的观点。加特法吉(A. de Quatrefages)在《达尔文及其法国的先驱,关于变化说的研究》(*Charles Darwin et ses précurseurs français. Etude sur le transformisme*, Paris, 1870, p. 31)中已经确认马耶提出了物种变化的假设。高利耶(K. B. Collier)在《我们父辈的天体演化学说》(*Cosmogonies of our Fathers*, New York, 1934, p. 222)中认为,在《特里梅德》当中,我们发现了" changes of form, really of species, as from water animals to birds "。瓦塔尼亚姆(A. Vartaniam)在《狄德罗和笛卡尔,启蒙中的科学自然主义研究》(*Diderot and Descartes. A Study of Scientific Naturalism in the Enlightenment*, Princeton, 1953, p. 281)当中认为,通过马耶的作品,可以看到一种完善的进化论:" An organic prototype was supposed, by its diversifications, to have yielded all other living forms "。罗斯查尔德(H. D. Rothschild)在《博努阿·德·马耶, 18 世纪的自然主义,〈特里梅德〉研究》(*Benoît de Maillet, Eighteenth-Century Naturalist, A Study of Telliamed*, 哲学博士论文, Columbia University, 1959, pp. 6, 120)当中,把法国驻埃及的领事说成是" 一个勇敢的现代达尔文学说的先驱"(a courageous pioneer of modern Darwinism),并肯定地说,"《特里梅德》的进化论假设,是根据两栖动物以及类人形动物的存在而推导出来的"(Telliamed's evolutionary hypothesis was deduced from the existence of amphibious creatures and also of anthropoids)。杜弗莱斯努瓦(M. -L. Dufrenoy)则在《博努阿·德·马耶,进化论的先驱》(*Benoît de Maillet, précurseur de l'évolution*, Paris, 1960, p. 39)中指出马耶的论断"在物种不变的堡垒上打开了一个突破口"。最后,加洛齐(A. V. Carozzi)在《特里梅德》的英文译本(University of Illinois Press, 1968)中认为,在本作品中阐述的生物学是" 一种物种普遍进化的理论"(第 388 页注释 58),并描写了一系列人进化的阶段:" 海豹—海王,或称海人(下半身呈鱼形)—带鳞片的人(爱斯基摩人)—手脚呈蹼状的人—带尾巴的人—正常人"。只有罗吉(J. Roger)在《法国 18 世纪思想中的生命科学》(*Les sciences de la vie dans la pensée française du XVIIIe siècle*, Paris, 1963, pp. 520 - 525)中否认这种所谓的物种变化论。伊尔冈(B. Irrgang)最近还关注过 18 世纪是否出现了进化论的问题,他写了一篇文章《17 世纪和 18 世纪的进化论。达尔文理论的历史研究》[" Evolution" im 17. und 18. Jahrhundert. Fallstudien zur methodologischen Vorgeschichte von Darwin's Theorie ", *Conceptus* XVII (1983), 3 - 28 "]。文章中没有提到《特里梅德》。

长,表达不够准确,叠床架屋的信息堆积,似乎是毫无选择地捡来一些东西,乱七八糟地堆在了一块儿,并没有为我们理解他的思想提供方便。尽管如此,我们在仔细阅读了《特里梅德》之后,还是觉得作者的形象并非那么英勇。他是物种不变论者,不相信物种的变化;他拥护物种先成说,如果他想到进化论,那必然会破坏他的体系的基础。关于他的想象力,我们只要指出,他虽然认为无限的宇宙是人的居所,但在格陵兰海里发现的物种当中,他根本无法认识到自己也是从这些物种发展而来的。

大海,孕育存在的子宫

《特里梅德》的生物学是以一种观念为中心的,这种观念源自古时候的自然主义学说:古时候,水曾经在一定的时期覆盖整个地球的表面,生命就是从水中开始的。马耶主张的海水减少的体系可以使我们自然而然地得出这样的结论。但是,这并不一定是他的体系导致的必然结果,而且他从一开始便指出了这一点。他想与宗教的偏见决裂。宗教的偏见认为人是上帝之手创造的。因此,他顺便也指出,古代的一些神话把人类的起源神秘化了,而基督创世说与古代的神话一脉相承。但是,他尤其希望与某种唯物主义保持距离。比如他一开始便否认有生命的存在是通过原子随机的聚合偶然形成的。他最大的努力是反对自然主义的观念。自然主义者认为,所有动物,人也不例外,一概出自承载着它们的大地,马耶不同意这种观点。因为这种观点本身便带有传统的影响,马耶远没有认为这种传统的影响是可以忽视的(对于一个如此渴望创新的人来说,这有可能让我们觉得奇怪),而且显然,经验的权威性似乎在生命的自发生成上表现出连续性,至少对于某些小动物的发生是这样,这被认为是大自然的生产力量突然使大自然有了生命。

老实说,马耶在真正进入主题之前,为证实他的观点提供的理由并不能让人得出什么结论来。① 他的文笔一般很混乱,但有一段文字,虽然非常乱,却非常值得关注,因为这是他唯一论述植物的地方。他的确肯定地说,生命的植物形式必然是出自海里的,"因为我们必须肯定地认为,可供居住的土地是出自海水之中的"[《特里梅德》(Paris-B. N. F. fr. 9774, f. 164 v)];对于那些认为这一论述过于断然的人,他又补充说,有一些岛屿上布满植物,远离大陆,而且是最近才出现的,这也能够证实这一观点,因为没有人的足迹曾污染那里的土地。然而,在这种状况之下,植物完全有可能是在土地被淹没之后,由于太阳在潮湿的地方产生的作用而生长出来的,因为这些地方曾长时间位于水下,一般的自然主义者都这么认为。至于动物,马耶的理由则更加值得关注,因为这一理由揭示了他的思想结构,他暗示自己对自然主义的主题非常熟悉,也因为他对这一问题本身表达的意见,他说,在岛屿上存在的动物"引导我们相信,以海里的东西为食的动物,其本身也一定是出自海里的"[引文出处同上]。

　　只是在后来,在讨论古代人普遍具有的观念,"认为它们[动物]就近产生,出自承载着他们的土地"[f. 201 v]时,马耶才明确地驳斥了动物出自泥土的观点。他剥离了这一论断的所有经验性基础,尤其否认自古以来自然主义者奉为经典的根据,也就是埃及河水泛滥成灾时,"昆虫"之所以大量滋生,是因为这些动物生成于淤泥之中:"老鼠不是来自尼罗河,"他反驳说,"而是它们藏身于土地的缝隙之中,是河水把它们从那里驱赶了出来,它们的大量突然出现使人产生了这种错误的观点,以为它们是从水里来的。"[f. 206]马耶没有描述其他细节——虽然在论述如此重要的问题时,细节是必要的——便归结说,以传统为基础的观点是错误的,"没有例证表明生命产生于海水、湖水或者河水之外,出现在地面上,这是根本不可能的"[引文出处同上]。古老的自

---

　　① 他在这里直接地反驳了卢克莱修的观念。他曾引述卢克莱修的诗句:"的确,动物不是从天上掉下来的,陆地上的生物也不是从咸水里出来的。"[《论事物的性质》(*De rerum natura*,Ⅴ,793-794)]

然主义由此而丧失了其最锐利的武器。

然而从根本上说,马耶还是停留在自然主义思考的框架之中。当然他明确地保证,一切有生命的东西,都产生于一粒种子。但是我们不应当为这个词所蒙骗:种子是生命的本源,但是种子本身是没有生命的。而且,当时的自然主义者利用种子说明人们注意到的这样一个现象,也就是相同的动物总是在相同的条件下自发地生成同一种动物。①《特里梅德》的独到之处,是把水描绘成孕育所有种子的子宫,认为一切生命的形式都来源于海中。因此,马耶抛弃了似是而非的猜测,当时还很少有人想到否认这种以经验性的材料为基础的猜测,但马耶想到了,并阐述了一种会让人觉得怪诞的理论,因为这种理论明显与经验相矛盾。因为,按照这种假设,你如何解释动物从海里来到陆地上的呢?马耶意识到这一困难,首先想表明这一过渡是可能的,而且是必然经过的,然后才描述在我们的星球上生命是如何诞生的;印度人特里梅德向与之对话的法国传教士说:"在和你讲一切有生命的东西的种子表面上的永恒之前,请允许我首先考察陆地动物的起源问题,因为这可以引导我们认识其根源,或者更准确地说,是其本质,而我的目的,就是寻找其本质。"[f. 165 v]

然而,在后面的文字当中,要想理清马耶的思路并不容易。出发点已经很清楚地说明他的论述并不准确,因为他混淆了两个在事实上不同的问题,以得出一个结论,但我们很难认为他的结论是恰当的;他说:"在我们的土地上,没有任何能走、能飞或者会爬的动物在海里没有类似的或者相近的种类,没有任何一种以海里的生物元素为基础的突变或者过渡是不可能的,这些过渡都是可能的,甚至有很多例子都支持这种过渡说。"[ff. 165 v-166]马耶感到奇怪的是,在他之前,任何人都

---

①　马耶很熟悉18世纪初的一本地下论文《古人对世界的看法》(*Opinions des Anciens sur le monde*);在这本论文中,他可以看到这样的论述:"人们一般承认,在地球形成的初期,便包含了所有东西的种子,当这些种子有了适当的温度时,便产生了动物和植物。"[Paris-Arsenal 2870, f. 99]

没有想到为什么海里动物和陆上动物之间具有这种特殊的相关性。他的确认为,水面的鱼与鸟相对应,而深水中的鱼由于没有游动的禀赋,便与陆地上走或者爬的动物一样。而且这种相似性还不仅仅局限于动物的形态,鸟和其他动物五彩斑斓,样子各异,但都可以在海中找到对应的种类,而且它们在行为因素上也有相似性。就这样,每个种类的动物在海中和陆地环境中都可以找到,没有例外。然而,我们必须注意到,这种令人吃惊的对照并不足以证明动物是从一种生存环境过渡到另一种的,像马耶断然肯定的那样:"作为各种生物[鸟和生活在陆地上的其他动物]从海洋环境过渡到陆地环境的证明,作为陆地生物是海洋生物后代的证明,我们只要考察它们的外观样貌、肢体排列和本能倾向,并将它们进行对照就可以知道了。"[f. 167]他不遗余力地举了很多例子:尽管十分奇怪,可是人们有时候在海里捕到猴子、大象、狗熊、狼,而且见到海男人和海女人的情况也不少;这是一些有足够证明的事实,对此感兴趣的人可以进行考察。但是这些例子严格来说并不能够证明什么,只说明相同的种类海里有,陆地上也有,并不能说明其起源是海里还是陆地。

马耶无疑意识到这一证明是不够的,因为他试图为他的论断找到更加稳固的基础。他想说服读者相信,人们根据日常的经验认为不可能的事,其实并非不可能:"从水中到空中的过渡比人们想象的要自然得多。"[f. 167 v]因为,这两种环境并不像人们表面上看起来的那样性质迥异。空气和水实际上都是同一种因素:"水是含有很多更大、更重的潮湿颗粒的空气,空气只不过是在上面,我们称之为空气罢了;但是,我们可以仔细看看两者,它们实际上只不过是同一种东西而已。"[ff. 167 v - 168]当然,马耶表达事物的方式很奇怪。而且他为了表明思想举的例子并不能驱散暧昧。的确,他将水和空气比喻成一只装满了葡萄酒或者油的桶,桶里分为下部和上部,下部沉淀了渣滓。因此"水的部分"或者"潮湿"的部分具有和空气部分不同的性质,"更粗,更重",正好比渣子和葡萄酒或者油的性质不同一样?或者更加简单,是相同性质的粒子浓度不同,正如当时的化学论文中一般所说的那样?在这一背景之下,马耶将水的粒子和空气的粒子混为一谈,却丝毫没有放弃其各自的身份,好比事实上不同的东西混合在一起时一样:正好比旋转运动中的桶里的液体与渣子混合在一起一样,空气也会在某些情况之下,变成"水质的部分",尤其是在生命得以发展的大气的下层。马耶在另一个地方确认"水只不过是浓缩了的空气,空气只不过是稀释了的水而已",然后他又直接补充说"空气中有水,水中也有空气",这时,模棱两可的现象再一次表现了出来[f. 209 v]。然而,尽管有这些不明确的地方,他想把这两种元素视为同一,这是毋庸置疑的,因为这两种元素的同一成了"从一种生存环境过渡到另一种生存环境"的可能性的基础,"或者更准确地说,从呼吸更加潮湿的、颗粒更粗大的空气,向呼吸另一种颗粒不潮湿、不粗大,但是与之十分相近的空气过渡"[f. 200 v]。

　　况且,解剖证明,动物的机体毫无区别地适合生活在水中和空气中。马耶说,在母亲的肚子里时,胎儿是"不呼吸"的[f. 207 v],也就是说,正好比后文的内容虽然仍旧模棱两可,但我们还是可以清楚地看到的那样,在母亲肚子里时,胎儿的肺部是不运动的。因为肺的功能(让血液变得清凉,并将血液推送到全身各处)是通过两个开口来完成的,随着婴儿在出生的那一时刻,肺部开始呼吸,这两个开口才慢慢干燥,不久之后才正常消失。马耶利用无疑是从当时的某篇论文中借来这一段话,解释为什么胚胎时期没有肺部的循环,并因此而准确地描述了椭圆孔(博达尔孔)和动脉通道以及胎儿的循环机制为肺部呼吸作用所代替的过程。就这样,他利用当时的科学最为肯定的现象之一,为自己的论断服务。特里梅德对传教士说:"先生,你去向心灵手巧的外科医生以及经常在医院和别的地方对人体进行解剖的人打听一下,他们会告诉你,我们的身体生来就是不呼吸可以生存,借助肺部呼吸空气也可以生存的,而在我们出生时,肺部几乎是不使用的。"[f. 208 v]因此,海里存在着一种与我们的人种相似的人并不是不可能。正好比胎儿一样,海里的人也是用"鳃"来呼吸的,肺由于不用,慢慢也就废了:"如果抓到一个海人,发现鳃的开口继续存在,却没有肺,或者有,很小而且枯萎,那就是因为不用的原因。"[f. 209]的确,这种表达方法至少是模糊的,因为机体的安排在总体上应该是一致的。但是这样的文字所反映的,不是思想的迟疑不决,而是人从一种环境向另一种过渡时,身体结构逐渐发生的变化以及相对于这一正常过程而出现的例外:某些人在成年之后,胎儿时的鳃口仍然存在,说明这样的人是吊不死的,而且潜水的时候可以长时间待在水下(据马耶说,这样的人可以在水下待几个小时);荷兰有个海员,童年时掉进水里,没有被淹死,反而在海里活了下来,而且马耶肯定地说,这个人像在母亲肚子里时一样,又恢复了不呼吸空气而活着的机制;机体的这种特征使得荷兰海员的故事成了普普通通的事,至少是令人可以理解的事[f. 208 v]。

当然,在这段文字当中,马耶只讲到人。不过很显然,我们应当认为,呼吸的机体结构是所有动物的共同特点,因为所有种类的动物都是按照同样的过程转变的。的确,我们知道种子的生发就是这样安排的。后面,马耶阐述了在一滴溶液中发现的种子的最初状态,阐述了精子的特征形式,他认为精子先是散布在空中,后来才来到男性的生殖器官里,变成了有生命的东西,从而得生命起源于海中的结论:"我们在这滴水里看到的活的、呼吸的动物,可以说是空气的儿子,种子是附着在草上,在空气中生长的,而且这种特点,再加上我们在陆地动物的种子当中注意到的形式,使得所有种子都生来就是适合于生活在水中和空气中的。"[f. 220]因此,种子潜在地包括所有动物都有的双重生存的形式。这就说明马耶为什么没有更好地利用两栖动物来解释。他当然会谈到这些动物,因为它们的存在本身便可以证明从水中向陆地的过渡。他甚至从很大程度上夸大了两栖动物的数量,因为他列举了爬行动物,海狸、水獭、海豹以及"很多可以生活在水中和空气中的动物,或者一部分时间生活在水里,一部分时间生活在陆地上的动物",并明确地将这些动物与"现在只能生活在空气中的动物"加以区别[f. 166]。

但是这种区别总而言之纯粹是形式上的。因为经验表明,虽然有的适应了空气中的生活,很难再适应水下的生存,但也有的种类可以毫无区别地生活在两种环境当中。因此,所有的动物都可以是两栖的。

马耶认为,还有其他的迹象表明人来自水中。像在别的地方一样,他也将医学实践的一些知识与最为愚蠢的流言蜚语交织在一起,将历史资料与神话故事混合在一处,向读者表明水对人的机体的好处,不管是对健康的人还是生病的人,这便证明"水对人来说,从根本上是适宜的"[f. 212]。这是一些互相隐蔽的迹象,而且作者认为这些迹象很能够说明问题。但是尤其还有另外一种事实,是从那时的实验科学中得来的,马耶当然是以他的方式进行了解读,但是他的解读并不是武断的,虽然他并没有足够地强调这一点:"甚至于在所有人身上",特里梅德向传教士指出,"都有一种不会消失的标记,证明人是来自海里的。最近发明的显微镜能够把一粒粮食放大到一颗鸵鸟蛋那么大,如果用这种显微镜观察人的皮肤,我们就会看到皮肤上盖满了鳞片,就像鲤鱼身上的那样,除此之外还有一些例子,有的人身上明显地长了鳞片,不用显微镜也可以看得到,这也证明了人的来源。"[ff. 209 r - v]

马耶与物种进化论

因此,过渡是可能的,这种过渡很可能发生于海水退却,露出陆地的时候。大概先是出现了生活在空中的鸟,虽然马耶并没有这样明确地说,其海洋祖先转生为陆地动物是非常容易的事,因为它们本来就是生活在水面上的,由于搁浅岸边,被暴风雨所裹挟,或者被其他的原因所推送,他说,"脱离海洋之后,它们没有办法再返回大海"[f. 169]。从深水处的鱼变成陆地上的动物花的时间大概更长一些,一直到作为它们生存环境的水完全干涸,也就是海的退却,他继续说,"它们被抛弃在湖泊当中,湖泊的水再慢慢减少,使它们不得不习惯于生活在陆地上"[引文出处同上]。这种推理之所以有说服力,是因为人们不能以其他的方式解释陆地上何以会出现物种。然而,在体系的极限之内,另一种假设它仍然是可能的。生活在陆地上的生物有可能并不一定是先前曾经生存于海中的同一物种变化而来的。据马耶认为,种子本身便承载着可能性的萌芽,使从种子出生的动物有可能生存在海水里或者空气中。比如,严格说,这些动物一出生便完全适合生活在陆地上。因此,只要在水中停留时受过孕的种子落在了陆地上,遇到适合的湿度和温度条件,便可以产生出适合生活在地上的个体。

这并不是以冒险的方式解释马耶的论断。恰恰相反,这一结果甚至可以建立在不那么具有普遍性的资料之上。在物种繁殖中由雄性传递的种子,与我们的星球初期生命产生时的种子性质完全相同。然而,我们知道,每个物种繁殖的后代从一出生,便生活在与父母一样的环境当中。马耶似乎也同意这种可能性,因为他肯定说,"被搁浅在沼泽地里的鱼的种子,也可以导致从水生到陆生物种变异"[f. 170 v]。但是实际上,这样解释无疑过分了:上下文证明,他在这里只是强调不会游泳的鱼是如何迁徙到陆地上的沼泽地方,或者水不深的地方的。因此应当相信,从鱼的种子当中出生的动物开始时和所有其他动物一样,先是在水中生长的。

然而,这并不是唯一一处可以做出似是而非的解释的文字。马耶还在其他地方认为,新的物种总是可以出现在陆地上,这样说是符合体系的逻辑的,海水逐渐减少,这决定了生活在深水中的鱼一定会从海水中出来。因此,在以前的一些世纪,一定是以相同的方式,在新露出的陆地上出现了一些以前不曾有过的物种,马耶认为可以证实这一点:"可以肯定的是,只要海水不断退却,从而产生新的土地,那么物种的数量就会不断增加,或者是因为种子只在空气中繁衍,或者是物种已经在海里形成了。"[f. 223]但是,这并不是因为这些新的物种可以由落在地上的种子产生,而是这些种子可以在不同的境遇之下,处在更好的条件当中,以便在水中得到孕育:无论在何种情况之下,物种都是源自海中,然后才或迟或早地来到陆地上。从后面的内容便可以清楚地看到,他明确指出,新近从海水中出现的生活在陆地上的新居民,都是源于海水中的:"不断从海中出现的新的土地让我们看到新的海洋动物和植物物种,新的土地包含适合它们生长,并能让它们生存的东西。"[引文出处同上]

然而,马耶也自相矛盾,因为他无法最终排除陆地产生生命的存在的可能性。的确,在相同的背景之中谈到某些物种的消失时,他指出,"有些树和植物已经消失了,但是只要下雨,只要这些树和其他植物的种子遇到适宜生长的条件,便会再次生长出来;因为不应怀疑的是,这些物种会在海中和陆地上继续存在下去。"[ff. 222 r-v]当然,这里提到的只是植物,植物是固定长在一个地方不动的,他在这样想的时候,一定是把这一点考虑在内了。但是马耶告诉我们,一切生命的形式,不管其性质如何,最初的根源一定是在水里的。我们看到,他一开始便证明陆地上的植物是从海中产生的,并反复强调这一点。① 因此他的体系中有一处空白,这也说明他为什么在多少年的时间里反复修改作品。这片空白颇能说明问题,因为它表明,作为他的生物学基础的原理是似是而非的:马耶否认动物和植物是从承载着它们的土地上出生的,但是,种子的性质当中没有任何一点排斥这种可能性。他的确没有在任何地方考虑到这一点。但是,只要这个问题是开放的,就会从整体上影响到他的体系:生物从海中过渡到陆地上的学说,不是唯一能够解释物种在陆地上或者空气中生存的学说。而且因为这一学说也不是最为简单的,那么我们要提出的问题就是,虽然有一些事实可以让人从这个方向上去理解,但马耶为什么选择了一种似乎与经验相悖的假设。

------

① 他的确也证实我们今天认识的植物和花,"在最先出现的山的顶峰露出水面之前,在我们的星球上是不存在的"[f. 223]。我们同意,这种表达方式与他的思想是相呼应的,但这句话也只是证明,散布在空气中的种子这个时候还没有产生任何形式的植物,而不能证明植物都是首先从海里产生的。

环境的影响

因此,马耶之所以让种子具有潜在的双重适应性,大概是因为他认为这是唯一合理的解释,能够说明海洋物种为什么适应陆地的生活条件。当然,他用环境影响来证实动物迁徙时在解剖学上发生的变化。在一段十分有名的文字当中,他谈到鱼由于种种原因而被推送到海岸上,从而变成了鸟:"它们的鳍不再浸于海水中,由于遇到干燥而裂开,弯曲,同时由于落入芦苇或者草丛中,便在其中找到一些吃的东西,以养育自己;鳍的空管一根根相互分离,变长,生出胡须,或者更准确地说,将空管联系在一起的膜片发生了改变,由薄膜形成的胡须变长;它们的皮肤生出了同样颜色的绒毛,绒毛变长,原来肚子下面像鱼鳍一样帮助它们在海中行走的鱼翅变成了脚,使它们能够在陆地上行走。它们的样貌还发生了其他的小变化,有的嘴和脖子变长,有的则变短;它们的身体也是一样。然而,最初的样貌还是全部保留了下来,让人很容易识别。"[ff. 169 r-v]但是环境的影响并没有改变动物的特有结构:鸟的海洋祖先已经有"翅膀",已经可以在水的表面上"飞",甚至有时候在空中飞,虽然飞得很短暂。① 因此,功能改变了器官,但是并没有创造器官。在这些条件之下,马耶认为,动物在新的环境中要生存下去,肺部呼吸就成为根本性的条件,这也应该是类似器官变化的产物,这些器官在鱼身上已经存在,是适应水下生活的。然而,两栖类动物的存在使马耶无法相信鱼类的鳃是肺的起源。因此,他不得不认为所有的动物物种都是从海里来的,都有双重的呼吸机制,他认为这一论断是无可争议的,关于人的解剖学研究成果似乎也证实了这一点。

马耶无疑在思想历史上第一次将一些科学资料集中在了一起,这

---

① 马耶称海水表面的鱼为"有翅膀的飞鱼",而且说"我们经常见证"它们的"飞行";在过渡到空气中的时候,它们只是获得了"一种更大的飞行能力"而已[f. 169]。

些资料本来可以导致产生真正的进化论。① 但是,物种的进化论离他的看法有着十万八千里。他认为,陆地的物种事实上与海里的物种相同,只是由于环境的变化而不得不发生了一些次要的机体改变而已。正如他所说的那样,相同的物种"生活在这种或者那种环境之中"[f. 171]。他根本没有接受物种变化的倾向,他认为在物种当中,个体发生的所有重要形态变体,在海中都有对应的物种:动物的种,甚至类,并不是环境作用于原始的共同根源而产生的结果,每一种或者每一类都是直接源于生活在水里的有着相同结构和相同行为的动物。

马耶根本没有想到把他重视的人与人之间的差别归因于环境的作用。② 他认为这些差别来自大海。但是,从海洋过渡到陆地也许要求一系列逐渐发生的变化,鱼和鸟或者其他相同物种的陆地动物之间应该有一些中间形式,在或长或短的时间里互相承续。有很多文字都可以证实这样的解释。马耶从一开始便指出,在必然性的要求之下对环境的适应是缓慢而困难的:"一亿个海洋生物死于非命,未能获得[在陆地上生活的]习惯,只要有两个海洋生物获得了这种习惯,便可以产生新的物种。"[f. 170 v]在更远处,对临时习得的能力进行总结时,他也强调了同样的意思:"不应怀疑的是,自然是缓慢的,会选择海洋动物种类向陆地迁徙的地点。"[f. 200]然而,仔细分析就会知道,马耶就连这种替代性的物种变化论都不想要。他尽可能地减少海洋生物和陆地同类生物之间存在的形态差别。事实上,海人从根本上与陆地上的人是一样的,只是海人因为住在水里,所以用腮管呼吸。这至少是从海里发现的很多人身上注意到的情况。很多证人证实,592 年在尼罗河三角洲发现的人"从外部可以看到的部分与我们一样"[f. 175],而且保留下来的见证人的描绘以及对与水人男性在一起的女性的描绘令人

---

① 关于马耶与当时科学的关系,详见罗斯查尔德(H. D. Rothschild)杰出的研究成果《博努阿·德·马耶,18 世纪的自然主义者》(*Benoît de Maillet, Eighteenth-Century Naturalist*)以及本作品当中的文章《博努阿·德·马耶和海中的生命起源:有趣的猜测还是科学假设?》(*Benoît de Maillet et l'origine de la vie dans la mer: conjecture amusante ou hypothèse scientifique?*)

② 详见后文《从野蛮到文明:〈特里梅德〉中的历史和自然》。

无可置疑。1450 年发洪水时在埃达姆抓到的水姑娘"和我们一样,只是略有差别而已"[f. 175 v]。住在马提尼克岛上的黑人发誓说,1671年他们曾经在海里看到过"一个腰带以上跟在海上长大的其他白人一样的人"[f. 179]。然而,在大部分情况之下,见证人无法描述这些人的下半身,因为下半身在水里,他们没有看到。同一年,在马提尼克的钻石岛上(Iles du Diamant)看到的人不就是这样吗?"一个海里的怪物,腰以上是人形,腰以下是鱼,尾巴是裂开的。"[ff. 176 v - 177]

马耶的海人是不是与神话中人身鱼尾的海神或者美人鱼相似呢?而且,水里的生物呈现出鱼的外形,这不是很正常的事吗?然而,这样一来,马耶并没有理解真正的变化,他连人鱼都不想要:海人是和我们一样的人,相反的见证用视觉错误便可以简单地解释。他利用这个机会,通过比较来解决其他可疑情况:人们描述的这个"怪物"与很久之前在尼罗河里发现的一对男女是一样的,这对男女的"下半身无法看到"[f. 177 v],1682 年在塞斯特里(Sestri)发现的海人也是这种情况,这个人"出现在海里,下半身是鱼,尾巴是分开的,与马提尼克岛发现的海人一样,但在马提尼克发现的海人上半身是人,下半身也是"[引文出处同上]。当然,马耶并不否认,由于在水中生活,所以必然会出现某些有利于在水中生活和移动的特点。比如,在格陵兰海捕获的人就"跟我们一样,有头发和相当长的胡子。但是他的身体从腰部向下,布满了鳞片。"[f. 180 v]荷兰的船从非洲带回来一些人,这些人"身上长着鳞片,一直到脸上,而且",印度人特里梅德又向传教士指出,"在欧洲不久之前也见过类似的情况"[f. 187]。最后,1720 年,法国海员在纽芬兰的海里也看到据说是"一个跟陆地上的人长得一样的人……除了手指之间有一层膜,就像鸭子和鹅掌上的蹼一样"[f. 185]。① 但是这些特点并不代表

---

① 不应当相信马耶将人视为例外。显而易见,所有的动物从根本上来说,在海里和我们所知道的陆地上是一样的。他讲到在君士坦丁堡捕到的一条海狗,根据他从同事费里约尔侯爵听到的描述,海狗与陆地上的狗没有什么两样,"甚至也长着短而硬的棕色毛发";唯一能够说明它是来自海里的标志是,"它的尾巴像某些鱼和海狸一样,像帆和舵,大概是用来帮助它在海里奔跑时掌握方向的"[f. 173 v]。

从所谓的原始形式完成演化的不同阶段,原始形式是根本就不存在的。这些特点只是生物对生存环境的直接反应。因为我们知道,不用多少年,一个特别适合在水下生活的人就可以获得这些特点,虽然他的童年是在空气中生活过来的:我们在前边已经提到过遇到翻船事故的荷兰年轻海员的故事,这个故事表明,只要在海里生活几年时间,"身上可以生满鳞片,手也变得像鱼鳍了"[f. 207]。

生活在这两种不同环境中的人之间,相似性是如此之大,马耶认为海人只不过是有一种技巧和不同之处,能够让他们在海里生活得像我们在陆地上一样。有回忆录说,人们教会了在埃达姆发现的妇人"自己穿衣服……并画十字",以及做一些要求具有更大能力的事,比如"纺线"[f. 175 v]。这些海里的居民不仅拥有必要的能力,而且一遇适当的环境,这种能力便可以得到发展。马耶援引了一本阿拉伯文书中讲的故事,说从一条大鱼的肚子里发现了一个小姑娘,他说,这个姑娘"身上围了一条衬裤,一直遮到她的膝盖处,衬裤没有缝制的痕迹,只是一块像人皮一样的皮子"[ff. 176 r－v],做成这种衬裤是需要有一定的技艺的,哪怕这技艺很初级。而且,还有在格陵兰海发现的那些人,他们会用来自海里的一些材料制造十分复杂的独木舟和木制的桨。一些会捕鱼的人也许拥有相当发达的天文学知识,利用天体的位置来确定方向,而且会利用他们的小船在两道水流之间保持稳定,这与物理学的所有定律都相悖。看来马耶的想象力枯竭了,最后甚至说他们的家庭组织形式也和人从海里出来之后的差不多,也包括劳动分工。

语言和海人

如果真是这样,那么在同一个物种当中,如何辨认不同的海人呢?马耶肯定地说,人刚从海里出来时,是野蛮、无知的。但是,我们前边已经看到,海人也有知识、艺术和社会。只是他们没有语言,马耶得知这一故事的事件记录明确地说,被带到船上的海人还活了几天,不吃不喝，"一声也不吭，也没有发出任何让人觉得他能够使用语言的声音，只是在不断地叹气"[f. 180 v]。然而从一开始，特里梅德便坚持向传教士强调，所有的动物，只在是从海里过渡到陆地上之后，"才获得了吼、叫、嚷或者发出声音的能力，这种能力是它们在海里时没有的，或者即使有也是不完善的"[f. 173]。这并不是无端的猜测，而是基于观察的无可争议的真理，因为一方面，仍然有很多种类的动物生活在陆地上，但是完全不能发声，比如加拿大的某些狗，"这是无可争议的证据，证明它们是海狗的后代"[f. 173 v]；而且另一方面，任何从海中捕获的生物都没有声音，比如本世纪初一只在君士坦丁堡（伊斯坦布尔）海边捕到的狗，"在刚被抓到时几乎不会发声，但是在活着的一段时间里，它发出的声音一天天变大，变强"[f. 173 v]。关于人，虽然在埃达姆发现的姑娘学会了纺线，但是"人们却没有教会她说一句话，尽管到了哈莱姆，那里有专家说一定会让她开口讲话"[f. 175 v]。因此，葡萄牙人的故事说，有人将在东印度海"捕捞"的一名海妇和一名海姑娘带给艾马努埃尔国王，她们在王宫中生活了几年，"从来没能学会发出任何声音"[f. 180]。

这一看法不会让我们感到惊奇。其根源在于体系本身的基础。因为我们知道，相同物种的动物分别居住在水里和空气中，呼吸器官是不一样的，因为在水下生活肺就没有用了。正因为肺部萎缩，所以才发不出声音，正如特里梅德向传教士具体解释人的状况时所说的那样："由此得知，人们捕获的已经有一定年龄的海人不能发声，因为他们没有用来呼吸空气的肺，而空气是发声所必须的。他们的喉头和嘴的结构也不一样，地上人的喉头和嘴里有用来发声和调节声音大小的东西，你知道，这些东西，是讲话所必需的[ff. 208 v–209]。①

我们不能把马耶自己提到的海豹当作相反的证据，古罗马人便已

---

① 历史背景也许并不是对马耶的思考完全没有影响的。笛卡尔学派的人证明，人有了语言，所以才从根本上与动物有了区别，我们可以认为，马耶只不过把这道屏障转移到了他认为大自然使动物之间产生切实差别的时点上，人也是动物。

经驯服了海豹,让它在演出时"用头和叫声"向公众致敬[f. 172],还有塞斯特里那个"发出可怜叫声"的海人[f. 178 v]。海豹既可以生活在水里,也可以生活在空气中,而塞斯特里的海人出水之后还活了几天,也许他的肺部已经开始生长了。更加难以证实的似乎是在格陵兰海捕获的那个人,因为马耶肯定地说,与他同类的海人是不会发声的,虽然他们"在海里和在空气中一样可以呼吸"[f. 181 v]。实际上,马耶认为所有"被捕获的海人都可以在海中和空气中呼吸"[f. 199 v]。但他认为没有必要让这些海里的人具有语言。的确,从海里出来的人会喊叫,会叹气,这就意味着他们会使用肺,否则他们一会儿也活不下去。但是他们不会讲话,因为要想使用语言,需要经过漫长的学习过程,也许还需要适当的器官结构。在一段颇能使人想到法国后来有人用来描述大自然状态的文字当中,马耶描写了到陆地上生活的最早的人适应环境的过程;他说从海里出来之后,人类是"野性的,不会发声,不会思维,在陆地上流浪了很久,他们住山洞,后来才能发出声音,学会了声音的抑扬顿挫,将发出的声音与思想配合起来,有了将思想和知识传达给孩子的能力。"[ff. 204 r - v]

我们的祖先是类人猿?

我们要从这一角度来分析马耶关于类人猿性质的文字。今天的读者会对《特里梅德》的某些段落感到吃惊,这些段落似乎预料到了达尔文关于人的直系先祖的论断。马耶转述:"一个中国人写的文章说人是某种猴子,只是比不会讲话的猴子更加完善而已。"[f. 213 v]而且在谈到荷兰人18世纪初在南方捕获的猩猩或者"森林人"时,他说欧洲人在这些生物面前被惊呆了,"因为虽然我们不能说那些是完善的人,但是它们与人是那么相似,你简直不能肯定地说那是动物"[f. 187]。但是无论如何,他并不是想说人是从猴子开始演化而来的。问题不是要弄清楚这些生活在远方的猴子是不是人的祖先,而是确定它们是不是也属于人这个物种。

马耶和当时的很多人一样,也认为人与猴子是同一物种。类人猿的外部结构让我们想到人,尤其是类人猿的站立方式,简直就是我们这个物种的典型。马耶首先还提到"乌拉克斯"(ourax),古罗马人在穿过位于现在普鲁士的森林时发现的一种动物(他肯定地说,人们现在还能够见到这种动物),"它像我们一样用两条腿走路,跟人完全一样,就是不会讲话"[f. 185 v]。一艘法国船的船长在塞内加尔得到一头"浑身长毛的动物",而且"被当作一种外形特别的猴子",而实际上是"一个特别物种的人"[f. 186]。前面已经提到过的两只猩猩"外形跟人一样,和我们一样用两只脚走路,它们的腿和臂细长,长满了毛,整个脸上和身上也长了毛;它们的脚和腿接合的地方很平,看起来像是在一块木板上拴了一根棍。手和脚指甲很长,而且有点弯。它们只能发出十分模糊的声音。"[f. 186 v]

这些不同的生物当中,的确没有任何一种会讲话。马耶提到两则短新闻,一个是关于在马达加斯加发现的"还不会发声的野人",另一个是1720年在巴黎展示给人们看的一只所谓的猴子。马耶说,猴子"脸上和四尺多长的身上长满了毛"[f. 187]。然而,我们知道,语言并不是区别人和动物的特征,并不是像笛卡尔的信徒声称的那样,对于同样是来源于海中的动物来说,语言是与肺的呼吸发展密切联系在一起的。因此,马耶可以认为这些与我们相像的生物是不久前才离开海里的生存环境的:"荷兰人于1708年在陆地上捕获的海人与人的区别只是他们还不会讲话;在马达加斯加岛上仍然可以看到像我们一样用两条腿走路的人形动物,它们也没有明确的语言,虽然有的能够听懂我们对他们说的话。这些动物很可能是刚刚离开水的人,他们还不会讲话,正如加拿大的某些狗至今仍然不会叫一样,但是有些狗在陆地上生活几代之后就能够学会发声。"[f. 213]马耶相信海人能够自己学会语言,这种进步与他们外部结构上的某种变化是同步的。特里梅德在讲到火地岛上发现的类人猿时,故意向传教士反问:"你以为如果把公的和母的猩猩抓来,让它们在我们当中生孩子,经过几代之后,难道它们不能获得语言,不能变得比我刚才说过的那些猩猩更加完善吗?"[f. 187]类人猿与早期的野蛮人相似,也证明人是来自水里的。

况且,马耶承认动物的分类不是件容易的事,他明确把猴子归在人类当中,说猴子与人交配,能够产生出具有繁殖能力的个体。为了证明猴子这种特别的身份,他说:"有二十个例子证明,人与猴子交配,产生出来的种类会说话,而且通过交配还可以繁殖,这说明他们的性质和我们的性质是一样的。"[ff. 213 v-214]在这样的背景之下谈论进化是没有意义的。然而尽管如此,在同一个物种内部,还是发生了变化。难道我们不能相信猴子是野蛮人,时间可以使猴子成为完善的物种吗?事实上,这种解释似乎是不可以接受的。一方面,猴子与不同种类的人一样,其祖先也是在海里的:"海猴子外形不正像陆地上的猴子一样吗?"特里梅德自问道,"甚至有好几种猴子"[f. 171]。另外,马耶描述了一些落后的民族,他们没有语言,但是他们已经是"人"。然而,他一次也没有试图将从猴到人的渐变进行理论表述,虽然他很高兴地描述了一些本来可以起到这一作用的民族。猴子是人类的一个变种,不管它是不是类人猿;极而言之,也可以说猴子就是人,而不只是文明人唯一的根源。①

*   *   *

博努阿·德·马耶不是进化论的先驱。尽管《特里梅德》的某些段落讲到生物学在前两个世纪走过的路时,会让读者产生一些有关的联想,但在马耶的思想当中,丝毫没有物种进化论的影子。开始时,我

---

① 详见后文关于《特里梅德》人类学研究的成果。关于一般的类人猿问题,请参见丁朗(F. Tinland)的《野蛮人:"野人"和"林人",从动物到人》(*L'homme sauvage: homo ferus et homo sylvestris, de l'animal à l'homme*, Paris, 1968)以及杜谢(M. Duchet)的《人类学与启蒙世纪的历史》(*Anthropologie et Histoire au Siècle des Lumières*, Paris, 1971)。

们的星球表面为水所覆盖,水里出现了生命,而且陆地上最初生活的动物是海洋生物适应不同环境的结果。但是动物的迁徙并没有导致新的物种诞生:转移到空气中的个体,的确保留了生活在水里的相同物种的特征。因此,这是生活在不同环境中的同一物种。当然,关于不同物种之间的界限,马耶并不总是看得十分清楚。他尤其放宽了作为一个种类的人的界限,而且不仅仅是为了把猴子包括进这一种类当中,因为他顺便说,有证据证明,"人与熊的结合,以及由此产生的物种再与我们人类的结合"都是可能的[f. 214]。但是他并没有放弃不同物种之间明确划定的、硬性的和不可逾越的界限。比如,他从来没有想过某个物种经过缓慢的变化而成为另一种的可能性。他的物种不变论始终是牢不可破的。他不可能不这样想。因为,生命体的种子散布在无限的空间内,种子已经携带着物种的特点,包括让同一物种的个体无区别地生活在空气中和水中的安排。这种物种先成说最终对进化论关闭了大门。

从野蛮到文明:《特里梅德》中的
历史和自然^①

　　唯物主义并没有在各种情况之下都成为人道主义。唯物主义让人超越了由想象而产生的徒然的恐惧。但是,人在完全掌握了自己的命运时,有时候也难免会落入更加可悲的境地。人不能再认为自己是神的传承,常常发现与他们相同的人成了自己的地狱,而且比宗教威胁他的地狱更加真实。博努阿・德・马耶通过所有生物都源自海里的论断,割断了人与上帝联系的纽带。他在让人独立的同时,也让人获得了尊严。但是,在不承认整个人类都有共同根源的同时,他也让人与人之间变得陌生,也就是说,事实上,有的人变得比其他人低级了。

　　马耶很喜欢强调人与人之间存在的不同。他区别黑人和白人,野人和在新露出的陆地上发现的没有毛发的人。今天,我们有可能认为他的轻信是不合时宜的,但在当时并非这样。他以轻信的态度谈到巨人和带尾巴的人……他并不认为长尾巴的人是由于畸胎所致,因为数量足够多,所以我们不能说他们是"大自然的过错",或者"母亲在孕育时想象造成的结果"[Paris-B. N. F. fr. 9774, f. 187 v]。^② 因此,有尾巴的人"并不像有的人想象的那么少见"[引文出处同上]:如果我们相

---

　　① 原载《安地列斯群岛的革命时期》(*La période révolutionnaire aux Antilles*, Schoelcher, GRELCA Université d'Antilles-Guyane, 1989, pp. 65 – 75)。
　　② 在马耶写论文的时候,母亲的想象导致胎儿畸形是一种为人所普遍接受的原则。人们在整个 18 世纪期间都在讨论这个原则。布丰(Buffon)认为这是奇谈怪论,但是伏尔泰还是认为,对母亲的想象施加过大的影响,有可能导致产生怪胎。一直到 18 世纪的前三十年,有些作者还用想象的影响来解释孩子与父亲的相像。关于这个问题,详见罗吉(J. Roger)《法国18 世纪思想中的生命科学》(*Les sciences de la vie dans la pensée française du XVIIIe siècle*, Paris, 1963)。

信印度人特里梅德援引的某些作品和游记,在非洲和台湾的某些地方,有的整个民族的人都是这样的。同样,巨人和矮子并不是像某些自然主义者声称的那样,因为种子发生了异常。如果是种子的问题,"那只能是个别现象,只会有极少的情况出现,"特里梅德说,"但是由于整整一个民族都是巨人或者俾格米矮人,而且在相同的气候之下,有高个子的人和矮个子的人,那我们就不能不承认,这些人是属于不同物种的人。"[f. 199]因此,这些特殊的人不是由于大自然的力量偶然失调而出生的怪物,而是正常产生的。

我们也不能认为,环境的影响可以解释这些特点,因为不同的人可以生活在同样的地理条件下。于是特里梅德认为最重要的事实是,"在拉蓬(Lapon)的矮种人和爱斯基摩人(Esquimaux)中的矮子周围,在相同的气候条件下,生活着一些身高一般为五六尺的人。"[f. 198]再说,他觉得可以肯定的是,环境的变化不会影响民众的不同特点:"美洲人,尤其是加拿大和爱斯基摩种族的人身上没有毛,也没有胡子,而如果把巴西人转到葡萄牙,让加拿大人来到法国或者英国,他们和他们的后代身上仍然会没有毛,他们仍然会没有胡子;相反,来到巴西两百年的葡萄牙人的孩子,以及在加拿大定居同样两百年的法国人的后代与他们的祖先一样,仍然有毛发和胡子。"[f. 193]因此他认为用不了几代人的时间,就可以在环境的影响下出现新的特点,而且这些特点也可以遗传。他认为,从殖民以来在新世界发生的事来看,机体在适应过程中不可能发生重大的变化。

但是,他之所以如此坚定地表达这种意见,大概主要是因为他觉得环境的影响必然是非常有限的。环境的影响可以解释动物从海洋过渡到陆地时结构的变化。但是他认为肌体的变化并不重要。动物的特别结构在海洋和陆地环境当中仍然是一样的,因为陆地物种仍然是与海洋物种一样的物种,只不过适应了陆地的生活而已。① 由于同样的原

---

① 关于马耶的进化论思想,详见前面一篇文章。

因,不同的人群之所以有不同的特点,不可能是由于环境对于某种原始根源的影响导致的结果,因为每个不同的人群都是生活在水中的相同结构的人直接的后代。这是经验证实了的,因为人们在海中捕获了与陆地上的白人和黑人相似的个体人。1671 年在马提尼克的钻石岛(Iles du Diamant)发现的人有很长的头发,有胡子,而且"皮肤白白的"[f. 177],而在特鲁瓦岛(Trois Iles)发现的另一个海人是"鸟人",马提尼克人说的"鸟人"其实就是白人[f. 179]。相反,1682 年在塞斯特里(Sestri)捕到的海人以及几年之后在布洛尼(Boulogne)捕到的海人,头上都长有一寸长的细卷发,下巴上也有很短的细卷胡须[ff. 178 r-v]。而在纽芬兰停泊的一艘船上的船员们都看到一个海人,只见他在水里游动了两个小时之久,这个海人"皮肤为褐色,黔黑"[f. 185]。顺便一提的是,这也证明,海里出产什么样的海人,并不决定于海洋纬度的变化。"海人毛发和胡子的不同",特里梅德归结:"证实长头发和胡子的人种(比如一般白人的头发)以及细卷发和胡子的人种(比如黑人),都源自不同的海人人种,海人的毛发本来就不一样。"[f. 178 v]当然,人们从来没有发现过带尾巴的海人,否则马耶不会不说。① 但是,由于没有办法为所有这些不同的形式找到共同的先祖,人们讲述的发现应该足以证明它们都是源自海中的:"因为所有的海人人种并非都为人所知,我们无法确定各种不同面孔的人种从结构和品质上都是源自于哪个种类。可以肯定的是,世上存在着大小和种类不同的多种海人。"[f. 199 v]②

---

　　① 人们还是发现了另一个海人,这个海人"头发呈红色,是竖着的,皮肤为褐色"[f. 175]。

　　② 海人的存在自古以来便得到了"证实"。普林尼(Pline)说"在卡迪克斯海(océan de Cadix)"见过海人[《自然史》(*Histoire naturelle*, IX, V)]。在《特里梅德》的时代,很多人还是相信这一点的。而且不仅仅是无知的人相信。比如洛克(Locke)便在与人讲知心话的时候,谈到听人说过的海男和海女[《论人的理解》(*An Essay Concerning Human Understanding* III, vi, 12)]。罗斯查尔德(H. D. Rothschild)也指出在自然主义者当中,这种信仰还是很有生命力的[《18 世纪的自然主义者博努阿·德·马耶,特里梅德研究》(*Benoît de Maillet Eighteenth-Century Naturalist. A Study of Telliamed*, New York, Columbia University, 1959, dactylogramme, pp. 95 et ss.)]。

因此,世上有不同种类的人。尽管如此,马耶仍然坚定地相信人类从性质上是统一的。他与同时代的很多人一样,对专业用词把握得并不好,当时的生物科学词汇还没有最终固定下来,还正在生成的过程中。他在使用"种"(race)和"物种"(espèce)时并不加以区别,并用这些词来指那些只是胳膊和腿比较细,或者瞳孔四周带有红色,或者甚至只是阳具勃起时具有一定形状等的群体!但是,他知道,只是个体之间的相似还不足以使他们成为一个物种。白人和黑人,矮子和巨人,有尾巴的人和很多用一些并不重要的特点定义的人,在海中的来源都不同。但是他们照样都是人。因为事实是,所有这些不同的个体可以互相交合而生育。马耶的确认为生殖相同个体的能力是物种典型的特点。我们顺便说一说,在他写论文的年代,这远不是常见的观点。除了相貌和使行为符合规范的姿态相似之外,我们甚至可以说,生殖是他最终定义物种身份的标准:"有多少种狗?"特里梅德向传教士叹道:"布洛尼的小狗和英国的狗,或者和圣马洛的狗之间有什么区别呢? 猎兔狗和西班牙种猎犬有什么区别,水猎狗和无毛犬有什么不一样? 然而,你还是用同样的动物性质来包容所有这些区别,因为这些区别是相互交织在一起的。"[ff. 199 r‐v]人也是一样。除了形态特点之外,马耶还把有尾巴的人定义为"父子相传"[f. 192],把在欧洲发现的有些人之间的区别,解释成这些人与其他没有这些特征的人之间的混合,并以同样的方式证实,为什么据说前几个世纪发现的巨人身材没有那么高大了……为此,有人认为不同民族的人习惯都一样,所以起源也是一样的,他对这种看法不无道理地感到奇怪,"好像如果所有的人有一百种不同的起源,那他们就不都是人了"[f. 215 v]。①

但不管怎么说,所有的人并不都是一样的。当然,这种区别无论在何种情况之下都不是人的退化:人的祖先并不都一样,每个人种本身都

---

① 关于人种差别和人的不同种类,详见杜谢(M. Duchet)的《启蒙世纪的人类学和历史》(*Anthropologie et Histoire au Siècle des Lumières*, Paris, Maspero, 1971)。

是自己的典型。马耶只能承认这一点。他认为,新近从水里出来的生物具有特点,使它们与已经适应了陆地生活的同一物种的生物有区别,若想识别这些生物,首先需要在不同的国家收集"陆地物种向我们提供的关于完善的观念,从人开始"[f. 212 v]。人是复数的,是多样的,是异质的。这便形成了一堵坚实的围墙,防止在各个民族之间建立等级观念的偏见。这种异质性也的确有利于建立距离,因为人在生物学意义上说的与自己平等的人身上,很难看到自己的影子。因此马耶在这种不平等当中,不能不看到欧洲殖民者的优越。对此,我们不会感到惊奇:特里梅德所说的人的本性已经非常淡薄,他可以把当时自然主义者关注的猩猩或者"森林人"也归在人一类,而且猴子,甚至狗熊也可以算是人,因为他相信传说,认为这些动物能够与人一起繁殖。分别野人和人的界限具有很大的灵活性,表面现象经常可以欺骗我们。有些人几乎算不上是人,比如据他说从火地岛和马达加斯加发现的野人。他还听说过有个"矮个子"的安哥拉人也是这种情况,这个安哥拉人在上世纪末被带到英国,这个人"有时候用两条腿走路,有时候又像野兽一样手脚一起着地。他的头和背是人的,其他地方就不那么明显了"[f. 198 v]。特里梅德在描写其他民族时,强调他们与动物的相似性。帕塔龚人(Les Patagons)声音非常粗而吓人,说话似乎是牛和象在叫,而不像是人在讲话[f. 197]。有尾巴的人身上都长有长毛,力大无穷,而且非常野蛮……①

　　然而,马耶认为,所有的"人种"在开始时都处在这种境况。他说,人刚从海里出来时,人种之间是没有区别的,都是"野性的,不会发声,不会思维,在陆地上流浪了很久,住山洞,后来才有了嗓子,学会了发音,将发出的声音与思想配合起来,有了将思想和知识传达给孩子的能力。当然,当他们会表达思想时,他们大概早就忘记了他们当中最早的人出身何处,当他们学会了说活,并用文字把话语传给后代时,忘记出

---

① 关于这个问题,详见丁朗的《野蛮人:"野人"和"林人",从动物到人》。

身之地的人便更多;有了文字,人们更加坚信话语的传统,每一代人都在改变着这一传统。"[ff. 204 r－v]我们从这幅画卷当中可以很容易看到卢克莱修的色彩,似乎在提示我们知性本身也是文明所成就的,是文化的产物,而不是生物学的产物。也许那些粗蛮、野性的民族之所以野蛮,是因为他们在陆地上生活的时间还不够长。特里梅德证实了这一点,他认为这些落后民族的存在是一个重要的标志,证明所有的生物都是源自海水中的假设。海洋动物向陆地的迁徙,主要发生于星球上最为寒冷的地方,这些地方的空气与水最相似。他认为可以肯定的是,"这些寒冷地带很多民族仍然是野性的,荒蛮的,我们在那里看到的动物,说明了这些种类是最近才从海里向陆地迁徙的,肯定表示它们的状态于不久之前发生了变化。"[ff. 212 v－213]由于无法在我们生活的气候当中注意到这种过渡过程,即使过渡就在我们眼皮底下发生,①所以我们不得不满足于远方的民族传递的见证,当然这些见证具有模糊性:"我们只要看到他们的野性,他们的愚笨,就知道他们显然是刚刚从海里出来的人,"特里梅德向法国传教士说。"生活在大卫海峡(detroit de David)和乌森海湾(baye de Hutson)的人种是多么野蛮啊,我们刚刚开始认识到这些人的存在,他们在加拿大不就是我们的邻居吗?"[f. 215]

然而,有一个事实,那就是我们发现在远离人的摇篮的地方,也有很多人,甚至很多部落都处在野蛮的状态。特里梅德也趁机谈到这个问题。对于他来说,这很容易解释,尤其是他公然地宣称,海洋动物向陆地迁移的事可以发生在各个地方,甚至可以发生在气候最不适宜的地方,虽然大都发生在足够潮湿和阴凉的地方。他说,我们可以"注意到,几乎在全世界各处都有各种动物和人的出现"[f. 213]。在美洲和非洲捕获的野人证实了这一论断,因为不管怎么说,他们还没有语言,

---

① 马耶的确认为怪物是"从海里出来的动物,或者是被海洋抛弃到陆地上来的动物"[f. 214 v],我们之所以不认识这些动物,无疑是因为物种当中包含无数的变种。

这无可辩驳地证明,他们是刚刚从海里出来的,只有通过这一缺失的环节,我们才可以在所有的物种当中最终区别海人和陆地人,因为马耶认为,在格陵兰有人见过拥有相当复杂的知识的海人,他们掌握用独木舟航行的技术,独木舟也是他们自己造的,而且他们也有社会组织,也已经有了某种形式的劳动分工。

相反,开化的民族已经有了很长的历史。特里梅德认为可以证实的是,"南部欧洲和亚洲生活着很多人,数也数不清的人,他们就是来自北方的",人诞生于北方[f. 201]。有的地方刚刚从海水的退却中崭露出来,可想而知还不是特别适合人的居住;正是在穿越这些地方去朝圣的过程中,才形成了最为丰富的文化。马耶并没有想到在考古发掘中去寻找证据,在他发现整个地球的表面都曾为水所淹没的时候,他本来是可以通过考古发掘寻找证据的,但他认为考古与海水减少的体系全然无关,也许只是在丰特奈尔的强调之下,他才考虑了这一问题。但是,在两个世纪期间发现的各种不同民族,综合表现了地球的殖民者从野蛮向文明发展的不同阶段:"现在仍然有十分野蛮的民族,"特里梅德指出,"这些民族刚刚会使用语言,美洲和非洲的所有民族,除了生活在红海和地中海边的民族之外,到目前为止都还没有文字。"[f. 204 v]更远处,在谈到北美洲的民族时,他再次向传教士指出:"也许在刚刚从海里出来不久的某些野蛮人……和很久之前便从海里出来的某些人种之间,的确是有差别的。"[f. 215 v]

然而,既然认为文明从根本上是一种历史过程,那我们就应该接受,即使最落后的民族,也终有一天会享受文明的好处。特里梅德很清楚地理解了这一逻辑,因为在谈到"野蛮种族"时,他对传教士说,"需要一代一代人的努力,也许需要改变他们生活的地区,才能让他们达到像我们一样完善的程度"[引文出处同上]。这种进步显然不是线性的。马耶甚至提示了气候决定论的观念,这在当时是十分时髦的,在他关于亚洲和欧洲移民的论断当中,已经包含有气候决定论的影子。比如我们可以相信,虽然他并没有打算展开来讨论这一主题,但他认为忍受着极地寒冷或者赤道炎热的民族之所以落后,与极端气候也许并非没有关系。尽管如此,这些人的性质仍然使他们无限期地生活在这种处境当中,不管他们有着怎样的历史。

这种看待问题的方式,把各个种族之间的差别相对化了。当然,马耶只是根据社会组织和殖民价值来设想他称之为的野蛮民族的生活形式,他无法承认由于野蛮的特点而形成的不同文明的面貌。这就说明他为什么认为"野蛮人"也是人种当中的一种。因此,野蛮人不仅仅是刚刚从水里出来的人,否则我们会认为野人是人类文化演变过程中的一个历史阶段;野蛮人还体现了差别,体现了他者,总而言之是陌生人。所以特里梅德在这里谈到,除了猩猩和在马达加斯加发现的无语人之外,还有那些"印度人,在很多新出现的岛屿上发现的野人,这些人没有传统,没有知识,不像别人,他们的语言和习俗与欧洲、亚洲、非洲的人没有任何关系"[f. 187 r – v]。

这一事实似乎已经在暗示,民族文化不仅仅来自历史。虽然根据他的论断,不同的人种都有能力达到文明,但马耶从一开始便承认,所有的人种并不是从本质上便有着同等禀赋。他说,不同种的人"特点在于他们有着各自十分不同的结构安排"[f. 187 v]。然而,他倾向于用不平等来解读这种差别。从外部的结构上他已经是这样看了。比如,他说长尾巴的人"卑鄙",具有"野性,没有思想"[引文出处同上]。① 似乎文字的表现力还不够,他还说在各种不同气候当中都有这种人,甚至在欧洲也常常有,这便说明,这种缺陷并不是由于人种的不够发达而引起的。

但是,对于黑人来说,大自然显然是最不慷慨的。马耶之所以拒绝接受黑人来源于白人的说法,无疑是因为黑人的不同,主要是源于表皮之下的一层膜,使他们的皮肤呈现黑色,但也是由于他认为黑人智力低

---

① 有的版本甚至在这里提到"畸形",似乎存在着一种优秀的人类相貌……

下。他直言不讳地阐述了"伟大的立法者"①的观点,他说,伟大的立法者将黑人与白人进行比较,未"能相信差别如此之大的人会源自相同的祖先,他们不仅颜色不同,样貌也不同,心性也不同。他在另一个地方还指出,各个民族都有先知,但是黑人当中却没有先知,这便意味着",对于还不明白他的话是什么意思的人,他再一次强调,"黑人没有思想,没有预见性的天赋,而预见性就是人们在种种情况之下称之为的先知先觉。"[f. 194]他又用自己的话补充说,住在博尔诺(Borno)的黑人"比任何其他的黑人都更加野蛮,更加强壮,很难驯服和捕捉"[f. 189 v],还说同人种的其他黑人"天性极差,没有人愿意买"[f. 193 v]。更远处,马耶自己又变换了口吻,引用某些黑人的例子,谈到所有的人种毫无区别地似乎都有进步的天分:"有些人种和其他的人种结构安排不同,"他明确地承认。"在美洲还有些黑色的人种不会说话,或者是因为他们刚刚从海里出来不久,或者是因为从一开始,这个种族的人便非常野蛮,学不会正确的发音。"[f. 213 v]②

如果说他在这里还有些顾忌,还想考虑到客观性,但一般来说,他认为人类是有基于自然能力的等级差别的;他认为不同的民族天赋能力不同,最终决定了他们的文化发展:"难道我们不能够说",特里梅德直截了当地说,"有些人种就像有些树的种类一样,必须与其他的种类杂交,才能够改善,或者形成更好的物种,比如由于身体结构而没有语言的人种,没有思想的人种,通过与更加完善的人种杂交,产生与原始的蛮种不同的后代。"[引文出处同上]

因此,马耶认为在自然和历史的辩证当中,最终起作用的是自然。文明是历史的事实,但是大自然给予某些民族更多的天赋,让这样的民族可以更好地在这条道路上前进。当然,马耶并没有想到将自己的思考系统化。他的观点自发地反映了当时主要通过游记文学传播的偏

---

①　根据其他的版本,这里指的是穆罕默德。
②　版本不同,马耶的口吻也不太一样,无疑是勒马斯克里埃作了修改:"也许因为器官上的某些缺陷所致。"[《特里梅德》(*Telliamed*, La Haye, 1755, p.252)]

见。但是我们这样说,并不能证实他的偏见是有根据的。我们在《特里梅德》中徒然寻找对殖民罪恶的道德谴责,因为殖民使很多民族成了奴隶。然而很多其他人却站在了这些无知的兄弟们一边。我们说的不是那些赞扬"善良的野人"的理论家,所谓"善良的野人"只不过是传教士们杜撰出来的,是用另一种假面具遮盖这些民族的身份;我们说的是那些坚决地鼓励他们奋起反抗的人们,从梅西耶(Mercier)到狄德罗和雷纳尔(Raynal)……

博努阿·德·马耶和海中的生命起源：
有趣的猜测还是科学假设？[①]

　　有一些主题会被舆论认为是荒唐的，但是同样具有现实意义。于是便有人谈论这样的主题，但是很轻浮。因为，如果你认真对待这样的主题，会让人耻笑。18世纪初，海里存在与陆地上相似的动物，便是一个颇为大众化的题材，对此感兴趣的，不仅仅是不识字的文盲，或者是太过于轻信神奇事物的人。从这种论断出发，到证明所有的生物都出自海中，其间只有一步之遥。有些人便毫不犹豫地跨过了这一步。然而，这一论断之所以危险，是因为它新颖而大胆，不是因为它会让公开支持它的人身败名裂。所以一个无名的作家才进行了这样一场战斗。我们知道马耶是在丰特奈尔的要求之下才写了《特里梅德》，说明生命源自海水之中。这是他自己说的。将近1726年，在一封写给科学院终身秘书丰特奈尔的信中，他宣布给终身秘书寄送了他写的论文，并说："我完全是根据你的鼓励，希望不辜负你的看重，才深入思考了这一问题，致力于证明所有动物都出自海里，人也不例外，因为人是最奇怪，也是最奇妙的动物；我的思考旨在证明人的生存状态，以及不用经过适当物种的产生，便在星球之间建立联系的。"[②]

　　因此，毫不奇怪的是，马耶与认为人的发展是源自外力的论断保持了距离。他从一开始便力图限制这一论断的影响。他说："这个主题无益于海水减少的体系。"[《特里梅德》，Paris-B. N. F. fr. 9774，f. 164

① 原载《综合杂志》[*Revue de Synthèse* CXIII-CXIV (1984), 37 - 54]。
② Paris-B. N. N. A. fr. 22158。关于《特里梅德》的写作和最初的抄本，详见本书前面关于马耶和勒马斯克里埃的关系的文章，以及关于作品的读者和出版者的文章。

v]然而,他还是相当详细地阐述了这一论断,让人确认那只是徒然无益的思辨而已。尽管如此,他仍然说,他只是"公正地"把这种论断当作一个学派的假说,甚至自告奋勇地说,此后他要为创世说进行辩护。如果我们把他的话看成欲盖弥彰,是想用轻描淡写的话来处理一个危险的话题,恐怕不会太离谱。传教士从他与印度人特里梅德的谈话中得出的结论无疑也应该做此解释:他承认自己相信海水减少的理论,但是认为作品中其他内容不过是无害的玩笑,不过是"一些趣谈而已,是猜测,是从论述海洋和海水减少的书中转抄来的一些现象或者论述和结论,根本没有切实的证据"[f. 229]。通过这个很愿意接受其论断的传教士,马耶邀请读者像读当时"丰特奈尔写的西拉诺·德·贝日拉克月亮游记或者丰特奈尔的多样性世界的论断"一样来读《特里梅德》,把它看成不会让人感到愤慨的哲学趣谈[f. 230]。我们的确知道马耶是后来才在论文中加进这一段结论的,为的是方便出版:海水减少的学说以及多样性世界的周期变化的论断,严格说有可能被基督教认为是异端,但是他的生物学彻底割断了人与上帝联系的脐带,所以要让这种学说显得十分轻浮才行。①

然而,有些人却认为这种说法表现出马耶无可争议的愿望,想将建立在严肃的研究和无可辩驳的证据基础之上的科学学说与无关紧要的玩笑分别开来。然而,尽管具有模糊性,但是马耶似乎真的有这种感觉。他认为动物源自海洋的学说是"可能的,可信的,甚至是被很多例证证明了的"[f. 166],而且,"可以不使用真理这个具有绝对意义的词",他说:"但是很可能陆地动物是来自海洋动物,陆地动物在海里由海水中充斥的种子自然形成。"[f. 224]而且传教士向特里梅德肯定地

---

① 《特里梅德》出版的版本当中没有这段结论,但是勒马斯克里埃在《马耶生平》当中灵机一动这样说了,为的是不让人指责马耶是无神论者:原来的总领事马耶最为大胆的思想只不过是"一段趣谈,纯粹是哲学上的一个体系"。而且这段麻痹视听的文字并不是独一无二的。马耶还声称特里梅德要表明对基督的神性的看法,他认为,这样做会为作品的出版提供方便,至少在宗教改革的国家是这样。详见本书前面的文章《博努阿·德·马耶和地下书刊:马耶与勒马斯克里埃神甫的通信研究》。

说,他的证据无疑可以"向那些喜欢新颖事物和不寻常事物的人证明,今天陆地上到处都有的动物,原本是海洋动物的后代,或者至少这种观点是可信的,所有陆地生物都可能来源于海里"[f. 216]。

不管马耶认为自己的学说可信度有多大,可以肯定的是,他并不认为所有生物均出自海中的假设是无所谓的梦话。正相反,他声称他的学说是非常严谨的,不是基于空洞的思辨,而是基于当时的科学研究成果:"自然和历史中有很多无可怀疑的见证"[f. 164],他在论述的一开始便说。而且作为结论,特里梅德提醒传教士,人们很容易把他的推测看作想象力太过于丰富的奇谈怪论,但是他的推测是有双重的科学基础的:"先生,我们就是这样,通过在显微镜的帮助之下取得的知识,理性地把这样的研究成果与前人留给我们的知识相结合,并由此理解生命是直接在海里开始产生的。"[f. 221]而这样的自信是正当的。

自然和故事

当然,马耶关于生命起源和动物从海洋过渡到陆地的理论是建立在还不甚稳固的地基之上的。但是,我们不能因此而责备他,因为他的错误是当时的科学犯的错误。《特里梅德》的生物学中心思想是生命开始于水中,而水曾一时覆盖地球的整个表面。马耶设想种子是无限的,在宇宙中无处不在,种子非常小,甚至用最好的显微镜也无法看到。一切有生命的东西都产生于一颗种子,而种子是没有生命的。生命不是物质的独有特性,也不是物质某些部分的特性。但是,有些物质的安排使得它们获得了生命,而且当这些物质处在适当的环境当中时,便切实地发展了这种能力。种子首先是没有生命的,后来在水中获得了生命,水成了生命的"第一子宫"。种子埋藏在水底的淤泥里,淤泥成了种子的"第二子宫",种子产生了不同的物种,有植物的,有动物的。这样一来,正当雷迪(Redi)和利温赫克(Leeuwenhoek)的试验似乎最终挫败了生命自发生成的学说时,马耶为之辩护的是生物产生于没有生命的种子的学说。然而事实上,生命自发生成的学说还没有彻底失败。很多作者仍然支持表面上看来是经过严格实验而得到证实的观点:在18世纪中期,尼德海姆(Needham)还在证明从小麦的面粉中可以生出"鳗鱼"。自发生成的理论在很多作家的作品中继续存在了很久,而且我们不能说这些作家是二流的作家,比如布丰。拉马克(Lamarck)也相信这种学说……

与以前的自然主义学说相比,《特里梅德》的独到之处是把水描写成种子的第一子宫,认为所有的生命起源于海中。然而,这一论断提出的问题是动物如何从海里过渡到陆地上来的。马耶意识到这一困难,想证明过渡是可能的,而且是必然的。他的证明基于经验的事实,他认为这些事实是无可争议的:"在我们的陆地上行走、飞行或者爬行的每种动物当中,我们都能从海里找到类似的或者相近的物种,从一种环境到另一种环境的转变是可能的、可信的,而且有很多的例子证明。"[ff. 165 v - 166]他感到惊奇的是,人们可以看到生活在海里的动物和生活在陆地上的动物之间有着特殊的对应性,但是为什么没有人去寻找其原因。因为他认为,这种令人感到惊异的对照便足以证明动物可以从一种环境过渡到另一种环境。证据是使他的论断更加可靠的基础。但是马耶并非不知道这一证据的局限性。他想说服读者相信,人们往往根据日常经验急于得出结论,认为转变是不可能的,但事实并非如此,"人们一开始不相信,但是从水中生活过渡到在空气中生活,其实是自然而然的事"[f. 167 v]。因为这两种环境并不像表面上让人相信的那么异质。空气和水其实只是一种元素。正是这种同一性,成了"从一种自然环境过渡到另一种自然环境"的可能性的基础,"或者更准确地说,从呼吸更加潮湿的,颗粒更粗大的空气向呼吸另一种颗粒不潮湿,不粗大,但是与之十分相近的空气过渡"[f. 200 v]。况且在解剖学方面所做的研究也证明,人的机体——而且所有动物的机体似乎莫不如此——毫无区别地适合生活在水和空气中。马耶说,在母亲的肚子里,胎儿便"不呼吸"[f. 207 v],也就是说,论文的后面可以让我们清楚地看到,在母亲肚子里时,胎儿的肺是不起作用的,因为肺部的功能由两个开口承担,这两个开口随着胎儿出生,肺部开始呼吸而逐渐干枯,不久之后完全消失。

当然,今天我们知道,将水和空气视为同一是错误的论断。但是在当时,这种论断传播十分广泛,就连最为有名的化学家也持这种论断。因此我们不能拿我们的眼光看待古人,用当时没有的知识责备马耶,因为直到18世纪后半叶普利斯雷(Priestley)和拉瓦齐埃(Lavoisier)的研究成果出现,人们才知道水和空气都不是人们相信的元素,而是一些完全不一样的化学组成物。相信马耶的进化论的人感到奇怪的是,他利用了自从哈维(Harvey)以来人们便知道的胚胎学的研究成果。他的确对胎儿的解剖学知识很感兴趣,但并不是因为这一学问揭示了人类的历史,这是我们今天的读者一定会注意到的,而是因为这种学问可以让人看到,人在其生命的某一段时间无法使用肺。但是这种做法本身丝毫不让人感到奇怪,因为马耶不是人们说的进化论的先驱,而且这里说的物种没有任何谱系,可以让人回顾其形成过程。对于马耶来说,人并不是根据开始时有可能在海里发展起来的生命原始形式演化而来的。[1] 因此,需要证明的是人可以在水下生活,严格说当然需要身体发生一些不重要的、为适应环境而产生的变化。

马耶并没有落后于时代的科学。他了解当时通过显微镜实现的最新的生物学发展。在当时,精子微生物的存在被认为是反对卵源说的决定性根据,而且只要将草浸在水中,水里便会有小动物滋生(原生动物),后来这成了经典的试验,马耶也用之来证明动物的自发生成,以及人身上覆盖着鳞片。他对此的解释在今天看来有可能显得不合时宜。但他只不过是重复了一些学者的观察而已,这些学者做了或者据说是做了这些实验。他认为精子的样子看起来就像鱼,这是像哈特索盖(Hartsoeker)和他的朋友惠更斯(Huygens)这样的人已经提到过的,

---

[1] 详见本书前面分析这一主题的文章。

他们肯定地说,精子在长出腿来之前,看起来就像蝌蚪一样。当马耶肯定地说他在显微镜下看到还未成人形的种子在水中游动时,他只是在重复利温赫克的直觉而已——利温赫克认为在狗的精液当中看到了公的和母的小狗——这也是很多其他人的直觉,这些人还不能完全地区别他们真正看到的东西和他们希望看到的东西。

　　在某些方面,马耶甚至走在了时代的前面。尤其是当他为物种下定义时,他强调的是能够繁殖相似个体的能力,而当时的大部分自然主义者仍然只根据形态的标准为动物分类。除了词汇上的模糊性之外——词汇上的模糊说明他的学说正在形成的过程中——马耶把他注意到的很多不同人种归为同一物种。尽管如此,他仍然认为猴子和熊也属于人类,从而犯下了严重的错误。① 但是这一错误似乎并没有特别地引起公愤,因为当时对生物的分类还是一种冒险。遗传特点具有潜伏性,人们在论述生物学的最初的论文中便开始讨论这一现象,这也表明马耶关注的问题范围之广泛,以及他的某些观念的现代性。而且这一论断并非没有引起困难。确认种和变种的问题本来就很困难,他的论断使得这一任务更加复杂,因为某种特点可以在几代人期间是潜在的,最后才成为主宰的特点,而由某个个体产生的同一种类的个体,表面看来便不属于同一种类了。马耶就这样肯定地说,"最近一些世纪的半巨人"便在一些当时与我们的人种没有任何区别的混血人中产生了。因此,我们似乎要等着人们把海中包含的所有动物的变种都分了类,才能够决定某一种类是否纯正。但是,我们尤其可以认为,马耶相信种子的杂交——这也许与遗传学的资料是一致的,但是与他的先成说论断却不协调。根据先成说,种子当中已经包含物种的所有特点,甚至也可以使相同物种的个体毫无区别地生活在海里和陆地上。当然,在这一上下文当中,马耶说的是"杂交的种子"[f. 198]。但那仍然是某个特别种类的种子,具体地说,也就是巨人的种子,而且里面并不

_____

　　① 详见本书前一篇文章。

包含属于不同物种的特点。因此,潜在特点的出现,应解释为杂交的品种有能力通过呼吸和进食来吸收交叉品种的种子。①

显然,马耶以完全不同的方式使用了故事。最好的证明就是他利用诗人和传统以虚构的方式谈到的美人鱼和人身鱼尾的海神,并相信古代自然主义者的传说或者源自阿拉伯的一些故事是确有其事的。他尤其为普林尼的权威辩护,"人们说普林尼是个骗子,因为他举了很多并不是每个人都能够理解的事实"[f. 174],并试图合理地解释古罗马自然主义者讲述的半人半鱼的海神吹笛子的故事。然而,他并不是毫无分辨地对所有这些见证一概接受。实际上,他多次指出,并不是他想利用这些传说和"所有被认为是比喻的东西"[f. 174 v]来支持他的论断。② 与这些虚幻的见证相反,他证实:"我只注重没有任何神奇成分的事实。"[引文出处同上]然而,既然他援引了这些故事,那么他肯定认为这些故事具有一定的可信性。一切都使我们相信,马耶对待这些问题的态度与他后来分析古代哲学家和神学家的态度是一样的:他邀请读者考虑早期哲学家的观点,比如泰勒斯(Thalès)、阿那克西曼尼(Anaximène)、阿那克萨戈拉(Anaxagore)以及荷马(Homère),这些人认为——有时他们戴着一顶可笑的神话帽子——水是形成所有事物的元素,"同时放弃传说中没用的混合以及经常放在一起,用处不大、又不大体面的问题"[ff. 210 r - v]。在摩西讲述创世的故事中,通过寓意的形象描绘在水面游荡的精神,他还看到了大自然在生产中遵循的真正秩序,"水为种子的孕育做好了准备"[ff. 219 r - v]。因此,要在从前的见证中寻找真理的遗迹,因为,正如马耶十分清楚地表明的那

---

① 关于18 世纪初的生物学状态,详见吉耶诺(E. Guyenot)的《17 世纪和 18 世纪的生命科学,关于进化的观念》(*Les Sciences de la vie aux XVIIe et XVIIIe siècles. L'idée d'évolution*, Paris, 1941),以及尤其是罗吉(J. Roger)的《法国 18 世纪思想中的生命科学》(*Les Sciences de la vie dans la pensée française du XVIIIe siècle*, Paris, 1963)。

② 特里梅德对传教士说:"你一定在书中看到过古老的海神或者海人的故事。但是让我们把古人讲述的有关这方面的东西放在一旁……"[f. 174]而且在稍后面的地方,他又说:"我将这种普天下哪儿都有的传统先放在一旁,这种传统认为,有那种腰部以上完全是人形,但腰部以下是鱼形的人……还有关于海里的鱼美人的故事……"[f. 174 v]

样，"传说中有真理的影子"[f. 210]。因此，很多东西本来不只一次被认为只是表明了马耶愚蠢的轻信，但从这种新的角度来看，这些东西会成为他的思想现代性的最值得关注的特点。

然而，我们不能否认的是，故事在这里表现出虚构的特点。马耶把天真的人们在以前一些世纪积攒的所有神奇故事和我们人人都知道的旅行者们杜撰的奇谈怪论都作为证据收入囊中。然而，如果我们仔细去看，便可以注意到，他试图把批判的规则应用于一些见证，首先不可避免的就是他只考虑那些能够审查的事件或者表现；特里梅德谈到古代的传说之后，对传教士说："我只援引那些离我们在时间和地点上较近的事物，而且是你可以理解，可以研究的事物。"[ff. 174 r - v]的确，他提到的事实总是有几个见证人，有关事件的笔录是由当局确认过的，报告人和提供信息的人常常是有身份的人……当然，与某些事实有关的情况本来应当引起马耶更大的怀疑。比如，在尼罗河三角洲看到的生活在河里的男人和女人，毫无疑问是由一群人看到的，其中有一个军官；但是"那一对男女是在太阳落山一个多小时之前出现的，夜色降临了，他们看得并不是特别清楚"[f. 175]。在钻石岛的岬角上看到的海人离见证人十分近，人们差点就捉到他了；但是这事又是在"几近太阳落山的时候"发生的[f. 176 v]，因此，暮色苍茫，即使是眼力最好的人也看不太清楚。发生在马提尼克的另外一个例子，只被本地一条小船上的船员看到，而船上唯一的白人"看到的只是海人潜水时产生的漩涡"[f. 179]。

然而，事实上，马耶并不认为所有的证据都具有一样的价值。因为除了前面已经指出的证据之外，他还明确举出了其他证据——使读者不得不相信的证据。比如纽芬兰海人的故事，有人看见这个海人绕着一艘法国船，从早上到中午游了六个小时，有三十多个见证人仔细观察了他，从而后来给出了极详细的描述。马耶认为，这是一个"最近的证据，十分具体，十分真实，让人不得不相信，除非是对这种事根本就不屑一顾的人"[f. 183]。不幸的是，我们并不能完全同意他的话，因为海员们也曾认为这个海人是船上前一年死去的一个船员的鬼魂。况且，马耶自己后来也在另一背景之下说这些"像所有无知的人一样迷信的海员"说的话不一定完全可信[f. 186]。

我们也可以怀疑那些声称捕获到海人的见证，虽然见证人很多，实际上使得这件事不可能是欺骗人的。比如在爱达姆发现的海姑娘，或者艾马努埃尔国王亲眼目睹海女戏水的故事，还有耶稣会的教士亨利克（jésuite Henriques）说的故事，教士说在东印度洋岸边"一网"捕上来十六个人身鱼尾的怪物，男女都有[f. 182 v]。这些故事都说明过去人们的轻信。马耶似乎并不掌握另一个海人的情况，据说是"二十七八年之前在特塞尔捕获的……活了三天，阿姆斯特丹的人都看见了"[引文出处同上]。但是塞斯特里那个海人的故事似乎更加肯定一些，因为我们看到了关于这个海人的较为详细的描述，而且马耶提到过好几次：这个海人也是"活了好几天，城里人们都看见了"[f. 178]。再说，我们怎么能认真地置疑英国船员的话呢？他们肯定地说在格陵兰海捕获过一个海人。因为人们不仅保留了这个海人的船，而且海人本身也"被晒干，今天仍然存放在大菜市场"[f. 181 v]。"一个如此怪诞，但又如此真实地得到证实的故事，作为人类出自于海里的证据，足以十分确凿地向那些不像大部分陆地人那样有偏见的人证明这样一个真理。"[引文出处同上]因此，这个证据使得其他本来不大可信的见证都变得可信了。虽然这些见证并不像人们以为的那样能够说明什么，但你也不能说它们就彻底是假的，从而否定它们。海人毫无疑问是存在的。而且既然他们存在，人们就有可能看见他们，抓到他们。

关于有尾巴的人，马耶也肯定地说发现了"一些十分可靠的见证，甚至是公共的见证，证明这些特殊人种的存在"[f. 188]。而他的确每次都强调，见证人不止一个，事实是公开的。这些新闻是从描写非洲民族的作者书中看到的，也有一些报纸，比如《信使报》，有的是从他在旅行中认识的一些商人那里听说的，甚至有一个妓女也说过——马耶还借此机会做了一些带有嘲讽意味的思考，人们有的时候把他的这种做法看作具有重要方法论意义的原则。① 在叙述的事实当中，有几件是马耶亲眼见过的。但是，他不愿意让人们只相信他讲的话，因为作为作者，他有可能有失公允。因此特里梅德一开始便向传教士承诺，转述的事实不是难得一见的个案，而应是"最近发生的，离你不远的事，以便让有怀疑的人能够深入了解"[f. 188]。在阐述之后，他认为信守了承诺，因为他向传教士保证，这些事实"是可以被你和你们欧洲的好奇者深入了解的"[f. 191 v]。因此，所有这些见证并不是像马耶希望的那样，是都很容易检查的事实，但这并不一定意味着马耶不懂得批判的规则。

对于巨人的事也是一样。马耶知道最近在索罗尼克(Salonique)发掘出一些尸骨，他认为这个人的身材非常高大；散乱的尸骨，除头骨之外，被送到了巴黎，"其中大部分仍然保存在国王的图书馆中"[f. 194 v]。当然，他转述的是荷兰人维特弗利特(Witfliet)关于帕达龚(Patagons)和智利人(Chiliens)身材高大的夸张说法，②而且他在这一点上是轻信的。但是，人们最近不是在美洲发现了巨人吗？一个法国军官，"还十分年轻，而且还活着"，他坚持强调，这个军官告诉他，一些加拿大的移殖民发现了一个巨人民族。当然，这件事有些可疑，因为他只见过移殖民杀死的当地巨人的一颗头骨，"至少是一般人头的三倍"[f. 195]。但是，另一个见证人也对他说在伦敦见过另一个美洲巨人的手，而且这件事似乎无可怀疑，因为"好几个外科医生以为他是杜撰，但是，他们用器具探查之后，很容易便相信了"[f. 196]。我们甚至不能责备马耶轻易相信了这些见证人的话，因为他认为事实的背景并没有使事实变得不可信："十分遗憾的是，人们没有将巨人的遗体或者至少是骨骼带回来，以解决人们对人和动物的起源，对物种的多样性总是不相信的问

---

① 马耶抱歉地说："对于一个自然主义者来说，深入了解事实，从而了解大自然的秘密，认识真理，这并不是什么可耻的事。"[f. 190]

② 维特弗利特的作品《西印度通史》(*Histoire universelle des Indes Occidentales*)从拉丁语翻译过来，并于 1607 年在杜艾(Douai)出版。

题。"[引文出处同上]

　　与当时的很多人一样,马耶也认为人和类人形动物是一样的,他认为这些动物的基本特点与人一样。类人形动物的存在为古人所证实:古罗马人在穿过今天位于普鲁士的森林时遇到过一种动物,名叫"乌拉克斯"(ourax),"像我们一样用两条腿走路,跟人完全一样,就是不会讲话"[f. 185 v]。也有些人游历过非洲海岸、火地岛或者其他具有异国风情的地方,这些人也讲了一些故事。的确,这些动物没有任何一个被活着带到大城市里来。不过 1702 年在新几内亚捕获的一只猩猩在渡海时死亡,在荷兰展示给人们看了,"人们说那是值得所有欧洲人赞叹的东西,在整个印度也引起了轰动"[ff. 186 v – 187]。而且说不定马耶也亲自有机会见过,他说是"1720 年在圣日耳曼的集市上展示给人们看"的,它"不会说话,脸上和身上到处长满长毛,身长四尺多"[f. 187]。

　　因此,有问题的不是方法,而是指挥一切的思想。然而,也正是这种思想使马耶成了一个跟得上时代脚步的人。关于海人的故事,肯定不是他杜撰出来的,关于人形动物的性质的讨论,也不是由他挑起的,人们在欧洲刚刚开始了解类人形动物。当然,我们仍然可以说,由于他轻信,所以才与神秘学家和愚蠢的人们走得近了,这种人各个时代都有,如迷信的海员和无知的冒险家,总而言之是像龙德莱(Rondelet)之类的人,在一个半世纪之前便不仅仅提到"海人"(homo marinus),而且还说有什么"海人主教"(episcopus marinus)。① 当代人中最为杰出的思想家也表达过相信海人存在的意见。洛克提到长翅膀的鱼和住在水里的鸟,说海豹可以毫无分别地生活在水里和陆地上,说鼠海豚长着猪

---

　　① 龙德莱(G. Rondeletii),《海鱼(……)之书》[Libri (…) de piscibus marinis, 2 vol., Lugduni, 1554 – 1555, pp. 492 – 494]。详见罗斯查尔德(H. D. Rotschild)《18 世纪的自然主义者博努阿·德·马耶》[Benoît de Maillet Eighteenth-Century Naturalist (A Study of Telliamed), op. cit., pp. 95 et sq.]。罗斯查尔德夫人让我们注意到当时很多人都相信海人的存在,并举了好个例子:盖斯内(Gessner,1516 – 1565),路易·雷纳尔(Louis Renard)的(《在默吕克岛周围发现的各种颜色的鱼、虾、螃蟹以及不同寻常的动物》,1717 年),马丁(Martin)的(《科学语法》,1741 年),蓬托毕当(Pontoppidan)的(《挪威的自然历史》,1755 年)。

的肚肠,"且不说人们私下里传说的关于美人鱼和人身鱼尾的海神的故事"。① 莱布尼兹(Leibniz)暗示,动物的生命是首先在海里发展起来的,而且各个大陆上生活的动物都是海洋动物的后代。② 关于猩猩的真正性质的争论在整个 18 世纪期间都有。布丰毫不犹豫地将猩猩归在动物之列,但是列内(Linné)似乎认为相反,在《自然体系》(*Systema Naturae*)当中,他说猩猩是"夜行人"(homo nocturnus)或者"森林人"(homo sylvestris)。卢梭在心中也想过:这些"人形动物""会不会是真正的野人?"而且他也相信真的有巨人和长尾巴的人。③

怀疑主义和自然主义

《特里梅德》当中阐述的生命的起源和动物从海里向陆地迁徙的论断产生于一种看法,而这种看法的根源应当到现代的怀疑论中去寻找:大自然中还隐藏着很多不被人知的神奇事实。对调节大自然生产的机制和法则,我们一无所知。为了发现自然的秘密,必须以尽可能开放的思想走近它,在了解它隐藏着的无尽的可能性之前,不要为它划定界限。因为经验表明,现实远远超过最为丰富的想象。马耶预先想到诽谤者对他的反驳,肯定地说:"蚕或者毛毛虫变成蝶,如果不是我们天天看得见,或者在人们不知道这种现象的地方,如果有人讲述这样的事,那这会比鱼变成鸟要更加令人难以相信。有的蚂蚁经过一段时间之后,不是长出了翅膀吗? 对于我们来说,如果不是我们亲眼所见,这

---

① 《论人的理解》(*An Essai Concerning Human Understanding*, III, vi, 12, ed. A. C. Fraser, New York, 1959, vol. II, p. 68)。

② 《柏林文集》(*Miscellanea berolinensia* I, 1710, pp. 110 – 111) [见于 洛夫乔伊(A. O. Lovejoy),《存在的巨大链条》(*The Great Chaing of Being*, Cambridge, 1936, p. 256)]。

③ "在我们认识的人当中,或者通过我们自己,通过历史学家,或者通过旅游者,我们知道有的人是黑的,有的人是白的,有的人是红的;有的人长头发,有的人只生有细而卷的毛发;有的人几乎全身长毛,有的人连胡子都没有;身材高大的民族过去有过,现在也许仍然有;而且,姑且不提俾格米矮人的传说,很可能这一传说只不过是夸大了事实而已,我们知道拉蓬人(Lappons)和格陵兰人(Groenlandois)比一般人的平均身材要矮小得多;人们甚至声称,有的民族的人都生有尾巴,就像四足动物一样……"[《论人的不平等的根源和基础》(*Discours sur l'origine et les fondements de l'inégalité parmi les hommes*, note X, Paris, La Pléiade, 1964, p. 208)]

难道不是最令人难以相信的事吗?"[ff. 170 r‐v]在整个 18 世纪,自然主义始终十分活跃。这就说明为什么在 18 世纪初有人写的一部书,在五十年之后出版的时候仍然能够引起好奇者的关注。当然,如果没有别的证据,我们不能证实狄德罗和默贝图(Maupertuis)曾被马耶的论断影响。① 但是拉梅特里(La Mettrie)知道《特里梅德》,而且洛比内(Robinet)为这本书写过长长的摘要。② 我们甚至有直接的证据,证明人们在理解马耶的作品时,这种感觉是非常鲜明的:《关于一本题为特里梅德的书的思考,书中包含世界形成的新的体系》(*Réflexions sur le Livre intitulé Telliamed contenant un nouveau Systeme de la formation du monde*)是佩尼梯神甫(abbé Pernety)1749 年写的。③ 神甫认为动物出于海中的论断"废话连篇",但尽管如此,他仍然指出,"故事和游记中有很多这一类的事,都假设海人是存在的"[f. 78 v]。他甚至抵挡不住诱惑,也讲了从一个海军军官处听来的故事,故事里的事完全证实了马耶提出的观点:一个海人童年时候在巴西的海中被捕获,所以活了下来,并且生了孩子,过了几代人之后,在语言表达上仍然有困难。神甫并没有公然地接受他评论的这些论断,但是他的谨慎态度便是对马耶的尊重了,因为他说:"谁能数得清大自然的种种现象,并且完全了解这些现象呢? 就我们所拥有的一点点光明,怎么能说得清楚大自然的所有秘密呢?"[引文出处同上]马耶的话也不会说得更加合情入理吧?

　　当然,以这样的方式来设想,那无异于为蒙昧主义的江湖骗术提供了庇护。然而,虽然马耶并非不知道,我们的知识并不是衡量大自然的标准,但他不知道的是,大自然不能代办一切。为了决定其真实的可能

---

① 瓦塔尼亚姆(A. Vartaniam)便持这种意见,《狄德罗和笛卡尔,启蒙中的科学自然主义研究》(*Diderot and Descartes. A Study of Scientific Naturalism in the Enlightenment*, Princeton, 1953,第 281 页及以后部分)。但是他认为马耶具有变化论的观点,这便完全地曲解了问题。

② 《生物形式的自然渐进哲学观,或者论自然如何学习造人》(*Vue philosophique de la gradation naturelle des formes de l'être, ou les Essais de la Nature qui apprend à faire l'homme*, Amsterdam, 1768, pp. 106‐141 et 156‐159)[根据 H. D. Rothschild, *op. cit.*, p. 118]。

③ 这些思考仍然是手稿,Lyon-B. M. PA 200, ff. 72‐79。

性,他强调了经验的无可辩驳的价值。然而,事实可以证明的应该是生物不可能从海里过渡到陆地上来,因为经证实,被捕捉到的海人最多活了几天时间。他们的确没有马上就死掉。马耶便利用了经验的这种似是而非,肯定强制性过渡的可能性:"既然可以出水生活几天,那由于无法再回到水中生活,他们也就能够适应在水之外生活,无疑正是这样,陆地上的所有动物才在某些情况之下,从水里的生活过渡到了只靠呼吸空气的生活。"[f. 173]

这一假设看起来是对的,因为动物出水后之所以死了,并不像一般人们相信的那样,是因为它们天然不能适应新的环境。人们认为新的环境从根本上与他们原来的生存环境不同。马耶在后面还说:"同样可以肯定的是,被抓住的海人可以在空气中呼吸,也可以在海中呼吸。"[f. 199 v]因此,海里的生物过渡到陆地生活,并不是违反自然的事,过渡不是要克服特别对立的力量才能实现。我们见到的不断失败的个案,只不过说明适应的困难,但是适应总是可能的:"然而,虽然呼吸空气对于他们来说是自然而然的事,和呼吸水一样,我们不应怀疑的是,由于是突然之间,而且是迫不得已地改变环境,尤其是当天气热的时候,空气质量是多样化的,如果空气像他们离开的水一样冷,海人就不会受伤害。我们并不感到奇怪的是,在温带或者热带抓到的海人,在离开水之后活的时间都很短,而且总是相当清楚地表现出他们的健康受到了损害。"[ff. 199 v - 200]对于马耶来说,这从根本上与我们一般把平原上的生物搬到山地,或者反过来时观察到的现象一样。在这些情况之下,空气的差别,其颗粒的粗或者细,会导致生物不适,有时也会导致死亡。"也许正是由于这些原因",他归结:"鸟需要一定的距离才能够起飞"[f. 200]。①

----

① 　然而应当指出,至少在两种不同的情况之下,海洋生物对呼吸空气的适应是完全成功的:被带到葡萄牙国王身边来的海女和海姑娘"又活了几年"[f 180],而且在爱达姆的海姑娘事件当中,人们保证,她"在几年的时间里习惯了只呼吸空气"[f. 176]。然而,马耶丝毫没有想到利用这些证据来说明过渡是真的,这充分表明,他并没有认为所有的证据都具有相同的价值。

因此,我们不能说所有生物都是来自海里的理论是与事实相悖的。然而实际上显而易见的是,没有任何东西可以证明动物真的从海里过渡到陆地上来了:我们所知道的,只不过是水中和空气中都生活着一些物种,一些物种从一种环境过渡到另一种环境是完全可能的,两种环境的性质从根本上一样,动物的解剖特点也与这种可能性并不矛盾。马耶远没有认为朝着这个方向再往前走是不可能的,而是想让读者认为,这绝对是显而易见的事。他提出了一个问题,他认为问题一定要独特,才会让人觉得可信。他所追求的,不仅仅是可能性,而是确信无疑——我们可以顺便说一说,这证明他的计划是非常严肃的,根本不是他说的游戏。正因为如此,他在论述的最后明确阐述了一种观念,这种观念在前边阐述的内容当中已经存在了:动物从海水中出来的事,不是仅仅发生在地球的早期,不是在地球的历史上最终已经结束了的事,而是后来还发生过,今天也仍然在发生着的事。这种思路也说明马耶认为他的思考的认识论地位具有模糊性。因为,在假设的可能性和显而易见的肯定性之间,体系的严格逻辑会被削弱,这样便不会不损害体系的内在联系。说到底,对这种过渡的直接观察,按照马耶自己的话说,是“天天在继续着”[f. 212 v],但是实际上是无法实现的:的确,只有在空气的组成最接近水的性质的地方,“在最冷的地方,最接近极地的地方”才可以观察到这种现象[引文出处同上];而且,假设我们到了那里,还必须有极大的耐心,才能够见证这种现象,因为无可怀疑的是,“从海里出来的生物开始时非常胆小,只要看到不寻常的东西或者听到不寻常的声音,它们都会受到惊吓、逃跑、躲进深水里”[引文出处同上]。因此,似乎这一过渡又不是必需的了,而马耶开始时说的过渡之所以发生,是因为动物从海里出来就回不去了。

因此,我们不得不解释某些蛛丝马迹,因为正如马耶自己不得不承认的那样,这种过渡是“没有办法”直接观察到的[引文出处同上]。他认为野蛮民族的存在是一个无可怀疑的迹象,表明在并不遥远的过去,这种过渡仍在继续发生。比如特里梅德向传教士说:“在寒冷的国家,很多野蛮的民族以及在那里发现的一些动物,对于你来说,应当就是这些种类新近从海里的生活过渡到陆地生活的表现,并肯定说明了他们的状态不久之前发生了变化。"[ff. 212 v - 213]当然,马耶的出发点是,他深信新近从海里出来的生物以及在物种中已经臻于完善的动物之间,存在着可观的差别,但是,这种预先的假设稳稳地扎根于经验之中,经验表明,所有在海里捕获到的生物至少是不会说话的。奇怪的是,马耶在为了说明自己的论断而谈到的原始人(猩猩和一个黑人的部落)不是生活在极地,而是生活在非洲。这个事实清楚地说明他忽略了这一点,但是他的体系并没有因此而出现不可解决的矛盾。因为他从来没有否认过渡可以在除了极地以外的其他地方发生。在靠近极地的地区,环境最有利于海洋生物的过渡,他在前面提到过这一点。但是,他在后面又补充了一段文字,说明迁徙发生在什么时候。在这段仍显模糊的文字当中,他说:"所有的种类在这个星球的各种气候,在某些特定的条件之下,都有可能从水里过渡到陆地上来。比如在深深的峡谷中,山高峰密,可以保持经常性的寒冷和湿气,深而且密的森林,或者大的岩洞使这些物种从水里出来,可以躲过会使它们胸部感到不适的热空气,它们的后代对热空气就可以忍受了。"[f. 200 v]

然而,如果真是这样,虽然这种现象看起来并没有什么奇怪的地方,那为什么在欧洲从来没有发现过这种事呢?对于体系的可信度而言,这个问题是十分关键的。马耶并没有逃避这个问题。而且他的回答非常天才,虽然显而易见的是他自己也不太相信他说的话。因为他一开始先接受结论,并说这些国家早就有人居住,人口众多,所以也就没有荒凉、僻静的过渡地方。他试图用事实说明结论,因为我们不应当忘记,海里的动物又野又胆小,它们害怕生人的出现,也怕没有植物的地方的热空气。后来,马耶又改口了,说虽然条件不适合,但过去也曾有过水陆迁徙的例子,而且现在还有,只是很少见。特里梅德的确向传教士指出:"前几个世纪的故事中提到在你们这些地方发现了很多怪物,而且人们现在天天还能听说这样的事。这些怪物不是像你们的书中描写的或者我们想象的龙,也不是长翅膀的蛇,而是从海里出来的或者被海水抛弃在陆地上的动物,我们从它们的样貌还认不出它们是我们知道的动物,但也许它们与我们属于同一类。有些物种被我们有意破坏掉了,认为这样做对国家有好处,可是这使国家少了一种物种,这种物种本来可以对国家有用,可以为我们增加幸福,或者让我们多一种未知的动物种类。"[f. 214 v]①

　　这个问题无疑太关键了,不能没有让人感到满意的答案。但是马耶不得不承认,问题的答案没有他所追求的那种显而易见的特点。因此,他不得不满足于一些不那么具有结论性的证据:"毫不奇怪的是,由于国家的位置所限,我们没有见证动物从它们居住的水里出来时的最初状态,而且由于我们的无知,即使在今天看到有个别这样的现象,我们也会滥用它们的出现。因此,有些人显然是不久之前刚刚从水里出来的,我们只要亲眼见证到这些人的初级和愚蠢,这就足够了。"[ff. 214 v-215]马耶最终放弃了明证,又回到了出发点上。但是,在这无益的奔波当中,假设本身也会失去其可信性吧……

---

　　①　我们不知道这些"人"是否存在;对于马耶来说,这并不意味着住在海里和陆地上的相同物种的个体在形态上会有很大的差别。这一混乱只是表明,属于我们这个物种的变种的数量是无限的。

三　没有教条的唯物主义

作为方法的怀疑:地下书刊中的怀疑主义和唯物主义

如果正如人们一般所保证的那样,唯物主义是一种从本质上具有批判意义的世界观,如果其真正的核心不在于它确认的东西,而在于它否认的东西,在于它对于一切理想主义哲学的破坏作用,在于人们最终称之为的它的去神秘化的倾向,①那我们便会很容易理解,怀疑主义表现出对已经接受了的思想和价值不断的质疑,这种怀疑主义甚至可以被看成一条在地下书刊中将唯物主义的各种潮流穿插在一起的线索。

在现代怀疑主义的发展进程中,18 世纪似乎是一个空白,而自从文艺复兴以来,一直到 18 世纪之前,其发展进程始终没有中断过。②可以肯定的是,在 18 世纪初,怀疑论在法国的知识舞台上还占有优先的地位:1702 年,贝尔(Bayle)发表了《历史和批判词典》的第二版;1718 年,法布里修(Fabricius)致力于出版希腊文和拉丁文版的塞克斯图·因皮里克(Sextus Empiricus)的作品(这是 1621 年以来的第一次);1721 年,达尼埃尔·于埃特(Daniel Huet)的《论人类精神的弱点》

① 这个说法是阿多诺(Th. W. Adorno)提出来的:"唯物主义一般会有去神秘化的倾向",《哲学术语》(*Philosophische Terminologie*, Frankfurt, 1974, tome II, p. 172)。

② 关于现代的怀疑主义,详见波普金(R. H. Popkin)的《从伊拉斯谟到斯宾诺莎的怀疑主义历史》(*The History of Scepticism from Erasmus to Spinoza*, Berkeley, University of California P., 1979);布尼雅特(M. Burnyeat)编辑出版的《怀疑论传统》(*The Skeptical Tradition*, Berkeley-Los Angeles-London, University of California P., 1983);波普金(R. H. Popkin)和施密特(C. B. Schmitt)编辑出版的《从文艺复兴到启蒙的怀疑论》(*Scepticism from the Renaissance to the Enlightenment*, Wiesbaden, Harrassowitz, 1987);沃森(R. A. Watson)和福斯(J. E. Force)编辑出版的《现代哲学中的怀疑模式》(*The Sceptical Mode in Modern Philosophy. Essays in Honor of R. H. Popkin*, Dordrecht-Boston-Lancaster, M. Nijhoff, 1988);帕加尼尼(G. Paganini)的《现代怀疑论。从夏隆到休谟的怀疑论解释》(*Scepsi moderna. Interpretazioni dello scetticismo da Charron a Hume*, Cosenza, Busento, 1991,"引言",第 13—196 页)。

(*Traité de la foiblesse de l'esprit humain*)出版；1725 年，瑞士的数学家华特(Huart)出版了《皮浪主义的叙述》(*Hypotyposes pyrrhoniennes*)法文翻译本的完整版本。另外，图书和报纸上围绕怀疑论的哲学和宗教争论也表明这一学说在法国公众中的影响。然而，人们的关注很快便减低了，纯粹怀疑论的主题和在整个 17 世纪留下的一些标志性的争论，都已经被人探索过，所以怀疑主义的历史到了贝尔和于埃特便似乎停止了，后来在休谟的作品中才再一次出现。①

当然，我们不能否认，18 世纪的法国从很大程度上不再关注怀疑论在认识论上的作用，因为，作为这一时期一般特点的理性的乐观主义与信仰论的非理性主义是对立的，而贝尔和于埃特的怀疑论最终便落在了这种信仰论的非理性主义当中。而且尤其是因为当时人们开启了新的思想道路，英国学派的经验主义(比如洛克、博伊尔、牛顿)和伽森狄主义都站稳了脚跟。但是，怀疑主义虽然已经不在前台，在后台还是常常出现的。对地下书刊的分析从新的角度让我们看到了怀疑主义表现出的或多或少的影响，以及对唯物主义产生的各种作用，当时刚刚出现的唯物主义一般都带着怀疑论的色彩。当然，我们在这里说的，并不是某种特别的，确定的思想潮流，不是作为可以与其他的学说相对的认识论选择的学说。怀疑主义倒是代表了一种方式——狄德罗说过的"怀疑论的方式"——一种浸润着地下唯物主义的阐述和研究的方法。当然，我们在这里所面对的并不是学院的皮浪主义，学院的皮浪主义只会以种种口吻不知疲倦地重复那些传统的论调，说我们的感觉器官和理性无法捕捉到真理；我们所面对的是一种态度，对传达给我们的知识提出质疑，意识到对真理的追寻是有极限的，而且正因为如此，才在自己的抱负上显得十分谦虚。这种怀疑主义的灵感来自伽森狄，而不是来自贝尔(虽然人们常常会从历史和批判词典中找到编写手稿所需要

---

① 波普金(R. H. Popkin)，《启蒙时代的怀疑主义》，载《伏尔泰研究》["Scepticisme in the Enlightenment", *Studies on Voltaire* 23 (1963), 1321 - 1345]。

的资料）；原则上，这种怀疑主义并不想去探询最终的原因和本质，认为以经验的直接资料为基础的理性，是获取知识的最适当的手段，而这些知识是确保给人以保护，保证人的幸福所必需的；最后，这种怀疑主义被认为是寻找真理的方法，而不是体系。

我们还可以找到几本孤立的作品，比如《皮浪主义的论据》(Arguments du pyrrhonisme)，[①]书中不厌其烦地详细列举了古典怀疑主义的各种论据，根据这种怀疑论，我们的每个器官都在欺骗我们，真理的任何标准都不值得我们信任。但是，拒绝系统的怀疑主义，把怀疑作为系统来拒绝，实际上是普遍的。这种拒绝的基础是对怀疑主义再生以来所扮演的角色进行思考。事实上，怀疑主义从一开始便把自己说成一把双刃剑。一方面，怀疑主义建立了一堵墙，用批判的思想来反对教条主义的自负，首先是反对亚里士多德的学说，然后是笛卡尔的。在这种意义上，怀疑主义在宗教问题上也是一种分解的因素，因为纯粹哲学意义上的怀疑，会情不自禁地超越神学的极限——怀疑论者自己有时候也想让这种极限成为不可逾越的。因此，我们常常会看到，在 16 世纪和 17 世纪神学家的笔下，不管是天主教还是基督教，皮浪主义者和无神论者几乎总是过分地被看成是一样的。[②] 认为怀疑论和无神论紧密相连的看法散乱地出现在地下书刊当中。比如，我们在《斯宾诺莎的"神学政治论"分析》(Analyse du traité de la théologie politique de Spinosa)当中，看到这两个词之间有着含义深远的模棱两可："人们声称斯

---

① 完整的题目是《皮浪主义的论据，致一位想学习这一学派的哲学原则的小姐》(Arguments du Pyrrhonisme, Pour une demoiselle qui vouloit apprendre les principes philosophiques de cette secte)。我们所看到的唯一的样本是在一本文集当中，文集里的文章是论述各种题目的，题材从动物的灵魂到音乐，甚至还有一篇关于荷兰各种不同宗教的论述。这篇论文大概写于 18 世纪 20 年代末，因为里面提到华特(Huart)于 1725 年翻译的《皮浪主义的叙述》(Hypotyposes pyrrhoniennes)："塞克斯图·因皮里克……刚刚有了我们的语言的一个新译本(而且译得很好)"[f. 53 v]。而且同一个作者的笔迹在页边上补充道："1726 年在阿姆斯特丹印刷。"[原文如此]

② 详见布松(H. Busson)的《法国从夏隆到帕斯卡的宗教思考》(La pensée religieuse française de Charron à Pascal, Paris, 1933)，以及《法国文艺复兴时期文学中的理性主义》[Le rationalisme dans la littérature française de la Renaissance (1533 - 1601), Paris, 1957]；莫诺(A. Monod)的《从帕斯卡到夏多勃利昂》(De Pascal a Chateaubriand, Paris, 1916)。

宾诺莎是第一个系统的无神论者,或者第一个将无神论简化成原则的人。他的皮浪主义至少有着方法论上的意义。"[Paris-Mazarine 1198, f. 1]曼德维尔在《关于宗教的自由思想》(*Pensées libres sur la religion*)当中,区别了"思辨上的无神论者"和"实际上的无神论者",最后得出结论,说前者来自怀疑主义:"思辨的无神论者是不幸的人,他们太执著于追求知识,或者推理,先是成了怀疑主义者,真到最后,因为无法从哲学的迷宫中脱身出来,对于他们无法理解的东西,便陷入了不信任之中……"[Rouen-B. M. 1580, f. 10]狄德罗在《克雷奥布尔的散步》(*Promenades de Cléobule*)中接受了这种分类,在自己的作品当中认为,在皮浪论者形成的"乌合之众"当中,无神论者属于"倔强者"[Montivilliers-B. M. 15, ff. 125–126]。

但是,怀疑主义一旦被推向极致,事实上便会成为宗教的盟友。我们的知识有弱点和不确定性,但是我们又虚荣地想以合理的方式解释一切。信仰论在强调这一点的同时,面对理性的无能为力,认为神祇是最好的庇护。从这种意义上说,怀疑主义可以被认为——而且当时经常被认为——是确认信仰优先的前奏。[①] 这种原始的模糊性是内在于所有怀疑论的立场的,这让我们可以推测到由此而得出的不同的结论:如果过分的皮浪主义,也就是被推向极致的怀疑主义,事实上导致了充分的理想主义,那么温和的,知道对自己保持批判态度的怀疑主义,便可以形成一种对唯物主义具有补充作用的元素,从哲学的传统战场上扫清那些没有对象的问题,只提出我们能够给出符合人的尺度的回答的问题。

---

① 详见波普金(R. H. Popkin)的《从伊拉斯谟到斯宾诺莎的怀疑主义历史》(*The History of Scepticism from Erasmus to Spinoza*, *op. cit.*);布鲁什(C. B. Brush)的《蒙田和贝尔,怀疑论主题的变化》(*Montaigne and Bayle. Variations on the theme of Skepticism*, La Haye, 1966)。

以世界的明证性作为出发点

我们可以在地下书刊中看到一种对彻底的怀疑主义的普遍反应，彻底的怀疑主义用表面上看来无可辩驳的论据来否认显而易见的事实。当然，当我们主张批判的怀疑时，我们可以避免教条;然而，这种怀疑还是认为理性和经验是认识的可能性的保证，虽然我们知道认识是有极限的，但是这种极限还不至于对物质世界的存在提出质疑。人们经常通过自己的身体来见证一般物质的存在。我们在《论追求真理》(*Essais sur la recherche de la vérité*)[Paris-Arsenal 2558, f. 102]中看到:"我们通过我们自己来肯定物质的存在。"布兰维利耶以同样的方式在《论斯宾诺莎的原则中的形而上学》(*Essai de métaphysique dans les principes de Benoît de Spinosa*)中强调，"我们的最初的认识就是相信我们是存在的"，这已经是对物质的认识[Paris-B. N. F. fr. 12242 – 12243, I, f. 48]。因为，如果我们的个人存在"通过我思故我在，或者我在思这一格言而变为肯定无疑的"[引文出处同上]，那么思想便不是与物质不同的某种精神实体的属性，也不是与其特殊观念切实有别的一种心智能力，而是作为其特有对象的(人的)身体的行为感知——一系列的感知。正是身体的感知形成了精神:"感知是我的精神的基础和特有的物质"，布兰维利耶写道，"如果可以使用这样的词语的话"[II, ff. 10 r – v];因此，没有身体的感觉，对精神、心灵的了解是不可能的。因此，他说:"我的感觉向我证明我自身的存在，也以相同的确实性证明多种其他事情的存在。"[I, f. 48]让主体对自身的存在有了感性认识的经验，同时向主体揭示了一个外部物质世界的存在，"我对这个世界的存在的肯定"，伯爵写道:"和对我自身的存在一样[肯定](因为[世界的存在是基于]让我知道我存在的同样的感觉)"[ff. 49 r – v]——因为所有让主体知道其存在的感知，都是实实在在的，有生命的或者无生命的客体作用于他身体的结果。没有客体，就不会有感知;没有感知，就不会有意识到的存在。

这样根据人从感性上感知自身存在的明证性，推断出物质的存在；如果剥除一切参照，人的存在是很难设想的。因此，要承认这样的推理从逻辑上是有效的，必须把它放在产生这一推理的论战的背景当中。首先，人们很早便注意到，在二元论的体系框架之内，实体关系的问题几乎是没有办法解决的。机械主义引进了直接接触的观念，不管是压力还是冲击，作为在物质当中发生的一切改变的原因；机械主义的发展显然使人们更加难以解释心灵对肉体的作用是何种性质，由此扩展开来，还有如何解释精神对于物质的作用问题，由此而导致对创世论的拒绝。因此，对必然会赋予第一存在的属性进行仔细分析，必然导致用二元论的方式解释世界的企图走向失败。如果说永恒和无限的精神实体是存在的——因为神性是没有极限的，不管是时间上的还是空间上的极限——那就没有物质的存在，因为无限的东西包括了一切，除非认为这一物质是神性的一部分，比如作为可以理解的广度，正好比马勒伯朗士学派的人所主张的那样，但这样的主张，很可能被人指责为泛神论。

精神实体不能作用于物质，无限的实体是唯一的实体。因此，唯物主义的思想并不是要否认这后一种原则，而是把自己的武器转过来对着主张这一原则的人。假设物质是第一存在，那精神就不是别的，只是实体的一种变化，一种偶然的状态。但是我们可以最直接地感知到的就是我们的存在，我们可以通过身体的各种表现来认识这一存在：因此，我们不能否认物质是存在的，因为我自己的存在就是一个无可辩驳的证明，而且既然外部世界的存在本身根本就不是问题，因为肉体作用于我们，那就必须得出结论说，世界是物质的，因为只有物质是存在的。

在公开宣称怀疑主义的哲学当中，要想证明外部世界的物质现实，像这样的推理起着决定性的作用，这完全是正常的。如果认为感官在欺骗我们，尤其是如果认为感官向我们提供的只是表面的东西，只是现象，而不是本质，那么求助于感官，求助于感性经验，便不可能是物质存在的令人信服的证据。在《复活的乔尔达诺·布鲁诺》（*Jordanus*

Brunus redivivus）当中，问题被尖锐地提了出来，而提出问题的背景是唯灵论。① 物质的存在似乎是显而易见的，只要"关注物质所提供的无数特性，关注物质的运动禀赋，关注作为各种运动结果的种种产物，关注物质组成部分的坚实和质地"[Rouen-B. M. M 74, f. 122]。然而，有些哲学家还是对物质的存在提出了质疑，他们认为精神实体的存在和物质的存在是不能协调的；因此，既然我们承认非物质实体的存在，那就必须否认物质的存在，哪怕是最为坚实的论据，也不能克服这一信念：对于这些"非唯物主义的哲学家"来说，身体只有"客观的，也就是表面上的"现实性[引文出处同上]；而在感性感知当中建立起来的主体—客体关系，以及尤其是人的行动使身体上发生的变化，以及身体使人的行动发生的变化，也许是使他们做出选择的最终论据——因为说到底，"在所有这些行动当中，作为施动者和被动者的身体不可能没有真实的存在，既然它们相互之间能够真实地感觉到对方的行动"[f. 123]——只是，如果在完全由无限的精神实体所占据的空间，"有可能存在物质的话"[引文出处同上]。

因此，感性的明证性之脆弱表明，我们不能急于得出结论——因为在讨论宇宙的实体是何种性质之前，我们必须证明我们所说的这个世界是真实存在的。在世纪之交，贝尔指出，现代哲学所走过的路，事实上都可以简化为古老的怀疑主义论断向着理想主义的方面深化。怀疑主义被伽森狄重新引入之后，在"好心的哲学家"当中受到极大的欢迎，这些好心的哲学家一致确认我们的感性认识具有现象的特点；但是感性的品质是由笛卡尔的学说建立的——后来人们称这些品质为"次要的"的品质——根本不属于客体，贝尔认为，客体在怀疑论的发展当中引入了一个决定性的区分。广度和运动在认识论中的地位与这些次要的品质是不一样的，既然没有任何理由认为广度和运动在认识论上

---

① 说到这里，我们应当注意到，其实笛卡尔的体系最终只是通过自行沉没来摆脱其矛盾的，在强调物理原则时变成唯物主义，在强调形而上学的理想主义元素时则采取唯灵论的形式。

是有地位的,但是相反,我必须承认,身体的运动不可能是我们的感觉
的原因,我们的感觉都是源自精神的,因此我们便应当得出结论:没有
任何证据表明身体是存在的。像笛卡尔学派的人所希望的那样说,上
帝给予我们关于身体根本不存在的观念时是不可能欺骗我们的,但这
种说法似乎并不成为能够改变这一结论的论据,既然表面看来,这种说
法一向欺骗着没有文化的粗人,因为他认为颜色是在客体里的。①

　　我们知道贝克莱(Berkeley)在其作品中将这种主观唯心主义系统
化,抛弃了外部世界,抛弃了物质的存在,指出原始的品质——广度、样
貌、运动——也是精神的影响,既然这些东西在没有感性品质时,单就
其本身是不能为人所知的。我们还知道当狄德罗看到这一“怪诞的体
系”时的反应,这一体系“使人的精神和哲学感到耻辱,是最难克服的,
虽然是所有体系当中最为荒唐的体系”,②他对这个悖论故作蔑视,这
一悖论虽然荒唐,但在其自己的阵地上是无可辩驳的,而它的阵地就是
唯我论;于是狄德罗以看破一切的口吻说:“还是让我们干些更加重要
的事吧……”③

　　虽然他的作品只是很晚才被翻译,我们仍然可以怀疑贝克莱的学
说对法国的知识群体产生了肯定的影响——《复活的乔尔达诺·布鲁
诺》的作者在遣词造句中也证实了这一点,该作者肯定地说,一些非唯
物主义的哲学家这种“荒唐的观点”是“法国、英国、德国”一些伟大的
人物宣扬的[f. 124]。④ 然而,多种迹象表明,在法国18世纪初发展起
来的“利己主义”的潮流,至少保留了生活在巴黎的荷兰人朗格奈尔

---

① 《历史和批判词典》,“皮浪”词条。

② 《关于盲人的信》,载《哲学作品集》[*Lettre sur les aveugles*, dans *Oeuvres Philosophiques*
(éd. P. Vernière), Paris, Garnier, 1964, p.141]。

③ 狄德罗,《百科全书》中的“皮浪学派”词条。狄德罗的说法以表面上的轻浮掩盖了
他后来对此的关注。后来狄德罗在对汉斯特惠(F. Hemsterhuis)的《关于人的信》(*Lettre sur
l'homme*),在《论克洛德和尼禄的统治》(*Essai sur les règnes de Claude et de Néron*)中进行评论,
也在他的通信中(1766年7月写给维雅莱的信,1766年12月29日写给法尔高奈的信)多次
谈到贝克莱根本上的唯心论以及唯我论为认识论所提出的问题。详见尔苏拉·纹特(Ur-
sula Winter)的《论狄德罗的唯物主义》(*Der Materialismus bei Diderot*, Genève-Paris, 1972, 尤
其是第260—264页)。

④ 我们知道,贝克莱用“非唯物主义”(immatérialisme)一词来指自己的体系。

（Langenhert 或者 Langner）和布鲁奈医生的名字，说明其源头不是贝克莱的哲学，而是在马勒伯朗士的思想当中深深扎下了根的唯灵论倾向。当然，作为怀疑论者的特征，我们在《克雷奥布尔的散步》中发现了唯我主义的立场，但狄德罗并没有在这些观念和贝克莱的哲学之间建立任何联系，这一事实不能被认为是标准，以判断荷兰主教在法国的影响有多大，但是这仅表明狄德罗还不知道这些作品。1713 年《特雷沃的回忆录》(*Mémoires de Trévoux*) 中出现的一段说明，提到三年之前在伦敦出版了贝克莱的《人类知识原理》(*Principles of Human Knowledge*)，后面还有一段评论，表明马勒伯朗士的学说在绝对唯心主义的出现当中是多么重要："我们当中有个人认识马勒伯朗士，他比贝克莱走得还远；在一场漫长的争论当中，他支持说，他很可能是唯一存在的人，他不仅仅没有身体，而且除了他以外，根本没有其他被创造的精神存在……"①

无论如何，《关于宗教和人的知识的道德和形而上学思考》在地下书刊中的流行证实，18 世纪有过源自马勒伯朗士的唯灵论，先于自称是源自贝克莱的绝对唯心主义的唯灵论，无疑，两种唯灵论同时存在了一段时间。这些思考的作者自己也是怀疑论者，他认为任何人文科学都是不可能的，人不可能知道任何"关于其实体和宇宙实体的东西"〔Rouen-B. M. 1569, f. 17〕。然而，他一开始便声称他根本"无意倾向于公开宣称怀疑一切的皮浪主义"〔f. 3〕，而是想待在正中间，不盲从"相信一切的迷信，也不跟随什么都不相信的皮浪主义；〔因为〕相信一切超越了理性，什么都不相信则是在理性之下了"〔f. 97〕。

因此，我们是不能抵制自身存在的感觉的，因为我们思想，因为不存在就不能思想："我思故我在；否认我的存在，便不可能不背叛我的思想"〔f. 247〕；我们还观察到自己有个身体，是肢体的组合，肢体用以

---

①　《特里沃回忆录》(*Mémoires de Trévoux*, mai 1713, p. 922)〔据阿莫加特(J.-R. Armogathe)在前面所引的作品中的注〕。

实现各种功能,但是似乎显而易见的是,我们并不是我们的身体,因为思想是不可战胜的原则,形成了作为存在的我们,而思想不会简化成物质:我们感知不到肢体在思想或者推理,而且肢体可以被截去,可思想不会因此而消失;因此,我们看不到思想和大脑中的纤维和血液的某种运作之间的联系[ff. 109 - 111]。因此,我是一件思想的事物,但是这个事物或者被"人们称之为精神的不可见的原则"[f. 110],对于我们来说干脆就是不可知的,因为我们没有一个所谓的精神和不可分的存在观念,对于思想,根本就没有本质的直觉;我们对于这种内部原则的所有知识,都是以其效果和表现为基础的。因此,我们对自己的认识不是源自理性的自然之光,不是心智理解(intellection)的行为,而是源自感觉的迷雾;"我觉得我是,我知道我存在,但是,我只是通过感觉得到这种结果,而且这证明知识的空间并不真正是一种科学。"[f. 97]"我思"(cogito)仍然是整个体系的基础,既然它保证了思想的"是"(être)之存在,并明确地说明了他的"是"(être)就是思想;但是,在马勒伯朗士的思路当中,我们对思想只有一种模糊的观念,一种隐约的感觉。

我们不知道是什么形成了我们的本质,这便足以证明我不是我自身的原因:"相信我就是我的弱点,我深刻的无知让我清楚地相信,我并不是我之存在('是')的作者……我思,故我在('是'),我只要相信我的存在,便不得不去寻找这一存在的作者。"[f. 114]就这样,笛卡尔从对自我的认识过渡到对上帝的认识的方法结构,从形式上得到了尊重。但是在这一推理的深处,是把神性视为作品的作者,对这一作品本身的机制的认识清楚地表明,作品不是自己建立起来的,由此我们看到"真理即事实"(verum factum)的怀疑主题被一条线从隐藏的地方拉了出来,也就是知和行之间的关系问题:我们只能了解我们所做或者能够做的事;上帝不能作为其自身观念的原因而显现,或者像笛卡尔说的那样,不作为产生这一观念的思想之"是"的原因而显现,因为我们根本没有精神实体的观念:人们称之为上帝的普遍原则是我们绝对不可以理解的,我们不知道他的任何真实的属性,既然我们在这里再一次与笛卡尔的观点相反了——对他的无限性,我们只有一种反面的知识:"无限这个词只是外部的和反面的指称,只是说上帝不是那些有限、局促和可理解之'是'当中的任何一种。"[f. 121]

这在原则上还是笛卡尔的学说。以此为背景,认为不可能用自然的手段证明身体存在的马勒伯朗士的论断,被纳入了一个极端化的过程,这一过程同时在事实上表现为学说的简单化,拒绝马勒伯朗士的思想当中所特有的神学元素——因为,说到底,对于奥拉托利派的哲学家来说,证实物质的存在是一种表达信仰的行为,这一行为的基础是他深信上帝不可能欺骗我们,让我们产生没有真实存在的身体的观念。因此,《关于宗教和人的知识的道德和形而上学思考》的出发点从严格的意义上来说是马勒伯朗士的思想,虽然看起来像是常识性的东西,事实上,谁也没有完全地相信物质的存在,哪怕是那些自以为研究肉体的物理学家和医生,"因为,必须有有力的证据,才能够形成这种完全的信念"[f. 6];但是,既然我们仍然在理性的极限之内,那就必须承认,我们没有这些证据,结论就是:"我们不知道身体的存在,甚至根本不可能证明其存在。"[f. 91]

这种不可能性是符合明确的认识论的理由的:不可能性的根源是一种观念,这种观念认为,我们的感觉并不能让我们发现客体中的任何东西,我们的感觉只不过是我们自身的主观性的改变而已,因为我们认为"我们所看到的一切只不过是以不同的方式改变的精神,这样一来,我们便不能证明有物体"[f. 86]。正是为了克服系统的逻辑,马勒伯朗士想象物质是确实存在的,所以不得不竭尽全力制定偶然原因的理论,以克服"肉体影响"(*influxus physicus*)的不便,也就是说,防止精神对肉体的作用以及肉体对精神的作用。因为,从小门进入系统的物质根本不具有任何品质,物体不能互相作用,因此,作为更加强有力的理由,既然肉体不能作用于灵魂,灵魂也不了解肉体,那么在认识的过程中,上帝就成了唯一的作者,是上帝使物质运动,然后再使主体产生感觉的。

但是，这样的学说似乎本来就是站不住脚的。首先，由于物质的属性十分贫乏，其性质几近于零：“没有必要借助于物质……以弄清楚我们的感觉的原因，不管这原因是偶然的，还是具有楷模的作用；有什么样的表象呢？本来是一种最为卑鄙的存在，有什么必要让它具有如此美好、如此高尚的作用呢？从本质上，它就没有任何感觉的能力，它不能感知自身的存在，也不能感知任何存在的存在。虚无和物质之间，不是有着共同的伟大关系吗？或者更准确地说，这难道不是名字不同的同样事物吗？”[f. 86]但是，让身体成为普遍原则和个体灵魂之间的必然媒介的同时，这种将物质绝对置于附属地位的理论，从某种程度上，也指出了上帝对物质的依赖：“人们赋予上帝的行为变得太勉强了，从方方面面无不表现出人的不完善，人在行动中习惯了总是有所依赖，表现得模棱两可，手足无措。”[f. 88]另外，当我们说物质之所以被创造，是为了“作为精神的处所”[f. 233]时，这是没有意义的，因为“一个可以分割的、由各个部分组成、有广度极限的存在，怎么能包含不可分割的、没有部分和广度极限的精神存在呢？”[引文出处同上]似乎显而易见的是，如果说“一个如此卑鄙的存在”之所以存在，是为了作为宇宙的装饰[引文出处同上]，那是错误的。

因此，这种贫乏原则（我们假设它是物质）的存在，并没有因其在自然秩序当中所特有的功能而得到证实。况且，我们对这一物质没有任何观念：“我们对物质的所谓的观念，只是来自错误和仓促的判断，只是我们把大脑中的不同表象当成了物质的观念而已。”[f. 89]因此，应当从中得出的结论就是：“承认它的存在是无益的，甚至是可笑的；我们不应当增加没有必要的存在，这里没有它的位置；一切都是上帝和精神……”[ff. 233－234]

《克雷奥布尔的散步》中的怀疑论者也是一个唯灵论者，他将自己的信念一直推送到了唯我论。在狄德罗为这些怀疑论者所描绘的简单的画像上，我们隐隐地可以看到知识非难的影子，因为他们被说成“怪人”[Montivilliers-B. M. 15, f. 130]。通过自己的论据，他们所追求的的确是炫耀,而不是真正地在寻求知识:"这些人都声称世界上只有自己一个人。他们接受唯一一个人的存在,但是这个思想的人,就是他们自己。"[f. 130]这种非难也涉及皮浪的信徒;皮浪的信徒持有绝对的怀疑,他们从来不表达意见,是典型的知识恐怖主义,毫无区别地支持赞成和反对的意见,他们提出一种观点,是为了然后再摧毁它。狄德罗奋起反对过分的怀疑,因为过分的怀疑忘记了怀疑的作用,怀疑本来是一种批判的工具,目的在于寻求真理,一味地迷恋于破坏的怀疑主义只能"适合于设圈套和算计人"[f. 125]。

　　从《哲学思想》(Pensées Philosophiques)开始,狄德罗便明白,怀疑主义只是"走向真理的第一步",而且面对深陷普遍怀疑之中的皮浪主义者,他在给怀疑主义者下定义时,突出地展示出启蒙哲学家的画像:启蒙哲学家是"一个怀疑过他所相信的一切的哲学家,而且他相信通过正当地使用理性和感性而得知的真实的东西"。① 这个哲学家就是《克雷奥布尔的散步》中的克雷奥布尔。克雷奥布尔说:"人类精神是错误的,我们的认识具有不确定性,物理体系十分轻浮,形而上学的崇高思辨是虚荣的……我们的感情多变,我们的道德脆弱,我们的欲望力大无穷,我们的心灵动荡不安,不带偏见的自我审视和自知是十分重要和困难的"[ff. 7 - 8];作品本身其实就是转述了一场谈话,他在谈话中"尽数宗教的荒诞,哲学体系的不确定性以及世人虚荣的快乐"[f. 10]。奇怪的是,克雷奥布尔不与怀疑论者和皮浪主义者"一伙",而是属于无神论者一伙的。因为狄德罗不想让怀疑主义成为一种学院哲学,他略带嘲讽地列举了学院哲学造成的损害,并谴责这种哲学必然会导致唯心主义。②

---

　　① 《思想》三十一和三十(Pensées XXXI et XXX)[《哲学作品集》(Oeuvres philosophiques, éd. Vernière, pp. 28 et 27 - 28)]。

　　② 通过这一分析,我们可以更好地理解为什么狄德罗对怀疑主义的态度发生了一百八十度的转变;我们从《哲学思想》到《克雷奥布尔的散步》当中便可以注意到这种态度的转变。并不是因为他相继对怀疑主义做出了相反的解释,一种解释把怀疑主义看成是进步的因素,而第二种解释则把"怀疑主义的原因与唯心主义的原因牵连在了一起"[舒耶(J. Chouillet),《狄德罗最早作品中怀疑论的人物(1745—1747)》

(转下页注)

唯物主义、现象论、或然论

在地下书刊中,怀疑主义只是——而且只愿意是——唯物主义的一个外壳,这种唯物主义在各种表现当中,不断地要求从世界出发去解释世界。但是,所谓外壳,并不一定就是假面具。这种怀疑主义从根本上不能被解释成手稿的作者借以掩饰真正思想的大胆。这种怀疑主义不是用来掩盖唯物主义内容的漂亮表面。恰恰相反,那是一种深深地扎根在唯物主义当中的倾向性,这种唯物主义声称自己是建立在暂时、不断更新的研究成果之上的。

怀疑主义从原则上想让自己成为一种批判的工具,用以修正知识,而这种知识声称可以最终解答人们因好奇而在心中产生的所有问题。经过分析,得出的结论是,我们不可能认识事物的真正性质:我们虽然不能怀疑物质存在,但也必须承认,我们既不知道物质最深刻的特性,也不知道物质在生产时的行为方式。《生与死的平等》(*Parité de la vie et de la mort*)的作者说,他的意图是阐述怀疑论者的体系,"怀疑论者从他们视为法则的命题当中得出了什么样的结论,也许这些命题还没

(接上页注)　("Le personnage du sceptique dans les premières oeuvres de Diderot (1745 – 1747)",载《18 世纪》(*Dix-huitième siècle* I, 1969), 195 –211]。事实是,人们认为狄德罗的独到之处是在怀疑主义和皮浪主义之间建立了区别,这在当时还是不太常见的,人们太过于强调这种独到之处,却忘记了他真正的思想努力。人们便这样解释了他为什么通过暂时的遮掩,在《克雷奥布尔的散步》中公然否定怀疑主义,因为我们不能否认怀疑主义是"他的思想飞行的翅膀,是他最好的作品"。其实他并没有遮掩:在《克雷奥布尔的散步》中,怀疑论者没有丧失"其侦察兵和战士的作用"。而且,如果说《哲学思想》具有系统的怀疑主义,那是很值得商榷的。在这一框架之内,试图以参与的方式——参与社会斗争的哲学家即将领导《百科全书》的编辑,他把怀疑论者从宝座上拉了下来——来解释,那是错误的,因为《哲学思想》中的怀疑论者也是一个参与者,和狄德罗在整个职业生涯中一样,而且启蒙时期的怀疑主义远不是人们所说的非参与的哲学,它在地下书刊中所扮演的角色就恰恰说明了这一点。在《克雷奥布尔的散步》之前和之后,狄德罗在指责皮浪的信徒的同时并没有挽救怀疑论者(而且在这两者之间所做的区别对于他来说并不是很有意义,因为在这两部作品当中,这些词指的是各种不同的哲学观念,《百科全书》甚至没有收录这两者之间的区别,后来这种区别也就完全消失了),但是,他在作品当中经常指责作为系统的怀疑主义——这种系统的僵化导致唯心主义和荒唐的唯我主义——同时又很尊重作为追求真理的方法,作为试金石的怀疑主义。

有得到很好的阐述"[Paris-Mazarine 1192, f. 25],但是,正如一个精明的手抄者在注释里所说的那样,事实上,这一系统只不过是"纯粹的无神论和唯物论"。而且,的确,"怀疑论哲学"的基础不是别的,正是永恒和无限的物质存在,物质内在的运动由于必然的因果联系产生了自然中发生的所有现象,这一原则排除了创造世界的精神之存在,并最终得出灵魂具有物质性的结论,认为灵魂是物质在动物身体内的组织的结果。然而,我们不能同意这个手抄者的结论,因为他肯定地说:"该作品的作者想隐藏他的观念,用怀疑哲学将他的思想包裹起来,并寄给一个神学家,所以他小心地采取了一些措施,以避免审查者和批评者的愤怒。"①就这样,他认为作者在表达看法时,如果不用怀疑的口吻,而用其他的口吻,会招惹麻烦,所以把怀疑主义当作一种掩饰了。

但是,对作品的分析却表明,怀疑主义的原因在于自然的结构本身和他的知识的机制,他的知识与产生这一知识的思想结构密切地联系在一起。他的出发点是"在自然中只有一种最初的原则,或者一种实体,这种原则或者实体的属性到处都是相似的"[f. 1]。因为它的"属性是无限的"[f. 106],所以我们不可能准确地定义它:"我们不能准确地说出这种实体是什么;它对我们是陌生的。我们所知道的,那就是它是一切存在的基础,它是广度,它的组成部分是分别的;它是不可感知的、可分的、无法进入的、盲目的、无情的、没有知识的,但是它并非没有力量和道德。是这个,或者是那个,对它来说是无所谓的,它在各个方向上是可移动的、可折叠的,它可以成为各种形式,没有任何东西是不能够从中产生的;它必然会做一切,却并不知道自己在做什么,它的命令,它的指示只是在准确地建立因果关系之后,只执行必然的结果。"[ff. 1-2]因此,这种"无所不在的实体"[f. 105],"形成了宇宙的结

---

① Paris-Arsenal 2239, ff. 16 et 13。抄本颇有意味地题为《新怀疑论哲学》(*La nouvelle philosophie sceptique*)。

构"[f. 19]以及"所有存在的现实"[f. 9],这一现实是"自然事物的开始和结束"[f. 27],对于我们来说,这一现实从本意上是陌生的。之所以是陌生的,首先是因为它的复杂性:不管我们从哪里开始研究,不管我们观察宇宙的哪个部分,它总是脱离我们,因为"自然的最细小的部分都是来自于无限的,因为在它的行动当中,没有任何一点不是与一系列的因果关系联系在一起的,人的精神是看不到这一系列因果的源头的"[ff. 123－124]。① 了解物质的一个最细小的颗粒,意味着要在一切都相互联系的自然中回溯由无限的原因、方式形成的链条,自然是作为无限的部分从总体上设想的,由于这些部分的排列,要想认识其中的一个部分,就必须认识所有其他的部分。因此,必须"心甘情愿地承认大自然所利用的无限的因果和隶属关系是我们所不知道的。而且没有哪一个物理学家可以确定这些原因当中任何一个的确定效果。"[f. 62]

《论世界的形成》(*Dissertation sur la formation du monde*)的作者自称继承了菲利西德(Phérécydes)和蒙田的思想,说自己"也许是所有人当中最为明智,最具怀疑论者特质的人"[Paris-Mazarine 1168, f. 7]。他也使用了"怀疑论者"一词,在谈到物质不灭的原则时,用来指从本质上就是唯物主义的论断,他坚持说,我们是通过重量来感觉到物质的,而不是物质实体可以采取的形式和样貌。对于我们一般考虑的物质来说,重量与存在的平等就是"怀疑论哲学的信条"[f. 214]。但是,除了其偶然性的特点之外,这种模糊性的原因还可以从作者读过《生与死的平等》中得到解释,作者在论述中从这一作品里借用了几段文字。这还可以说明作者在思路上有着肯定的相似之处。在这部作品中,作者也是从注意到唯一的物质实体的存在出发,"世界上只有一种实体,那就是物质"[f. 48],但对这种物质,我们只知道其模式,其偶然的现

---

① 当我们想了解生命[f. 61]或者感情[f. 74],想了解人的行动或者意愿[ff. 127 et suiv],快乐或者痛苦[ff. 92－93]等性质时,就会发生这种情况。

象,却并不知道其本质:"我们绝对不知道这种实体是什么;它的性质对我们是陌生的"[f. 230]。如果说我们知道它的几种特性,"比如广度、颜色、样貌,等等,那是感性物体的特性,甚至是我们感知不到的物体的特性"[f. 43],也就是说,是一般意义上的物质的特性,除此之外,还要补充的是"重量,重量是一切物体从不同程度上具有普遍性的特性"[f. 233],①应当相信,这只不过是以不完善的方式,只是通过其表现对物质的认识,而且说到底,"我们无法准确地定义物质的任何特性"[f. 212],因为了解物质的一种属性,无疑便意味着了解了整个物质;因此,我们根本无法确定物质是如何产生的。

在对物质的研究当中,我们不得不仅仅观察其感性表现,无法进入其内部;因此,关于物质的永恒和无限,关于运动的起源和特点,关于思想的性质及其机制的纯粹形而上学的问题,远远超出了我们的能力,形成了典型的所谓问题,我们可以无休止地讨论,却永远无法拿出最终的答案。因为我们并不知道这些问题究竟意味着什么。因为,我们不得不承认,正如《关于灵魂的能力》(*Essai sur les facultés de l'âme*)中确认的那样,不仅仅"物质的大部分品质对我们是陌生的"[Paris-Mazarine 1192, s. n.],而且我们常常无法表达我们自认为知道的品质所导致的后果,在这种情况之下,我们怎么能正面地决定这一类的问题呢?

的确有一些教条的哲学家声称知道什么是物质,而且以这种所谓的知识为理由,夸大其词地否认精神可以成为物质的模式之一。面对这些大言不惭的话,地下的唯物主义首先采取了谨慎的观望态度,暗示物质的确有可能具有与人们想赋予它的不同的品质,因为,《古人对灵魂性质的看法》(*Opinions des anciens sur la nature de l'âme*)的作者说:"人们绝对不可能证明物质像人们想象的那样,是完善地为人所知的;

---

①　匿名作者在其他的地方还把重量算作是实体的根本的特性,他写道:(物质本身有)"一种实体的根本的特性,颜色、重量、广度、样貌,等等。"[ff. 54-55]

也许除了人们赋予它的广度的品质之外,它还有其他我们所不知道的品质。"[Paris-Mazarine 3561, f. 9]

但是《论追求真理》(*Essais sur la recherche de la vérité*)已经肯定地谈到"物质的属性,说这些属性也许是无以计数的,对此我们一无所知"[Paris-Arsenal 2558, f. 73]。《关于洛克先生的信》(*Lettre sur Mr. Locke*)在否定的同时,采取了更具有进攻性的方略;在这里,作者让逍遥学派的信徒和笛卡尔学派的信徒背靠背,所有这些"爱争辩的人"远离自然,"把形式上的推论当成神谕"[Paris-Arsenal 2557, f. 23],而且他们对真正的观念的梦想——因为事实上,他们对于物质的一切知识仅仅限于我们都可以感知到的感性品质,也就是说,"品质、颜色、广度、硬度的组合"[f. 7];只是,他们轻率地将自身的局限和实体的局限混淆在了一起,认为实体就是广度和硬度,不愿意理解"实体是可以具有成千上万的特性的"[引文出处同上]——我们根本就不知道这些特性,其中就有我们错误地认为是精神实体表现的特性。

况且,对物质的这种观念必须以对知识的肯定性思考为基础,而这种思考在当时是占主导地位的;因为,在科学中实现的每个进步,都会将我们的无知的边界推向更远,并在对实体的研究中开启新的前景;但是无论如何,这个实体仍然是未知的,原因恰恰是因为我们的知识具有经验的特点。因此,《关于灵魂的对话》(*Dialogues sur l'âme*)中的哲学家向谈话的对方解释,对话者反对物质以自身的运动法则产生了世界及其所有的形式,但这种反对意见是不可接受的,因为即使借助于最为完善的工具,也没有办法揭示物质的所有能力:"你根本不了解被剥夺了形式的物质",他说:"你根本不了解其实质,只知道一些偶然的现象;就在你费尽心机,用放大镜发现了物质的一种特性时,这种物质还有成千上万你看不到的其他特性在发生着作用。"[Paris-Mazarine 1191, I, f. 280]

在一般具有唯物论倾向的怀疑主义当中,《关于宗教和人的知识的道德和形而上学思考》又引入了一种唯心的选择。① 如果我们能够像这些思考的作者那样，从原则上提出要"审查每个人的观念，并跟随观念当中包含有最多的光明的人"［Rouen-B. M. 1569，f. 84］，这一分析得出的结论只能是系统地否认所有的体系。首先是否认自称遵守学院派原则的体系，而且是由于这些人的方法而否认他们，因为辩证法是注重文字，注重论据的简单形式排列的知识，其特点是"严格而一丝不苟的学院派的做法，似乎是在为一切下定义，实际上却什么也解释不了，因为他们根本不关注事物的根源"［f. 3］；但是，他们也否认新哲学的体系，这种体系在教条的促使之下，声称要解释整个宇宙，因此而陷入互相矛盾之中，一些复杂的、想超越这些矛盾的企图，导致产生了混乱的理论。因此，"最为明智的做法，是不参与任何观点，让哲学家们互相之间去争论，并让他们一辈子沉湎于徒然而轻浮的争论；使哲学家们产生分裂、争执不休的矛盾，只能证明他们深刻的无知，不需要使用更具有感性特点的证据。"［f. 85］

　　必须承认，只有一个好的方法还不够，还要划定方法的适用范围。因为"自然中有些事物，有的远远地高于我们的能力，有的是与我们的能力相适应的；我们的一切应用必须准确地划定客体，只把我们的知识运用在我们的知性可以理解的客体上……真正的科学是要知道分辨哪些是我们可以理解的，哪些是我们不可理解的，当我们做了这一区分之后，再选择属于我们的主题，这时候，我们才可以深化主题；相反，当我们想超越本质的窄窄的极限，想采取并不适合于我们的飞跃时，我们只能迷失方向，让自己落入无尽的黑暗之中。"［ff. 128 et 88］

----

　　① 虽然不应忘记的是绝对的唯心主义，也就是唯灵论，不过是唯物主义的否定而已："那是唯灵论的模糊性，其极端的坦率往往只不过是唯物主义的一种假面具……唯灵论不仅仅是一种滞后的唯物主义的假面具，而且也是唯心主义的代言人，在理论上枯燥无味，而且过时了，但在实际上颇有进攻的态势"［雷蒙（P. Raymond）《向唯物主义的过渡》（*Le Passage au matérialisme*，Paris，Maspero，1973，pp. 62 et 64）］。我们还知道，在当时，马勒伯朗士便已经被指责为斯宾诺莎主义和泛神论。一个匿名的读者便在提到斯宾诺莎的学说时，写道："这一体系并不就是一种粗糙的唯物主义，我们可以把他看成纯粹的唯心主义或者是到了极致的马勒伯朗士主义。"［Paris-Arsenal 7584，*Diversités*，ff. 5 – 6］

当然,从本义上说,只要做出方法的选择,从某种意义上便已经确定了我们思考范围有多大,我们的知识可以扩大到哪里,甚至是何种性质,而不需要借用预先的标准来制定客体;在这里,方法不是一种形式的、中性的、独立于内容的过程,方法本身便已经识别了其对象,同时也就引入了其限制。正因为如此,笛卡尔始终承认我们的知识是有极限的,这些极限产生于理性的条件本身——且不说对我们称之为累积知识的无知,这种无知是由于努力不够,或者由于艺术和科学的广度不够,我们都必须承认:在我们每个人的范围内,都有进步的可能,都可以取得新的知识。但我们的作者还是责备笛卡尔没有运用好方法,因为他过分地扩大了知识的范围,与自己的明证性标准相反,坚持认为我们对实体有着明确而有区别的观念,而理性的自然之光却指出,如果严格地追随其方法的规定和原则,我们只能获得对一切事物的表面的知识:"我们只是简单的芦苇,在存在的表面漂浮着,如果我们想深入自然,那我们就会折断……"[f. 95]

因此,当我们一一检阅所谓的知识时,首先检阅我们的感觉器官让我们产生的对世界的知识时,我们不得不注意到,我们的无知是根本性的。这并不是因为像怀疑论者所说的那样,感觉器官的见证一般都是虚假的;现代的经验主义在承认感觉器官在欺骗我们的同时,也让我们恢复了对感性感知的信任,表明感性感知的错误可以通过在不同器官所得到的材料之间的比较,通过经验得到证实的规律性,通过与我们一样的人的见证,很容易进行纠正。我们在这里所面对的是一种十分独特的怀疑主义,这种怀疑主义学说的基础不是人们反复说的认识手段的天然弱点,而是笛卡尔的理论对感性知识的解释,这种感性知识强调的是其唯心主义的元素。

我们知道,对于笛卡尔来说,只有灵魂才具有感觉的能力。具有感觉的,并不是身体,而是灵魂通过身体器官在感觉。但是,既然感觉就是思想,既然感觉与知性一样,也属于精神,那我们可以合理地得出结论说,这一精神"是总体上由理性和感性组成的,感性是精神的根本特性……也就是说，是精神的一部分"［f. 26］。因此，笛卡尔的天赋论也就是对感觉论的拒绝，因为感觉论认为，感觉在认识当中永远是第一要素；在这种背景之下，笛卡尔的天赋论可以有利于这样一种观念，认为精神是一系列的能力——感觉和推理——这些能力之间没有任何谁先于谁的关系。在建立起来的严格的劳动分工当中，每一种能力都在其特有的领域内进行判断："感觉器官各有其特殊的功能，这些感觉器官在执行各自的功能中永远不会犯错误，对客体的再现是由感觉器官来负责的，而负责判断的，是知性。"［f. 26］但是，当然，这一判断不可能与感性感知的资料相矛盾，既然感觉器官和理性之间的一切矛盾也是精神本身的矛盾，而且我们怎么也不会找到任何一种标准让决定偏向于任何一边，"我只想确定一件事情是真的"，这些思考的作者说："因为我的理性和我的感性是一致的，只要我在它们之间发现一点点分裂，都会在我的观点当中带来疑问。"［引文出处同上］

　　这一疑问会在我们所有的知识上都投下阴影，从最简单的光学幻象，一直到诸如地球的运动或者宇宙的无限之类问题的不确定性，这种疑问必然是得不到解决的，所以我们得出的结论就是："所有从总体上依赖于精神①和感性的真理，对于我们来说，永远是不可理解的谜。"［f. 27］物质世界的存在本身也成了问题：如果感觉是在灵魂当中，那它不会告诉我们任何有关客体的东西，因为否则我们就必须解释物质在认识过程中对精神的作用；而且由于显然不可能提供可靠的理由，那我们就必须认为，"所有可见、可感知的客体都在精神当中……所有可感知的、可见的客体都在灵魂当中，既然这些客体是灵魂的感觉"［引文出处同上］，这种感觉也被物质的多余所证实，物质的存在对解释自然的秩序没有任何用处。

　　对世界的认识最终被简化为对我们的自身实体的认识。我们没有物质的观念，物质根本就不存在。因此，我们就必须承认，我们没有任

---

　　①　这意思是不是说：依赖理性的真理？

何关于精神的清晰和分别的观念,因为,我们只能通过灵魂的表现才能认识灵魂,而神圣的无限只能以纯粹否定的方式被知性所理解。但是,既然在笛卡尔主义的方向上,人们肯定地说,"在人当中占据主导地位的一切科学,其基础都是形而上学"[f. 85],任何真正的知识都是不可能的:只要同意"从根本上说,人的科学的对象,就是从种种不同关系上认识的精神和身体,如果不能证明这两种存在的存在和性质,那么它们以何种阐释的原则成为认识的基础呢?"[f. 84]

显然,笛卡尔信徒的定理或者概念也难免这种根本上的怀疑主义,在这里,人们实际上把笛卡尔信徒的定理与数学的概念混为一谈了,因为这些定理是"所有科学的原则和基础,它们的垮塌必然导致我们对这个世界的所有知识的垮塌"[f. 90]。因此,那些所谓永恒的真理,笛卡尔认为属于纯粹知性的范畴,马勒伯朗士也认为是绝对必要、独立于神圣的意愿的,但是只有当它们表达了客体和我们对客体的知识一致的关系时,才是真理。一些定理,比如"一切'存在'都是存在或者不存在的","全部大于部分","二乘二等于四",都假设在意识之外还存在着一个"存在",这个"存在"可以有一种样貌和一些部分,总而言之,可以有物质。因此,"这些所谓的知识就是对一个我们既不能证明其性质,也不能证明其存在的'存在'的分割和关系"[ff. 89-90],而且一切数学的证明出发点和基础都是感性经验为我们带来的物质世界的资料,而我们却无法证明这个物质世界的存在:"几何徒然地吹嘘自己可以解决各种各样的问题,数学家徒然地吹嘘自己可以从各个方面给出证明。这些发明只不过是一些样貌的划分和关系,这种样貌假设某种我们不能证明的物质广度。"[f. 102]况且,如果这些"普遍的真理"应当被视为只属于理性的原则,说到底这也没有什么要紧,因为归根结底,观念的性质和物质的性质对于我们来说都同样是隐藏着的。

在这种几乎是绝对的无知当中,我们却保留着我们的存在的信念以及与世界融为一体的上帝存在的信念;德洛博(Delaube)肯定地说:

"我似乎隐约地看到一瞥微弱的光线,让我的内心肯定地知道三件事:我的存在,上帝的存在以及我的完全的依赖性;然而我并不知道我是什么,上帝是什么,我依赖的又是什么。"[f. 122]他在结论中又重复道:"我抬头向天,看着似乎是悬挂在天和我们之间,并在广漠的空间游荡的那些巨大的光明体,我看着似乎是一动不动、熠熠发光的无数星辰;我对这些一无所知,我既不懂它们不同的表象,也不懂它们的运动是平等的还是不平等的,不知道它们有多少,有多大,有多远。我的目光又投向大地,大地的各处让我看到的,也完全是黑暗;最小的东西,最小的植物,也是令人无法理解的谜,当我想深入了解这些时,我便落入黑暗的深渊之中。我又回到我自己的心中,我不知道我是什么,里外都不知道,我们不知道组成我们的部分是如何联系成一个整体的,有哪些无尽的原动力和恰到好处的配重使我们这架机器运转起来,并将肢体保持在完美的平衡之中。从前我以为明白所有这些东西,可是现在我不明白了。人们对我说,只要有对事物的观念,或者只要有可见客体的出现,便足以让我理解这些事物,可是现在,理性告诉我必须了解观念的性质,或者可见客体的性质,才能够理解事物;这一性质对我们来说是隐藏的和陌生的,正是一片无法进入的纱幕将我们笼罩在黑暗之中,并让我们感觉到我们的卑微;因此,我对自己并不了解,我并不了解我所在的世界;我存在,我深信我的存在,深信上帝的存在,但是我并不知道这个上帝的性质,也不知道我以何种方式存在,所有这些知识都是我不掌握的。"[ff. 231 – 232]

事实上,哲学家的无知是"学者的无知"(*docta ignorantia*),不仅仅是从这种意义上说他意识到了自己的无知,而且在思考各种观点时,这种无知又因某种否定的知识而变得更加丰富了。因为,如果他肯定哲学家永远不能说明自然是以何种方式作用于其表现的,如果他不能回溯到我们的感觉器官所感知的现象隐藏着的原因,至少他可以知道为何某些运动不可能发生。因此,虽然我们不能确切地说出什么是灵魂,我们还是能够证明它不可能是精神的和永生不死的;我们虽然不能证明世界到底是以何种方式形成的,我们至少能够证明,不曾有任何非物质的力量参与这一过程。这一否定的知识,虽然还不是真正的知识——正因为如此,它才承认自己无知,但它已经是与体系的假知识极端对立的真知识。

因此,地下书刊便这样躲在了纯粹是否定的态度当中,其使命只是摧毁偏见和形而上学的极端的自负,但它并没有想到在摧毁之后再建立什么肯定的东西。因此,唯物主义表现为某种批判的混合的结果,这种批判只瞄准了一个狭小的范围,在这个范围内,理性和经验表明的东西是真实的,却并不想超越形而上学观点的界限。从这一观点来看,如果说地下书刊是唯物主义的,那是因为它们否认一切形式的唯心主义,而且事实上,我们可以发现,在某些手稿当中,这一观念以令人吃惊的方式,得到了明确的表达。"有一个上帝,他的本质是什么,他有多少属性,他有何种品质,只是这样说是不够的",《复活的乔尔达诺·布鲁诺》的作者肯定地说。"我要的是证据。但是,人们会说,无神论者也没有什么比有神论者更好的证明吧。一个事物的不存在是不需要证明的。这个事物的存在才需要证明。"[Rouen-B. M. M 74, ff. 172–173]《关于灵魂的对话》的作者说得更加明确:"实际上,自然的拥护者不需要证明他的观点,他只要驳倒对手的观点,指出对手观点的虚妄就行。因为说到底,谁提出假设,谁就需要为自己的假设找到证据。而且,为某个假设辩护的人不能证明这一假设时,那么这个假设就是假的。"[Paris-Mazarine 1191, I, f. 259]

但是实际上,在整个 18 世纪期间,怀疑主义不断地关注形而上学,而且不仅仅是为了诋毁其目中无人。① 它声称有些问题是不可接受的,因为这些问题超越了我们认识的可能性;可是它也落入了这些问题

---

① 而且这一现象并不仅仅局限于地下书刊:在大部分情况之下,哲学家对形而上学的反对掩盖了他们采取另一种形而上学的事实[详见迭各曼(H. Dieckmann)《启蒙思想中的宗教和形而上学元素》("Religiose und metaphysische Elemente im Denken der Aufklärung"),《文字与文本》(*Wort und Texte. Festschrift für F. Schalk*, Frankfurt, 1963, pp.333–354)]。

的陷阱当中,最终也给出了这些问题的答案。当然,它提供答案的口吻不是教条的,而是以假设的方式提出的,而这种假设自称是以批判所要求的原则为基础的:我们的知识的不适当。这样一来,这种做法就是我们无法发现事物的真正性质,这不是结果,而是一个不可动摇的出发点;这种做法丝毫不意味着对怀疑主义的否定,而是对怀疑主义的完善。如果说我们只能通过自然的表现来认识自然,如果说自然的内部结构总是隐藏着的,我们总能排除那些自以为从总体上理解,并一步步描绘出其行为的解释;但是,注意到这一点,也就是我们只了解自然的表面这一原则,也可以说明为什么要建立猜测,为什么描绘我们的思想过程,然而,我们的思想和描述永远是部分的,我们并不奢望真理,而是只求相似。我们并不了解物质的所有特性,因此,我们不能准确地说出物质究竟是什么,但是,出于同一原因,我们也无法说出物质不是什么。物质特性的丰富性与我们认识手段的贫弱结合在一起,使我们无法了解这一实体的性质,但是似乎同时也告诉我们,不能使用其他的解释原则去解释总体上的现象——既然,正如《生与死的平等》所说的那样,"我们根本不知道其性质,而且我们不知道它能做什么或者能不做什么"[Paris-Mazarine 1192, f. 106]。

有时候这种怀疑主义的确不是别的,只不过是在表明自己的打算而已,将自己归结为一系列空洞的格言,只寻求限制一部作品的论战口吻,以扩大其受众;在把唯物主义展现为假设形式的同时,人们把它作为一种可能的对自然的解释,这种解释有可能是错误的,如果能够提出更加可靠的观念,那完全可以放弃这种解释。比如《论对上帝的几种观念》(*Essais de quelques idées sur Dieu*)就是这样做的。手稿是作者刻苦研究的成果。作者在手稿的前言中肯定地说:"我们并不是把这些观念作为成熟的观念提出来的,而是要求人们对这些观念作出回应,以知道它们有可能错在什么地方。"[Paris-Mazarine 1197, f. 1]在作品的更远处,他又重复道,他"并不奢望这些猜测被视为真理"[f. 25]。但是,作品的基调并没有透露出怀疑主义,其口吻仍然是教条主义的。

然而,我们不能将这样的结论普遍化。比如,《奇怪的哲学研究》(*Recherches curieuses de philosophie*)的表达为了限制其观念的影响力,也采用了类似的口吻,"请相信",作者对读者说:"我丝毫没有奢望我在这里提出的一切都是无可怀疑的绝对真理;在我所说的一切当中,有很多东西我之所以提出来,是因为我认为它们是这样,究竟是不是,由你们来判断。"[Paris-B. N. F. fr. 9107, f. 4]事实上,作品表达了关于真理和追求真理的一种完全不同的观念。对这一作品的仔细分析,的确让我们看到笛卡尔的方法产生的决定性影响。正如标题所说,①笛卡尔的方法首先表现在按照几何原则建立的知识(connaissances *more geometrico*)的形式排列,表现在根据一个唯一的原则,或者根本的法则对世界及其所有自然现象的机制所做的描述。他先定义词汇,然后再从词汇推导出一系列命题,都用来合乎逻辑地介绍同一个显而易见的事实。而且尤其是,这些方法论的原则也是笛卡尔在阐述物理学时所采用的,笛卡尔的物理学是宇宙学的基础,但奇怪的是,笛卡尔的宇宙学仍然停留在传统的量化解释框架之内。② 物理世界从根本上的同质性(在这里扩大到了所有的现象,因为思想只不过是物质的一种模式而已)一方面证实了通过类比法进行思考的道理:海水的增加导致陆地形成的过程以及目前正在进行中的分解过程,也适用于所有在无限的空间产生和消亡的天体,因为"所有的物体都是由相同的物质组成的"[f. 502]。另一方面,这一宇宙学也应当被认为是一种假设,因为它并没有说事物究竟是如何产生的,而是只描述了物质有可能产生的方式:"当我们假设在某一时刻,还没有任何固态物体的时候,主要是为了使我们的想象从一切有可能使其受到阻碍的东西当中摆脱出来,

---

① 完整的题目是《奇怪的哲学研究,或者对于自然事物的论述,我们采用了一种新的方法,论述人、动物、树木、植物的生成,世界的形成及其寿命,风、雷、闪电、精神、思想等的原因》(*Recherches curieuses de philosophie ou Dissertation sur les principes des choses naturelles, dans laquelle par le secours d'une methode nouvelle on traitte de la génération des hommes, des animaux, des arbres, des plantes, de la formation du monde et de sa durée, des causes des vents, du tonnerre, de la foudre, de l'esprit, du raisonnement, etc*)。作品是从拉丁文翻译过来的。

② 详见本书中关于物质结构的文章。

而不是为了暗示果真有过一个没有任何固态物体的时候,因为,如果从来不曾有过一个这样的时候,我们能够想象是什么原因导致普遍而无限的物质最终形成了固态物体的呢?"[ff. 504－505]①

《论追求真理》(*Essais sur la recherche de la vérité*)当中由于从根本上认为只有一个唯一的真理,所以也可以看到这种笛卡尔的影响。只有一个唯一的真理的观念是由于作品的结构所导致的,因为这种观念是作品唯一的宇宙总体解释得以阐述的框架,这种解释同时又是以知识的感觉理论为基础的;的确,因为我们的知识是通过感觉器官获得的,而且我们的观念说到底不可能超越感觉材料的界限,以知识的总体自居的思想唯一的保障,只能是根据数学模式的安排,在这种安排当中,最为复杂的知识的真理是通过这些知识得以推导而出的原则的明证性来认证的:正是这样,"我们从身边最近的,我们最能够掌握的真理开始,而且只是通过这些身边的真理,仿佛是逐级地上升,达到其本身远高于我们的真理"[Paris-Arsenal 2558, ff. 4－5]。只要我们不接受任何我们不能够清楚地设想的东西,我们便不会迷失在这一过程当中,因为"真理只有一个,而且它永远不会引导我们走向错误"[f. 5]。

只是,这一真理,我们只能以或然的方式才能够拥有它。如果我们从审查自然来寻找真理——我们的自然似乎是所有的知识当中最简单和最容易的,因为是离我们最近的——我们注意到,"灵魂不可能是别的,只能是物质的"[f. 55];首先是因为"根据相反的感觉,我们不可能解释每天所看到的不管是器官对于灵魂的影响,还是灵魂对于身体部分的影响"[ff. 55－56],两种实体如果不是具有共同的特性,如果我们怀疑使我们得以感知外部世界的器官的物质性,那我们就无法说清楚

---

① 关于笛卡尔物理学假设的演绎特点,详见笛卡尔的《世界》(*Le Monde*, chap. VI)第六章,《方法论》(*Discours*)第六章,《哲学原理》(*Principia* III, 43 à 47, IV, 204 à 207)以及他在1638年2月22日写给瓦梯埃(P. Vatier)的信,1638年7月13日写给莫兰(Morin)的信以及1645年5月写给梅兰(P. Mesland)的信。亦请参见瓦塔尼亚姆(A. Vartanian)的《狄德罗和笛卡尔》(*Diderot and Descartes*, *op. cit.*, chap. III, "Scientific Method from Descartes to the Philosophes", pp. 135－200)。

这两种实体的相互作用；其次是因为"我们是通过感觉本身的或然性"来认识真理的[f. 55]，因为这一原则可以恰当地解释人们一般赋予某种所谓的精神实体的一切特性。当然，这一观点并非没有困难，因为"可以肯定的是，我们不能对感觉和思想给出完全准确的解释"[f. 54]，而且从根本上的确如此，即使我们再补充说，之所以不可能，不是由于问题本身的复杂性，而是由于我们接触问题的方式，人在这一领域之所以缺乏观念，原因"不在于缺乏建立观念的能力，而是因为人总是停止于所得到的最初的概念，因为困难而丧失勇气，更愿意深入地了解灵魂的特性，而不是考察灵魂的性质"[引文出处同上]。的确，对灵魂性质的了解，应当被认为是对作为物质模式或者特殊偶然性的思想的了解，而不是对物质本身的了解，否则就会与所有明确提出的论断从形式上产生矛盾。因此，了解我们的性质，就意味着了解我们的物质存在，而不是了解组成我们的存在的物质。

因此，针对首要的存在，这种了解只能建立在否定的和部分的知识基础之上：物质的灵魂并不要求创造了这一灵魂的精神的存在，但是，我们不能仅依靠物质可以感觉这唯一的事实来否定这一可能性，更不能准确地定义物质实体为数众多的属性。然而，既然思想不过是物质在大脑中的组织的结果，既然我们也证明世界是由于其特有的机制而存在的，那么想象一个没有必要性的精神之"存在"至少是有违常理的，在一个物质的宇宙中，精神之"存在"的存在不可能没有矛盾。的确，我们无法清楚地设想物质的永恒和无限。我们之所以肯定地说物质是永恒的，只不过是因为"我们在这种思想方式当中比在相反的观念当中遇到的困难更少"[f. 103]，既然我们不知道该如何理解"创造"这个词，而且经验表明，我们永远无法消灭最小的物质颗料，因此，尽管"我们没有关于永恒的绝对和确定的观念，我们仍然可以说，这种属性不管应用于任何性质，比这种性质的创造和消灭都更像是真的，都更容易理解"[f. 96]。无限对于我们来说更具有感性，尽管我们所了解的一切都是有限的：我们不得不接受的是，由于不可能对物质给出限制，我们仍然可以通过几何的证明，对物质具有一种肯定的，必然是大致的观念。①

　　因此，我们必须接受"最简单和最自然的观念，那就是除了永恒和无限的物质之外，不接受其他的首要'存在'"[f. 102]。因此，这样提出的体系是唯物主义的："物质是唯一的、无限的、永恒的；正是一向就存在的物质过去和现在维持了我们所看到的宇宙状态，物质这样安排，并不是专门为了我们的使用和需要，但是为了物种的繁衍而做了必须做的一切。物质通过必要的、不变的以及对我们周围的状况有依赖的秩序引导着我们的行动。最后，只有物质是存在的，而且物质只是通过其自身而存在。"[ff. 104 - 105]但是，既然这种唯物主义的基础不是对物质实体的肯定的认识，而是已经证明不可能再建立任何其他假设，于是，我们的作者只是用"大胆的猜测"提出了他的原则[f. 104]。

　　《论世界的形成》是受笛卡尔的方法论启示的一个极好的模式。作品的结论也是唯物主义的："我们所建立的一些原则"，作者写道，"以及我们可以合理地从中得出的一些结果是我们可以很容易地从世界本身来设想世界的原因。"[Paris-Mazarine 1168，f. 228]这些结论首先是以批判理性的否定为基础，以有理由地否认除了建立在物质及其运动之上的任何其他对自然的解释为基础；因为对现行的一些观点进行仔细的分析足以表明，"几乎所有对于自然的假设都是虚假的，最令人感到满意的假设经过分析之后，也表明是不可能的"[f. 55]，问题就这样，以其真正的维度重新又提了出来，只是减少了由过分简化的原则导致的困难和矛盾，因此，"这些假设的基础是未知的原则，而且这些原则本身也带有破坏假设的隐患，我们正是通过援引这样的假设来简化问题的"[f. 229]。

　　就这样，在经过清理的场地上，我们并不奢望建设一个体系，在体系中原来人们谈论精神的地方我们来谈论物质；在这里，唯心主义和唯

---

　　①　详见 ff. 96 - 97, 103 - 104。

物主义之间的对立不仅仅是两种形而上学的对立,这两种形而上学是处在同一层次上的,但是它们尤其反映的是两种学说之间的根本性的矛盾——一种学说是综合性的,认为一下子便捕捉到了世界的本质,另一种学说是一种思想,这种思想意识到自己的极限,将假设交由经验来证明——是固定不变的静态知识和作为进步的科学动态的考察之间的矛盾。正因为如此,为了解释世界的形成和结构,我们只能提出"大胆猜测的恰当结果"[f. 4]。按照笛卡尔的方式,原则解释经验的事实,经验本身又证实了原则的有效性。按照形而上学的理论,宇宙是由混合的物质组成的,而这种物质在开始时是静止的。为了让这种形而上学的理论成为可以感知的理论,每一种论断都经过容易核查的实践来说明:一个装满了异质物体,也就是固体和液体的瓶子,可以说明运动是如何不用借助任何外力而在物质中产生的;一个过滤器的作用可以让我们理解,由于一些细小颗粒的存在,物质液体部分的静化作用导致产生了固体的形成过程;在一个有液体的容器内放进一块糖,糖对液体所产生的推动作用可以让我们看到,一些轻的物体如何因为重的物体在液体中的下降而上升;在一个装满水的水池内将各种物体根据重量和表面积的大小进行排列,表现了天体在无限的空间最初的分布,如此等等。

当然,应当承认,我们不能对所有的问题都给出如此形式化的证明,作者毫不犹豫地说这些证明类似于数学证明:"我们的证明的确并不都是数学的证明;我们也并不奢望表明自然是以何种准确的方式运作的,而是想说明自然是在运作,而且大致是以这样的方式在运作。"[ff. 229–230]因此,我们无法说明观念和思想的性质,观念和思想的性质对我们来说仍然是"一个谜"[f. 233],但是我们仍然能够说这种性质不是除了物质之外的其他实体的表现,经验阐明了灵魂和身体之间的密切关系:"在我所论述过的所有主题当中",作者在这一论述的前言中说,"我都给出了一些证明,如果不是肯定的证明,至少也是否定的证明。这样,我便可以相信我已经证明了的,不是'人的灵魂是什么'，而是'不可能像好几个民族坚持说的那样，存在着那样的灵魂'；也就是说，不可能存在精神的和不死的灵魂。所有的学者都认为，如果不能拿出肯定的证明，否定的证明便是一种补偿，而且具有相同的力量。的确，证明一个事物不可能存在，便相当于证明了它的不存在。"[ff. 5-6]①

通过假设，我们被逼到了或然性的境地，面对经证明是不可能的东西。这种或然论的基础是，不知道一件事情，并不能证明它的不可能性。② 这一原则的双重的认识论基础似乎在《奇怪的哲学研究》(*Recherches curieuses de philosophie*)中得到了明确的表述。作者给读者出主意说，如果在某些情况之下，读者倾向于不同意作者的意见，那就先不要做出判断——"要赞成你们认为得到明确证明的真理，但是请不要急于谴责你还没有设想好的东西"[Paris-B. N. F. fr. 9107, f. 9]——这首先是由于我们的认识具有为人所公认的不足："不管你的见识有多广，但是事情是无限的，我们不得不承认我们并不都知道；不是因为我们缺乏知性，而是因为每种艺术，每门科学都要求一个人全身心地投入，由于我们的精神的限制，我们甚至不可能完全地拥有一种艺术或者一门科学。"[f. 465]但是也是因为，不能由于在研究中缺乏肯定的元素，便否认一个假设的有效性，因为一切可能都是可以发生的。比如关

---

　　① 　这仍然是与笛卡尔的学说一脉相承的。比如马勒伯朗士便说："你要想到否定的证明。"[《基督徒的思考》(*Méditations chrétiennes*, IX, iv. *Oeuvres complètes* (éd. A. Robinet), tome X, p. 97)]还有其他一些无法解决的问题(比如关于自然中所有的生物都有观念的问题)，对这些问题，我们无法根据经验表达意见，既不能肯定，也不能否定；于是，以实用主义的名义——实用主义是作品的一个中心方向之一——作者决定说，这些问题不值得深入分析："石头、树木等有没有共同的观念，我们知道不知道没有什么不同，因为它们是不会动的，所以没有办法表达。"[ff. 170-171]

　　② 　这一原则形成了现代怀疑论的传统。蒙田已经肯定地说："一个事件，即使我不懂得其原因或者可能性，我也不想根据这种糟糕的基础来抛弃这一事件，说它是不可能的"[《随笔全集》(*Essais* I, XXVII)]；而拉莫特勒维耶(la Mothe le Vayer)则说："有些东西，我们觉得不像是真的，便轻视它，说它是假的，那是愚蠢的自负。"[*Opuscules* IV, vii；*Œuvres*, 1681, tome IX, 147]贝尔(P. Bayle)对贝克尔1691年到1693年在阿姆斯特丹出版的作品《迷人的世界》(*Le monde enchanté*)采取了同样的态度[详见拉布鲁斯(E. Labrousse)的《皮埃尔·贝尔，II，异端与严格》(*Pierre Bayle*, *II. Hétérodoxie et rigorisme*, La Haye, 1964)]。然而，思想的背景还是足以证明，地下书刊中的这一原则直接来源是笛卡尔的观念，认为一切可能的将必然发生[《哲学原理》(*Principia*, III, 47)]。

于生命的自发生成的问题，人们并没有声称"遇到了能够肯定地证实这一问题的真理"，因此，人们对此只能给出"一种或然性很大的猜测"[f. 8]；经验表明，无生命的物质可以产生动物的生命（虫子、老鼠等），而且没有任何东西可以反对说物质不能以相同的方式产生一些更加发达的形式；的确，"历史并没有表明什么"[f. 386]，但是，对一些有遗迹足以表明其现实性的事件，历史也没有说什么；因此，我们不得不接受的结论就是："因此，让我们根据自然的光明来思想吧，而且不要停止在那些否定的论据上。"[引文出处同上]

《哲学思考》(*Méditations philosophiques*)当中也明确表达了这一原则："我们的理性和观念让我们发现一个创造的世界，而且我们确实知道这个世界是被创造的，其他无计其数的世界是我们不知道的，然而，它们确实存在着；我们的无知并不能破坏它们的存在，我们不能接受下面这些话作为证据：关于它们，我一无所知，我不知道它们的存在。"[Paris-Mazarine 1190, f. 24；II, 13]

这一原则自称为一切教条主义的敌人。当然，即使在否定教条主义的时候，这一原则事实上也可以成为蒙昧主义的挡箭牌；因此，我们不能不提高百分之一百的警惕，不能让被批判从前门驱逐的偏见，借着假设的阴影又从后门返了回来；我们必须进行深入的研究，以决定人们向我们提出的具有或然性的事物并非虚妄，而只不过是不可理解的，正如《论追求真理》的作者所指出的那样，既然"我们不应怀疑有无限多的事物，虽然这些事物是不可理解的，但它们仍然是存在的。在承认这一点之前，必须确认我们不能理解的事物是不是真的存在。因为相信不能理解的事物，是不断出现错误的源泉。"[Paris-Arsenal 2558, ff. 98 et 99]因此，他又补充说："关于物质的无限扩张或者无限可分，我们大致上并没有什么明确的概念；然而，我们通过几何学可以确定地知道，物质的确是可扩张和可分的。圣托马(St. Thomas)用两条平行线之间的三角来证明天使的可扩展性的命题是一个可靠的证明；同样，不可通约数的证明也是无限可分性的证明。在这些情况当中，我们不得不承

认,这是我们的思想所无法达到的。"[ff. 98–99]

因此,我们不知道运动的准确性质。我们可以肯定的唯一的东西,是运动与物质是分不开的,然而严格说,我们并不知道它们的关系究竟是什么性质的:我们可以认为运动内在于一般的物质,或者运动只不过是物质的形式之一;我们也可以假设物质的粒子有一种自然的运动倾向,但是,并不是所有的物质都在行为中拥有运动。① 我们没有任何决定性的标准来断定这些不同的假设,这些假设也可以判断经验的事实,因为我们并不了解物质。归根结底,"正是在这些机会当中,我们应当相信和接受一些事物,虽然我们并不理解它们;因为我们确认运动是存在的,我们还知道运动不会消失,而且在一个主体上减弱了,又会传递给另一个主体;因此,什么也不能阻止我们相信永恒。"[f. 107]这种观念应当被接受,因为它满足笛卡尔认为是假设的根本条件,即使它不能证明,至少也能够解释自然的秩序和机制:"一旦建立了这一假设,或者也可以说是这一假说之后,我们的整个体系的其他部分便不再有困难。"[ff. 107–108]②

然而,我们不能以在研究当中必须谨慎为借口,落得个行为畏缩的结果:"我们还要担心说得太多,或者说得太少",《论世界的形成》的作者肯定地说。"我不敢声称说我是物质的使徒,但是我也不愿意做物质的旁观者。说物质拥有它所没有的东西,或者剥夺它的一般的特性,我认为这两种极端是同样危险的,是与真理的进步相违背的。"[Paris-Mazarine 1168, ff. 55–56]而且《关于灵魂的对话》的哲学家也用相似的话,告诫与之对话的唯心主义者:"你认为,由于物质不再形成和产生新的存在,因此物质从来就没有能够产生和形成过存在,你这样的推导是不正确的。从一个女人现在不再有孩子便得出结论说她从来不曾有过,这样的断言是轻率的。"[Paris-Mazarine 1191, I, f. 272]

---

① 详见本书关于物质解剖的文章。
② 详见笛卡尔 1638 年 7 月 13 日写给莫兰的信[《哲学作品集》(*Oeuvres philosophiques*, éd. Alquié, II, 71 ss.)]。

经验主义和唯名论

这种怀疑主义有着双重的认识论基础:经验主义和唯名论。我们知道怀疑主义和经验主义之间始终存在的联系,自从塞克斯图·因皮里克(Sextus Empiricus)的作品一直到伽森狄的哲学——这是通过只能向我们提供事物表象的经验的特点,通过一般的感性认识的特点说明的,而不是通过本质说明的。因此,感性主义的出发点形成了地下书刊中所有潮流的一般性资料:断然地拒绝先天性的观念,确认一切知识都有感性的来源,把理性视为比较感觉器官见证的简单的能力。观点的不同是这类知识的必然结果,足以表明我们所了解的不是实体,只是实体的改变,因为如果不是这样,面对相同的客体时,我们所有的人便会都有相同的观念了;但是,是经验保证了我们的观点的确定性——或者至少是其可能性——在这些观点当中,便有物体确实存在的观点,这一观点对于唯物主义来说是根本性的。

但是事实上,存在的地位本身仍然是不确定的。对这一地位的处理远不是一致的,有时候甚至是不够清楚的。《生与死的平等》看起来是以怀疑主义为基础的作品,是蔑视形而上学的思辨,是只坚持经验指导的自然主义者的作品;因此,作品强调了"从经验产生的概念是清晰明了的",并"通过人们实际的日常经验",证明物质实体的复合性质[Paris-Mazarine 1192, ff. 24-25]。在另一个地方,作者颇为自得地提到人的早产儿,以证明胎儿的形成是有一个过程的,或者提到对一只母鸡的解剖,以研究其内部结构,研究鸡的器官的可能发展,从蛋开始孵化,一直到小鸡孵出来;他"把一只猪的尿脬放在博伊尔的机器里,或者一个气动机器里"做了实验,并用实验的结果反驳哈特索克的原子论[f. 112]。他的实验证明微妙的物质不能解释自然的现象,"更加轻盈的"[f. 113]原子论就更不能。但是,他并没有区别实验和简单的观察,通过简单的观察,可以判断一个狂犬病患者的状态,他认为这种观察也与前边所描述的实验是一样的。①

　　在《论世界的形成》中,经验使得物质结构和宇宙形成的理论成为可以感知的东西。作品中还证实,植物和矿物也有生命[Paris-Mazarine 1168, f. 147],这证明了灵魂的物质性[ff. 236 - 237],而且通过"解剖证明"指出人与动物从根本上是一样的,因为动物和人都有相同的大脑结构[ff. 239 - 240]。因此,经验的作用在两种忧虑之间摇摆,一种忧虑是特殊神宠论,具有理论上的限制,而理论上的限制必须符合赋予特殊和具体的优先特点——人类同族论是站不住脚的,因为我们看不到有新的物种出现[ff. 128 - 130],研究观念的出现和性质是一项不可能的任务,"因为那就必须研究所有具有观念的存在所形成的巨大链条"[f. 234]。另一种忧虑是由于与某种形而上学联系在一起而产生的过分的自负,这种形而上学不断寻求超越经验知识的有限的小圈子——经验就是这样证明物质具有无限可分的特点的[ff. 78 - 79]。

　　《复活的乔尔达诺·布鲁诺》的作者在巴龚的担保之下,认为经验的确定性高于逻辑或者数学的确定性:"有些数理哲学家想超越物理学,有名的巴龚指责这些人傲慢无礼,说数学和逻辑学本来应该是物理学的女仆,我不知道它们怎么能够声称自己高于物理学,而且吹嘘比物理学更加肯定。的确,数学和逻辑学的确定性完全依赖物理学的确定性。因为事物的图像不会比事物本身更具有确定性。人们之所以没有认为自然哲学像数学一样可靠,那是因为有些部分还没有实验过,因为一旦经过实验,那还有什么说的呢?"[Rouen-B. M. M 74, f. 18]②经验总是在认识的源头上:"人的最美好的能力之一",他写道,"我认为就是能够将各种事件放在一起进行比较,从中得出结果,决定自己的行为。我们可以概括起来说:如果人被剥夺了经验,那比最低级的动物都不如。"[f. 3]但是,他谈的只是自发的经验,而不是物理学家和化

---

① 详见 f. 125,"明显表明我们可以养成动物的习性,而且精神遵从身体的倾向性"。
② 作者让我们参照《科学的成长》第三卷(*L'accroissement des sciences*, livre 3)。

学家在试验室里创造和检验的实验。① 在地下书刊当中,没有经验的理论。

然而,这种定义并不清楚的经验起到了十分重要的防护栏的作用,防止了形而上学的不合理的思辨。我们知道,18 世纪尽管在口头上声称主张实证主义,但是从来没有完全放弃系统的精神,经验主义的抗争一般最终会为理论效劳,而理论会远远超越观察和经验的指导。② 但是,经验主义虽然没有避免系统的大量滋生,但至少把经验视为科学认识的标准,并以此名义,为系统制定了不可超越的限制:"不能做有违于经验的推理",《论世界的形成》的作者肯定地说,"因为有违经验的假设不管多么绚丽,都是不可能存在的。"[Paris-Mazarine 1168, f. 46]《复活的乔尔达诺·布鲁诺》的作者补充说:"哪怕只有一点点真诚,便会承认经验是我们唯一可以信任的向导。如果没有我们想处理的事物的经验,我们只能摸索;由此可以看出形而上学的作品中为什么错误百出。"[Rouen-B. M. M 74, f. 8]当然,更远处,这位作者似乎为思辨敞开了一条路:"我们的想象也可以获得某些知识,这些知识开始时是虚幻的,经验会让它们变成现实的。我们常常深信某种东西是存在的,却一时找不到适当的词汇把这种存在告诉别人。"[ff. 75 – 76]然而实际上,他只是证实了他所赋予经验的关键作用,某种没有证据的直觉算不上是真正的知识。

论述科学发展的一般理论的重要性是得到公认的,如果不是在原则上得到承认,至少也是在事实上。但是这些理论必须与经验一致,而且在制定理论时应当一步步地进行,不能指望从个别情况直接就上升到普遍规律,因为正如《论世界的形成》中所说的那样,"通过这些普遍的结论,人们会让我们感到目眩,而目眩并不是教育"[Paris-Mazarine

---

① 法语里的"经验"和"实验"是同一个词。——译者注
② 详见马耶(J. Mayer),《18 世纪经验哲学的幻想》,载《纯科学和应用科学普通杂志》["Illusions de la philosophie expérimentale au XVIIIᵉ siècle", *Revue générale des sciences pures et appliquées* LXIII (1956), pp. 353 – 363]。

1168，f. 65]。① 而这些理论之所以只是作为假设提出来，那只不过是因为经验只能向我们提供不完善的知识：“根本性的问题是只能在经验的指导之下行动。经验的确不能向我们保证事物会像我们设想的那样发生；但是经验至少可以向我们保证，事物是以类似的或者大概类似的方式发生的。而且我们必须满足于这种‘大概’，直到我们更加确信为止。”[ff. 171-172]《复活的乔尔达诺·布鲁诺》的作者也表达了类似的意思：“只要我们放弃了经验的指导，我们就会迷失方向。然而，经验本身却不是万无一失的。但是，因为我们没有更加可靠的东西，那就只好依靠经验。而且还要假定的是，若不是在各个世纪人们都在阻挠经验，人们本来可以取得更好，更加确定的经验。”[Rouen-B. M. M 74，ff. 10-11]由于意识到实验知识具有不适当的特点，所以人们最终把一种重要的观念推到了前台，那就是这种经验主义要求不断地超越知识的极限，而且由于经验的不断完善，这种知识总是处在临时的状态当中。

也正是以经验主义的名义，人们才不再从字面上去理解笛卡尔的假言判断说：应当描述自然的真实机制，哪怕这样做意味着要缩小我们的研究范围，而不是先假设一些原则——在并不肯定的心态下——并从这些原则出发，对所有的自然现象做出令人满意的解释。因此，《生与死的平等》的作者自认为有根据“否认罗欧（Rohault）的原则，罗欧声称为了解释自然所产生的结果，一个物理学家只要指出可以使用的手段就足够了，哪怕自然并不使用这些手段。这种思想方法简直是发疯，别的就不说了。”[Paris-Mazarine 1192，f. 62]马耶也在批判笛卡尔学派的作者加德鲁瓦的《根据三种假设的世界体系》（*Système du monde selon les trois hypothèses*）时解释说，他可不想循着同样的思路走，而只是想解释事物是如何真实地发生的，因为“我们把他说的东西看作是一种解释，说明如果世界真有一个开始的话，我们的眼睛可以看到的东西

---

① 亦可参见 f. 82：“一般性的结果会取悦于我们的懒惰。”

是以何种方式发生的,而不是我们所看到的这种安排和这些现象的真正原因的阐述"[Paris-B. N. F. fr. 9774, f. 135 v]。

数学知识也是与经验有关系的。这一类的真理是确定的知识。但是这些知识并不像笛卡尔学派的人所说的那样,只属于知性的范畴。严格说,只有《论三个骗子》与此是一脉相承的。《论二个骗子》的作者区分想象的结果和知性的结果,想象的结果也是感性的作品,而知性的结果则像斯宾诺莎所说的那样。他实际上是剽窃了斯宾诺莎的思想,把数学知识当成了真正的知识模式。身体器官的不同必然导致观点的不同,所以人们认为"人的精神是不可能认识真理的。如果不是数学和其他科学摧毁了这一偏见,人们还会处在这样的错误当中"[Paris-B. N. F. fr. 24887, f. 16]。更远处,他又补充说,"如果人们求助于知性的光明,数学知识会让人们相信,大家都会接受真理,人们的判断会比现在更加一致、更加合理"[f. 22]。虽然还要知道的是,作为真正的知识的源泉,除了数学知识之外,他在这里提到的其他科学是何种性质的科学。

《特拉西布尔致乐西普的信》(*Lettre de Thrasybule à Leucippe*)试图把数学的作用限制在从根本上自称是经验范畴的知识之内。当然,数学的真理是"唯一人们一致承认的真理"[Paris-B. N. F. fr. 15288, f. 123],①而且"最高程度的确信,那……就是几何学的确信"[f. 85]。但是,数学的定理概念在地位上与笛卡尔的概念不一样,这些定理不是理性本身的构成部分,人们"生来并没有带着这些真理的知识"来到世上[ff. 124 r-v]。实际上,这些普遍的真理"涉及物体的特性,及其大小和数量的关系(……)只适用于对大小的测量,适用于对数字的[比例]"[ff. 123 r-v]。因此,"人们是通过经验获得这些知识的,而且通过外部客体对感觉器官产生的所有印象的一致性,来相信这些真理,我们的感觉器官是我们获取真正的、确切的知识的器官。最崇高的几何

---

① 匿名作者还证实说,"几何的真理"是没有例外地为人所接受的[f. 40]。

真理也不过是这些共同真理所产生的结果,而且对真理的证明只不过是把我们通过日常经验相信了的,重复了一百万次的真理应用在一个不那么一般的个案上而已。"[f. 123 v]①因此,数学是建立在既得经验基础之上的特殊科学,几何真理和经验真理之间没有性质上的差别,只是完善程度的不同,因为,十分小心地反复重复的实验,有可能让我们心中产生一种信念,和我们对几何真理的相信程度是一样的[f. 124]。一方面是经过纯粹的推断得出肯定的、严谨的知识,这样的知识能告诉我们事物的本质;另一方面,是经验的、归纳出的知识,这样的知识只能向我们提供表象,但是,对感觉器官接收到的印象,需要在数学知识的模式中进行精神的、思辨的重新加工;在这两种知识之间,并没有明确的对立。②

　　事实上,我们并不感到奇怪的是,对于地下书刊的作者来说,几何证明的清楚和严谨形成了一种模式。我们甚至可以补充说,这种诱惑是不可避免的,因为当时笛卡尔的理性主义还保留着一部分重要的影响,而且当时的物理学也借助数学来建立其基本的概念。但是面对笛卡尔学派普遍的数学主义,人们倒是追随了更加谦虚的经验主义的指示,像伽森狄那样,开始把数学作为一种简单的工具,用来分析从感性感知中获得的表象。③ 因此,在《论追求真理》(*Essais sur la recherche de la vérité*)当中,几何的定理被介绍成"根本性的、万无一失的真理"

----

① 作者写道:"然而,所有的知识[数学知识]都是建立在感觉器官的见证之上的。"[ff. 85 v - 86]

② 《霍布斯对〈新约全书〉的注释》(*Notes d'Hobbes sur le Nouveau Testament*)的作者将数学的明证性与物理证明所特有的确定性视为同一:"还有什么比几何学和物理学的真理更加确定的呢?""这些真理的证明是无可争议的。"[Rouen-B. M. M 74, ff. 5 - 6]这段文字当中所表达的,无疑是在别处阐述的思想的一个概要。

③ 关于这个问题,详见罗秀(B. Rochot)的《伽森狄和数学》,载《科学历史杂志》["Gassendi et les mathématiques", *Revue d'histoire des Sciences* X (1950), 69 - 78];以及格里高利(T. Gregory)的《怀疑主义和经验主义,伽森狄研究》(*Scetticismo ed empirismo. Studio su Gassendi*, Bari, 1961, pp 46 ss. et 141 ss.);布洛施(O. R. Bloch)的《伽森狄的哲学》(*La philosophie de Gassendi*, La Haye, 1971, pp.150 ss. et 281 ss)。应当指出的是,在布洛施的解释当中,伽森狄的物理学之所以"失败",不是因为伽森狄对数学的不了解,而是因为他的怀疑论:"……伽森狄之所以对数学抱有疑虑,从某种意义上说是因为,数学会使他的物理观变得太严格,从而不能采取任何折中,不能向后倒退半步。"(第282页)

[Paris-Arsenal 2558, f. 26],而且几何的证明被认为是对命题的真理的极好证明。正因为如此,论文的作者希望物质的无限性能够"几乎以几何的方式得到证明"[f. 103],而且遗憾不能对运动的性质和原因给出"几何的证明"[f. 107]。但是,虽然数学的特别地位问题并没有明确地提出来,我们仍然不能将数学和笛卡尔的普遍演绎科学相提并论,因为思考当中普遍的笛卡尔主义并不能使我们忘记,论文支持的是,我们的所有知识来源都是感性的,而且数学本身(数学也被认为是一门科学,和其他科学一样)只能给我们提供一些"诸如线条、曲线的关系和测量之类无关紧要的真理"[f. 27]。①

另一方面,论文中有时候使用了一些表达,比如"几何证明"或者"几何真理",相对于数学来说,或者对于普遍的演绎方法来说,我们不能说这些表达具有明确的内容。这些说法所流露出来的,应该是几何学成了明证性,成了不可能有任何错误的确定性的同义词。这个词的使用,是以这样的一种感觉为基础的,也就是说,在其特有的极限当中,经验的确定性是与我们认为的数学证明的确定性同样严谨的。比如,在《关于上帝、世界和人的哲学思考》(*Méditations Philosophiques sur Dieu, le monde et l'homme*)当中,我们便有这种感觉;这篇论文的作者证明,对形成宇宙的物质物体的感知,"神性在其作品当中并通过其作品实现的神启,是数学上最为确定的,最万无一失的"[Paris-Mazarine 1190, ff. 9 - 10;I, 7],当然同时又是"可以触摸的、可以看见的"[f. 9;I, 6]。《论世界的形成》的作者一定要把问题弄个水落石出,可是仍然不得不对"一切不像数学那样真实的东西"保持怀疑[Paris-Mazarine 1168, f. 8],他提到"从几何上是错误的观点"[f. 208],并指责说,"提出首要原因体系的人"不是"几何学家",因为他们不知道实体的无限性使一切创造成为不可能[ff. 40 - 42],而且他自我吹嘘从数学

---

① 《特拉西布尔致乐西普的信》(*Lettre de Thrasybule à Leucippe*)的作者也作了相似的判断:数学的真理"是一些干巴巴的,纯粹思辨的真理"[Paris-B. N. F. fr. 15288, f. 123]。

上证明了物质当中的运动,也就是说,事实上,他用来自经验的例子说明了他的观点。因此,数学的东西就是确定性的东西,也就是在感性的极限之内,不给疑问留下任何把柄的东西。这就意味着,怀疑主义也有自己确信的事物。

地下书刊中怀疑主义的第二个基础是唯名论。有时候,唯名论与经验主义密切联系,采取了概念论的形式:既然感觉器官只能让我们看到物体的表面,那么概念只不过是在感性经验中感知到的事物简单的普遍化,不能提供事物的本质。"我的概念都是表面化的",布兰维利耶(Boulainvilliers)在《论博努阿·斯宾诺莎的原则中的形而上学》(*Essai de métaphysique dans les principes de Benoît de Spinoza*)中肯定地说:"而且不能达到事物内部的性质。"[Paris-B. N. F. fr. 12242－12243, I, f. 179]这一概念论与伽森狄的学说是一脉相承的;除了这一概念论之外,我们在地下书刊中还发现有一种语言的唯名论,像霍布斯那样,把语言视为任意的符号系统,在字词和事物之间不建立任何真正的联系。比如在《古人对灵魂的性质的看法》(*Opinions des anciens sur la nature de l'âme*)当中,作者说"只要拥有事物的概念,便可以用某个词汇指称这一事物,既然一个词和这个词所表示的事物之间没有任何关系"[Paris-Mazarine 3561, f. 18]。

当然,认为语言不适合建立理论,揭示我们所研究的客体的本质,这种看法与概念论并不是不兼容的。有时候,这两种观点同时存在于同一部作品当中,同时强调了怀疑主义的倾向。《生与死的平等》就是这种情况,我们从世纪之初便发现地下书刊中唯名论潮流的主要重点。一方面,人们注意到概念论自然而然地导致存在的个体特点:"自然中没有任何东西是普遍的,一切都是个别的……让我们来考察自然。我们从中发现了什么呢?我们发现自然中一切都是个别的,个体和统一体;种类只是物种的部分的观念,物种又是每个个体的部分的观念,因此观念只代表了事物的一半,而且不能阻止自然仅仅由统一体来组成。物种的确是普遍的,但是从哪儿来说是普遍的呢,还不是通过我们从中形成的观念？这些观念，就其本来而言，并不能阻止以类和种为名目所包含的东西实际上都是个别的。"[Paris-Mazarine 1192, ff. 102-103]另一方面，即使这一论断在思考当中只占次要的地位，确认字词和事物之间存在差距，便意味着需要完善：进食，感觉，意图，倾向，恨恶，等等……人们用一个词表达的欲望，似乎是一个事情，但每一种欲望都是个别的，都是由部分组成的，而且……这些事情都是由于无数个原因的综合造成的[ff. 45-46]。因此，作者才得出结论说，"我们的观念并没有告诉我们任何真实的东西……"[f. 105]

《关于上帝和人的知识的道德和形而上学思考》当中的怀疑论也部分是以唯名论为基础的，这里的唯名论被放在语言的功利主义的框架之内。认为名词能够向我们提供本质，这是错误的："名字对事物没有任何作用"，作者写道："名字并不能解释事物的性质。"[Rouen-B. M. 1569, f. 109]名字是一种约定，一个社会群体的成员对约定的使用至少是不言而喻的（一般是个习惯的问题），其目的是考虑如何简化人的日常生活："话语不是为了发现事物的性质的，而只是为了让我们使用事物，为了表现事物，为了告示事物对于我们的必要性……字词永远不能解释事物的性质；字词只是告诉我事物的存在。"[ff. 104, 110]但是，既然我们是通过以字词为第一元素的定义和推理来建立科学的，那就必须说一切知识都纯粹是形式的，知识产生于字词的不同排列，而且这种排列说到底是任意的，因为字词与被字词所指的事物之间没有关系："推理只不过是通过'是'这个字，将一些名称组合起来、联系起来。由此我们可以认为，通过推理，我们得不到任何有关事物性质的结论，我们只能触及事物的名称，也就是说，我们只能看到是不是按照约定排列了事物的名称，而约定是根据事物的表象意义制定的……人的推理只不过是一些根据人的奇思怪想而形成的名称的组合而已，实际上并不表明任何清楚的意义，既然除掉词汇之后，便什么也剩不下了。"[ff. 94, 96]

《特拉西布尔致乐西普的信》（*Lettre de Thrasybule à Leucippe*）所表达的一个理论是，真实的存在和客观的存在，或者想象的存在之间没有分别，这是错误的主要原因。而唯名论表现为这一理论的基础。我们通过观念，将物体从其所有的特性当中抽象出来，并将这些特性相互之间进行区别，因为这些特性中的每一个都形成了我们感知的一个对象。但是我们不能混淆——而且一般我们在感性感知当中是不会发生这种混淆的——这些观念的客观存在和真实的存在，真实的存在总是个别存在的事实，这一个别存在的特点，是其确定的品质（具有一定的广度，具有某种形式和某种颜色，等等），以及与其他同样是具体的物体的特别关系。然而，我们会把在感性认识中感知到的具体的东西普遍化，我们会制定一些概念，或者"一些普遍的词汇"，"以简化话语"〔Paris-B. N. F. fr. 15288, f. 95〕，而且，对于这些由理性造就的、纯粹是逻辑上的类别，我们会错误地赋予它们理性之外的存在。因为经验告诉我们说，以下的说法是不合理的："存在某种运动，某种白色，某种具有普遍性的圆润，而这种普遍的圆润又与每一种运动，每一种个别的白色是有区别的，对这种运动和普遍的圆润，我们什么也不能说，只能说那是运动，是具有各种模式的特征的普遍的圆润"〔f. 140 v〕，既然"物体的模式，白色，等等，并非由于模式内部的某种力量而存在，而是由于它们改变了物体的存在，并具有这一存在的特征：这是千真万确的，因为我们可以想象，在摧毁物体的同时，物体的模式也一定会被一起摧毁。"〔f. 141〕

　　物质本身也不会脱离这一规则，正如《关于灵魂的对话》（*Dialogues sur l'âme*）的作者所提出的那样："不应当认为物质这个词是个专有名词，是专指某种个别的物体的；这是一个组成词，并不表示某个个体；但是，我们用这个词简化地表达作为各种不同形式的基础的无形、无名之物，而且就像另一个希腊神话中的普罗透斯（Prothée）一样，自然而然地，或者是通过艺术的帮助，它可以采取人们愿意给予它的任何形式。"〔Paris-Mazarine 1191, I, ff. 276 - 277〕因此，没有必要了解物质的实体，物质实体只存在于由其决定形式的个别之存在当中：要想了解物质，就必须了解物质的全部表现，了解它在无限多样性中的性质。

物质剖析:法国 18 世纪地下
自然主义中的物质与运动①

亚里士多德哲学在文艺复兴时期的瓦解,不仅仅影响到人们在认识论和宇宙论上的重大选择;批判的矛头直指体系深刻的基础,甚至对物质的构成也进行了讨论,这使得人们对在这一基础之上仔细建立起来的一切提出了质疑。在多少个世纪期间,传统的四种元素说保证了经院派的物理论在学说上稳固的统一性;与四种基本原素说的决裂,导致 16 世纪初期产生了很多基本体系,这些体系的作者争先恐后地表现自己的独特之处,根据标准的不同,增加或者减少了基本元素的数量,而这些标准在当时已经被人们直言不讳地认为是随心所欲地制定的。②

这些形而上学的争论无疑促进了化学理论的重大进步,化学家在面对针对字词的争论时,求助于对各种物质的分析,以发现硫、汞和盐

---

① 原载《伏尔泰和 18 世纪研究》[*Studies on Voltaire and the Eighteeenth-Century* CCV (1982), pp. 7 - 30]。

② 比如从 1513 年开始,在毕科·戴拉·米兰多拉(Pico della Mirandola)的《论基本原素》(*De elementis*, *Opera quae extant omnia*, Basil, S. Henricpetri, 1601, tome II, p. 115)当中就有这种说法。详见美兹格(H. Metzger)的《从 17 世纪初到 18 世纪末法国的化学学说》[*Les Doctrines chimiques en France du début du XVIIᵉ à la fin du XVIIIᵉ siècle*, Paris, P. U. F., 1923 (réimp. Paris, A. Blanchard, 1969), surtout pp. 17 - 97];阿布里(F. Abbri)的《18 世纪的化学》(*La chimica del 700*, Torino, Loescher, 1978);以及《元素,要素,粒子。从帕拉塞尔斯到斯达尔的化学理论》(*Elementi*, *princìpi*, *particelle. Le teorie chimiche da Paracelso a Stahl*, Torino, Loescher, 1980)。托马·默菲(Thomas Moffet)为此写道:"有人认为只有一种元素,有人认为有若干种元素,有人甚至认为元素无以计数、延绵不绝、始终如一;有些人断定是两个,有人认为是三个,有人说是四个,还有人在想是否应该有八个。"见《论化学药品的权威和优秀》,载《化学舞台》[*De jure et praestantia chemicorum medicamentorum*, dans *Theatrum chemicum*, ed. L. Zetzner, Argentorati, 1659 - 1661, tome I, p. 97. Cité par A. G. Debus, "Renaissance chemistry and the work of Robert Fludd", *Ambix* 14 (1967), pp. 42 - 59]。

物质的最终组成部分。硫、汞和盐是三种基本原素,后来化学医学家在此基础上又增加了"土"(caput mortuum)和"水"(phlegme)。当然,当时化学论文中的思辨和实验报告还是相当模糊的。比如今天我们已经知道,帕拉塞尔斯(Paracelse)关于炼金术原素的理论其源头完全是经验性的,他事实上只局限于重新塑造了炼金术士的古老论断,只增加了第三种元素盐,并把这种化学的三分法扩大到整个大自然。炼金术士认为,所有的矿物都是由硫和汞组成的,而且硫和汞远没有被视为物质的元素,把硫和汞视为基本的物质元素是后来的事,① 有神秘学方面的考虑——帕拉塞尔斯把元素定义为"生育之母"——也有宗教方面的考虑——《圣经》中把土和水视为唯一生产性的要素。化学医学派的五种要素说是以此为基础的,第一次是在 1584 年由号称盖尔塞塔努斯(Quercetanus)的约瑟夫·杜切斯纳提出来的。② 在这些思辨的基础上,又有人做了实验,结果是常常把这些东西隐藏起来,或者至少是并不引人注目,在艾田·德·克拉夫(Etienne de Clave)的作品当中,我们已经能够明显地感觉到这一点。艾田·德·克拉夫认为,只有通过分析,才能够找到某个物体的要素或者组成元素,因为元素是一个简单体,在现实中进入复合体的混合,并最终溶解于这一复合体当中。③

　　化学与医学和药学所保持的密切关系,虽然进一步使化学成了一门经验科学(也就是不仅仅使化学成为一种艺术),但不能夸大经验在

---

　　① 胡伊卡斯(R. Hooykaas)的《元素概念的历史及知识发展》(*Het begrip element in zijn historisch-wijsgeerige ontwikkeling*, Utrecht, 1933,第 231—234 页有一份法文摘要)仍然不失为元素理论发展的一个总体情况介绍。关于帕拉塞尔斯,详见胡伊卡斯《帕拉塞尔斯之前就存在化学三分法?》,载《科学历史国际档案》["Chemical trichotomie before Paracelsus?", *Archives internationales d'histoire des sciences* 28 (1949), 1063 – 1074];《帕拉塞尔斯的元素学说》["Die Elementenlehre des Paracelsus", *Janus* 39 (1935), l75 – 188];帕吉尔(W. Pagel),《帕拉塞尔斯》(*Paracelsus*, Basel, 1958,法文译本 1963 年第 25 页及以后部分)。

　　② 详见拉斯维兹(K. Lasswitz)的《原子理论的历史》[*Geschichte der Atomismus*, Hamburg-Leipzig 1890 (réimp. Hildesheim 1963), tome I, pp. 332 – 340];以及胡伊卡斯(Hooykaas),《医学化学家的元素学说》["Die Elementenlehre der Iatrochemiker", *Janus* 39 (1937), 1 – 28]。

　　③ 《自然的真正要素及其品质的新的哲学之光》(*Nouvelles lumières philosophiques des vrais principes de la nature et qualités d'iceux*, Paris, 1641, p. 260),见于美兹格尔(H. Metzger)在其作品的第 52 页的援引。

这种寻找物质结构的化学哲学中的作用。事实上,当时的实验室所拥有的手段还是很初级的,所谓的化学分析只是对有机物,主要是对植物进行烧结、蒸馏和升华。炼金术的传统认为,用火来进行分析,可以在物体当中简单地分离出组成要素,这与大自然通过更加缓慢的腐败作用所进行的分解从各个方面都是完全一样的。但是用火进行分析的有效性是存在争议的。首先提出异议的是经院学派,主要是原则上的异议:没有任何东西可以向我们保证,事物一定是由主宰其生成的元素组成的;但是有异议的还包括按照亚里士多德的理论解释分析的结果,这种解释最终使这些从原则上属于量化性质的元素,成了严格意义上所有物体的物质组成部分,无疑解释了为什么有些化学家在旧的和新的基本物质系统之间摇摆不定。① 整个 17 世纪期间,在哲学家和化学家的小圈子里,其中有巴龚(Bacon)、冯·海尔蒙(van Helmont)和博伊尔(Boyle),人们都在讨论火对被分析的物体起到的作用是何种性质的问题,一种越来越普遍的观点是,这种分析在物体当中引发物质要素的出现,这些物质要素开始时并没有存在于天然的组成当中,而且矿物的烧结并不会产生与有机物一般的一样的烧结结果,比如,不管用什么方法,都不能将金子分解成其组成要素。②

虽然人们越来越相信,这样的试验结果总是模棱两可的,但是一直到 18 世纪很晚的时候,用热力对混合物的分析方法仍然被广泛采用。不过只有个别的化学家仍然相信炼金要素具有不可化解的特点,这些要素的出现应该被视为在实验室里可以做到的物质分离、分解的最高程度。丰特奈尔在对科学院的院士讲话时,把很多年里人们对天然物体所做的分析说成是无用的,而且与勒梅利(Lémery)一起认为,"为了更好地了解混合物,不是要将它们分解,而是要将它们化解成被视为其

---

① 比如戴维森(Davidson)只简单地在四种亚里士多德的元素的基础上增加了三种炼金术的要素。详见前面所引美兹格的作品第 47 页。

② 详见德布(A. G. Debus)《水的分析以及 16 和 17 世纪的元素》,载《科学年鉴》["Fire analysis and the elements in the 16th and 17th centuries", *Annals of science* 23 (1967),127 – 147]。

要素的其他混合物".① 这似乎也是《论追求真理》的作者的意见,该作者明确地援引了化学医学的学说,这在地下书刊中还是难得一见的:"所有的混合物都是由不同的要素组成的,我指的不是最初的要素,而是通过对所有的物体进行分析之后可以看到的要素。这些要素是水、硫、盐和土(teste morte),还有第五种,是汞或者第五元素。"[Paris-Arsenal 2558, f. 110]②

物质的组成要素

在 18 世纪初,化学家当中已经有一种既定的事实:在自称为经验主义的化学当中,亚里士多德事物的元素或者要素的理论已经过时了,这种理论认为一切事物都是由这些要素的混合形成的,事物的品质取决于四种基本的元素。事实上,只有那些落后的人才敢于仍然注重这种理论。然而,在地下书刊当中,我们还是可以找到一些例子说明亚里士多德在这一领域的影响。《反对布瓦耶的哲学体系的匿名信》(*Lettre anonyme contre le système philosophique de Boyer*)就是这种情况,这封信的作者注意到现代人在发现物质组成方面没有做出什么努力,便又回到四种元素说,认为只有这种学说才能够完全地说明存在的现实:元素被定义为"一种事物,所有的实体存在都来自这种事物,如果没有这种事物,实体就不可能存在"[Paris-Mazarine 3560, f. 228],"三角形、圆形和不规则形状的笛卡尔原子能不能包括我们所看到的世界上的所有存在以及化学家的元素,也就是精(esprit)、硫、硝、水(flegme)和土(tête morte)呢?"[f. 228]答案似乎是否定的,作者由此而得出结论说,

---

①　《科学院历史及回忆录》(*Histoire et mémoires de l'Académie des sciences*, vol. I, p. 19 H. 51),美兹格在前面所引的作品第 356 页援引了这一内容。亦请参见第 346—361 页。

②　关于第五元素(quintessence)或者化学之精,详见泰勒(F. S. Taylor)《第五元素的观念》(The idea of the quintessence),载安德伍德(E. A. Underwood)编辑出版的《科学,医学和历史》(*Science, medicine and history: essays in honour of Ch. Singer*, London-New York-Toronto, 1953, tome I, pp. 247 – 265)。

只有亚里士多德的元素说才准确地反映了如此定义的内容。

在洛(Lau)的《关于上帝、世界、人的哲学思考》中,翻译者谈到多数的世界,或者"火星、水星、土星和气星"[Paris-Mazarine 1190, f. 20; II, 2],①并证实他认为人包括身体和灵魂,说人"也是由相同的物质组成的",与他所属的世界一样:"身体是出空气、水、火和土的颗粒组成的"[f. 32; III, 7],②而灵魂则是在血液当中由空气、火、土和水组成[f. 33; III, 10],虽然说到底,这里指的是一种更加纯粹,更加轻盈的物质。同样,《论关于上帝的几种观念》也认为传统的四种元素是存在的,元素的生成和腐败,混合和分离是由感应和排斥的普遍规律调节的,比如,根据吸引或者感应原则,"气与气相交,水与水相混,土与土混杂,火与火相融,而且这种相互之间的吸引总是与每种元素的灵敏程度成比例的。"[Paris-Mazarine 1197, f. 29]所有的自然现象都可以通过这些元素的互相关系得到解释,元素总在是寻找其"常态的平衡"[ff. 33-34]。因为,这些元素是一种永远在变化的物质要素,物质的变化首先表现在其蜕变上,因为,我们不能不知道,我们应当知道自然是以何种方式运动的,"这种泥,这种石头有可能变成水,而且水有可能变成气,气有可能变成火"[f. 11]。③

然而,在当时明确地说与亚里士多德站在一起,应该被看作思想上的疏忽,这是毫无疑问的,因为自从文艺复兴以来,亚里士多德的哲学不断地受到攻击,其权威性已经被打翻在地。因此,即使是从形式上属于经院派的论文,比如《奇怪的哲学研究》也采取了现代的观点来解释物质的结构。这一论文的作者确认"所有的物体都是由一样的物质组成的"[Paris-B. N. F. fr. 9107, f. 502],也就是说,是由浓密的气体组

――――――――――――

　　① 亦请参见 f. 9; I, 6。这一文本的元素表当中没有气,但显而易见是由于手抄者抄落了。

　　② 我根据 Paris-Mazarine 3563 版本作了修改。

　　③ 在《论三个骗子的》的"论灵魂"一章增加的"感性的和显而易见的真理"当中,列举的元素与亚里士多德的元素一样[Paris-B. N. N. A. fr. 10978, ff. 233-234]。事实上,这段文字来自于拉米(G. Lamy)的《关于解剖的讲话》(Discours anatomiques)。

成的,气体中有含盐的部分和不含盐的部分[f. 504]。或者,"世界上的一切都是由两种基本物质形成的,一种是含盐的,另一种是不含盐的"[f. 400],说法不一样,但意思是一样的。在这"两种物质"当中,含盐的部分代表的是干燥和热的要素,这说明这种物质与帕拉塞尔斯的古老化学中的盐没有任何共同之处。这个词包括自然当中所有包含这种品质的东西,干燥状态和热,一般是可燃的物质,硫、油、树脂,等等;这些部分在物体当中有很多,很容易燃烧,比如木头,但是作为简单体,盐粒子是液体的,与空气粒子相混合,组成了冷和湿的要素,这是物质的和物质化的要素,好比盐本身一样,因为盐是被定义成"所有充斥大的物体之间的空间的东西,大的物体如太阳、地球、月亮和星星"[f. 13],但是在海水中也有散布。

当我们观察到事实上空气和水只是相同和唯一的元素时,我们便可以明白了,因为在众所周知的蒸发现象中,水通过热的作用而变成气,气又变成水。实际上,为了证明气变成水而描写的实验——用完全干燥的毛线被将一个里面有火的容器裹起来,再吊在地板之上,让这一切完全隔离,半个小时之后,可以观察到干燥的毛线潮湿了——因为实验条件而被歪曲了,所以人们说,这种实验冬天更容易做,冬天的"空气纯洁和寒冷"[f. 15],事实是冬天的空气是潮湿的。因此,在作品的阐述中,一个基本的论断是气变成了水,所以气和水是同一种物质,但是这一论断的基础是对经验事实的错误解释——火的作用浓缩了空气中的颗粒——从而得出结论:"空气不是别的,正是巧妙地膨胀开来的水,反过来也可以说,水只不过是被浓缩了的空气,因为人们已经证明,这是同一种物质,只是由于程度不同的膨胀而变得不一样了。"[ff. 15–16]当然,对两种元素的特性进行比较也证实了古时候的两种元素其实是一样的:两种元素总是趋向于同一水平,都是隐约的,都是易腐败的;从特性的相似推导出性质的同一;而且空气还在呼吸中起着使肺部清新的作用,这也是一个证明。

与盐粒子混合的空气,事实上是"经巧妙膨胀开来的水"[f. l7],

是"气化了的水"[f. 40],这正是海的形象。而且作品当中有很多这样的比较:原始的流体物质是由含盐的部分和不含盐的部分组成的,"正如海水一样,或者甚至含盐度更大一些,通过这种混合,含盐部分的热阻止不含盐部分冻结,并将其保持在流体状态,好比海水永远不会冻结,永远是流体一样"[ff. 253 – 254]。况且,整个大自然都处在生成和腐败的周期当中,土被淹则导致大的天体死亡,并导致天体分解成其原始元素。

　　然而,人们放弃亚里士多德,并不意味着就彻底放弃了传统的物质由元素组成的学说。我们知道,笛卡尔在自己的物理学中也对此做出了极大的让步。① 因此,这一学说在地下论文中仍然起着非常重要的作用也就不奇怪了。在人们所不知道的物质根本性的统一背后,分析揭示出元素的多样性,这些元素显示出物质存在的普遍性,也显示出物质最初的个别表现,似乎这些元素通过不同的组合可以说明自然中所发生的一切。正因为如此,在《生与死的平等》中,这些元素——气、土、水——通过混合形成了所有的物体,元素与物体的区别只在于其性质的简单特点。矿物、植物和动物的各种特性来自于这些要素的不同排列,要素仿佛是"原材料"一样[Paris-Mazarine 1192, f. 15]。三种元素当中,气"到处都有,混合物中有,其他任何地方都有"[f. 109],而且"在所有的事物当中都有"[f. 23],当粒子分解的时刻到来时,组成混合体的粒子所在的中心点,事实上起到了原始要素的作用;空气通过其根本的特性,也就是凝结和稀释,解释了物体的沸腾、发酵和膨胀,不管是液体还是其他物体,甚至也可以解释保持自然守恒的生命的生成和腐败。但是,我们无论如何不能混淆气和物质实体本身,因为这一元素其实和水、土一样,并不是纯粹的,不可感知的要素,其性质并不是只能通过效果才能够为人所知的。相反,气的作用可以从空气颗粒的某种

---

　　① 详见吉尔松(E. Gilson)的《中世纪思想在笛卡尔的体系形成中所起的作用研究》(*Etudes sur le rôle de la pensée médievale dans la formation du système cartésien*, Paris, J. Vrin, 1930)。本书曾多次再版。

密度得到解释，这是其作用的原因，①巧妙的物质，或者"以太"，什么也不能产生，因为其颗粒太细小，所以，它"不能凝结，不能稀释，没有冲动，也没有吸引……只能穿过物体，不能对物体造成损害，也不能改变物体。"[f. 112]

从这种元素理论的阐述中，我们猜测不出它是以什么样的分析作为基础的，是通过什么样的方法，是经验的还是其他的，将元素从物质实体当中揭示出来的。但是《论世界的形成》的思想方法却完全不同。在这里，作者的结论是，"已知宇宙部分现时结构"的物质是异质的，复合的[Paris-Mazarine 1168, f. 67]：因为我们在自然界观察到完全为液体的物质粒子（和水的粒子一样）以及达到极端固态的物质粒子（大理石就是一个最好的例子），必须承认，在物质的所有粒子当中，大概都有这样的品质，因为只是液态或者只是固态的实体肯定不可能产生品质相反的物体。因此，只要看一眼便能明白，在物质的两种极端表现之间，还有其他物体也从不同程度上具有这些相反的品质，"流体和干燥体，软和硬"，这似乎是在证实"物质的原始品质来源于这两种性质"[ff. 68 - 69]。是时间使"这些开始时处在混合状态的粒子"变得纯洁了[f. 69]，而且是时间使这些粒子达到了完美的状态，完美的象征就是绝对的液体或者绝对固体的东西呈现的均质性，正如我们挖开土地发现还没有完全形成的大理石石料或者汞矿，说明的就是这种情况。因此，"物质的原始品质既不是流体的，也不是密集的，而是一种混合的性质[……]我们不能以别的观点来看待物质，只能把它看成一种混合的物体。"[ff. 70 - 71, 72]

实际上，我们只能从宽泛的意义上继续在这里谈到元素的理论：如果说自古以来元素便是以不同的方式存在于物体当中的东西，严格说，这一定义甚至不适合于形成物质的流体和固体要素说。事实上，原始之时，物体当中并没有分别的元素："世界上只有一种物体，我们称之

---

① "空气的作用是赋予大自然力量。"[f. 110]

为这一物体的元素,气、火、土、水,只不过是一些变化和偶然性。似乎已经证明,曾经有过一个时候,这些东西并没有其自身的存在。这些东西混合在一起,只形成一种细微的流体,不像水那样呈液态,比土要更加稀疏,不如火热,比冰要温;没有任何一种确定的品质,但是各种品质的成分它们都有。"[ff. 56 - 57]如果我们把这一思想推向极端,那么实体和元素的概念从形式上就是一样的了:"只有一种实体,一种元素:空气,我们称空气为实体,其实空气不是别的,只是实体的一种偶然状态,只是一种混合的性质"[f. 143],是水、土和火的粒子异质的混杂。而"火不是实体。火是效果,而不是原因"[f. 92],因为"这一元素本可以只是物质坠落引发的冲击和摩擦的结果"[ff. 91 - 92]。① 水和土与这种东西开始时是物质的细微的流体混合在一起,只能从引申的意义上才可以被称为元素。

　　在这一背景之下,很难说博努阿·德·马耶的思想有独到性。他在《特里梅德》中耐心地描写了由三代人完成的地理和地质研究工作,介绍了对海底形成的研究以及从海水中露出的组成陆地的物质如何排列成密度和颜色不同的沉积面,里面经常有各种各样的海洋生物化石,即使在今天远离海平面的地方,也可以看出海水是在逐渐减少的,并证明陆地是在海水中经过漫长的沉积过程而形成的。海水的退却肯定不能通过简单的钟摆运动来解释,否则一个地方的水退了,另一个地方就会被淹没,既然液体倾向于在各处保持同一水平,海平面应当是一致的,海平面的标高在整个地球上有海水的地方都应该是相平的;我们更不能说海水流失在地球的内部,因为我们在地球内部从来没有发现可以容纳如此巨量海水的地方,更何况空心地球的观念是根本站不住脚的,因为,如果地球是空心的,那么地壳怎么承受得了太阳的引力而不

---

　　① 亦可参见 f. 120:"火是冲击和摩擦所产生的效果";以及 f. 99:"火是由物体爆炸产生的。"

会爆裂成千万块碎片呢?① 况且地下水也并不是咸的,反而越深就越甜。但是,既然已经证明曾经有过一个时候海水的高度超过了最高的山峰,那似乎只有两种假设是值得考虑的:"海水消失了,或者是变成了其他元素。"[Paris-B. N. F. fr. 9774, f. 79 v]

原则上,马耶认为两种假设都是不可能的。第一个假设有损于唯物主义体系一向作为基石的理论,那就是物质不灭,当时在法国正处在顶峰时期的机械论哲学假设宇宙这架机器规律地运行着,从而使物质不灭的学说甚嚣尘上,按照马耶十分喜欢援引的卢克莱修的一句诗,自然当中没有任何东西是被创造出来的,是可以被摧毁的。② 但是,古时候的唯物主义者认为是定理的,马耶认为可以将其建立在经验的基础之上,然而话又说得十分模糊,以便不用做出详细的解释,同时他援引"巧妙的物理学家的话,以确信有不可战胜的证据,证明物质是不灭的"[f. l36]。无论如何,在一个运动内在于物质的体系当中,物质的不灭要求运动量的守恒:"如果物质及其特有的运动都是永恒的……那么物质某一部分的动荡和运动有可能增加和减少,而且增加和减少之后,总体上并不会产生变化,但是在我们注意到的世界安排的现有状态上会发生改变,世界的安排会变成另一种,而这另一种状态也同样会发生变化。"[f. 143]因此,虽然形式上会发生变化,但是实体的"物质是不会损失什么的"[f. 150]。

相反,元素的变异似乎不仅是可能的,而且也是经过事实证明了的。虽然大部分"自然主义者"反对,自然主义者一般都会肯定地说物质不可能"从某种实体变成其他的实体,因为它们的本质是不会互相变化的"[f. 67],他们称之为"元素不会从一种变异成另一种"[f. 85],马耶相信"有相反的证据",尤其是"据说有人在巴黎做过实

---

① 详见马耶对有人在巴黎给他看过的一份题为《对地球的新猜测》(*Nouvelles conjectures sur le globe de la terre*)的手稿所做的分析[Paris-B. N. F. fr. 9774, ff. 102 v et ss.]。

② II, 296,"因为什么也不会增加,什么也不减少"("*Nam neque adaugescit quicquam neque deperit inde*")。马耶在 ff. 85 v et 150 v 当中引用过这句诗。

验,将土装进厚厚的玻璃瓶中,密封达三十年或者四十年之后,变成了水"[引文出处同上]。

然而,马耶也放弃了这类的解释,他说:"我不想声称海水会以这种方式变成土"[f. 85 v],而且在阐述理由时,他的态度似乎不那么怪诞,显得非常符合常理:如果元素的变异真的发生过,我们显然应该看到一个表面一致大块的固体东西,没有起伏和水的痕迹。由于海水的减少,山才露了出来,山是在海中形成的,而不是由海的实体形成的;马耶认为,海水的减少只能从宇宙的规模上来解释,把无限的宇宙看成一个由互相依赖的部分组成的巨大的整体,互相依赖的各个部分处在不断的变化当中:"我们的海水减少并没有导致海水的灭失,而是海水蒸发,跑到其他星球上去了。"[f. 130 v]的确,海水在太阳光的照射之下,靠近太阳的星球上的水被蒸发了,被蒸发的水与灰尘和太阳物质一起穿过无垠空间,落在大漩涡的另一端,那里的空气几乎没有运动,落在早先熄灭的太阳不透明体的表面上,原来的太阳是在将所有的可燃物体,将"污垢"燃烧完之后才熄灭的;从别的星球蒸发而来的水首先湿润了其表面,形成新的海,海里又形成山,相继出现一些生命形式,生命形式变得越来越复杂,包括植物和动物,经过多少亿年,一直到某一过程达到充分,使这个星球又成为一颗新的太阳。①

在这些条件之下,显而易见的是,我们可以把海看成孕育所在存在物的子宫,不管是有组织的还是没有组织的存在物,但是大海(水和盐)并不是形成所有事物的基本物质。事实上,《特里梅德》的物质结构分析与在生物学领域提出的十分大胆的论断相比要传统得多。在亚里士多德的四种元素当中,马耶取消了气,其实气最终与水合二而一了:"水含有一些潮湿颗粒更大,更沉重的气,上面的颗粒没有那么大,那么沉,我们称之为气;但是,我们可以看到水和气,其实只不过是同一

---

① 详见《特里梅德》中描述星相学的部分,第三场对话,尤其是 ff. 150-151。

种东西"[ff. 167 v‑168]①;但是,马耶收集了其他一些作者的观念,②把两者视为同一——"水只不过是凝结的气,气只不过是更加稀薄的水"[f. 209 v],它们只不过是同一种元素而已。马耶之所以这样做,说到底是因为他无可回避地需要解释用鳃呼吸的海洋动物向用肺呼吸的陆地动物的过渡。

一切都使我们相信,在他的要素表当中,也不应当有火,既然火只存在于燃烧的物质当中,而且燃烧完了,火也就没有了;盐由于是可燃的"污垢"物质,是火的原料,这种物质在所有存在物的构成当中存在:"如果把石头或者沙子拿来烧,如果用蒸馏锅来蒸馏淡水、土、金属、植物,所有土地产生东西,包括有生命的和没有生命的东西,你都可以发现盐和产生所有事物的物质残留。"[ff. 127 v‑128]但是,马耶没有往更远处去。土,是他称之为悬浮在空中和水中的"陆地物质"[f. 209 v],"经过沉积,最终变成可见物"[f. 210],只有海中的盐才能够石化。③ 土是第二种构成事物的要素(或者更准确地说是第三种,如果把盐考虑在内的话),土代表的是普遍物质中的固体组成部分,与流体元素一起,一般成为世界形成和守恒的起始点。

说到底,只是因为"海……中包括气和土"[f. 210],所以才可以说海是一切事物的要素。④ 虽然还要考虑到物质当中有"一切可以有生命的东西的种子"[f. 216 v]。种子在宇宙中到处都有,"在你的眼睛所看到的空中,在你的眼睛所看到和看不到的没有光的星球上,甚至在燃烧着的地方,或者只有光,还没有火进入的地方,都有种子存在……

---

① 亦可参见 f. 200 v:水是一种"更加潮湿,颗粒更加粗大的气,气的颗粒没有那么潮湿,那么粗大,但是与其十分相近"。

② 尤其是 17 世纪哲学家索莱尔(Sorel)的观念,索莱尔在很多理论上都远远超越了马耶,但是他没敢从已经建立的原则中得出必然的结论来。比如 f. 168 v:"你们有个作者说下部的水只不过是一种铺展开来的水。"

③ "……海水中承载的物质只能通过海水,通过只有海水中才有的某种盐,才能够石化。"[f. 112 v]

④ 应当重申的是,帕拉塞尔斯已经认为水是所有创造物的"子宫",而且溶解在水中的盐和土参与了金属、植物和动物的产生。详见前面所引帕吉尔的作品第 16 页及其以后部分。

我们呼吸的空气,我们吃的食物,我们喝的水,里面都充斥着这些种子,种子也是这些东西的一部分。"[ff. 216 v, 217 v]然而这些种子是不能化解为基本元素的,它们是物质的一种原生品质变化,使得"死亡的形成和与生命的混合,有感觉的东西和没有感觉的东西的混合,也就是说,可以有生命并自己运动的东西和没有生命的东西的结合,才是物质的本质"[f. 217 v]。①

因此,对结构的分析一般揭示了物质的异质特点,物质是由品质上不同的部分组成,有多种要素,其中水似乎起着决定性作用。马耶强调,在漫无边际的大海里,一切过程都有开始和结束,天体便四处分散在这片宇宙之海里。《奇怪的哲学研究》认为,物质的复合特点对于世界的形成来说是必要的条件,但是水元素显然比盐更多,虽然我们承认原始的水含盐的浓度比我们的海中要高。在《论世界的形成》中,水的粒子通过其作用,破坏了硬而密集的粒子,这些粒子与水粒子一起,形成了混合的物质,说到底,这解释了为什么我们可以明确地说,"在大自然中,水是形成要素的要素,或者我们可以把这一元素看成破坏,甚至是摧毁物体的元素,或者我们也可以把水看作进入物体,并让物体的各种本质随水流出,在使其腐败的同时,让这些东西变成让人随水一起吃下去,易于为人所消化的东西"[Paris-Mazarine 1168, ff. 94 - 95]。同样,《复活的乔尔达诺·布鲁诺》的作者假设有一段最初的时间,当时存在着某种"无定型的自然",某种"模糊的元素混合"[Rouen-B. M. M 74, f. 82],虽然作者既没有说明其性质,也没有明确其数量,但是我们知道这种元素的混合是"某种糊状物"[f. 44],是"最初的液体物质"[f. 47]。最后,在《关于灵魂的对话》中,作者简单回顾了最初物质的各种体系,最终得出了类似的结论:"所有这些体系都表明体系的作者具有不倦的洞察力,但是他们并非没有遇到困难。柏拉图的'伊勒'(hylée),恩培多克勒的'形子'(formes),伊壁鸠鲁的'原子'

---

① 关于《特里梅德》,详见本书前一部分。

(atômes),各个哲学家的'单子'(monades)、'隐德来希'(entéléchies)、'分子'(molecules)都有难圆其说的地方。有一种观点认为,世界开始时是一团软物质,在这团物质当中,一切都是混在一起的,这种观点是最令人感到满意的。"[Paris-Mazarine 1191,I,f. 292]

认为水是所有事物的物质要素的看法在化学家当中是一种普遍的观念,尤其是自从冯·海尔蒙(van Helmont)与当时占主导地位的经院派和帕拉塞尔斯学派发生争论,使这一论断成为他的体系的一个重要组成部分以来。冯·海尔蒙的体系既有神秘学的考虑,又有宗教的考虑——这些考虑至今零散地存在于化学当中——也表现了对实验室实验的极大关注。①

关于物质的这一新的观念之所以取得迅速进步,可以有多种原因来解释。首先,正如冯·海尔蒙所指出的那样,这种观念似乎与《创世记》中所讲的世界创造的过程相符合(所以为这一观念辩护的人希望由此而得到教会人士的担保,或者至少是让他们善意地保持沉默),并可以利用古老的宇宙生成说。②另外,这种论断似乎在某些对自然现象的观察中得到了直接的证实——植物由于雨水才得以生长,播下的种子要浇水,种子才能够长出苗来,等

---

① 实际上,冯·海尔蒙同意两种基本的原素,水和气,是不能变异的;但是在这两种元素当中,只有水是所有的物体都有的,当然除了气。在他的体系当中,存在物的多样化原因在于有一种精神方面的酵母或者种子的存在。关于冯·海尔蒙(1579—1644 年),详见前面所引美兹格的作品第 165 页及 193 页,以及《冯·海尔蒙的化学哲学》["La philosophie chimique de van Helmont",*Annales Guébhard-Séverine* 12 (1936),pp.140 -146];帕丁顿(J. R. Partington)的"冯·海尔蒙",载《科学年鉴》["J -B. van Helmont",*Annals ol science* I (1936),pp.359 -384]以及《化学历史》(*A History of chemistry*,vol. II,London,Mac Millan,1961,pp.209 -241)。

② 哲学和宗教的考虑经过安排,以保证化学家制定的系统具有正统性,我们从《特里梅德》中可以看出这种安排的端倪。马耶很希望他的手稿能够印刷成书,借书中的印度人特里梅德之口,对与之对话的法国传教士说"他的书在关于世界和所有有生命的东西的形成上,与他[传教士]是一致的"[Paris-B. N. F. fr. 9774,f. 224 v],而且借同一机会声称:"多个希腊哲学家已经保证说水是一切事物的要素。泰勒斯(Thalès)、阿纳克萨格拉(Anaxagore)和其他的哲学家都有这种观念……阿纳克西美尼(Anaximenes)认为是气,但其实是一样的……你们著名的荷马不是说海洋是所有神的父亲,忒提丝是所有神的母亲吗? 也就是说他们是来自于水里的。"[ff. 209 v -210 r]

等,①而且与植物和动物自发地产生于水中的一般观点完全一致。最后,所有的物体都是以水为最基本的元素形成的说法似乎也得到了一些看起来十分严格的实验的证实——最有名的实验是由冯·海尔蒙所做的,他将一棵柳树经过称重之后种在没有任何湿度的一定重量的土中,定期给柳树浇水;五年之后,柳树的重量大大增加,而土壤的重量丝毫没有减少。做这一实验的目的是为了证明植物是由水和其他同样显得可信的元素组成的,这些元素包括无机物。博伊尔对实验的特点格外关注,他认为实验的特点使得这一理论得以完善②;博伊尔也用生长速度更快的一些植物做了类似的实验,并在《对证明四种游离元素或混合物体的三种化学原理的一般实验的思考》(*Reflexions on the experiments vulgarly alleged to convince the 4 peripatetique elements, or ye 3 chymical principles of mixt bodies*)以及后来的《怀疑论化学家》(*Sceptical chymist*)当中作了记录。他还做过其他在水中直接种植的实验,在他之前巴龚也做过类似的实验,而且布洛纳(Th. Browne)对此有过详细的分析。③ 他从根本上赞成冯·海尔蒙提出的论断,这很好理解。尤其是博伊尔认为,经过实验注意到水"变异"成土。④ 牛顿为了证明自己的化学论断,经常使用博伊尔所做过的实验,他也相信"变异",并证实

---

① 在高梯埃(Gaultier)医生的《以论述的形式对一个神学家的回答》(*Réponse en forme de dissertation à un théologien*)中已经提到这些现象;但是这些例子并没有为题为《生与死的平等》(*Parité de la vie et de la mort*)的摘要手稿采用。关于印刷版本和以手稿流行的版本之间的关系,请见我在巴黎第十大学的博士论文《法国18世纪地下书刊研究论文》("Contribution à l'étude de la littérature clandestine en France au XVIIIe siècle", thèse de l'Université de Paris X-Nanterre, 1978, pp. 18 – 21)。

② 他认为冯·海尔蒙是"作者,更关注他的试验,而不是像很多学生那样只满足于思考他说过的话";而且博尔哈夫(Boerhaave)说他是"the greatest and most experienced of all the chemists that have yet appeared"[见于帕丁顿在我们前面所引的作品第360页和365页的援引]。

③ 见于他1658年出版的《居鲁士的花园》(*Garden of Cyrus*)。关于这些实验,详见韦伯斯特(C. Webster)的《水作为自然的最终要素:博伊尔的〈怀疑论化学家〉写作背景》["Water as the ultimate principle of the nature: the background to Boyle's *Sceptical chymist*", *Ambix* 13 (1965), 96 – 107]。

④ 他以为也证明了金可以变异成银[《形式之源》,载《研究》(*Origins of forms*, dans *Works*, éd. 1772, tome III, pp. 93 – 94)]。

只要采用适当的分解和发酵方法,"任何东西都可以变成水"。①

　　由于所有这些原因,18 世纪初,这种物质结构的观念在人们心目当中成了既定的真理,在化学界成了无可争议的普遍学说的基础,成了科学文化遗产,各种宇宙学的不同方面便在此基础之上得以发展。②

运动在物质中的出现

　　地下的自然主义正是在这样的知识基础之上扎下了自己的根。但是,还应当考虑的是从创世的观念出发的化学——一般的化学都是以此为出发点的——有可能在严格的经验领域内提出物质的结构问题,虽然宗教的因素仍然存在,而且宗教的因素会影响研究工作,比如解读《圣经》的某种方式,因为不管是均质的物质,还是分析揭示的由不同性质的部分组合而成的物质(对于后一种情况来说,那就是四种元素或者化学医学家的五种要素组成的物质),通过创世说,可以把运动在物质中的出现,运动的性质和原因放在一旁。相反,这样的问题对于唯物主义来说却是关键的——要使物质具有一种结构,通过结构本身来解释运动的存在。这一关键的特点说明了为什么在地下自然主义当中,一些形而上学的动机起着非常重要的作用,也说明这些论断的性质是直觉的,而不是经验的,而且经验一般在地下的书刊中只起说明性的作用。

　　我们已经看到,寻找物质的结构,其基础不是化学分析,而是一种

---

①　见于库恩(T. S. Kuhn)的援引,《罗伯特·博伊尔和 17 世纪的结构化学》["Robert Boyle and structural chemistry in the 17th Century", *Isis* 43 (1952), pp. 12 - 36]。文章见于《论自然的偶然性》(*De natura acidorum*)。

②　这一背景无疑说明为什么在 1706 年舍施塞(Scheuchzer)将所有古代和现代关于物质性质的体系归结为一点,那就是普遍地将水视为一切事物的第一要素;舍施塞认为:"也许这些体系的作者对水这个词的解释是模糊的。从这种意义上说,泰勒斯说的就是水,而赫拉克利特说的是火,伊壁鸠鲁和德谟克利特说的是原子,而亚里士多德指的甚至是造就了所有事物的共同主体;最后,笛卡尔学派的人认为这个词指的是他们的可以分成小部分的广度,只要停留在地球漩涡的极限之内。"[见于美兹格在我们前提到的作品第 362 页的援引。这篇文章载于《神圣的物理学》(*Physique sacrée*, 1774, p. 8),从拉丁文原文翻译的法文版本于 1706 年出版。]

对物质表现的十分仔细，但又是表面的观察。这样的寻找常常被用来说明运动的性质和原因，对于唯物主义来说，这是一个非常重要的问题。而且机械主义在当时的发展又有助于把运动的性质问题推到了前台。机械主义本来是以形状和大小不同的物质粒子的运动来解释自然界所发生的一切的，认为机械运动是由压力和冲击所造成的简单位置变化；这样一来，不可避免地会提出运动的起源问题，因为物质的每种状态都因物质在该状态之前的条件而得到解释。正因为如此，笛卡尔在自己的世界形成体系的推动之下，在寻求运动的最初原因的过程中，不得不从物理学中脱身出来，假设神的原初干预，由神在物质当中引入了运动。即使运动的机械规律本身后来足以解释物质在其无限的形式当中的发展，而且即使我们忘记这些规律的形而上学和神学基础，借口说它们在宇宙形成的过程中没有起到任何作用，正好比在《世界》(*Le Monde*)和《哲学原理》(*Principia*)当中所描述的那样，但是显而易见的是，对于这一根本的方面来说，笛卡尔解决问题的方法与唯物主义是不可调和的，因为仅仅说物质有天赋的运动，并产生了我们所认识的世界，这还不够，运动还必须来自物质本身。然而，除了开始时的那一瞬间之外，运动如何在绝对均质的、与空间的几何维度同一的物质中出现，仍然是个没有得到解决的问题。

当然，一个热爱实证主义的物理学家——18 世纪的人们都爱这样表现自己——可以不借助于其他范畴，只用物理来解释所有的自然现象，物质和运动，而对那些关于起源的纯粹是形而上学的问题弃之不顾。将带有唯物主义色彩的物理学与传统的神学调和，这一过程最后导致在学者的思考结果和信徒的信仰之间做出十分真诚的区别，这在当时并不少见。但是，地下论文的目的当然不是建立一门符合当时的科学标准的物理学，而是完全地解释一个没有上帝的宇宙，哪怕把上帝摆在一个旁观者的位置上，只让他看着自己创造的世界，尽管在解释宇宙的过程中有时候会对各种体系发出一些责难。因此，关于运动的问题变得非常重要，因为没有运动的物质必然会假设对自我进行安排的不同存在,至少在原则上会是这样。

　　当然,一种迅速地解决问题的办法是把运动说成是内在于物质的。在《生与死的平等》当中,实体被说成是运动的[Paris-Mazarine 1192, f. 1],组成物体的粒子也是这样[f. 104];运动被定义为"物质的模式或者根本的特性,运动永远是内在于物质的"[f. 79],而且,运动也像物质一样,散布在宇宙的各处[f. 80]。根据作者的表述,这个"物质自然而然的运动原则"不仅仅可以解释经院学派用非物质实体的形式作用来解释的现象[f. 102],而且还使得一切神的干预变得多余了。只是这种设想虽然可以让我们驻足于自然界,不至于非要在某一时刻借助物质之外的一个存在物,但这种假设既不能提供运动的本质,也不能说明运动的来源。我们的确取消了一种假设,这种假设原则上被理解成是提供方便的手段,但实际上它制造的麻烦远比它解决的困难要多,因为,如果不提到纯粹是神学的问题,那在机械接触的因果系列当中怎么解释完全是精神的实体对物质的作用呢?

　　因此,说运动是内在于物质的,在认识上并不能有所前进。《论追求真理》的作者就是这样承认的:宇宙中有一种运动使物质有了生命。然而,这个运动是什么? 它的要素是什么? 我的回答是虽然在物理学中,也许没有什么问题是像运动及其原因这样不为人所知的,我们可以肯定地知道运动与物质是不可分的,永远不可能没有物质而只有运动。因此,有可能对于物质来说运动是根本性的,并属于其存在的一部分[Paris-Arsenal 2558, f. 105]。但是在这样的假设当中,怎么解释休止呢? 因为,对于物质来说,运动是本质性的,那么物质的所有部分都应该永远处在不断的运动之中。①《论追求真理》的回答明确地反映了唯物主义所遇到的困难,这种唯物主义自称建立在对自然的资料进行直

---

　　① 这并不是一个无益的、二流的思想家才会提出的问题,而是在当时来说非常重要的问题,唯物主义和唯心主义便取决于对这个问题的回答。比如默贝图(Maupertuis)便这样说:"我们看到物质的一些部分是在运动中,其他部分则处于休止当中,因此对于物质来说,运动并不是本质的特性。"[《宇宙论》(*Essai de cosmologie*, dans *Oeuvres*, Lyon, 1756, tome I, p. 32. L'*Essai* date de 1745)]

接和感性的解读基础之上,以在与基本原则一致的情况之下,解释在观察和日常经验中获得的事实:如果不想要一个唯一具有特别活力的精神存在的话,那运动便是内在于物质的,而且必须内在于物质。因为,问题不是要知道运动是否总是物质某一部分的运动,这是属于经验的问题,而是要解释清楚,如果对于物质来说,运动是本质性的,为什么某些物体看起来又没有运动。这里提到的一些方案从强到弱,从彻底的唯物主义一直到对起始的假设提出质疑。

一方面,有可能休止只不过是表面现象,所有的物体,甚至那些我们看起来是绝对静止的物体,事实上都是在运动着的,因为"我们看到,各种形式的物质,不管它们多么坚固,都是会损坏的;如果没有运动就不会损坏,虽然我们感觉不到这种运动,但它仍然是真实存在的"[f. 106];这便导致了物质的微粒子观念,在这种观念中,一个物体的休止和运动一样,只是,只能是物质粒子的作用和反作用的复杂关系所导致的结果,物质粒子组成了物体,并作为物质的基本表现,其本身便是运动的。

但是另一方面,也可能这些基本粒子只有某种自然的倾向性,某种运动的性能要让潜在的运动表现为具体的运动,与粒子特殊的处境有关系。因此,"第二,我们可以说,物质的所有部分本身都有某种力量,决定了它们会一起运动起来,而且,如果有些粒子看起来运动得很慢,或者不动,这是因为每个粒子都在试图以同样的力来运动,却方向相反,处于僵持状态,谁也不能克服对方的力,于是便处在了静止当中,但我们并不能因此而说它们没有运动,既然物体内部始终有作为要素的力量,而且阻碍的力量一旦清除,潜在的力又会运动起来。"[引文出处同上]在这里,物体的静止不再是强度不同的粒子朝着同一方向运动的结果,而是由几种力量相互抵消的运动所产生的机械合力的结果。

最后,"第三,运动有可能是物质处在某种排列时的偶然状态"[f. 107],这就意味着我们过渡到了一个完全不同的领域,既然物质被剥夺了运动和移动性;在这种假设当中,物质的排列已经不再是其移动性的表现条件,不再是物质内部运动的要素,而是品质上全新的某种东西出现的原因:运动。当然,人们提出的方案具有多样性,而且各种方案之间根本性的矛盾表明了某种模糊性,《论追求真理》的作者对这种模糊性心知肚明:"我明确地感觉到",他肯定地说,"这一回答并不能清除所有的困难,可是这并不是几何的证明"。[引文出处同上]

《奇怪的哲学研究》的出发点是注意到世界上存在着运动,而且运动是显而易见的,"只有精神错乱的人才会否认这一点"[Paris-B. N. F. fr. 9107, f. 11],因为运动在物质中的表现无处不在,日夜相继,季节更迭证明了星体的运动,流星表明了大气中发生的变化。当然,作者也可以一开始就描写世界是如何由运动的物质形成的,也许这更符合事物的秩序,或者至少更符合人们的既定观念。但是新的哲学所强调的严格方法似乎要求从寻找各种运动的原因开始,以了解物体内部的构成,因此也就可以了解其背后的物质结构,既然"一切运动都只不过是物体形成的后续,运动是在物体当中或者通过物体来实现的"[f. 249]。① 与其像有些哲学家经常做的那样,对天体的性质和维度胡编乱写一通,我们应当先从困难最小的问题开始:"必须先考察我们手头的,我们能够看到其运动的物质性质如何。"[f. 12]一旦了解了物质的现有结构,我们便可以很容易地想象宇宙是如何生成的,其原始的状态如何以及运动是如何在宇宙中出现的。

既然在所有我们可以直接观察到的现象当中,火极其形象地表现了移动的特性,所以寻求运动原因的努力,便首先集中在对燃烧的分析上。首先需要注意到的是,火不应当是物质的要素之一,因为"我们可以想象,没有可燃的物质就不会有火,在有火之前一定有或者有过可燃

---

① 瓦塔尼亚姆认为,在地下书刊中流行过的好几篇论文是联接狄德罗的唯物主义和笛卡尔的物理学的中间环节[《狄德罗和笛卡尔:启蒙时期的科学自然主义研究》(*Diderot and Descartes: a study of scientific naturalism in the Enlightenment*, Princeton, Princeton U. P., 1953 (réimp. Westport, Greenwood P., 1975);尤其请参见第 70—79 页]。对于《奇怪的哲学研究》(*Recherches curieuses de philosophie*)和《论世界的形成》来说,笛卡尔学说的承袭并不像浅尝辄止的读者可以认为的那样显而易见,也正是这种承袭使瓦塔尼亚姆对我们这里提到的《奇怪的哲学研究》做了机械论的解读。但是主题上的切合并不一定意味着对自然的观念是一样的:这些论文自然主义的根基与笛卡尔的机械论没有任何关系,虽然有时候论文的作者会有此奢望。

物质;由此我们应当判定的是,火只是可燃物质的一种偶然状态,而不是一种元素"[f. 18]。因此火被定义成"一切可燃物质的燃烧"[f. 13]。如果我们考虑到燃烧时需要不断地补充空气,而且如果没有空气,火会变弱,最后会熄灭,这是经验足以表明的,我们便可以得出结论:火产生于空气的冷粒子和可燃物质的热粒子之间的交互作用。对火焰和烟的分析表明存在着这两种粒子的混合。因此,这就是火的原因,也应该是自然中一切运动的东西的构成。比如,对流星的研究表明,流星产生于大气组成中冷热粒子之间建立起来的各种关系,从宏观的角度来看,这种关系采取了发热和发光的物体(也就是太阳)对寒冷而阴暗的物体(比如行星)施加引力的形式。

因此,正是物质的异质性,也就是物质粒子多样性,解释了运动的原因。从物质的热粒子(盐)和冷粒子(水)出发,我们能够以感性的方式,毫无困难地用内在于物质的运动来解释世界的形成。我们可以假设"在固体物体形成之前,世界上到处都充斥着一样的流体"[ff. 281-282],首先,一切都被"流体物质"充斥着,"因为,如果整个宇宙都被硬而坚实的物体所充满,是不可能有运动的。这种流体的物质同时也是不含盐的冷物质,否则整个宇宙会成为一块冰,因此也就不会有任何运动。如果普遍物质都是含盐的,那也会到处都凝结起来,变硬了,因为盐的性质就是变硬。因此,普遍的物质是由含盐的和不含盐的部分组成的。"[f. 253]

《论世界的形成》的作者提议给出物质中出现运动的"数学原因"。首先,因为他认为经验和理性明显地表明休止和运动在物体当中都是自然而然的,他先抛弃了运动内在于物质的原则。因此,"根据经验,有一些物体,也包括不久之后即将运动起来的物体,是处在完全静止当中的"[Paris-Mazarine 1168, ff. 45-46],如果我们接受运动内在于物质的假设,这种情况就不会出现,因为"如果无定形的,没有任何模式的物质本身便拥有运动的要素,那么宇宙一刻也不能存在;因为物体内部所包含的要素会作用于这一物体的所有部分,那么任何物体都不会保持休止;这必然会在不久之后导致普遍的混乱。"[f. 45]人作用于事物,他的手摆弄物质的一些部分,这些部分在他的手中呈现一种固定的形态,这一作用以其规模表明彻底的唯物主义是不可能的,因为"如果运动作为要素内在于物质,那我们就不可能分散物质的部分,以期使用这些部分。一直到实体当中的生成要素都将成为不可遏制的"[ff. 46-47],而人也会重复西西弗的神话,白费力气。

严格说,一个普遍的论断根本不需要用人的活动来核实。但是这里把人的活动当作核实普遍论断的标准,也不是任意而为的:我们的确可以说,"从某些物质物体的运动当中,从其他物体的静止当中,我们必然可以得出结论说,当物质作为物质来考察,当它被剥夺了某些条件,被剥夺了一切形式和模式时,也就被剥夺了运动"[f. 62]。但是,在这种情况之下,我们仍然可以假设运动仅仅是内在于物质的某些部分,汞就是个例子,汞永远具有活性,即使当我们说它固定不动时,我们把汞涂在物体上,它所产生的效果便证明了这一点;汞这个例子似乎支持了这种观念。因此,从物质本身的性质上来说,有的"部分是运动的",有的"部分是静止的"。① 经验的资料与这一假设并不矛盾。因此,从形而上学的角度来看,这一假设是可能的;所以我们只能以缺乏功能性的名义放弃这种假设:"在人使用并使其具有形式的物质部分,人必须能够辨识出哪些是具有运动的物质部分,哪些是被剥夺了运动的部分"[f. 46],这个任务事先便被认为是注定了要失败的。

同样,虽然人们想让这种物质观具有经验的基础,但看起来十分显然的是,经验在这里只起辅助的作用,因为经验根本不能让我们相信某些物体是绝对静止的,经验倒是能够让我们相信在静止(的某些物体)当中可以发现逻辑上的矛盾,因为静止被认为是运动(在组成物体的微细粒子中)的产物,逻辑的矛盾未经过渡,便直接成了物理的不可能性。通过经验的事实,我们可以证实运动不是物质的一种基本特性,但

---

① 详见 ff. 47-50。汞的例子被用来表明不可能使其粒子丧失运动。

这要求事先在同一结论的框架之内对静止给予解释,也就是说,把静止视为运动的消失。但是,如果一定要接受这样一个原则,也就是"不破坏实体本身,那就不可能破坏实体的特性"[f. 50],那我们得出的结论就是:"物质本身并没有运动,正好比附属于一个存在物的某种特性,这个存在物是指一般意义上的存在物,而且不考虑其变化。破坏作为物质根本特性的运动,就等于破坏物质本身,也就是实体本身,这是不可能的。"[ff. 50 – 51]

的确,这里对物质天然惰性的证明不仅仅是以经验为基础的,也有理性的成分。比如,我们不能想象没有广度的物质,但相反,"我们可以认为粒子没有运动"[f. 58],"我们还可以想象物质的多个部分被绝对剥夺了运动……因此,对于物质来说,运动并不是根本性的。如果对于物质来说运动是根本性的,我们在考虑物质的任何部分时,这种考虑都会在我们心中激起运动的观念。"[f. 60]

总而言之,在这一假设当中,还需要在物理中解释如何从静止过渡到运动。因为十分自然的是,如果一个物体是由处在休止状态的惰性粒子组成的,那么它怎么能够运动起来呢?这一运动怎么保持呢?当然,只有在《论世界的形成》的活力论的一般框架之内,这个问题才有存在的必要,因为当时的人们不了解现代的机械规律,或者对现代机械规律不感兴趣——即使我们顺便把运动定义为"物体先后相互作用"[f. 123]——尤其是对惰性原则不感兴趣。

首先,如果我们能够合理地证明物质的惰性,如果我们保证可以通过这样的直觉了解物体中运动产生的机制,那似乎这种说法也太过分了。因此,如果说当我们设想物质没有运动的部分时,"我们同时也设想,通过某些外力,通过这些部分和谐的聚合,或者对其中的某几个部分的排斥,这些部分可以获得运动"[f. 60],那么这样说并不意味着我们对这一过程有着明白和分别的观念,而是意味着在采用假设排除法的思维当中这是唯一可能的解释。我们所知道的一切就是如果物质的某些部分在运动,那是因为这些部分"处在它们所争取来的情形之下"

[f. 52],处在适当的"阵列"当中,被解除了"羁绊"[f. 53]。同样,"通过火对某些物体的排斥动作以及对其他物体的吸引运动的经验,我们可以设想运动是如何维持的"[f. 232]。

通过对物质现有状态的简单观察,或者借助地质研究而注意到物质混合的特点,我们注意到这里共同存在着一些被认为是不可化解的品质——流体性和密集性,而且这些品质是极其重要的,被看作是对普遍的形而上学理论的经验证实,因此也就是部分的证实:只有唯一的物质实体复合的性质才可以解释运动的出现;在这里,运动被设想成物质的偶然状态:"如果事物在开始时一切都是密集的,那一切便都会停留在原始状态;运动会被排除。如果一切都是流体的,那结果也是一样的,理由相同。在各个部分性质相同的一个整体当中,我们无法设想会有运动。运动的前提是变异的物体呈现的多样性。"[f. 71]

因此运动是"必然发生于实体当中的偶然状态"[f. 123],是物质的结构造成的。因为这种异质的物质各个部分必然是有区别的——"我们想象一种混合的,有流体和密集体的物体时,必然会同时想象组成这一物体的各个部分的多样性"[f. 84]——组成这一物体的元素分布是不均等的;而且不同的部分相互之间必然会产生某种作用力:"物质实体的各个部分只能是有差别的,不可能长时间地停留在静止当中。"[f. 85]

因此,如果在开始时运动不是由话语引发的,正好比带有宗教色彩的炼金术的某种传统仍然坚持的那样,不是机械论的"解困之神"(*deus ex machina*),那么运动也不是来自动作,而是来自物质的静止,物质具有多样性,是由品质不同的部分组成的,不同的部分埋藏在被称为物质的无定形的整体当中,在运动出现之前,这些部分实际上是无法作为个体,无法作为实体与其他个体和实体得以分辨的。① 这便组成了从物

---

① 和笛卡尔的宇宙论一样,在世界形成的过程中,是运动使物质产生了一定的秩序,但是有一个根本性的区别,那就是笛卡尔的几何广度从定义上,在由运动将物质分离成各种不同的物体之前,是不可能接受任何数量上的多样性的——从先验的角度来说,质量上的多样性也是不能接受的。详见《世界》(*Le Monde*)第六章。

理的角度进行解释的基础,按照力学的规律,按照力量和运动的关系的规律来解释一个矛盾——如果由于其结构本身的原因,由于其存在,物质永远是有差别的,那么运动也应该和物质一样是永恒的——而这个矛盾本身在此前似乎是无法解决的:"一个物体要想运动起来,它周围必须有一个真空;不要绝对的真空,而是要该物体被比它软的其他物体所围绕:否则阻力相当于动力,物体会受到羁绊;该物体的邻居也不会有更大的自由,由此类推,以至无穷。运动是一种行动;然而,行动的前提是物体要有动力。但是,如果在一个整体当中,任何部分都没有其自身的存在,那就不会有动力和弱动力。"[ff. 37–38]

这样一来,原始物质中的静止便成了各个部分某种排列的结果,是一个体系平衡的产物,体系的不稳定是组成这一系统的元素性质本身所导致的必然后果:"所有这些物体从品质上是有差别的,在广漠无垠当中以平等的重量分布:否则物质就不会处于静止状态。一个质量在各个部分之间完全的平衡产生了这一质量本身的完全静止。然而,平衡只不过是重量平等而已,因此只要打破平衡,便可以使物质产生运动。"[ff. 96–97]而且打破这一脆弱的平衡的,是物质潮湿的组成部分,潮湿由于具有"无孔不入的品质,这是它的根本的性质"[f. 98],破坏和损坏,分裂和分解了体积不那么细小的物体,导致它们本来支撑着的密度更大的物体坠落,并由此而产生了运动。

有可能这一行动瞬时产生效果,也就是说决定物质处于惰性状态的平衡十分脆弱,只要由液体元素在强度和时间上引入可以想象的极为细小的变动,便会使整个宇宙动荡起来。但是,因为行动无疑是以更加感性的方式出现的,说明的是开始时处于惰性状态的物质,作者更愿意认为液体粒子的活动慢慢地破坏了最初的构筑,并导致星体这些巨大的固态物体后来的移动,从而使得运动变得可见了。只是,不管在何种情况之下,人们都忘记了潮湿元素的运动是不可破坏的,因为它是本质性的,这种行动本身已经是一种运动的形式,虽然是一种难以察觉的表现,但仍然是真实的,从这一行动可以作用于固体粒子之时便已经存在,这便意味着运动始终在物质当中,由于原始物质液体和固体混合的特点而存在。

这种隐隐约约的考虑已经使得物质天然惰性的论断从基础上受到了动摇——虽然《论世界的形成》的作者似乎对此毫无意识;除此之外,还有一个事实,那就是,物体当中运动的直接原因必然是物质根本性的特性之一。具体说,这一特性,也就是重量,似乎是最终确定普遍物质的东西,由此,我们便达成了唯物主义的悖论,本来是想让运动成为一种简单的偶然状态,最终却导致把组成物质本身的东西,也就是没有品质的物质,与导致物质运动的东西混为一谈了。①

比如,作品中一方面肯定地说“物质的存在和物质存在的永恒性在于重量,而不在于样貌”[f. 215],“这一实体的重量不会有任何损失……它总是一样的”[f. 227]。而且同时,自然永远“因为物质的重量”而产生运动[f. 185],“所遵循的是永恒的重力法则”[f. l42],物质粒子按照“其重量的永恒和不变的法则”而运动[f. 103],因为星体的运动也是为“一种不变的重力法则所主宰的”[f. 121];最后,在物质中发现的一切数量模式都会随着运动而变化,因此也就是随着元素微粒子的重量而变化;即使是同一种类个体的可感觉到的差别,也缘于组成个体的粒子“不同的重量”[ff. 188 et ss.],而且,如果我们可以证明,在人当中负责生产的物质不是最纯的,而是最热的,也是因为其重量表明的[ff. 195 et ss]。② 在笛卡尔的理论当中,运动量守恒规律因

----

① 伽森狄[《哲学体系》第三卷第六章(*Syntagma philosophicum*, livre III, chap. 6)]似乎曾想到过使原子的重量或者重力成为物质固体性的最终理由,使物质成为实体的最终理由:固体性可以被说成是重力,因为我们可以通过一个物体对我们的阻力而得知其重量。最终,伽森狄采取了一种不那么激进的方案[详见布洛什(O. Bloch)《伽森狄的哲学》(*La philosophie de Gassendi*, La Haye, M. Nijhoff, 1971, pp.205 - 208)]。

② 在《特里梅德》中,物质的数量似乎也是根据重量来衡量的;比如,天体在生与死的循环当中,已经死去的天体“收回其损失掉的潮湿和重力……恢复重量和它们失去的实体”[Paris-B. N. F. fr. 9774, f. 150 v]。马耶的作品当中已经出现,或者说仍然出现了重量和重力的混淆。况且,粒子的重量和重力不分,这在牛顿之前的化学中是常见的。详见我们前面援引过的美兹格的作品第 372—399 页(美兹格在谈到金属的烧结时提到了这一问题),以及牛顿的作品《斯达尔,博尔哈夫和化学学说》[*Newton, Stahl, Boerhaave et la doctrine chimique*, Paris, Alcan, 1930 (réimp. 1974), pp.20 - 33]。

神的不变性而得到证实,在这样的条件下,这一规律必然成为物质不灭原则的必然结果:"总的质量在行动中不会有任何损失。因为这一质量是一个整体,物质是不可损坏的,所以其重量总是一样的。"[f. 101]

但是,这种彻底的唯物主义的原则——最终地把物质和运动视为同一——从来没有明确地表达过;恰恰相反,人们强调的一个事实是"对于物体的物质来说"运动没有自身的存在,而是具有一种"合成的存在,根据产生运动的物体的重力大小,运动的力量也是或大或小的"[ff. 195–196],最终的结论是"运动是物体的重量导致的结果"[f. 231],"运动的规律是重力的偶然结果"[f. 233],这种搪塞看起来是作品中不可避免的一系列矛盾在暗中的原因。

在《关于灵魂的对话》中,各种不同实验中的某些化学组成或者液体的沸腾,也支持物质从其自身得到运动的原则:"经验告诉我们,只要将某些因素混合在一起,便会刺激部分的运动:水和牛奶如果太靠近火,便会产生很大的震荡。"[Paris-Mazarine 1191,I, f. 75]通过对这些现象的机制进行分析,可以通过相似性得到一般物质运动的真实过程,即使这样的分析并没有做,人们至少也可以提出,"这一点说明,运动内在于与自身组合的物质,或者内在于物质分别的部分,只不过是在火的助推之下发生的"[I, ff. 75–76]。尤其是当我们认为"另外一种经验告诉我们要想让一个物体运动起来,打击这一物体的力量必须在实体上是属于同一性质的"[I, f. 76],这便意味着,一个精神的存在不可能搅动物质,一个物体永远是另一个物体发生改变的原因,因此,运动只是"物质体撞击的结果"[I, f. 271]。

然而,在这里,静止的秩序似乎也是最终的表达,但静止也是极端唯物主义的试金石。因为的确,人们否认静止能够证明物质从本质上是惰性的,既然人们也注意到物质是多样化的,而且人们知道好吹毛求疵的人,也就是神学家,提出了反对意见,认为"如果物质本身是有运动、有行动的,那一切便都乱套了:我们不能再盖房子;内在于物质的运动会打乱一切。我们自己也没有办法待得住了,也无法休息了。"[II,

f. 107]但尽管如此，人们因此也会承认，严格讲，对于物质来说，运动并不是本质性的。如果有时候人们认为情况相反，并提出要证实这种情况，①那么这种话要从广义上来理解；因为，属于物质的是其行动的要素，也就是运动的能力，一般的移动性，而不是实际上的运动。正因为如此，"每一个物质粒子分别来看当然是不动的……但是每一个粒子都是灵巧的，都有适当的态势"[I, ff. 82–83]来运动，但动还是不动，要看在适当地方与其他类似粒子的相继组合。

在《关于灵魂的对话》第二部分，我们可以看到，"无疑，物质，或者更准确地说是物质的部分从中心脱离出来，从阵列中挣脱出来，来到本属于它们自己的范围之外，都是处在完全的惰性状态当中的"[II, f. 108]。从采石场挖来，用在盖房子上的一块石头是完全惰性的；然而，石头的粒子事实上保持着能够运动的能力，但是没有适当的条件，这种能力不能表现为行动，因此，"不能从物质某些部分的静止得出结论说物质的这些部分是惰性的；只是这些部分没有处在能够表现出其力量的地方。"[II, ff. 110–111]当我们观察这块完全处在惰性中的石头时，我们可以有这样的感觉，"因为石头被从它的自然的中心拉了出来"[I, f. 282]；在石头分解的时候，它的组成分子与其他的分子建立了各种关系，并通过这些分子的结合，可以形成一个未来的采石场的萌芽，所有的部分只要待在这里，便可以有它自身的运动[I, ff. 282–284]。

因此，这种唯物主义自身的基础一般是经验性的，但原则上应该得出的结论是运动并非内在于物质，物质等于广度和不可进入性，但是物质并不等于运动。静止是简单的日常经验的事实，静止解释了物质的这种观念，但是这种观念并不能解释静止，因为我们假定静止不能按照物力论的观念来解释物质观，那么静止便成了从本质上是惰性的物质的原始条件，因此也就成了物体自然的状态，这种状态没有必要被解

---

① "……物质可以自己运动，而且对于物质来说，运动是本质的，我会证明这一点的。"[I, f. 293]

释,除非我说错了,这不能不让人想到亚里士多德的体系。而且如果说静止物体的运动,在物理上可以通过机械的方法得到解释,比如其他物体的压力或者冲击,那么在这一角度之下,还要解释清楚物质中运动的首次出现的问题。

应当经常接受的是,物质本身就有运动的能力,具有动起来的力量,具有移动性或者运动的要素,或者是通过迂回,证明物质是无限的和永恒的,因此也就是唯一的,或者干脆认为一种精神实体对物质实施机械行动或者其他行动是不可能的,因为,否则就会超出唯物主义哲学的框架。但是,根据这些前提,只是说既然运动是存在的,那么它一定是物质所造成的,只是这样说还不够;还要让这一真理变得从感性上可知,变得从物理上显而易见。为此,人们给予物质一种适当的结构,因为,应当由物质的结构来解释运动的现实和运动的产生,甚至让运动成为必需。

正是在这一前景之下,人们才让物质的各个部分具有了异质性,因为,假设在一个完全没有空间的宇宙,①完全匀质的物质是惰性的,运动的起始,因此也就是世界的形成是无法解释的。因此,在笛卡尔的物理学中,我们之所以不能解释神的干预,不仅仅是出于形而上学和神学的理由,也是出于一些严格意义上物理的原因,因为如果把物质视为与广度,与无定形的空间是同一的,那也就意味着如果没个外部因素的行动,物质注定了会是静止的;而且笛卡尔的犹豫也是显而易见的,当他试图只用运动的物质的规律来解释宇宙的形成时,他又回到了每一种元素都有自己的性质的理论,也就是说,他实际上又回到了多样化的,异质的物质原则上。

一般来说,只有流体的物质才能够使运动成为可以通过想象感知的事物,固体所代表的是静止,是一动不动。然而,这种流体的基本物质不能是火,因为当时,一切哲学,不管是不是机械主义的哲学,都一致否认火是存在于所有物体当中的元素或者要素,只是把火解释成可燃

---

① 详见下一篇文章。

物质燃烧的结果,或者是基本粒子猛烈撞击的结果。① 同样,气也被认为是一种比较简单的物体,气充满空间,但在混合物体的组成当中并没有它的参与;在某些条件之下,气也被看成水的变化。因此,唯物论的哲学也要从水出发,把水看作解释宇宙形成的第一要素。

　　然而,除了作为移动的液体元素的水之外,我们在地下论文中还看到代表固体元素的其他的要素,比如土或者盐。这种状况只能被解释为人们假定水不能变成土,因为即使事实是有争议的,在整个 17 世纪期间,有人做了一些实验,似乎证实了水变土的事。冯・海尔蒙曾证明,用大量的碱将沙子溶化,可以形成一种玻璃,玻璃暴露在空气之下,可以化为水;加入足够量的硝酸(*aqua fortis*)使碱达到饱和,沙子又会沉淀出来。② 博伊尔用热做实验,得到了类似的结果;他用玻璃器皿将雨水沸腾数天时间,便可以看到一些沉淀物的形成,似乎证明发生了某些变异。③ 牛顿不顾博伊尔针对这一实验向自己提出的诘问:说到底水究竟是一种简单体还是一种化学的复合体? 土质沉淀物是火在玻璃下面连续作用的结果吗? 得出结论:"水通过持续的蒸馏,会变成固体的土,正如博伊尔先生的实验证实的那样。"④因此,所谓解释,不过是

---

　　① 　关于 18 世纪后半叶,详见 F. Abbri, "Gli elementi e la natura del fuoco nella chimica francese: 1750 - 1770", dans P. Rossi, *Filosofia, scienza, politica nel Settecento francese*, Firenze, 1978, pp. 185 - 207。

　　② 　*Complexionum atque mixtionum elementalium figmentum* [帕丁顿(J. R. Partington)在一篇文章中讲述了这一实验,冯・海尔蒙则引述了帕丁顿的文章]。

　　③ 　《形式之始》(*Origins of forms*, section II, expt. 9) [帕丁顿在《化学的历史》(*A History of chemistry*, *op. cit.*, tome II, p. 509)中引述过这一试验]。

　　④ 　《光学》(*Opticks*, Query 30) [这段文字第一次出现于 1717 年的英文第二版]。马耶也拿出了一个这种变异的实验证明,尽管很模糊。但是马耶的态度似乎提出了某些他很难回答的问题。首先,如果他不坚持这一方案的话,为什么借助证据证明,提出水变土的个案呢? 是所选择的方案导致了他以不准确的证据和轻率的态度谈论在化学家当中如此有争议的一个问题的吗? 他不知道所描述的实验和其他化学家的观念吗? 在这些化学家当中就有斯维登堡(Swedenborg),他认为地球是"作为原材料的水产生的"[详见美兹格(H. Metzger)《化学学说》(*Les doctrines chimiques*, *op. cit.*, p. 361, note)]。事实上,整个 18 世纪期间都有这一争论:1770 年,拉瓦齐埃(Lavoisier)在一本名为《关于水的性质以及证明水变土的所谓实验》(*Sur la nature de l'eau et sur les expériences par lesquelles on a prétendu prouver la posibilité de son changement en terre*)的作品中,还不接受水变土的假设[详见基耶南(C. Kiernan)《启蒙时期和法国 18 世纪的科学》(*The Enlightenment and science in Eighteenth-century France*, Banbury, Voltaire Foundation, 1973, pp. 186 et ss)]。

这样一种原则,那就是一种绝对匀质的物质,即使是流体的,也不会自己运动起来。①

因此,对物质结构的描述根本不是以化学分析为基础的,因为实验室的实际实验所得出的原则似乎不能解释自然物体的丰富,也不能解释运动起源的性质,运动起源的性质是物体多样性的直接原因。事实上,物质的内部构成,物质的解剖,倒是通过类比,从物质的产生中得到揭示:如果物质具有能够解释其无限变化的特点,那也不是以实验的方法为基础的,而是以逻辑的方法,给予物质一些最起码的品质,这些品质应该是根据在物体当中观察到的特性无法再进行化简的。因此,这些品质应能成为在自然中发生的所有现象的原因。

---

① 比如,《论世界的形成》的作者便确认,纯粹液体的东西,一旦空间被充满之后,会一动不动:"如果你能将一个瓶子装满液体或者固体,你便排除了液体或者固体运动的可能性。但是,将不同性质的物体放在这个瓶子里,固体和液体,都可以形成一种混合性质实体的元素,用封泥将瓶子好好地封起来,晃动这个瓶子,你就会在里面看到运动。"[Paris-Mazarine 1168, ff. 171–172]

自然主义与原子论:地下书刊对原子和真空的否认①

应当永远避免用现在的成果作为尺度去衡量过去。因为,以这样的方式回顾过去,会假设一种没有时间维度的理性,那就会忘记我们的知识是受历史的影响的。有的人认为乐西普(Leucippe)和德谟克利特(Démocrite)以来的原子理论天才预见到了当代的原子学说,这种人便受了上述实证主义的毒害。恩格斯(Engels)在自然辩证法的笔记中也没能脱离这样的实证主义。② 因此,研究科学革命的历史学家往往谴责所有非机械论的物质结构理论,说这些理论是愚民主义的废话。因为,据他们看来,只有用形状和大小不同的物质粒子的压力和冲击来解释,才能够有利于真正的化学科学的诞生。而真正的化学科学,事实上也是这样从原子学说中最终得到巩固的。

因此,我们丝毫不想用唯物主义的落后特点来解释为什么地下书刊中抛弃了原子论。当时在自然科学当中大获全胜的是机械主义,而我们说的唯物主义却在与机械主义完全相反的自然主义当中浑水摸鱼。地下书刊之所以抛弃原子论,理由应当在于当时物质的原子观念在认识论上会产生的后果,在于地下论文在具体的唯物主义框架当中承认真空、承认粒子的不可分能够起到什么样的作用。这样我们就能得出结论:在特殊的历史背景之下,原子理论不可能成为唯物主义的基础。

---

① 原载《伏尔泰和18世纪研究》[*Studies on Voltaire and the Eighteenth-Century* CCXV (1982), pp. 121 – 138]。

② 《自然辩证法》(*Dialektik der Natur, dans Marx-Engels Werke*, Bd. xx, Berlin, 1973, p. 331)。

地下论文中的原子理论

在地下书刊对物质的剖析当中，①世界是由异质元素的混合物形成的，异质元素相反的品质——液体性和固体性——被认为可以在物理上合乎逻辑地解释运动的性质和起源，这也是物质多样性及其丰富特性的直接原因。分析的确也表明，这些起始元素具有微粒子的性质。但是这种微粒子说没有任何效用，因为解释物质运动的是组成物质的不同质量的要素之间相互作用，而不是只根据诸如形状和大小之类的标准来定义的粒子之间的相互撞击。机械主义在地下论文中所起的作用被抹杀了，这无疑削弱了一切唯物主义的思想都应当对原子理论所表示的关注。当然，原子理论可以与除了机械论之外的其他性质的解释相调和，因为在"新的科学"当中我们发现这种理论是夹杂在亚里士多德的背景当中的，有的时候还与明确的活力论的背景交织在一起。但是，由于一些历史的特殊涵义和系统的原因，原子理论很难屈从于只当配角，所以原子理论只要一出现，便会导致产生一些简单的微粒子理论根本不想看到的问题。这也可以说明为什么地下书刊中原子理论的讨论具有重要的地位，而 17 世纪末原子理论在哲学和科学上已经取得了稳固的地位。

《生与死的平等》是一个早期的例子，说明地下书刊中元素理论和微粒子理论共同存在的事实。气、土和水通过混合，形成了所有的物体。这些元素性质和物体性质的不同之处，只在于元素的性质是简单的。在这三种元素当中，气事实上起到了第一要素的作用。三种元素也呈现微粒子结构："在世界上可以看到的所有物体都是单位的堆积，每一个单位的本质和特性都和其他单位是一样的，而且这些单位都是不可进入的，有广度的，可分的，移动的：一个单位当中便包括与所有其

———————

① 详见本书前一篇文章。

他单位一样的现实性。"［Paris-Mazarine 1192，ff. l03－l04］①但是，人们不可能接受说这些粒子是原子。首先是由于一些与实体的性质有关的完全属于形而上学的原因，因为"物质……永远是可分的"［f. 113］——这种无限可分的特点是实体的属性之一，而不是像笛卡尔说的那样，是将物质和物质的广度视为同一而导致的空间均质性的衍生特性。但也是由于"知道有没有原子，对于一个要解释自然现象的物理学家来说，根本就没有任何用处"［f. 77］，因此，按照德谟克利特和伊壁鸠鲁制定的经典方式，原子假设无法解释生命和观念的出现，因为对自然的观察足以表明感性是物质的一个复杂的变化过程的结果，而不是像德谟克利特所说的那样是原子的特性。按照伊壁鸠鲁的观点，我们仍然无法解释盖仑（Galien）提出的古老问题。盖仑的问题是，没有知觉的原子怎么能让有生命的物体产生感觉呢——伽森狄的失败就是一个证明，而伽森狄被认为是"比前面两个哲学家更开明、更有条理的人"［f. 76］。同样，作者还认为，新的原子系统也无法解释物体的物理特性，比如哈特索盖（Hartsoeker）实际上借助于一些假想，认为原子之间被流体元素隔离着，只有这样，才能解释为什么物体具有弹性，因为孔隙里的气通过膨胀和收缩可以很好地解释这一现象。另外，既然人们能够证明以太的粒子极其活跃，所以在自然中什么也不能产生，更何况原子本身更加细小，所以在自然中就更不能产生什么了。

正是由于气和更加巧妙的物质的组成，才解释了为什么自然中没有真空。一方面，空气被"大气的重量"所压缩，进入了物体之间，甚至也进入了物质的孔隙。另一方面，以太粒子具有极大的移动性和灵活性，可以穿越最为坚固的物体，充满所有的空间。因此我们可以得出结论说"自然中是不可能有真空的"［f. 113］。

《论世界的形成》的思路也是一样的。在这本论文当中，广度也是物质的基本特性，虽然不是唯一的特性："我们在考察一个物件时，这

---

① 亦请参见 f. 98，里面谈到"组成物体的物质粒子……"

种考察一定会在我们心中激起某种广度的观念……因为广度是物质的基本特性。"[Paris-Mazarine 1168, ff. 58－59]因此，物质一旦与其基本特性"广度"分别开来，是一刻也不可能存在的。同样，广度本身除了是物质的基本特性之外，什么也不是，广度只能存在于物质当中。物质与广度是不一样的——物质具有除了广度之外的其他属性——但是物质与广度也是不可分的，正如一切实体与其基本特性都是不可分的一样。因此，"从抽象的角度来看的空间不是物体，但是空间必须有物体才能成为客体"[ff. 23－24]。空间或者广度和物质只能在抽象思考当中才能够分别开来："广度是物质的基本特性；空间没有自身独立的存在，空间只不过是对广度的考虑而已，我们不能把广度的观念和空间的观念分开，因此，广度和空间是同一个东西。广度和空间不是，也不可能是先于物质的，实体是广度和空间的主体。"[f. 75]一切空间从本质上都是充满的空间，也就是说"自然当中是没有真空的"[f. 121]。

因此，《论世界的形成》的作者将空间和物质分开充斥着宗教偏见的体系所特有的矛盾。事实上，似乎作者指的不是经院派的学说，不是传统的把空间视为物质的偶然现象的、亚里士多德的本体论，而是指伽森狄的哲学以及以伽森狄的哲学为根源的克拉克（Clarke）和牛顿的哲学——伽森狄的哲学认为无限的空间在创世之前就已经存在了，而且在世界毁灭之后仍然会存在。正如我们知道的那样，伽森狄的原子论并没有像笛卡尔的理论那样把物质和广度、物质和空间视为同一。伽森狄认为，一般的空间是一个真空的场所，上帝在这里创造了有广度的、不可进入的物质。正是这种真空的空间的观念让人觉得不舒服。如果空间是由其维度、广度来定义的，而且如果广度就是物质，那么真空就没有意义。正是这一点，说明为什么在这里提到的物质的基本特性当中并没有不可进入性，而在笛卡尔的形而上学中是有的，因为广度本身已经表示没有任何真空的空间，表示了对进入的抵制。因此，如果空间是始终就有的，那么空间一定始终就是充满的——是由物质占据的——因为精神实体是不可能有维度和广度的。因为用确切的话说，我们不能说物质占据一定的空间,我们只能说,凡是有物质的地方都有空间或者广度,我们不能想象任何空间的创造:"空间的创造是荒唐的;空间不是实体;空间是实体的特性;这是完全不一样的。如果始终就有空间,那就会始终有物质;然而,空间是始终就有的,所以物质是永恒的。"[f. 28]

作者仔细地排除了真空存在的可能性,导致最终肯定物质的永恒和无限,空间也是无限的,同时也就否认了自然中存在原子,否认自然中存在不可分的物质粒子。但是,并不像人们所期待的那样,这一结果并不是直接产生于认为广度是与物质不可分别的特性,既然物质总是有维度的,既然它总是占据一定空间的,那么物质就应该是无限可分的。如果物质无限可分的特点的确是"物质的基本特点"[f. 36],是"物质性的特征标志"[f. 38],那是因为经验表明自然中存在着各种客体:"抵制和各种撞击向我们证明了物体的存在,这些不同的物体又向我们证明组成这些物体的物质是无限可分的。这是不容争辩的事实。"[f. 79]但是,如果说物质物体的多样性的确能够证明物质一般的无限可分,那么物体是由不可分别的粒子,由原子组成的说法,与物体的多样性也完全是兼容的,因此,必须明确地放弃这样的假设。这个假设也是以经验的名义被放弃的,尽管这显得十分有违常识:"单位虽然从根本上是与物质联系在一起的,但是单位不可能是有形的。虽然经验让我们相信即使是单位的最小部分也是无限可分的,可是谁能证明这一点呢?"[f. 78]

在另外一种哲学的背景之下,《关于布瓦耶哲学系统的匿名信》(*Lettre anonyme sur le système philosophique de Boyer*)也排除了自然中存在真空的可能性——在这本明确声称是传承了亚里士多德思想的作品当中,这完全是正常的。我们知道亚里士多德在反对乐西普和德谟克利特的原子论时使用的各种论据,包括数学的和机械的论据这些论据试图证明真空中不可能有不可分的物质粒子,经院派哲学在证明大自然的" *horror vacui* "(真空之恐惧)时,也使用过这些证据。①因此,正如亚里士多德之所以拒绝真空,是因为真空的存在能够在他关于场所的概念中引入逻辑上的矛盾——因为场所(lieu)是围绕一个物体的环境内部连续而静止的表面,我们不能想象没有物体的场所,而没有物体的场所就是真空的定义——在这里,真空之所以是不可能的,仍然是由于空间的概念是从逻辑上产生的结果:"空间本身是可以测量的,是可以包容事物的东西,这是空间的定义。然而,如果空间什么也没有包容,那么这个空间也就不成其为空间了,这是荒唐的。"[Paris-Mazarine 3560, f. 233]这个空间就是亚里士多德物理学的场所,也与亚里士多德的场所一样,是根据其中包括的物体来定义的,因此和现代哲学的标准相去甚远。现代哲学放弃了场所的概念——在机械主义当中,关于场所的概念被简化成物体在运动中的相对位置——只重视无限的几何空间的概念。况且这也说明人们为什么没有从现代人对真空的否认当中保留那些能够强调新的空间概念的标准,为什么没有保留把广度视为物质的基本特性的概念,而只是留下了一个纯粹物理的观念,认为物质无所不在:"有的人,比如笛卡尔先生,认为物质是微妙的,认为物质不是别的,只是一种极纯、极具流动特性的气;也有的人证明物质是非常小的原子,原子无所不在;还有的人有一些其他观念,不过与上述观念也相差无几;所有的人都不能不认为真空是站不住脚的。"[f. 234]

然而,作者为了加强这一证明而增加的思考与亚里士多德的证明并不是一脉相承的。一方面,形成物体的元素由于其重量,必然会在物体中造成压力,证明不可能有真空夹杂在物质当中。另一方面,在世界之外存在真空,这不过是假想,其原因不是像亚里士多德说的那样,在无限的空间因为没有方向,所以不可能出现运动;其真正的原因不能不

---

① 亚里士多德的系统中对真空的驳斥见于《物理学》(*Physique* IV, 2-8)。参见杜海姆(P. Duhem)在《世界体系,从柏拉图到哥白尼的宇宙论学说的历史》(*Le Système du monde. Histoire des Doctrines Cosmologiques de Platon à Copernic*, Paris, 1913, tome I, pp. 189-205)当中的分析。关于经院派哲学,参见第八卷,第8章至第9章(16世纪)和第10卷第1章至第2章和第6章(15世纪)。

让我们想到人们用来驳斥亚里士多德的有限宇宙论的理由,不过这些理由最终将我们引向相同的结论。因此,《关于布瓦耶哲学系统的匿名信》的作者说,假设某个人手里拿一块石头站在这一真空的边缘,把石头扔进去,这块石头要么继续运动,要么停止运动,我们从中得出的结论都是真空不存在,因为物体只能在物质环境中运动,或者只能由其他的物体停止其运动。物质现时的存在证明它始终是存在的,因此也就从来不曾有过真空:"如果巨大的真空四周什么也没有,也就是说到底,如果自然中没有任何物体,那么现时占据着自然的这个巨大物体是由何而来的呢[?]这是对真空的性质进行过考察的任何哲学家都无法证明的。"[引文出处同上]

在同样的背景之下,《奇怪的哲学研究》是个值得关注的证据,证明这种诸说混合的自然主义当中也有一些经院派哲学的元素。的确,这部作品主张的理论是实心理论——"地球是被气所环绕着的,不管在世界的任何地方,都有固态物体或者气"[Paris-B. N. F. fr. 9107, f. 251]——实心理论的基础是经院派哲学的"*horror vacui*"(真空之恐惧)原则。凡是没有被固态物体占据的地方都有气,气可密可稀,但"不可能容许真空"[f. 252]。这一点证明机械论对多种自然现象的解释是有道理的,而这些自然现象也恰恰使"*de necessitate vacui*"(真空之必要性)得到了解释。比如,在一块木头的燃烧当中,火焰首先吸引了燃料物质当中的气;然后水也越来越少,并在热的作用下变成气;在没有气和水的固体部分会形成"可观的真空",如果油和硫没有烧着,就会膨胀,并以火焰的方式散布开来,"充填真空"[f. 30];这一现象是可控的,其强度可以通过炽热的镜子提高[ch. 2, §§ XXI et XIX]。同样的要素在风的形成中也起了作用:太阳吸引冷的气,而附近较热的气便来占据由此产生的"真空空间"[ch. 4]。海上的"龙卷风"现象也是以同样的方式得到解释的:由于海洋不断地运动,海水比较清凉,但太阳一般不会吸引清凉的海水;但是,当附近的陆地很热时,海上的气会到陆地上去,那么海上的气就会变得非常稀薄。如果这种稀薄的空气消失了,那就会产生"没有了气的真空,而这是不可能的……海上的空气广度可以达到其性质容许的程度,但不可能完全没有,否则就会形成真空。"[ff. 92 - 93]所以,太阳作用于本来就已经很稀薄了的空气,导致出现"真空空间",这个真空空间立刻被从海上升起的水柱充填[ch. 7]。同样,夏天,当土地十分干燥时,由于植物吸收了水分,土壤的潮湿度大大下降;太阳有力地吸收了气和土中剩下的水分,导致地面和一定的高度之间"没有了冷的气;但是,由于不可能存在完全的真空,这一空间立刻被不能向太阳运动的热而含盐的气所充填"[f. 148, ch. 9]。

当然,在地下论文当中不是总能看到对原子理论的系统的批评。有的时候是因为一旦声称自己信奉笛卡尔主义,不管是一般情况还是个别情况,都不会有兴趣明确地去反驳其他学说。因此,《论被创造的无限》(*Traité de l'infini créé*)的作者说追随笛卡尔建立的物质和广度同一论,同时也意味着不可能存在真空(因为一切空间都是有维度的,而且广度就是物质),不可能存在原子(因为这一均质的广度从根本上就是永远可分的)。《论追求真理》表达的思想也大致是这样。在《论追求真理》中,物质无限可分的可能性是通过无穷小的计算说明的,是通过"不可通约数证明的"[Paris-Arsenal 2558, ff. 98 - 99],并通过物质与广度基本上的同一,具体说明了物质的无限可分:"我们能够想象,一个物体在分了足够多的次数之后,人们能向我们提出这样的问题,说最小的部分没有两端,不能再一分为二吗[?]我们能最终使它成为不可分的吗[?]"[f. 103]①

无论如何,在个别地方对原子和真空的这种论述源自在某种程度上对术语使用的模糊。在《论被创造的无限》当中,"原子"用的是引申义,以便能够突出地表示与笛卡尔的宇宙无限论相比,亚里士多德和经院学派传统的有限世界是多么渺小——这种解释的前提是对原子有一

---

① 文章是被归在证明物质无限一类里的,所以里面的笛卡尔主义表现得就更加清楚。详见笛卡尔的《哲学原理》(*Principia*, II, 20 - 21)。

种庸俗的观念,因为这种解释强调的不是从词源学上已经可以看得出来的这个词的特点,而是其维度的方面,这从哲学的观点来看只能是一个次要的方面。比如,这个据说是无限小的原子仍然是可分的,因为既然物质和广度是同一的,我们知道"哪怕是物质的一个小小的部分也是无限可分的"[Paris-Mazarine 3562, ff. 10-11]。这一事实并不是异乎寻常的:《关于布瓦耶哲学系统的匿名信》谈到"笛卡尔先生的三角形的、圆形的和不规则形状的原子"[Paris-Mazarine 3560, f. 228]。《复活的乔尔达诺·布鲁诺》的作者似乎认为天平的两边一边是"原子",一边是"流体",而且两边的重量一样,都是组成物质的要素,并认为原子论者的假设可以解释世界形成的过程,也可以解释流质实体的形成,而流质实体的形成才是作者事实上使用的学说:"我刚才在假设原始液体物质的同时所说的世界,也可以适用于原子体系——只要换一换说法就行了。"[Rouen-B. M. M 74, f. 47]①然而事实是,在这一背景之下,我们可以合理地提出的问题是"原子"这个词指的只不过是固体的物质粒子,与流体的物质相反,但是固体的粒子并不一定是不可分的。

　　有时候,词汇使用上的不严格并不说明在体系上缺乏条理。正因为这样,对《特里梅德》的解读会引起一些很难阐释的问题。一开始时我们认为书中阐述了承认自然中存在真空的宇宙论,但是再细分析就会发现一些似是而非的东西,发现这样解释会有矛盾。使人感到吃惊的首先是术语的不准确,但这种不准确的用法却又随处可见。比如"土夫石"(pierre de tuf)与岩石不同,因为土夫石"只不过不那么坚固……里面有更多的真空"[Paris-B. N. F. fr. 9774, f. 126 v],这里说的"真空",事实上指的是石灰石的组成当中不坚固的材料受到侵蚀而形成的所有空腔,这些不坚固的材料化成了"一点点粉末,或者是在里

---

①　亦可参见 f. 79:没有任何东西让最早的人去"考察原子或者流质实体的性质,也许宇宙就是由原子或者流质实体组成的呢"。

面可以发现的土"[f. 127]。在《特里梅德》当中，作者肯定地说在地球的中心"从来就不曾有过真空"[f. 184 v]，不断减少的海水大概就流到了那里；查阅《关于地球的新的猜测》(*Nouvelles conjectures sur le globe de la terre*)时，发现作者提到地壳里面产生的"真空"，这些真空应当是一些"开口"，可以使地壳两端的海连通[ff. 101 ss]；这两部作品当中所说的"真空"指的又是水的聚合之处或者通道的开口。

但是，天文体系当中表面上的矛盾似乎又并不是用词不准确可以解释得了的，里面提到"在这些空间或者这片无限的真空里，有着无数颗星球，数也数不清"[f. 154]，提到"我们看到的这片真空或者这些空间"[f. 161 v]。的确，马耶采用了笛卡尔的漩涡理论以解释天空的结构，由此而发生的变化与真空的存在显然是不相容的，因为按照笛卡尔的宇宙论，物质当中的漩涡运动正是从充实的现实中产生的。① 星球之间的空间由作者称之为的"空气流体"[f. 150]或者"空气液体"[f. 160 v]和微妙物质所充斥。然而，书中之所以谈到"巨大的空间，以及各个星球之间的一片片虚无之海"[f. 217 v]，书中之所以肯定地说天的广度不应被称之为气的流体，而是应当被称之为"空气流动的真空，或者存在物运动和经过的平静的舞台，这个舞台的确定和不确定都是我们无法理解的，而且它本来也是不可理解的，因为这是一片虚无，里面一向就包含着我们看得见和看不见的种种物体"[f. 161 v]，书中之所以将固定的星星放在"这片虚无之海里"[f. 162]，那是因为笛卡尔将物质和空间视为同一的理论不合时宜。因此，我们可以相信，正是因为有了它们的不同，马耶才毫无分别地谈到真空空间（也就是虚无）和物质，或者充满了整个空间的气和以太；因此，虽然物质在本质上并没有与广度混淆，但是从物理学的角度来看，一切空间都是充实的，因此真空也就不可能得到证实，因为真空只能存在于人的

---

① 详见笛卡尔的《世界》第四章；《哲学原则》第二章第33—35页。

思想当中。①

　　然而,我们分析他与勒马斯克里埃的通信,便可以看到马耶根本没有意识到他的体系的这种逻辑,他之所以在充实论和真空论之间左右摇摆,是因为他把笛卡尔宇宙论的原则和机制当成自己的模式,但他其实并不了解笛卡尔的学说,这种处境颇为尴尬:在寄给助手的有关天文的谈话草稿当中,马耶肯定地说,太阳带着行星绕着自己,"在这片物质、真空或者虚无的海洋中"运动,"因为我们无法确定这片海洋的性质"[Paris-B. N. N. A. fr. 22158, f. 199]。但是这种很自以为是的怀疑主义在提出作为整个体系的基础的问题的同时,也表明马耶在这一点上的无能为力——勒马斯克里埃也是这样看的,因为他把这一段文字删掉了。②

　　因此,在地下书刊当中,人们抛弃了原子和真空。我们的确可以看到,在《关于宗教和人的知识的道德和形而上学思考》当中有一段文字提到原子,认为原子是形成物体的要素;但是原子理论在这里只是在表面上自圆其说的一种推测,充斥着似是而非的东西,因为在论文的框架之内作者否认物质的存在,只有精神实体才是真实的[Rouen-B. M. 1569, ff. 115 – 116]。《论关于上帝的几个观念》也提到真空。作者知道在布依·德·多姆(Puy de Dôme)所做的试验——作者把这个试验说成是帕斯卡做的——也知道用气动机来获得真空。但是作者的思考让人认为这一真空只是相对于空气和水粒子来说的,而火的粒子要微妙得多,所以看起来什么也没有的空间其实还是充满了火的粒子。他

———————

　　① 确认真空"开始时"就是"没有用"的——与上帝在虚无中创世的信条相违背——似乎也证实了这一点。大概由于抄写者的过错,文章的文字很难理解,几乎让人看不懂。在古耶和勒马斯特里埃的版本当中(关于这些版本,详见关于《特里梅德》的章节)没有这段文字。马耶力图让自己的论断与《圣经》《创世记》的故事一致,肯定地说上帝在创世的时候一定使用了特里梅德提到过的手段。《圣经》中说的"将水与水分开"事实上可以支持这一观念。他还补充说:"地上先是有真空,而且开始时真空没有用处,我们的作者"——这是与特里梅德对话的人说的——"认为地上开始时就是这种状态"[f. 228]。因为,如果现时存在真空,就会破坏,就会毁灭一部分物质,而这是不会发生的,因为凡是不曾有开始的,也不会有终结。

　　② 关于这一点,详见本书前面一篇文章《博努阿·德·马耶和地下书刊:马耶与勒马斯克里埃神甫的通信研究》。

写道:"光线气压表(Barometre lumineux)的上部所表现出的就是这种情况,光线气压表的上部既没有气,也没有潮湿,因为人们小心地用热清除了气压表的汞和玻璃中的一切潮湿"[Paris-Mazarine 1197, ff. 34‐35];但是,要想把可燃粒子也清除出来——也就是最终造成真正的真空——是不可能的,因为根据与微妙程度相对应的普遍感应规律,这些部分是相互吸引的,据说这些部分"与其他元素相比,其微妙程度几乎是无限的"[f. 36],所以只有打碎容器,才能够将这些粒子分开。

因此,《泛神论要义》(*Panthéisticon*)是唯一的例外。托朗认为,不能把"逍遥学派的信徒想象出来的品质"以及"四种元素变化的双重理论"看作物体的要素——而且也不可能是这样,因为那不是简单物体——"笛卡尔的第一、第二、第三元素的物质也不是"物体的要素[Paris-B. N. N. A. fr. 21799, f. 43; *Diat.* § XV];他虽然为原子理论辩护,但他并没有把他称之为伊壁鸠鲁的"假想"说成原子理论,伊壁鸠鲁不经意间说到原子的坠落和所谓的"衰落",并在衰落的过程中偶然产生了相互间的作用,形成了宇宙[f. 10; *Diat.* § V]。实际上,"最初的物体,或者也可以说是元素之元素,在空间和数量上是很简单的,是不可分的和无限的";这些粒子具有运动,"通过其组合、分别和种种不同的混合",按照严格的机制原则,也就是说,"通过在运动由于性质而造成的各个部分排列中机械的和相互关系上的契合和失契合,由于物体在相遇和碰撞中相互的决定作用",形成了自然中的所有物体[f. 9;引文出处同上]。这样一来,"没有任何东西是新的,只不过是地点的变化,通过产生和生成,通过改变和其他类似的运动,导致了一切事物的生生死死"[ff. 11‐12; 引文出处同上]。

至于真空,托朗无疑知道,英国剑桥柏拉图学派的学者们当中有人尖刻地指责过霍布斯的充实论,①以及在他们之后,牛顿为了上帝的存

---

① 详见敏兹(S. L. Mintz),《捕猎海中怪兽,17 世纪对霍布斯的唯物主义和道德哲学的反应》(*The Hunting of Leviathan. Seventeenth-Century Reactions to the Materialism and Moral Philosophy of Thomas Hobbes*, Cambridge, Cambridge U. P., 1970, pp. 80‐102)。

在而得出绝对空间的概念。似乎出于谨慎,人们愿意保持中立,而这种中立的立场本身就已经很可疑。托朗说:"我们的体制不允许我们对星球相互之间的作用,或者对真空的理由进行讨论,已经有一些著名的哲学家讨论过这些理由。想对这些方面有所了解的人,只要去看一看著名的牛顿的作品(Neuveton)就行"[f. 11;引文出处同上];但是,似乎显而易见的是,托朗的机械主义与真空存在的学说是不兼容的,与这一学说所必然导致的远距离的吸引也是不兼容的。因为,机械主义认为一切都是不可分的物质粒子的压力或者撞击产生的局部运动,这种学说与真空的存在怎么能够调和呢? 在接触引起的因果条件之下,只有充实论才能够保证原因和结果的不间断的延续:"在相互决定当中是没有间断的,因为没有真空的间隔,也没有屏障。"[f. 9;引文出处同上]假设形成物体的粒子之间存在真空只不过是个别情况,解决的方法当然也是一样的:物体"分成的元素之间没有真空"[引文出处同上]。而且除了宇宙之外,是不可能有真空的,宇宙"从广度和力量上都是无限的……因为在宇宙之外既没有地点也没有空间"[f. 6; *Diat.* § Ⅲ]。

启蒙时期与自然主义对立的原子和真空

我们不能认为地下论文之所以否弃原子和真空是由于当时的人们不知道古今的原子理论。当然,在《希波克拉底写给达马吉特的信》(*Lettre d'Hippocrate à Damagète*)中,德谟克利特是以自然神论的智者的面目出现的,他愿意承认"尘世间所有的事物都在发生着的变化,不可能是偶然的结果,也不是人们想象的原子运动的结果"[Paris-B. N. F. fr. 736, f. 2]。① 不过一般来说,人们知道古典时期原子论的论断,并

---

① 17世纪末,德谟克利特之所以在法国非常知名,主要是得益于伽森狄、梅纳日(Ménage)和梅博姆(Meibom)的研究。他的原子理论已经吸引了文艺复兴时期哲学家的注意;弟欧根尼·拉尔修的书最早的拉丁文翻译的确始自1475年。但是应当强调的是,这篇论文的渊源是一些书信,这些书据说是德谟克利特写的,但是这种说法并不可靠。整个17世纪期间这些书信曾多次出版和翻译。

很愿意注意到这些论断的唯物主义作用。《论世界的永恒及其证据》（*Dissertation et preuves de l'éternité du monde*）在谈到古时候的原子论者时说宇宙是"由最初的要素相互盲目地作用而形成的"，而且发生在"无限的空间和世界的"变化是连续的，是"由原子必然的互相作用和混合，在永恒的往复流动中形成的"[Paris-Mazarine 1194，f. 38]。《古人对世界的看法》再次提到德谟克利特和伊壁鸠鲁的基本选择与现代唯物主义的选择之间的巧合：物质的永恒和无限[Paris-Arsenal 2870，ff. 19 - 20 et 41 - 44]，存在多个世界[f. 19]，无神论[f. 28]，优先注重对自然的观察[ff. 55 - 56]。我们还可以在好几篇论文中发现伊壁鸠鲁思想的痕迹，而且伊壁鸠鲁的影响被顺利地接受了。比如《论追求真理》承认自己对伊壁鸠鲁思想的承袭，说是"在论述的一部分事情当中，追随了伊壁鸠鲁"[Paris-Arsenal 2558，f. 91]。而且，正如我们所看到的那样，作者也知道当代原子理论的一般特点。

自然主义者的信念应当被解释为原子理论不仅不能以令人满意的方式解决当时让唯物主义感到为难的问题，尤其是物质中如何出现运动，以及无生命的物质如何产生生命，而且原子论者在现代逐渐采取的形式在客观上与唯物主义是无法协调的。从文艺复兴开始，旧时的原子理论便得到了大大的发展，与经院派的抽象思辨相比，这一发展反映了人们注重古希腊和古拉丁人对观察和经验的注重。但是，人文主义者已经承担起寻求为人所承认的任务，而且通过《圣经》达到了目的。历史和哲学研究终于表明实际上摩西第一个用原子论的方式解释了世界的形成，《创世记》的前面几章清楚地表明了这一点，而且德谟克利特和伊壁鸠鲁的原子理论主要是来自于腓尼基人的思想，而腓尼基人的思想又是来自于希伯来的传统。①

---

① 详见赛洛（D. E. Sailor）《摩西与原子理论》，载《观念历史杂志》["Moses and atomism"，*Journal of the history of ideas* 25（1964），pp. 3 - 16。鲁塞尔（C. A. Russell）在《科学与宗教信仰》（*Science and religious belief*，London，University of London P.，1973，pp. 5 - 19）中引述了这一思想]。

在布鲁诺的作品当中,原子理论还是犹豫不决的,还充满了形而上学的思辨,在作为"新科学"基础的医生和化学家的研究中才崭露出其物质的天命。到了 17 世纪,原子理论还被仔细地包裹在理想主义的形而上学当中,因此也就被剥除了与唯物主义和无神论的联系,此前的原子理论从很大程度上带有唯物主义和无神论,从而也招惹了神学家和种种卫道者的敌意①;这时的原子理论,从贝克曼(Beeckman)到牛顿,得到了了迅速的发展。当时人们开始从充实论的哲学当中,尤其是从笛卡尔的物质和广度同一论当中得出唯物主义的结论;面对这一结论,克拉克(Clarke)和牛顿让人们看到,实际上,原子理论是为有神论效劳的,理论的努力便完成了一个循环,达到了首尾相接:这时的问题便不再是如何让人们相信原子理论和宗教的教条是互相兼容的,就在几年之前,还有不少人认为这是违反自然的,而现在人们却在指出,上帝是主宰宇宙的,上帝的存在就是源自形成原子理论假设的原素本身。②

因此,18 世纪初地下书刊几乎众口一词地拒绝不可分的粒子和真空说,原因是这些学说太陈旧了,因为这些学说仅仅局限于物理学,对于唯物主义的哲学家来说已经失去了其最光彩的内容。也主要是因为在笛卡尔的学说当中,将物质几何化,使充实学说在当时包含无神论的

---

① 各种不同倾向的思想家们对原子理论的阐述导致了这一理论的普及,包括剑桥柏拉图倾向的反对笛卡尔和霍布斯机械论的思想家,以及对机械论深信不疑的伽森狄。

② 有关原子理论的书籍很多,请参见拉斯维兹(K. Lasswitz),《原子论历史》[*Geschichte der Atomistik*, Hamburg-Leipzig, 1890 (réimp. Hildesheim, 1963)];马比洛(L. Mabilleau),《原子论哲学的历史》(*Histoire de la philosophie atomistique*, Paris, 1895);布洛施(E. Bloch),《新化学史中的旧原子论》["Die antike Atomistik in der neueren Geschichte der Chimie", *Isis* I (1913–1914), pp. 377–415];巴什拉尔(G. Bachelard),《原子直觉》(*Les Intuitions atomistiques*, 2e éd., Paris, 1975);斯托恩(G. B. Stones),《15、16 和 17 世纪物质原子论回顾》["The atomic view of matter in the XVth, XVIth and XVIIth centuries", *Isis* 10 (1928), pp. 445–465];帕丁顿(J. R. Partington),《原子理论的起源》["The origins of the atomic theory", *Annals of science* 4 (1939), pp. 245–282];格里高利(T. Gregory),《17 世纪原子理论研究》,载《意大利哲学批评杂志》["Studi sull'atomismo del Seicento", *Giornale critico della filosofia italiana* 43 (1964), pp. 38–65, 45 (1966), 44–63, 46 (1967), 528–541];卡龚(R. H. Kargon),《英国从哈里奥到牛顿的原子理论》(*Atomism in England from Hariot to Newton*, Oxford, 1966);梅洛(D. P. Mellor),《原子理论的发展》(*The Evolution of the atomic theory*, Amsterdam-London-New York, 1971)。

意思,从而使真空学说的论断具有了有神论的意义。面对各种充实学说的理论,不管这些理论是否把物质和广度视为同一,真空都确保了除物质之外的其他存在。① 因此,如果自然当中没有真空,那么物质充斥的空间便是没有限制的,因此也就是无限的。因为空间是无限的,所以也就是永恒的,因为从定义上说,凡是无限的东西,一定包括一切现实,因此在物质之外,不可能还有一个创造物质的存在。另一方面,承认物质的无限可分保证了物质的永恒,这和原子理论一样,因为如果原子从定义上就是不可分的,并因此而在物质的种种变迁当中始终存在,那么我们也就不能消灭粒子,而粒子的基本特性又正是其可分的特点。

当然,我们在手稿中注意到的思考方式并不是笛卡尔学说的那种数学式的思考。因此我们可以注意到这种自然主义一般在物质和空间之间建立的同一性具有物理学上的特点,而不是数学上的特点——《特里梅德》在这种物理的同一性上的确显得模棱两可——但这种同一性还留下了一个后门,在物质和广度之间引入一种根本性、形而上学的区别。但是,这种异议所反对的思想,并不是说现实在物理上是会消耗殆尽的,而且对于这个现实来说,在物理上与物质被视为同一的空间就是全部可能的空间。

相反,在不顾一切地自称为经验的哲学当中,否认真空有可能会让人觉得是令人吃惊的举动。的确,伽利略的弟子托利塞利(Torricelli)和维维亚尼(Viviani)在 1644 年第一次以实验的方式产生了真空——虽然贝克曼在 17 世纪初便已经提出这个问题。② 1646 年,佩蒂(Petit)

---

① 关于真空学说当时在加强有神论的思考中所起的作用,详见美兹格(H. Metzger),《英国一些评述牛顿的作品中的万有引力和自然宗教》(*Attraction universelle et religion naturelle chez quelques commentateurs anglais de Newton*, Paris, 1938);高伊雷(A. Koyré)《从封闭的世界到无限的宇宙》(*From the closed world to the infinite universe*, Baltimore, 1957)。

② 详见瓦尔(C. de Waard)《气压实验,先例及解释》(*L'Expérience barométrique: ses antécédents et ses explications*, Thouars, 1936)。巴利亚尼(Baliani)在 1630 年 10 月 26 日写给伽利略的一封信中,已经从理论上提出空气重力有可能导致真空存在的原则;我们还知道伽利略本人的思考,以及他所做的实验。

在鲁昂重新做了他们的实验,帕斯卡在《关于真空的新实验》中介绍的实验是在 1647 年做的。同一年瓦雷里安·马尼(Valerien Magni)也通过相同的手段在波兰证明存在真空。1647 年,佩里耶(Périer)在布依·德·多姆(Puy de Dôme)做的实验后来被帕斯卡称之为"液体平衡的伟大实验"。在英国,博伊尔(Boyle)几年之后做了一系列研究真空性质的实验。

　　然而,这些证明当中没有任何一个是能够让拥护充实论的人满意的。一般来说,人们不认为托利塞利的实验证明了真空的存在,人们称之为真空的汞柱上面的空间,实际上充斥着微妙的物质,因为这一空间还能够让光线通过,而且还可以成为热和磁现象发生的场所。① 我们还知道,帕斯卡认为,对于他的论断来说,布依·德·多姆的实验是关键性的,这个试验别出心裁的计划是笛卡尔设计的,笛卡尔从逻辑上根据推断得出的结论不是真空的存在,而是其他东西。至于帕斯卡的研究,博伊尔在 1664 年写的一篇文章《静态流体学说的矛盾,大多数证明来自物理学和简单的新试验》(*Hydrostatical paradoxes*, *made out by new experiments for the most part physical and easie*)中便指出,帕斯卡的大部分所谓的实验事实上根本就是无法做的。② 按照笛卡尔的假设—演绎法,马利约特(Mariotte)在气体摩尔体积和压力的反比例关系上得出了和博伊尔一样的定律。但是,作为一个很好的笛卡尔学派的信徒,他并没有得出真空存在的结论。③ 因此,真空远不是一个无可争议的实验

---

　　① 持原子理论的伽森狄也选择了这种解释,虽然他最终说光粒子、热粒子和磁粒子实际上是察觉不到的,因此事实上,我们可以说那就是真空。详见前面所引拉斯维兹(K. Lasswitz)的作品第二卷第 134—140 页。

　　② 高伊雷(A. Koyré)最近也在《布莱兹·帕斯卡,其人其作品》(*Blaise Pascal*, *l'homme et l'oeuvre*, Paris, 1956, pp. 260‑285)当中一篇题为《学者帕斯卡》(*Pascal savant*)的文章中使用了相似的理由。关于这个问题,详见盖南西亚(P. Guenancia),《从真空到上帝,论帕斯卡的物理学》(*Du vide à Dieu*: *essai sur la physique de Pascal*, Paris, 1976, 尤其是第 268—293 页)。这些思想经验看起来是与上个世纪反亚里士多德的批判一脉相承的:帕特里齐(Patrizzi)和托雷西奥(Telesio)为了证明真空的存在而讲述的实验也许实际上并没有做。详见施密特(Ch. B. Schmitt),《赞成和反对真空的实验明证性:16 世纪的理由》["Experimental evidence for and against a void: the sixteenth-century arguments", *Isis* 58 (1967), 352‑366]。

　　③ 详见图尔敏(S. Toulmin)《物质的结构》(*The Architecture of matter*, London, 1962, pp. 194‑196)。

科学的事实。在这个"物理学"的问题上,"意识形态"的标准是一些不得不接受的标准,但这并不意味着人们对实验所证实的事实视而不见。

但我们经常看到否认真空存在的人在当时并不一定认为物质原子论的观念是不可能的。比如,巴松(Basson)和塞奈特(Sennert)便肯定地说,原子在完全被微妙粒子或者以太占据的没有任何真空空隙的空间移动。① 即使是在笛卡尔学派的学者当中,人们也很早就区别了与广度被视为同一的物质在逻辑上的无限可分和物质粒子在实际上的不可分,因为在实际上没有任何办法划分物质粒子——这导致一些物理学家,比如瑞吉斯(Régius)认为存在着事实上不可分的粒子,虽然从根本上来说,这些粒子总是可分的。② 世纪末,有些持原子理论的人自称是笛卡尔学说的信徒,他们在物质实体当中区别流体的"第一元素"和由固体组成的"第二元素";第一元素具有无限的广度,永远在运动,而第二元素则是不可分的,不可破坏的,第二元素的形状和大小不同,产生了不同的物体。哈特索盖(Hartsoeker)1696 年在巴黎发表的《物理学原理》(*Principes de physique*)当中就是这样认为的。③而且说到从物理上有没有不可分的粒子时作者认为,原子被分解成没有体积的点,这只能是假想,不可能真实存在,④既然如此,以这些所谓的物理学研究成果为根据,排除原子理

---

① 关于巴松和塞奈特(Basson et Sennert),请参见拉斯维兹(K. Lasswitz)在前面所引作品第一卷第 476—481 页,以及第 436—454 页分别对这两个人的介绍。格里高利(T. Gregory)也在《17 世纪的原子理论研究》[*Studi sull'atomismo del Seicento*,I(Basson)et II(Sennert),pp. 51 - 63]当中介绍过这两位作者。最近扎尼埃(G. Zanier)在"巴松的微粒子微观世界",载《17 世纪原子理论研究》["Il macrocosmo corpuscularistico di S. Basson",dans *Ricerche sull'atomismo del Seicento*,Firenze,1977,pp. 77 - 118]当中也很好地综述了这个法国医生的学说。

② 这与笛卡尔的思想是一脉相承的。笛卡尔从来没有肯定地说可以永远地划分一个粒子,不管它多么小,而是说上帝可以划分粒子,这在数学上是可以想象的。

③ 关于哈特索盖,详见前面所引拉斯维兹的作品第二卷第 432—434 页;美兹格(H. Metzger),前面所引《法国的化学学说》,尤其是第 434—448 页。

④ 数学原子的问题在 18 世纪最终导致了耶稣会教士博斯高维奇(Boscovich)提出非物质的原子。《特拉西布尔致乐西普的信》(*Lettre de Thrasybule à Leucippe*)中也明确地提出了数学原子的问题,而且也恰恰是为了说明物理存在和纯粹想象的存在之间的区别:（转下页注）

论，就很成问题，而且需要得到解释。

更何况主要从 17 世纪以来，在实验室所做的实验证明在形成以新的物质形式为特征的均质物体时，化学组合中的元素并不会像亚里士多德和经院派的学说所认为的那样消失，而是仍然存在于混合物当中，而且可以从组合体当中回收，并不会导致其数量和质量的变化。因此，化学组合体不是一个实体的消失，另一个实体的出现；一切化学组合体都是一个聚合体，一个不同粒子的简单的机械混合物。然而，我们不得不承认，当时人们并没有以这些坚实的实验为基础，制定出原子论的理论。即使是做这些实验的实践家们——萨拉（Sala）、贝甘（Béguin）以及其他学者——对实验的理论结果并不感兴趣，虽然他们的实验披着一层亚里士多德形而上学的外衣，但具体应用到医学和药学上却照样十分有效。① 原子理论在当时是一种理论知识，其灵感主要是来自对古代物理理论的博学多闻，而不是来自实验实践，而且实验的实践远不是只能有一种解释的。有的人认为物质是普遍存在的，是所有存在物的一般基础，是永远在变化之中的；这样的人也可以引证一些所谓十分认真的实验，以证明元素的变化，或者证明物质的一般变化。各种非原子论的机械体系——当然也包括笛卡尔的将物质和广度视为同一的体

（接上页注）"以物体的大小和数量作为对象的几何学家习惯了只考虑点，也就是没有长度、宽度和深度的广度[ ]只考虑线，也就是说只有长度的广度；只考虑面，所谓的面是只有长度和宽度，而没有深度，最后是只考虑固体，或者是三维的物体。他们自己也承认，像他们想象的那样只有点、线、面的物体是不存在，也不可能存在的；这些数学的物体只有一种客观的存在，那就是只存在于我们的精神当中，而自然的物体是以其真实的广度多维地存在的。他们证明物质无限可分的确实性是以此为基础的。因为，一个物体的部分不管多么小，总是有广度的，而且总是多维的。正是由于这一假设所导致的错误，或者正是由于混淆了真实的存在和客观的存在，持原子理论的学者才认为宇宙是由原子或者微小物体组成的，这些原子或者微小物体既不具有固体性，又没有广度，可它们是永恒的，而且有着无可想象的多样性外观。持原子理论的学者认为，因为几何学家考虑了广度的特性之一，而没有注意其他特性，那么这些特点是分别存在的，互相之间没有依赖关系。的确，最精明的原子论者并没有表现出这样的错误，但是他们的有些弟子犯了这样的错误，作为例证，这便足以说明问题了。"[Paris-B. N. F. fr. 15288, ff. 91v－92 v]

① 详见胡伊卡斯（R. Hooykaas），《博伊尔之前的化学原子和分子理论的实验源渊》["The experimental origin of chemical atomic and molecular theory before Boyle", *Chymia* 2 (1949), 65－80]和《17 世纪的元素学说和原子论》，载《科学发展》("Elementenlehre und Atomistik im 17. Jahrhundert", dans *Die Entfaltung der Wissenschaft*, Glückstadt, 1958, pp. 47－65)。

系,但也包括博伊尔和牛顿的体系,博伊尔称之为"普遍物质"(catho-
lick matter)——给一些主要是在炼金术士的论文中得到阐述的古老理
论披上了科学的外衣。因此我们可以肯定地说,在 18 世纪初,原子理
论并不具有实验的明证性,虽然有些化学家——而且还不是没有名望
的化学家,比如博尔哈夫(Boerhaave)——自称是原子论者,但整个 18
世纪期间,还是有一个以经验主义和怀疑主义为源头的强有力的潮流,
认为在通过实验的方式发现不可分的粒子之前,关于物质是不是由原
子组成的讨论纯属无稽之谈。①

另外,持原子观念的人认为,物质的前提是不变的实体宇宙,认为
宇宙中的每个简单物体都是由一样的、形式和大小相同的原子组成
的——性质不同的物体之所以具有品质上的多样性是由于原子组成的
不同,所以在任何情况之下,某一确定实体的原子是不能组成另一个实
体的。这样的观念是在长期的过程中得到巩固的。这种第一次由卢克
莱修提出的观念,②逐渐被现代原子理论吸收。因此巴龚责备德谟克
利特的原子论在物质中引进了差别化的要素,因为原子的异质性无法
阻止物质的普遍变异:"因为有(而且当然也可以有)两种关于原子或
者事物的种子的学说,一种是德谟克利特的学说,另一种是毕达哥拉斯
的学说。德谟克利特的学说认为原子具有不均等性,样貌不同,以及由
于样貌不同导致位置也不一样;而毕达哥拉斯的原子学说认为所有的
原子都是绝对均等、相同的。现在,认为原子均等的学说必然会认为所
有的事物只是原子数量上的不同,而认为原子还有其他属性的学说则
认为除了原子的数量或者组合排列之外,单独的原子也还有一些特有
的性质。然而,德谟克利特提出的一个问题与这种思辨遥相呼应,那就
是:一切能够来自于一切吗?德谟克利特认为这与理性有违,所以坚持
认为原子与原子之间是有差别的。然而对于我们来说,如果这个问题

---

① 详见克洛斯兰(M. Crosland),《化学在 18 世纪的发展》,载《伏尔泰研究》["The de-
velopment of chemistry in the eighteenth century", *Studies on Voltaire* 24 (1963), 369–441]。

② 《论事物的性质》(*De rerum natura* I, 594–598)。

被理解为与即时的变化有关,那么这个问题好像提得并不好,与前一个问题的关系也不紧密。难道事物不经过确定的回路和中间的变化吗?实际上这才是正当的问题。"①在这条道路上,建立了"新科学"的原素论者提出的元素不变原则是一个重大的进步,虽然这一原则当中没有强调这些原素的原子组成,而是强调了元素原子的质量特点;因此,巴松、塞奈特、德·克拉夫认为有多少元素或者要素便区别多少不同种类的原子,这样的原子有不同的质量,不同的原子质量区别了不同的元素。伽森狄并没有特别重视这个问题,但即使是偶然一提,也可以看出他认为实体的不变和基本粒子的不可分总的来说是互相对应的。在《哲学体系》(Syntagma philosophicum)中阐述赞成原子理论的理由时,他引述并简单地评论了卢克莱修的诗句,而且像卢克莱修一样,认为自然之所以有规律地生产,是因为存在着"不会被破坏和变化的肯定和稳定的要素"(certis, & constantibus, atque adeò dissolutioni mutationique non obnoxiis)。②

　　要想在现代找到这一论断传播的痕迹无疑并非易事。但是这种情况并不像一般人们想象的那么少见。我们可以以马勒伯朗士(Malebranche)说过的话为证。马勒伯朗士认为"哲学家"都有这样的观点:"哲学家们不加思考地假设同类的物体从根本上都是一样的,或者在不可分的问题上都是一样的。因为根据他们的错误的观点,事物的本

---

　　① 《对事物性质的思考》(Cogitationes de natura rerum, J. Spedding, R. L. Ellis et D. D. Heath éd., The Works of F. Bacon, London, 1887–1892, tome III, p. 17)。J. Spedding 在前言中肯定地说该作品应是写于 1605 年之前。(这一段文字原文是拉丁文。——译者注:"Duplex enim est, atque adeo potest, opinio de atomis sive rerum seminibus: una Democriti, quae atomis inaequalitatem et figuram, et per figuram situm, attribuit; altera fortasse Phytagorae, quae eas omnino pares et similes esse asseruit. Qui enim aequalitatem atomis assignat, is omnia in numeris necessario ponit; qui autem reliqua attributa admittit, is naturas primitivas atomorum singularium praeter numeros sive rationes coitionum adhibet. Activa autem quaestio quae huic speculativae respondet eamque determinare potest, ea est quam etiam Democritus adducit; utrum omnia ex omnibus fieri possint. Quod cum ille a ratione alienum putasse, atomorum diversitate tenuit. Nobis vero ea quaestio non bene instituta nec quaestionem priorem premere videtur, si de transmutatione immediata intelligatur. Verum utrum etiam per debitos circuitus et mutationes medias non transeant, ea demum quaestio legitima est。")

　　② 《作品全集》(Opera omnia, Lyon, 1658, tome I, p. 261 a)。

质就是不可分的。"①我们知道,物质微粒的不可分至少在最基本的层次上保证了自然的秩序,这一观念主宰了17世纪后半叶某些化学家的研究,虽然常常并没有明确地表现出来,其中就包括勒梅利(Lémery)。哈特索盖(Hartsoeker)1696年也在《物理学原则》(*Principes de physique*)中根据原子论的观点肯定地认为物体是不可能变异的:"水永远不可能变成气或者盐,盐也不可能变成其他物体。但是所有这些物体都永远是相同的物体,它们今天的性质与远古时候和未来几个世纪的性质并没有什么两样,但是,如果物体[也就是'第二元素'固体的、不可损坏的粒子]在运动中被破坏,那么它们的性质有可能发生变化。"②而且牛顿虽然并不是一个真正的原子论者,但他在《光学》(*Opticks*)当中也明确地说:"纵观各物,我认为在造物之初,上帝所创造的很可能是某种固态、有重量、坚硬、不可渗透、可运动的粒子,这些粒子有着自身的尺寸和形态,这样或那样的属性,它们在空间有着各自的比例,因而最终成为上帝所想要的那个样子;这些最初形成的粒子很可能无比坚固,远非那些由粒子混合而成的、存在空隙的物质所能比;因为无比坚固,这些粒子不可能被破解成碎片,因而面对上帝在初创世界之时造就的任一粒子,寻常力量根本无法分解。只要粒子继续安然无损,它们就能组成某物体,其特性和质地保持经久不变,不过,一旦该物体破损或分崩离析,则粒子所决定的物体性质就会发生变化……因此,也许粒子的本质属性是一贯始终的,而有形物体的变化仅仅在于常态粒子之间的分合运动。"③

当然,问题是要知道地下书刊中是否以某种方式表达了两种世界不相兼容的观念:原子论假设其存在的世界结构是固定的,其极限是不可逾越的,而物质发展观则认为世界是变化的,物质是现实无差别的基

① 《论追求真理》[*De la recherche de la vérité*, III, II, x (*Oeuvres complètes*, tome I, Paris, 1972, p.447)]。

② 详见美兹格(H. Metzger)前面所引《法国的化学学说》(*Les Doctrines chimiques en France*, pp.130 et ss)。

③ Query 31 [英文第二版,1717]。

础。对这个问题的回答应该是肯定的。因为在地下论文中,虽然对不可分的微粒的否认并不是一般为人所接受的物质普遍变异理论所导致的必然结果,但无论在何种情况之下,人们也并没有认为原子是物质的要素,认为物质在不断地穿越人们假设存在于各种存在物之间的屏障,尤其是有生命与无生命的存在物之间的屏障——在地下的论文当中,原则上这是意识到问题的一个实质性的标志,因为我们知道,有的时候遗忘和从正面提出的某种理论同样具有意义。马耶对产生有生命的存在的种子是可分还是不可分这个特殊问题的处理方式进一步加强了我们的最初印象。马耶的确肯定地说这些种子非常地细小,"我们根本一个也看不到,哪怕是用最好的显微镜也看不到"[Paris-B. N. F. fr. 9774, ff. 216 v – 217 r]。但是他并没有说种子是不可分的——恰恰是因为他知道生物学中的原子理论会产生物种不变论的后果。马耶写道:"甚至有些作者声称有生命的、有感觉的或者植物的原始种子[,]非常细小,所以是不可分的,所以从本质上也是不会腐朽的。这些种子存在的证据之一便是哪怕你把罂粟或者棕榈放在最炽热的火中烧,只要将烧过的灰放进土里,浇上水,还会有罂粟或者棕榈生长出来。"[f. 217]

在《泛神论要义》(*Panthéisticon*)当中,托朗也意识到原子理论的问题以及他的答案具有何种性质,所以他提出问题的方式是恰如其分的;他知道,认为可分的物质粒子是物质的组成要素,这并不是一个简单的假设;他认为选择这种说法,就意味着从总体上对整个系统的结构划定了界限。因此,同类的原子组成元素或者简单体、实体,而混合体则"是由几种不同的实体组合形成的"[Paris-B. N. N. A. fr. 21799, f. 18; *Diat*. § VIII],即使总有"一种粒子作为主导,古时候有个成语说一个物体的名字来源于组成该物体的最多的实体"[f. 11; *Diat*. § V]。而且原子的不可分保证了宇宙最初排列的总体结构:"不同的简单实体,或者种类无限的、运动的和不会腐败的最初物体的无限,形成了所有事物的各种不同混合,并成为这些事物永恒、取之不尽和不变的物质,除了这些物体的不同组合之外,事物没有其他起源,但是由此导致的不同聚合不可能有别的目的,只能是聚合的分解,不管以何种方式分解。因此,根本不用担心生成物的腐败,因为它们的原始实体是不会腐败的,而且各个部分总是聚而分、分而聚。我们也根本不用担心有的东西,不管是什么东西,会将宇宙间其他东西吸收掉,或者改变了宇宙间其他东西的性质,因为原始物体既不可分,也不会变。"[ff. 42－43; *Diat.* § XV]

这样便导致对自然的静态、不变的观念:"因此,不幸的是,化学家们也就别指望制造出金子"[f. 43;引文出处同上]①——一个一次形成的世界与地下唯物主义当中永恒变化的物质占主导地位的观念没有任何共同之处——这样的唯物主义以亚里士多德"动态存在"(*dynamei on*)的方式来看待物质,强调物质当中各种隐藏着的可能性,强调其前景,强调还没有表现出来的,正在变化的未来。

---

① 矿物、植物和动物物种也是自古以来就存在的。这些根本性的原因说明了何以会存在物质的原子观念。也许除了这些根本性的原因之外,还应补充的是,由于一般手稿中都接受的物质流体组成说,自然中存在不可分的粒子的观念实际上变得面目全非了,因为在液体元素当中,人们可以突出地感觉到物质是连续无限可分的。详见前面所引巴什拉尔(G. Bachelard)的作品第17—40页。

深渊的诱惑:地下书刊中的多元世界

一旦撕破专为囚禁人而打造的宇宙外壳,人所要面对的就是无限的空间。为了不在这无限的空间中迷失,人便将自己熟悉的世界当作模式到处复制。人关注遥远的世界,并不一定就意味着是在逃避近在身旁,却更加难以解决的问题。的确,人们之所以想象了月球上的模范社会是因为没有办法在人世间成就这样的社会;但是,从人们所描绘的这些神话城市中所表现出的不仅仅是梦想的建筑师们——也就是信奉乌托邦的人们——的无能为力,其中也蕴含了成就未来时代的酵母。这并不是我们在本文中要论述的问题,因为不管怎么说,在地下书刊当中,没有人将多元世界的学说应用于纯粹政治的目的——唯一一处提到这一点的地方是相当清楚的:"……这一假设的真或者假根本就是无关紧要的",《复活的乔尔达诺·布鲁诺》的作者肯定地说。"因为,这些可能的世界距离太遥远,相互之间不可能发生任何关系。"[Rouen-B. M. M 74, f. 39]宇宙无限的理论是宇宙最近取得的自主性的必要条件,是人从天命的枷锁中解放出来必须付出的代价,因为,人在强调物质的普遍价值的同时,将上帝从自然当中驱赶了出去,但是,人过分地强调了宇宙的广漠,最后自己也被这个无垠的宇宙压垮了。而且人在将天体力学的逻辑推向极致的同时才再次恢复了控制权:在一个交织有骄傲和卑微的姿态下,人到处复制了自己的形象。

无限的宇宙和多元的世界

原则上,如果说现代多元世界的学说来自各种学派的宇宙学在观察的基础上建立的宇宙无限说,这样的说法大致是不错的。只是,在提出这一学说的同时,人们忘记了这类学说的必然结果是一定要有明白定义的前提。即使不总是出于科学天文学的原因,一般来说,17世纪末哲学领域的人们的确接受了宇宙无限论的学说。然而,严格说,这片无限的空间有可能是空无一物的。当然,这是一种假设,而当时的唯物主义是不可能考虑这种假设的,由于笛卡尔派的学说让人们接受的观念是物质和精神是相互排斥的,所以在这种前景之下,被物质所抛弃的空间便意味着有可能存在除了物质之外的另一种实体,成了在物质空间论当中无处立足的上帝驻留的地方。

尽管如此,事实上,承认物质的无限并不一定意味着同意多元世界的存在。正因为如此,后来有一个亚里士多德的信徒,《关于博伊尔的哲学系统的匿名信》的作者认为,除了那些所谓固定不动的星星之外,无限的空间还充满了空气——"虽然空气是无限的……"[Paris-Mazarine 3650, f. 238]——但是,作为他对星相学恰当论断的基础的是一片天,这一片天在大体上与托勒密(Ptolémée)的天空差不多,虽然距离大大地扩大了。而且《希波克拉底写给达马吉特的信》(Lettre d'Hippocrate à Damagète)的作者也许并不是天文学家,但是却对"两个世界"夸夸其谈,"一个是腐败的世界,另一个永远处在翻天覆地的变化当中,不断地从破坏向修复过渡"[Paris-B. N. F. fr. 736, ff. 6 v -7],而且还相信地球"由于其所处位置,是宇宙的中心"[f. 6 v],同时他还认为"天空是广漠无垠的",并提到"住在无限空间的天体"[引文出处同上],天体之间也充满了空气。

《论世界的形成》在本质上仍然是亚里士多德学说的范畴,但表现得要更加完善和精妙。作者的体系属于日心说,但是认为有一层壳罩着世界,以保持世界的状态,并最终解释关在壳里的星球的运动——因为这层壳可以避免星球内部的流体散逸出去——但这个壳本身是不动的。保护壳固化的物质延展至无限,因此,我们可以说宇宙是无限的;但是,在这些被塑造的空间里是不可能存在其他世界的。在这层壳和由太阳占据的宇宙的中心有着一片广漠的空间和很可能无限远的星球,而且既然这些星球和我们的地球成分是一样的,也是由土和水组成,所以根据它们远离中心之火的距离,也都有着各种不同形式的生命。在这里,每个星球都是一个世界[Paris-Mazarine 1168, surtout ff. 84-128]。

如果有人保证,由于科学天文学的发展,传统上是有限论的体系,这时候也必须承认宇宙的无限性,那么做出这样的保证也许并不合理。开普勒(Kepler)根据第谷·布拉赫(Tycho Brahe)遗留下的大量观察结果进行研究,但也注意到了这些观察的局限性。促使后来的自然主义者接受这种新的资料的应该是另外一些理由,尤其是他们需要不给上帝留下任何位置。但是,偶然的无限论在体系中引入了一种陌生的元素,使体系中产生了一些矛盾,不管人们是否意识到了这一事实——因为,必须解释为什么运动法则的规律性在自然中没有产生相同的效果,为什么无限的空间还有一些优先的地方,为什么从严格的意义上说只有一个世界,而不是好几个。《论世界的形成》本应当解释为什么物质会具有复合的特点,这种物质在各处自然而然地都是一样的,但是在现实当中,物质异质元素的分布却不一样——这恰恰是运动规律的机械效果,物质的液体和固体部分的平衡和比例配合,使得物质的原始状态是静止的:的确,正是由于运动的出现,通过固体粒子在密度非常大的物体中逐渐集中,导致形成了这一巨大的壳体,里面包括太阳、凹陷的行星,壳体从质量的“中心”坠落向其“端部”。

为了从宇宙的无限性中推导出世界的多元性,还要假设物质是绝对匀质的,或者在复合的物质当中复合的各个部分现时的分布比例在无限的空间完全均等,因此,物质运动的规律性法则应该永远具有相同的潜在性,并能够产生相同的效果。但有违常理的是,自然中的这种完全机械的规律性原则没有被地下的任何一篇论文利用,以创立这一理论。

《论被创造的无限》(*Traité de l'infini créé*)用“一致性法则”来解释世界的多元性,说这是追随笛卡尔和丰特奈尔的足迹,他们证明“在无限的旋涡当中存在着很多太阳和行星,证明的基础是在我们的旋涡里有一个太阳和很多个行星"[Paris-Mazarine 3562, f. 33];而且,由于相同的法则,自称为笛卡尔学派的作者才指出丰特奈尔很犹豫要不要称居住在这些散布于天上的无数黑暗星球上的居民为人,他最终的顾虑使体系的基础出现了扭曲,因为所有这些土地从本质上是和我们居住的这片土地一样的,也应当一样有人居住。然而,这种通过类比在整个宇宙规模上进行思维的方式,这种一致性的法则似乎在物理上并没有基础。并不仅仅是因为我们在这里没有发现任何对均质物质运动法则的参照,因为这一原则可以是未明确表达的条件,从而让人有可能接受其他类型的理由;尤其是从形式上证实世界多元性的理由,从性质上是与所谓的机械主义的基础相矛盾的。首先,接受笛卡尔的旋涡说便流露出本身具有终极目的论的和谐概念,"因为如果没有这种安排,无限的物质只不过是一片无限的混乱"[f. 31]——通过这一点,作者也许是想回应人们的某种担忧:证实宇宙是无限的,所导致的结果便是无法使从本质上属于无定形的质量具有秩序。但尤其是,正是由于世界是为人而创造的这一原则,我们才可以猜测在无限的宇宙,"应当有无数个散布在各处的地球,每个地球上都应该有居民利用那里的空间……"[引文出处同上]而这种终极目的论——也许隐隐带有嘲讽的意味——发出了卫道的声音,因为这些世界"是为了上帝更加伟大的光荣"(*ad maiorem gloriam Dei*)而存在的,因为上帝为创造物准备了一切,整个宇宙到处都应当有人歌颂他们的创造者的伟大。在阐述多元世界的论文开始处的原则声明里作者很清楚地综述道:"上帝所创造的一切都是为创造物所用的,如果物质的所有部分不能为聪明的创造物所利用,那么物质的无限就是没有用处的;因为物质只能致力于歌颂上帝的光荣,也只有物质才能够真正成为赞美上帝的作品。"[f. 29]

在与笛卡尔的学说一脉相承的《论追求真理》当中,作者偶然提到"我们的旋涡"。然而,"旋涡"这个词在这里指的是太阳系,而地球是属于太阳系的,所以应当相信这个世界只是散布在所谓无限空间中无数个世界中的一个，即使作者用心地驱除对自然的终极目的论的解释，大概也没有觉得有必要涉及这一细节［Paris-Arsenal 2558，ff. 63－65］。

传说中的世界和观察中的世界

世界多元性的学说是现代自然主义从经典的古代理论中继承来的文化思想中的一部分。而且人们并不腼腆地承认欠古人的这份人情；新天文学的基本论断已经得到古人的证明，包括无限世界存在的论断，虽然持有危险观点的古人出于谨慎，同时总会提出一些不那么先进的论断，比如《世界永恒的论述和证明》(*Dissertation et preuves de l'éternité du monde*)的作者就是这样做的。该作者当然谈到"假设无限的空间和世界"的那些哲学家［Aix-B. M. 816, f. 41］，但是他也认为那些主张世界是被一次性创造出来的人是古代哲学家当中最明智的人。《古人对世界的看法》中列举了古代的天文学理论，这个清单也不是无辜的，论文的作者明确地将古代的哲学家和新的哲学家进行比较，说他们是疯子和想入非非者，他们证明了漩涡，地球的运动和有人居住的星球的无限［Paris-Arsenal 2870, ff. 3－21］。就连托朗(Toland)也认为新的世界体系根源在于古代的天文学："泛神论者遵循的是毕达哥拉斯的天文学，或者更准确地说是埃及人的天文学——用现代人的说法就是哥白尼的天文学。他们认为太阳处在行星的中心，行星围绕太阳旋转，在这些行星中间，我们居住的地球不是最小的，也不是最低的。他们认为有无数的地球与我们的一样，也都围绕着各自的太阳旋转，旋转的周期是有比例的，距离也永远一样；我们称这些太阳为恒星。"［*Pantheisticon*, Paris-B. N. N. A. fr. 21799, f. 23; *Diat.* § Ⅸ］

相反，在地下论文当中，很少有人提到用新的光学仪器，尤其是用望远镜所做的观察和发现。我们无疑可以认为在当时所绘制的天空的一般版图上，这些发现的细节并没有表现出来。但是，人们对科学天文学的遗忘只不过是偶然的事,因为地下自然主义是在其他基础之上建立起来的,与机械科学的实验和观察标准并不一样。正因为如此,《关于宗教和人的知识的道德和形而上学思考》的作者在明确的怀疑论的基础之上,在从感觉而得知的有限世界、地心和同心世界以及从理性上想象出来的无限宇宙之间犹豫不决,按照理性的想象,无数的太阳在各自的流体物质的漩涡中承托着很多也许有人居住的世界——因为,他说:"我觉得像这样的生物的存在是自然而然的,就像地球动物的存在一样。"[Rouen-B. M. 1569, f. 30]

这种对感觉器官的怀疑当然对天文观察技术也产生了影响,部分地说明地下自然主义的过时。因为,地下的自然主义曾经将亚里士多德的宇宙扩大到无限,对这一胆识,我们是可以肯定的,但是相对于当时的天文学来说,它落后得太多了。由此,世界的无限性所具有的特殊结构与哥白尼的日心说毫无共同之处,并形成鲜明的反差。有时候,这种态度的确是出于谨慎的结果,或者是低级的保守主义;因此,像布兰维利耶这种态度温和的人在讲述世界的形成时,遵从了《创世记》中的创世说,认为我们的地球是唯一的,至少表面上是为了维持《圣经》中的故事和地心说;但即使是布兰维利耶偶然也会谈到宇宙中有的星球比地球还大,而且"自有它们的中心,证明它们是独立于我们这个小小的漩涡的"[《古代历史摘要》(*Abrégé d'histoire ancienne*),Paris-B. N. F. fr. 6363, f. 24]。有时候,纯粹是出于荒谬,比如《奇怪的哲学研究》的作者制定了一套太阳体系,在 18 世纪初时,还自称为处在哥白尼和第谷·布拉赫的学说之间,但是他认为每个所谓固定位置的星球都是一个太阳,和我们的体系完全一样,①所以他才谈到"居住在这些其他世界里的人们"[Paris-B. N. F. fr. 9107, f. 354],认为这些人与前面所谈到过的"月球上的居民"[f. 336]和"行星上的居民"[f. 341]一样。

---

① 详见第十七章,"固定位置星球和彗星",尤其是 § 448 – 460, ff. 347 – 357,以及 § 464, f. 359,作者明确地说,"我们的世界被五六个其他世界直接包围着"。

　　当然，观察还是必要的。但是，虽然观察引导人的理性，让人的理性适应观察的结果，但是观察不再把人的理性仅仅局限于经验的事实。《古人对世界的看法》在描述远古时期天文学的出现时也表现出这种怀疑：文中并没有严格地遵守历史的事实，但是作者认为，一方面，托勒密的错误体系产生于对天空的简单观察，另一方面，古希腊人通过思辨，超越了以地球为中心的封闭宇宙的极限，而且这两个方面是对立的；这一对立的价值的确并不是绝对的，比如哲学家始终应当从天文学的事实出发，"将推理与观察结合在一起"［Paris-Arsenal 2870，f. 12］。编辑这一文集的人虽然不得不注意到人们从理性出发制定了大量的体系，其中贫乏的想象力常常代替了思考，但他认为——他并没有将这一看法明确地表达出来——这一事实的原因是当时天文学家所拥有的研究手段根本无法让他们了解自己的研究对象。因为说到底，无疑正是在观察技术上出现的进步，使现代的宇宙学思辨基础变得更加宽广，大大缩小了在远古时代让人们产生种种奇思怪想的领域。的确正是思考，使得古人认识到了散布在天空的不发光星球各自的性质，并得出所有星球都是有生物居住的结论，但是，当古人以实证的方式证实这一点，甚至一丝不苟地描述月球的地理时，他们就不再是哲学家，而是梦想家了。因为论文的作者（在年代上张冠李戴，便更能够说明问题）言之凿凿地说通过望远镜的确可以看到月球上的山和海，很多人认为与我们地球上的事物性质完全不同的那些东西通过望远镜可以最终地证明，实际上和地球上的东西是完全一样的："勤奋的思考总能够产生新的发现。人们承认，地球是一个与其他行星一样的星球，而且地球也和其他行星一样围绕着太阳旋转，那么这一原则所导致的自然而然的后果便是其他星球与地球毫无二致，而且大概也与地球和月球一样，有山，有平原，有海，因为人们用望远镜可以看得出来，那么这些其他星球很可能也和地球一样，是有生物的……"［ff. 15‑16］

　　正因为如此，十分看重这篇论文的马耶在《特里梅德》中明确地思考道："我们可以把用望远镜在月球上所观察到的东西也算在对天空的观察结果之列,月球和我们的地球一样,有山,有谷,有土地,有海洋,除此之外,好像还有一些斑痕,有的地方更加阴暗,也有的地方更加明亮。这些观察让我们相信其他星球跟我们的地球一样,也是从太阳接收光线的,这些星球的组成都是一样的,并且也可以有生物,如果现在还没有的话。"[Paris-B. N. F. fr. 9774, ff. 142 v - 143]①马耶的确是地下作者当中唯一根据天文观察来建立星球天文学的人,他认为天上的星球不断地生生死死,在这个"巨大的苍穹之上,除了我们的太阳之外,我们还看到那么多的太阳"[f. 136 v],其中"小小的地球如沧海之一粟,不过是亿万分之一而已"[f. 143]。他还谈到用望远镜观察到的太阳斑,新的星球的发现和有些星球的失踪,他列举了新的天文学所揭示的好几个案例。马耶很愿意援引卢克莱修的研究成果,但是在这个自然主义者的作品当中得到验证的事实与远古时代人们的传说平等地交织在一起,目的只是为了证实天空永恒变化的理论[ff. 135 - 164]。

学说的意识形态

我们永远不能简单化地看待问题:在现代,人们有可能认为多元世界的学说在唯物主义与宗教的斗争中起到了决定性的作用,其实不然。原因也许是在这一领域最为激进的立场也常常为宗教的思想所浸透,当时很多人都认为无数星球上生活着智慧生物,这是上帝无所不在的最好证明,揭示了上帝的光荣普照。当然,在阻止无神论发展的同时,从这样的思辨当中产生出来的上帝与《圣经》中的上帝已经不完全相同,无神论的诱惑已经近在咫尺。这就说明为什么在地下书刊中会发现这一类的体系。比如《关于上帝、世界和人的哲学思考》的作者便已

---

①　应当指出的是,1748 年和 1755 年两个版本的《特里梅德》当中没有关于这些世界是否有生物居住的结论,也许是因为勒马斯克里埃认为这一结论太过于大胆,是马耶幻想出来的东西,而他对这类的幻想是十分蔑视的。关于这些版本,详见本书的第二部分。

经认为一方面是犹太人和基督徒的上帝，另一方面是在"如此多的世界，如此多的火、水、土［和气］之星球的创造"中现身的上帝两相对立［Paris-Mazarine 1190, f. 9; I, 6］。① 这些星球上也有生物居住，②这另一个"上帝是整个宇宙间唯一的"［f. 23; II, 10］，上帝最终与整个宇宙合二而一了。

　　上帝是智慧的，是无所不能的，所以世界就是无限的；这一观念主导了《论被创造的无限》(*Traité de l'infini créé*) 当中理论的阐述。论文的作者认为自己的研究是笛卡尔的学说所导致的必然结果，想展示绝招，证明这样的学说根本不会损害基督教。丰特奈尔曾经暗示，如果同意无数星球上生活着有理性的生物的话，那就会破坏上帝救世的信条；《论被创造的无限》便向丰特奈尔指出，实际上根本不需要永无止境地重复我们自身的历史。既然某种一致的法则统治着宇宙，从本质上不允许任何一个地方在有损于其他地方的情况之下具有优先权，他由此而得出结论说圣言一定化为了无所不在的肉身。在谈论这样的主题时，必然会废话连篇，而且像神一样的人滔滔不绝的话所掩盖着的是论文的作者显然相信他的观点是正统的："我们并没有远离信仰和天主教的学说"，他补充说［Paris-Mazarine 3562, f. 34］。是有意还是无意，这好像很难说得清楚。他的论断具有假设的特点，他强调这一点，而他的强调可以从两个方面去理解——"甚至［这一理论的］基础也只是一种可能性，也只是看起来像是真的"［ff. 42－43］——而且他反复地说，他从方方面面都是在遵循神学的教导，他的确很会利用神学，援引那些空洞的问题以及使得神学家们产生对立的争执；《圣经》对这类问题避而不谈的原因则又从老生常谈中得到解释，说《圣经》是救赎之路，又不是物理学论文［ff. 34－52］。

---

① 在 ff. 24 et 25［II, 13 et 14］当中也提到"无数其他世界"的创造。

② "我认为世界就是所有可以看得见的以及看不见的创造物，他们活着，感觉着，思考着，而且所有那些其他生物生活在那些火、水、土和气的星球上，他们的生活方式我们并不知道。"［f. 20; II, 2］

在《复活的乔尔达诺·布鲁诺》当中，人们的确也保证"在多元世界的体系当中，没有任何一点是与新体系相矛盾的，我是想说是与基督教相对立的"[Rouen-B. M. M 74, ff. 40–41]——同时也强调了这一观点古已有之——而且该论文的作者也试图将这一假设与基督教救赎的信条相调和，论述在其他星球上发生的事与我们无关，因此，上帝并没有把这些事讲给希伯来人听；作者这亲友说的是有道理的，只是，仔细研究就会知道，《圣经》中没有任何文字是对这种说法有利的。当然，作者对此缺乏信心，因为这些文字的目的是想证明教会对乔尔达诺·布鲁诺不满——而且从原则上说也是指对所有利用理性和经验研究自然的人不满——是没有根据的，而且也想向神学家证明，"如果愿意的话，可以调整所有关于世界的哲学体系，使之符合宗教的体系"[f. 43]。这意思是想表达对宽容的呼吁，但是相信神启的人对这种说法会极其蔑视。

因为这篇论文的作者清楚地意识到哥白尼的天文学对基督教的信条产生的腐蚀作用："如果这一假设得到证明"，他确认，"正如实际上人们所做的那样，便以不可战胜的方式证明宗教是错误的。地球的运动观点必然导致多元世界的观点。毫无疑问，第一种感觉导致产生了第二种，由此又导致产生了世界的无限和永恒。地球是运动的，而且根本就不在中心；我们可以看到其他性质相同的星球，这些星球也在运动；我们由此可以推断出这些星球的数量非常之多，可以散布在从圆周的端部到中心的地方。然而，端部距离中心无限遥远，由此所导致的结果很容易便可以看得出来。"[ff. 26–27]但是，他还知道如果我们认真对待多元世界的学说，便可以知道这一学说与基督教最终是不相兼容的，但有神论和无神论的关键并不取决于这一学说，因为正如布鲁诺的思想已经相当清楚地表明了的那样，在某种有神论者的手中，这一论断可以成为最好的理由。因此，他承认："如果说有个体系使神性感到荣

幸的话,那就是多元世界的体系。"[f. 31]①

　　因此,多元世界的学说并不是现代唯物主义的试金石,对于某些地下论文中以自然主义为表现形式的唯物主义就更不是。因此,《复活的乔尔达诺·布鲁诺》所描写的宇宙的框架在《论世界的形成》中已经详细描述过,前者只是照抄了后者,只是对后者的宇宙观所做的概述而已:一个巨大无比的球体(orbe),四周是一层硬壳,太阳在正中间,四周的空间里散布着一些星球。然而,这种唯物主义和任何其他体系一样,也必须具有逻辑上的一致性。上述后一篇论文的作者无疑十分注重这种一致性,因为他无视一些比较激进的立场,提出也许并不是所有的行星都有智慧生物居住;他说:"我不相信所有的星球都是有生物居住的;因为太阳是所有萌芽的活力来源。然而,在巨大无比的物质苍穹里,应当有一些星球离太阳无限地遥远。可我并不认为这些球体上连任何生命的形式都没有,但是,如果有生命的形式,其形式会与我们所认识的生命形式不同,应当只是植物形式的。"[Paris-Mazarine 1168, ff. 125 - 126]写下这些文字的人显然知道,这些文字的背景可以很容易地让教会接受除了地球之外其他星球上也有生命的存在,因为教会主张的是生物不变论,任何生命形式,不管它有多么发达,都不可能变化成人。比如我们曾发现有些教会的人,包括天主教的和基督教的人,认为假设多元世界的观念并不一定违背他们的宗教,新的天文观测结果导致宇宙的范围扩大,但宇宙仍然是有限的,而且新发现的这些世界很可能是没有生物居住的。② 但是我们不得不注意到,有些人想抚慰虔诚的信徒们,这一论断是不可能让他们感到满意的。因为,这是一篇明显的唯物主义的论文。人们之所以需要这一论断,是因为要遵守某

---

　　①　伽利略再一次使哥白尼的体系充满了活力,他"证明太阳是固定在中心不动的,从而使《旧约》再无立足之地,他宣布了当时人们还不知道的一些环境,从而使《新约》也站不住脚了,因为《新约》保证福音书是向所有的人宣教的"[f. 24]。
　　②　在《复活的乔尔达诺·布鲁诺》当中,作者指出"在基督教内部",现代的物理学家也承认世界的多元性,而且多元的世界都是有生物居住的,而且为了证明这一点,作者援引了"博学的开普勒(Kepler)"[ff. 39 - 41]。

种思想的前提,那就是,在想与上帝决裂的同时,又不甘心放弃人在自然中的特殊地位,以免落入无底的深渊。①

---

① 关于现代世界的多元性问题,主要参见弗拉马利翁(C. Flammarion),《有生物居住的多元世界》(*La pluralité des mondes habités*, Paris, 1862);瓦拉斯(Wallace),《人在宇宙中的地位》(*Man's Place in the Universe*, New York, 1903);洛夫乔伊(A. O. Lovejoy),《存在的巨大链条》(*The Great Chain of Being*, Harvard, Harvard U. P., 1936),该作品曾多次再版;麦克高莱(G. Mc Colley),《17 世纪世界多元性的学说》,载《科学年鉴》["The Seventeenth-Century Doctrine of a Plurality of Worlds", *Annals of Science* I (1936), 385 –430];尼科尔松(M. Nicolson),《月球旅行,17 世纪和 18 世纪人们对月亮的态度变化》,载《史密斯学院现代语言研究》["Voyages to the Moon. A Study of the changing attitude toward the moon in the Seventeenth and Eighteenth Centuries", *Smith College Studies in Modern Languages* XVII (1936), 1 –72];尼科尔松,《圆环的断口》(*The Breaking of the Cercle*, Evanston, 1950);高伊雷(A. Koyré),《从封闭的世界到无限的宇宙》(*From the closed World to the infinite Universe*, Baltimore, 1957, tr. fr. *Du monde clos à l'univers infini*, Paris, 1962, 1973);穆尼兹(Munitz),《是一个还是多个宇宙?》,载《观念历史学报》["One Universe or Many?", *Journal of the History of Ideas* 12 (1951), 231 –255],后来收入《科学思想之根》(*Roots of Scientific Thought*, New York, 1958, pp.593 –617);迪兰伯格(J. Dillenberger)《基督教卫道者辩》,载《天主教思想和自然科学》("The Apologetic Defence of Christianity", dans *Protestant Thought and Natural Science*, 1961),后来收入鲁塞尔(C. A. Russel)编辑出版的《科学与宗教信仰》(*Science and Religious Belief*, *op. cit.*, pp. 170 –194);皮盖迪(Pighetti),《关于 17 世纪一个可信的猜测》,载《物理学》["Di una secentesca conjectura verisimilis", *Physis*, 1962, pp. 345 –355];洛西(P. Rossi),《人之高尚和世界之繁多》,载《科学革命之面面观》("Nobiltà dell'uomo e pluralità dei mondi", dans *Aspetti della rivoluzione scientifica*, Napoli, Morano, 1971, pp. 225 –264)。

四　批判的激进主义

地下书刊中的他处:作为论据的中国[①]

遥远的东西总是让人觉得如梦似幻,但梦幻中又不失其真实。距离消抹了阴暗点,只有亮点留了下来,让人感到目眩。因此,别处常常会装扮成乌托邦的样子。但是在这里,那是一个可供指称的乌托邦,因此,我们根本用不着进入想象的空间去寻找理想的东西,只要看看远在天边的地方,那里始终就是理想的状态。在 18 世纪,中国变成了一面镜子,哲学家希望欧洲社会用这面镜子来审视自己。中国的千年文明只是建立在自然道德这唯一的基础之上的——完全独立于宗教的信条,一个勤劳的民族造就了这一文明;他们在圣贤和开明君主的领导之下平静地生活着。圣贤的君主是科学和艺术的保护者,极好地体现了哲学精神的厚德。[②] 当然,中国在艾皮纳尔(Épinal)心目中的这种形象,耶稣会教士们写的文章从很大程度上使之大众化了。当然这一形象也有些阴暗的角落:中国人轻信、迷信。因此,哲学家并没有声称事实不是这样。因为,在一个组织有序的社会里,百姓和君子之间有着明确的分界线。[③] 哲学家只是说,这样的社会自有其与众不同的权利,并要求社会承认其道德基础。作于 1770 年左右的《关于灵魂的对话》的作者便明确表达了这样的思想。文中有个人物,感觉很难在巴黎找到一个能够与人讨论灵魂的物质性的地方;作者在提到这一点时颇为自

---

① 原载《渥太华大学杂志》[*Revue de l'Université d'Ottawa* LVI (1986),41 – 55]。
② 详见皮诺(V. Pinot),《中国与法国哲学精神的形成(1640—1740)》(*La Chine et la formation de l'esprit philosophique en France* (1640-1740),Paris,P. Geuthner,1932);居伊(B. Guy),《伏尔泰之前和之后中国在法国人心目中的形象》(*The French image of China before and after Voltaire*,Oxford,Voltaire F.,1963)[SV 21]。
③ 详见本书第一部分的文章《启蒙与地下文稿中的精英论》。

负地说:"在中国便有这样的地方。不是因为那里的城市比别的地方
更大,人更多,而是因为人们是按功劳排序的,有天赋的人便被排为头
等。"[Paris-Mazarine 1191, I, ff. 109-110]

对中国的发现,使得那些具有批判精神的人们有了一些事实和理
由作为武器,在文艺复兴挑起的哲学和神学争论中,他们必然会利用这
些武器。地下书刊的手稿作者一般是匿名的,对于作者的人身来说具
有很大的安全性,所以这一争论便有激进化的趋势。有些作者谈到了
中国的宗教。但人们感兴趣的并不是中国的宗教本身,至多是与其他
宗教所共同的东西,尤其是与基督教共同的东西。有时候提到中国,只
不过因为中国是时尚,因为大家都在谈论中国。《宗教研究》(*Exa-
men de la religion*)当中将"人们向孔子像敬礼"与基督徒可笑的仪式进
行比较[Paris-B. N. N. A. fr. 10987, ff. 304-305],便属于这种情况,
《古人对于灵魂性质的看法》(*Opinions des Anciens sur la nature de
l'âme*)当中作者简单描述轮回(métempsychose)的学说如何通过印度人
而进入中国[Paris-B. N. N. A. fr. 4369, ff. 57-58],也是这种情况。
更加值得关注的无疑是地下书刊如何对待某些关于中国的主题,比如
孔子的道德观,中国古老的编年史,或者文人的哲学,这些主题深深地
影响了17世纪末以来的讨论。

孔子,道德之师

地下书刊从博学的自由思想家们那里继承了道德说教家孔子的神
话。拉莫特勒维耶(La Mothe le Vayer)称孔子是中国的苏格拉底。当
时大胆的思想一定会影响道德的纯正,所以那些不得反对道德纯正的
人似乎是一定要援引孔子的,即使到了18世纪后期也不例外。虽然人
们对孔子的学说并不了解,从本质上也并不赞成孔子的学说,但孔子的
形象一般象征着道德的合法性,是建立在理性的自然之光基础上的。
比如最迟于1711年完成的《向马勒伯朗士提出的关于宗教的困难》

（*Difficultés sur la religion proposées au P. Malebranche*）强调道德与宗教的差别，并激烈地谴责基督教的恶行，说基督教武断地混淆了道德和宗教实践。作者反对卫道者所说的"耶稣基督的无可比拟的学说及其品德的纯洁"，并指出一切道德都有其准则为基础，都有一个创造者来评判我们的行为，但是道德准则并不是宗教的成果，更不是基督教的既定成果，因为不信神的人也有这样的准则，孔子便在自己的文章中用这样的准则来教导人们："这种告诫虽然是新的"，他指出，"但它让我们体会到的作者的意图与柏拉图和孔子的并无二致"［Paris-Mazarine 1163，III，f. 69］。① 在后面一篇从形式和内容上都显得十分模糊的文章中，中国的圣人成了宗教的立法者。在提到卫道者称颂基督教所产生的"神奇效果"时，作者描述了宗教事实上的各种丑恶行径，以及它如何让整个欧洲沉迷于血与火。作为不可能的假设，即使事情以另外的方式发生，即使基督教真的产生过如上所说的良好效果，这也不能成为其神圣体制的证明；他写道："哲学在古希腊曾产生过更好的效果；孔子在中国，也通过自己的道德让这个巨大的帝国和平安宁，而且孔子在中国建立的宗教仍然存在，所产生的恶果也比基督教少。"［III，f. 134］

在 18 世纪初的同一年，《斯宾诺莎哲学原理的形而上学论》（*Essai de métaphysique dans les principes de Benoît de Spinoza*）所描绘的孔子则完全不同。布兰维利耶利用耶稣会的教士及其对头关于仪式的争吵所导致的混乱，毫不迟疑地将孔子和斯宾诺莎相提并论，以大大地褒奖哲学家，因为这样可以将当时中国思想家所享有的声誉用于称颂无神论和唯物论。他的确写到他并没有读过原书，只是通过人们的反驳才对《伦理学》（*Ethique*）有所了解。他之所以凭着这点了解便来判断这本书的思想是否认真，是因为"传教士先生们在文章中发表的关于中国

---

① 罗马数字指的是作品的不同部分［I，第一和第二册，这两册的页码是连续的；II，第三册；III，第四册］；阿拉伯数字指的是页码。

的学说;这些传教士用心良苦地告诉人们东方人对孔子的敬重其实并不比欧洲人对斯宾诺莎的敬重更合理,因为孔子和斯宾诺莎都主张相同的观点"[Paris-B. N. F. fr. 12242－12243, I, f. 41]。布兰维利耶对孔子的敬重充满了模棱两可的意味,不管怎么说,这都证明公众对中国的关注。

《泛神论要义》的拉丁文原版是 1720 年出版的。托朗(Toland)在提到孔子时将之与苏格拉底和柏拉图、帕尔米尼底斯(Parménide)、德谟克利特以及所罗门和几位古代知名的妇女相提并论,认为孔子也应被列入泛神论者应当尊重的古人之列,"因为这些古人的勇敢行动和中肯的训诫",参与集会的成员回应大会的主席说尊重这些人的目的是让"他们的榜样和学说对我们有利"[Paris-B. N. N. A. fr. 21799, ff. 65－66; *Form.*]。还有一篇论文《论三个骗子》(*Des trois imposteurs*)——我们今天只有该论文的摘要——"将摩西、耶稣和苏格拉底、柏拉图和孔子相提并论,证明后面几位比前面两位更加公正,更加诚实,道德传授得也更好"[Reims-B. M. 651, f. 211－212]。①

1768 年,一个叫拉比(Raby)的人写了一篇论文,题为《论三个最有名的骗子,摩西、耶稣和穆罕默德的历史和批判论》(*Essai historique et critique sur les trois plus fameux imposteurs: Moïse, Jésus et Mahomet*),拉比在文中也把孔子与三大启示宗教的创始人相提并论。在值得关注的程度不同的文本当中,作者详细讲述了三个宗教创始人的传记之后又简单地勾勒出中国哲学家的画像,说是要"小小地纪念一下",以更好地衬托出那些骗子们是多么缺德,他们欺骗了自己的人民,与一个正直的人相隔了十万八千里的距离。拉比是个资产者,出生于商人家庭,

---

① 很可能《题为〈论三个骗子〉的手稿作品摘要》(*Extrait d'un ouvrage manuscrit intitulé Des trois imposteurs*)是吉约姆本堂神甫的作品的提要。吉约姆本堂神甫 1728 年因被指责写了一篇同名的论文而被关入巴士底狱。详见本书第一部分的文章《〈论三个骗子〉二三事:吉约姆事件》。

在安地列斯发了财,回到格雷诺布尔过着安逸的日子,①所以自然而然地蔑视三个骗子的低贱出身,认为他们的出身也许说明了他们与贱民的关系,说明为什么贱民会追随他们。他说摩西是"蹲在尼罗河水里的一只蟾蜍"[Grenoble-B. M. 919, f. 53],并提醒耶稣"出身于一个卑微和下贱的家庭"[f. 54],而穆罕默德"从出身上稍微比耶稣高雅一些,可是家里的生活照样困苦不堪"[引文出处同上]。他们生活中始终穷困潦倒,一直到死。相反,他却很高兴地强调了孔子的贵族出身,并说孔子在公共生活中有体面的职务,弟子人数多,才能高,说孔子的文章内容"涉及最为美好、最为纯洁的道德,而与此同时的欧洲还是污泥遍地,人们野蛮成性"。孔子死得"平静、受人爱戴、受人尊敬,而且国人都很怀念他"[f. 53]。

　　因此毫不奇怪的是,拉比介绍给读者的孔子并不是世纪初已经有人在谈论的,与斯宾诺莎和自然主义相距并不远的唯物主义者。他更喜欢一个自然神论者的形象,也许这样的形象更让人感到心安理得:这个自然神论者以道德的名义批判宗教,而且这种道德的基础得之于"人之初"(Premier Etre)的存在。因此,与骗子的谎言和故弄玄虚不同,中国的道德家行为"简单而谦虚,从未致力于打造什么体系;为了教导国民,他不用魔力和骗术;他谦逊、和气、亲切,既不指定教义,也不杜撰神秘的故事;他主张反对偶像崇拜;他教导只能有一种原则,一个至高无上的存在;他全身心地致力于所有道德的科学,不懈地实践道德。"[f. 51]拉比从根本上责备启示宗教的几个创始人没有理解"应当像孔子一样,致力于道德,宣传善、人道、慈悲以及相互的责任"[f. 55]。然而,这一批判最终缺乏一致性。因为他的结论远不是要把人民从偏见中解放出来,而是出人意料地承认"宗教对于国家和社会是有用处的"[引文出处同上]。当时的中国在他心目当中是一个应当模

① 详见列翁(P. Léon),《18 世纪安地列斯上流社会的多菲内商人和投机者,多尔家族和拉比家族》(*Marchands et spéculateurs dauphinois dans le monde antillais du 18e siècle. Les Dolle et les Raby*, Paris, 1963, p.49)。

仿的模式,这并不是偶然的:"在这个广大的王国里,人民和任何其他地方一样,也受着和尚的欺骗,也被迷信所愚弄;文人和伟大的人信奉自然神论和唯物论,而且除此之外,没有哪个国家如此开化,没有哪个社会如此规范,没有哪里的安全措施如此完备。"[f. 52]

中国的史书和《圣经》批判

中国的史书可以回溯到远古时代,相比之下《圣经》的年表便显得很可笑——创世的时间不超过六千年。除了自由思想者们从《圣经》中找出来的矛盾和错误之外,这一事实还有可能破坏希伯来历史学家及其良师益友圣灵的信誉。从这一角度来看,神圣的历史便成了一个无知寡民的特殊史诗,与历史悠久、圣贤、文明的中华民族相比,简直就是一个可笑的无稽之谈。因此,历史也可能最终影响古代文化,而在此之前,古代文化只受到《圣经》权威的影响。

当然,在制造地下书刊的人们当中,并不是所有的人都赞成这种看法。在写于 1700 年的《古代历史摘要》(*Abrégé d'histoire ancienne*)当中,布兰维利耶开篇便令人吃惊地招认:"我假设在耶稣基督出生之前世界已经存在了 4196 年……"[Paris-B. N. F. fr. 6363 – 6364, I, f. 7]况且,我们在这本书里没有找到中国的历史。在当时,中国人民由于历史悠久而引起哲学家的普遍关注,布兰维利耶却令人吃惊地连提也没有提,这并不是因为他无知。布兰维利耶顺便谈到北方民族和东亚民族、蒙古人和中国人,并说以后专门论述这一主题。他明确地指出:"我们到时候会分析其历史的权威性。"[I, f. 147]但是作品似乎并没有写完。在第二卷的末尾,作者说接下来的一部分开始将"解释埃及人的君主制度为何衰落,亚洲一些王国就是在埃及的君主国瓦解之后,由四散逃出的人组建的"[II, f. 518]。因此,看起来一切都是清楚的。如果说布兰维利耶没有以系统的方式提到古代中国,那是因为中国的历史开始于古代早期之后,而他的论文所研究的对象是古代的早期,从世界的创造到古以色列人逃出埃及为止。然而,事情并不是如此简单。我们通过好几处文本都可以看到,中国文明远不是埃及文明的附属,而是与埃及文明一样古老,甚至更加古老,而且亚洲远方的民族在远古时代的发展过程中完全独立于那些从历史上离我们更近的文化。

况且,《古代历史摘要》偶然也提到过古代中国。布兰维利耶主要将早期希伯来人的偶像崇拜和古代中国人的自然宗教相对照,其遣词用语表明他对这一主题的一些当代资料是相当熟悉的:"耶稣会的一些学者研究了中国最古老的书籍,根据他们的观点",中国人"曾将真正上帝的知识和崇拜保持了近三千年之久,从精神上敬重上帝,或者采用象征内心的顺从,而不是血腥的供品祭祀"。但他似乎感到遗憾的是,"这种如此纯洁的祭祀,却堕落成了无神论,或者将造世者和造物混淆了,把无限的上帝看成宇宙的无限;但是,这只不过是最近的错误"[I, f. 153]。① 稍远处,在分析古代中国人对灵魂不朽的所谓信仰时,他指出,中国的祭祖仪式究竟是何种性质,这在西方引起争论,但这个问题本身具有模糊性。希伯来人认为灵魂是物质的;为了强调与希伯来人习俗的对立,他指出:"有史以来,中国人便以某种特殊的祭祀对祖先表示敬意。但是,因为现在这种祭祀与过去同样盛行,虽然主流的观点并不相信灵魂具有特殊的存在,所以我们不知道这些民族从前是怎么想的。"[I, f. 160]因此,这种缺失的原因应当到别的地方去寻找。

布兰维利耶的解释是蒙古帝国和中华帝国在世界历史的舞台上所起的作用极小,因为"他们在很长时间里形成的是一个单独的世界",也因为"他们的习俗与我们的不同,所以他们的古代文化和法则与我们无涉"[I, f. 147]。中国不仅仅是"别处",也是"他者"。因此中国

---

① 1700 年的 10 月,索邦神学院谴责了耶稣会教士在好几本作品当中阐述的这一论断,说这一论断是"不符合实际的,武断的,令人气愤的,错误的,对于神圣的基督教具有侮辱性"。关于祭祀仪式的争论,详见艾提安布勒(Etiemble),《耶稣会教士在中国(1552—1773)》[*Les Jésuites en Chine (1552-1773)*], Paris, Gallimard, 1966]。

的历史不可能对我们有所教益。也许当时任何一个历史学家都不会否认这些强有力的理由。但是还有一个理由，事实上这个理由更加重要，虽然这个理由并没有被表达出来；布兰维利耶声称以自己作为历史学家的作品提出了一些政治观念，但是中国的发展公然与这些政治观念相矛盾。布兰维利耶在好几本未出版的作品当中为法国贵族的权利辩护，但法国的君主制渐渐使贵族的权利只是徒有其表，在这种情况下，布兰维利耶力图使他的论断具有普世的意义：在大洪水之后的时代，贵族阶级到处都超越了国王，最聪明或最有野心的人成功地将与他们一样的人联合起来，组成了一些政治团体，而这时候，古代的君主国还没有组建起来。从某种意义上说，这种原始的"封建"组织可以被称为神圣的制度，因为在当时，只有这种制度才能够使社会得以保持并取得进步，而君主国本身是带有破坏性的因素的。布兰维利耶归结："我注意到，如果没有至高无上的神意的安排，世界格局不会是这样的；因为，如果说一方面君主国把大量的人聚集成群体，导致了艺术和科学的完美，但君主国也导致了民风的败坏，从而出现了懦弱、放纵、吝啬、野心、残暴以及所有使人类走向末路，或者阻碍人类发展的恶习。"［I, f. 124］

然而，我们还是应当承认，埃及和中国很早便成立了君主国。他解释说，这些"例外"的原因一方面是那里的土地肥沃，导致人口较快发展，人口的密度也更大，另一方面是生活在那里的人天资聪明，他们放弃了自己"天然的自由"，组织了"有规则的政府"，并深信这一措施有利于共同的生活；况且，一些精明的立法者让他们感觉到"建立良好的治理和宗教的好处"［I, ff. 121－123］。然而，他还是写了一部埃及史。他怎么能不写呢，因为神圣的历史就是在埃及这个舞台上发展的。这部历史还可以让人们从正面去解读：开始时繁荣的君主国最终引导人民走向了衰败。而从距离和习俗上都十分遥远的中华帝国始终处在黄金时期，按照编年史的记载，中国人民在圣贤君主的统治下，始终过着幸福的生活。

布兰维利耶的态度并不像人们认为的那样不合时宜。他不遗余力地批判《圣经》中讲述的关于创世的记载或者关于大洪水的故事。他之所以仍然遵守了《圣经》的年代顺序，采取的是七十名希腊文《圣经》译者的说法，从而放宽了《圣经》的编年史范围，无疑是因为他认为在决定放弃"文字的束缚"，危险地接近"自由思想者的放纵"时，他做得太过分了［Ⅰ，f. 19］。但是，似乎同样显而易见的是，他认为不可能利用其他更好的编年顺序。人们用来与希伯来人的计算对立的古代民族的编年顺序并不是特别可靠。他们的编年史中的年份数在解读中有差别，而且经常相差很多，并不能有助于清除传统的神话光环。而且很多基督徒作者也都竭力想"恢复远古的时代"。即使在态度最为激进的人当中，也并不是所有的人都愿意用其实并没有得到可靠证明的历史来取代《圣经》的并非没有问题的权威。当然，并不是所有的哲学家都想成为考古学家。他们并不奢望准确地建立远古时代的大事年表。因此，他们认为，只是保留下来的一些古代文明的遗迹便足以证明历史的轻浮，这种历史借口神意的启示想把世界古代的神话时代缩短成只有短短的几年时间。然而，这些证据始终是有争议的，而且不管怎么说，我们都不能否认这些证据的影响和证据中的空白。这一争论当中还透露出某种怀疑论的气氛，因为说到底，历史是由观点所主宰的。

　　为了反驳《圣经·创世记》中所讲述的创世故事，《关于宗教的困难》（*Difficultés sur la religion*）的作者指出七天创造世界的荒诞，说造世者应当等一等结果再休息，好判断他创造的东西是不是好的。但他尤其强调"这一经过推算得出的可贵的故事认为世界只有六千年的历史"，而根据数个更大的民族所保留下来的传统，世界的古代文化历史却更长，其中"中国人有根有据的、真实的帝国编年史便有近九千年之久"［Paris-Mazarine 1163，Ⅲ，f. 28］。然而，他的结论口气并没有如此肯定，只是指出，"更加明显的是，世界更老，而不是更新"［引文出处同上］。而且这并不是指证据的客观价值，而是假定"有些可悲的民族曾经到处流窜，粗俗，无知，在地球上一向只占据一个可怜的角落，而且还被驱赶过多次，因为他们只是邻国的玩具而已，与这些民族的回忆、传统和历史相比,那些因自己的规模、艺术、科学和武器而知名的民族的回忆、传统和历史更加可靠"[引文出处同上]。只是,有些人相信上帝与犹太人有结盟的约定,不管犹太民族多么遭人鄙视;该如何让这些人相信上述道理呢?"只有他们才有这样的感觉",论文的作者愚蠢地又说:"当代所有其他民族都有不同的观念,为什么要相信他们呢?"[引文出处同上]因为,对于哲学家来说,从什么时候开始多数人的声音才代表真理的呢?

《古人对世界的看法》(*Opinions des Anciens sur le monde*)从 18 世纪初便开始流行于世,论文的作者并没有提到中国人对论文所论述的各种题材有何感觉,但是,作者在最后谈到"地球上的居民"时,将"中国人"归在古老民族之列,除了犹太人之外,其他民族都相信自己源于承载着他们的地球[Paris-Arsenal 2870, f. 110]。他将《圣经》中上帝造人的创世故事与历史的权威性相比较,可是他并没有始终清楚地将历史和传说区别开来,而且不管怎么说,他的历史是不可靠的。他先是提到"埃及人和伽勒底人(Caldéens)在编年史中提到的神奇的古代文化"[f. 124],说印度人也有相同的感觉,然后又承认,"对于这些证据,人们并没有笼统地相信,这是有道理的"[f. 125]。但是,各个民族共同的观点——普世的赞同感——所产生的影响使天平倒向了他们一边,更何况除了转述的传统之外,还有中国的传统,根据背景,也许我们应该相信中国的传统更加可靠:"当我们不能将(提到的所有见证)都聚集在一起,再加上我们从中国的编年史中得知的一切时,至少我们不能怀疑在摩西定为世界之初的时代之前,世界上已经有人居住达数千年之久,而且这些民族在他们所居住的国家比这个时期要古老得多。"[f. 125]

博努阿·德·马耶在《特里梅德》中也谈到中国的编年史,而《特里梅德》的第一个抄本出现于 1720 年。① 他似乎对古人的传统并没有

---

① 关于《特里梅德》的写作和传播,详见本书第二部分。

那么多的疑虑，毫不犹豫地援引阿卡德人和埃及人关于太阳系最初排列的传说，甚至援引《圣经》中一些千年族长的故事，作为"几乎是可靠的证据，以证明我们的星球围绕着太阳的排列，那时的太阳与今天的太阳是不同的"[Paris-B.N.F. fr. 9774, f. 147]。我们感到十分惊奇的是，他对待中国人的见证是十分谨慎的，但他仍然认为对于证实他的关于天体星球结构的论断来说，中国人的见证十分重要，天上的星球时而是黑暗的，时而是发光的，这种变化的过程在无限的空间不断地更新："如果像人们向我们保证的那样，中国的历史包括了连续四万年的事件"，马耶在说这话时并不想连累自己，"那么他们的见证太有纪念意义了，不会被人忘记的。"[ff. 148 v - 149]因为事实上，"四万年的编年史所记录的也不过相当于一万年期间的事"[f. 149]，因为以前的太阳个头较小，或者很可能已经开始衰老，所以我们的地球绕太阳一周所需要的时间比现在短。马耶由此而合理地解释古老传说中的人为什么可以活到数百岁，但他同时也向对这些传统抱有怀疑态度的读者证实，读者的疑虑是有根据的，中国的编年史和其他国家的编年史一样，也可以有种种不同的解释。

　　《关于世界永恒的论述和证据》(*Dissertation et preuves de l'éternité du monde*)大概也写于 18 世纪初，以系统的方式让我们领略到当时围绕古代民族的编年史而引发的论战。作者反对《创世记》中的故事，一开篇便宣布"按照几个编年史家的说法，世界已经形成了数百万年"[Aix-B.M. 816, f. 1]。他的确逐个分析了埃及文明、伽勒底文明、波斯文明、印度文明和中国文明的证据。正是在这样的背景之下，他力图根据中国编年史的特点和内容找到客观的标准，以证明其真实性。首先，中国人和印度人一样，在传统上与其他民族完全隔离："因此，我们不应该奇怪这些民族认为世界的起源比所有其他历史学家，尤其是比西方的历史学家所认为的时间要早，因为他们的古老学说没有受到其他民族的影响，他们忠诚地保持了祖先的学说。"[f. 25]这一论述也许在形式上并不是特别清楚，但意思却很容易懂：中国人远离使得其他民族遭到破坏的侵犯和征服战争,所以自然而然地保留了遥远时代的记忆。而且他们的历史是"如此连续,陈述得如此详细,被如此稳定的传统所记载。面对中国人时,你是不能对此表示怀疑的,否则会被认为十分可笑"[f. 26]。但是,使中国的古代文化得到更好证实的尤其是编年史中所记载的天文现象,因为这些记载无可争议地是以对天空的观察为基础的,而不是根据过去计算天体位置的算法表:"对于中国的古代文化来说,更加有说服力的是从那时开始所观察到的日月食现象一定是发生过的;他们只能通过观察得知这一现象,而不是通过计算,据中国的传教士们说,计算的结果并不是特别准确。"[f. 26]结论可以让我们相信争论最终结束了,古代世界得到了证实,而《圣经》说得不对:"这一切都应当让我们相信,如果我们可以怀疑中国历史的话,那么世界的历史也是靠不住的。"[引文出处同上]

然而,这离真理十万八千里了。这里的问题不是要搞清楚古人的编年史是不是真的,或者古人的编年史是不是完全杜撰出来的。正如作者本人明确说的那样,《关于世界永恒的论述和证据》所采用的方法基本上是"以其人之道还治其人之身"[f. 72]。因此,从一开始,我们就要找出"其人"的弱点:犹太人是一个默默无闻的民族,而基督徒被自己的偏见蒙住了眼睛。作品的整个第二部分,"对基督徒反驳世界的古老和永恒的回复",符合的是这样一种逻辑:虽然我们不能否认异教徒的编年史中有空白和错误,这似乎也包括中国人的编年史,以前中国人的立场似乎是不可动摇的,但我们的确可以证明犹太人的历史也不能摆脱这样的错误。因此,即使有理由相信异教徒的传统比《圣经》更有根据,但结论也只能是一种有益的怀疑主义:"让基督徒的博士们去追寻其先辈的想象游戏吧。他们永远也无法让有常识的人相信《圣经》中上帝造世、造人以及大洪水的故事,只要他们愿意,就让他们拿中国人、暹罗人和印度人的编年史中可笑的地方,拿他们的摩西故事去开心,以便将自己的年表装扮得更加真实吧。这并不能让人们知道应当更加相信这一方或者是另一方,因为每一方的说法当中都有超自然的故事,都有神奇的东西,都有奇迹。"[f. 73]在此之后,我们看到在作品的最后作者的思考似乎看破了红尘,认为历史的研究根本没有用处,只要用心于自然科学就行,也就不奇怪了。历史研究的不确定性使神话时代在人们心目中失去了信誉,最终结果是历史本身也信誉尽失⋯⋯

中国人的哲学

从17世纪中叶开始,关于中国人的哲学问题在很长时间里曾是人们争论的话题。当然,争论的得失是极其重要的,而且不仅对于哲学家是这样。因为,如果表明这个民族始终就是唯物主义的,那就最终地证明无神论根本不会对社会造成破坏——当然但愿这完全是学者的推断。因此,地下书刊毫不犹豫地接受了中国哲学家的形象就不奇怪了。至少在一种情况之下,18世纪初的作品《对帕斯卡先生和洛克先生关于来世可能性的理由之思考》(*Réflexions sur l'argument de M. Pascal et de M. Locke, concernant la possibilité d'une autre vie à venir*)的作者作为一个品德高尚的无神论者的典型,注定了要扮演一个重要的角色。

论文的结构以一种天真而相当常见的虚构为基础:作者不想让读者感到于心不安,"即使他们信奉的是与我们的宗教完全不同的宗教"[Paris-Arsenal 2557, f. 80];他有个朋友,是个"有学问的人,而且非常正直"[ff. 9-10],对有没有来世的问题提出了回应,就像洛克的《人类理解论》(*Essay on the Human Understanding*)当中所说的那样;他之所以原文转述了朋友的回应,是为了让比他更加聪明的人能够反驳这种论证。然而,人们所讨论的问题的性质使得"很难被说服相信这类东西的朋友"[f. 4]最终无法自己来表达。当然,他会提前想到批判的核心:帕斯卡的理由丝毫不会与深信人死后不会有来世的理由相对立——"如果能够认真地、真诚地相信这一点的话"[f. 10],他坚持强调。不信宗教的人做出的这一让步的确表明在基督教的偏见中长大的人很难完全放弃偏见,出于谨慎,他会认为这些偏见是确凿无疑的,并把偏见作为行动的基础。所以后来他又借助中国的哲学家的思考论述道:"你想象一下",他对朋友说,"一个中国的哲学家不相信有来世(据我们在这个国家的联系人说,中国人几乎都不相信来世),他以自己的思想方式,享受着人世间完美的幸福,而且从道义上肯定他将终生享受这样的幸福。"[ff. 13-14]一个热忱的传教士因为无法让中国哲学家相信基督教的真理,便提出了关于来世的理由,作为"有说服力的,不可辩驳的"最后证据[f. 16]。因此,这场谈话旨在完全用理性的标准来测试关于来世的理由的价值,当然文化上的传承和由此而导致的情感冲动是被排除在外的。但是,这并不是试验室里的游戏:不信宗教的人毫不掩饰,他是借这个想象的中国哲学家之口表达自己的思想,并向作为正直人的读者提出面对讹诈的办法,而这里说的讹诈事实上就是帕斯卡提出的关于来世的问题。

据我们的中国哲学家的意思,洛克的推论只强调来世有什么东西在等着我们,而忽视了今生的善与恶,貌似有理的借口是即使在今生今世,善良的人常常也比恶人更加幸福。但是,如果像洛克那样认为"善良的人"指的是遵从基督教的告诫的人,那就大错特错了。这种宗教不仅要求做个道德高尚的人,不管是无神论者还是信仰宗教的人,还要放弃生活的一般乐趣和财产;尤其是在信徒的心中导致产生一种持续的惴惴不安的状态,因为这种宗教的基础是期待来世的报答,但来生又远不是显而易见的。不信宗教的人总结说,任何人"都不曾通过信仰达到如此程度的平静心态,而这种平静的心态能成就尘世至高无上的幸福"[f. 13]。中国的哲学家对自己是这样描述的:"我的身心都很健康。我不依附于任何人。我生活在富足之中,而且我可以肯定我能够维持这种状态,哪怕我可以活到一百岁,我生活得很平静,对来世没有任何希冀,也不感到有任何恐惧。"[f. 43]这种幸福让人行动谨慎。接受来世意味着为了满足福音书的要求要牺牲一份宝贵的财产,然后生活在贫困和担忧之中,或者是生活在绝望之中。"我会放弃现在的幸福生活,很可能会像所有的造物一样,变成一个最为悲惨的人",中国哲学家指出;"而且如果最终我的希望是徒然的,那么我难道不是牺牲了所有真实的东西,换回来的不仅仅是虚无,还是最大的痛苦吗?"[ff. 50-51]因此,如果人死后真的什么也没有,帕斯卡和洛克的"恶人"所得到的不会仅仅是"纯粹的虚无",他手上真正掌握的幸福并没有丝毫的损失。

尽管如此,哲学家不得不承认注定的报答和惩罚应该是持续的、永恒的,与此相比,暂时的幸福算得上什么呢?虽然传教士所宣称的来世必须是真实的。洛克的文章保证说,我们不能否认,来生至少是可能的。这样,中国的哲学家没有立刻抛弃与他的切身体验相违背的奢望,从形式上接受了这一出发点。他想以此表明,即使这样,基督徒由此得出的结论也是没有根据的。但是,在这样做的同时,他成了对方逻辑的人质,而且他的论证也因此而受到了影响。他首先指出,可能的事并不一定会真的发生。因此,对此最为合理的态度是保持怀疑,不打任何主意。然而,这种临时的办法显然是荒唐的:如果一个人认为"世上最完美的幸福有赖于精神上完美的满足和完全的平静"[f. 54],他怎么能劝别人生活在怀疑当中呢?不确定性正是心灵的主要疾患啊!

因此,必须选择。显然,做出这一决定时,必须做到心中有数,不仅要知道我们有可能得到什么或者失去什么,而且也要知道有哪些理由让我们希望或者担忧假设为可能的来生真正地存在:"为了谨慎地决定是接受还是不接受来生,只是衡量胜算的比例有多大是不够的,还要衡量希望或者害怕在这场打赌中赢或者输的概率有多大,然后将打赌胜算的比例和希望或者害怕在打赌中赢或者输的概率进行准确的比较,因为只有通过比较的结果,我们才能够准确地知道这个赌是打还是不打。"[ff. 31-32]而且,为了表明"谨慎的决定"在这场挑战中意味着什么,哲学家用一个例子来说明他的论断,这个例子乍一看来似乎有违常理。他说,只有"浅薄的论理者"才会暗示中国的皇帝会冒冒失失地拿自己的帝国来赌一个银元,也就是说,一个孩子不会一下子便能够把法语的二十四个字符按照常规顺序排列出来,因为这些字母可以按很多不同的方式进行组合。然而,这个寓言有可能让喜欢赌博的皇帝感到开心,虽然他要考虑这样一个事实,那就是在这些字符排列的种种可能性当中,任何一种并不比另一种的可能性显得更大。可以肯定的是,不管怎么说,这对于相信也许有来世的"恶人"来说没有任何用处,因为只要有一点点可能被罚入地狱,他的幸福就完蛋了。

因此,计算概率的结果将我们引入了死胡同,哲学家只能从这个死胡同里出来,又回到出发点,从另一个不同的方面再次提出问题:"就好比对那些得到清楚地证明的几何真理一样,我可以肯定的是",在详细讨论了可以正当地从帕斯卡关于来生的问题当中得到的结果之后,哲学家归结,"来世只不过是纯粹的幻想"[f. 55]。正如在论文的一开始便被指出的那样,这是揭穿帕斯卡的理由的唯一方式,而且中国的哲学家并非不知道这一点,即使在他谈到"概率的大小"时也明知道问题只不过是来世究竟是现实或者仅仅是"一种幻想,是政治的杜撰或者是宣称来世的人某种有利可图的其他观点"[f. 39]。中国的哲学家之所以说他深信来世是不存在的,肯定不是由于与文化相关的原因,否则就会成为事实上相反的偏见,而是因为经过分析,足以证明这种来世是绝对不可能的。"真理是简单的,是唯一的",他作为一条定理提出,基督徒对此是不可能不同意的,而且"与这一真理相对立的东西是绝对不可能的,是绝对的幻想"[f. 57]。然而,基督教是充满了矛盾的宗教:"这一体系不仅包括一些与不变的理性相矛盾的原则,也就是与一些被公认为真实的定理,一些被所有具有论理能力的人接受的定理相矛盾的原则,而且还是建立在明显相互矛盾的原则基础之上的。"[f. 58]因此,基督教是虚伪的,而且它的任何一条教义都不能摆脱这一整体上的判断。因此,为来世而打赌的人,哪怕他只在天平的盘子里放上了一点点东西,也表明他彻底疯了,因为"在远离感性的现实和纯粹的虚无或者幻想之间是没有任何可比之处的,我们无法以任何比例来衡量这些东西"[f. 40]。况且,这是不信教的人在让中国哲学家出现在舞台之前便已经用几乎相同的词语提出来的："一枚银币和一个不存在的人之间没有什么可比之处，也没有什么比例可言，一个点和无限之间也没有。"[f. 11]

　　尽管很犹豫，尽管很模糊，但是《对帕斯卡先生和洛克先生关于来世可能性的理由之思考》是十分重要的。这一作品的激进态度在18世纪早期便让人们感到吃惊，更何况帕斯卡关于来世的问题所提出的挑战可以用明显不那么危险的立场来面对。比如，可以待在有神论的界限之内，否认怀有爱心的圣父可以永恒地惩罚他的造物，或者表现出顺应时势的怀疑主义，强调只要做一个正直的人，临终时便可以得到救赎，至于是什么样的救赎，那就不必明说了。况且，论文的作者也从这种意义上批判了将好人视同为基督徒的观点，虽然我们很容易观察到，在无神论者当中有好人也有恶人，信奉宗教的人当中也一样，而且他认为比例完全一样。我们顺便一提的是，他由此而割断了基督教中连接道德和宗教的脐带：信仰不再是定义一个人是否正直的条件；好人"是有人道的、仁慈的、正义的和温和的人"，而恶人则是"全部或者部分地染有与这些品德相反的恶习的人"[f. 23]。但是，他最终选择了另一条道路，以使帕斯卡的理由失去其实质的内容。

　　这条道路本身也并非没有模糊性，因为中国哲学家在表达唯物主义的信念时非常克制。他坚持说，和所有其他偶然性的东西一样，来生的存在也有赖于最初原因的能量和意志，但他注意到，"这种最初原因的性质对于我们来说是绝对陌生的"[f. 17]；在后文当中，他在定义理性时再一次提到这一原因，同样没有确切地说明其本质："理性是我们的存在之原因给予我们的一道光明，不管这原因是什么，光明是为了服务于我们，为了让我们获得幸福，同时寻找能够对我们有好处的东西，避免会对我们造成伤害的东西。"[f. 60]同样，他的目的不是要阐述关于灵魂的唯物主义的理论，这样的话，以后关于人死后的命运的讨论就会失去宗旨。他把死亡看成人人都会遇到的自然事件，这种观念无疑来自道德方面的考虑，而不是产生于认识论方面的考虑，是对智慧的呼吁,是让人们接受不可避免的意外,而不是企图解释导致这一意外的原因。基督徒把死亡看成可怕的宿命,他则与此相对立:"我知道我开始存在了,我知道凡是有了开始的存在,也是会有终结的;这是确定的,尤其是对于感性的存在来说。他们有的人结束得早一些,有的人结束得晚一些。我天天看到比我早或者比我晚来到这个世界的人死去。我感觉到我也会停止存在,这是必然的,不可避免的,而且由于因果联系,事情本来就是这样的,由此我才开始了存在。再说,我的性质和命运就是这样,为什么要因此而感到恐惧呢?我对已经逝去的人感到伤感,但不会因为我将最终停止存在而感到恐惧。我感到我的存在时间日渐减少,但我仍然感到十分平静。"[ff. 73 - 74]之所以没有明确的唯物论哲学,原因也许在于我们不了解中国的文人体系。但是,之所以选择激进的理性主义作为批判的主要武器,理由也在于这一武器可以一石两鸟,同时对基督教的整座建筑造成破坏。

拉比(Raby)写于 1776 年的《伦敦一个中国和尚写给巴黎索邦大学一个博士的信》(*Lettres critiques et philosophiques d'un Bonze Chinois à Londres à un Docteur de Sorbonne à Paris*)当中有个主角,很能让我们想到 18 世纪初的这个中国哲学家。像中国的哲学家一样,这个和尚也自称是怀疑论者,他尤其想得到内心的平静,而内心的平静能使正直的人感到幸福。因此,他对自己的宗教感到失望之后便开始到欧洲来旅行。关于旅行的目的,他是这样对收信人说的:"开始时,我在学习中便形成了一些怀疑;这些怀疑与耶稣会教士提供的关于天主教的一些情况加在一起,使我感到不安;这些不安使我感到好奇,激起了我的想象力;我还从传教士那里得知欧洲有很多教派;我很想了解这些教派,将这些教派相互之间进行比较,以发现真理。"[Grenoble-B. M. 920, f. 3]和尚首先落入索邦神学院的教士们手中,转而信奉了天主教。然而,信仰的转变并不是一帆风顺的。我们从他的通信得知,他刚刚到里斯本时发现"和中国一样,有很多宗教的闹剧和江湖骗术,因此感到十分气愤"[引文出处同上],而且读《圣经》时,他也产生了很大的抵触情绪。

也许正是这些困难促使他想结束在英国的学习。他在英国很快便睁开
了眼睛。他读了霍布斯(Hobbes)、科兰(Collins)、托朗(Toland)等人的
作品，与博士称为"唯物主义者"的学者交谈过。和尚向神学家提出的
正是这些学者的反驳，但是，在提出反驳的意见时他显然是站在哲学家
的立场上的。因此，他的信以批判的态度对基督教进行了仔细的分析，
包括《旧约》和《新约》，教会的早期时代，基督教的仪式和告诫，最后得
出结论说被人捧上了天的基督教和任何其他宗教一样，是一种人文和
政治的工具。他在伦敦偶然遇到一个穆斯林，两人的一番谈话使他认
为伊斯兰教也不例外。因此，所有的宗教都是一路货色。中国的和尚
是抱着幻想破灭的怀疑态度回中国去的，他将用余生做善事，研究
自然。

　　这样，我们对作品的实证态度就不能感到奇怪了。当然，在详细地
论述了灵魂的性质之后，英国的唯物主义者们又说要避免对一切抽象
问题的讨论，这有些矛盾："远离形而上学的模糊和难懂的迷宫"，他们
向中国的和尚建议，"注重确实而肯定的东西。"[f. 6]而且的确，对于
超出经验范围的广大领域来说，他们似乎没有什么好的想法："在大自
然中，我们只知道物质和运动是确实的；这是两项可靠的资料"[引文
出处同上]，他们毫不迟疑地肯定说。但是，有很多问题让他认为不知
如何回答，为什么大自然现在不再产生新的生物，或者始终如一的原则
为什么对于所有的生物来说并没有起到相同的作用，等等。在博士的
催促之下，这些唯物主义者更喜欢"放弃没完没了的形而上学的讨论，
把这个古老的问题留给我们的后辈去解决吧"[f. 9]——这符合18世
纪人们反形而上学的态度，但也表明拉比对他想介绍的哲学争论缺乏
把握的能力：他之所以认为中国的和尚是怀疑论者，是由于他的无知，
而不是出于他对唯物主义在当时可能起的作用的深入思考。① 神学家

————————

　　①　关于这些问题在地下论文中的重要性，详见本书第三部分的文章《作为方法的怀疑：地下书刊中的怀疑主义与唯物主义》。

也很赞成抛弃形而上学。他提醒同事："我想重复向你们说明的是,我经常对你们说形而上学的领域是广漠的;在这一领域的尽头,是无法进入的无底深渊,要想探测这一深渊是很危险的;每个人都坚持自己的观点,没有人足够明智、足够公平,能够确定所有这些事物的本质。"[f. 8]不过,事情就是这样,因为他有信仰,而且卫道士们自己也很愿意确认他们愿意尊重事实。因此,对宗教的分析只考虑事实。总而言之,对基督教的分析是作品的核心,而对基督教的分析完全是一种双重的反驳,既反驳《被事实证明了的基督教》(*La Religion chrétienne prouvée par les faits*),又反驳英国人迪顿(Ditton)写基督复活的书,而分析所采用的规则与霍特维尔神甫(abbé d'Houtteville)在论文中提出用以证明基督教历史真理的规则完全是一样的。还要知道的是,这一成果并不是拉比的:他只不过抄袭了此前在地下流行的一篇文章《基督教研究》——这也说明为什么他会对半个世纪之前的一些作品感兴趣。①

因此,中国和尚抛弃偏见,深信所有的宗教毫无例外都是虚假的,从而可以因"平静和无动于衷的状态"而感到高兴,因为这是他经过追求所达到的状态[f. 136]。当然,对于离开中国时萦绕在心中的所有问题他并没有一一给出解答。但是这一事实并没有扰乱他的宁静,因为经过旅行,他至少明白即使是最伟大的学者,也有不知道的东西,而且对这些东西,我们是不能明确地表明态度的:"虽然通过我的追寻,我没有找到任何关于上帝、关于灵魂的性质、关于物理的最初原因、关于宗教形而上学的必然性的肯定而确实的真理,但我很高兴我对这些事情的隐约的、不确定的怀疑得到了澄清;以前这些怀疑未经比较,未经消化,搅扰了我的生活的平静;我本以为,只有在我的国家,人们才对这些重大问题缺乏了解,只有在我的国家的土地上,伟大真理的花朵才未曾绽放;我现在明白了,我现在肯定地知道有些事情对于各个国家的

---

① 霍特维尔神甫的论文发表于 1722 年,而迪顿的作品翻译成法文《从耶稣基督的复活而得到证明了的基督教》(*De la religion chrétienne démontrée par la résurrection de Jésus-Christ*)则发表于 1729 年。

人来说都是隐秘的,而且必须谦卑地接受这一无知。"[f. 163]带着浓浓的人情味对无知表示理解,实际上是在决定人生命运的时候做出的可怜的自慰。所以,中国和尚最关心的是想知道唯物主义者对于灵魂性质的看法;他由此而得出的结论是人因今世的行为而得到惩罚或者奖赏的来世是不可能有的,但是,既然不得不承认我们对灵魂是什么一无所知,中国人便毫不犹豫地踏入形而上学的领域,以"摧毁各种各样的恐惧",同时表明,"我们无论在物理上还是在形而上学上,都没有侵犯永恒世界的残酷能力"[f. 143]。因为,一个无所不知、无所不能的上帝的观念本身就会完全地破坏人所谓的自由,并因此而使得功劳和罪孽的观念变得荒唐。因此,他可以得出结论说,"地狱和天堂都是幻想"[f. 157],并可以毫无担忧地等待自己的末日来临。他向博士告别时说:"我将回到自己的小房间,身体健康、心境安宁和精神平静将是我追求的目标;作为一个旷达而正直的人,我平平静静地过着一天天的日子,等待我的末日来临,对末日既不抱希望,也不怀恐惧;我不会希望它的到来,因为我认为没有什么能比平静的生活更好,我平静的生活就是我刚刚得到的身心的平静,这种平静让我完全地、诚实地享受我的一切能力,而不必付出宗教的和日常的任何报酬,我只要行善,而我的心会报答我的善行;我不会害怕末日的来临,因为我深信,在我的现世存在之外,没有任何不幸的东西值得担心。"[f. 163]

地下书刊利用了中国的现实。对于哲学家的活动和计划来说,这一令人赞佩的文明是最好的担保,而且中国的古代文化使得历史有了新的意义,却对《圣经》不利。然而,中国并不为人所知。孔子建立了极好的道德观,只不过人们对他和他的学说几乎一无所知。地下论文显然是站在文人的唯物主义一边的。然而,人们并不知道中国人采取的是何种体系。读者甚至会奇怪,一个中国的和尚为什么到欧洲来学习关于自然和灵魂的东西,这本是欧洲人可以向中国的学者们讨教的问题。中国的编年史似乎最终也不是十分可靠的东西——当然,这都没有什么关系,因为,只是中国编年史的存在便可以让人对神圣的历史产生怀疑。只是,这种不确定性损害了中国的权威性,让人产生疑心。《关于东方专制主义起源的研究》(*Recherches sur l'origine du despotisme oriental*)是布朗吉(Boulanger)于1759年突然逝世前几年写的作品;在这部作品当中,布朗吉毫不犹豫地声称和希伯来人以及其他古代民族的历史一样,中国的编年史也充满了神奇,因为,在一个新的时代开始时,为了巩固其权威,很多皇帝都"让手下的人烧毁了无数的图书,人们会永远对由此造成的损害感到痛心"[Saint-Petersbourg-B. Saltykov Fr. F. II, N 74, f. 153]。①

据我们所知,在地下论文的作者当中,布朗吉是唯一关注过中国现实的人。他不否认中国人的道德,也不否认中国政治体制的效率。但是,他建议人们不要"被这个著名的民族耀花了我们的眼睛"[f. 149],因为,中国人从祖先那里继承来的法则是在地球上经历的大的灾难之后,神权政治统治一切的时候制定的,其中便包含了"多次使得中华帝国发生动荡和变化"的原因[f. 152]以及未来衰败的原因,而使中国衰败的原因才是更值得关注的。因为,中国人对其体制的依恋,"更多的是出于机械的原因,而不是出于理性的原因"。而且"这种依恋阻碍了人类精神的进步,其结果不会让道德、政治事务和物理取得任何进展,实际上是在倒退,所以中国人早晚有一天会成为世界上最不幸的民族。当今天比他们更加不幸的民族通过理性的使用而得到改善之后,他们就会成为最为不幸的人。"[ff. 154-155]实现了的乌托邦本身一定包含对自己的否定……

---

① 布朗吉的论文遭到手抄者或多或少的修改,这在当时是很常见的。伏尔泰有一份手稿,题为《古代和现代的历史、政治、宗教治理》(*Gouvernement historique, politique, religieux, ancien et moderne*, Leningrad-B. Saltykov, Bibliothèque de Voltaire 240–IX, ff. 304–334),其中就缺少作者写的"中国的专制主义"章节。

《复活的狄奥弗拉斯特》宇宙论中的古与今[①]

地下哲学书刊广泛地借助古人。关注古人的原因不仅仅在于当时人们所特有的博学兴趣,对源泉的回归也是在主张唯物主义的合法化,因为古人的学说门派虽多,但唯物是各个门派的共同点。《复活的狄奥弗拉斯特》(*Theophrastus redivivus*)写于 1659 年,自然而然地也表现出这种对古人的迷恋。这本书的匿名作者展示出广泛的古典文化。然而,他与古代文化还是保持着复杂的关系,而且他对古代文化的判断总起来说是批判性的。当然,他是一个坚定的亚里士多德信徒,而且从这种意义上说,在当时他是站在古人一边的。但是他的亚里士多德是个阿维罗伊学派和文艺复兴的自然主义学派的唯物主义者,而且他的权威要经过理性和经验的检测,从这种角度上来看,他也可以是现代派的。再说,从某些方面来看,我们甚至可以相信,他超越了时代。因为,他并不以古人为借口,不用模棱两可来掩饰他的感情,博学的自由思想家很喜欢这样的态度;他也没有那种胆小的怀疑论思想,后来在地下流行的论文由于害怕当权者,也由于思想上的信念,大都提出了这样的怀疑论。因此,他在哲学上的激进思想倒是更加接近梅叶(Meslier)或者拉梅特里(La Mettrie),而不像是自由思想者的谨慎算计。

轻信而短暂的古代

在《复活的狄奥弗拉斯特》当中,古人对"世界"的观点受到模糊的

---

① 原载《从一个世纪到另一个世纪:古与今》(*D'un siècle à l'autre: Anciens et Modernes*, Marseille, C. M. R. 17, 1987, pp. 31−42)。

处理。作者在第一章引入主题时指出几乎所有的古代哲学都相信世界是永恒的 ["omnes fere antiqui philosophi aeternum mundum crediderunt", Wien-O. NB. 11441, I, f. 130],①因为他们否认神的存在。他在此后描述的人们对世界起源的各种观念的画卷似乎与这一判断是矛盾的。的确,民众的传统一般提到的是事物的起源;犹太传统是唯一提到世界的创造的,但是埃及人、希腊人、伽勒底人,甚至美洲的原住民都认为世界是由于原始物质的混合造成的,尽管各个民族有着文明和文化上的差别。的确,百姓由于轻信,所以始终相信神话。但是大部分哲学家都赞成这种观念,这些哲学家包括古代最伟大的思想家,从泰勒斯或者帕尔米尼底斯一直到伊壁鸠鲁,从毕达哥拉斯学派的思想家到柏拉图和亚里士多德。然而,从作者的描写当中,我们可以看到这些人大都证实了物质的永恒。然而,有违常理的是,作者并没有从古人的体系当中去寻找他想证明的真理的萌芽,反而把古人都当成对手。因为,他认为,宗教所说的世界始于无的创造,根据不同的元素而产生的世界从根本上并没有什么不同。因为,如果说世界是从各种元素产生的,那我们总能想到混沌初始时神的作用。因此,各种不同的宇宙论的模式都被怀疑是受到了有神论的启发,不管这种怀疑是否有道理,但是,这种

---

① 罗马数字指的是《关于世界的第二论》(*Tractatus secundus, qui est de Mundo*)的章节。康齐亚尼(G. Canziani)和帕加尼尼(G. Paganini)最近出版了这份地下手稿的一个极好的版本:两卷本的《复活的狄奥弗拉斯特》(*Theophrastus redivivus*, Firenze, La Nuova Italia, 1981, 2 vols)。分为七章的论文《论世界》(de Mundo)第一卷173—337 页。文本带有详细的评注,并在前言中对作品做了总体上的介绍。关于这部作品,最近出版的书刊还有,格里高利(T. Gregory)的《复活的狄奥弗拉斯特,17 世纪的博学和无神论》(*Theophrastus redivivus. Erudizione e ateismo nel Seicento*, Naples, 1979);维克鲁依斯(J. Vercruysse)的《18 世纪的〈复活的狄奥弗拉斯特〉:神话和现实》("Le *Theophrastus redivivus* au XVIIIe siècle: mythe et réalité"),载格里高利、帕加尼尼和康齐亚尼编辑出版的《17 世纪的情色书刊和地下书刊研究》[*Ricerche su letteratura libertina e letteratura clandestina nel Seicento*, Atti del Convegno di studio di Genova (30 ottobre-l novembre 1980), Firenze, La Nuova Italia, 1981, pp.297 - 303]。关于一般地下书刊中古人的影响,详见雷塔(P. Rétat)的《博学与哲学:米拉波与古代文化》("Erudition et Philosophie: Mirabaud et l'Antiquité, dans O. Bloch éd., *Le Matérialisme du XVIIIe siècle et la littérature clandestine*, Paris, Vrin, 1982, pp.91 - 99)。

感谢拉丁语学者索卡(F. Socas)在我写作本文时给予的帮助。

宇宙论的模式就是柏拉图的《蒂迈欧篇》(*Timée*)中的模式。①

　　况且,这些体系都脱离了理性的道路,这便足以让他们处在萌芽中的唯物主义失去信誉,使之成为神话。因此,作者有时候把柏拉图以及所有拥护以种种形式表现的世界形成说的人看成疯子["insani", III, f. 160],因这些哲学家的粗俗而感到气愤,因为据他们说,永恒的是事物的元素,而不是事物本身,好像他们说的元素除了在它们天然应该待的地方,还可以待在别的处,或者除了它们现时的组成之外,还可以参与其他组成。亚里士多德曾明确地教导别人说世界是永恒的,可他也说过自然元素,或者物质,或者形式是物体的组成元素——《复活的狄奥弗拉斯特》把这理解成一切事物的初始组成,这与字面意义是有违背的,但是从逻辑上并不违背,因为,正如作者所说:"永恒的东西却包含有被创造的要素,这怎么可能? 认为世界是从某种要素形成的人,假设在各个部分组织起来、形成一定的秩序之前,这些部分当中有一种无秩序,而且有一天可以与这种无秩序分别开来。"[II, f. 142]②

　　但他还是试图解释这种表面上的矛盾。比如,从一开始,他便指出由于害怕传统,哲学家们发明了一些谎言["出于对传统的害怕"(ob metum legum), II, f. 135];而且他在批评了各种世界起源的体系之后,在结论中阐述了同样的观念:"因此,所有这些关于世界诞生的观点都是蠢话,都是古时候的诗人用天才和艺术杜撰出来的神话,后代人愚蠢地轻信他们,把他们的话捧上了天。正因为如此,人们才不得不在学校里讲授这些东西,哲学家们才因为这些东西而争论不休,为的是不

---

　　①　他把两种世界起源的观点看成是一样的,从而可以从整体上反驳世界从"无"开始创造,是根据事先存在的物质由神产生,以及世界的形成只受物质运动的法则支配的各种不同的论断。

　　②　引文原文为拉丁文:Qui enim fieri potest ut ea quae aeterna sunt principium ullum habeant ex quo constituantur? Qui ex principio constitutionem affirmat, supponit, ante constitutionem partium et illarum ordinem, inordinationem earum fuisse aliquam, et aliquando ipsarum etiam dissolutionem posse fieri。——译者注

与世俗的观点相矛盾。"[Ⅲ, f. 170]①文中有几处说明,也使这一观念变得更加丰富,更有细微的差别,同时也揭示了这种骗术的思想和社会根源:我们因此而得知,这些观点都是在行使辩证的过程中提出来的["只是作为巧妙的修辞练习"(solum exercitationis et subtilitatis causa in disserendo), Ⅱ, f. 142],或者是作为教学的假想["只不过是为了赞成学说而纯粹杜撰出来的东西"(mera commenta gratiâ tantum doctrinae excogitata), Ⅲ, f. 169],根据是亚里士多德说过的一些话。但是,读者也知道,为了出名,哲学家会毫不迟疑地想象出一些新东西[Ⅲ, f. 157],而且这些学说总而言之是为权力效劳的,因为这些学说向人们的精神灌输的是神性的观念[Ⅲ, f. 169]。

因此,作者在论文的结尾处又回到最初的看法,认为哲学家一向肯定世界的永恒,对此我们不应感到奇怪。为了证明自己的阐述,他在最后一章引述了一系列"著名哲学家的各种语录",有古代的哲学家,也有现代的哲学家,其中有几个被他说成是自己的先驱者,在最初的名单中有泰勒斯,在菲利西德(Phérécydes)之后还有恩培多克勒(Empédocle)、阿那克西曼德(Anaximandre)、阿尔克梅翁(Alcméon)、帕尔米尼底斯——而且毫不掩饰的是,所有的东西都是从某些本源推导出来的,虽然他的论断谴责了推导当中宗教的隐含意义。作品中提到的好几个作者——比如菲洛劳斯(Philolaus)、阿里斯塔奥斯(Aristée)、费雷西底(Phérécydes)——甚至说永恒的世界是由神圣的本源,是由"精灵"(numen)统治着的,而且亚里士多德本身也教导上帝和神灵是天空永恒运动的原因——这种说法似乎给宗教帮的忙比最初的本原学说更加明显。作者之所以毫不犹豫地转抄了这些文本,是因为作者是从社会学的角度对这些文本进行了解读:古人是出于对群氓的害怕,才

---

① 引文原文为拉丁文:Igitur omnes istae de mundi ortu opiniones nugae sunt et fabulae, veterum poëtarum ingenio et solertiâ confictae, quibus stulta posterorum credulitas miram conciliavit authoritatem. Ideoque in ipsis scholis illas docere et inter ipsos etiam sapientes de illis disputare necesse fuit, ne vulgi opinionibus contradiceretur。——译者注

迎合了迷信,但他们从没有怀疑过世界的永恒。通过这一结论,他甚至挽救了被打入地狱的现代唯物主义的灵魂,也就是挽救了柏拉图,柏拉图好像除了在《蒂迈欧篇》中之外,还在别的地方追寻过这一真理。

　　因此,这些语录中有着某种模棱两可的东西,让我们又回到开始时的争论上。我们最终从《复活的狄奥弗拉斯特》对古人的体系所做的分析中可以看到的并不是假想的众口一词,而是五花八门的很多观点。况且,在作者论述这一问题的一开始便证实了这一点:对于世界的起源和形成,哲学家们各有各的想法——从某种意义上说,这对哲学的声誉来说是有好处的,说明哲学在自由地表达自己的观点,表达对一切事物的判断["quae de omnibus rebus libere sententiam ac iudicium suum profert", II, f. 135]。另外,多元论之所以成为可能,是因为哲学家不承认理性的权威,丝毫不管真理为何物:作者在后文还判断古人的多种学说都在阐述世界的形成,这便足以说明古人的虚荣,而且也足以说明他们错了。作者的文字中所带有的怀疑论大概也是由此而产生的,作者不接受创世论者思辨的随意性("因为我们连在我们当中存在和发生的事都无法了解"①[III, f. 152])。因此,他才颇为得意地再现了吕西安(Lucien)为哲学家们描画的绝非恭维的形象,而且还说那些认为世界从头开始的人,也就是几乎所有的古人,都是江湖骗子("空口说白话的人"②[II, f. 145]),便一点也不奇怪了。他一开始便说古人明显地轻信("rudis antiquorum credulitas"[I, f. 134]),只有让哲学错误百出,他的说法无疑才会显得更加站得住脚。③

　　《复活的狄奥弗拉斯特》在利用历史的事实来阐述自己的思想时,

---

　　①　引文原文为拉丁文:cum nullo modo scire possimus quae intra nos ipsos etiam sunt et peraguntur。——译者注
　　②　引文原文为拉丁文:vaniloqui viri。——译者注
　　③　他是从桑索利努斯(Censorinus)那里借用了这种说法的。稍后些地方,他又引述了另一个意思差不多的证明:"欧里庇得斯说柏拉图是个杜撰神话的高手,当柏拉图说上帝是按照自己的形象创造了世界时,其字里行间散发出一股古人的迂腐味道"(Euripides dicit Platonem, fabulatorem illum egregium, stoliade antiquitatis rusticitatem multum redolere cum scribit deum ad suum exemplar mundum fecisse)[III, f. 170]。

也带有这种模糊性:《圣经》的编年史认为世界的年龄为六千岁,作者引述其他某些民族的传统,认为世界存在的时间要久远得多,但这些传统当中又没有任何历史内容。开始时,他先大大地缩小了历史的范围,这样做无疑弱化了论述的意义,但是很容易得到解释,因为所有的民族都曾寻求过自己的源头,而且所有与源头有关的东西从根本上都是神话性质的,因为陆地一向就是有人生存的地方。因此,世界上有过一段模糊的时代,①包括很多很多年,一段我们一无所知的漫无边际的时间。使大自然受到严重破坏的灾害无数次使人类受到灭顶之灾,摧毁了艺术和科学:过去的事物一片混沌,被掩埋在深深的遗忘当中[Ⅵ, f. 219];为了清理这些事物,各族人民发明了神话。当然,这些自然灾害从来不是普遍性的,这也说明为什么人活了下来,为什么文明在遭受过灭顶之灾的地方重新开花结果;但是,各种文化当中的起源神话是共同的(而且在这一点上,尽管人们自认为是神的后代,但还是认为自己是在多产的土地当中诞生的,这都不要紧),这便足以证明各种文化都因自然灾难而受到过伤害。随着上天无情的进程导致的新灾难的出现,作者称之为"无限时间的寂静"(silence du temps infini)甚至渐渐影响到我们的历史记忆:"只有一点是确定无疑的,那就是这事曾经发生过,而且将永不再发生"[Ⅵ, f. 225]②——但这是要打个折扣的(cum grano salis),原则上,他的循环时间观念认为所有的事物都是循环往复的。

关于世界的起源和人的产生,作者从论文的一开始,便区别了哪些是历史故事,哪些是不同民族杜撰的神话:"因此,由于太过久远而被忘记的一切,而无人所知的一切都是神话的源头,所以在缺乏历史记载

---

① 《复活的狄奥弗拉斯特》采取了三重的时间划分法:模糊的划分、神话的划分和历史的划分,这与同时代的很多作品是一样的,比如拉佩莱尔 1655 年发表的《亚当之前的人假设的体系》(Systhema ex Praeadamitarum hipothesi)。关于这个人物,详见波普金(R. H. Popkin)的《伊萨克·拉佩莱尔(1596—1676),其生平、研究及影响》[Isaac la Peyrère (1596－1676). His Life, Work and Influence, Leiden, E. J. Brill, 1987]。

② 引文原文为拉丁文:Solum hoc de illo certum est, quod quondam fuerit sed nunquam reversurum sit。——译者注

的时候,每个民族都会相信某些神话故事。"[Ⅱ, f. 139]①然而,读者会很吃惊地注意到单纯的历史时间只回溯到几乎不足 2500 前。再往前的时代,一直到使地球上遭受重大破坏的离我们最近的大灾难,都是神话时代,据作者承认,神话时代的一切都"完全是神奇"的["omnino fabulosum", Ⅵ, f. 226]。但是,我们不能将这一时代与历史学家完全不了解的模糊时代混为一谈,因为,对这一时代,我们具有得到完全证明的传统:那仍然是一段传说当中的过去,正如《复活的狄奥弗拉斯特》当中所说的那样,但是,那是时间的传说,历史学家可以根据对现在的认识进行解释。而且正因为如此,我们可以认为我们最近才有所了解的埃及人和伽勒底人有文字的传统以及中国人或者墨西哥人的传统都证明世界至少有几十万年的历史,虽然我们不得不承认这些传统当中有很多神话:"虽然在这片巨大的时间的空间里,有可能发生过的一些事的历史是模糊的,是不被人所知的,而且这一历史所讲述的只是一些神话,但这并不意味着人们可以怀疑年数:人们说在某些确定的时候发生的事有可能是虚假的,但年数却是肯定无疑的。"②[Ⅵ, f. 233]③

　　《复活的狄奥弗拉斯特》字里行间流露出的历史观部分地说明为什么会出现这一悖论。在这一作品当中,历史是属于观点范畴的东西,而不是科学;历史可供进行解释,而不是证明,如果证明的本意是让人不得不接受,而不是说服("Nam ea demum est vera demonstratio quae

---

　　① 引文原文为拉丁文:Sic cuncta longa vetustate oblita et ignota fabulis locum praebent, ita ut unusquisque populus quales libuerit confictas narrationes pro veris habiturus sit, ubi historiae e-gestas erit。——译者注

　　② 引文原文为拉丁文:Et quamvis historiae earum rerum, quae per haec immensa temporum spatia gestae sunt, absconditae et incognitae sint nihilque nisi fabulosum de illis referatur, non ideo tamen numerus annorum positus in dubium revocari debet: res enim, quae in aliquo tempore gesta dicitur, potest esse falsa, tempus autem certissimum est。——译者注

　　③ 我们的作者甚至并没有打算讨论他认为是显而易见的事,比如他援引古埃及和伽勒底人的天文学知识,否认传统中所说的年数只能是太阳历,不可能是其他历法。但是他并没有想到要强调后续的内容以及他们的观察是否准确,以确认其真实性,而后来的人正是这样做的。关于这一问题,详见罗西(P. Rossi)《从胡克到维科期间大地的历史和各个民族的历史》(*I segni del tempo. Storia della terra e storia delle nazioni da Hooke a Vico*, Milan, 1979);以及本书前一篇文章《地下书刊中的别处:作为理由的中国》。

cogit, non quae persuadet"[Ⅵ, f. 227])。因此,在我们所读到的描写过去的文字当中,没有任何东西是确定无疑的,历史学家对每一个问题都有不同意见,这便足以说明这一点,而且作者援引了西西里的迪奥多鲁斯(Diodore Siculus)、斯卡利吉和阿格里帕对这一主题的论述,对于遥远的过去,对于传统为我们保留了似是而非的记忆的神话时代来说,尤其是这样;我们已经看到,在这样的神话时代,没有任何事情是确定无疑的。因此,即使有的时候我们可以在历史当中建立几个参照点,或者确定某些事件的日期,但我们不得不得出结论说企图重建"令人难以捉摸的古代"是注定会失败的。但是,离我们较近的时代,人们称之为"历史时代"也并不一定更加可靠,而且正因为如此,作者才说这是个所谓的为人所知的时代("cognito existimato"[Ⅵ, f. 225])。因此总而言之,到处都是一片极度的模糊,到处都只能是猜测,而不是证明:"但是,因为在这一点上也会有极大的模糊性,所以我们用不着证明,我们只需要猜测,只需要头脑发热时的臆想。"[引文出处同上]①严格说,这种观念导致了绝对的怀疑主义(pyrrhonisme)——历史是不可信的,过去从总体上来说是不可知的:"因为事情就是这样的,似乎人们既不相信编年史,也不相信神话时代和有历史记载的时代的历史。"[Ⅵ, f. 226]②但是如果真是这样,《复活的狄奥弗拉斯特》又如何正当地使用历史,并追溯以往呢? 而且是追溯到模糊的时代,因为最后我们知道,认为世界有源头的神话,又自相矛盾地主张时间是无始无终的("如果这不能证明世界的永恒,似乎至少能从相当的程度上提示世界是永恒的。"[Ⅵ, f. 237])。③ 那是因为,正如作者在归结时提醒说的那样,时间的永恒是事先便建立好了的,历史的理由只是用来"确认"

---

① 引文原文为拉丁文:Sed quia in his quoque magna est rerum obscuritas, coniecturae solum et licentiae animi omnia ex arbitrio fingentis, nullus vero demonstrationi locus relictus est。——译者注

② 引文原文为拉丁文:Quae cum ita se habeant, neque chronologiae, neque historiae fides ex mythico illo tempore, neque etiam ex historico constare posse videtur。——译者注

③ 引文原文是拉丁文:si aeternitatem mundi non demonstrant, tamen illi omnino favere videtur。——译者注

宇宙学在其他地方已经"证明"了的东西，而且任何认识论方面的断口都不会让我们不得不以其他方式考虑历史的不同时代。

具有批判精神的亚里士多德信徒

因此，古代是神话的时代，在哲学上和历史上都是。尽管如此，论文从总体上来说仍然明显地受了亚里士多德学说的启发。对世界的定义，沿用了伪称是亚里士多德所作的《论世界》(*de Mundo*)中的说法（"世界是一个天与地以及天地之间的事物组成的结构"[Ⅰ，f. 133]），①这反映了虽然他不是亚里士多德学派的人，但他的宇宙观是有限的，月球的轨道将宇宙分为性质不同的两个部分，同时他又强调了其统一性。而且他证明永恒性的基础也带有亚里士多德学派的特点。

作者在否定世界的创造时提出了两个证明的理由，其中的第一个是从亚里士多德的作品中拿来的，也就是空无一物中不能成就任何物；但是，由于这一原则是为古人普遍接受的，因此，在这一背景之下，他又援引卢克莱修的著名诗句，便一点也不奇怪了：如果从空无一物中可以产生出什么东西，那么任何东西都可以毫无分别地从一切中产生。相反，他的第二个理由——凡创造都以地点、时间和运动为前提——却是在严格的亚里士多德的观念框架之内阐述的，虽然他的理论并没有总是遵守系统的逻辑。在各种情况之下，他都是采用归谬法。比如，他先用亚里士多德的说法，把"地点"定义为一种局限，也就是一开始便包含有一个物体的东西，显而易见的是，在世界被创造之前是不可能有这样的"地点"的，因为，他说在这样的情况之下我们便不可能建立用来定义任何地点的空间参照，只有物体才能够通过其自然运动来确定参照。然而，同样显而易见的是亚里士多德对地点的定义是不可能适合

---

① 引文原文为拉丁文：Mundus est compages e coelo terraque coagmentata atque ex iis naturis quae intra ea continentur。——译者注

世界的,所以严格来说,这一理由是不可以接受的。关于"时间"的理由也不一定更加站得住脚。因为,虽然作者证实在所谓的世界被创造之前是不可能有时间的,但这并不意味着他把时间看成是持续的时间了,我们本来以为他是会这样看的,而是因为他似乎认为"前宇宙时间"(temps pré-cosmologique)必然存在于时间当中,因此,前宇宙时间与时间既是同时的,又不是同时的,这与矛盾的原则是有违的;除此之外,他还假设世界被创造之前的时间一定在创世之前便已经被创造,因此早晚有一天会消耗殆尽,从而使他的理由变得更加复杂,因为如果是这样,那么时间在存在之前已经存在,而且在分解之后仍然会存在。①然而,很清楚地是,这一论理的前提正是受到质疑的问题,也就是时间是永恒的。

最终,他还提出了几点理由,证明在世界存在之前是不可能有"运动"的。第一个理由是从动力的性质得出的,并由此归结说运动是永恒的:因为,如果运动的东西是由另外一种东西所推动的,那么过程如此倒推回去,会导致永远(in infinitum);而如果运动的东西是通过自身的动力而运动着的,那么它的运动便没有开始,因为显而易见的是,即使作者认为没有必要明确说明没有任何理由使这个东西于此时,而不是彼时开始运动起来。第二个理由认为产生了世界的运动之性质是直线性的,或者是生成性的。不管是直线性的还是生成性的,都会引发先前那个不同运动的施动者究竟是谁的问题。然而,从一开始便十分明显的是,运动只不过是物体存在的方式。因此,运动的永恒证明了世界的永恒:"如果运动是永恒的,而运动又不能离开世界而单独存在,所以世界也是永恒的。"[III, ff. 167-168]②因此,他在得出这一结论之后补充的第三个理由直接证明世界的永恒是由于运动而产生的。因

---

① 因此,普通的时间将成为从头开始的这一另外时间的"地点",正好比作者所作的令人惊愕的比较所说明的那样:后者在前者当中,就好比船在水里一样;在船之前,水已经在其位了。

② 引文原文为拉丁文:Si vero motus est aeternus, cum is non possit esse absque mundo, sequitur mundum quoque esse aeternum。——译者注

此,世界并不是被创造的:"因此,必须承认世界不是在生成运动中诞生的,也不是在局部运动中诞生的,不是在时间里诞生的,也不可能想象世界是在一个空间里被建设而成的。因此,显而易见的是世界是永恒的。世界一向就在它现在所在的地方,而且世界持续存在的时间,世界使宇宙转动的运动都是永恒的事物。因此,世界不是被创造的,也不是被产生的。"[III, f. 169]①

在这一证明的肯定部分,《复活的狄奥弗拉斯特》的作者明确地说自己是与亚里士多德的学说一脉相承的。依据亚里士多德的原则,必须到不变的事物当中去寻求真理;作者的思想正是被这一原则所指导的:他是通过不变的事物("按照不变的规律在世界上先后出现的事物"②[III, f. 170]),也就是说,通过保持亚里士多德的宇宙总体结构不变,来证明世界的永恒。因为天空的运动无始无终,由于动作的简单而永远不变,所以是永恒的;这一运动不断地再现天体的秩序,同时保证了月下世界(monde sous-lunaire)的永恒,因为天空的运动调节着受生成和腐败规律制约的变化,使因果直接相循。因此,月下的世界本身是永恒的,而且是从双重的意义上所说的永恒:第一,元素是简单存在,因此不是被产生的,是不会腐败的;第二,这些元素所形成的物体进入无尽的生成和腐败系列,一些物体的死就是其他物体的生,而且所有的死便是宇宙的整体之生。"这就是是亚里士多德证实世界永恒的理由。这些理由是如此有力,任何人都不可能合理地否认这些理由。"[IV, f. 186]③除此之外还要补充的是一种灾难理论,即灾难不断地摧残着地球。他认为这种理论在亚里士多德的思想当中已经具备雏形,

---

① 引文原文为拉丁文:Mundus igitur neque per motum generationis neque per motum localem ortum habuisse dicetur, neque etiam in tempore, nec ullus locus, in quo construi potuerit, imaginari potest. Unde patet et luce ipsà clarius est mundum aeternum esse; locunt item, quem occupat, illum semper habuisse et tempus, quod permanere videmus, motumque, quo universus volvitur mundus, res aeternas esse:ideoque nec factum nec ortum esse mundum。——译者注

② 引文原文为拉丁文:quae semper et immutabili lege in mundo procedunt。——译者注

③ 引文原文为拉丁文:Atque haec sunt argumenta quibus Aristoteles mundi aeternitatem asserit", conclut l'auteur des textes divers qu'il vient de citer; "quorum profecto tanta vis est, ut ratione nullus illa inficiari valeat。——译者注

他又用其他来源的一些文本进行了补充,所谓其他来源的文本主要是指柏拉图的和斯多葛的作品。因为交替摧残着广大国度的水火灾难,也是由于某些星球处在特定位置时产生的合力所导致的。因为这种排列是由于星空的旋转而周期性出现的,所以事物周而复始,世界不断地恢复其面貌。

然而这种宇宙论并不是没有任何问题的。首先是灾害理论间接地弱化了《复活的狄奥弗拉斯特》对宗教起源的解释作用;《复活的狄奥弗拉斯特》认为宗教立法者想名存千古,通过欺骗建立了宗教。因为那时的动乱也带有从前时代的记忆。从前的时代不断地出现,这倒也是真的……然而,事物的周而复始也显得有些问题了,因为作者认为不能通过自发生成而出现的动物有可能会消失,这并非是不可能的事。如果他在同一个地方表示了这种不大可能的假设,那是因为他只考虑今天存在的物种在将来是不是有可能消失,而且这样考虑也并非没有道理,因为他声称灾害从来不是普遍性的,甚至就在受到灾害破坏的国度,劫后余生的人保证了"人种"的延续,而且很可能也保证了其他"完美"的动物种类的延续。但是,既然这种事是可能的,他显然不可能断然地肯定除了我们今天看到的物种之外,地球上不曾存在过其他物种。

我们尤其认为,作者通过援引的几段文字引入了亚里士多德的"不动之动"(moteur immobile)的学说,这一学说与体系的一般意义很难协调。当然,这里说的"不动之动"从任何意义上都不是指上帝,而且他援引《形而上学》(*Métaphysique*)中一段讲到天体动力多元化的文字,也足以证明他是在严格的自然主义的框架之内设想这一理论的。①显然,这是没有任何矛盾的:世界是自己动起来的,而且也是通过属于世界自己却不动的某物。虽然还要确认这个"部分"究竟是什么,因为作者似乎同意说固定星球的领域围绕着地球做水平运动,作者还解释了一个物体是如何自己不动,却让另一个物体动起来的,如果真像他先

---

① 详见出版者在第 249—251 页的注释。

前证明的那样,使他物运动者施动于物,而施动于物者自动("quod movet, efficit, quod autem efficit, movetur"[III, f. 167])。而且,在这一假设当中,运动并不一定是永恒的。然而在这一问题上,运动的永恒证明了天空和世界总体上的永恒。因此,如果我们要接受不动之动的存在,那么整个体系便被削弱了。因此,我们必须相信,作者是想不让人以唯心论的方式利用这一学说,却没有意识到他在接受这一学说的同时,也损害了体系的内在联系。

况且,他还无视现代性。他无视与他同时代的笛卡尔。而且把确定了现代物理学特点的机械论作为他攻击的目标,把机械论打扮成伊壁鸠鲁主义。笛卡尔的《世界》(*Monde*)也的确是在《复活的狄奥弗拉斯特》写作完成几年之后才出版的,而且笛卡尔也把新哲学说成防止唯物论的一堵城墙。他认为,地球在宇宙的中心是静止的(正如亚里士多德以杰出的、不可辩驳的理由所说的那样[V, f. 205])。① 但当时相信这一点的并不只是他一个人,太阳中心说并不是在每个地方都为人所接受的。况且,他这样认为并不是出于无知,因为他认识哥白尼,他援引过哥白尼确定"大年"(Grande Année)持续时间的计算方法。他根据经验相信自发生成说。当然,他错了,可是很多其他人在一个世纪之后还像他一样坚持错误的认识。而且他否认人和最发达的动物是在星球的最初时期从土地里出生的,却为自然法则的规律性而辩护,这倒是很有现代人的气度。他也没有想到通过分析化石或者地质地层来确定世界的年龄,本来这种根据会让他的世界极其古老的论断具有可靠的基础。但是,在他写这部作品的时候,没有任何人,或者说几乎没有任何人关注这些问题,贝尔纳·帕利西(B. Palissy)不是一开始便吸引学者们的注意的。② 而且,在主张万物——也包括地球——

---

① 引文原文为拉丁文:ut Aristoteles optimis atque inconcussis argumentis contendit。——译者注

② 详见哈贝(F. C. Haber),《世界的年龄,从摩西到达尔文》(*The Age of the World. Moses to Darwin*, Baltimore, 1959)。

周而复始的体系当中,我们很难理解他为什么要提出这些思辨。因此,他似乎并不像我们想象的那么落后。

　　然而,他仍然是亚里士多德学派的人。但是,他之所以追随亚里士多德,是因为他觉得亚里士多德的学说符合理性和经验。因此,我们似乎已经可以说从作者批判地接受亚里士多德,从作者面对权威时对理性的态度来看,《复活的狄奥弗拉斯特》是具有现代意义的。在反驳古人的宇宙起源说的框架当中他抛弃了事物是由质料和形式构成的学说。当然,在把物质、形式和剥夺(privation)说成"一切"事物的本源的同时,他不了解这一学说的真正意义,亚里士多德是只把这一学说运用于物体的。所以不应当说这是作者的错误,似乎应当是他有意地从唯物主义的角度解读了亚里士多德的学说:他认为物质不算什么,因为物质没有任何确定性,而且他认为剥夺和创世论者的虚无是一样的。但是,他的批判所针对的,从根本上是不可能存在分别的形式。① 因此,他在这一背景之下与亚里士多德的元素说展开的论战并没有更加坚实的基础,因为论战的基础是天空的特别性质,这是亚里士多德从来没有想要否认的——况且他自己也知道这一点,因为他刚刚援引过塞克斯图·因皮里克(Sextus Empiricus)、普鲁塔克(Plutarque)和弟欧根尼·拉尔修(Diogène Laerce)论述亚里士多德关于天空和月下世界不同组成的理论。而且的确,他在后面肯定地说大家都承认空气、水、土和火是宇宙下部物体的本源。然而,他之所以指出这一点,是为了更好地表明他的思想是与众不同的,是为了表明他与亚里士多德的距离——而且他完全知道自己在干什么:"我并非不知道",他说,"关于元素的学说使我与亚里士多德的观点相对立……"[Ⅳ, f. 179]②他首先否认一切,但还是同意当时化学家倾向性意见,认为火是一种真正的元素。③

---

　　① 详见 Ⅱ, ff. 141-143。在 f. 179 的第四章,他又一次提到亚里士多德关于物质的概念。
　　② 引文原文为拉丁文:Non ignoro, me in hac de elementis opinione adversari sententiae Aristotelis...——译者注
　　③ 在此之前,谈到《蒂迈欧篇》(Timée)中的元素学说时,他已经自问过火是不是这些元素之一[Ⅲ, f. 159]。

至于其他元素,他认为是单体,是不能生成和腐败的,他由此而否认了
这些元素的变异——土是单体,有亚里士多德的权威在那里,因为他似
乎认为亚里士多德有这种观点,他只不过将这一观点与其他观点进行
了比较;理性和一般经验也说明了这一点,因为两种元素一向有着一种
共同的品质和另外一种不同的品质,他认为显而易见的是,一种元素是
根本不可能变成另一种的,而且在自然当中,也从来没有见过这种变化
发生。①

　　再说,他是借助文艺复兴时期的自然主义者(彭波纳齐、加尔达
诺、瓦尼尼等)来解读亚里士多德的。然而,自然主义的根源当然是在
经典的古代学说当中,但远不是一种过时的哲学,远不是现代精神当中
的陌生的东西,相反,它与机械论的潮流一样,也是属于现代的。一直
到启蒙的结束,自然主义在地下书刊中始终是有活力的。

　　在这一点上和在别的问题上一样,古今之争总而言之是无关紧要
的。并不是因为真正的古人实际上就是现代人,正如当时人们经常说
的那样,因为他们积累了古人的知识和自己的经验,因为那只不过是巧
妙的文字游戏而已。也不是因为根本就没有什么古今之人的分别,理
性主义在原则上所做的精明解释似乎有这种意思,理性主义的原则认
为理性无论何时何地都是一样的。我们丝毫不否认古人的渊源,但是,
当古人必须彻底地承认是与新人肩并肩、辩证地造就现代性的时候,就
会变成今人。

---

　　① 详见 IV, ff. 178 - 181。在这同一背景之下,他指出元素的变异,如果真有可能发生
这种变异的话,正如人们一般所希望的那样,也能证明元素的永恒,因为元素之间在无始无终
的系列当中交换了它们的性质。关于现代元素理论的演化,详见美兹格(H. Metzger)前面所
引作品《法国从 17 世纪初到 18 世纪末的化学学说》(Les doctrines chimiques en France du début
du XVIIe à la fin du XVIIIe siècle),关于地下论文中的同一问题,详见本书第三部分文章《物质
剖析:法国 18 世纪地下自然主义中的物质与运动》。

对《神学政治论》的习惯理解：
《基督徒的宗教》①

《神学政治论》(*Tractatus Theologico-Politicus*)1670 年一发表便激起自由思想界的关注。贝尔说这本书是"邪恶而又可恨的书"。这本书很快便译成了法文，这无疑扩大了书的影响范围，虽然遭到了查禁。另外，这本书还以手抄本的形式流传。② 因此，《永恒的理性引导基督徒的宗教》(*La Religion du Chrétien conduit par la Raison éternelle*)的作者想到在批判《圣经》的一章利用这部作品，我们是丝毫不感到奇怪的。但是，作者并没有仅仅局限于抄袭斯宾诺莎，而抄袭在地下论文的作者当中是最常见不过的事了。他在认真而清醒地阅读了《神学政治论》之后，完成了艰难的思想重建和综合工作。在重建和综合的过程中，他清除了作品中似是而非的地方，并使批判的口吻变得更加彻底。

---

① 原载《18 世纪的斯宾诺莎主义》(*Le spinozisme au XVIIIe siècle*, Paris, Méridiens Klicksieck, 1990, pp. 75 - 83.)。

《基督徒的宗教》(*La Religion du Chrétien*)是一本很长的论文手稿，到目前为止，共发现了三份抄本：Œsterreichische Nationalbibliothek (Wien) 10450, 10403, 10404。第一份抄本是作者亲笔手稿，带有很多修改和删除的地方，分为五章——事实上第四章缺失，无疑是由于作者的疏忽，忘记了指出文本中这个地方有所删除。论文最后也缺几页，至少在论述预言和奇迹的段落中是有缺失的。另外两份抄本是同一个人抄写的，但很可能不是根据第一份作者的亲笔手稿抄写的。这两份抄本当中包括一些页边的注释，一般与原始草稿中的修改和增补吻合。论文与自然主义的泛神论一脉相承，很可能是由伊夫·德·瓦洛纳 (Yves de Vallone, 1666 年或者 1667—1705 年)写的。伊夫·德·瓦罗纳原来是圣热纳维埃夫教堂的议事司铎，1697 年改宗信奉加尔文的教义，并逃亡荷兰。他大概是临死前几年写的这部手稿，詹姆士·奥希金斯(James O'Higgins)在《伊夫·德·瓦洛纳，不信神者的作为》(*Yves de Vallone*: *The Making of an Esprit-Fort*, The Hague-Boston-London, Martinus Nijhoff, 1982)当中对论文有忠实的介绍，也对作者有过有益的研究。

② 关于斯宾诺莎的思想是如何进入法国的，详见维尔尼埃尔(P. Vernière)，《斯宾诺莎与大革命之前的法国思想》(*Spinoza et la pensée francaise avant la Révolution*, Paris, 1954, 1979 年日内瓦重印)。我们发现有四份《神学政治论》的手抄本：Berlin-SB Gall. Oct. 106, Grenoble-B. M. 741, Paris-Sénat 144, Rouen-B. M. 1569。

　　在《永恒的理性引导基督徒的宗教》当中,对《圣经》的否定是明明白白的,而且是从一开始便否定了《圣经》。因为瓦罗纳不相信《圣经》中的上帝。关于从内部使物质有了生命,并通过永恒的律法调节着物质运动的普遍神灵,他在作品的第一部分当中详细地阐述了自己的观念。他现在提醒这个上帝是在所有人心中的上帝;他"作为普遍的理性,照亮了所有人的精神;他让所有的人有了眼睛,以便审视他,那就是人的悟性和理性的能力"[Wien-O. NB. 10450, f. 185]。因此,我们是在自己的心中了解上帝的,因为我们也是上帝的一部分。再说,上帝也表现在自然当中,表现在瓦罗纳根据自然主义的传统而称之为的"宇宙之书"当中。并不是瓦罗纳将上帝与万物混为一谈,而是因为"至高无上的理性好比肉体的眼睛所看到的那样,可以从宇宙所有部分的秩序和安排当中看得出来"[f. 185 v]。在这一点上,他并不认为自己的思想是直接来自斯宾诺莎的,虽然显而易见的是他可以在《神学政治论》的各处找到类似的学说。因为斯宾诺莎也认为上帝的永恒的话语就在人的悟性当中,人的悟性带有上帝的印迹[《神学政治论》,第12章],而且,一般来说,所有的生物都表达了神圣的本质[第4章];他还说自然的力量就是上帝的力量[第3章],而且他还在其他地方具体说这一力量与其本质是没有区别的[第6章]。况且,瓦罗纳是在自然主义泛神论的指导之下来解读这些文字的,他信奉的就是自然主义的泛神论。比如他说从贝尔那里得知斯宾诺莎将神性和世界的灵魂视为同一[ff. 34 r-v];而且从奥罗比奥·德·卡斯特罗(Orobio de Castro)的《哲学对决》(*Certamen philosophicum*)中得知他主张以各种方式修改的唯一一种实体的统一,他是从这种意义上理解的,主张物质与作为至高无上的精灵的上帝是一个整体,那就是世界[ff. 91-92]。① 因此,他在这

---

　　① 瓦罗纳对斯宾诺莎的批判心有疑虑,并说愿意让他明白自己的想法。然而,他的作品当中没有任何一点说明他读过《伦理学》;他甚至向贝尔否认斯宾诺莎曾经提出每一个个别的存在并不是一个"完整的实体"[f. 34 v]。因此,他是通过《神学政治论》中简单论述的段落来了解斯宾诺莎的泛神论的。

一背景之下什么也没有说,因为他并不认为在这一方面,他从斯宾诺莎那里得到了什么,他的泛神论来源于"古人的智慧"(*sapientia veterum*),当时的自然主义者认为古人的智慧才是"常青哲学"(*philosophia perennis*)。

对《圣经》的批判本身也是从《神学政治论》当中借用来的,而且对这一点瓦罗纳丝毫也不掩饰。他有时候一字不差地转述斯宾诺莎的思考,虽然他并不总是承认他的很多东西都是从斯宾诺莎那里来的,但他也常常提到斯宾诺莎的名字。另外,他也并不是机械地照抄。比如,话的顺序是不一样的,他的论述好像显得更合乎逻辑,他是首先谈到方法问题以及文本的历史,而斯宾诺莎是在分析了学说的内容之后才论述文本的历史的。另外,他的批判有很多是从里查·西蒙(Richard Simon)那里借来的,尤其是在历史方面,而且不仅仅是关于《新约》的内容,对于《新约》,斯宾诺莎是一提而过的。他利用了里查·西蒙的研究和广博学识,这个奥拉托利会的学者对希伯来语言的渊源和性质,或者古犹太律法家的记录的特点都有研究,而且这些东西是《圣经》的原材料。西蒙分析过《圣经》作者的文笔,或者这些作者文字当中的混乱;瓦罗纳在论文中使用了西蒙的这些观察。根据瓦罗纳的意见,《旧约》是"把一堆未经消化的材料堆积在一起"[f. 226],除了从《神学政治论》中拿来的理由之外,他每次还补充了一些其他理由,而且他承认这些理由是从《对〈旧约〉的批判性分析》(*Examen critique du Vieux Testament*)中拿来的。就这样,他列举了从这些书中发现的很多相互矛盾的文字、重复的文字、晦涩的文字、遗漏的文字、缺失的文字。

瓦罗纳和各个权威之间的关系是不一样的。他毫无区别地从两个源泉中汲取材料,似乎对这些材料都很看重,虽然在谈到《约书亚记》时他偶然会指出与其他的批判者(包括西蒙)相比,"斯宾诺莎是把意见表达得最彻底的"[f. 224 v]。从根本上说,更加重要的也不是他批判里查·西蒙的立场,里查·西蒙分析了用来编写《旧约全书》的那些故事的性质,他说里查·西蒙从古圣人的文章中寻找《旧约》的渊源,这种假设好像被奥拉托利会的修士明确否认了,因为他说,"如果只需要在这方面揣测的话,我们也许可以把基础打得更加牢靠一些"[ff. 219 v‐220]。① 实际上,他认为可以毫无顾忌地利用里查·西蒙的作品,因为他发现西蒙的思想从根本上与斯宾诺莎的思想是一脉相承的。他在论文的开始部分谈到斯宾诺莎受到某些思想家不公正的攻击时的确指出:"对于西蒙先生来说,从他谈到这一问题时所使用的一些残酷和自豪的词语来看,我相信一个稍微懂得一些原则和系统的人很快就会发现他认为斯宾诺莎的《神学政治论》是完全可以接受的。"[f. 35]瓦罗纳认为,他只是"把《神论政治论》的思想缓和了许多"[引文出处同上],但并没有触动其根本。所以,瓦罗纳怀疑他出于害怕而掩饰了真正的感情。尽管如此,斯宾诺莎还是毫不掩饰地说出了真理,而且即使我们从最好的方面来考虑,西蒙也是想为他掩饰一番而已。比如,他本来可以直截了当地接过《神学政治论》的结论,但他不得不利用里查·西蒙的书:他不断地歪曲里查·西蒙的思想,把他为解决困难而提出的办法一概放在括号里。②

　　因此,在这种背景之下,瓦罗纳自认为是斯宾诺莎的信徒。当他批判预言和奇迹时这一点更加明显,他说:"在这个问题上,迷信的色彩便更加浓重。"[f. 254]他定义说,预言者是一个"演说者,或者是政治上的代言人"[引文出处同上]。虽然他没有明确地说,但是演说者也是解释者,正如斯宾诺莎所说的那样(第 1 章),因为演说者不是自己在讲话,而是把政治事务告诉人民。他是权力的代言人,正因为如此,瓦罗纳一般把预言者称为"国王的人"或者"国家的人"。因此,以神权政治统治国家的犹太人自然而然地把这些人称之为"神的人",这就一点也不奇怪了。因为正如在君主国家当中,一切都是通过国王的权威来实现的,"在神权政治的国家里,一切都是以神的名义完成的,用不着再表

---

① 他的立场是完全合乎逻辑的。根据这种假设,《圣经》文章当中的混乱和缺乏内在联系的现象可以得到更好的解释,更何况古圣人并不是为国家效劳的人,不是古犹太的律法家,而是正如他所说的那样,是预见未来的人。

② 关于奥拉托利会的教士,详见斯坦曼(J. Steinmann),《里查·西蒙和对〈圣经〉解释的源头》(*Richard Simon et les origines de l'exégèse biblique*, Bruges, 1960)。

达国家的权威,虽然行动是以国家的权威来采取的"[f. 254 v]。因此,瓦罗纳明确地根据斯宾诺莎的教诲肯定地说,预言被说成上帝的话,因为"我们不是通过自然之光来发现预言的,而是通过预言家的发布",也就是说,正如他自己所理解的那样,"因为这是神权政治国家法令的一部分"[f. 255]。把这两者放在一起的说法在斯宾诺莎论述预言和预言家的章节中是没有的。然而毫无疑问的是,瓦罗纳是从《神学政治论》受到启发,来建立他的学说的。① 的确,斯宾诺莎把希伯来人的国家称之为神权政治。正是在斯宾诺莎论述希伯来国家的段落中瓦罗纳发现了预言者服务政治权利的观念。在斯宾诺莎的作品当中,他知道一般是由大司祭来解释上帝的话,但大司祭只能在国家的政治机关明确提出要求时才能这样做;因此,大司祭所发出的已经不是摩西时代的法令,而只是一些答复[第 17 章]。同样,必要的时候,政治领袖的权威和见证也作为预言[引文出处同上],因此,正如斯宾诺莎在后面不远处指出的那样,预言者很容易被政治利益玩弄于股掌之中[第 18 章]。因此,瓦罗纳无疑以为自己并没有说出什么新东西来,因为斯宾诺莎已经说预言者是为国家效劳的人:同是一个东西,斯宾诺莎是用批判的博学给它穿上了一些衣服,而瓦罗纳是将其赤裸裸地示人而已。

况且他还明确地援引斯宾诺莎的权威,以确定想象在预言者心目中所起的作用:"斯宾诺莎指出他们的不同特点是他们的心是自然而然地向善的,他们的精神除了感性的东西之外,再也看不到其他东西,有着生动、强烈、有传染性而富于表象的想象。"[f. 256 v]我们可以感到吃惊的是,作者竟然认为是斯宾诺莎说预言者从精神上是无能的人。尽管如此,他认为想象和悟性的反衬,是经验和理性的材料,瓦罗纳在

---

① 里查·西蒙也把预言者定义为演说者和解释者:"希伯来语中的 *Navi* 这个词,被《圣经,旧约》的七十名希腊文译者翻译成预言者,实际上希伯原文中的意思只是演说者或者一个在公众当中讲话的人。的确,希伯来人中的预言者就是公共的演说者,他们以上帝的解释者的身份向人民宣布上帝的意愿;同时,正如约瑟以及约瑟之后一些神父所指出的那样,他们还负责记录国家最为重要的事,并将记录文件保存在档案当中,由此才有了《圣经》,而《圣经》原来是被称之为预言的",详见《〈旧约〉批判历史》(*Histoire critique du Vieux Testament*,Rotterdam, 1685, p.17)。

后面解释了这段文字:"想象越强有力,精神便越虚弱;而且反过来也是一样,精神越坚实,被克制的想象便越无力。"[f. 258]而且也正是在这样的背景之下,他将"无可比拟的所罗门"与那些教士的子弟、放牛人和女人进行对照,所罗门有着深刻的精神,从来没有被人认为是预言家,而教士的子弟、放牛人和女人却在以色列预言未来。瓦罗纳照本宣科地紧跟斯宾诺莎,连文笔的风采也不差分毫地归结说,"除了想象的火光之外,没有别的光明引导预言者"[ff. 256 v – 257],并由此而从一开始便让人对这种能力产生怀疑。后来,他还颇为自得地贬低这个在游戏中不顾一切规则的"放浪女"。他用从《神学政治论》中找到的例子表明想象的各种产物对预言者来说源于其性情和教育。他也这样解释她的无常,斯宾诺莎对此只是轻描淡写地提一提,而他则认为她之所以善变,是因为她过于依赖自己的肉体,她的活动导致大脑中动物精神的大量消耗;就这样,斯宾诺莎只是以中性的口吻提到预言是极其少见的,而他则说"某些冲动不是持续时间上的冲动",这个时候的预言者是"不由自主"的[f. 257 v],也就是说这种时候的预言者是个热情洋溢的人。

因此,预言所表达的远不是通过神启而让所有的人都知道的真理,而是带着错误标记,是一般想象也带有的错误的标记。瓦罗纳比斯宾诺莎更加彻底,他直指问题的根源,似乎是在影射这种神启其实根本就是预言者凭空想象出来的:"真理并不是能够锻炼想象力的东西,而想象自然而然地更加喜欢的虚构又离错误更近;因此,预言中错误的东西比真实的东西更多。"[f. 258 v]在这关键的一点上,他认为没有必要阐述他的思想。他只是轻描淡写地顺便感谢摩西·玛伊摩尼德,因为摩西反对斯宾诺莎,主张预言者所见到的异象一般都是梦想,而斯宾诺莎则援引《圣经》的书简,肯定地说在某些情况下,上帝的确通过话语和形象让人们看到了自己。他利用这一机会,巧妙地指责了这些人物的欺骗行径:"我们对预言者有足够真实的看法,可以假设当他们在讲自己看到的异象时他们是在给我们讲他们的梦"[f. 258]——这意思当然是说那完全是他们杜撰的。不管怎么说,斯宾诺莎说预言者虔敬、品德纯洁,这保证了他们的真诚和正直,保证了预言在道义上具有可靠性的基础,可他根本连提也没有提到这一点。

然而,同样是在这一点上,瓦罗纳无疑认为自己忠实地阐释了斯宾诺莎的思想。当然,《神学政治论》关于预言的学说有很多似是而非的东西。斯宾诺莎只是想说明根本用不着到《圣经》中去寻找关于自然和精神事物的智慧和知识,由于解释《圣经》的唯一的规则就是《圣经》文本,所以出于方法上的考虑,他只承认上帝向一些非比寻常的人做过个别的启示。当然,他把这种启示说成是神秘的,并承认自己并不知道上帝与预言者的交流是根据何种自然规律得以实现的,但这种交流是在《圣经》中得到证明的。他同时也针对这个问题进行了嘲讽,并谴责希伯来人赤裸裸的神人同形说,这倒也是真的。因此,在斯宾诺莎的思考当中,有很多因素让我们怀疑,他实际上是在揭穿预言的真实性这个未明言的问题,虽然表面上他并没有这么说。① 况且,正如我们在前边所看到的那样,瓦罗纳以为自己知道斯宾诺莎的上帝是自然的一部分。因此,《神学政治论》的模糊之处便在于,斯宾诺莎不得不采用模糊的言语以取得赞成理性主义的基督徒的真诚支持。因此,对于斯宾诺莎似乎肯定上帝本人所做的个别启示的文字,瓦罗纳没有提,并深信在斯宾诺莎去世后,他可以像斯宾诺莎生前所说的那样自由地表达,至少是可以自由地对与他一样的人直抒心意。他自己在作品的第一部分阐述了泛神论,他心目当中斯宾诺莎的泛神论与此相似,所以,既然是从斯宾诺莎的体系当中自然而然地产生出来的论断,他觉没有必要再花时间细细地论述。

不过既然是这样,那为什么还要就预言写那么多呢? 既然预言者

---

① 但奥希金斯(O'Higgins)认为瓦罗纳远离了斯宾诺莎的论断,因为斯宾诺莎"对预言还是十分尊重的"(前面所引作品第156页)。关于这个问题,详见托塞尔(A. Tosel),《斯宾诺莎或者奴役的衰落,〈神学政治论〉研究》(*Spinoza ou le crepuscule de la servitude. Essai sur le Traité Théologico-Politique*, Paris, 1984, chapitre V, pp. 127 - 145)。

必须放弃神的启发,一切不是都说清楚了吗? 因为还要指出预言不是
人类智慧的最高表达,而是产生于野蛮民族的无知,是对上帝和自然产
生的错误观念。"不管怎么样,"瓦罗纳在简单提示了预言的纯粹想象
的特点之后又接着思考道:"想象控制了预言者,让他的精神无法自由
地审视事物,无法认识真理:正因为如此,那些胆敢预言的人撒了弥天
大谎,向我们讲了一些赤裸裸的假话,说明他们的精神没有受到引导,
他们也根本就不了解上帝。"[f. 258 v]他亦步亦趋地紧跟斯宾诺莎,
列举了详细的《圣经》文本的清单,证明《圣经》当中包含有大量关于上
帝和自然的错误。在一篇乱七八糟、排列无序的文章当中,有些例证是
斯宾诺莎借以指出调节世界进程的机制的预言者是多么无知,对这些
例证,他只是一带而过,却细细地论说以人形出现的上帝对其他民族的
神指手画脚,这个上帝的住所在天上,有着成千上万相互矛盾的欲望,
嫉妒,有时候仁慈,有时候又是正义之神,甚至残暴,正好比詹森教派教
徒心中所想的那样,这是他顺便指出的……"够了",他归结说:"这就
足以说明预言并不能让人心明眼亮,却能引人走向奇怪的歧途,不能以
其见证任何真理。"[f. 262 v]

　　因此,预言并不是理性的话语,也不是上帝的话语。瓦罗纳十分看
重这个结论。他甚至在《神学政治论》的更远处去找(第 7 章)摩西·
玛伊摩尼德的理性主义的批判,摩西·玛伊摩尼德想让理性去判断
《圣经》中的文字,借口预言者有可能是哲学家。虽然瓦罗纳没有把斯
宾诺莎的方法神圣化,①但他在这里还是大声地呼吁人们仔细看清楚
《圣经》的字面意义,因此也就是看清楚预言者的无知:"这些想象的奴
隶",他写道,"他们的精神状态使他们根本不能理性地看待自然,根本
不能清醒地运用理性。对于预言者来说,哲学是禁果,是不能触动

---

　　①　对于预言者所看到的某些异象,他事先便采取了立场,与玛伊摩尼德站在一起反对
斯宾诺莎。他感觉到从字面上恢复《圣经》文本,正好比斯宾诺莎所做的那样,有的时候会成
为似是而非的源泉。但是他也知道玛伊摩尼德采用寓意方法,超越字面意义,在试图挽救预
言的信誉的同时也会阉割他的理性主义。

的。"［f. 262 v］

令人感到惊异的是,他在《圣经》中发现了哲学家。首先是摩西,他提醒我们斯宾诺莎说摩西是与其他预言者不同的,因为只有摩西面见过上帝——也就是说,他解释只有摩西知道真理,斯宾诺莎在第 12章说可以从犹太人的律法中看到这一真理:"忠实于上帝,也忠实于上帝的原则,为他人效劳,也为自己效劳。"［f. 256 v］再说,还有基督,瓦罗纳作品的最后一章就是论述基督的。在这个问题上,他似乎不及斯宾诺莎的彻底。对于摩西,这是显而易见的,斯宾诺莎从来没有想到让摩西具有一般希伯来预言者所没有的精神品质。至于基督,斯宾诺莎的确没有将基督与预言者混为一谈,而且说基督是从精神上认识上帝的,而不是通过想象［第 4 章］,瓦罗纳一定注意到这种说法所包含的矛盾,似乎本来就是为了尽可能地缓解基督徒对他的作品之大胆感到的不满,所以才杜撰了这种说法。① 实际上,在这个问题上也是一样,瓦罗纳超越了斯宾诺莎,把《神学政治论》埋在深处的东西摆在了表面:立法者实际上是骗子,因为"他们利用预言,是有自己的小算盘的"［f. 263］。因此,他认为只有谨慎的所罗门才配得上被放在哲学家之列,而且斯宾诺莎也的确说他是哲学家,以将所罗门与别人区别开来(第 6 章);只有所罗门才真诚地赞颂了理性,并通过思考和经验,想办法摆脱这条犹太人从来不曾经历过的拯救之路。② 虽然在写下这些文字时他不能忘记犹太教的教士想从《圣经》里删除据说是所罗门所写的篇章,对这一点,他和斯宾诺莎(第 10 章)在批判《圣经》的文章中已经指出过。

对奇迹的批判也是在明确的斯宾诺莎的思想基础上做出的。犹太人认为,奇迹是上帝对自然的一般进程的干预。但这根本就是不可能的,因为上帝和自然并不像一般老百姓所认为的那样,是"两种分别的

---

① 关于斯宾诺莎对基督的认识,详见前面所引托塞尔的作品第 257—266 页。
② 瓦罗纳用的是他从《神学政治论》第 4 章援引的所罗门的段落。

力量",而是一种,而且从某种意义上说是同样的:"因为上帝的行动或者指导从本意上说是自然的因果联系",瓦罗纳写道,"因为,正如斯宾诺莎称之为的那样,使宇宙运动起来的一般而普遍的律法是管理宇宙的神灵不可侵犯的法令,宇宙是公平的,所以人们说,一切都是自然成就的,或者都是上帝指导的,因为从根本上说,自然和上帝的指导是一样的。正因为如此,比如说自然为了维持一个人而所做的一切,假设是直接作用于这个人的,那么其行动应当被称之为神的内在拯救;但是如果自然作用于外部,那么这一行动应当被称之为神的外在拯救;因为自然当中的一切永远都是神成就的,或者自然永远是贤明、善良的神灵的意愿,这个神灵通过不可侵犯的律法或者确实可靠的法令而掌握一切。"[ff. 265 v - 266]①

瓦罗纳在后面还说:"因此,凡是发生的,一向都是由律法所决定的,所发生的一切永远会按部就班,指明神及其意愿的无限、永恒、不变,神的意愿丰富、有效、恒久。"[f. 270]相信奇迹只是表明我们不了解宇宙无情的发展机制,这是不应当感到奇怪的,因为"自然的律法是无限的",自然所产生的"效果是我们无法了解的,而且其效果只是到时候才会表现出来,有可能每隔十代人才会发生一次,但也像太阳升起一样自然,一样按部就班,因为在我们有生之年,太阳是天天升起的;因此",瓦罗纳几乎一字不差地照抄斯宾诺莎的原文,归结道:"根本就没有所谓的奇迹,但是从广义上说,奇迹这个词所指的就是异乎寻常的效果,我们可以用另外一种我们习以为常的事去解释其自然的原因。"[引文出处同上]他还简单地向读者介绍了一个悖论,也就是斯宾诺莎

---

① 引文的最后一句话很难解读。事实上,瓦罗纳写的是:"La nature n'est jamais qua (sic) la volonté..."我认为这只不过是笔误。奥希金斯却认为可以理解成瓦罗纳想在这里强调自然律法有赖于神灵的意愿,因此,也就是有赖于"最高神灵的统治力"(the governing power of the Supreme Intelligence),这使他远离了斯宾诺莎的立场(前面所引作品第163—164页)。虽然瓦罗纳的上帝的确并不完全是斯宾诺莎的自然,而是使自然从内部有了活力的神灵(Intelligence),但这样解读本身就是矛盾的:的确,不可侵犯的律法和确实可靠的法令不能服从于神的武断的决定。而且这种解读会彻底地破坏批判的基础:排斥奇迹的是与自然的律法联系在一起的必然性;但是,如果上帝可以改变律法或者中止律法的作用,那奇迹就又是可能的了。瓦罗纳要读者参阅《神学政治论》的第3章。

以他一贯的睿智阐述的,奇迹对无神论反而是有利的:"按照一般人们的理解来说,奇迹就是自然的正常进程的中断,对于一个像所罗门这样的聪明人来说,奇迹证明了根本就没有神,而不是证明神的能力"[f. 269 v]①——严格说,这一结论在瓦罗纳的体系当中比在斯宾诺莎的体系中更加合乎逻辑,因为在瓦罗纳的体系当中,上帝是在物质当中维持秩序的神灵,而奇迹就意味着这一秩序的中断。

这样一来,瓦罗纳便可以自然而然地解释《圣经》中那些所谓的奇迹了。他再一次明确地援引斯宾诺莎,指出《圣经》中好几个异乎寻常的事根本就没有发生,而且这些奇迹恰恰响应了讲述奇迹的人的偏见(第6章)。但是,斯宾诺莎从某种意义上想挽救《圣经》作者的真诚,认为这些作者的形象和华丽的文笔让人觉得他们是想时时处处让上帝干预自然,而瓦罗纳却影射故事中包含有明确的意图,就是要欺骗人民,因为他说这些讲故事的人"在遣词造句时故意使事物披上了神奇的外衣"[f. 267]。不管怎么说,摩西的奇迹似乎尤其明显,所以他指责摩西:"除了利用时机之外,他并没有做什么,而时机清楚地表明他利用了自然的原因,经过研究,他可以对这些自然的原因有更高的认识。"[f. 268 v]往好里说,他有可能是个学者,是个魔法师,当然条件是我们要根据瓦罗纳所说的词源来理解"魔法师"这个词的意思:"一个贤明的教士或者哲学家"[f. 127 v];但是他肯定是个骗子,因为作为宗教的立法者,他有意地利用自己的知识,愚弄无知和迷信的人民;在提到跨越红海的故事时,瓦罗纳说:"像摩西这么精明的人,很可能巧妙地利用了前人发现的知识,像星相学家那样做些观察,预言几个世纪之后才会发生的现象。经过思考和研究,摩西还可以知道什么时候东风吹开红海,并像内行的人那样利用这一点。"[f. 270]

---

① 瓦罗纳的确援引了几段文字,说明所罗门认为自然在其生产当中有着不变的秩序。这些文字也是从《神学政治论》当中抄来的,但斯宾诺莎在这些文字当中讲的是一般意义上的《圣经》,在瓦罗纳所引的所罗门的文章旁边斯宾诺莎还明确援引了《耶利米书》(Jérémie)第6章。

　　《神学政治论》发表后在思想正统的人当中引起了极大的愤慨，但这并没有吓住瓦罗纳。他利用了斯宾诺莎的作品，在援引斯宾诺莎的作品时，总是带着赞赏的口吻。他甚至自称要把斯宾诺莎的思想表达得比原作更加清楚。比如他想方设法把斯宾诺莎原作中有时候隐藏着的东西明确地表达出来，清除有可能遮掩斯宾诺莎的激进论断产生的作用的东西，指出那些乍一看来并不太明白的关系。在这样做的时候，他自以为是忠实于斯宾诺莎的——从某种意义上说，他是在让贝尔所说的那些种子在《神学政治论》当中萌生，但是，这些种子的萌芽并不是无神论，而是基督徒的宗教：是关于真正的、内在于世界的上帝的学说。

地下哲学文稿目录[①]

在 1912 年一篇尽人皆知的揭示地下哲学手稿存在的文章中,朗松指出,"列一份保留下来的抄本目录,也许是件好事……"从那时以来,瓦德和斯平克(J. S. Spink)开始做这方面的研究,今天很多研究人员仍然在这一领域努力,从而建立了这一目录。瓦德发表具有先驱意义的书目("The Manuscripts and Their Setting", 1938)之后,我又发表了《地下论文的名录及存放位置》(Liste et localisation des traités clandestins, 1982)以及后来的《17 世纪和 18 世纪地下哲学手稿清点材料》(Matériaux pour un Inventaire des manuscrits philosophiques clandestins des XVIIe et XVIIIe siècles, 1988)。[②] 这种必不可少的研究包含某种悖论。从研究对象的性质来说,这一类的目录必然是开放性的,未完成的:这使得研究成果只能是短暂的。然而,从作为工具的特点来说,这种目录应有稳定性的要求,这就需要制定稳定的参考书目结构。

到目前为止采用按照连续的数码编排,根据篇目的字母顺序来编制目录的方法也有缺陷,新发现的论文(以及已经编入临时目录的其他论文的消失)会时时导致作品的识别编号发生改变。因此我们选择了一种新的系统,用篇目的首字母加一个罗马数字来识别某部作品,罗

---

① 本目录所收文献涉多个语种,如拉丁语、法语、英语、德语、意大利语、西班牙语、葡萄牙语、丹麦语、希伯来语等,译者已尽力将文献名或文献大意译出,尚有部分未译。——编者注

② 罗兰·德斯内(Roland Desné)提供了补充:《R. D. A. 的法国地下手稿》(Les manuscrits clandestins français en R. D. A.),见《18 世纪》[Dix-huitième Siècle XXI (1989), pp. 451 – 455];《手稿的新题目和新样本》(Nouveaux titres et nouveaux exemplaires de manuscrits),见《地下书信》[Lettre clandestine I (1992), pp. 35 – 42]。凯达罗(T. Kaitaro)也提供了补充:《赫尔辛基大学图书馆丛书中的地下哲学书刊》(La littérature philosophique clandestine dans les collections de la bibliothèque de l'Université d'Helsinki),见《地下书信》[La Lettre clandestine II (1993), pp. 24 – 32]。

马数字相当于该作品在同一首字母开始的系列中的顺序，比如 A I，A II，A III…；B I，B II…。①

---

① 新发现的作品在编目的索引中采用大写字母和罗马数字，再加阿拉伯数字编码，需要的时候，再加上小写字母（A I 1，A I 2，A I 3…；A I 1 a，A I 1 b，A I 1 aa…；A II 1，A II 2…；A III 1…）。在第一个附件中，我们已经在采用这样的系统。另外我们还建立了以下目录标准：

1. 因为地下哲学资料是一种欧洲的现象，我们编目索引了用法语和拉丁语之外的其他语言流传的论文抄本：例外情况下，有英文、德文、意大利文或者丹麦文；在反基督教的犹太教资料当中，较为常见的有西班牙文、葡萄牙文和希伯来文。

2. 对以下文本，我们分别作了编目：

开始时属于某部文集中的论文，后来又以独立的方式流行：《斯宾诺莎的观点提要或简短介绍》（*Abrégé ou courte exposition de l'opinion de Spinoza*），布尔内（Burnet）或者林伯奇（Limborch）的《提要》，这都是布兰维利耶的读物摘要。相反，没有单独流行过的论文以匿名的方式，被包括在文集的篇目之下。

某个文本的摘要或者一部分与该文本脱离，或者明显地有了与原作论文的不同之处：《让·梅叶的回忆录摘要》（*Extrait des Mémoires de Jean Meslier*）、《让·梅叶的形而上学论》（*Traité de métaphysique de Jean Meslier*）、《关于犹太教徒致某先生的信》（*Lettre à M. sur les Juifs*）。从精神上无法独立出来时，即使文本似乎单独流行过，那么也与母本编目索引：《特里梅德》（*Telliamed*）的摘要《基督教的证据》（*Preuves de la religion chrétienne*）、《对拉默努瓦先生关于 TTI 的论述的回复》（*Réponse à la dissertation de M. de la Monnoie sur le TTI …*）。

以共同的篇目流行过的论文文集：《激励基督徒信仰的紧急理由》（*Motifs pressants pour exciter la foi des chrétiens*）《揭下了面具的偏见》（*le Préjugé démasqué*）。

3. 不同的文本由于来源相同，所以用同样的标记编目。《生与死的平等》的手稿就属于这种情况，但是奥罗比奥和林伯奇的争论，《伦理学》（*Ethique*）或者《神学政治论》也是。在例外的情况之下，塞尔维特一起出版（或者手抄）的论文《关于三位一体的对话》、《论基督统治的合理性》（*De iustitia regni Christi*）也被编目索引在了一起。

4. 同一篇论文的不同版本没有做区别，无论如何我们无法对发现的所有抄本进行分析。需要经过专门的研究才能做出区别。

5. 属于私人收藏者的抄本做了区别。

6. 当一篇论文的作者已经明确，并没有异议时，我们才引用作者的名字。如果是译本或者摘要，原文本的作者放在中括号里。

7. 地下哲学手稿论文名录之后有三个附录，分别包括：a）手抄本流行已经得到证实，但没有发现任何抄本的论文。这样的论文按照前面提到的规则，用一个编码识别，并带有得以识别该论文的书目；b）作者亲笔论文手稿和/或流行未得到证实的论文手稿。这些论文用字母顺序编目，与最后一个附录中的论文一样；c）与地下哲学资料有关的手稿资料。

8. 对于各图书馆，我们使用的缩写如下：A. D. -Archives Départementales；A. N. -Archives Nationales；B. A. V. -Biblioteca Apostolica Vaticana；B. B. -Bibliotheca Bongarsiana；B. C. -Biblioteca Civica；B. S. H. P. -Bibliothèque de la Société de l'Histoire du Protestantisme；B. L. -British Library；B. M. -Bibliothèque Municipale；B. M. E. -Bibliotheca Metropolitana Colocensis；B. N. -Bibliothèque Nationale，Biblioteca Nacional，Biblioteka Narodowa；B. N. B. -Biblioteca Nazionale Braidense；B. N. C. -Biblioteca Nazionale Centrale；B. N. U. -Bibliothèque Nationale et Universitaire；B. P. -Biblioteca Palatina；B. R. -Bibliothèque Royale；BSB-Bäyerische Staatsbibliothek；B. U. -Bibliothèque Universitaire，Biblioteka Uniwersytecka；DSB-Deutsche Staatsbibliothek；E. K. -Egyetemi Könyvtär；E. M. -Ecole de Médecine；FuLB-Forschungs-und Landesbibliothek；GB-Gemeentebibliotheek；HAB-Herzog-August-Bibliothek；HLuHB-Hessische Landes-und Hochschulbibliothek；H. U. C. -Hebrew Union College；HUNL-Hebrew and University National Library；I. C. -Institut Catholique；K. B. -Kongelige Bibliothek，Koninklijke Biblioteek，Kungliga Biblioteket；LB-Landesbibliothek；LBdC-Lehrerbibliothek des Christianeums；（转下页注）

1. **A I**. *Abrégé de l'histoire universelle*. Boulainvilliers. (《世界历史摘要》,布兰维利耶）

Abrégé d'histoire ancienne. Abrégé d'histoire générale. Histoire ancienne. (《古代历史摘要》、《通史摘要》、《古代历史》）

Angoulême-B. M. 24–25；Berlin-DSB Gall. Fol. 259；Dijon-B. M. 1028；London-U. C. Franc. 2；Paris-Arsenal 3708–3709；Paris-B. N. f. fr. 6363–6364, Fr. 9694；① Paris-Mazarine 1577–1578, 1579；② Soissons-B. M. 155–156；Vire-B. M. 174, C 820（25）.③④

私人收藏：S. Akagi.

2. **A II**. *Abrégé ou courte exposition de l'opinion de Spinoza touchant la Divinité, l'esprit humain et les fondements de la morale*. (《斯宾诺莎关于神性、人的精神和道德基础的观点摘要或简短阐述》）

Bruxelles-B. R. 15168–82；Fécamp-B. M. 24；Paris-B. N. n. a. fr. 11072.

3. **A III**. *Absconditorum a Constitutione Mundi Clavis*. G. Postel.

（接上页注） N. K. -Národní Knihovna；N. L. S. -National Library of Scotland；N. L. W. -National Library of Wales；N. M. -Národní Museum；ÖNB-Österreichische Nationalbibliothek；O. S. K. -Orszagos Széchenyi Könyvtär；P. A. N. -Polskiej Akademii Nauk；P. L. -Public Library；PrSB-Staatsbibliothek preussicher Kulturbesitz；R. G. B. -Rossiskaia Gosu-Darstvennaia Biblioteka；R. N. B. -Rossiskaia Nazionalnaia Biblioteka；SB-Stadtbibliothek；SuSB-Staats-und Stadtbibliothek；SuUB-Stadts-und Universitätsbibliothek, Staats-und Universitätsbibliothek；UB-Universitätsbibliothek, Universiteitsbiblioteek, Universitetsbiblioteket, Universitetsbibliothek；U. C. -University College；U. L. -University Library；UuLB-Universitäts-und Landesbibliothek；Y. K. -Yliopiston Kirjasto；ZB-dK-Zentralbibliothek der deutschen Klassik。

① 第一部分。
② 第一部分。
③ 残篇。
④ Berlin-DSB Gall. Fol. 148–149 抄本在第二次世界大战期间被毁。樊尚城堡编号 D. I. b. 22 的陆军历史部目录中编目索引的抄本（"古希腊历史……"）也许包括有《摘要》的第二部分,但在现场没有找到。

贝利约(F. Berriot)在关于法国无神论的博士论文中提到 Armendraya de Villefranque 私人图书馆中另有一份抄本(canton de Saint-Pierre-d'Irube, Pyrénées-Atlantiques)。该图书馆的所有者雷蒙·贝里约(M. Raymond Berriot)死后,于 1988 年卖给了别人,于是抄本再也找不到了。

（《了解世界组成的秘密之关键》,波斯戴尔）

  Berlin-DSB Diez C Quart. 37；Gotha-FuLB Chart. A 294（2）；Hamburg-SuUB Theol. 2217；København-K. B. NKS 237 Quart.；Leiden-UB BPL 157 A；Wolfenbüttel-HAB 776 Helmst., 895 Helmst. ①

  Een sloetel enn verclaringe derer dinghen voorlt van Geehimnissen.

  Basel-UB Jorislade XI 1.

  4. **A IV**. *Adeisidaemon sive Titus Livius a Superstitione vindicatus.* J. Toland.（托朗）

  Hamburg-SuUB Theol. 1834；Kiel-UB K. B. 150；Oxford-Bodleian L. Rawlinson D 177；② Wolfenbüttel-HAB 149. 22 Extrav. ③

  Adeisidaemon；*or the historien Livy cleared from the charge of superstition.*

  Manchester-U. L. 3 f 38. ④

  5. **A V**. *A Madame de*… *Sur les différentes Religions de Hollande.* （《关于荷兰的不同宗教而致某夫人的信》）

  Douai-B. M. 702.

  6. **A VI**. *L'Ame matérielle*, *ou Nouveau Système sur les faux Principes des Philosophes anciens et modernes et des nouveaux Docteurs qui soutiennent son Immatérialité*（《物质灵魂,或者支持灵魂非物质性的古代和现代哲学家以及新博士的虚假原则之新体系》）

---

  ①　文集中缺 Wolfenbüttel-HAB 198. 4 Extrav. 抄本。
  ②　据加拉贝利（G. Carabelli）在《托朗纪事》（*Tolandiana*，Firenze，La Nuova Italia，1975，p. 140）中说,是作者亲笔抄本。
  ③　Hamburg-SuUB Theol. 2161 抄本已经失踪。
  ④　Bordeaux-B. M. 828（XXXVI）手稿以"Adeisidaemon, i. e. non timens daemonem,托朗关于提特·利夫的思考及其他作者"（Adeisidaemon, i. e. non timens daemonem. Reflexions de Tolland sur Tite Live, et autres auteurs）为题,包括该作品法文摘要。

Paris-Arsenal 2239.

7. **A VII**. *L'Ame mortelle*, *ou Réponse aux objections que font les partisans de son immortalité*. (《世俗的灵魂,或者对赞成灵魂不死的人所做反驳的回复》)

Paris-Mazarine 1189. ①

8. **A VIII**. *Amphitheatrum aeternae providentiae*. J. C. Vanini. (《永恒天命的剧场》,瓦尼尼)

Hamburg-SuUB Theol. 1841, Alchim. 733; Linköping-Stiftsbib. Theol. 120; Stockholm-K. B. A 843; Stuttgart-WLB Cod. theol. et phil. 2° 43; Tübingen-Evang. Stift Nachreform. 2° Ms. 25; Uppsala-UB T 377; Zittau-SB A 39. ②

9. **A IX**. *Amyntor*. [J. Toland]. (《阿明托》,托朗)

Helsinki-Y. K. D II 3. ③

10. **A X**. *Analyse du Traité de la Théologie Politique de Spinoza*. (《对斯宾诺莎〈神学政治论〉的分析》)

Dissertation sur l'Ecriture Sainte et les Prophètes. Esprit de Spinoza. Critique de Spinoza. Réflexions sur le Tractatus Theologo-Politicus de Spinoza. (《论〈圣经〉和先知》、《斯宾诺莎的精神》、《斯宾诺莎批评》、《对斯宾诺莎的〈神学政治论〉的思考》)

Cincinnati-H. U. C. 240, Bamberger 666; Fécamp-B. M. 25; Nancy-

---

① 在布盖书店销售时删除的手稿当中[Paris-B. N. f. fr. 9658],我们注意到有《论对反对灵魂之死的回答》(*Essais de réponses aux Objections contre la mortalité de l'âme*)。
② 抄本 Wroclaw-B. U. M 1478 在第二次世界大战中被烧毁。
③ 抄本的名称是《托朗先生的〈阿明托〉摘要》(*Extrait de l'Amyntor de Mr: Toland*)。

B. M. 207；New York-Columbia U. L. X193Sp4 X；Paris-Mazarine 1198.

11. **A XI**. *Anima Mundi, oder historische Erzahlung von der heÿden Meinungen, die Seele des Menschen nach diesem Leben betreffend.* ［C. Blount］.

Helsinki-Y. K. C° I 16.

12. **A XII**. *Apologia pro Serveto Villanovano de anima mundi sive de ea natura, quae omnino necessaria est, et habenda est media inter aeternam immobilemque et creatam mobilemque, estque consubstantialiter in ipso Christo, sicuti est etiam habenda.* G. Postel. (《为塞尔维特的生命世界辩护》,波斯戴尔)

Basel-UB A N V 10；Halle-UuLB Misc. Oct. 1；Hamburg-SuUB Theol. 1812；① Konstanz-H. Suso Gymn. Hs 56；London-B. L. Sloane 1411；Oldenburg-LB Cim. I 63；Paris-B. N. Lat. 18213. ②

13. **A XIII**. *Ars nihil credendi.* (《什么也不相信的艺术》)

La Béatitude des Chrétiens. Le fléau de la foi. (《基督徒的真福》、《信仰之灾》)

Budapest-O. S. K. Quart. Gall. 30；Göttingen-UuLB Theol. 260；③ Hamburg-SuUB Theol. 2160；København-K. B. NKS 95 Quart., NKS 96 Quart.；Moscou-R. G. B. 972；S. Peterburg-R. N. B. Fr. O III 2. ④

---

① 摘要。
② 根据大学图书馆手稿保管员斯坦曼(M. Steinmann)和肯兹(M. L. Kuntz)的意见,巴塞尔和伦敦的抄本是作者的亲笔。
　　Hamburg-SuUB Theol. 1823 和 Theol. 1824. 抄本于战争期间失踪。
③ 残篇。
④ Hamburg-SuUB Theol. 1854 和 Oldenburg-LB Cim. I. 261 抄本今天已经失踪。后一抄本当中只包含有残篇。Paris-Arsenal 10307 手稿当中包含以《主要手稿详情》(*Précis du principal manuscrit*) 为题的该论文的一份提要。

14. **A XIV**. *L'Autre monde ou les Empires et estats de la lune*. C. de Bergerac. (《另一个世界或者帝国及月亮的状态》,贝日莱克)

München-BSB Gall. 419; Paris-B. N. n. a. fr. 4558; Sydney-U. L. Fisher Library.

Istoria capricciosa e comica del sign. di Ciryano Bergerac che contiene Li Stati ed Imperio della Luna.

Bologna-Archiginnasio A. 2598.

15. **B I**. *La Béatitude des Chrétiens ou le fléau de la foi*. G. Vallée. (《基督徒的真福或者信仰之灾》,瓦勒)

Berlin-DSB Phill. 1937; Grenoble-B. M. 2776; Modena-Estense Lat. 505 [Alpha T. 5. 26]; Paris-A. N. L 5, n. 21; Paris-Arsenal 2126, 5414, 5758, 5792;① Paris-B. N. f. fr. 24883, n. a. fr. 1557,② Rés. p. Z 1199 (37); Paris-Institut 567; Paris-Mazarine 1072; Reims-B. M. 648 (N. fonds); Rimini-B. C. SC-MS 689; Roma-Casanatense 1799; Rouen-B. M. Leber 456; Wien-ÖNB 10397. ③

16. **B II**. *Le bon sens, ou idées naturelles opposées aux idées surna-turelles*. D'Holbach. (《常识,或者与超自然意识相对立的自然意识》,霍尔巴赫)

Paris-B. N. n. a. fr. 10905.

17. **C I**. *Les caractères de la religion chrétienne*. (《基督教的特点》)

Paris-Mazarine 1192.

---

① 两份抄件。
② 同上。
③ S. Peterburg-R. N. B. Fr. XVII Q 29 Z 抄件于 1920 年归还波兰,但在战争期间被毁。

18. **C II**. *Catalogue des livres mentionnés par les Pères , et autres anciens Ecrivains , comme justement ou faussement attribués à Jésus-Christ , à ses Apôtres et à d'autres personnages , ou qui les regardent immédiatement.* ［J. Toland］.（《神甫和其他古代作家提到的,正确或者错误地被认为是耶稣基督、使徒和其他人物所写的,或者他们当时所看过的图书目录》,托朗）

Helsinki-Y. K. D II 3. ①

19. **C III**. *Catéchisme d'un honnête homme ou Dialogue entre un Caloyer et un homme de bien.* Voltaire.（《一个正直之人的信条或者一个东正教修道士和一个好人的对话》,伏尔泰）

Barnard Castle-Bowes Museum FO 91/Re；Cambridge-Harvard U. Houghton L. Fr 79；Gotha-FuLB Chart. B 1138e ；② Paris-E. M. 2017；Reims-B. M. 2472；Rouen-B. M. M 74. ③

20. **C IV**. *Censure du symbole des apôtres.* (《对使徒象征的贬责》)
Paris-Mazarine 1189.

21. **C V**. *Le Christianisme aussi vieux que la création.* ［M. Tindal］. (《与创世一样古老的基督教》,单达尔)

Leiden-UB March. 63.

Beweiss , dass die Chrisliche Religion so alt seÿ , als die Schöpffung.
Helsinki-Y. K. C° I 22. ④

---

① Wien-ÖNB 10325, ff. 131－134v 手稿包括有托朗就该作品写给霍享朵夫（Hohendorf）的一封信。

② 格里姆（Grimm）和梅斯特（Meister）的文学通信集。

③ Wittenberg-Evang. Predigerseminar Man. 58 当中包括几份根据 1758 年出版的作品的摘要,看起来是供摘要作者个人使用的。

④ Hamburg-SuUB Theol. 1835 抄本已经失踪。Helsinki-Y. K. D III 1 包括有米德尔顿（Middleton）为单达尔（Tindal）的作品辩护的德文译本。

22. **C VI**. *Christianisme judaïque et mahometan*. J. Toland. (《犹太和伊斯兰基督教》,托朗)①

Wien-ÖNB 10325,② 10389.

23. **C VII**. *Christianismi restitutio*. M. Servet. (《基督教的复兴》,塞尔维特)

Edinburgh-U. L. Dc. 6. 33;③ Gotha-FuLB Chart. A 269; Hamburg-SuUB Theol. 1815, Theol. 1817 – 1818;④ Milano-B. N. B. AE XIII 20 – 21; Paris-B. N. Lat. 18212; Paris-B. S. H. P. 14; Rotterdam-GB 503; S. Peterburg-R. N. B. Lat. Q I 349;⑤ Weimar-ZBdK Fol. 478$^{a, b}$; Wolfenbüttel-HAB 207 Novissimi. ⑥⑦

24. **C VIII**. *Le Christianisme sans Mystères*. [J. Toland]. (《没有神秘的基督教》,托朗)⑧

Helsinki-Y. K. C° I 20.

25. **C IX**. *Le Ciel ouvert à tous les hommes*. P. Cuppé. (《上天为所有的人敞开》,库佩)

Le Paradis ouvert à tous les hommes. Nouveau système de religion chrétienne, ou le Ciel ouvert à tous les hommes. Traité théologique. (《为所有人开放的天堂》、《基督教的新体系,或者为所有天开放的天空》、《神

① 该论文是托朗自己所写 *Nazarenus* 第一部分的一个版本。
② 据加贝利(G. Carabelli)在前面所引《托朗纪事》第 209 页中所言,这是作者的亲笔。
③ 日内瓦公共大学图书馆有一份编号为 Lat. 201 的 *proemium* 和爱丁堡(Edinburgh)第一卷开始的照片复印本。
④ 第一部分失踪了。
⑤ 残篇,篇目是 *Liber secundus de legis et Evangelii differentiis*。
⑥ 前两本书及第三本书的开始。
⑦ 包括有作品的摘要的 Hamburg-SuUB Theol. 1846 抄本在战争期间失踪。
⑧ Sächsische Landesbibliothek de Dresden 有一份英文原件的抄本,编号是 N 99。该抄本于战争期间失踪。

学论》)

Aix-en-Provence-B. M. 42（1099）, 43（578）; Bayeux-B. M. 34; Carpentras-B. M. 954; Châlons-sur-Marne-B. M. 201, 202; København-K. B. NKS 85 Quart. ; Lille-B. M. 309（110）; Lyon-B. M. 169, 1342, 6297, 6431; Morlaix-B. M. 30; Nancy-B. M. 207; New York-Columbia U. L. X193Sp4 X; Paris-Arsenal 2238, 2560; Paris-B. N. f. fr. 9619, f. fr. 9620, f. fr. 17106, f. fr. 20109, f. fr. 22925, f. fr. 22926, f. fr. 24884, n. a. fr. 11045, n. a. fr. 11046, n. a. fr. 11047, n. a. fr. 11645; Paris-Institut 567; Paris-Mazarine 1176, 1177; Paris-Sainte Geneviève 2931; Reims-B. M. 651; S. Peterburg-R. N. B. Voltaire 205（XI）; Sélestat-B. Humaniste 216; Soissons-B. M. 225; Valence-A. D. 1 E 655; Wittenberg-Evang. Predigerseminar Man 58（1）. ①

私人收藏: Mme. Souquet.

26. **C X**. *Collection des lettres sur les miracles*. (《关于奇迹的书信集》)

Wien-ÖNB 14605.

27. **C XI**. *Colloquium heptaplomeres de abditis sublimium rerum arcanis*. J. Bodin. (《七名学者关于崇高之秘密的对话》, 让・博丹)

Aix-en-Provence-B. M. 144（920）; Altona-LBdC Lat. R. 21. 5; Angers-B. M. Rés. 1975; Berlin-DSB Diez C Fol. 7, Diez C Fol. 8, Lat. Fol. 945; Berlin-Hugenottenmuseum; Berlin-PrSB Lat. Fol. 93, Lat. Fol. 94, Lat. Fol. 388, Lat. Quart. 56, Theol. Lat. Fol. 426, Theol.

---

① 克利斯托夫里尼（P. Cristofolini）在出版的这一论文中说, Paris B. N. D² 6949 印刷本和 Paris B. N. E 1768 Saintes 24551 印刷本包括手写的修改和增加的内容。

Lat. Fol. 676, Hamilton 95; Bern-B. B. Cod. Lat. AA 35; Bremen-SuUB msa 0051 – 02, msa 0051 – 03, msa 0206; ① Bucuresti-Acad. Lat. 5; Budapest-O. S. K. Quart. Lat. 68, Fol. Lat. 1565; Cambridge (UK)-U. L. Lat. D. d. 1058 Fol. ; Cambridge (Mass.)-Andover-Harvard Th. L. 19; Darmstadt-HLuHB 255, 1574; Dresden-SLB N 1, N 1 b, N 26, N 48, N 49, N 49 a, N 70; Giessen-UB 625, 626, 627; Gotha-FuLB Chart. A 1014, Chart. B 1028 – 1029; Göttingen-UuLB Theol. 274 A et B, Theol. 275, Theol. 276 A, Theol. 277, Luneb. 98; Halle-UuLB Stolberg-Wernig. Zf 2; Hamburg-SuUB Theol. 1221, Theol. 1838, Theol. 1839; Jena-UuLB Prov. o. 180; Kiel-UB K. B. 60, K. B. 61; København-K. B. GKS 216 Fol. ,② GKS 1403 Quart. ,③ NKS 73 Fol., NKS 74 Fol., NKS 74 b Fol., NKS 2221 Fol., NKS 238 Quart., Thott 90 Fol., Thott 91 Fol., Thott 92 Fol., Fabricius 27 Fol., Ledreborg 3 Fol. ; Konstanz-H. Suso Gymn. Hs 56; Leipzig-UB Rep. IV 92; London-B. L. Add 9002, Sloane 2859, Sloane 2998; London-Wellcome Inst. 1276, 1277; Lübeck-SB Philos. 17, Philos. 18; Manchester-U. L. 3 b 13; Neustadt an der Aisch-Evang. Kirchenbib. ms. 34; Oldenburg-LB Cim. I 60; Paris-B. N. Lat. 6564, Lat. 6565, Lat. 6566, Lat. 12976, Lat. 12977, Lat. 13971 – 13972, Lat. 16139, n. a. Lat. 515, n. a. Lat. 2043; Paris-Mazarine 3527 – 3528, 3529, 3530; Paris-Sainte Geneviève Lat. 1025; Paris-Sorbonne Cousin 6; Parma-B. P. Parm. 1121; Princeton-U. L. ; Roma-B. A. V. Reg. Lat. 1313; Rostock-UB Varia 58 Quart., Theol. 171 Quart. ; 's-Gravenhage-K. B. 76 H 15; Weimar-ZBdK Fol. 48; Wien-ÖNB 10391 – 10392, 10407; Wolfenbüttel-HAB 89. 1. Extrav., 220. 2 Extrav., 924

---

① msa 0051 –02 抄本［原来的编号是 a. 51 c］和 msa 0206 抄本于 1990 年由苏联归还。贝利约谈到的 Cod. Lat. Brem. 手稿无疑是这些抄本之一。msa 0051 – 03 手稿就是克里斯特勒(P. O. Kristeller)说在柏林查阅过的那份编号为 a. 51 cc 的手稿。手稿于 1989 年归还。

② 不完整。手稿只包括第一卷和第二卷。

③ 不完整。手稿只包括第四卷的结尾,第五卷和第六卷。

Helmst.；Zittau-SB A Fol. 63.

Colloque entre sept savants qui sont de différents sentiments des secrets cachés des choses relevées.（《七名学者关于崇高之秘密的对话》）

Gent-UB 149；Paris-Arsenal 2506，① 5425，6026；Paris-B. N. f. fr. 1923；Paris-Mazarine 3531. ②

28. C XII. *Commentaire sur la Bible.*（《〈圣经〉评注》）
Bruxelles-B. R. 15188 – 15189；Troyes-B. M. 2376 – 2377. ③

29. C XIII. *Concordia rationis et fidei sive Harmonia Philosophiae Moralis et Religionis Christianae.* F. W. Stosch.（《理性与信仰的调和，道德哲学和基督教信仰之间的和谐》，斯托施）

Berlin-DSB Diez C Quart. 37；Berlin-PrSB Latin Quart. 327；Dresden-SLB N 28；Hamburg-SuUB Theol. 1857，Theolog. 2152；Helsinki-Y. K. Fᵟ II 43；Kiel-UB K. B. 150；København-K. B. GKS 1406 Quart.，Thott 93 Fol.，Thott 44 Oct.，Thott 45 Oct.；Parma-B. P. Parm. 232；Wolfenbüttel-HAB 198. 4 Extrav.；Wroclaw-B. U. Mil. VIII 22. ④

30. C XIV. *Conférences d'un Juif avec un Chrétien.* ［Limborch，Oro-

---

① 提要。

② 克里斯戴勒（P. O. Kristeller）提到另一个拉丁文的抄本：Moscou-R. G. B. 466（*Iter Italicum* V）。贝利约（F. Berriot）在出版的《研讨会》（*Colloque*，日内瓦，1984）当中，说明以下抄本已经失踪：*Latin.* Hannover Lat. I et II；London-Middle Hill Codex Philippianus；Roma-B. A. V. Slusiana Lat. 48；Tours 76. *Français.* Arras-B. M. 230（328）。

20 年代归还给波兰的 S. Peterburg-R. N. B. Lat. Q I 938 抄本大概于 1944 年被烧毁。总部位于 Wien 的 Stiftung Fürst Liechtenstein 资产名录当中已经没有 Vaduz N 1 – 21 抄本。Wroclaw-B. U. R 377 抄本于第二次世界大战期间被烧毁。Helsinki-Y. K. Aᵟ II 16 抄本现场未找到。

Paris-Arsenal 4852 手稿［《教会的历史》（*Histoire de l'Eglise*）］包括有匿名收藏者对论文的注释［ff. 5 – 15］。

③ 这些抄本都没有题目。这是我们是属于私人收藏的第三个样本上看到的："伏尔泰对《圣经》的评注。"

④ Hamburg-SuUB 1856 抄本已失踪。

bio]. (《犹太教徒与基督徒的比较》,林伯奇,奥罗比奥)

Paris-B. N. f. fr. 22920. ①

Extrait du livre de Philippe à Limborch De veritate Religionis christianae in quos respondet argumentis Orobii judaei.

Bruxelles-B. R. 15168 – 82; Paris-B. N. n. a. fr. 11075. ②

31. **C XV**. *Considérations politiques sur les coups d'Etat*. G. Naudé. (《对政变的政治思考》,诺戴)

København-K. B. GKS 1921 Quart. ; Stockholm-K. B. P 78.

32. **C XVI**. *La constitution primitive de l'Eglise*. [J. Toland]. (《教会的原始组织》,托朗)

Rouen-B. M. Montbret 367.

33. **C XVII**. *La contagion sacrée, ou histoire naturelle de la superstition*. D'Holbach. (《神圣的传染,或者迷信的自然史》,霍尔巴赫)

Gent-UB 1603.

34. **C XVIII**. *Cymbalum mundi en françois. Contenant quatre Dialogues Poétiques*. B. des Périers. (《法语版的〈洋琴世界〉,包括四个诗歌对话》,戴佩里耶)

Leiden-UB March. 30; Paris-Sainte Geneviève 2543; Venezia-S. Marco Lat. XIV. 251 (4685); Versailles-B. M. P 136; Wien-ÖNB 10182.

---

① 林伯奇出版的该作品的部分翻译。
② Paris-B. N. Lat. 3646 A 手稿包括《奥罗比奥或者被反驳的阿姆斯特丹犹太教徒》(*Orobio ou le Juif d'Amsterdam réfuté*),这部作品实际上是耶稣会的会士让·阿杜因(Jean Hardouin)对奥罗比奥在这次争论中所持论断的批判。手稿为作者亲笔。

35. **D I**. *De Admirandis Naturae Reginae Deaeque Mortalium Arcanis.*
J. C. Vanini. (《论大自然的美好秘密，凡人的女王和女神》，瓦尼尼)

Basel-UB F II 34；Halle-UuLB Yg Oct. 19；Helsinki-Y. K. E° III 18；
S. Peterburg-R. N. B. Lat. Q I 377；Wroclaw-B. U. R 496. ①

A treatise on the wonderful secrets of nature, the queen and goddess of mortals. (《论大自然的美好秘密，凡人的女王和女神》)

Manchester-U. L. 3 f 9 - 11 et 2 b 10 (2). ②

36. **D II**. *De Jésus-Christ.* (《论耶稣基督》)

Examen critique du Nouveau Testament. Celse moderne, ou réflexions sur Jésus-Christ. Doutes sur la religion chrétienne, l'Evangile en général. (《〈新约全书〉批判研究》、《现代塞尔斯，或者关于耶稣基督的思考》、《对基督教的怀疑》、《一般意义上的福音书》)

Boulogne-B. M. 112；Carpentras-B. M. 954；Douai-B. M. 703；Grenoble-B. M. 331；Paris-B. N. f. fr. 13213，n. a. fr. 4369；Paris-Sorbonne 760；Reims-B. M. 651；Rochefort-B. M. 6；Rouen-B. M. A 485，0 57，Montbret 367；'s-Gravenhage-K. B. 129 G 12；Sélestat-B. Humaniste 216；Troyes-B. M. 2320；Vire-B. M. 152.

私人收藏：G. Mori，F. Moureau，M. Schiltz.

37. **D III**. *De l'Ame.* (《论灵魂》)

Paris-B. N. f. fr. 14696；Tours-B. M. 971.

38. **D IV**. *De la causa, principio, et uno.* G. Bruno. (《论原因，本原

---

① Hamburg-SuUB Theol. 2149 抄本在战争期间失踪。
② 两份手稿包括同一译本的文本，译本编号为 2 b 10 (2)，实际上是 3 f 11 的后续内容。2 b 10 的第一部分是 *A dissertation in defence of Vanini, containing a refutation of the charge of atheism brought against him by his contemporaries*，是阿普(Arpe)的作品的译本。论文的前几页缺失。

与太一》,布鲁诺)

Gotha-FuLB Chart. B 1152；Kiel-UB K. B. 64；Wien-ÖNB 10390；①
Wolfenbüttel-HAB 813 Helmst.

39. **D V**. *De la conduite qu'un honnête-homme doit garder pendant sa vie.*（论一个正直的人在生活中应有的行为）

Paris-Mazarine 1194.

40. **D VI**. *De la vraie et fausse gloire.*（《光荣的真与假》）

Douai-B. M. 702.

41. **D VII**. *De l'examen de la religion.*（《宗教研究论》）

Bordeaux-B. M. 828（XXXII）；Châlons-sur-Marne-B. M. 184；Paris-Arsenal 2557；Paris-B. N. n. a. fr. 10988；Paris-Mazarine 1199；Paris-Sorbonne 800；② S. Peterburg-R. N. B. Fr. Q I 72.

私人收藏：G. Mori.

42. **D VIII**. *De l'imposture sacerdotale, ou Recueil de pièces sur le clergé, traduites de l'anglois.*（《圣职的欺骗性,或者关于神职人员的文集,译自英文》）

Roma-B. A. V. Patetta 2070.

43. **D IX**. *De l'infinito universo et mondi. G. Bruno.*（《论宇宙和世界的无限》,布鲁诺）

Gotha-FuLB Chart. B 1150；Jerusalem-HUNL Var. 48；Kiel-UB K.

① 只有作为引言的书信和诗。
② 这一抄本只有前言,第一章和第二章的开始。

B. 65；Wien-ÖNB 10390；① Wolfenbüttel-HAB 813 Helmst.

44. **D X**. *De peccato originali*. H. Beverland. (《论原罪》,贝夫兰)
Rostock-UB Theol. 136 Quart. A. ②

45. **D XI**. *De Primordiis Christianae Religionis Libri duo*：*Quod prior agit de Essaeis*，*Christianorum Inchoatoribus*，*Alter de Christianis*，*Essaeorum Posteris*. J. G. Wachter.

De Christianae religionis primis incunabilis libri duo.

Frankfurt am Main-SuUB Lat. Oct. 85；Halle-UuLB Misc. Quart. 20^b.

46. **D XII**. *De tribus impostoribus*. (《论三个骗子》)

De tribus impostoribus liber. Fragmentum libri de tribus Impostoribus. De tribus mundi impostoribus breve Compendium de Moyse，*Christo et Mahumete. De imposturis religionum breve compendium*.

Bergamo-B. C. MM 587；Berlin-DSB Diez C Quart. 28，Diez C Quart. 29，Diez C Quart. 30，Diez C Quart. 31，Diez C Quart. 37，Nachlass Oelrichs 549；Berlin-Hugenottenmuseum；Berlin-PrSB Lat. Quart. 621；Bruxelles-B. R. 15190；Celle-Kirchen-Ministerial-Bib. Z 46 a；Coburg-LB 76；Dresden-SLB N 28③，N 81 b，N 81 ba，N 140；Edinburgh-N. L. S. Adv. ms. 23. 7. 5；Frankfurt am Main-SuUB Lat. Oct. 90，Lat. Oct. 197④；Gdansk-P. A. N. 1989，1990，1991；Gotha-FuLB Chart. A 294（1），B 197，B 1258；Göttingen-UuLB Hist. Lit. 42；Greifswald-UB Quart. 971；Halle-UuLB Stolb. -Wernig. Zd 56，Stolb. -

---

① 只有作为引言的书信和十四行诗。
② Helsinki-Y. K. F⁶ II 43 文集的最后一篇文本题为 *Scripturae Sotadico Phallicae h. e. Notae Critico-Philologico-Physico-Curiosae in Hadriani Beverlandi de Peccato Originali*。
③ 两份抄本。
④ 三份抄本。

Wernig. Zd 57, Stolb. -Wernig. Zd 58; Hamburg-SuUB Theol. 1858, Theol. 2155, Theol. 2156; Hannover-NSLB I, 42; Helsinki-Y. K. D II 3; Ithaca-Cornell U. L. C 102; Kassel-LB 4° Theol. 36; Kiel-UB K. B. 85, K. B. 86, K. B. 87, K. B. 89; København-K. B. NKS 99 Quart., NKS 100 Quart., NKS 101 Quart., NKS 102 Quart., NKS 17 Oct., NKS 72 Fol., Thott 207 Quart., Thott 208 Quart., Thott 209 Quart., Thott 38 Oct.; Leipzig-UB Rep. II. 4. 151 a, 2097, 2098, 2099; London-B. L. Harley 6494, Sloane 2039,① Sloane 4023 (1); London-U. C. Add. 226; Lübeck-SB Philos. 19; Manchester-U. L. 3 b 15; Modena-Estense Lat. 505〔Alpha T. 5. 26〕; München-BSB Lat. 1377; Neustadt an der Aisch-Evang. Kirchenbib. ms. 35; New York-Columbia U. L. 193Sp4 FD9512; Oldenburg-LB Cim. I 58, Cim. I 59, Cim. I 256; Paris-B. N. f. fr. 25290, n. a. Lat. 171; Philadelphia-Pennsylvania U. L. Lea 145; Rimini-B. C. SC-MS 689; Roma-Casanatense 1799; Rostock-UB Theol. 159 Fol. ; 's-Gravenhage-K. B. 132 D 30; 's-Gravenhage-Mus. Meermanno-Westr. 10 E 5; S. Peterburg-R. N. B. Fr. Q III 20, Fr. O III 1, Razn. F. III 2, Razn. Q III 2, Lat. Q I 710, Lat. Q I 711; Stockholm-K. B. A 837; Strasbourg-B. N. U. 164; Tübingen-Evang. Stift Nachreform. Handschr. 9; Uppsala-UB H 34; Wien-ÖNB 10450*; Wittenberg-Evang. Predigerseminar A VI 9 (2), S. Th. 2787;② Wolfenbüttel-HAB 157. 10 Extrav. ,③ 198. 4 Extrav.; Wroclaw-B. U. I O 17ᵐ, I O 17ⁿ, I O 17°, I O

---

① 两份抄本(文件 9 和文件 10)。这些抄本不完整,一些页面失踪,但无法确定缺失页面的数量。第一份抄件中缺论文的结尾,而第二份抄件中没有开始,而且文本中还有其他缺失。

② 戴斯内(R. Desné)〔"R. D. A. 图书馆中地下哲学手稿"(Manuscrits philosophiques clandestins dans les bibliothèques de la R. D. A., p.455)〕指出这一编号下一份是一份印刷件。样本的确是放在印刷件类别里的,但这的确是一份手抄本。

③ 两份抄本。

17ˢ, R. 2219, Mil. II 436. ①

Extract aus einer von Evander übersetzten und mit Anmerkungen heraus-gegebenen Handschrift unter dem Titel von den Betrügereyen der Religionem.
Wroclaw-B. U. Mil. IV 204.

47. **D XIII**. *De trinitatis erroribus*. M. Servet. (《论三位一体之谬误》,塞尔维特)

Augsburg-SuSB 4° Cod. 179; Basel-UB A VII 56, A N V 4, Frey-grynaeum VII 32; Berlin-DSB Lat. Quart. 95; Bruxelles-B. R. II 59; Buda-pest-O. S. K. Lat. Quart. 1055; Budapest-E. K. Theol. 32; Celle-Kirchen-Ministerial-Bib. Z 144; Chicago-U. L. Special Collections 43; Dresden-SLB N 81, App. 2311; Fulda-HLB Aa 151; Genova-B. Durazzo B VI 21; Halle-UuLB Stolb. -Wernig. Zd 121, Stolb. -Wernig. Zd 122, Stolb. -Wernig. Zd 123, Stolb. -Wernig. Zd 123ᵐ; Hamburg-SuUB Theol. 1812, Theol. 1816, Theol. 2135; Hannover-NSLB I, 36; Helsinki-Y. K. Cᵒ III 24; Jena-UuLB Prov. o. 179; Kalocsa-B. M. E. 249; Kiel-UB K. B. 148; København-K. B. Thott 210 Quart. ; København-UB Add. 569 Quart. ; Marburg-UB 592; Neu-stadt an der Aisch-Evang. Kirchenbib. ms. 49; Oldenburg-LB Cim. I 62; Paris-B. N. Lat. 10724; Princeton-U. L. Scheide 126; Roma-Casanatense Raro 425; Rostock-UB Theol. 110; Rotterdam-GB 501; 's-Gravenhage-K. B. 129 E 14; Stockholm-K. B. A 839; S. Peterburg-R. N. B. Lat. Q I 698, Lat. O I 92; Strasbourg-B. N. U. 114, 181; Szeged-B. Batthyanyana 570; Tübingen-Evang. Stift Nachreform. Handschr. 9; Tübingen-UB Mc 161;

---

① S. Peterburg-R. N. B. Lat. 709 和 Lat. 712 抄本大约于 1920 年归还给波兰。克里斯特勒(P. O. Kristeller)〔*Iter Italicum*, vols. III et IV〕指出,Berlin-PrSB Lat. Oct. 142 和 Kalocsa-B. M. E. 102 抄本中没有这一论文的抄本:第一份抄本实际上是 16 世纪经院派论文的文集,第二份抄本是特里戴姆(Trithème)的《*Clavis stenographiae*》的抄本。
Chartres-B. M. 758 抄本〔*De tribus impostoribus MDCIIC*〕和 Bonn-UuLB S 378 et S 379 抄本在战争期间被毁。Weimar-ZBdK Q 32 -5 和 Q 32 -6 手稿今天已失踪。

Weimar-ZBdK O 48, Q 34; Wien-ÖNB 10387; Wien-Stiftung Fürst Liech-
tenstein N-7-6; Wolfenbüttel-HAB 1061 Helmst., 250 Blank.; Wroclaw-B.
U. R 329, R 488, R 2278; Zeitz-Kollegiatstift Kat. pag. 72 Nr. 26. ①
Van de dolingen in de Drievuldigheyd seven boeken.
Halle-UuLB Yc Fol. 10.

48. D XIV. *De vera religionis inventione*. Muthianus de Bath.(《真正
宗教的发现》,巴斯)
Dresden-SLB N 83; Hamburg-SuUB Theol. 1849; Wien-ÖNB 10401. ②

49. D XV. *Dialogorum de Trinitate*. *De iustitia regni Christi*. M. Ser-
vet.(《关于三位一体的对话》,《论基督统治的合理性》,塞尔维)
Basel-UB A N V 4; Budapest-O. S. K. Lat. Quart. 1055; Budapest-
E. K. Theol. 32; Dresden-SLB P 131; Gdanks-P. A. N. 2002; Giessen-UB
859; Greifswald-UB 1050; Halle-UuLB Stolb. -Wernig. Zd 123, Stolb. -
Wernig. Zd 123^m, Stolb. -Wernig. Zd 124; Hamburg-SuUB Theol. 1813,
Theol. 2136; Helsinki-Y. K. F° II 43; Kiel-UB K. B. 148, K. B. 149;
København-K. B. NKS 79 Quart., Thott 39 Oct.; Marburg-UB 592; New
York-Columbia U. L. X231 Se6; ③ Oldenburg-LB Cim. I 61; Paris-B. N.
Lat. 18212; Parma-B. P. Parm. 16; Princeton-U. L. Scheide 126; Roma-
Casanatense Raro 425; Rotterdam-GB 502; 's-Gravenhage-K. B. 129 E
14; S. Peterburg-R. N. B. Lat. O I 92, Lat O I 93; Strasbourg-B. N. U.

---

① 克勒斯特勒说在 S. Peterburg-Ermitage 11 另有一份抄本。S. Peterburg-R. N. B. Lat Q I
406 和 Lat Q I 697 抄本于 20 年代归还给波兰,并在华沙大火中被烧毁。Bonn-UuLB S 380,
Dresden-SLB N 29, N 67, N 71, Hamburg-SuUB 2134 和 Wroclaw-B. U. R 990 抄本也在战争期间
被毁。
该作品被译成法文流行:《关于三位一体的错误》,作者是塞尔维特,七卷本。马尚(P.
Marchand)以七十五块弗洛林金币为价卖给杜墓(Durey)一份手抄本。书商后来把抄本转卖给
了 Wolfenbüttel 图书馆。ms. Leiden-UB March. 39.3, f. 126 手稿包括有这一译本的说明。
② Hamburg-SuUB 1848 抄本已失踪。
③ 抄本中只包括这些作品当中的第一本。

114；Weimar-ZBdK O 48；Wolfenbüttel-HAB 1061 Helmst.，250 Blank.；Wroclaw-B. U. R 490，R 2278. ①

50. **D XVI**. *Dialogue du douteur et de l'adorateur par M. l'abbé Tilladet*. Voltaire.（《提亚戴神甫的怀疑者和崇拜者之间的对话》，伏尔泰）

Montpellier-B. M. 338.

51. **D XVII**. *Dialogue entre un Français et un Algérien sur leurs religions.*

Entretien d'un Seigneur françois et d'un Mahométan sur la Religion.（《一个法国人和一个阿尔及利亚人关于他们的宗教的对话》、《一位法国贵族和伊斯兰教徒关于宗教的谈话》）

Paris-Mazarine1194；Reims-B. M. 2471；Rouen-B. M. Montbret 443.

52. **D XVIII**. *Dialogues sur l'âme*，*par les interlocuteurs en ce temps-là*.（《当时的人关于灵魂的对话》）

Paris-Mazarine 1191.

53. **D XIX**. *Difficultés sur la religion*，*proposées au P. Malebranche.*（《向马勒伯朗士提出的宗教的困难》）

Système de religion purement naturelle.（《纯自然的宗教系统》）

München-BSB Cod. Gall. 887.

摘要：Paris-Mazarine 1163，1192，1197；S. Peterburg-R. N. B. Fr. Q I 92.

---

① 克里斯特勒说还有另一个抄本：S. Peterburg-Ermitage 11. Dresden-SLB N 29，N 117 b 和 Wroclaw-B. U. R 489 抄本在战争期间被毁。Elblag-B. M. Q 47 手稿已失踪［艾尔布拉格（Elblag）的手稿第二次世界大战后转往 B. U. de Torun，但在这里没有找到］。

54. **D XX**. *Le dîner du comte de Boulainvilliers*. Voltaire. (《布兰维利耶男爵的晚餐》, 伏尔泰)

Bordeaux-B. M. 828 (XXXVI).

私人收藏: F. Moureau.

55. **D XXI**. *Discours historique sur l'Apocalypse*. F. Abauzit. (《关于〈启示录〉的论述》, 阿博齐)

Discours historique contre l'Apocalypse et en même temps contre les autres livres du Nouveau Testament. Recherche sur l'autorité de la révélation de St. Jean. (《反对〈启示录〉, 并同时反对《新约》其他部分的历史论文》、《对圣约翰启示的权威性的研究》)

Aix-en-Provence-B. M. 10 (703 -R. 300, 704, 851); Helsinki-Y. K. D Ⅲ 3; København-K. B. NKS 64 Quart.; ① Leiden-UB March. 31. ②

56. **D XXII**. *Discours sur les fondements et les preuves de la religion chrétienne*. [A. Collins]. (《关于基督教的基础和证明的论述》, 科兰)

Helsinki-Y. K. C° I 21.

57. **D XXIII**. *Discours sur les miracles de Jésus-Christ*. [Th. Woolston]. (《关于耶稣基督的奇迹的论述》, 沃尔斯顿)

Caen-B. M. Quart. 23; München-BSB Gall. 795; Rouen-B. M. Montbret 404. ③

私人收藏: J. Vercruysse.

---

① 讲话后面有《圣保罗写给罗马人的书信解释》(*Paraphrase de l'Epitre de St Paul aux Romains*) [ff. 1 -81] 以及《〈圣雅各书信〉第四章前六卷的解释》(*Paraphrase des 6 1ers v. du Chap. 4 de l'Epitre de St: Jaques*) [s. n.]。

② Hamburg-SuUB Theol. 1870 抄本今天已失踪, 里面包括 *Discurs von dem Canonischen Ansehen der Offenbarung des Johannes*。

③ Warszawa-B. N. 1398 手稿于 1944 年城市大火时被烧毁。

摘要：Caen-B. M. Quart. 23；① Paris-B. N. f. fr. 13224；Paris-Mazarine 1199；

S. Peterburg-R. N. B. Voltaire Oct. 221.

Discours, *über die Wunderwerke Unsers Heÿlandes.*

Helsinki-Y. K. C⁸ I 20. ②

58. **D XXIV**. *Discours sur les miracles de nôtre Seigneur*, par Albert Radicati Comte de Passeran. (《关于我主奇迹的论述》,阿尔贝·拉迪卡梯,帕斯朗的伯爵)

私人收藏：J. -D. Candaux.

59. **D XXV**. *Discours sur les Religions et les Gouvernemens*, par Albert Radicati, comte de Passeran. (《关于宗教和政府的论述》,阿尔贝·拉迪卡梯,帕斯朗的伯爵)

私人收藏：J. -D. Candaux.

Discorsi morali, *istorici e politici.* (《道德、历史和政治》)

Torino-Fondazione L. Einaudi Rari 16. 2. 9.

60. **D XXVI**. *Dissertation et preuves de l'éternité du monde.* (《世界永恒的论述及证明》)

Que le Monde est éternel. (《世界是永恒的》)

Aix-en-Provence-B. M. 816 (773 – R. 586)；Paris-Mazarine 1194.

61. **D XXVII**. *Dissertation*, *ou recherche sur l'autorité canonique de l'Evangile selon Mathieu*, *et les raisons qui portèrent les anciens hérétiques à*

---

① 第三卷 ff. 83 – 189 v。

② 论文后面有另外一份文本：*Verandwortung der zwey Schreiben einer Judischen Rabbi gegen die Auffer-Anhängen Lazari und Christi in einem Brieffe am Mr ：Woolston* [ff. 221 – 244].

le rejeter.(《关于马太福音教规权威性的论述或者研究，以及古代异教徒否认马太福音的原因》)

Helsinki-Y. K. D III 2. ①

62. **D XXVIII**. *Dissertation philosophique sur la mort.* ［A. Radicati］.(《对于死亡的哲学论述》，拉迪卡梯)

Helsinki-Y. K. D III 2.

63. **D XXIX**. *Dissertation sur Elie et sur Enoch.* N. -A. Boulanger.(《关于艾利和以诺的论述》，布朗吉)

Le rabbinisme renversé.(《犹太教博士风格之颠倒》)

Aix-en-Provence-B. M. 828（844 -R. 418，665）；Paris-Mazarine 1197；S. Peterburg-R. N. B. Voltaire 240（IX）.

64. **D XXX**. *Dissertation sur l'origine des Nègres et des Américains.*(关于黑人和美洲人始祖的论述)

Système sur l'universalité du déluge et sur l'origine des Nègres, des Américains, des Caffres, etc.(《大洪水的普遍性和黑人、美洲人和卡菲勒始祖的系统》)

Paris-A. N. M 772，n. 13；Paris-Mazarine 1190.

65. **D XXXI**. *Dissertation sur la formation du monde.*(《论世界的形成》)

Paris-Mazarine 1168.

---

① Hamburg-SuUB Theol. 1870 抄本今天已经失踪，里面原包括一份论文，题为：*Eines gelehrten Engländers Untersuchung des Canonischen Ansehens des Evangelii S. Matthaei*。

66. **D XXXII**. *Dissertation sur la résurrection de la chair*. (《关于肉体复活的论述》)

Paris-Mazarine 1168.

67. **D XXXIII**. *Dissertation sur le Messie*. (《关于弥赛亚的论述》)

Jérusalem-U. L. Var. 282；Paris-B. N. f. fr. 13351，f. fr. 14928，f. fr. 24884，n. a. fr. 10988；Paris-Mazarine 1194；Paris-Sorbonne 761；Nancy-B. M. 484.

［希伯来文本］

Jerusalem-HUNL 8° 886.

68. **D XXXIV**. *Dissertation sur les martyrs*. (《关于殉道者的论述》)

Paris-B. N. f. fr. 14696；Tours-B. M. 971.

69. **D XXXV**. *Dissertation sur Moïse，où l'on fait voir qu'il est un fourbe et un imposteur*. (《摩西之辩，从中可以看出摩西是个骗子和伪善者》)

Paris-Mazarine 1194.

70. **D XXXVI**. *Doutes des Pyrrhoniens*. (《怀疑论者的疑问》)

Bruxelles-B. R. 15191.

71. **D XXXVII**. *Doutes proposés par Th. Burnet sur le premier chapitre de la Genèse*. (《布尔内对〈创世记〉第一章提出的疑问》)

Extrait de l'ouvrage intitulé Doutes ou objections de Th. Burnet sur le premier chapitre de la Genèse，conciliés avec l'Ecriture. (《题为"布尔内对与〈圣经〉一致的〈创世记〉第一章的怀疑或反驳"的作品摘要》)

Bruxelles-B. R. 15183－87；Paris-B. N. n. a. fr. 11075；Paris-Mazarine 1194.

72. **D XXXVIII**. *Doutes sur la religion.*（《对宗教的疑问》）

Les Doutes. Doutes sur les religions. Doutes sur la religion révélée. Préservatifs contre les préjugés de la religion chrétienne et autres. Doutes sur la vérité de la religion chrétienne. Doutes d'un homme qui examine et veut s'éclairer（《怀疑》、《对宗教的疑问》、《对被揭示的宗教的怀疑》、《对基督教和其他宗教的偏见的防护措施》、《对基督教真理的怀疑》、《一个研究问题并想把事情搞清楚的人的怀疑》）

Aix-en-Provence-B. M.　62（585 -R. 404）; Chicago-U. L.　108; Fécamp-B. M.　14; Gent-UB 243; Montauban-B. M.　22; Paris-B. N. f. fr. 24885; Paris-Mazarine 1192, 3564; Paris-Sorbonne 760.①

私人收藏: S. Pujol.

73. **D XXXIX**. *Dubia circa existentiam Dei.*（《对上帝存在的怀疑》）

Hamburg-Staatsarchiv Familia Reimarus A 12.②

74. **E I**. *Entretien d'un européen avec un insulaire du Royaume de Dumocala.*（《一个欧洲人和一个杜默卡拉王国岛民之间的谈话》）

Praha-N. M. XVII F 6.

75. **E II**. *L'esprit du judaïsme.* D'Holbach.（《犹太教的精神》,霍尔巴赫）

Compiègne-B. M.　5;③ Valenciennes-B. M.　989.

76. **E III**. *Essai de métaphysique dans les principes de Benoît de*

---

① Barnard Castle-Bowes Mus. FO 91/Re 文集包括一份摘要,题目是《一个印度人和教会就教会的怀疑和普通教规的对话》(*Dialogue entre un Indien et l'Eglise sur les doutes de l'Eglise et sur les conciles généraux*), ff. 477 - 485。
② Hamburg-SuUB Theol. 2164 a 已经失踪。
③ 摘要。

Spinoza. Boulainvilliers. (《斯宾诺莎哲学原理的形而上学论》, 布兰维利耶)

　　Angoulême-B. M. 29; Auxerre-B. M. 235 – 236, 237; ① Besançon-B. M. 418; Chaumont-B. M. 195; Dresden-SLB N 68; Krivoklat-Hrad I d 9; La Flèche-Prytanée Militaire C 385; Laon-B. M. 514; Madrid-B. N. 9788; Montréal-McGill U. L. MS 1, M1 Bd 1 Boulainvilliers IV. 26; Paris-Arsenal 2235, 2236; Paris-B. N. f. fr. 9111, f. fr. 12242 – 12243; Paris-Mazarine 3558, 3560; Toulouse-B. M. 757; Troyes-B. M. 2820; Valenciennes-B. M. 295; Wien-ÖNB 10399; Wittenberg-Evang. Predigerseminar Man. 29. ②

　　77. **E IV**. *Essai de quelques idées sur Dieu*. (《论关于上帝的几个观念》)

Paris-Mazarine 1197.

　　78. **E V**. *Essai sur les facultés de l'âme*. (《论灵魂的能力》)

Paris-Mazarine 1192.

　　79. **E VI**. *Essai sur les miracles*. ［Hume］. (《论奇迹》, 休谟)

Gotha-FuLB Chart. B 1078.

　　80. **E VII**. *Essais sur la recherche de la vérité*. (《论追求真理》)

Paris-Arsenal 2558.

---

　　① 抄本属于一个两卷本的文集, 第一卷现在已经失踪。抄本中只包括该文的第二部分。
　　② 在贝桑松的抄本 La Flèche et Paris-Mazarine 3560 当中, 论文只剩第一部分。文本的第二部分重新整理过。
　　Arras-B. M. 252 (597) 抄本曾属于 Abvielle 的资产, 于 1915 年的大火中被毁。Vire-B. M. 72 手稿实际上包括《关于自然一般体系的观念》［据 G. Menant-Artigas］。

81．**E VIII**．*Ethique*［Spinoza］．(《伦理学》,斯宾诺莎）

Liber aureus pretiosissimus.

Lons-le-Saunier-B. M.　27;① Lyon-B. M.　5165;② Paris-Sorbonne
1038; Wien-ÖNB 10418.　③

82．**E IX**．*Ethocratie ou le gouvernement fondé sur la morale.*
D'Holbach. (《伦理统治或者以道德为基础的治理》）

Krakow-B. U. 2939.

83．**E X**．*Examen critique des apologistes de la religion chrétienne.*
(《对基督教卫道士的批判研究》）

*Réflexions critiques sur les arguments employés pour prouver la religion
chrétienne. Avis sincère aux défenseurs de la religion chrétienne. Etablisse-
ment du christianisme. Histoire critique du christianisme.* (《对为了证明基
督教而使用的论据的批判思考》、《对基督教的辩护者们的真诚意见》、
《基督教的建立》、《基督教批判历史》）

Aix-en-Provence-B. M. 816（773 -R. 586）; Berlin-DSB Gall. Quart.
164; Châlons-sur-Marne 184, 185; Paris-Arsenal 2125; Paris-B. N. f. fr.
13212; Paris-Mazarine 1198; Paris-Sorbonne 763; Rouen-B. M. p 11.

84．**E XI**．*Examen de la réfutation faite par M. Régis de l'opinion de
Spinoza, sur l'existence et la nature de Dieu.* (《雷吉对斯宾诺莎关于上帝
的存在和性质的观点的反驳之研究》）

Exposition du système de Benoît Spinoza, contre les objections de Régis.

---

① 第一部分。

② 据科罗纳·迪斯特里亚（Colonna d'Istria）称这是布兰维利耶的手稿,Colonna d'Istria
于 1907 年将该手稿出版。西蒙(R. Simon)说这一情况是假的。

③ Caen-B. M. Quart 256（6）手稿包括有卡利(P. Cally)对《伦理学》的反驳,题目是《斯
宾诺莎的神学》(*Theologia Spinosae*,14 ff）。

(《博努阿·斯宾诺莎体系之阐释，对雷吉的反驳之反驳》)

Auxerre-B. M. 238；Fécamp-B. M. 25；Genova-B. Durazzo B III 10；Paris-Château de Vincennes MR 1792；'s-Gravenhage-K. B. 132 F 8.

85. **E XII**. *Examen de la religion.* (《宗教研究》)

Examen de la religion dont on cherche l'éclaircissement de bonne foi. Doutes sur la religion dont on cherche l'éclaircissement de bonne foi. La vraie religion démontrée par l'Ecriture Sainte. Doutes sur la religion chrétienne, ou Examen général d'une religion révélée. Traité contre le culte de toutes les religions. Pensées sur la religion dont on cherche de bonne foy l'eclaircissement. Examen de la religion chrétienne. Examen de religion. Examen de la religion en général. Doutes et pensées sur la religion dont on cherche l'éclaircissement de bonne foi et avec sincérité. (《真诚地追求澄清问题之宗教研究》、《真诚地追求澄清问题之宗教怀疑》、《〈圣经〉所指出的真正的宗教》、《对基督教的怀疑，或者对神启宗教的一般研究》、《论所有的宗教之崇拜》、《真诚地追求澄清问题宗教之思考》、《基督教研究》、《宗教研究》、《一般宗教之研究》、《真诚而诚恳地追求澄清问题之宗教怀疑和思考》)

Aix-en-Provence-B. M. 818（774 -R. 586），[1] 1906（1772）；Bordeaux-B. M. 828（XXXII）；[2] Budapest-O. S. K. Quart. Gall. 14；Cambridge（Mass.）-Harvard U. Houghton L. Fr 17；[3] Carpentras-B. M. 954；Châlons-sur-Marne-B. M. 183；Chantilly-Les Fontaines T. 402. a 4；Cincinnati-H. U. C. 240；Dresden-SLB e 72，k 276 g；Fécamp-B. M. 13，16，34；Genova-B. Durazzo B III 10，B IV 5；Gent-UB 284，302；London-B. L. Lansd. 414；Milano-Ambrosiana S. P. 59；Moscou-R. G. B.，

---

[1]　包括有"奇迹第六章补充"，据说这一补充"来自另一抄本"。
[2]　只有前八章。
[3]　只有前五章。

Fonds Etat Major Général, Général Chtab, fonds 68, IN 1216；① New York-Columbia U. L. X843 M56；Orléans-B. M. 1115；Paris-Arsenal 2091；Paris-B. N. f. fr. 13213, f. fr. 13214, f. fr. 13215, n. a. fr. 1557, n. a. fr. 1902, n. a. fr. 10436, n. a. fr. 10987, n. a. fr. 21799；Paris-Centre Sèvres 2522（rés.）；Paris-Mazarine 1193,② 1199；Paris-Sorbonne 760；Reims-B. M. 2471, 2472；Rouen-B. M. Montbret 443, Montbret 547；S. Peterburg-R. N. B. Fr. Q I 68,③ Fr. Q I 100,④ Voltaire Oct. 221；Tournus-B. M. 68；Venezia-S. Marco App. Cod. 35（284）；Warszawa-B. N. II 3697；⑤ Wittenberg-Evang. Predigerseminar Man. 34. ⑥

私人收藏：G. Mori, S. Matton, F. Moureau, N. Torrey.

［丹麦文］

København-K. B. Thott 34 b Oct.

86. E XIII. *Examen des Principes fondamentaux des Religions.* (《宗教基本原则之研究》)

Orléans-B. M. 1690.

87. E XIV. *Examen et censure des livres de l'Ancien et du Nouveau Testament.* (《〈新约〉和〈旧约〉的研究和审查》)

---

① 与圣彼得堡-R. N. B. Fr. Q I 68 属于同一家族。

② 包括对关于奇迹的章节的补充。

③ 分为 13 章,第一章"宗教一词意味着什么,为什么建立了那么多的宗教"来自《论三个骗子》(*Traité des trois imposteurs*)。

④ 分为十七章,论述三位一体的章节(十一章)包括有"神学家对三位一体的解释";第十二章题为"恶魔、魔鬼和天才";最后一章第 XVII 章题为"圣事"。

⑤ 该抄本位于 S. Peterburg-R. N. B. 编号为 Fr. Q III 15。抄本于 1934 年归还给波兰。

⑥ ms Arras-B. M. 232（906）手稿本属于 Abvielle 的资产,于 1915 年图书馆大火中被烧毁。瓦德提到的 Tours-B. M. 1761 抄本于第二次世界大战期间被毁[据 G. Menant-Artigas,那是《特里梅德》不为人所知的一份手稿,《18 世纪》第十五章 (*Dix-huitième siècle* XV, 1983),第 310 页,注 18]。

Vire-B. M. 820（29）抄本以《R. C. 简单研究》(*Bref examen de la R. C.*) 为题,包括有前十章的一份摘要[据 G. Menant-Artigas 说,是"围绕着布兰维利耶而说的……"]。

Leiden-UB March. 68 手稿包括有一份关于这一论文的资料。

Dijon-B. M. 89.

88. **E XV**. *Examen réflechi des diverses situations où se sont trouvés les hommes par rapport à la religion jusqu'à l'époque du Christianisme.*（《基督教时代之前人与宗教的关系之处境思考研究》）

Berlin-DSB Ham. 590 b.

89. **E XVI**. *Exercitatio super vers. 12, 13 et 14 cap. V. Epistolae S. Pauli ad Romanos, quibus inducitur primos homines fuisse creatos longe ante Adamum.*（《圣保罗给罗马人的使徒书，远早于亚当，第一个人类已被造出》）

Paris-A. N. M 799, n. 2.

Traité confirmatif des Préadamites.（《亚当之前的人的确证论》）

Paris-A. N. L 10, n. 1.

90. **E XVII**. *Exposition des sentiments de Spinoza.*（《斯宾诺莎的情感阐释》）

Exposition du système de Spinoza.（《斯宾诺莎的系统阐释》）

Aix-en-Provence-B. M. 816（773 -R. 586）；Auxerre-B. M. 238；Fécamp-B. M. 25；Paris-Château de Vincennes MR 1792；'s-Gravenhage-K. B. 132 F 8.

91. **E XVIII**. *Explicación paraphrastica del Capitulo 53 del Propheta Isaias.* Orobio de Castro.（《〈以赛亚书〉第五十三章解释》，奥罗比奥和卡斯特罗）

Jerusalem-Etz Hayim Montezinos 2 E 6；Wien-ÖNB 10388.

La divinité de Jésus-Christ détruite. Explication du 53e chapitre d'Isaïe.

Dissertation sur le 53e chapitre d'Isaïe, par laquelle on réfute l'explication qui sert de base au Christianisme. Commentaire du 53e chapitre d'Isaïe, annonçant la venue de Jésus-Christ. Préface d'Orobius, médecin juif, sur la réfutation qu'il a faite des explications que les Chrétiens ont inventées au sujet du chap. LIII d'Isaïe. (《耶稣基督被破坏的神性》、《〈以赛亚书〉第五十三章解释》、《〈以赛亚书〉第五十三章论述,并驳斥作为基督教基础的解释》、《宣布上帝将要到来的〈以赛亚书〉第五十三章评论》、《犹太医生奥罗比奥对基督徒杜撰的〈以赛亚书〉第五十三章解释的反驳前言》)

Chantilly-Les Fontaines Oct. 464; Jérusalem-U. L. Var. 282; Paris-B. N. f. fr. 14928; Paris-I. C. Frçs 28; Paris-Mazarine 1178, 1190;[①] Nancy-B. M. 484.

Explicaçao paraphrastica sobre o capitulo 53 de profeta Izahias. (《对〈以赛亚书〉第五十三章的简单解释》)

London-B. L. Add. 40084; Oxford-Bodleian Lib. Opp. Add. 4° 148.

[希伯来文本]

Jérusalem-HUNL 8° 886.

92. **E XIX**. *Extrait de la Théorie sacrée de la Terre et des révolutions et changements de notre globe, de Th. Burnet.*[②] (《地球及其公转的神圣理论及地球的变化摘要》,布尔内)

Bruxelles-B. R. 15183-87; Paris-B. N. n. a. fr. 11075; Paris-Mazarine 1194.

93. **E XX**. *Extrait des Pensées et sentiments de Jean Meslier.* (《让·梅叶的思想和感情摘要》)

Mémoire des pensées et sentimens de J. M. Mémoire du curé de

Trépigny. Extrait d'un manuscrit trouvé après la mort de J. M. Abrégé du traité de la fausseté de la religion chrétienne par J. M. Testament de J. M. Sentimens de J. M.（《让·梅叶的思想和感情回忆录》、《特里皮尼神甫的回忆录》、《让·梅叶去世后发现的一份手稿摘要》、《让·梅叶基督教虚伪论摘要》、《让·梅叶的遗嘱》、《让·梅叶的感情》）

Aix-en-Provence-B. M. 58（581）; Barnard Castle-Bowes Museum FO 91/Re; Charleville-Mezières-A. D. I. 8; Les Angliviels, Valleraugue; Orléans-B. M. 1115, 1690; Paris-Arsenal 2558, 2559; Praha-N. K. VIII H 71; Reims-B. M. 653, 2471; Rouen-B. M. Montbret 547, Montbret 659, Montbret 753, M 74; Sélestat-B. Humaniste 216;[1] Wien-ÖNB 14605.[2][3]

私人收藏:M. Centner, M. Clavreuil, M. Morehouse, Mme. Souquet, M. Torrey.

Testament des Herrn Johann Meslie.（海恩·让·梅叶的遗嘱）

Wien-Staatsarchiv VA 32.[4]

94. F II. *La Foi anéantie, ou démonstration de la fausseté des faits principaux contenus dans les deux Testaments.*（《灭失的信仰,或者〈新约〉和〈旧约全书〉中包括的主要事实之虚伪证明》）

Paris-Mazarine 1189.

95. F III. *Fragmenta des Wolfenbüttelschen Ungenannten.* Reimarus-G. E. Lessing.（《沃尔苏比特尔残篇的秘密》）

Praha-N. M. 3590; Wroclaw-B. U. Mil. IV 220.

---

① 两份抄本。
② 该抄本只包括"作者生平摘要"和前言的开始。
③ Chartres-B. M. 775 抄本在战争期间被毁。
④ 译本是 1785 年的。我们在后面看到 1790 年的一份摘要。

96. **G I**. *Gedanken von der natürlichen Religion*. ［C. Blount］.(《自然宗教思想》)

Helsinki-Y. K. C° I 16.

97. **H I**. *Histoire critique de Jésus, fils de Marie*.(《玛丽的儿子耶稣的批判历史》)

Berlin-DSB Ham. 590 a.

98. **H II**. *L'homme machine*. La Mettrie.(《机器人》,拉梅特里)

Orléans-B. M. 1115; Reims-B. M. 2471.

99. **I I**. *Ineptus religiosus ad Mores Horum Temporum descriptus*.(《为我们这个时代所描绘的宗教愚人》)

Halle-UuLB Misc. Quart. 20 c; Hannover-NSLB I, 69a; Helsinki-Y. K. F° II 43; København-K. B. NKS 17 Oct., NKS 108 Quart. ; Parma-B. P. Parm. 2 Theol.; Strasbourg-B. N. U. 164.

100. **I II**. *Infaillibilité du jugement humain, sa dignité, son excellence*. ［W. Lyons］.(《人的判断之可靠无疑,其尊严,其优秀》,里庸)

摘要: Nancy-B. M. 484; Paris-Sorbonne 761, 1181.

101. **I III**. *L'Innocence de l'erreur soutenue et justifiée dans une lettre à Mr*…(《在写给某先生的信中坚持错误,为错误辩解之清白》)

Helsinki-Y. K. D III 3.

102. **J I**. *Jordanus Brunus redivivus, ou Traité des erreurs populaires*.(《复活的乔尔达诺·布鲁诺或者民众错误论》)

Rouen-B. M. M 74.

103. **L I**. *Lettre à M. sur les Juifs.*（《关于犹太教徒致某先生的信》）

Aix-en-Provence-B. M. 1906；Bordeaux-A. M. Delpit 5；Paris-B. N. f. fr. 14696；Tours-B. M. 971.

104. **L II**. ［*Lettre à Monsieur··· Doutes sur les principaux fondements de la religion chrétienne*］.（致某先生的信······对基督教根本原则的怀疑）

Wien-ÖNB 10397. ①

105. **L III**. *Lettre à un membre du Parlement concernant un Projet de Bill pour revoir, corriger ou rejeter certains Status hors d'usage, qu'on nomme communement Les Dix Commandements.*（《就修订或者放弃人们一般称之为十诫的某些规则的比尔计划而写给一名议会议员的信》）

Wittenberg-Evang. Predigerseminar Man. 58.

106. **L IV**. *Lettre anonyme contre le système philosophique de Boyer.*（《反对布瓦耶哲学系统的匿名信》）

Besançon-B. M. 418；Paris-Mazarine 3560.

107. **L V**. *Lettre d'Hippocrate à Damagète.*（《希波克拉底写给达马吉特的信》）

Traduction d'une Lettre d'Hippocrate à Damagète.（希波克拉底写给达马吉特的信之译本）

Aix-en-Provence-B. M. 514（1379）；Carpentras-B. M. 954；Dresden-SLB C 110 a；Gap-A. D. 321；Hannover-NSLB I, 257[a]；Manchester-

---

① 抄本没有题目。

U. L. French 82；München-BSB Gall. 733；Paris-B. N. f. fr. 736，f. fr. 25393，n. a. fr. 22156；Rouen-B. M. Montbret 748；Toulouse-B. M. 858；Vire-B. M. C 822（46）；Wien-ÖNB 10398. ①

108. **L VI**. *Lettre d'un médecin arabe à un fameux professeur de l'Université de Halle en Saxe.* ［J. Toland］.（《一个阿拉伯医生写给撒克斯哈尔大学一个著名教授的信》,托朗）

Paris-Mazarine 1195.

109. **L VII**. *Lettre de Mylord Bolingbroke à M. Pope.*（《米洛·伯林布洛克致波普的信》）

Rouen-B. M. M 74.

110. **L VIII**. *Lettre de Thrasybule à Leucippe.*（《特拉西布尔致乐西普的信》）

Quatrième partie de M. Locke, contenant la critique des religions anciennes de l'univers. Réflexions de M. Locke sur les différentes religions.（《洛克先生作品第四部分,包括宇宙古代宗教批判》、《洛克先生对各种宗教的思考》）

Bordeaux-B. M. 1696（XXXII），1732；Carpentras-B. M. 954；Chantilly-Les Fontaines Quart. 134；Château-Thierry-B. M. 1；Cincinnati-H. U. C. 240；Douai-B. M. 703；Firenze-Laurenziana Ashb. 1567；Gent-UB 300；Grenoble-B. M. 919；Paris-A. N. 162 MI 6；Paris-Arsenal 5805；Paris-B. N. f. fr. 15288；Paris-Centre Sèvres 2522（rés.）；Paris-Mazarine 1193；Paris-Sorbonne 762；Reims-B. M. 2220；Rouen-B. M. Montbret

---

① 1934 年归还给波兰的 S. Peterburg-R. N. B. Fr. III O 9 Z 抄本于第二次世界大战期间被毁。

553；S. Peterburg-R. N. B. Fr. F III 7；①Washington-Library of Congress Rare Books Th. Jefferson Lib. J. 54；Wien-ÖNB 10415.

私人收藏：R. Simon.

111. L IX. *Lettre sur les difficultés et découragements qui se trouvent dans le chemin de ceux qui s'appliquent à la lecture de l'Ecriture d'une manière à ne se fier qu'à leurs propres yeux*. ［Hare］.(《关于那些致力于只靠自己的眼睛努力读〈圣经〉的人会遇到的困难和失望》,哈尔)

Helsinki-Y. K. D III 3.

112. L X. *Lettre sur M. Locke*. Voltaire.(《关于洛克先生的信》,伏尔泰)

Dissertation philosophique sur l'âme.(《关于灵魂的哲学思考》)

Paris-Arsenal 2557；Paris-B. N. Rés. pZ 1196.

113. L XI. *Lettres à Eugénie*. D'Holbach.(《写给欧也妮的信》,霍尔巴赫)

Nantes-B. M. 206（fr. 37）.

114. L XII. ［*Lettres à Serena*］. ［J. Toland］.(《致塞雷纳的信》,托朗)

Helsinki-Y. K. C° I 20. ②

---

① 圣彼得堡的 R. N. B. 图书馆管理员证实这一抄本和贝尔特朗(G. Bertrand)著作中提到的编号为 Hist. Fol. 90 D ［Fr. IV F 90 D］的抄本(《圣彼得堡图书馆法文手稿目录》巴黎,1874)是同一件手稿。两件样本都是所谓的 63ff 对开本,但是标题不同。来自 Zaluski 原图书馆收藏的几份手稿于 1934 年归还给波兰,现在保存在华沙 Biblioteka Narodowa 图书馆。1993 年 9 月到该图书馆工作访问时,我没能找到这一文件。

② 没有篇目。

摘要: Hannover-NSLB LH, IV, III, 11; ①Wien-ÖNB 10325, 10389. ②

[*Lettere due 1a Intorno all'origine dell'opinione dell'immortalità dell'anima. II. dall'insussistenza del sistema di Spinoza*]. (《两封信:一、关于心灵起源的意见;二、关于斯宾诺莎体系之缺失》)

Napoli-B. N. C. III A 44. ③

115. **L XIII**. *Lettres philosophiques*. Voltaire.(《哲学书简》,伏尔泰)

摘要: Dresden-SLB P 256; ④Paris-B. N. F. fr. 15362; ⑤Rouen-B. M. O 57.

116. **L XIV**. *Lettres sur la religion, sur l'âme humaine et sur l'existence de Dieu*. (《关于宗教,人的灵魂和上帝存在的信》)

Paris-Mazarine 1183.

117. **L XV**. *Lettres sur les anciens Parlements de France*. Boulainvilliers.(《关于法国旧时议会的信》,布兰维利耶)

Aachen-SB 398－399, 400－406; Angoulême-B. M. 23, ⑥26－27; Ann Arbor-Michigan U. L. JN 2413 b 76; Besançon-B. M. 894; Bordeaux-B. M. 828 (XXXVII); Bourges-B. M. 364 (303); Cahors-B. M. 9－10; Chantilly-Musée Condé 1103; Chartres-B. M. 734 (740); Châteaudun-B. M. 25－27 (2205); Grenoble-B. M. 1009; Lille-B. M. 24－25; Nancy-B. M. 620 (191); Nantes-B. M. 1149－1150, 1151－1153; New York-Brooklin P. L. 0691119; Paris-Affaires Etrangères Mém. Doc. France 22,

---

① 莱布尼兹亲笔。
② 这两份抄件仅包括前两封信的翻译件。第一份抄件甚至单独编了页码。
③ 手稿没有题目。
④ 第 20、13、21、22、23、24 和 25 封信。
⑤ 摘要是雅梅(Jamet)的《多花蔷薇》(*Polyanthea*)一部分。第五封信到第七封信,第十三封信。[伏尔泰先生致洛克先生的信]。
⑥ 只是最后两封信。

23，144，744；Paris-Arsenal 3418－3419；Paris-B. N. f. fr. 4784，f. fr. 10177，f. fr. 10882，f. fr. 13634，f. fr. 14024－14026，f. fr. 21401－21402，n. a. fr. 93－94，n. a. fr. 95；Paris-Chambre des Députés 400－401（Be 16 a），402；Paris-Faculté de Droit Cujas 11－12；Paris-Institut Anc. et Nouv. Fonds 321，582，684－685，1103（519）；Paris-Mazarine 2888；Paris-Sénat 400－401（9203）；①Paris-Sorbonne 11－12；Poitiers-B. M. 266（31）；Rouen-B. M. U 88，U 90，②U 101，Montbret 364，Montbret 451，Martainville 105；Saint-Brieuc-B. M. 78；Sens-B. M. 230；Vitry-le-François 89，③90.

118. **M I**. *La Matérialité ou la Mortalité de l'âme humaine，et son identité avec le corps soutenues et prouvées par les Saintes Ecritures*.（《〈圣经〉所主张和证明的人的灵魂的物质性和世俗性，及其与身体的同一性》）

Helsinki-Y. K. D III 2.

119. **M II**. *Meditationes Philosophicae de Deo，Mundo，Homine*. Lau.（《关于上帝，世界，人的哲学思考》，洛）

Berlin-DSB Diez C Quart. 37；Berlin-PrSB Latin Quart. 283；Cambridge（Mass.）-Andover-Harvard Th. L. 30；Dresden-SLB N 28，N 80；Gdanks-P. A. N. 2002；Göttingen-UuLB Hist. Lit. 43；Halle-UuLB Stolb. -Wernig. Zd 56；Hamburg-SuUB Theol. 1843，Theol. 2158；Iowa City-Iowa U. L. Ms. L 366；Ithaca-Cornell U. L. C 102；Kiel-UB K. B. 132；København-K. B. NKS 16 Oct.，Thott 46 Oct.，Thott 93 c Fol.；København-UB Add. 50 Oct.；Paris-A. N. L 5，n. 25；Parma-B. P. Parm.

---

① 第九到第十四封信。
② 第十三到第十四封信。
③ 第十四封信。

3；Rouen-B. M. Montbret 731；'s-Gravenhage-K. B. 132 D 30；S. Peter-burg-R. N. B. Razn. F. III 2，Razn. Q. III 2；Uppsala-UB P 113 a；①
Wolfenbüttel-HAB 15. 1 Extrav.，157. 11 Extrav.，198. 4 Extrav.，271
Blank.；Wroclaw-B. U. R 2461. ②

*Méditations philosophiques sur Dieu，le monde et l'homme. Réflexions
d'un philosophe sur la divinité，sur le monde et sur la nature de l'homme.*
(《关于上帝、世界和人的哲学思考》、《一个哲学家关于神性，世界和人
的本质的思考》)

Paris-Mazarine 1190，3563.

Vom Gott und der Welt.

Cambridge（Mass.）-Andover-Harvard Th. L. 31.

120. **M III**. *Meditationes，Theses，Dubia Philosophico-Theologica.*
Lau.(《哲学神学思考，论断，怀疑》，洛)

Berlin-PrSB Latin Quart. 283；Cambridge（Mass.）-Andover-Harvard
Th. L. 30；Gdanks-P. A. N. 2002；Halle-UuLB Stolb. -Wernig. Zd 56；
Kiel-UB K. B. 132；København-K. B. NKS 16 Oct.，Thott 93^b Fol.，Thott
46 Oct.；København-UB Add. 50 Oct.；Parma-B. P. Parm. 231；
Wolfenbüttel-HAB 271 Blank.；Wroclaw-B. U. R. 2461（2），Mil. II
437. ③

121. **M IV**. *Mémoire des pensées et sentiments de Jean Meslier.* J.
Meslier.(《让・梅叶的思想和感情回忆录》，让・梅叶)

Sentimens sur la religion en général et en particulier sur la Religion

---

① 残篇，包括第一部分和第二部分，一直到 § 25［我是从苏珊娜・阿凯曼处得知这一情况的］。
② Dresden-SLB N 106，N 127 和 N 172 抄本于第二次世界大战期间被毁。Hamburg-Su-UB Philos. 339，Theol. 1844，Theol. 1845 和 Wroclaw-B. U. R 438 抄本失踪。
③ Hamburg-SuUB Theol. 1845 和 Theol. 2159 已失踪。

chrétienne. Pensées sur la religion. Abus et erreurs des hommes. (《对一般宗教,尤其是对基督教的感情》、《对宗教的思想》、《人的恶习和错误》)

Aix-en-Provence-B. M. 59 – 61 (582 – 584); Amsterdam-Inst. Intern. d'Hist. Soc. 4 bis (sect. fr.); Fécamp-B. M. 17 – 18; Gent-U. B. 127, 1631[①]; New Haven-Yale U. L. ms Vault Shelves Meslier; Paris-Arsenal 2237; Paris-B. N. f. fr. 6337, f. fr. 19458, f. fr. 19459, f. fr. 19460; Reims-B. M. 652.

122. **M V**. *Mémoires sur l'histoire du gouvernement de France.* Boulainvilliers. (《关于法国治理的回忆录》,布兰维利耶)

Aix-en-Provence-B. M. 407-408 (353-354); Angers-B. M. 969 (861); Angoulême-B. M. 26; Beauvais-B. M. 4 – 5 (1444); Chantilly-Musée Condé 1102; Compiègne-B. M. 199; Dijon-B. M. 682 (409); Lisieux-B. M. 15; Nancy-B. M. 620 (191); Paris-A. N. MM 959; Paris-Arsenal 3420 – 3421; Paris-B. N. f. fr. 6489, f. fr. 6490, f. fr. 10178, f. fr. 13613, f. fr. 14330, f. fr. 22194 – 22195; Paris-Institut 1102 (518); Paris-Mazarine 1977, 3179 – 3180; Paris-Sénat 236 – 238 (9105); Paris-Sorbonne 11 – 12, 340; Rouen-B. M. U 89; Saint-Brieuc-B. M. 77 – 78; Semur-B. M. 59 (66); Sens-B. M. 226 – 227, 231 – 232; Troyes-B. M. 1288; Vitry-le-François-B. M. 89.

123. **M VI**. *La Moïsade.* (《摩西二三事》)
Aix-en-Provence-B. M. 10 (703-R. 300, 704, 851).

124. **M VII**. *Motifs pressants pour exciter la foi des chrétiens et pour*

———————

① 该样本有两卷本,不完整:文本于第七证明中间戛然而止。

leur en faire fréquemment produire des actes.（《激励基督徒的信仰并让他们常常付诸行动的紧急理由》）

Doutes sur la religion.（《对宗教的怀疑》）

Bordeaux-B. M. 1246；① Paris-Arsenal 2091；Paris-I. C. Frçs 45；Paris-Mazarine 3561.

125. **N I**. *The Naked Gospel.* A. Bury.（《不加掩饰的真理》，布里）

Hamburg-SuUB Theol. 1837.

Extrait d'un livre intitulé L'évangile nud，attribué à M. Bury.（《据说是布里所作的〈不加掩饰的福音〉摘要》）

Bruxelles-B. R. 15183－87；Paris-B. N. f. fr. 11074，n. a. fr. 1042.

126. **N II**. *Le Nazaréen，ou le Christianisme des Juifs，des Gentils et des Mahométans.*［J. Toland］.（《拿撒勒，或者犹太人、外邦人和伊斯兰教徒的基督教》，托朗）

Helsinki-Y. K. D II 3；②Rouen-B. M. Montbret 367.

私人收藏：G. Mori.

127. **N III**. *Il Nazareno e Licurgo messi in paralelo*［A. Radicati］.（《拿撒勒与吕库古并置》）

Torino-Fondazione L. Einaudi Rari 16.2.9.

128. **N IV**. *Les Notes de Hobbes sur le Nouveau Testament.*（《霍布斯

---

① 组成这一作品的两篇论文经过转抄，不再连续，但是题目变成了"古人对犹太人的看法"。最后，我们看到一篇据说是隆格鲁神甫（abbé de Longuerue）所作，题为《古人对犹太人的看法的一份手稿的摘要》，作者是朱尔·戴尔皮（Jules Delpit），是对全部作品的摘要［ff. 63－67］。

② 抄本题目是《托朗先生的拿撒勒摘要》。

对〈新约〉的评注》）

Rouen-B. M. M 74.

129. **O I**. *Objections contre les livres saints des Juifs et des Chrétiens*, *ou contre le Judaïsme et le Christianisme*.（《对犹太教徒和基督教徒的圣书的反驳，或者对犹太教和基督教的反驳》）

Aix-en-Provence-B. M. 10（703）.

130. **O II**. *Objections diverses contre les écrits de différents théologiens*. （《对不同神学家文章的各种反驳》）

S. Peterburg-Ermitage Fr. 3.

131. **O III**. *Objections sur l'histoire du patriarche Joseph*.（《对族长约瑟的历史的反驳》）

Aix-en-Provence-B. M. 10（703）.

132. **O IV**. *Opinions des Anciens sur la nature de l'âme*.（《古人对灵魂性质的看法》）

Aix-en-Provence-B. M. 1906（1772）；Alençon-B. M. 35；Besançon-B. M. 418；Bordeaux-B. M. 828（XXXII）；Boulogne-B. M. 112；Bruxelles-B. R. 15168 – 82；Cincinnati-H. U. C. 240；Douai-B. M. 703；Gent-UB 503；Laon-B. M. 536；Paris-Arsenal 2091, 2869, 2870；Paris-B. N. f. fr. 12236, f. fr. 14696, n. a. fr. 4369, 11074；Paris-Mazarine 3560, 3561；Paris-Sénat 143；Rochefort-B. M. 5；Rouen-B. M. Montbret 444；S. Peterburg-R. N. B. Fr. Q III 6；Toulouse-B. M. 754；Tours-B. M. 971；Troyes-B. M. 2320；Vire-B. M. 152.

私人收藏：S. Akagi, F. Moureau, M. Schiltz, R. Simon.

133. **O V**. *Opinions des Anciens sur le monde*.（《古人对世界的看法》）

Traité historique des opinions des Anciens sur le monde et sur la terre en particulier.（《古人对世界，尤其是对陆地的看法历史论》）

Aix-en-Provence-B. M. 1906；Krakow-B. U. Gall. Quart. 5；①Paris-Arsenal 2870；Paris-B. N. f. fr. 14696；Rochefort-B. M. 4；Tours-B. M. 971.

134. **O VI**. *Opinions des Anciens sur les Juifs*.（《古人对犹太人的看法》）

Des Juifs. Dissertations sur les Juifs.（《论犹太人》、《对犹太人的论述》）

Boulogne-B. M. 112；Douai-B. M. 703；Paris-B. N. n. a. fr. 4369；Paris-Centre Sèvres 2522（rés.）；Paris-Mazarine 1195；Paris-Sénat 143；Reims-B. M. 651；Rochefort-B. M. 7；Rouen-B. M. Montbret 444；'s-Gravenhage-K. B. 129 G 12；Sélestat-B. Humaniste 216；Vire-B. M. 152.

私人收藏：G. Mori，F. Moureau，M. Schiltz.

135. **O VII**. *L'Oracle des anciens fidèles*，*pour servir de suite et d'éclaircissement à la Sainte Bible.*（《古信徒的神谕，作为〈圣经〉的后续和澄清》）

Reims-B. M. 651.

136. **O VIII**. *Origines Judaicae*. Toland.（《犹太教起源》，托朗）

Hamburg-SuUB Theol. 1834；Kiel-UB K. B. 150；Wolfenbüttel-HAB

---

① 这一抄本来自柏林 Deutsche Staatsbibliothek 图书馆。

149. 22 Extrav. ①

Origines Judaicae, or Jewish origins.（《犹太教起源》）

Manchester-U. L. 3 f 38. ②

137. **O IX**. *Origo et fundamenta Religionis Christianae.*（《基督教的起源和基础》）

Celle-Kirchen-Ministerial-Bib. Z 46 a；Hamburg-SuUB Theol. 1851；Helsinki-Y. K. Fö II 43；Paris-B. N. n. a. Lat. 1047；Parma-B. P. Parm. 1.

138. **P I**. *Pantheisticon, sive formula celebrandae sodalitatis socraticae.* J. Toland.（《泛神论要义，或者苏格拉底社会的庆祝仪式》，约翰·托朗）

Carpentras-B. M. 286；Chantilly-Les Fontaines Oct. 516；Cherbourg-B. M. 15；Gent-UB 503；Hamburg-SuUB Theol. 1883，Theol. 2162；Helsinki-Y. K. D III 26；Kiel-UB K. B. 89；③ Lyon-B. M. 169；Milano-Trivulziana N. 624；New York-Columbia U. L. 193Sp4 FT34331；Paris-Mazarine 4496；Paris-Sénat 144，145；'s-Gravenhage-Mus. Meermanno-Westr. 10 E 5. ④

Pantheisticon, ou formule pour célébrer une société socratique.（《泛神论要义，或者苏格拉底社会的庆祝仪式》）

Angoulême-B. M. 43；Cherbourg-B. M. 16；New York-Columbia U.

---

① Hamburg-SuUB 2161 已失踪。

② Bordeaux-B. M. 828（XXXVI）手稿以 Origines Judaicae, cest un eclaircissement dun passage de Strabon 为题，包括作品的一份法文摘要。

③ 以 *Claviger, sive De Veterum doctrina externa & interna, de Exoterica nempe et Esoterica Philosophia, Disertatio* 为题的摘要。

④ Leiden-UB March. 62 抄本包括梅戴尔（Maittaire）为准备出版《泛神论要义》而写的论文以及马尚自己的一些说明。

L. X212 T57；Paris-B. N. n. a. fr. 21799；Paris-Mazarine 4496；① Paris-
Sénat 145；② Rochefort-B. M. 1；Vire-B. M. 53.

　　私人收藏：S. Matton.

　　139. **P Ⅱ**. *Parallèle entre Mahomet et Moïse le grand libérateur des
Juifs*.（《穆罕默德和犹太人的伟大解放者摩西之比较》）

　　Rouen-B. M. Montbret 475. ③

　　140. **P Ⅲ**. *Parité de la vie et de la mort*. ［A. Gaultier］.（《生与死
的平等》,高尔梯耶）

　　Nouvelle philosophie sceptique.（《新的怀疑哲学》）

　　Paris-Arsenal 2239；Paris-Mazarine 1192.

　　141. **P Ⅳ**. *Pensées libres sur la religion*, *sur l'Eglise et sur le bonheur
national*. ［B. Mandeville］.（《宗教、教会和国民幸福随想》）

　　Rouen-B. M. Montbret 475.

　　142. **P Ⅴ**. *Pensées Philosophiques*. Diderot.（《哲学思想》,狄德罗）

　　Barnard Castle-Bowes Museum FO 91/Re；Lyon-B. M. 6318；Rouen-
B. M. O 57. ④

　　私人收藏：F. Moureau.

　　143. **P Ⅵ**. *Le Philosophe*.（《哲学家》）

　　Bordeaux-B. M. 828（ CIV ）；Gent-UB 503；Paris-B. N. Rés. pZ

---

　　①　拉丁文和法文两个版本先后放在一起。
　　②　两个版本对面编排,拉丁文原文在左面,译本在右面。
　　③　Bordeaux-A. M. Navarre 71, IX 手稿包括有"从《宗教随想及 1722 年印刷本》中收集"的一些提要,无疑是供作者个人使用的。
　　④　摘要。

1196；Paris-Sénat 144；Sélestat-B. Humaniste 216；Troyes-B. M. 2320；
Warszawa-B. N. II 3697. ①

144. **P VII**. *Le Préjugé démasqué.*（《揭下了面具的偏见》）
S. Peterburg-R. N. B. Fr. Q III 3.

145. **P VIII**. *Prevenciones divinas contra la vana idolatria de las Gentes.* Orobio de Castro.（《论神对以色列的偏见》）

Jerusalem-Etz Hayim Montezinos 48 B 6，48 B 13，48 D 6，48 C 1/
2，48 C 2，49 a 16；Amsterdam-UB 1 H 12；Amsterdam-Rosenthaliana
459，Cassuto 631[1]；Bordeaux-B. M. 348；Hamburg-SuUB Hebr. 85 a，
Hebr. 240 a；London-B. L. Harley 3430；London-Jews Coll. Montefiore
525；London-Wellcome Inst. 3722；Madrid-B. N. 18249；Oxford-Bodleian
Lib. Opp. Add. fol. 29，Opp. Add. 8° 7，Opp. Add. 4° 147 a-b；Paris-
Arsenal 8316 – 8317；Paris-B. N. F. esp. 40；New York-Jews Theol.
Sem. Adler 2359[1].

Traité des préventions divines en faveur d'Israël.（《神意对以色列的保护论》）

Bordeaux-A. M. Delpit 5，III et IV；② Bordeaux-B. M. 347.

146. **P IX**. *Il Principe.* N. Macchiavelli.（《君主论》,马基雅维里）
Augsburg-UB II 3 8° 43；Carpentras-B. M. 303；Firenze-A. S. Bardi
III 198，Cerchi 753；Firenze-B. N. C. Magliab. cl. XXX. 42，Magliab.
cl. XXX. 235，Magliab. cl. XXX. 279，Palatino 604，Nuovi Acquisti
1184；Firenze-Laurenziana Plut. XLIV，32；Firenze-Riccardiana Ricc.

---

① 该抄本在 S. Peterburg-R. N. B. 图书馆,编号为 Fr. Q III 15。抄本于 1934 年归还波兰。
② 无疑是属于同一抄本的两件残篇。第一残篇 24 ff. 包括第二部分的第二十三章、二十四章、二十五章、二十六章(不完整)。第二残篇 14 ff. 包括论文的结尾。

2442，Ricc. 2603，Ricc. 3214；Gotha-FuLB Chart. B 70；Kalocsa-B. M. E. 262；München-UB Cod. ms. 787；Paris-B. N. Ital. 709；Perugia-B. C. G 14；Philadelphia-Pennsylvania U. L. Lea 84；Rimini-B. C. SC-Ms 435；Roma-B. N. C. Varia 293，Gesuitico 203；Roma-Corsiniana［Accademia dei Lincei］440（43. B. 35）；Roma-B. A. V. Barb. Lat. 5093，V. Lat. 13656，V. Lat. 13996，Patetta 374；Roma-Casanatense 554（F. V. 56），3690；Valetta-N. L. XLIV；Venezia-Museo Civico Correr P. D. 149 b；Venezia-S. Marco It. II. 77（5038），It. II 162（5218）.①

Le Prince.（《君主论》）

Budapest-O. S. K. Quart. Gall 99；Cambridge （Mass.）-Harvard Univ. Houghton L. Fr 155；København-K. B. Thott 876 Quart.

The Prince.（《君主论》）

Cambridge （Mass.）-Harvard Univ. Houghton L. Eng 1014；Chantilly-M. Condé 315；London-B. L. Harley 364，Harley 967；London-Sion College ARC L 40. 2/E 24. ②

El Principe.（《君主论》）

Madrid-B. N. 902，1084.

147. P X. *Projet d'une Dissertation sur la Colomne de Nuée et de Feu des Israëlites, dans une lettre à Megalonymus.* J. Toland.（《在写给梅加洛尼姆斯的一封信中谈到的论述犹太教徒云火柱的计划》,托朗）

Wien-ÖNB 10325，10389.

148. P XI. *Promenades de Cléobule.* D. Diderot.（《克勒奥布尔的散

---

① 克里斯特勒(P. O. Kristeller)另外还指出以下抄本：Charlecote-Charlecote Park［详见怀特菲尔德(J. H. Whitfield)的《意大利研究》(*Italien Studies*) 22，1967，16 - 25］；London-Robinson Trust 7375；Roma-Archivio Caetani Misc. 1121/650。

② 克里斯特勒说还有另外一件抄本：York-Minster Library XVI K 17。

步》,狄德罗)

Montivilliers-B. M. 15; Paris-B. N. n. a. fr. 15806.

149. **Q I**. *Quelques Réflexions du bon sens.* (《一些常识性的思考》)
Oldenburg-LB Cim. I 256

150. **Q II**. *Question préliminaire sur la Religion, dont l'examen est très nécessaire pour résoudre toutes les autres questions sur cet article* [Th. Chubb]. (《宗教的初步问题,为解决本文的其他所有问题必须研究》,舒伯)

Helsinki-Y. K. D III 3.

151. **Q III**. *Les Questions de Zapata. Traduites par le sieur Tampo-net, docteur de Sorbonne.* Voltaire. (《扎帕达的问题,索邦大学博士唐波奈尔先生翻译》,伏尔泰)

Budapest-O. S. K. Duod. Gall. 2; Darmstadt-Hessische Staatsarchiv. Abt. D 4 Nr. 558/4; Krakow-P. A. N. 720; ①Halle-UuLB Misc. Quart. 12, Stolb. -Wernig. Zl 44; Montpellier-B. M. 338; Wittenberg-Evang. Predigerseminar A III 20.

152. **R I**. *Recherches curieuses de philosophie.* (《奇怪的哲学研究》)
Paris-B. N. f. fr. 9107.

153. **R II**. *Recherches de quelques particularités de la vie du prophète Mahomet.* (《对先知穆罕默德生活中几个特点的研究》)

Rouen-B. M. Montbret 840.

---

① 文本到第三十七个问题为止。

154. **R III**. *Recherches sur l'origine du despotisme oriental*. N. -A. Boulanger. (《对东方专制起源的研究》,布朗吉)

Paris-B. N. f. fr. 19230; Paris-Institut 3927; Paris-Mazarine 1198; Paris-Sorbonne Fonds Cousin 183; S. Peterburg-R. N. B. Fr. F II 74, Voltaire 240 (IX).

Ricerche sopra l'origine del despotismo orientale. (《对东方专制起源的研究》)

Budapest-E. K. Történelem 25. ①

155. **R IV**. *Recherches sur la religion chrétienne*. (《基督教研究》)

Réflexions sur la religion chrétienne. (《关于基督教的思考》)

Grenoble-B. M. 330, 740; Rouen-B. M. Montbret 553.

156. **R V**. *Recueil des lectures de M. de Boulainvilliers sur les Religions*. (《布兰维利耶先生关于宗教的读物文集》)

Extraits des lectures de M. de Boulainvilliers. (《布兰维利耶先生的读物摘要》)

Bruxelles-B. R. 15159 – 67, 15168 – 82, 15183 – 87; ② Paris-B. N. n. a. fr. 11071 – 11076, n. a. fr. 1042. ③④

157. **R VI**. *Réflexions morales et métaphysiques sur les religions et sur les connaissances de l'homme*. Delaube. (《关于宗教和人的认识的道德和

① "Opera postuma di Mr. B. I. D. P. E. C. Traduzione dal Francese 1761".
② 只有一份样本,三卷。
③ 该卷的内容与 B. N. n. a. fr. 11073 抄本的内容相对应。
④ 西蒙(R. Simon)的《寻找一个人和一名作者,论布兰维利耶伯爵的书目摘要》(*A la Recherche d'un homme et d'un auteur. Essai de bibliographie des ouvrages du comte de Boulainviller*, Paris, Boivin, s. d. [1941], p. 39) 当中提到 Ancy-le-Franc 城堡 Clermont-Tonnerre 收藏中有另外一份《摘要》(*Extraits*) 的样本。城堡的部分动产,其中包括很多手稿,都在 1980 年卖给了德鲁奥公馆(Hôtel Drouot)。有几份手稿到了卢浮宫。

形而上学思考》,德洛博）

　　Grenoble-B. M.　329；Rouen-B. M.　Montbret 553.

　　158. **R Ⅶ**. *Réflexions sur l'argument de M. Pascal et de M. Locke concernant la possibilité d'une autre vie à venir.*（《关于帕斯卡先生和洛克先生对来世的可能性的理由的思考》）

　　Bordeaux-B. M.　828（XXXII）；Carpentras-B. M.　954；Chantilly-Les Fontaines Oct.　464；Paris-Arsenal 2557；Paris-B. N. Rés.　pZ 1196.

　　159. **R Ⅷ**. *Réflexions sur l'existence de l'âme et sur l'existence de Dieu.*（《对灵魂和上帝存在的思考》）

　　Bordeaux-B. M.　828（XXXII）；Fécamp-B. M.　12；Paris-Arsenal 2239, 2557；Paris-B. N. Rés.　pZ 1196；Sélestat-B. Humaniste 216.

　　160. **R Ⅸ**. *La Religion Chrétienne analysée.*（《基督教分析》）

　　La Religion analysée. Analyse de la religion chrétienne.（《宗教分析》、《基督教的分析》）

　　Aix-en-Provence-B. M.　63（580）；Barnard Castle-Bowes Museum FO 91/Re；Berlin-DSB Gall.　Oct.　82；Krakow-P. A. N.　720；Fécamp-B. M.　12, 15；Gent-UB 302；Grenoble-B. M.　331；Lexington-Museum of Our National Heritage Sharp Coll.　24；Montivilliers-B. M.　15；Montpellier-B. M.　338；①Orléans-B. M.　1115, 1197；Paris-B. N.　f. fr.　13353；Paris-Centre Sèvres 2522（rés.）；Paris-Mazarine 1196, 3564；Rouen-B. M.　0 57, Montbret 553, Montbret 598, Montbret 659；S. Peterburg-R. N. B.

---

　　①　文本后有《与上一作品中所论述的问题有关的不同形而上学和批判主题的思考》（Réflexions sur differens sujets de Métaphisique et de Critique tous rélatifs à la matiére traitée dans l'ouvrage précédent）。

Voltaire 240（IX）.①

　　私人收藏：S. Matton，F. Moureau.②

　　Preuves que l'auteur de la Religion Chrétienne analysée a simplement indiquées, sans les avoir rapportées.（《〈基督教分析〉的作者只是指出,而没有引述的证据》）

　　Paris-Mazarine 1193；S. Peterburg-R. N. B. Fr.　Q XVII 18；Troyes-B. M. 2378.

　　161. **R X**. *La Religion Chrétienne combattue par ses propres principes.*（《与自己的原则自相矛盾的基督教》）

　　Paris-Mazarine 1195.

　　162. **R XI**. *La Religion du Chrétien conduit par la raison éternelle.* Yves de Vallone.（《由永恒的理性引导的基督徒的宗教》,伊夫·瓦洛纳）

　　Wien-ÖNB 10403，10404，10450.

　　163. **R XII**. *La Religion du Laïque.*［Herbert de Cherbury］.（《世俗者的宗教》,于贝尔·谢布里）

　　Dresden-SLB N 81 ba；Berlin-PrSB Lat.　Quart. 283；Hamburg-SuUB Theol. 1822；Warszawa-B. N.　II 3570. ③

　　Religio Laici.（《世俗的宗教》）

　　Cardiff-N. L. W.　English 5295E，Herbert Coll.，Aberystwyth.

---

① 论文和证明的残篇,题目是《马尔赛的宗教》（*Religion par du Marsai*）。
② Vire-B. M. 820（29）中包括一篇"说明",某些抄本中有这一说明,据姆南-阿尔迪加说,该说明是"围绕布兰维利耶的……"
③ 这是 1934 年归还给波兰的 S. Peterburg-R. N. B. Fr.　Q I 122 抄本。

164. **R XIII**. *La Religion mahummedane comparée à la païenne de l'Indostan* ［*A. Radicati*］. (《与印度的异教徒相比的伊斯兰教》,拉迪卡梯)

Paris-B. N. n. a. fr. 10907.

Vergleichung der mahomedanischen Religion mit der heidnischen von Indostan.

J. G. Hamann, Königsberger Notizbuch I, pp. 164 – 178, 181 – 182.

165. **R XIV**. *Remarques critiques sur le Nouveau Testament* ［A. Radicati］. (《对〈新约〉的批判性说明》)

Nouvelles remarques critiques sur le Nouveau Testament. (《对〈新约〉的新批判性说明》)

Reims-B. M. 651.

私人收藏: J-D. Candaux.

166. **R XV**. *Reposta ahum Papel, que aqui mandou de França huma Pesoa de nossa naçao, afirmando quatro pontos fondamentais da Religiao Christiana, a saver 1° que o Masiah avia de ser Deus e Home, 2° que o Masiah he ja vindo, 3° que o Cap. 53 de Yesahias trata do seu Masiah, 4° e que avia de cesar a observancia da ley com a vinda do Masiah.*

Dresden-SLB N 75 a; Gotha-FuLB Chart. B 1258; Halle-UuLB Misc. Quart. 20 a; Hamburg-SuUB Theol. 1831, Theol. 1832.

167. **S I**. *Sentiments des Philosophes sur la nature de l'âme.* (《哲学家对于灵魂性质的感情》)

Bordeaux-B. M. 828 (XXXII); Paris-Arsenal 2557; Paris-B. N. Rés. pZ 1196; Troyes-B. M. 2320.

168. **S II**. *Le Sermon des Cinquante.*（《五十人演讲》）

Sermon des cinquante sages de Genève.（《日内瓦五十圣贤布道辞》）

Barnard Castle-Bowes Museum FO 91 / Re；Cambridge（Mass.）Harvard U. Houghton L. Fr 17，Fr 79；Montpellier-B. M. 338；Paris-B. Historique de la ville Rés. 54；Paris-Arsenal 2258；Praha-N. K. VIII H 71；Reims-B. M. 2471，2472；Rostock-UB Varia 53 Oct.；Rouen-B. M. Montbret 547（1574）.

169. **S III**. *Sermon du Rabbin Akib.* Voltaire.（《犹太教教士阿基比的布道辞》，伏尔泰）

Barnard Castle- Bowes Mus. FO 91 / Re；Gotha-FuLB Chart. B 1138ᵈ；①Paris-B. Historique de la ville Rés. 54；Paris-E. M. 2017；Paris-Mazarine 1192；Stockholm-K. B. VU. 29. 3.

私人收藏：F. Moureau.

170. **S IV**. *Sermon preché dans la grande assemblée des Quakers de Londres，par le fameux frère Elival.*（《著名的艾利瓦尔兄弟在伦敦教友派大会上的布道辞》）

Paris-B. N. n. a. fr. 10907.

171. **S V**. *Spaccio della Bestia trionfante.* G. Bruno.（《驱逐趾高气扬的野兽》，布鲁诺）

Altona-LBdC R Aa 5/7. 3.；Gotha-FuLB Chart. A 268；Hamburg-SuUB Theol. 1866；Kalocsa-B. M. E. 258（167）；København-K. B. NKS 104 Quart.；Krakow-M. N. Czartoryski 1470；London-B. L. Add. 12062；London-U. L. 295；Oldenburg-LB Cim. I 267；Wien-ÖNB10390；

---

① 格里姆·梅斯特的文学通信集。

Wolfenbüttel-HAB 208. 1 Extrav., 273 Blank. ①

172. **S VI**. *Le Symbole d'un Laïque, ou la profession de foi d'un homme désintéressé.* (《一个世俗者的象征,或者一个无私者的信仰表达》)

Bordeaux-B. M. 828 (XXXII) ; Roma-B. A. V. Patetta 2070.

173. **S VII**. *Symbolum Sapientiae.* (《智慧的象征》)
Cymbalum mundi. (《洋琴世界》)

Berlin-DSB Diez C Quart. 27 ; Berlin-PrSB Theol. Lat. Oct. 66 ; Budapest-O. S. K. Quart. Lat. 1533 ; Dresden-SLB N 28, P 128 ; Edinburgh-N. L. S. Adv. ms. 23. 7. 5 ; Erlangen-UB 703 (Irm. 1153) ; Göttingen-UuLB Theol. 260 i ; Halle-UuLB Misc. Oct. 2 ; Hamburg-SuUB Theol. 1864 ; Helsinki-Y. K. Fᵒ II 43 ; København-K. B. NKS 97 Quart. ; Oldenburg-LB Cim. I 256 ; Parma-B. P. Parm. 1 ; Rostock-UB Theol. 113 Quart. ; Wien-ÖNB 10337, 11539 ; Wittenberg-Evang. Predigerseminar S. Th. 2802. ②

174. **S VIII**. *Système sur le sens littéral des prophéties.* [A. Collins]. (《预言的字面意义系统》,科兰)

Helsinki-Y. K. Cᵒ I 21.

175. **T I**. *Telliamed.* Benoît de Maillet. (《特里梅德》,博努阿·马耶)

Aix-en-Provence-B. M. 1905 (1771) ; Illinois-U. L. ms. 500 ; ③ Le

---

① Berlin-DSB Ital. Quart. 7 抄本已经失踪。
② Dresden-SLB N 81 c 和 N 81 抄本已经在第二次世界大战期间失踪,另外两个编号为 Sect. Crist. 23 p 2 和 Sect. Crist. 160° 也已经失踪。Hamburg-SuUB 1850 今天已经失踪。
③ 两件抄本。

Mans-B. M. 384；Lyon-B. M. 6293；Paris-Arsenal 2885；Paris-B. N. f. fr. 9774，f. fr. 9775；Paris-Institut 263；S. Peterburg-R. N. B. Voltaire Oct. 239；Vire-B. M. C 828. ①

私人收藏：F. Moureau.

Extrait d'un Manuscrit intitulé Nouveau Sistême du Monde ou Entretiens de Teliamed，*Philosophe indien avec un Missionnaire françois*.（《新的世界系统或者印度哲学家与法国传教士的谈话手稿摘要》）

Lyon-B. M. 6293；Paris-Arsenal 2885；② Paris-Institut 1771.

176. **T II**. *Theophrastus redivivus*.（《复活的狄奥弗拉斯特》）

Paris-B. N. Lat. 9324；Wien-ÖNB 10405–10406，11451.

私人收藏：J. Vercruysse.

177. **T III**. *Tractatus de immortalitate animae*. Pomponazzi（《论灵魂之不灭》，彭波纳齐）

København-K. B. NKS 73 Fol.；Wolfenbüttel-HAB 1029. 1 Novorum. ③

178. **T V**. *Traité de l'âme*，*et de ce qu'elle devient après la mort*.（《论灵魂及其死后的去向》）

Douai-B. M. 702.

179. **T VI**. *Traité de l'immortalité de l'âme*.（《论灵魂之不灭》）

---

① Chartres-B. M. 762 抄件在战争期间失踪。努贝尔（F. Neubert）的 *Einleitung in eine kritische Ausgabe von Benoît de Maillet's Telliamed*，Berlin 1920，p. 43 当中有对该抄件的描述。

Lyon-B. M. P. A. 200 手稿包括"对特里梅德一书的思考，书中包括世界形成的新系统/佩内梯神甫/1749 年 9 月 19 日"（Reflexions Sur le Livre intitulé Telliamed Contenant un nouveau systeme de la formation du monde/par Mr l'abbé Pernety/Du 19e 9bre 1749）。

② 论文前有一份"对前一作品的说明"，后面有一份《摘要》，但两个文本是一样的。

③ S. Peterburg-R. N. B. Lat. F III 21 抄本已经归还波兰，并在 1944 年华沙大火中被毁。

Paris-B. N. f. fr. 14696；Paris-E. S. G. 26；Tours-B. M. 971.①

180. **T VII**. *Traité de l'infini créé*.（《论被创造的无限》）

Dissertation sur l'infini créé selon l'hypothèse et le nouveau système de M. Descartes. Traité de l'infini créé où l'on donne une nouvelle idée du Christianisme.（《论根据假设和笛卡尔先生的新系统被创造的无限》、《能让人对基督教有新的认识的论被创造的无限》）

Châlons-sur-Marne-B. M. 391；München-BSB Gall. 788；Paris-B. N. f. fr. 14704，n. a. fr. 10907；Paris-Institut 567；Paris-Mazarine 1165，1166，1197，3562.

私人收藏：F. Moureau. ②

181. **T VIII**. *Traité de la liberté*.（《自由论》）

Bordeaux-B. M. 828（XXXIII）；Chantilly-Les Fontaines Oct. 464；Paris-Arsenal 2557，2558；Paris-B. N. Rés. pZ 1196；S. Peterburg-R. N. B. Fr. Q XVII18.

私人收藏：S. Matton.

182. **T IX**. *Traité de Metaphisique de Jean Meslier Curé d'Estrepigny en Champagne*.（《香槟艾斯特里皮尼神甫让·梅斯里耶的形而上学论》）

Berlin-DSB Gall. Fol. 251③.

①　Giustiniani-Durazzo de Genova 图书馆有一份《布兰维利耶先生的论灵魂》抄本，与本作品没有任何关系。
②　洛比内（A. Robinet）在《活着的马勒伯朗士》（*Malebranche vivant*）中说，Roustan，Rieux，Juine 私人收藏中有其他抄本。载《马勒伯朗士作品集》（*Oeuvres de Malebranche*，tome XX，Paris，1978）。
③　是指《让梅斯里耶的思想和感情回忆录》（*Mémoire des pensées et sentiments de Jean Meslier*）的第七和第八证据。

183. **T X**. *Traité des miracles.* (《论奇迹》)

Preuves de la fausseté des miracles. Des miracles. (《奇迹虚伪的证据》、《论奇迹》)

Lille-B. U. 219①; Paris-Mazarine 1194, 1195.

184. **T XI**. *Traité des oracles.* (《神谕论》)

Lille-B. U. 219②; Paris-Mazarine 1194, 1195.

185. **T XII**. *Traité des trois imposteurs.* (《论三个骗子》)

L'esprit de Spinoza. Dissertations théologiques, morales et politiques sur les trois fameux imposteurs. De tribus impostoribus. Dissertation sur les religions de Moïse, Jésus-Christ et Mahomet. Traité des trois réformateurs. Damnatus Liber De tribus impostoribus. De tribus famossissimis nationum deceptoribus. (《斯宾诺莎的精神》、《对著名的三个骗子的神学、道德和政治论述》、《论三个骗子》、《对摩西、耶稣基督和穆罕默德的宗教的论述》、《对三个改革者的论述》、《万恶之书：论三个骗子》)

Amsterdam-B. Wallonne B 35; Auxerre-B. M. 236; Avignon-B. M. 549; Barnard Castle-Bowes Museum FO 91/Re; Berlin-DSB Diez C Quart. 28, Diez C Quart. 37, Diez C Oct. 3 a, Nachlass Oelrichs 549; Berlin Hugenottenmuseum; Bern-B. B. B 382; Bruxelles-B. R. 1559; Budapest-O. S. K. Quart. Gall. 12, Quart. Gall. 22, Quart. Gall. 31; Cambridge (Mass.)-Harvard Univ. Houghton Lib. Fr. 1; Carpentras-B. M. 1275; Celle-Kirchen-Ministerial-Bib. Z 46 a; ③Châlons-sur-Marne-B. M. 200; Chaumont-B. M. 195 (85); Chicago-U. L. 753; Cincinnati-H. U. C. Spinoza Ms. 1, 240, Bamberger 665, Bamberger 667, Bamberger 668; Dres-

---

① 自 1976 年以来，该手稿便已经找不到了。
② 同上。
③ 两个抄本，第二个不完整。

den-SLB C 395, C 395 a, N 21, N 28, N 74 b, N 80, N 81 ba, N 90 a, N 126, k 159, k 276 g; Fécamp-B. M. 24; Firenze-Laurenziana Ashb. 1568; Gotha-FuLB Chart. A 1062; Gdanks-P. A. N. 1989; Göttingen-UuLB Hist. Lit. 42, Hist. Lit. 43, Theol. 261, Theol. 261 c; Groninguen-UB 454; Halle-UuLB Yg Quart. 27, Yg Quart. 29, Misc. Quart. 25; Hamburg-SuUB Theol. 1852, Theol. 1859, Theol. 1860, Theol. 2154; Hannover-NSLB I, 42; Helsinki-Y. K. Cö V 21, D II 3; Ithaca-Cornell U. L. C 101 +, C 102; Kassel-LB 4° Theol. 37, 4° Theol. 38; Kiel-UB K. B. 88, K. B. 89; ①København-K. B. NKS 85 Quart., NKS 99 Quart., NKS 103 Quart., NKS 105 Quart., NKS 59 f Oct., NKS 72 Fol., Thott 206 Quart., Thott 207 Quart.; København-UB Don. Var. 160 Quart.; Konstanz-H. Suso Gymn. Hs 56; Krakow-B. U. 6219, Gall. Quart. 16, Diez C Oct. 2, Diez C Oct. 3; ② Krakow-M. N. Czartoryski 972; ③ Laon-B. M. 514; Leiden-UB BPL 1568; Lexington-Museum of Our National Heritage Sharp Coll. 24; London-B. L. Add. 12064, Sloane 2039 (14); London-U. C. Add. 197, Add. 217; Los Angeles-U. L. Spinoza Coll. 170 - 2; Lübeck-SB Philos. 20; Lyon-B. M. P. A. 72; Manchester-U. L. French 68, Christie 2. b. 4; Milano-B. N. B. AC. VIII. 17; Montréal-McGill U. L. MS 1, M1 Bd 1 Boulainvilliers IV. 26; München-BSB Gall. 415; ④Nantes-B. M. 204, 205; Napoli-S. Tommaso A. 7. 22; New York-Columbia U. L. 193Sp4 FT741, 193Sp4 FT7411, 193Sp4 BL63, X239 T74; Oldenburg-LB Cim. I 256, Cim. I 258, Cim. I 259, Cim. I 260; Orléans-B. M. 1115; Paris-Arsenal 2236; Paris-B. N. f. fr. 12243, f. fr. 24887, f. fr. 24888, f. fr. 25290, n. a. fr. 10436, n. a. fr. 10978, Z

---

① 两个抄本。
② 最后三个抄本来自柏林 Deutsche Staatsbibliothek 图书馆。
③ 这一抄件中包括《对拉莫努瓦耶先生的论述的回复》(*Réponse à la dissertation de Mr de la Monnoye*)以及论文的开始。
④ 两份抄本。

Beuchot 1976；Paris-Centre Sèvres 2522（rés.）；Paris-I. C. Frçs 45；Paris-Mazarine 1193；Paris-Sainte Geneviève 2932；Paris-Sorbonne 761； ①
Parma-B. P. Parm. 3；Périgueux-B. M. 36；Philadelphia-Pennsylvania U.
L. Lea Ms 368；Praha-N. K. VIII H 80；Reims-B. M. 651, 2471；Roma-
B. A. V. Patetta 2070；Rouen-B. M. 699（O. 57），②Montbret 444
（1575），Montbret 553（1569）；'s-Gravenhage-K. B. 129 E 10, 129 E
11, 129 E 12, 129 E 13, 132 D 30, 132 D 31；'s-Gravenhage-Mus.
Meermanno-Westr. 10 E 5；S. Peterburg-R. N. B. Fr. Q III 2, Fr. Q III
20, Fr. Q III 23, Fr. O III 1, Fr. O III 2, Razn. F III 2, Razn. Q III 2；
Stockholm-K. B. A 837；Strasbourg-B. N. U. 413；Toulouse-B. M. 757；
Tübingen-Evang. Stift Nachreform. Handschr. 9；Tübingen-UB Mf I 28；
Uppsala-UB H 35, P 9；Vancouver-British Columbia U. L. BL 51 L8 E8
1600z；Weimar-ZBdK Oct. 47；Wien-ÖNB 10334, 10520；Wittenberg-
Evang. Predigerseminar A III 20（4），A VI 9, S. Th. 2788；
Wolfenbüttel-HAB 198.4 Extrav., 225.2 Extrav., 190 Blank.；Wroclaw-
B. U. I O 17 q, I O 17 r, Mil. II 438；③Zittau-SB B 7. ④

私人收藏：S. Matton.

De tribus impostoribus Liber.（《论三个骗子》）

---

① 两份抄本。
② 摘要。
③ 这一抄本来自 Görlitz 图书馆 [Ch. Fol. 438]。
④ Arras 252（597）抄本在 1915 年图书馆大火中被毁。归还给波兰的 S. Peterburg-R.
N. B. Fr. Q III 21 Z 抄本 ["论三个骗子的手稿"（"Manuscrit des trois imposteurs"）] 在第二次
世界大战中被毁。Hamburg-SuUB Theol. 1861 手稿今天已经失踪，里面大概包括有以《三个
真理》（*Les trois veritez*）为题的论文抄本。
　　Dresden-SLB N 76 手稿以《T. I. 的补充》（*Supplément au livre des T. I.*）为题，包括取自夏隆
（Charron）和诺戴（Naudé）作品中的一些章节。
　　Bordeaux-B. M. 1696（XVII）和 Paris-A. N. L 10 n° 6 抄本只包括与作品有关的四份资料
卷宗。
　　Halle-UuLB Misc. Quart 24 和 Wittenberg-Evang. Predigerseminar Man. 58 手稿包括作为
《回复》基础的论述德文翻译、弗雷德里克（Frédéric）写给奥东（Othon）的信、摩西生平原文第
三节第九段的德文翻译，以及论文中法语和德语的注释。已经归还给波兰的 S. Peterburg-R.
N. B. Fr. Q III 22 Z 抄本 [《对拉莫努瓦耶先生的论述的回复》（*Réponse à la dissertation de M.
de la Monnoye*）] 已经被毁。

Halle-UuLB Misc. Quart. 22.

The Famous Book intitled De Tribus Impostoribus. De Tribus Impostoribus or a Treatise of the Three most Famous National Impostors. (《著名的〈论三个骗子〉》,《论三个骗子,或三个最为臭名昭著的国家骗子》)

Cincinnati-H. U. C. Bamberger 669；Glasgow-U. L. General 1185；London-B. L. Stowe 47.

Spinoza II. oder Subiroth Sopim.

Wroclaw-U. B. I O 17p，Mil. IV 215.

[*Trattato dei tre impostori*].

Bergamo-B. C. 33 R 6 (7). ①

186. **T XIII**. *Traité Politique* [Spinoza]. (《政治论》,斯宾诺莎)
Wien-ÖNB 10419.

187. **T XIV**. [*Traité sur la religion*]（《论宗教》）
Paris-Arsenal 2239. ②

188. **T XV**. *Traité Théologo-Politique* [Spinoza]. (《神学政治论》,斯宾诺莎)

La clef du sanctuaire. Traité des cérémonies superstitieuses des Juifs. (《神庙的钥匙》、《论犹太人迷信的仪式》)

Berlin-DSB Gall. Oct. 106；Grenoble-B. M. 741；Lyon-B. M. 1345；Paris-Sénat 144；③Rouen-B. M. Montbret 057（669），④Montbret 553

---

① 译本没有题目。
② 抄本为残篇,没有题目。作品以前曾以假篇名《某先生论宗教的前言》(*Préface du traité sur la religion de M...*)编入目录。
③ 只有前言。
④ 摘要。

（1569）；①S. Peterburg-R. N. B. Voltaire 240（Ⅴ）.②

Trattato Teologico Politico.（《神学政治论》）

Venezia-M. C. Correr ms Correr 427.③

189. **Ⅵ**. *Vie de Mahomet et de ses successeurs*.（《穆罕默德及其继承者的生平》）

Angoulême-B. M. 28；Besançon-B. M. 1170；München-BSB Gall. 622；Paris-B. N. f. fr. 9049；Paris-Mazarine 1946–1947，1948，1949；Vire-B. M. C 821（2）.④

私人收藏：R. Simon.

190. **Ⅶ**. *La vie de Spinoza*.（《斯宾诺莎生平》）

Auxerre-B. M. 235，237；Budapest-O. S. K. Quart. Gall 12；Celle-Kirchen-Ministerial-Bib. Z 46 a；Chaumont-B. M. 195；Cornell-U. L. C 101＋，C 102；Dresden-SLB C 395，C 395 a；Fécamp-B. M. 24；Göttingen-UuLB Hist. Lit. 42，Hist. lit. 43；Halle-UuLB Misc. Quart. 25；Helsinki-Y. K. D Ⅱ 3；Kiel-UB K. B. 89；København-K. B. NKS 105 Quart.；Laon-B. M. 514；Montréal-McGill U. L. MS 1，M1 Bd 1 Boulain-villiers Ⅳ. 26；München-BSB Gall. 415；Oldenburg-LB Cim. Ⅰ 256；Paris-Arsenal 2235，2236；Paris-B. N. f. fr. 12242；Paris-Mazarine 3558；Périgueux-B. M. 36；'s-Gravenhage-K. B. 129 E 11；'s-Gravenhage-Mus. Meermanno-Westr. 10 E 5；S. Peterburg-R. N. B. Fr. Q Ⅲ 2，Razn. Q Ⅲ

---

① 文本后面有"斯宾诺莎和亨利·奥尔登伯吉斯关于该《神学政治论》的信"（"Lettres de Spinoza et de Henri Oldenburgius relatives à ce traité theologo-politique）和"关于耶稣基督复活对斯宾诺莎的体系的反驳的说明，霍特维尔神甫作"（et de "Remarques sur la refutation du sisteme de Spinosa au sujet de la resurrection de J. C. par M. l'abbé de Houtteville）。

② 摘要，篇目是《马耶的摘要》（Extrait de Maillet）。

③ Leiden-UB March. 77 手稿包括"Animadversiones seu additiones ad Tractatum Theologico-Politicum"。

④ 摘要。归还波兰的 S. Peterburg-R. N. B. Fr. Q Ⅳ 55 Z 抄本于战争期间被毁。

2；Wien-ÖNB 10334；Wittenberg-Evang. Predigerseminar A III 20.

191. **V III**. *Le Voyageur cathécumène.*（《初学教理的旅行者》）

Praha-N. M.　XVII F 6.

192. **V IV**. *Le Vrai sens du Système de la Nature.*（《自然体系的真正意义》）

Bergamo-B. C. MMB 515（5）. ①

Verus sensus Systematis Naturae.（《自然体系的真正意义》）

Budapest-O. S. K. Oct.　Lat.　952.

---

① 　Rouen-B. M. Montbret 806 印刷本［伦敦,1774 年］包括很多手写的注释。

附件一:论文失踪,但其文稿流传 已经证实

193. **C XVI 1**. *Critique de l'Ancien et du Nouveau Testament et de l'Alcoran*. (《〈新旧约〉和〈古兰经〉批判》)

s'Gravenhage-Algemeen Rijksarchief, Fagel 1565.

194. **C XVI 2**. *Critique de Voltaire à l'occasion de l'Henriade où il est démontré que la religion d'Henri IV est une fille entre ses bras*. (《从亨利之歌到伏尔泰批评,其中证明亨利的宗教只不过是他怀里的一个妓女》)

Paris-Arsenal 11629, f. 56, affaire abbés Garnier et Letort; Paris-Arsenal 10307, résumé.

195. **D XIII 1**. *Des trois imposteurs*. (《论三个骗子》)

Reims-B. M. 651, résumé.

196. **F I 1**. *La fausseté de toutes les religions du monde*. (《全世界所有宗教的虚伪》)

Paris-B. N. f. fr. 9658, f. 36.

197. **H I 1**. *Histoire suivie de l'Inquisition exercée à Rome, en Espagne, et en Portugal avec des réflexions critiques d'un auteur sceptique dans le système de raison sur la religion*. (《历史及在罗马、西班牙和葡萄牙实行的宗教审判,以及一个怀疑论的作者按照理性系统对宗教的批判思考》)

Paris-Arsenal 11629, f. 56; Paris-Arsenal 10307, résumé.

198. **J I 1**. *Jugement de Paris, système des Anciens qui veulent faire croire avant que de voir*. (《巴黎审判,古人想让人在亲眼看到之前便相信的系统》)

Paris-Arsenal 10301：lettre de la Marche 10 septembre 1749.

199. **L VIII 1**. *Lettre écrite par une Dame de Paris à une de ses amies*. Benoît de Maillet. (《巴黎的一位夫人写给朋友的一封信》,博努阿·德·马耶)

München-BSB Gall. 721, lettre de B. de Maillet au marquis de Caumont 5 mars 1734(《梅叶 1734 年 3 月 5 日致高蒙侯爵的信》)

200. **L XV 1**. *Lettres sur l'origine et la nature du mal*, *traduite de l'anglais*. (《关于罪恶的起源和性质的信,译自英文》)

Paris-Arsenal 12056, ff. 68 – 69, lettre de Durey de Morsan. ①

201. **M VI 1**. *Morale de la nature*. (《自然道德》)

Catalogue Perrin de Janson, Paris 1836, n° 624.

202. **O III 1**. *Observations sur la nature de l'âme*. Benoît de Maillet. (《对灵魂性质的观察》,博努阿·德·马耶)

München-BSB Gall. 721, lettre de Benoît de Maillet au marquis de Caumont 5 mars 1734. (《梅叶 1734 年 3 月 5 日致高蒙侯爵的信》)

---

① 杜莱·德·默桑说这些信"译自英文"。大概是指金(King)1702 年在伦敦出版的作品《罪恶之源》(*de Origine Mali*)。

203. **P XI 1**. *Le Pyrrhonien ou discours de la Nature et des puissances de l'âme.* (《皮浪的信徒或者论灵魂的性质和能力》)

Paris-B. N. f. fr. 9658, f. 36. [1]

204. **Q III 1**. *Questions sur la morale.* (《关于道德的问题》)

Catalogue Perrin de Janson, Paris 1836, n° 623.

205. **R VIII 1**. *Réflexions sur les arguments employés pour prouver la religion.* (《关于为了证实宗教所使用的一些理由的思考》)

Catalogue Gradot, Paris 1790, "Théologie hétérodoxe", n° 30.

206. **R VIII 2**. *Réflexions sur les préjugés de l'enfance.* (《对儿童偏见的思考》)

Paris-B. N. f. fr. 9658, f. 36.

207. **R XIV 1**. *La révélation de la parole cachée des anciens philosophes.* (《揭示古代哲学家隐藏的话语》)

Catalogue baron de Beauvais, Paris 1766, n° 2114.

208. **S V 1**. *Suite des Pyrrhoniens : Qu'on peut douter si les religions viennent immédiatement de Dieu ou de l'invention des politiques pour faire craindre et garder les préceptes de l'homme.* (《〈皮浪的信徒〉续：人们可以怀疑宗教是直接来自上帝还是来自政治发明，以吓唬人，让人们信守戒律》)

Catalogue Glucq, Paris 1742, n° 1834. [2]

---

① 1836 年巴黎佩兰·德·桑松的销售目录以编号 n° 619 提到《皮浪的信徒》(*Le Pyrrhonien*)。

② 斯平克(J. S. Spink)查阅过这一论文的一份手稿抄本，该抄本属于伦敦大学的一位教授。他在《从加桑迪到伏尔泰的法国自由思想》(*French Free-thouhgt from Gassendi to Voltaire, op. cit.*, pp. 301–302)中描述了该抄本，并给我们留下一份打字的摘要，包括对原文的引述。

209. **S V 2**. *Sur la religion et la superstition*. (《论宗教和迷信》)

B. Krieger, *Friedrich der Grosse und seine Bücher*, Berlin et Leipzig 1914, p. 135.

210. **S V 3**. *Sur la vérité de la religion*. (《论宗教的真理》)
Travaux de l'Académie de Reims, 1878, p. 218.

211. **T II 1**. *Le Tombeau des préjugés sur lesquels se fondent les principales maximes de la religion*. (《作为宗教主要准则的基础的偏见之坟墓》)

Paris-B. N. n. a. fr. 10781, f. 46, résumé.

212. **T II 2**. *Toutes les religions sont une*. (《所有的宗教都是一样的》)

s'Gravenhage-Algemeen Rijksarchief, Fagel 1565.

213. **T VIII 1**. *Traité de la manière d'examiner sa religion, divisé en huit chapitres*. (《论研究其宗教的方式,分为八章》)

Catalogue Mortier, Amsterdam 1743, tome II, "Libri manuscripti", III n° 99.

附件二:作者亲笔以及/或者其流传
并没有得到证实的论文

214. *Apologie de Spinosa* [*contre Régis*] *sur Dieu et la nature.* (《斯宾诺莎关于上帝和自然的辩护辞(对雷吉斯的反驳)》)

Aix-en-Provence-B. M. 818 (774). ①

215. *Critique des Doutes sur la religion et de l'incertitude de tous ses points, Examen suivi de tous les systèmes contre la Religion.* (《关于宗教怀疑及其各种问题的不确定性的批判,研究之后附有反对宗教的所有体系》)

's-Gravenhage-K. B. 129 E 10.

216. *Dissertation où l'on prouve contre le P. Colonia que l'on ne peut, par le témoignage des auteurs payens, établir la divinité de J. C. et la vérité de la religion.* (《反驳科洛尼亚教授,并通过异教徒的见证证明我们无法建立耶稣基督的神圣性和宗教真理的论述》)

Catalogue Sépher, Paris 1786, n° 1560. Note: "Manuscrit sur papier de Michel de Toul qui n'a jamais été copié".

217. *Dissertation sur les soixante-dix semaines de Daniel.* (《论但以理

---

① 篇目无疑是塞菲加上去的,塞菲说这一抄件"出自作者,也就是 1740 年死于巴黎的瑞士医生朗格奈尔之手的……独一无二的文件"。

的七十周》）

Aix-en-Provence-B. M. 10（703-R. 300，704，851）.

218. *Doutes sur la religion proposés à MM. les Docteur de Sorbonne.*
（《向索邦的博士们提出的对宗教之怀疑》）

Paris-Arsenal 10515

219. *Essai historique et critique sur les trois plus fameux imposteurs：Moïse，Jésus et Mahomet. J. Raby.*（《对三个有名的骗子的历史和批判研究》，拉比）

Grenoble-B. M. 919.

220. *Examen d'une nouvelle réfutation du système de Spinoza，par un moine bénédictin.*（《一个本笃会修士对斯宾诺莎的新的反驳之研究》）

Aix-en-Provence-B. M. 816（773-R. 586）.

221. *Examen d'une réfutation abrégée du système de Spinoza，par M. de Cambray.*（《对斯宾诺莎的系统简要反驳的研究，德·坎伯雷先生作》）

Aix-en-Provence-B. M. 816（773-R. 586）.

222. *Explication raisonnable de la maniere dont le soleil s'arresta du tems de Josué*（《约书亚时代太阳以何种方式停止转动的合理解释》）

Aix-en-Provence-B. M. 10（703-R. 300，704，851）.

223. *Jugemens des chrétiens mêmes sur l'Ecriture et sur les Peres*（《基督徒们对〈圣经〉和神父们的判断》）

Aix-en-Provence-B. M. 10（703-R. 300，704，851）.

224. *Lettres critiques et philosophiques d'un bonze chinois à un Docteur de Sorbonne.* J. Raby. (《一个中国和尚写给索邦神学院一名博士的批判和哲学书信》,拉比)

Grenoble-B. M. 920 (U 981).

225. *Lettres de Cang-Ti, Grand Mandarin de la Chine, recueillies par Mylord Comte de Shaftesbury.* Cupis de Camargo. (《米洛谢夫特布里伯爵收集的中国的伟大文人康迪的书信》,库毕·德·卡马果)

Bruxelles-B. R. 5716.

226. *Recherches sur l'origine et la nature de l'âme et sur l'existence de Dieu.* J. Raby. (《关于灵魂的来源和性质以及上帝存在的研究》,拉比)

Grenoble-B. M. 740.

227. *Reflexions à rectifier, s'il est possible, par mon trés Réverend Pere Confesseur Theologien profond autant que Philosophe eclectique et raisonnable.* (《如果可能的话,应由我十分尊敬的、听我忏悔的神父、高深的神学家和折衷派的理性的哲学家纠正的思考》)

Halle-UuLB Misc. Oct. 8.

228. [*Traité de la création*]. E. Guillaume. (《论创世》,吉约姆)

Paris-Arsenal 11012.

229. *Traité de l'entendement humain dans lequel on se propose de faire voir que toutes nos idées nous viennent de Dieu.* (《人的知性论,我们意欲在该论文中表明我们所有的思想都来自上帝》)

Paris-Arsenal 11629.

230. *La Vie d'Apolonius de Thyane.*（《阿波利纽斯·德·梯亚纳的生平》）

Paris-Arsenal 5305.

附件三:与地下哲学资料有关的文稿

231. *Anecdotes de la nature*. Boulanger. (《自然趣闻》,布朗吉)
Anecdotes physiques de l'histoire de la terre. (《地球历史的物理趣闻》)

Paris-Musée d'Histoire Naturelle 869.

232. *L'Anti-Bigot ou le faux dévotieux*. (《反信徒或者假信徒》)
Les Quatrains du déiste. *Poème du déiste*. (《自然神论者的四行诗》,《自然神论者的诗》)

Réfuté par M. Mersenne dans l'*Impiété des Déistes*, Paris 1624. Publié par F. Lachèvre dans *Le procès de Théophile*, II, pp. 105 – 116, et par A. Adam, *Les Libertins au XVIIe siècle*, Paris, Buchet-Chastel, 1964, pp. 88 – 109.

233. *L'Appui de la foi*. Isaac de Troki. (《信仰的基础》,伊萨克·德·特洛基)

Amsterdam-UB EH 48, HS 212; Paris-Arsenal 2240 – 2241.

234. *Certamen philosophico. Defiende la verdad Divina y Natural, contra los principios de Juan Bredemburg*.

Amsterdam-Montezinos 48 C 16; London-Jews Coll. Montefiore 532; Paris-B. N. F. esp. 41.

Traduction de la prétendue démonstration proposée par J. Bredenburg, pour établir la nécessité des opérations de tous les êtres raisonnables. Réfutation par Orobio.（《布莱登堡先生提议的所谓的证明翻译，以建立所有理性存在活动的必要性》，《奥罗比奥的反驳》）

Bordeaux-A. M. F. Delpit, "Juifs"①；Bordeaux-B. M. 828（XXXIII）.

235. *Discours philosophiques sur la theorie de la Terre.*（《关于地球理论的哲学讲话》）

Bordeaux-B. M. 828（XXXVIII）, dossier 24.

236. *Epître à Uranie.* Voltaire.（《致乌拉尼的书信》，伏尔泰）

Dresden-SLB J 59 b（20）；Halle-UuLB Yg Quart. 29；Helsinki-Y. K. D III 2；Krakow-B. U. Gall. Quart. 17；Leiden-UB March. 48；Lyon-B. M. PA B 54；Rouen-B. M. Montbret 057（669）；Wittenberg-Evang. Predigerseminar A III 20（1）

Uebersetzung eines Schreibens des Herr Voltaire an Uranien.
Wroclaw-B. U. Mil. IV 215.

237. ［*Dissertations philosophiques*］, comprenant *Dissertation sur le Sentiment des Betes*, *l'Instinct et la Raison*, *Contre les Cartesiens*；*De la musique*；*Les Argumens du Pirronisme*, *Pour une Demoiselle qui vouloit aprendre les principes philosophiques de cette Secte*；*Sur le sentiment des animaux contre les Cartésiens*；*A Monsieur*, *Que l'Ame n'est que Sentiment*, *et que l'Homme n'agit que par les Sensations*；*A Monsieur de...*（《哲学论述》，包括《论动物的感情》、《理性的本能，反驳笛卡尔的信徒们》、《论音乐》、《皮浪主义的论据，写给一个想学习这一学派的哲学原理的小姐》、《论动物的感情，对笛卡尔信徒的反驳》、《致某先生，灵魂只不过是感情，

---

① 这是包括在两个对开的笔记本中的残篇；缺开始和结尾。

人只是通过感觉行动》、《致某某先生的信》)

Douai-B. M. 702.

238. *Entretiens familiers entre un curé et un philosophe malade, concernant quelques points de la religion.*（《一个神甫和一个生病的哲学家关于哲学的某些问题的日常谈话》）

Gent-UB 157.

239. *Explication sur le mystère de l'Eucharistie suivant les principes de la philosophie de Descartes.*（《根据笛卡尔的哲学原则对圣事神秘性的解释》）

Explication du mystère de l'Eucharistie par rapport au système de l'infinité de la matière.（《与物质的永恒体系相比较的圣事神秘性的解释》）

Châlons-sur-Marne-B. M. 391；Paris-Institut 567；Paris-Mazarine 1165，3562.

240. *Extrait des ouvrages du comte de Zinzindorff sur la Bible.*（《辛辛朵夫伯爵关于〈圣经〉的作品摘要》）

Aix-en-Provence-B. M. 10（703-R. 300，704，851）.

241. *Extrait d'un Ecrit intitulé Recherches philosophiques sur la liberté de l'homme composé par Mr Collins.*（《科兰先生所做题为〈关于自由的哲学研究〉一文的摘要》）

Bordeaux-B. M. 828（XXXVIII），dossier 22. ①

──────────

① 页边的一个注说："该文章在一本关于自然宗教哲学的各种文章的文集第一卷最后，莱布尼兹·牛顿著，1720 年由索塞书商（Saucez）在阿姆斯特丹印刷。"

242. *Histoire de l'admirable don Inigo de Guipuscoa*, *Chevalier de la Vierge*, *et fondateur de la Monarchie des Inighistes. Avec une description abrégée de l'établissement et du bon Gouvernement de cette formidable Monarchie.* (《圣母骑士,伊尼吉斯特君主国的创立人,令人佩服的伊尼果·德·吉普高阿的历史,附带对这一了不起的君主国的建立及其治理的简要描述》)

Leiden-UB March. 43; Paris-I. C. Frçs 255.

243. *Histoire de l'usage de la discipline.* (《纪律之用的历史》)
Gent-UB 510.

244. *L'Idée d'un Philosophe.* (《一个哲学家的思想》)
Aix-en-Provence-B. M. 814 (837-R. 798).

245. *Idée d'un système général de la nature.* Boulainvilliers. (《大自然普通体系的观念》,布兰维利耶)

London-B. L. Add. 46401; Paris-Chambre des Députés 231; Vire-B. M. 72.

246. *L'Immortalité de l'Ame Demonstrée autant qu'il est possible par les cognoissances naturelles*, *et par la lumière de la Raison* [H. More, tr. P. Briot]. (《通过自然的知识和理性之光而证明的灵魂之永生不死》)

Hannover-NSLB IV, 320; Warszawa-B. N. III 3692.

247. *Inventaire de reliques ridicules et de faux miracles.* (《可笑的圣物和虚假奇迹名录》)

Aix-en-Provence-B. M. 816 (773).

248. *Lettre à Madame...*(《致某夫人的信》)

Paris-Sorbonne 1181.

249. *Lettre de Middleton sur le culte extérieur de l'Eglise romaine.*
(《米德尔顿关于罗马教会的外部崇拜的信》)

Aix-en-Provence-B. M. 815（838-R. 14 et 421），828（844-R. 418，665）.①

250. *Mémoires pour servir à l'histoire de la Démonologie où l'on examine l'Origine, les Progrès & la Décadence de la Croyance du Diable, de la Magie, des Sorcières & des Procès intentés contre eux.*(《用于魔鬼学历史的回忆录，其中研究了对魔鬼、魔法、巫师的信仰起源、发展和衰败，及其批判》)

Krakow-B. U. Gall. Quart. 11.

251. *Methodus refutandi opus posthumum Benedicti de Spinoza.* C.
Langenhert.

Paris-Mazarine 1119.

252. *Le Nepotisme de Rome ou Relation des raisons qui portent les Papes à aggrandir leurs neveux. Du bien et du mal qu'ils ont causé à l'Eglise depuis Sixte IV jusqu'à maintenant. Des difficultés que les ministres des Princes trouvent à traitter avec eux, et en même tems des véritables moyens de s'en tirer. Et d'où vient que les familles des Papes n'ont pas pu subsister longtems avec éclat.*(《罗马的任人唯亲或者让教皇们提升侄子地位的理性关系，西克斯图斯四世以来一直到现在他们为教会带来的好坏结

---

① 同一抄本的两个部分,不完整:第一份手稿到 f. 74 为止。第二份从 f. 99 开始。

果。使者与他们打交道所遇到的困难,以及克服困难的真正办法。为什么教皇的家庭没有能够光彩地长久存在》)

Paris-I. C. Frçs 253.

253. *Observations de Baxter sur l'intelligence de l'Apocalipse*, *avec quelques réflexions dessus*. (《巴克斯特对启示录的理解的观察及其对此的一些思考》)

Aix-en-Provence-B. M. 10 (703-R. 300, 704, 851).

254. *Pensieri sopra il celibato degli ecclesiastici* 1770. *Observations politiques sur le célibat des prêtres*]. (《对教士独身的政治观察》)

Gent-UB 225.

255. *Principes physiques de la raison et des passions des hommes*. Maubec. (《人的理性和激情的物理原则》,默贝克)

Paris-B. N. f. fr. 14709.

256. *Principia philosophiae antiquissimae et recentissimae*. Ann Conway.

Berlin-DSB Lat. Quart. 109.

257. *Raisonnemens chinois*, *ou réflexions sur le socinianisme*. (《中国人的思维或者对索齐尼教义的思考》)

Aix-en-Provence-B. M. 828 (844-R. 418, 665).

258. *Réflexions sur la présence réelle du corps de Jésus-Christ dans l'Eucharistie*. (《对圣事中耶稣基督的身体真实存在的思考》)

Paris-Mazarine 1190. ①

259. *Réflexions sur l'origine des Américains.* (《对美国人起源的思考》)

Aix-en-Provence-B. M. 820 (840-R. 496, 893, 962).

260. *La Religion des Hollandais.* Stouppe. (《荷兰人的宗教》, 斯托普)

Milano-B. N. B. Af IX 57.

261. *La Religion des Malabares.* (《马拉巴尔人的宗教》)

Traité de la religion des Malabars. (《论马拉巴尔人的宗教》)

Madrid-B. N. 12728; München-BSB Gall. 666; Paris-Arsenal 2242. ②

262. *Remarques sur la Bible.* (《对〈圣经〉的说明》)

Carpentras-B. M. 954.

263. *Sermon sur les rapports de la sensibilité et de la raison.* (《感性和理性之关系的布道辞》)

Berlin-DSB Gall. Oct. 68.

264. *Theologia Spinosae quam dictavit Petrus Cally anno 1702.*

Caen-B. M. Quart. 256 (6).

265. *Traité sur l'existence d'un être.* (《论生物的存在》)

---

① 归还给波兰的 Saint Petersbourg-B. Saltykov Theol. Oct. 65 Z 抄本于第二次世界大战期间被毁。

② Chartres-B. M. 615 抄本于战争期间被毁。

London-B. L. Sloane 4367. 9. ①

266. *Tratado en que se explica la prophecia de las* 70 *semanas.* Orobio de Castro.

Oxford-Bodleian Lib. Opp. Add. 4°51；Wien-ÖNB 10388.

Explication des 70 *semaines de Daniel.*（《但以理的七十周解释》）
Bordeaux-B. M. 1529. ②

267. *L'unité de substance.* Depaquit.（《物质的统一》,德帕吉）
Paris-coll. F. Moureau.

268. *Vertheidigung der Menschlichen Vernunft.*（《人类理性之辩》）
Helsinki-Y. K. D III 1.

---

① 这是一份不完整的手稿,没有篇目,文中未明言地假设物质的永恒。
② 实际上,这并不完全是论文的翻译,而是《论神对以色列的偏见》中的一些章节,译者保留了原书的页码。

地下哲学文稿的出版版本[①]

A I. Extraits：*Abrégé d'histoire universelle jusqu'à l'Exode des Israëlites*，dans M. G. Zaccone Sina，"L'interpretazione della *Genesi* in Henry de Boulainvilliers. Fonti：Jean Le Clerc e Thomas Burnet. III. "，*Rivista di Filosofia Neoscolastica* LXXIII（1981），pp. 157 – 178. [②]（摘要:《古以色列人逃难之前的世界历史摘要》）

A II. *Abrégé ou courte exposition de l'opinion de Spinoza touchant la divinité*，*l'esprit humain et les fondements de la morale*（éd. R. Simon），dans *Henry de Boulainviller. Oeuvres philosophiques*，Tome I，La Haye，M. Nijhoff，1973，pp. 1 – 9.（《关于斯宾诺莎对神性、人类精神和道德基础的意见摘要或者简单阐述》）

---

① 我们这里列出了所有已知的地下哲学文稿的出版版本。然而，一些已经明确知道作者(马基雅维里、布鲁诺、伏尔泰、狄德罗、霍尔巴赫等)的文本已经有很多现代出版的版本，对这些文本，我们只列出手抄者或者译者使用过的启蒙时代结束之前出版的版本，以及手稿出版的版本和具有重要的批判内容的版本。我们在注释中列出作为研究者研究工具的当时的译本。最后我们将地下论文的来源专门列了一个附录。

② 朗格莱·杜弗莱斯努瓦(Lenglet Dufresnoy)在《研究历史的方法，附带主要历史学家作品目录及其优点的说明，以及关于最好版本的说明》(*Méthode pour étudier l'histoire，Avec Un Catalogue des principaux Historiens，& des Remarques sur la bonté de leurs Ouvrages，& sur le choix des meilleures Editions*，Nouvelle édition，Augmentée & ornée de Cartes Géographiques，A Paris，Chez P. Gandouin，1729；réédit. Paris，P. Gandouin，1735；Amsterdam，Aux dépens de la Compagnie，1737)中使用了布兰维利耶作品的一些段落，在《研究历史的方法，附带主要历史学家作品目录及其优点的说明，以及关于最好版本的说明补编》(*Supplément de la Méthode pour étudier l'Histoire，Avec Un Supplément au Catalogue des Historiens，& des Remarques sur la bonté，& le choix de leurs Editions*，Paris，Rollins fils et De Bure l'aîné，1739；réédit. Paris，1741)当中也使用了。1772 年出版这本书的德鲁埃(Drouet)［Paris，Debure père］在前言中指出了这一点，并补充了一些从《摘要》中援引的段落。

A III. *Absconditorum a constitutione mundi Clavis*, *qua mens humana tam in divinis quam in humanis pertinget ad interiora velaminis aeternae veritatis*. *Gulielmo Postello ex divinis decretis ex scriptore*. *Lector Quisquis es*, *aut perlege*, *etsi potes perpende*, *et intellige*：*aut abstine a censura*, s. l., s. d. ［Bâle, 1547］；Amsterdam, Jansson, 1551；Paris, Ruelle, 1553.

Absconditorum a constitutione mundi Clavis... Una cum appendice Pro Pace Religionis Christianae editore A. Franc. de Monte S. Amsterodami, anno 1646.

A IV. *Adeisidaemon*, *sive Titus Livius A superstitione vindicatus*. *In qua Dissertatione probatur*, *Livium Historicum in Sacris*, *Prodigiis*, *& Ostentis Romanorum enarrandis*, *haudquaquam fuisse credulum aut superstitiosum*；*ipsamque Superstitionem non minùs Reipublicae*（*si non magis*）*exitiosam esse*, *quàm purum putum Atheismum*. Autore J. Tolando. Hagae-Comitis, Apud Thomam Johnson, 1708；Hagae-Comitis, Apud Thomam Johnson, 1709；Amsterdam, Rodopi, 1970.

A V. "Le jeu de la tolérance：Edition de la lettre *A Madame de ... Sur les différentes Religions d'Hollande*"（éd. M. Benítez）, dans *Filosofia e religione nella letteratura clandestina*（*secoli XVII e XVIII*）, Milano, F. Angeli, 1994, pp. 427－468.（《容忍的游戏：〈就荷兰的不同宗教致某夫人的信〉的出版》）

A VI-A VII. *L'Ame matérielle*（éd. A. Niderst）, Paris, Nizet, 1969.（《物质的灵魂》）

A VIII. *Amphitheatrum Aeternae Providentiae Divino-Magicum*, *Christiano-Physicum*, *nec non Astrologo-Catholicum*, *Adversus veteres Philosophos*,

Atheos, *Epicureos*, *Peripateticos*, *et Stoicos*, Autore Iulio Caesare Vanino, Lugduni 1615〔réimp. facs. Galatina, Congedo, 1979〕.

Le Opere di Giulio Vanini（G. Porzio éd.）, Lecce, 1913.

G. C. Vanini, *Opere*, a cura di G. Papuli e F. P. Raimondi, Galatina, Congedo, 1990, pp. 157 - 282.

A X. *Doutes sur la religion suivies de l'Analyse du Traité, Theologi-Politique de Spinosa*, Par le Comte de Boulainvilliers. London, 1767〔pp. 55 - 103〕.（《对宗教的怀疑·斯宾诺莎的神学政治论分析》）

A XIII. *La Beatitude des Chrestiens, ou Le Fleo de la Foy. Par Geoffroy Vallée natif d'Orleans, Fils de feu Geoffroy Vallée et de Girarde le Berruÿer aux-quels noms de pére et mére assemblés il s'y trouve Lerre Geru Vrey Fleo de la Foy Bigarrée et au nom du fils Va Fleo Refle Foÿ autrement Guere la Fole Foÿ Heu-reux qui sçait Au sçavoir repot*（éd. A. W. Gulyga et K. Moikova）, dans *Anon-imye ateisticeskie traktaty*, Moscou, 1969, pp. 221 - 319. [①]（《基督徒的真福,或者信仰的灾难》）

A XIV. *Histoire comique par Monsieur de Cyrano Bergerac, contenant les Estats et Empires de la Lune*, Paris, Le Bret, 1657.（《西拉诺·贝日拉克先生的滑稽历史,包括月球上的国家和帝国》）

Savinien de Cyrano Bergeracs *L'Autre Monde ou les Etats et Empires de la Lune nach der Pariser und Münchener Handschriften sowie nach dem Drucke von 1659* zum ersten Mal kritisch herausgegeben von Leo Jordan, Dresden, Gesellschaft für romanische Literatur XXIII, 1910.

Les oeuvres libertines de Cyrano de Bergerac Parisien（*1619 - 1655*）

---

① 论文的俄文翻译在第 25—131 页。

précédées d'une notice biographique par F. Lachèvre, tome I, Paris, Champion, 1921 [réimp. Genève, Slatkine, 1968].(《巴黎人西拉诺·贝日拉克的自由思想作品》)

L'Autre Monde (éd. F. Lachèvre), Paris, Garnier, 1933. (《另一个世界》)

L'Autre Monde (éd. H. Weber), Paris, Editions Sociales, 1960. (《另一个世界》)

Les Etats et Empires de la Lune et du Soleil (éd. C. Mettra et J. Suyeux), Paris, J.-J. Pauvert, 1962.(《月亮和太阳上的国家和帝国》)

Voyage dans la Lune (éd. M. Laugaa), Paris, Garnier-Flammarion, 1970.(《月亮游记》)

Cyrano de Bergerac, *L'Autre Monde ou les Estats et Empires de la Lune*, édition critique par M. Alcover, Paris, H. Champion, 1977.(《另一个世界或者月亮上的国家和帝国》)

Oeuvres Complètes (éd. J. Prévot), Paris, Belin, 1977.(《西拉诺·贝日拉克全集》)

B I. *La Béatitude des Chrestiens ou le Fleo de la Foy, par Geoffroy Vallée natif d'Orleans, fils de feu Geoffroy Vallée, & de Girarde le Berruyer Ausquelz noms des Pere & Mere Assemblez il s'y treuve. Lerre, Geru vrey fleo D. La Foy bygarrée. Et au nom du filz. Va Fleo Regle Foy. Aultrement. Guere la Fole Foy. Heureux qui sçait Au sçavoir repos* [Paris, P. Godec, 1573]; Paris, 1774 [ou 1781].(《基督徒的真福或者信仰的灾难》)

La Béatitude des Chrestiens ou le Fléo de la Foy [éd. G. Brunet], Paris, 1867.(《基督徒的真福或者信仰的灾难》)

La Béatitude des Chrétiens ou le Fléo de la Foy... (éd. F. Lachèvre), *Mélanges sur le libertinage au XVIIe siècle*, Paris, Champion, 1920, pp. 20–29.(《基督徒的真福或者信仰的灾难》)

B Ⅱ. *Le Bon Sens*, *ou Idées naturelles opposées aux idées surnaturelles*, A London, 1772〔5 tirages〕; London, 1773; London, 1774〔deux tirages〕; London, 1782; London, 1786.(《常识,或者与超自然观念相对立的自然观念》)

Le Bon Sens puisé dans la nature, *ou Idées naturelles opposées aux idées surnaturelles*, par feu Jean Meslier, curé d'Etrepigny, Rome et Paris, l'an de la raison, 1791; Rome et Paris, l'an de la raison, 1792.(《从自然中汲取的常识,或者与超自然观念相对立的自然观念》)

Le Bon Sens puisé dans la nature, *suivi du Testament du curé Meslier*, Paris, Bouqueton, 1792. ①(《从自然中汲取的常识,以及梅叶神甫的遗嘱》)

C Ⅲ. *Catéchisme de l'honnête homme ou Dialogue entre un Caloyer et un homme de bien*. Traduit du grec Vulgaire par D. J. J. R. C. D. C. D. G., s. l. 〔Genève〕1758〔1763〕; Paris, 1764〔1763〕.(《正直人的信条或者一个东正教僧侣和一个善良人的对话》)

L'évangile de la raison, ouvrage posthume de M. D. M.... y, s. l., 1764, pp. 71 – 92; *L'évangile de la raison*, ouvrage posthume de M. D. V. et D. F. A London, aux dépens de la Compagnie de Jésus〔Amsterdam, Rey〕, 1764; L'évangile de la raison, ouvrage philosophique, s. l., 1765〔1764〕, pp. 57 – 78; *L'évangile de la raison*, s. l., 1768; *L'évangile de la raison*, ouvrage posthume de M. D. M...y, s. l. n. d.〔Genève, Cramer, c. 1768〕.(《理性的福音》)

----

① 该作品最近由德普兰(J. Deprun)重新出版:《常识或者与超自然观念相对立的自然观念》(*Le Bon sens ou idées naturelles opposées aux idées surnaturelles*, Paris, Editions rationalistes, 1971)。文本是根据原版本整理的,尤其包括一份关于该作品"版本和翻译的参考书目说明"。我们在德斯内(R. Desné)的《法国的唯物主义者》(*Les Matérialistes français*, Paris, Buchet-Chastel, 1965)当中可以看到一些摘要;卡兹(G. et B. Cazes)的《简装本霍尔巴赫》(*D'Holbach portatif*, Paris, Pauvert, 1967)也援引了一些提要。

Recueil nécessaire, Leipsik［Genève］1765［1767］, pp. 87 – 118;
Recueil nécessaire, avec l'Evangile de la raison, London, 1768, t. I,
pp. 99 – 135; *Recueil nécessaire*, 1776.(《必读文集》)

Nouveaux Mélanges philosophiques, historiques, critiques, etc., tome
VII, s. l.［Genève, Cramer］,1768.(《哲学、历史、批判等的新混合》)

［*Oeuvres de Voltaire*, édition encadrée］, s. l.［Genève, Cramer et
Bardin］, tome XXXVI, pp. 145 – 167.(《伏尔泰作品集》)

Oeuvres complètes de Voltaire. De l'imprimérie de la Société littéraire
typographique, Kehl, 1785, tome XXXVI, pp. 143 – 167. ①(《伏尔泰作
品全集》)

C IV. Censure du Symbole des Apôtres, par Théophile Raynaud,
jésuite, pour montrer qu'on peut tout condamner quand on veut, etc., s. l.,
1717. ②(耶稣会会士戴奥菲尔·雷诺对使徒象征的审查,表明欲加之
罪,何患无词,等等)

Censure du Symbôle des Apôtres, par M＊＊＊, *Encyclopédiste*(éd. A.
Mc Kenna), dans *Enlightenment Essays in memory of R. Shackleton*, Ox-
ford, The Voltaire Foundation, 1988, pp. 163 – 173.(《百科全书派的某
先生对使徒象征的审查》)

C V. Extrait d'un livre anglois de Tindal, qui a pour titre: *Le Chris-
tianisme aussi ancien que le monde*, dans *Recueil philosophique ou Mélange
de pièces sur la religion et la morale*. Par différens auteurs［éd. J. -A. Nai-
geon］, London, 1770, tome II, pp. 125 – 173.(《一个名叫丁达尔的英
国人的书摘,书名是〈与世界一样古老的基督教〉,见于〈哲学文集或者

---

①　弗朗索瓦神甫(abbé François)在《正直者的信条研究》(*Examen du Catéchisme de
l'honnête homme*, Bruxelles et Paris, Babuty, 1764)中作过摘要。
②　带有詹森教派出版者的说明以及据说是巴毕耶(Barbier)所作的注释。

关于宗教和道德的各种文章合集〉》)

Beweiss, dass das Christenthum so alt als die Welt sey, nebst Herrn Jacob Fosters Widerlegung desselben. Beydes aus dem Englischen übersetzt. Frankfurt und Leipzig, 1741.

C VII. *Christianismi restitutio, Totius Ecclesiae apostolicae est ad sua limina vocatio, in integrum constituta cognitione Dei, fidei Christi, iustificationis nostrae, regenerationis baptismi, et caenae domini manducationis. Restituto denique nobis regno coelesti, Babylonis impiae captivitate soluta, et Antichristo cum suis penitus destructo,* [Vienne, B. Arnoullet et G. Guéroult], 1553; reimp. par C. G. von Murr, Nürnberg, 1790; réimp. facsim. Frankfurt, Minerva, 1966. ①

Extraits:*De regno Christi Liber Primus. De Regno Antichristi Liber Secundus. Accesit tractatus de Paedobaptismo, et circuncisione,* (éd. G. Biandrata), Albae Juliae, 1569.

De Trinitate divina, quod in ea non sit invisibilium trium rerum illusio, sed vera substantiae Dei manifestatio in verbo, & communicatio in spiritu. Libri septem (éd. attribuée à R. Mead), London, 1723.

C IX. *Le ciel ouvert à tous les hommes, ou traité theologique.* s. l., 1768. (《上天为所有的人敞开,或者神学论》)

Le ciel ouvert à tous les hommes, ou traité theologique, par lequel, sans rien déranger des pratiques de la religion, on prouve solidement par l'écriture sainte, et par la raison, que tous les hommes sont sauvés; par feu Me Pierre

---

① *Okazanie Antychrista y iego Krolestwa ze znaków iego wlasnych w slowie bozym opisanych, ktorych tu szescdziesiat* (据说是由 G. Paulus 在 1568 年用波兰文翻译的论文第五部分)。

Cuppé, prêtre-bachelier en théologie, chanoine régulier de Saint Augustin, prieur-curé de la paroisse de Bois, diocèse de Xaintes. Nouvelle édition, revue, corrigée et augmentée, sur le manuscrit de l'auteur, à London, 1783.（《上天为所有的人敞开, 或者神学论, 书中没有丝毫触动宗教实践, 却通过〈圣经〉和理性确实地证明所有的人都得救了》）

Il Cielo aperto di Pierre Cuppé. Con un'edizione critica del Le ciel ouvert à tous les hommes（éd. P. Cristofolini）, Firenze, Olschki, 1981. ①

C XI. Joannis Bodini *Colloquium heptaplomeres de rerum sublimium arcanis abditis*. E codicibus manuscriptis bibliothecae academiae Gissensis cum varia lectione aliorum apographarum nunc primum typis describendum（éd. L Noack）, Paris-London, 1857［éd. facsimile Stuttgart-Bad Cannstatt, Frommann-Holzboog, 1966］.

摘要: *Das Heptaplomeres des Jean Bodin*（éd. G. E. Gurhauer, extraits des livres IV et V）, Berlin, 1841［réimp. Genève, Slatkine, 1971］.

Colloque entre sept scavans qui sont de différens sentimens des secrets cachés des choses relevées（éd. F. Berriot）, Genève, Droz, 1984.（《对被揭示的事物隐藏着的秘密具有不同观念的七个学者之间的谈话》）

摘要: *Colloque de Jean Bodin Des secrets cachez des choses sublimes*

① 该作品用英文出版过三次: *Heaven open to all men: or, a theological treatise in which, without unsetting the practice of religion, is solidly prov'd, by scripture and reason, that all men shall be saved, or made finally happy*. London, J. Robinson, 1743; *Heaven open to all men; or universal redemption asserted and vindicated from scripture, the attributes of the deity, and the reason and nature of things: designed to explode those narrow principles which some have inculcated, and to excite a general piety and charity amongst mankind*, London 1766; *Heaven open to all men: or, a theological treatise, in which, without unsettling the practice of religion, is solidly proved, by scripture and reason, that all men shall be saved, or, made finally happy*. The third edition, London, J. Robinson, s. d. 。

1782 年, 以《向整个宇宙敞开的天空》(*Le Ciel ouvert à tout l'univers*) 为题的作品是一本文集, 与库佩(Cuppé)的作品没有任何关系。巴毕耶认为这本书是原来的本笃会修士多姆·路易(Dom Louis)所作。

entre sept sçavans qui sont de differens sentimens（Traduction française du *Colloquium Heptaplomeres*）（éd. R. Chauviré, extraits des livres IV, V et VI），Paris, Sirey-Champion, 1914.（《让·博丹关于对神圣事物隐藏的秘密具有不同观念的七个学者之间的对话》）

C XIII. *Concordia rationis & fidei Sive Harmonia Philosophiae Moralis & Religionis Christianae*，Amstelodami［Guben］，Anno, 1692（《理性和忠信的协调以及道德哲学和基督教之间的和协》）

Concordia rationis et fidei sive Harmonia philosophiae moralis（éd. W. Schröder），Stuttgart-Bad Cannstatt, Frommann-Holzboog, 1992.（《理性和忠信的协调以及道德哲学和基督教之间的和协》）

C XV. *Considérations politiques sur les coups d'Etat*, par G. N. P., Rome 1639［reprod. anastatique Milano, Giuffré, 1992］.（《关于政变的政治思考》）

Considérations politiques sur les coups d'Etat, par Gabriel Naudé, Parisien, fait sur la copie de Rome, 1667.［rééd. Cologne, 1744］.（《关于政变的政治思考》）

Science des Princes ou Considérations politiques sur les coups d'Etat, par G. Naudé, Parisien, *avecque les Réflexions historiques, morales, chrestiennes et politiques de L. D. M. C. S. D. S. E. D. M.*, *Qui admire ce qu'elles ont de subtil, Eclaircit ce qu'elles ont d'obscur, Rejète ce qu'elles ont de mauvais et les Considère toujours et partout avec indifférence et sans aucune passion*, à Strasbourg, Imprimées l'an MDCLXXIII［réed. s. l. 1752］.（《君王的科学,或者关于政变的政治思考》）

Considérations politiques sur les coups d'Etat, Les Editions de Paris, 1988. Introduction de L. Marin.（《关于政变的政治思考》）

Considérations politiques sur les coups d'Etat, Paris, 1993. Introduction de F. Charles-Daubert.（《关于政变的政治思考》）

C XVII. *La contagion sacrée, ou histoire naturelle de la superstition.* Ouvrage traduit de l'Anglois. Londres, 1768; Londres, 1770, Londres, 1775.（《神圣的传染，或者迷信的自然历史》）

La contagion sacrée, ou histoire naturelle de la superstition. Ouvrage traduit de l'Anglais, avec des notices relatives aux circonstances. Nouvelle édition, Paris, an V［1797］.（《神圣的传染，或者迷信的自然历史》译自英文，附带一些对情况的说明）

Le curé Meslier. *Ce que sont les Prêtres*, précédé du *Testament* de J. Meslier. Edition nouvelle et tout à fait complète, absolument conforme à l'édition de d'Holbach（1772）, Paris, 1881.（梅叶神甫，《何谓教士》，该文之前有梅叶的《遗嘱》，十分完整的新版本，与霍尔巴赫的版本绝对相符。）

Oeuvres complètes de Jean Meslier, curé d'Etrepigny. *Ce que sont les prêtres*, Charleroi, 1889.（《让·梅叶作品全集》，戴特比尼神甫；《何谓教士》）

Holbach, *La contagion sacrée*（éd. A. Lorulot）, Bruxelles, 1962.（霍尔巴赫，《神圣的传染》）

C XVIII. *Cymbalum mundi en francoys, Contenant quatre Dialogues Poetiques, fort antiques, ioyeux, & facetieux,*［Paris］, Jean Morin, 1537; Lyon, Benoist Bonnyn, 1538.（《法文本的〈洋琴世界〉，包括四首诗体对话，十分古老，欢快而诙谐》）

Cymbalum mundi, ou dialogues satyriques sur différens sujets. Avec une lettre critique dans laquelle on fait l'histoire, l'analyse et l'apologie de cet ouvrage（éd. Prosper Marchand）, Amsterdam, Prosper Marchand, 1711; Nouvelle édition revue, corrigée et augmentée de notes et de remarques communiquées par plusieurs savans. Amsterdam（Paris）, Prosper March-and, 1732; Amsterdam, Prosper Marchand, 1740; Amsterdam & Leipzig, Arkstée und Merhus, 1753.（《〈洋琴世界〉,或者对不同主题的讽刺对话。附带一封批判信,其中对这部作品进行了回顾、分析和赞扬》）

Le Cymbalum mundi en françois, *contenant IV Dialogues. Enrichi de notes intéressantes*［éd. Voltaire］, dans *Les choses utiles et agréables*, Ber-lin［Genève, Cramer］, 1769.（《法文本的〈洋琴世界〉,包括四个对话,补充了值得令人关注的注释》）

Le Cymbalum mundi et autres oeuvres（éd. P. L. Jacob）, Paris, Gos-selin, 1841; Paris, Delahays, 1858; Paris, Garnier, s. d.［1872］; Par-is, Garnier, 1925.（《〈洋琴世界〉和其他作品》）

Cymbalum mundi（éd. Frank）, Paris, Lemerre, 1873.（《洋琴世界》）

Nouvelles Récréations... et Cymbalum mundi（éd. L. Lacour）, Paris, Jouaust, 1874.（《新版〈休息时光〉……以及〈洋琴世界〉》）

Cymbalum mundi, *réimpression de l'édition facsimile de l'exemplaire u-nique conservé à la Bibliothèque de Versailles*（éd. P. P. Plan）, Paris, Société des Anciens Livres, 1914.（《〈洋琴世界〉,凡尔赛图书馆保存的善本影印版本的重印》）

Cymbalum mundi（éd. P. H. Nurse）, Manchester, Manchester U. P., 1958（reprinted, with a new preface, 1967）; Genève, Droz, 1983.（《洋琴世界》）

D I. Iulii Caesaris Vanini, *De Admirandis Naturae Reginae Deaeque Mortalium Arcanis libri quatuor*. Lutetiae, A. Perier, 1616［réimp. facs. Galatina, Congedo, 1985］.

Le Opere di Giulio Vanini（G. Porzio éd.）, Lecce, 1913.

G. C. Vanini, *Opere*, a cura di G. Papuli e F. P. Raimondi, Galatina,

Congedo，1990，pp. 283－523.

D II. *Réfutation du Celse moderne ou Objections contre le Christian-isme*, *avec des réponses* ［éd. Gautier, de la Congrégation de Notre-Sau-veur］. A Lunéville, chez F. E. Goebel, & C. F. Messny, Imprimeurs-Li-braires, 1752；Paris, 1765.(《对现代塞尔斯的反驳,或者反对基督教, 附带回复》)

Réflexions impartiales sur l'Evangile par feu M. de Mirabaud, secrétaire perpétuel de l'Académie française, London, 1769；London, 1773.(《对福音书的公正思考》)

Examen critique du Nouveau Testament, par M. Fréret, académicien de l'Académie des Inscriptions et Belles-Lettres, London, 1777. (《对〈新约〉批判研究》)

Examen critique du Nouveau Testament, avec le Supplément, *Oeuvres de Fréret*, Paris, Servière et Bastien,1792, tome II.(《对〈新约〉的批判 研究,附带弗雷莱的作品》)

D IV. Giordano Bruno Nolano, *De la causa*, *principio*, *et Uno*, Ve-netia, 1584.(《论原因、本原与太一》,布鲁诺)

D V. *De la conduite qu'un honnête homme doit garder pendant sa vie* (éd. A. Mc Kenna), *Lias* XIV (1987), 229－256.(《论一个正直的人 一生应有的行为》)

D VIII. *De l'imposture sacerdotale*, *ou Recueil de Pièces sur le clergé*, *traduites de l'Anglois*, Londres, 1767.(《论圣职的欺骗,或者关于神职人 员的文章汇编,译自英文》)

De la monstruosité pontificale, *ou Tableau fidèle des Papes*, Londres,

1772 [premier traité]. (《论主教的极其可怕之事，或者教皇的忠实画卷》)

D IX. Giordano Bruno Nolano, *De l'infinito universo et Mondi*, Venetia, 1584. (《论宇宙和世界的无限》)

D X. *Peccatum originale kat' exochen sic nuncupatum*, *philologice problematikos elucubratum a Themidis alumno*, Eleutheropoli [Leiden], 1678.

Hadriani Beverlandi, *De Peccato originali*, *kat' exochen sic nuncupato*, *dissertatio*. Ex typographico, 1679. ①

D XI. Johann Georg Wachter, *De primordiis christianae religionis. Elucidarius cabalisticus. Origines juris naturalis. Dokumente*, Mit einer Einleitung herausgegeben und kommentiert von W. Schröder, Stuttgart-Bad Cannstatt, Frommann-Holzboog, 1995.

D XII. *De Tribus Mundi Impostoribus Mose Christo et Mahumet Breve Compendium*, s. l. s. d.

Particula prima fragmenti subdititii, *ex libello ficto de tribus Impostoribus*, *quod recentior impostor commentus est*, *cum continua et succinta refutatione* (éd. S. J. Baumgarten), dans *Nachrichten von einer Hallischen Bibliothek*, 3. Band, pp. 554 – 561.

De tribus Impostoribus. Anno MDIIC (éd. P. Straube), s. l. s. d. [Wien1753].

De Tribus Mundi Impostoribus breve Compendium. De Moyse, Christo et

---

① 《人的原罪状态》(*Etat de l'homme dans le péché originel*), 1714 年印刷问世(éd. Fontenai); 《人的原罪状态历史》(*Histoire de l'état de l'homme dans le péché originel*) 1731 年印刷问世(éd. J. -F. Bernard)。

Mahumete（éd. C. C. E. Schmid）, dans *Zwei seltene antisupernaturalistische Manuscripte eines Genannten und eines Ungenannten*, *Pendants zu den Wolfenbüttelschen Fragmenten*, Berlin [en réalité, Giessen], 1792, pp. 1 - 34.

De Impostura Religionum breve compendium seu Liber de tribus Impostoribus. Nach zwei Mss. und mit Historisch-Litterarischer Einleitung（éd. F. W. Genthe）, Leipzig, 1833. [Ms. Wien-ÖNB 10450 et ms. Zerbster Bibliothek].

De tribus Impostoribus. Anno MDIIC. Mit einem bibliographischen Vorwort（éd. E. Weller）, Zurich, 1846 [réimp. de l'édition Straube]; Heilbronn, 1876.

De tribus Impostoribus MDIIC, texte latin, collationé sur l'exemplaire du duc de la Vallière augmenté de variants de plusieurs manuscrits et de l'édition donnée à Leipzig en, 1833（éd. G. Brunet sous le pseudonyme Philomneste Junior）, Paris,（J. Gay）, 1861; Paris, 1867, avec traduction française.

Das sogenannte Buch "De tribus Impostoribus" 1598（éd. J. Presser）, dans *Das Buch 'De Tribus impostoribus'*（*Von den drei Betrügern*）, Amsterdam, 1926, Anhang, pp. 136 - 146 [Ms. Wien-ÖNB 10450; Zusätze de l'édition Straube].

De tribus impostoribus. Anno MDIIC. Von den drei Betrügern 1598（*Moses, Jesus, Mohammed*）,（éd. G. Bartsch）, Berlin, 1960 [réimp. de l'édition Straube, collationnée avec le manuscrit Wien-ÖNB 10450]

De tribus Impostoribus（éd. W. Gericke）, dans *Das Buch De Tribus Impostoribus*, Berlin-RDA, Evangelische Verlag, 1982.

D XIII. *De trinitatis erroribus libri septem*, per Michaelem Serveto alias Reves ab Aragonia Hispanum, [Haguenau, Setzer], 1531; Regensburg，1721（éd. G. Serpilius）.（《论三位一体之谬误》）

Van de Dolinghen in de Drievvldigheyd，*Seven Boecken*（éd. R. Telle），［Amsterdam］，1620.

D XV. *Dialogorum de Trinitate libri duo. De Iustitia regni Christi*，*capitula quatuor*. Per Michaelem Serveto，alias Reves，ab Aragonia Hispanum，［Haguenau，Setzer］，1532；Regensburg，1721（éd. G. Serpilius）.

D XVI. *Dialogue du douteur et de l'adorateur*，*par M. l'abbé de Tilladet*. *Avec les dernières paroles d'Epictète à son fils et les idées de la Mothe le Vayer*，s. l. n. d.［Genève，1766?］.（《怀疑者和崇拜之间的对话,蒂雅戴神甫作,附带艾比克泰德对儿子说的最后的话,以及拉莫特勒瓦耶的思想》）

Recueil nécessaire，Leipsik［Genève］1765［1767］，pp. 297－318；*Recueil nécessaire*，*avec l'Evangile de la raison*，London，1768.（《必读文集》、《必读文集,附带理性的福音》）

L'évangile de la raison. Tome II. Ouvrage posthume de M. D. M...y，s. l. n. d.［Genève，1767 ou 1768］.（《理性的福音》）

Nouveaux Mélanges philosophiques，*historiques*，*critiques*，*etc.*，tome VII，s. l.［Genève，Cramer］，1768，pp. 107－127.（《哲学、历史、批判等新混合》）

Collection complète des Oeuvres de M. de Voltaire，Genève，Cramer，et Paris，Bastien，tome XIV，1771.（《伏尔泰作品全集》）

［*Oeuvres de Voltaire*，édition encadrée］，s. l.［Genève，Cramer et Bardin］，tome XXXVI.（《伏尔泰作品集》镶边版）

Oeuvres complètes de Voltaire. De l'imprimérie de la Société littéraire typographique，Kehl，1785，tome XXXVI.（《伏尔泰全集》）

D XVII. *Dialogue entre un français et un algérien sur leurs religions* （éd. P. Cristofolini）, *Dimensioni* L （1988 – 1989）, pp. 79 – 96. （《一个法国人和一个阿尔及利亚人关于宗教的对话》）

D XVIII. *Dialogues sur l'âme, par les interlocuteurs en ce temps-là*, s. l., 1771. （《当时的人关于灵魂的对话》）

D XIX. *Le Militaire philosophe, ou Difficultés sur la religion*, proposées au révérend père Malebranche, prêtre de l'Oratoire; par un ancien officier. A London ［Amsterdam, Marc-Michel Rey］, 1768 ［1767］. （2 tirages）; London, 1769; London, 1770; Nouvelle édition, London, 1770; London, 1776. （《哲学家军人,或者关于宗教的困难》）

Difficultés sur la Religion proposées au Père Malebranche par Mr..., officier militaire dans la marine. Texte intégral du *Militaire Philosophe* （éd. R. Mortier）, Bruxelles, P. U. B., 1970. （《由某海军某军官向马勒伯朗士神父提出的宗教的困难》）

Difficultés sur la religion proposées au Père Malebranche （éd. F. Deloffre et M. Menemencioglu）, Oxford, The Voltaire Foundation, 1983. （《向马勒伯朗士提出的宗教的困难》）

摘要: *Le Courier du Bas-Rhin* ［Clèves］, XXX （10 octobre 1767）, pp. 238 – 239; XXXI （14 octobre）, pp. 246 – 247; XXXII （17 octobre）, pp. 255 – 256; XXXIII （21 octobre）, pp. 263 – 264; XXXIV （24 octobre）, pp. 270 – 272. （《下莱茵河书信》）

D XX. *Le Dîner du comte de Boulainvilliers*, par M. St-Hiacinthe, s. l. ［Genève］, 1728 ［1767］; s. l. ［Hollande］, 1728 ［1767］; Rome, Avec la permission du Saint-Pere, 1768; s. l. ［Genève］, n. d. （《布兰维利耶伯爵的晚餐》）

Choses utiles et agréables, Berlin［Genève, Cramer］, 1769, tome I, pp. 295–358. (《有益而有趣的事》)

Entretiens singuliers, dans *Nouveaux Mélanges philosophiques, historiques, critiques, etc.*, tome XI, s. l.［Genève, Cramer］, 1772, pp. 203–256. (《特殊的谈话》载《哲学,历史,批判的新混合》)

［*Oeuvres de Voltaire*, édition encadrée］, s. l.［Genève, Cramer et Bardin］, 1775, tome XXXIX., pp. 126–167. (《伏尔泰作品全集》镶边版)

Collection complète des Oeuvres de M. de Voltaire, tome XXIX, Genève, Cramer, et Paris, Bastien, 1777, pp. 49–88. (《伏尔泰作品全集》)

Oeuvres complètes de Voltaire. De l'imprimérie de la Société littéraire typographique, Kehl, 1785, tome XXXVI, pp. 357–397.①(《伏尔泰作品全集》)

D XXI. *Discours historique sur l'Apocalypse*, London, 1770. (《关于〈启示录〉的历史讲话》)

Essai sur l'Apocalypse, par Abauzit, London, 1773. (《论〈启示录〉》)

Oeuvres diverses de M. Abauzit, tome I, London［Hollande］, 1770, pp. 247–326. ②(《阿博齐先生作品集》)

---

① 《伏尔泰全集》(*Oeuvres complètes de Voltaire*, tome LXIII A, Oxford, The Voltaire Foundation, 1990)。

② 巴毕耶(Barbier)指出说,1773 年伦敦印制的《〈新约〉的批判研究》(*Examen critique du Nouveau Testament*)当中有阿博齐(Abauzit)的作品。在 Helsinki-Y. K. D III 3 抄本题目后面所加的一个注释中指出说,"该文 1731 年 2 月、3 月、4 月和 5 月份在伦敦文学界就已经是现在这种状态"。显然,该论文前一年已经用英文出版,题目是"*A discourse historical and critical on the Revelations ascrib'd to St. John, in which an inquiry is made wheter they were written by that Apostle; the various revolutions they met with, and the opposition that was made to them for several centuries*",伦敦, 1730。

D XXII. *Examen des Prophéties qui servent de fondement à la religion chrétienne. Avec un Essai de critique sur les Prophêtes & les Prophéties en général*. Ouvrages traduits de l'anglois. Londres, 1768 ［pp. 1－117, *Discours sur les fondemens de la religion chrétienne*］. (《作为基督教基础的预言研究，附带对预言者的批判以及一般的预言者的论述》，译自英文，第 1—117 页，《关于基督教的基础的讲话》)

D XXIII. *Discours sur les miracles de Jésus-Christ. Traduits de l'Anglais de Woolston*. Dix-huitième siècle. (《关于耶稣基督的奇迹的讲话，沃尔斯顿译自英文》)

D XXV. *Recueil de pièces curieuses sur les matières les plus intéressantes*. Par Albert Radicati, Comte de Passeran, Rotterdam ［La Haye］, 1736. (《关于最值得关注的主题之奇文文集》)

D XXIX. *Dissertation sur Elie et Enoch*. Par l'auteur des *Recherches sur l'origine du despotisme oriental* et servant de suite à cet ouvrage. S. l. ［Amsterdam, M. -M. Rey］ Dix-huitième Siècle ［1764?］; rééditée trois fois la même année. (《论艾利与以诺什》，由《东方专制起源研究》的作者所作，后者是前者的后续内容。)

Recueil philosophique ou Mélange de pièces sur la religion et la morale. Par différens auteurs (éd. J. -A. Naigeon), London, 1770, 2 vols. (《哲学文集，或者关于宗教和道德的各种文章汇编》)

Oeuvres de M. Boulanger, s. l. 1778, 8 vols., tome VI; En Suisse, 1791, 10 vols., tome VI; Paris, Servière et Bastien, 1792, 8 vols., tome V; Amsterdam 1794, 6 vols., tome IV. (《布朗吉作品集》)

D XXX. "Mémoire sur l'Origine des Négres & des Americains. Par le

R. P. Auguste * * * de l'Ordre de L. C. D. J. ", *Mémoires pour l'Histoire des Sciences et des Beaux-Arts* [*Mémoires de Trévoux*] , Novembre, 1733, pp. 1927 – 1977. (《关于黑人和美国人的回忆》,《科学和美术史回忆录》)

D XXXI. *Dissertation sur la formation du monde* (éd. C. De Santis-Stancati) , thèse de 3e cycle de l'Université de Paris-I, 1985, dactylo-gramme. (《论世界的形成》)

D XXXIII. *Dissertation sur le Messie*, dans *Israel vengé*, *ou Exposition naturelle des Prophéties Hébraïques que les Chrétiens appliquent à Jésus*, *leur prétendu Messie*. Par Isaac Orobio, London, 1770, 2e partie, pp. 187 – 243. (《论弥赛亚》载《复仇的以色列,或者希伯来预言的自然阐述,基督徒张冠李戴,把希伯来的预言说成是他们的弥赛亚耶稣的预言》)
Israël vengé, Paris 1845. (《复仇的以色列》)

D XXXIV. *Dissertation sur le martyre*, dans *Dissertations mêlées sur divers sujets importants et curieux* [éd. J. -F. Bernard] , Amsterdam, 1740, 2 vols, tome I. (《论牺牲者》,载《对各种主题的论述文章汇编》)

D XXXVI. Anónimo: *Doutes des Pyrrhoniens* (Fragmento) : "Reli-gions de la Chine" [Presentación, edición y traducción de C. Canterla] , *Cuadernos de Ilustración y Romanticismo* II (1992) , pp. 175 – 188. (《皮浪论者的怀疑・中国的宗教》)

D XXXVII. *Doutes proposez par Th. Burnet sur le premier chapitre de la Genese. Archelog., liv. 2° cap. 7 et 8.*, dans M. G. Zaccone Sina, "L'interpretazione della *Genesi* in Henry de Boulainvilliers. Fonti: Jean Le Clerc e Thomas Burnet. II. ", *Rivista di Filosofia Neoscolastica* LXXII

（1980），pp. 705 - 718.（《布尔奈对〈创世记〉第一章提出的疑问》）

D XXXVIII. *Doutes sur la religion suivies de l'Analyse du Traité*, *Theologi-Politique de Spinosa*, Par le Comte de Boulainvilliers. London, MDCCLXVII ［pp. 1 - 54］.（《对宗教的怀疑，附带"对斯宾诺莎的神学政治论的分析"》，布兰维利耶）

Doutes sur les religions révélées, adressés à Voltaire, Par Emilie du Chatelet, Ouvrage posthume. A Paris. 1792. p. 72（《对启示宗教的怀疑》）

E II. *L'Esprit du Judaïsme*, *ou Examen raisonné de la loi de Moïse et de son influence sur la religion chrétienne*, Londres ［Amsterdam, M. -M. Rey］,1770.①（《犹太教的精神，或者对摩西的律法及其对基督教的影响的理性研究》）

E III. *Preface de M. le Comte de Boulainvilliers* et *Refutation de Spinosa*, éd. N. Lenglet Dufresnoy）, *Réfutation des erreurs de Benoît de Spinosa. Par Mr de Fénelon*, *archévêque de Cambray*, *par le P. Lami bénédictin & par Mr le Comte de Boulainvilliers. Avec la Vie de Spinosa*, *écrite par Mr Jean Colerus*, *ministre de l'Eglise luthérienne de la Haye*, *augmentée de beaucoup de particularités tirées d'une vie manuscrite de ce philosophe*, *faite par un de ses amis*, Bruxelles, F. Foppens, 1731, pp. 151 - 158 et 1 - 320.（《布兰维利耶伯爵的前言》和《斯宾诺莎的驳斥》,《博努阿·斯宾诺莎的错误之驳斥，坎布雷的大主教费纳隆，本笃会修士拉米，以及布兰维利耶伯爵作。附带海牙路德教会牧师约翰·商勒鲁写的斯宾诺莎生平，其中包括很多从他的朋友所写哲学生平手稿中选取

---

① *Der Geist des Judenthums*, Cairo, im 8ten republikanischen Jahre ［1799］.

的特殊之处》)

Essay de métaphisique dans les principes de Benoît de Spinoza (éd. R. Simon), dans *Henry de Boulainviller. Oeuvres philosophiques*, tome I, La Haye, M. Nijhoff, 1973, pp. 83–212. (《博努阿·斯宾诺莎的原则的形而上学论》)

E VII. *Essais sur la recherche de la vérité* (éd. S. Landucci), *Studi Settecenteschi* 6 (1984), pp. 23–82. (《论追求真理》)

E VIII. Spinoza. *Ethique*. Traduction inédite du Comte Henri de Boulainvilliers (1658–1722), publiée avec une Introduction et des notes par F. Colonna d'Istria, Paris, Colin, 1907. (斯宾诺莎的《伦理学》,未发表过的布兰维利耶伯爵的翻译,发表时附带高罗纳·迪斯特里亚的引言和注释。)

E IX. *Ethocratie, ou le gouvernement fondé sur la morale*, A Amsterdam, chez Marc-Michel Rey, 1776 [rééditée la même année]; réimpr. anastatique Paris, EDHIS, 1967; Hildesheim, G. Olms V., 1973. (《伦理统治或者以道德为基础的治理》)

E X. *Examen critique des apologistes de la religion chrétienne*, par M. Fréret, secrétaire perpétuel de l'Académie Royale des Inscriptions et Belles Lettres, [s.l.], 1766; s.l. 1767 [deux éditions différentes]; [s.l.], 1768; nouvelle édition, s.l. 1775; London, 1777. (《对基督教卫道士的批判研究》)

Oeuvres complettes de M. Fréret, London, 1775, tome I; *Oeuvres philosophiques de M. Freret*, London, 1776, première partie; *Oeuvres de Fréret*, London, 1778, tome I; London, 1787, tome II; Paris, Servière et

Bastien, 1792, tome III; *Oeuvres complètes de Freret, Secrétaire de l'Académie des Inscriptions et Belles Lettres. Edition augmentée de plusieurs ouvrages inédits, et rédigée par feu M. de Septchênes,* Paris, an IV [1796], tome XIX.(《弗雷莱作品全集》、《弗雷莱哲学作品集》、《弗雷莱作品集》、《弗雷莱作品全集,作品中包含几部由塞特谢纳所写的未经发表过的作品》)

Examen critique des Apologistes de la religion chrétienne, par Fréret, Secrétaire de l'Académie Royale des Inscriptions et Belles Lettres, A Paris, chez Masson, 1823.(《对基督教卫道士的批判研究》)

E XI. *Examen de la réfutation faite par M. Régis de l'opinion de Spinosa sur l'existence et la nature de Dieu* (éd. R. Simon), dans *Henry de Boulainviller. Oeuvres philosophiques,* Tome I, La Haye, M. Nijhoff, 1973, pp. 231‑252.(《雷吉斯反驳斯宾诺莎关于上帝的存在和性质的观点之研究》)

E XII. *La vraie Religion démontrée par l'Ecriture Sainte, traduite de l'Anglois de Gilbert Burnet,* à London, chez G. Cook, MDCCXLV [deuxième page de titre: *Examen de la Religion, dont on cherche l'Eclaircissement de bonne Foy.* Attribué à Mr. de St. Evremond. A Trévoux, Aux dépens des Peres de la Société de Jesus, MDCCXLV]. 135 pp.; Amsterdam, 1745; Postdam [?], 1747 [?]; Postdam [?], 1749 [?].(《〈圣经〉所表明的真正的宗教,吉尔贝·布尔奈译自英文》)

Examen de la Religion dont on cherche l'eclaircissement de bonne foy. Attribué à M. de St. Evremond. Traduit de l'Anglois de Gilbert Burnet. Par Privilége du Roy. A London, chez G. Cook, MDCCLXI. [1763[?]]. (《人们寻找澄清真诚信仰的宗教研究》)

La vraie religion traduite de l'Ecriture Sainte par permission de Jean,

Luc, Marc et Matthieu, Madrid, 1761.(《〈圣经〉之〈约翰福音〉、〈路加福音〉、〈马可福音〉和〈马太福音〉所表示的真正的宗教》)

La vraie religion démontrée par l'Ecriture Sainte. Traduite de l'Anglois De Gilbert Burnet. A London, 1767.(《〈圣经〉所表明的真正的宗教,译自英文》)

L'évangile de la raison, ouvrage posthume de M. D. M...y, s. l., 1764;(《理性福音,M. D. M...y, s. 遗作》)*L'évangile de la raison. Ouvrage posthume. De M. D. V. & D. F.*, A London, Aux dépens de la Compagnie de Jésus, 1764;(《理性福音,De M. D. V. & D. F. 遗作》)*L'évangile de la raison, ouvrage philosophique*, s. l. 1765;(《理性福音,哲学著作》)*L'évangile de la raison*, s. l. 1768(《理性福音》);*L'évangile de la raison. Ouvrage posthume, de M. D. M...y*, s. l. n. d.〔vers 1768, deux éditions différentes〕.(《理性福音,M. D. M...y 遗作》)

La Bibliothèque du bon sens portatif; ou recueil d'ouvrages sur différentes matières importantes au salut, tome premier, A London, 1773.(《简装本常识图书丛编》)

Pensées sur la religion, dans *Oeuvres posthumes de Frédéric II, Roi de Prusse*. s. l.〔Berlin〕, 1789, tome II; *Supplement aux oeuvres posthumes de Frédéric II Roi de Prusse. Pour servir de suite à l'édition de Berlin. Contenant plusieurs pièces qu'on attribue à cet illustre Auteur.* Cologne, 1789, tome II.(《关于宗教的思想》,载《普鲁士国王腓特烈二世遗作》)

E XV. *Examen réfléchi Des diverses situations où se sont trouvés les Hommes par rapport à la Religion jusqu'à l'époque du Christianisme, avec des observations sur ce que la Religion chrétienne peut avoir de nuisible ou d'utile aux sociétés. Par un membre de l'Acad. Fr.*(éd. M. Fontius), *Beiträge zur romanischen Philologie* XII (1973), 155－175.(《基督教之前人与宗教的关系各种处境思考研究,附基督教对社会所可能产生的

好处或者坏处观察，由法国科学院一名院士作》）

E XVI. *Praeadamitae, sive Exercitatio super versibus duodecimo, decimotertio et decimoquarto capitis quinti Epistolae D. Paulis ad Romanos, quibus inducuntur primi homines ante Adamum conditi*, Amsterdam, 1655.

E XVII. *Exposition du système de Benoît Spinosa et sa Défense contre les objections de M. Régis* (éd. R. Simon), in *Henry de Boulainviller. Oeuvres Philosophiques*, tome I, La Haye, M. Nijhoff, 1973, pp. 213 – 230. （《博努阿·斯宾诺莎的体系阐述以及他针对雷吉斯的反驳的辩护》）

E XVIII. *Israël vengé, ou Exposition naturelle des Prophéties Hébraïques que les Chrétiens appliquent à Jésus, leur prétendu Messie*. Par Isaac Orobio, London, 1770, 1ere partie, pp. 1 – 186.（《复仇的以色列，或者希伯来预言的自然阐述，基督徒张冠李戴，把希伯来的预言说成是他们的弥赛亚耶稣的预言》）
Israël vengé, Paris 1845.（《复仇的以色列》）

E XIX. *Extrait de la Theorie Sacrée de la terre comprenant les revolutions et changemens de nostre Globe, de Th. Burnet. Impr. a Amsterdam*, 1694 *chez Jean Wolters. Pag. 474.*, dans M. G. Zaccone Sina, "L'interpretazione della *Genesi* in Henry de Boulainvilliers. Fonti：Jean Le Clerc e Thomas Burnet. II. ", *Rivista di Filosofia Neoscolastica* LXXII (1980), pp. 719 – 733.（《布尔奈所作关于陆地的神圣理论摘要，包括我们的地球的旋转和变化》，1694 年由约翰·沃尔特在阿姆斯特丹印刷）

E XX. *Extrait des sentimens de Jean Meslier adressés à ses paroissiens, sur une partie des abus et des erreurs en général et en particulier*, s. l.

［Genève］n. d.［1762］.(《让·梅叶关于部分一般的和个别的滥用以及错误向教区教民表达的情感摘要》)

Testament de Jean Meslier. Nouvelle édition, s. l.［Genève］n. d.［1762］［deux éditions différentes］［《让·梅叶的遗嘱》(两个不同的版本)］

L'évangile de la raison, ouvrage posthume de M. D. M...y, s. l.［Amsterdam］n. d. 1764；*L'évangile de la raison*, ouvrage posthume de M. D. V. et D. F. A London, aux dépens de la Compagnie de Jésus［Amsterdam, Rey］, 1764；*L'évangile de la raison*, ouvrage philosophique, s. l. 1765；*L'évangile de la raison*, s. l. 1768.(《理性福音》)

Recueil nécessaire avec l'évangile de la raison, London［Amsterdam］, 1768, tome II, pp. 204 - 300.(《必读文集和理性福音》)

Bibliothèque du bon sens portatif, London［Amsterdam］, 1773, tome III.(《简装本常识图书丛编》)

Le Bon sens puisé dans la nature suivi du Testament du curé Meslier, Paris, Bouqueton, l'an 1er de la République,［1792］；Paris, 1802；Paris, 1822；Paris-Bruxelles, 1829；Bruxelles 1829；Paris, 1830；Paris, 1831；Paris, 1832；Paris, 1833；Paris, 1834；Paris, 1836；Bruxelles, 1839；Genève, 1865；Montevideo, 1870；Paris, 1871；Genève, 1871；Paris, 1880；Lyon, 1880；Lyon, 1881；Paris, 1881；Corbeil, 1898；Paris, 1900；Paris, 1905；Marseille, 1909；Paris, 1930(《来自大自然的常识,以及梅叶神甫的遗嘱》)

Encyclopédie méthodique. Philosophie ancienne et moderne. Par M. Naigeon, tome III, Paris, H. Agasse, an II［1794］, pp. 219 - 238.(《系统百科全书,古代和现代哲学》)

Oeuvres de Voltaire：Beuchot-Perroneau, tome XXV, Paris, 1819；Renouard, t. XXIX, Paris, 1819；Plancher, t. XLIII, Paris, 1820；Lequien, t. XXXIV, Paris, 1821；Dalibon-Delangle, t. XLIII, Paris,

1825 – 1826；Baudoin frères，t. XLIII，Paris，1825；Werdet-Lequien，t. XXIV，Paris，1827；Didot-Dufour，t. II，Paris，1827；Fortic，t. XLI，Paris，1827；Sautelet，Verdière，etc.，t. II，Paris，1827；Baudoin（éd. revue par L. Thiesse），t. XLV，Paris，1829；Bazouge-Pigoreau，t. XXX-VIII，Paris，1832；Pourrat frères，t. XLV，Paris，1831 et Paris，1833；；Beuchot，t. XL，Paris，1830；Houssiaux，t. VI，Paris，1853；Hachette，t. XVIII，Paris，1860；G. Avenel，t. IV，Paris，1868；Moland，t. XX-IV，Paris，1879.（《伏尔泰作品集》）

Oeuvres du curé Meslier（L. Taxil éd.），Paris，1880 – 1881，tome II，pp. 5 – 42.（《梅叶神甫作品集》）

Oeuvres complètes de Jean Meslier，Charleroi，1889，1er fascicule.（《让·梅叶作品全集》）

Revue des chefs d'oeuvre du XVIIIe siècle IV（1902），65 – 94.（《18 世纪杰作回顾》）

Voltaire，*Mélanges*（J. van den Heuvel éd.），Paris，1961，pp. 455 – 501.（《伏尔泰文集》）

Oeuvres de Jean Meslier（J. Deprun. R. Desné，A. Soboul éds.），tome III，Paris，Anthropos，1972，pp. 431 – 485.（《让·梅叶文集》）

F III. G. E. Lessing，*Wolfenbütteler Fragmente eines Ungenanntes*，dans *Zur Geschichte und Literatur. Aus den Schätzen der herzogl. Bibliothek zu Wolfenbüttel*，1774 – 1778.

H. S. Reimarus，*Apologie oder Schutzschrift für die vernünftigen Verehrer Gottes*（éd. G. Alexander），Frankfurt，1972.

H I. *Histoire critique de Jésus-Christ，ou Analyse raisonné des Evangiles*（*Ecce Homo*），s. l.，s. d.［Amsterdam，Marc-Michel Rey，1770］，rééd. la même année；Amsterdam，1778.（《耶稣基督的批判历史,或者

福音书理性分析》)

H II. *L'homme machine*, Leyde, Elie Luzac, 1748 ［1747］. (《机器人》)

Oeuvres philosophiques, London, J. Nurse ［Berlin, E. de Bourdeaux］, 1751; Amsterdam, 1752; Berlin, 1753; Amsterdam, 1753; Amsterdam, 1764; Berlin, 1764; Berlin, 1774 ［reprint Hildesheim, Olms, 1988］; Amsterdam, 1774; Berlin ［Paris］, 1796. ①(《哲学文集》)

I II. "Williams Lyons et le rationalisme philosophique" (éd. A. McKenna), dans *Filosofia e religione nella letteratura clandestina* (*secoli XVII e XVIII*), Milano, F. Angeli, 1994, pp. 469 - 502. (《威廉·里康和哲学理的理性主义》)

J I. *J. Brunus redivivus ou Traité des erreurs populaires*, Première partie, s. l., 1771. (《复活的乔尔达诺·布鲁诺或者论民众的错误》)

L I. J. -F. Bernard (éd.), *Cérémonies religieuses de tous les peuples du monde*, Amsterdam 1723 - 1743, 9 vols. in-fol., tome I ［réédité en 1735, avec des corrections et des additions］; Paris, 1741, 7 vols. in-fol., tome I, pp. 269 - 280. ②(《世界各民族的宗教仪式》)

Lettre à M＊＊＊ *sur les Juifs, où il est prouvé que le mépris dans lequel la nation juive est tombée, est antérieur à la malédiction de Jésus-Christ,*

---

① 瓦塔尼亚姆(A. Vartaniam)出版了一本带评注的版本: *La Mettrie's L'homme machine. A Study in the Origins of an Idea. Critical edition with an introductory, monograph and notes*, Princeton, Princeton U. P., 1960。其他比较新的版本还有: Paris, Pauvert, 1966 (G. Delaloye); Paris, Denoël-Gonthier, 1981 (P. -L. Assoun); Paris, Fayard, 1987 (F. Markovits, *Oeuvres philosophiques*, tome I)。

② 这是该作品的删节版本,由巴尼埃(Banier)和勒马斯克里埃(Le Mascrier)编辑,普律德姆 1807 年在巴黎出版时沿袭了这个版本的内容。

dans *Dissertations mêlées sur divers sujets importants et curieux* (éd. J. -F. Bernard), Amsterdam, 1740.(《关于犹太人致某先生的信,信中证明犹太人遭受的蔑视早于耶稣基督的诅咒》,载《关于种种重要和奇怪问题的各种论述》)

L V. *Lettre d'Hypocrate à Damagette. Traduction*. A Cologne, ches Jacques le Sage, 1700.(《希波克拉底致达玛吉特的信》)

Lettre d'Hypocrate à Damagette, dans *Bibliothèque volante ou élite de pièces fugitives*. Par le Sr J. G. J. D. M. A Amsterdam, 1700, pp. 1–65.(《希波克拉底致达玛吉特的信》)

Lettre d'Hippocrate à Damagète (éd. R. Simon), in *Henry de Boulainviller. Oeuvres philosophiques*, tome I, La Haye, M. Nijhoff, 1973, pp. 314–339.(《希波克拉底致达玛吉特的信》)

L VI. *Discours sur la liberté de penser, écrits à l'occasion d'une nouvelle secte d'esprits forts ou de gens qui pensent librement*, Trad. de l'anglois d'Antoine Collins, et augmenté d'une *lettre d'un médecin arabe*. London, 1714; London, 1717; Nouvelle édition augmentée d'une lettre d'un médecin arabe, avec l'examen de ces deux ouvrages par M. de Crousaz, London, 1766.(《关于思想自由的讲话,写于一个新的不信神的或者自由思想者的派别诞生之际》,由安托万·科兰译自英文,附加一封《一个阿拉伯医生的信》)

L VII. *Lettre de milord Bolingbrocke, servant d'introduction à ses lettres philosophiques à M. Pope*. Traduite de l'anglais [s. l.] 1766.(《博兰布鲁克先生的信,作为他的通信集的引言》)

L VIII. *Lettre de Thrasibule à Leucippe*. Ouvrage posthume de M. F...

A London, s. d. ［mais 1765］.①(《特拉西布尔致乐西普的信》)

Oeuvres Complèttes de M. Fréret. Tome Quatrième. A London, 1775 ［rééd. Letchworth, Gregg Internat., 1985］; *Oeuvres Philosophiques de M. Fréret*. A London, 1776; *Oeuvres de Fréret*, Secretaire de l'Académie des Inscriptions & Belles-Lettres. Tome Premier. A London, 1787; A Paris, Serviere et Bastien, 1792, tome Second. (《弗雷莱全集》,《弗雷莱哲学作品集》)

Encyclopédie Méthodique. Philosophie ancienne et moderne. Par M. Naigeon. Tome Second. A Paris, Pankoucke, 1792, pp. 483 – 539. (《系统百科全书,古代和现代哲学》)

Oeuvres complètes de Fréret, Secrétaire de l'Académie des Inscriptions et Belles-Lettres. Edition augmentée de plusieurs ouvarges inédits, et redigée par M. de Septchênes. Philosophie. - Tome II. A Paris, chez Dandré, Obré, Audiffred. An IV ［1796］. (《弗雷莱全集》)

Lettre de Thrasybule à Leucippe (éd. E. Delaunay-Ozelé), thèse de doctorat de l'Université de Rouen, 1986?, dactylogramme. (《特拉西布尔致乐西普的信》)

Lettre de Thrasybule à Leucippe. Edizione critica, Introduzione e commento a cura di S. Landucci, Firenze, Olschki, 1986. (《特拉西布尔致乐西普的信》)

L X. *Lettre philosophique de Mr. de V... à Mr. D...*, *L'Observateur, ouvrage polygraphique et périodique*, Amsterdam, Rijckhoff le fils, 8 et 18 juin 1736. (《V 先生致 D 先生的哲学信》)

XXVI Lettre sur l'Ame, dans *Lettres de M. de V*** *, avec plusieurs

---

① 西蒙(R. Simon)根据在一份手稿抄本当中发现的一条注释,说 1765 年在纽莎戴尔出版过一个版本,232 页［《尼古拉·弗雷莱,科学院院士》(*Nicolas Fréret, Académicien*, Oxford, Voltaire Foundation, 1961, p. 117)］。

pièces de différents auteurs. La Haye, P. Poppy, 1738; Paris, 1747; Paris, 1756; Londres, 1757; Berlin, 1760; Berlin, 1770; Berlin, 1774; Berlin, 1775; Londres, 1775; Londres, 1776.(《关于灵魂的信》,载《V 先生的信,附不同作者的几篇文章》)

Copie d'un Manuscript où l'on soutient que c'est la matiére qui pense, dans [J. G. Reinbeck], *Philosophische Gedanken über die vernünfftige Seele und derselben Unterblickeit*, *Nebst einigen Anmerckungen über ein Französisches Schreiben*, *Darin behauptet werden will*, *dass die Materie dencke*, Berlin, 1740, pp. 321–423.①(《一份手稿的抄本,其中作者证实说,是物质在思想》)

Lettre Philosophique sur l'Ame, par Mr. de V***, dans *Lettre Philosophique*, par Mr. de V***, *avec plusieurs pièces galantes et nouvelles de différens auteurs*. A Paris, Aux Dépens de la Compagnie, 1756; Berlin, Aux Dépens de la Compagnie, 1770; A Londres, chez Pierre de Hond, 1774; A Berlin, Aux dépens de la Compagnie, 1774; A Berlin, Aux dépens de la Compagnie, 1775; A Londres, aux dépens de la Compagnie, 1775; A Londres, 1776.(《V 先生关于灵魂的哲学书信》,载《V 先生关于灵魂的哲学书信,附带不同作者的几篇情爱文章和故事》)

Nouveaux Mélanges philosophiques, *historiques*, *critiques*, *etc.*, tome XI, s. l. [Genève, Cramer], 1772.(《哲学,历史,批评等新文集》)

[*Oeuvres de Voltaire*, édition encadrée], s. l. [Genève, Cramer et Bardin], 1775, tome XXXIX.(《伏尔泰作品集》)

Lettres philosophiques (éd. G. Lanson), Paris, 1909–1918, 3 vols.

---

① 右边页面是法文,左边页面是德文翻译。注释在第 367—423 页。
兰贝克(Reinbeck)的作品法文翻译于 1744 年在阿姆斯特丹和莱比锡出版,标题是《关于理性灵魂不死的哲学思考,附带对一封信的一些说明,这封信中认为物质是有思想的》。作品中可能包括伏尔泰的文章。

(nouvelle édition révisée par A. -M. Rousseau, Paris, 1964, 2 vols., t. I, Appendice I, pp. 190 – 205). (《哲学书信》)

L XI. *Lettres à Eugénie ou Préservatif contre les Préjugés*, à Londres 1768. (《写给欧也妮的信,或者防止偏见的安全罩》)

Oeuvres de Fréret, London, 1775, tomes II et III; London, 1787, tomes IV et V; Paris, Servière et Bastien, 1792, tome I. (《弗雷莱作品集》)

L XII. *Lettres philosophiques Sur l'origine des Préjugés*, *du Dogme de l'Immortalité de l'Ame*, *de l'Idolâtrie & de la Superstition*; *sur le Systême de Spinosa & sur l'origine du mouvement dans la matière*. Traduites De L'Anglois De J. Toland, à London, 1768. (《关于偏见,灵魂不死的信条,偶像崇拜和迷信的根源;关于斯宾诺莎的体系,以及关于物质运动根源的哲学书信》)

Lettres à Séréna, *Encyclopédie méthodique*. *Philosophie ancienne et moderne*. Par M. Naigeon. Tome III, Paris, H. Agasse, an II [1794], pp. 666 – 725. (《致塞雷纳的信,系统百科全书,古今哲学》)

摘要:"Parallèle entre la raison originale ou la loy de nature, le paganisme ou la corruption de la loy de nature, la loy de Moyse ou le paganisme reformé, et le christianisme ou la loy de la nature retablie", dans G. Grua, *Textes inédits de Leibniz*, *d'après les manuscrits de la Bibliothèque provinciale d'Hannover*, 2 vols., Paris, 1948, I, pp. 46 – 51. (《原始理性和自然律法比较,异教或者自然律法的腐败,摩西律法或者重组的异教,以及基督教或者重建的自然律法》,载格鲁亚的《莱布尼茨未发表过的文章,根据汉诺威省图书馆的手稿编辑》)

L XIII. *Lettres philosophiques* par M. de V., Amsterdam, E. Lucas

［Rouen, Jore］, 1734［1733, quatre éditions］; Rouen, Jore, 1737.（《哲学书信》）

Lettres écrites de Londres sur les Anglois et autres sujets par M. D. V., Basle［Londres］, 1734［1733］; Amsterdam, Desbordes, 1735; Amsterdam, Desbordes, 1736; Londres, 1737; Amsterdam, Desbordes, 1739.（《关于英国人和其他主题的伦敦书信》）

Oeuvres de M. de Voltaire. Nouvelle édition, revue, corrigée et considérablement augmentée, Amsterdam, E. Ledet, 1738 – 1739, tome IV［Mélanges de littérature et de philosophie］.（《伏尔泰先生作品集》）

Oeuvres mêlées de M. de Voltaire. Nouvelle édition revue sur toutes les précédentes et considérablement augmentéé, Genève, Bousquet, 1742, tome IV.（《伏尔泰先生文集》）

Oeuvres diverses de M. de Voltaire, Londres［Trévoux］, J. Nourse, 1746, t. IV［Mélanges de littérature et de philosophie］.（《伏尔泰先生各种作品汇编》）

Oeuvres de M. de Voltaire, Nouvelle édition, revue, corrigée et considérablement augmentée par l'auteur, Dresde, Walther, 1748, t. II［Mélanges de littérature et de philosophie］.（《伏尔泰作品集》）

Oeuvres de M. de Voltaire, Nouvelle édition, considérablement augmentée, s. l.［Paris, Lambert］, 1751, tome XI［Mélanges de littérature et de philosophie］.（《伏尔泰先生作品集》）

Oeuvres de M. de Voltaire, Nouvelle édition, revue, corrigée et considérablement augmentée par l'auteur, Dresde, Walther, 1752, t. II［Chapitres de littérature, d'histoire et de philosophie］.（《伏尔泰先生作品集》）

Collection complète des oeuvres de M. de Voltaire, Première édition, s. l.［Genève, Cramer］, 1756, t. IV［Mélanges de littérature, d'histoire et de philosophie]. (《伏尔泰先生全集》第四卷)

Collection complète des oeuvres de M. de Voltaire, tome XV, Genève, Cramer, et Paris, Bastien, 1771 [Mélanges de littérature, d'histoire et de philosophie]. (《伏尔泰先生全集》第十五卷)

[*Oeuvres de Voltaire*, édition encadrée], s. l. [Genève, Cramer et Bardin], 1775, tome XXXIII. (《伏尔泰作品集》)

*Oeuvres de M. de V***, Neufchatel-Paris, Pankoucke, 1772 - 1773, t. V. (《伏尔泰先生作品集》)

Oeuvres complètes de Voltaire, de l'imprimerie de la Société littéraire typographique, Kehl, 1784 et 1785 - 1789. ①(《伏尔泰全集》)

L XV. *Etat de la France, contenant XIV lettres sur les anciens Parlemens de France, avec l'histoire de ce royaume depuis le commencement de la monarchie jusqu'à Charles VIII*, London, W. Roberts, 1728. (《法兰西国家,包括十四封关于法国原议会的信,附带法国从君主政体一开始到查理八世的王国历史》)

Histoire des anciens Parlemens de France ou Etats Généraux du Royaume [...] *avec l'histoire de France depuis le commencement de la monarchie jusqu'à Charles VIII à quoi l'on a joint des Mémoires présentez au duc d'Orléans, Régent de France*, Londres, J. Brindley, 1737; Londres, J. Brindley, 1739; Londres 1787. (《法国原议会的历史或者王国的三级会议,附带法国从君主政体一开始到查理八世的王国历史,以及增加了提交给法国摄政王奥尔良公爵的回忆录》)

Lettres sur les anciens Parlemens de France que l'on nomme Etats Généraux par M. le comte de Boulainvilliers, Londres [Rouen], T. Wood

---

① 朗松(G. Lanson)出版了一本《哲学书信》(*Lettres philosophiques*)的批判版本,带一篇前言和评论[Paris 1909 - 1918; nouveau tirage revu et complété par A. M. Rousseau, Paris, M. Didier, 1964]。

and S. Palmer, 1753; La Haye et Paris, Buisson, 1788–1789. ①(《关于人们称之为三级会议的法国原议会的信》)

M Ⅱ. *Meditationes philosophicae de Deo*: *Mundo*: *Homine*, [Frankfurt am Main], Anno MDCCXVII.(《对上帝、世界和人的哲学思考》)

Meditationes philosophicae de Deo, *Mundo*, *Homine*, dans *Bibliothèque du Bon Sens Portatif*, t. Ⅷ, London, 1773.(《对上帝、世界和人的哲学思考》)

Meditationes philosophicae de Deo, *mundo*, *homine* (éd. C. C. E. Schmid), in *Zwei seltene antisupernaturalistische Manuscripte eines Genannten und eines Ungenannten*, *Pendants zu den Wolfenbüttelschen Fragmenten*, Berlin [en réalité Giessen], 1792, pp. 35–94.(《对上帝、世界和人的哲学思考》)

Theodor Ludwig Lau, *Meditationes philosophicae de Deo*, *Mundo*, *Homine* (éd. M. Pott), reproduction de l'édition de 1717, *Philosophische Clandestina der deutschen Aufklärung I*, *1*, Stuttgart-Bad Cannstatt, Frommann-Holzboog, 1992.(《对上帝、世界和人的哲学思考》)

Méditations philosophiques sur Dieu, *le monde et l'homme. Par T. L. Lau.... A Königsberg*, *aux dépens des parens de l'auteur*, 1770 [*Bibliothèque du Bon Sens portatif*, Vol. Ⅷ, London, 1773].②(《对上帝、世界和人的哲学思考》)

M Ⅲ. *Meditationes. Theses. Dubia. Philosophico-Theologica*; *Placi-*

---

① *An Historical Account of the Antient Parliaments of France or States-General of the Kingdom…*, London, 1739; London, 1754; *History of the Ancient Parliaments of France*, London, 1754.

② 拉丁文和法文两种文字的对照版本。

dae Eruditorum Disquisitioni, Religionis cujusvis & Nationis: in Magno Mundi *Auditorio, submissa à Veritatis Eclecticae Amico* [...], Freystadii [Frankfurt / Main], 1719.

Theodor Ludwig Lau, *Meditationes, Theses, Dubia philosophico-theologica* (éd. M. Pott, reproduction de l'édition originale), *Philosophische Clandestina der deutschen Aufklärung I, 1*, Stuttgart-Bad Cannstatt, Frommann-Holzboog, 1992.

M IV. *Le testament de Jean Meslier, curé d'Etrepigny et de But en Champagne, décédé en 1733*. Ouvrage inédit précédé d'une préface, d'une étude biographique, etc. par Rudolf Charles [d'Ablaing van Giessenburg], Amsterdam. A la Librairie étrangère, 1864, 3 vols. (《香槟艾特毕尼和布特的本堂神甫梅叶的遗嘱》)

Oeuvres de Jean Meslier (éd. J. Deprun, R. Desné, A. Soboul), 3 vols., Paris, Anthropos, 1970 – 1972. (《让·梅叶作品集》)

摘要: *Le Vrai Testament du Curé Meslier. Etude suivie d'extraits inédits* [éd. J. Lermina], Bibliothèque Anticléricale du *Radical*, Paris, s. d. [1902?], p. 96(《梅叶本堂神甫的真正的遗嘱,其研究及未发表过的摘要》)

M V. *Etat de la France dans lequel on voit tout ce qui regarde le gouvernement ecclésiastique, le militaire, la justice, les finances, le commerce, les manufactures, le nombre des habitans, et en général tout ce qui peut faire connoître à fond cette monarchie; extrait des mémoires dressés par les intendans du royaume, par ordre du roy Louis XIV à la sollicitation de Monseiigneur le duc de Bourgogne, père de Louis XV à présent regnant. Avec des mémoires historiques sur l'ancien gouvernement de cette monarchie jusqu'à Hugues Capet, par M. le comte de Boulainvilliers. On y a joint une nouvelle* *carte de la France divisée en ses généralitez*, London, T. Wood and S. Palmer, 1727.(《法兰西国家,在这个国家我们可以看到与宗教事务管理、军事、司法、金融、商业、制造业、人口,以及可以让我们深入了解这一君主政体的一切事务;路易十四国王根据现在当政的路易十五国王的父亲勃艮第公爵的要求而下令,由王国的总管所记的回忆录摘要。附带布兰维利耶伯爵对君主政体原政府一直到于格·卡佩的回忆录。另附有一份按照三级会议划分的法国地图》)

Histoire de l'ancien gouvernement de la France avec quatorze lettres historiques sur les Parlemens ou Etats Généraux, La Haye et Amsterdam, aux dépens de la Compagnie, 1727.(《法国原政府历史,附带十四封关于法国议会或者三级会议的历史书信》)

Etat de la France, dans lequel on voit tout ce qui regarde le gouvernement..., Londres〔Rouen〕, T. Wood and S. Palmer, 1737; Londres〔Rouen〕, T. Wood and S. Palmer, 1752.(《法兰西国家,及其与政府有关的一切……》)

M VI. *La Moysade*, Londres, s. d.〔1765〕.①(《摩萨德》)

Oeuvres de Fréret, London, 1775, tome IV; Paris, Servière et Bastien, 1792, tome II.(《弗雷莱作品集》)

N I. *The naked Gospel discovering I. What was the Gospel which our Lord and His Apostles Preached. II. What Additions and Alterations latter Ages have made in it. III. What Advantages and Damages have thereupon ensued*. By a true Son of the Church of England. Printed in the Year 1690; Londres, 1691.(《不加掩饰的福音之发现》)

---

① 论文前面有《特拉西布尔致乐西普的信》(*Lettre de Thrasybule à Leucippe*)。

N II. *Le Nazaréen*, *Ou le Christianisme des Juifs*, *Des Gentils Et Des Mahométans*. Traduit de l'Anglois. De Jean Toland. Hoc opus, & sacras populis notescere leges. Lucan. Lib. 10. London, 1777. ①(《拿撒勒教或者犹太人的基督教,外邦人和伊斯兰教徒》)

O II. F. Venturi, "Addition aux *Pensées Philosophiques*", *Revue d'Histoire littéraire de la France* XLV (1938), pp. 23 – 42 et 289 – 308. ("对《哲学思想》的补充",载《法国文学史杂志》)

O IV. *De l'âme*, *et de son immortalité* [éd. Le Mascrier], London [Paris] 1751; London, 1778.(《论灵魂及其不死》)

Encyclopédie méthodique. Philosophie ancienne et moderne. Par M. Naigeon. Tome III, Paris, H. Agasse, an II [1794], pp. 292 – 326. (《系统百科全书。古今哲学》)

Histoire des Opinions des Anciens sur la nature de l'âme (éd. R. Simon), in *Henry de Boulainviller*, tome I, La Haye, M. Nijhoff, 1973, pp. 253 – 291.(《古人对灵魂性质的观点的历史》)

O V. *Dissertation sur l'origine du monde*, dans *Dissertations mêlées sur divers sujets importants et curieux* [J.-F. Bernard éd.], Amsterdam, 1740. (《论世界的起源》,载《对各种重要和奇怪主题的论述种种》)

Le Monde, *son origine et son antiquité* [éd. Le Mascrier], London [Paris] 1751; London, 1778;(《世界,其起源及古代时期》)

Encyclopédie méthodique, Philosophie ancienne et moderne. Par M.

---

① 维尔克鲁伊斯(J. Vercruysse)的《霍尔巴赫男爵作品的说明性参考书目》(*Bibliographie descriptive des écrits du Baron d'Holbach*, Paris, Minard, 1971, p. 40)中说,拉迪卡梯(Radicati)"1736 年时在《奇文文集》(*Recueil de pièces curieuses*)当中已经发表过一个'翻译本'"。他大概指的是《纳扎鲁斯和利库果斯比较》(*Nazarenus et Lycurgos mis en parallèle*)。

Naigeon. Tome III. Paris, H. Agasse, an II〔1794〕, pp. 244 – 292.
(《系统百科全书》)

Du monde, *de son début et de son ancienneté*, dans B. Jeu, *La Pensée des Lumières en Russie. Opuscules choisis*, *Cahiers de Philosophie russe et soviétique*, Lille, Editions Universitaires, 1973, pp. 9 – 40.[1](《论世界，其开始和古代时期》载《俄国启蒙思想论文选，俄国和苏联哲学手册》)

O VI. *Opinions des Anciens sur les Juifs* par feu M. de Mirabaud, secrétaire perpétuel de l'Académie française, London, 1769. (《古人对犹太人的意见》)

O VII. S. Bigex, *L'Oracle des anciens fidèles pour servir de suite et d'éclaircissement à la Sainte Bible*, Berne, 1760. (《古信徒的神谕，作为对〈圣经〉阐述的补充》)

O VIII. *Origines Judaicae sive*, *Strabonis*, *de Moyse et Religione Judaica Historia*, *Breviter illustrata*, Joannes Tolandus. Hagae-Comitis, VII Cal. Novemb. 1708; Hagae-Comitis, Apud Thomam Johnson, 1709; Amsterdam, Rodopi, 1970.

O IX. *Origo et fundamenta religionis Christianae* (éd. August Gfrörer), *Zeitschrift für die historische Theologie* VI, Pt 2, pp. 180 – 259. (《基督教的起源和基础》)

---

① 发表在 *Rousskié Prosvétitéli*, Moscou, 1966 中的俄文版本的翻译。俄文翻译第一次出现于 1785 年的 *Pokoiachtchisa Troudolioubetz* 杂志。

P I. *Pantheisticon, sive Formula Celebrandae Sodalitatis Socraticae, in Tres Particulas Divisa; Quae Pantheistarum, sive Sodalium, Continent I, Mores et Axiomata: II, Numen et Philosophiam: III, Libertatem, et non fallentem Legem, Neque fallendam. Praemittitur De antiquis et Novis Eruditorum Sodalitatibus, Ut et de Universo infinito et aeterno, Diatriba. Subjicitur De duplici Pantheistarum Philosophia sequendâ, Ac de Viri Optimi et ornatissimi idea, Dissertatiuncula.* Cosmopoli, 1720. ①(《泛神论要义,以及苏格拉底社会的庆祝仪式》)

Pantheisticon, sive Formula Celebrandae Sodalitatis Socraticae (éd. M. Iofrida et O. Nicastro), Pisa, Libreria Testi Universitari, 1984.

Pantheisticon Ou Formule pour célébrer une Société socratique Divisée En Trois Parties, Cosmopoli, 1720 [éd. A. Lantoine, *Un précurseur de la franc-maçonnerie, John Toland 1670 – 1722. Suivi de la traduction française du Pantheisticon de John Toland*, Paris, E. Nourry, 1927, pp. 185 – 258].

Pantheisticon Ou Formulaire Pour La Célébration De La Sodalité Socratique divisé en trois parties, Cosmopoli, 1720 [*John Toland, Le Pantheisticon. 1720*. Traduction française Par H. Welsch et H. Dubois d'après l'exemplaire de J. Lempereur, s. l., 1927]. (《泛神论要义或者分成三个部分的苏格拉底社会的庆祝仪式》)

摘要: *Bibliothèque angloise* VIII (1720), pp. 285 – 322 (tr. d'Armand de la Chapelle). ②(《英文图书》)

---

① 卡拉贝利(G. Carabelli)说有这个版本的一个修改本和一个不同的版本,但不同版本的日期标注的是"Cosmopoli M. DCC. XX"[*Tolandiana. Materiali bibliografici per lo studio dell'opera e della fortuna di John Toland (1670–1722)*, Firenze, La Nuova Italia, 1975, p. 221]。

② 在插入梅戴尔(M. Maittaire)的文稿中的一个字条中,马尚说阿尔蒙·德·拉夏佩尔(Armand de la Chapelle)将《泛神论要义》中的"礼拜仪式和无神论者"译成了法语[Leiden-UB March. 62]。泛神论要义,或者对苏格拉底式社会的庆祝仪式,原文由才华横溢的约翰·托朗用拉丁语写成,如今首次以英文忠实再现原文(*Pantheisticon: Or, The Form Of Celebrating the Socratic-Society* […]. Written Originally in Latin, by the Ingenious Mr. John Toland. And now, for the first Time, faithfully rendered into English. London, S. Paterson, 1751)。

P III. *Parité de la vie et de la mort*, dans *Pièces philosophiques*, s. l. n. d. (《生与死的平等》,载《哲学文章汇编》)

Parité de la vie et de la mort. La *Réponse* du médecin Gaultier. Textes rassemblés, présentés et commentés par O. Bloch, Oxford-Paris, Voltaire Foundation-Universitas, 1993. (《生与死的平等》。高梯埃医生的《答复》)

P IV. *Pensées libres sur la religion*, *l'église et le bonheur de la nation*, traduites de l'anglois du Docteur Bernard Mandeville, La Haye, Vaillant, 1722, 2 tomes. (《关于宗教的自由思想、教会与民族的幸福》)

P V. *Pensées philosophiques*. A la Haye. Aux dépens de la Compagnie, 1746 (trois éditions différentes); Aux Indes, chez Bedihuldgemale, 1748 (deux éditions); Aux Indes, chez Bedihuldgemale, 1749; A Londres, chez Porphyre, à S. Thomas, 1757. ①(《哲学思想》)

Philosophie morale réduite à ses principes, *ou Essai de M. S*** sur le Mérite et la Vertu. Nouvelle édition. Augmentée de Pensées & de Réflexions*, A Venise, Par la Société des Libraires, 1751; *Pensées Philosophique*. Londres, 1708 [sic]. (《化简到原则的道德哲学,或者某 S 先生论功勋和道德,新版本,附带有〈思想与思考〉》)

Etrennes des Esprits forts. A Londres [Amsterdam]. Chez Porphyre, à

---

① 该文本在《哲学思想和基督教思想,比较或者对立》(*Pensées philosophiques et Pensées chrétiennes*, *mises en parallèle ou en opposition*)中重印,日期分别是 1746 年和 1747 年;《与哲学思想相对立的理性思想;附带对一篇题为〈习俗〉的书的批判论文》(*Pensées raisonnables opposées aux Pensées philosophiques*; *Avec un Essai de critique Sur le Livre intitulé Les Moeurs*, Berlin, Chez. C. F. Voss, 1749, et Göttingue & Leide, E. Luzac, fils, 1756)。《只通过理性的光明和神圣哲学的原则对哲学思想的反驳》(*Réfutation des Pensées philosophiques*, *par les seules lumières de la raison*, *et les principes de la saine philosophie*, A Amsterdam, chez Wertin & Smith, 1750)当中也有这篇文章。

S. Thomas，1757. ①(《不信神者的新年礼物》)

L'Apocalypse de la raison. Tome I. Et peut être unique, s. l., 1800-X. [1760?]. (《理性的〈启示录〉》)

Oeuvres philosophiques et dramatiques de M. Diderot. A Amsterdam. 1772, tome III. (《狄德罗哲学和戏剧作品集》)

Oeuvres philosophiques de Mr. D***, Tome second, A Amsterdam, chez Marc-Michel Rey, 1772. (《某 D 先生的哲学作品集》)

Collection complette des Oeuvres philosophiques, littéraires et dramatiques de M. Diderot. Tome II. Londres. 1773. (《狄德罗哲学、文学和戏剧作品全集》)

Pensées philosophiques. Où l'on a joint le vrai Philosophe. A Londres. 1773. (《哲学思想,我们在其中与真正的哲学家站在一起》)

Pensées philosophiques, en François et en Italien, Auxquelles on a ajouté un Entretien d'un Philosophe avec Mde. la Duchesse de***. Ouvrage posthume de Thomas Crudeli, En Italien & en François, par le même Auteur. Londres, 1777. (《法语和意大利语的哲学思想,附带一个哲学家和某公爵夫人的谈话》)

Oeuvres de Denis Diderot, publiées, sur les manuscrits de l'auteur, par J. -A. Naigeon, A Paris, chez Desray, An VI-1798, vol. I, pp. 217 – 267. ②(《德尼·狄德罗的作品集》)

摘要：*Encyclopédie méthodique. Philosophie Ancienne et Moderne.* Par

---

① 同一篇目的还有另外两个版本,一个是 1746 年的,另一个"由雷(M. M. Rey)出版于伦敦[阿姆斯特丹],1757 年"。

② *Die Philosophische Gedanken.* Halle 1748.

最近出版的《哲学思想》(*Pensées philosophiques*)收录了鲁夫(J. Lough)[狄德罗,《哲学作品集》(*Selected Philosophical Writings*, Cambridge, Cambridge U. P., 1953)]、维尔尼埃尔(P. Vernière)[狄德罗,哲学作品集(Oeuvres philosophiques, Paris, Garnier, 1956)]、凡·罗特(J. van Loot)[狄德罗,《作品选集》(*Textes choisis*, Paris, Editions Sociales, 1952)]以及尼克罗(R. Niklaus)[狄德罗,《哲学思想》(*Pensées Philosophiques.* Edition critique avec introduction, notes et bibliographie, Genève, Droz, 1965)]的作品。

M. Naigeon. Tome Second. A Paris, Pankoucke, 1792, pp. 154 – 159.
(《系统百科全书,古今哲学》)

P VI. *Le Philosophe*, dans *Nouvelles libertés de penser*, Amsterdam
［Paris, Piget］,1743, pp. 173 – 204.(《哲学家》,载《新的思想自由》)

Examen de la Religion, *attribué à Mr. de St. Evremond*, *seconde par-
tie*. A Trévoux, Aux dépens de la Société de Jésus, 1745.①(《据说是
圣·艾夫洛蒙所作的宗教研究,第二部分》)

Recueil philosophique ou Mélange de pièces sur la religion et la morale.
Par différens auteurs (éd. J. -A. Naigeon), London, 1770, 2 vols. (《哲
学文集或者关于宗教和道德的文集》)

*Les Lois de Minos. Tragédie avec les notes de M. de Morza et plusieurs
pièces curieuses détachées*, s. l. ［Genève］, 1773. (《米诺斯的律法,悲剧,
附带莫尔扎的注释和几篇奇怪的零散文章》)

L'Evangile du jour, Tome X, contenant：［...］*Le Philosophe*, par M.
du Marsay, 1773. (《每一天的福音》)

La Bibliothèque du bon sens portatif, London, 1773, tome II ［*La nou-
velle liberté de penser*］. (《简装本常识丛书》)

Pensées Philosophiques. Où l'on a joint le vrai Philosophe, A Londres,
1773. (《哲学思想,我们在其中与真正的哲学家站在一起》)

Les progrès de la raison dans la recherche du vrai, "Caractère du vrai
philosophe", dans C. -A. Helvétius, *Oeuvres complètes*, London, 1777;
Paris 1795, tome V, pp. 463 – 477. (《理性在追求真理中的进步》)

Encyclopédie méthodique. Philosophie ancienne et moderne. Par M.
Naigeon. Tome III. Paris, H. Agasse, an II ［1794］, pp. 203 – 208.

---

① 以此为题的其实是《新的思想自由》的一个版本。里面的论文与1743年版本当中
的一样,但顺序有别［据狄克曼(H. Dieckmann) 的《哲学家,文本及其解释》(*Le Philosophe.
Texts and Interpretation*)］。

(《系统百科全书,古今哲学》)

C. -C. Dumarsais, *Oeuvres*, Paris, Duchosal et Millon, an V [1797], tome VI, pp. 25－41. (《迪马赛作品集》)

F. de Voltaire, *Oeuvres complètes*, Paris, Baudoin frères, 1825－1826, tome IV, pp. 450－468; Paris, Delangle frères, tome IV, pp. 450－468; éd. Moland, Paris, 1877－1885, tome XXIX, pp. 41－46. (《伏尔泰全集》)

Le Philosophe. Texts and Interpretation (éd. H. Dieckmann), Saint Louis, Washintong University Studies, 1948. (《哲学家,文本及其解释》)

摘要:" Philosophe ", *Encyclopédie, ou Dictionnaire raisonné des sciences, des arts et des métiers, par une société de gens de lettres*, tome XII, Paris, 1765.① (《哲学家》,《百科全书或者科学,艺术和职业的理性词典,由文人协会出版》)

P VIII. 摘要: A. Neubauer, *The Fifty-third Chapter of Isaiah, according to the Jewish Interpreters*. Oxford and London-Leipzig, 1876－1877, 2 vols. [I, pp. 21－152, chapitres 24－28]. (《犹太解释者笔下的〈以赛亚书〉第五十三章》)

P IX. *Il Principe*, di Niccolò Machiavello, Roma, A. Bladus, 1532; Firenze, B. di Giunta, 1532; s.l., 1535; s.l. [Vinegia, Pasini e Vindoni], 1537; Vinegia, [Zanetti?], 1537; Vinegia, 1539 [1538]; Vinegia, 1538; Firenze, di Giunta, 1540; s.l. 1725; Cosmopoli, 1768; Filadelfia, 1792; Filadelfia, 1792 [1796]; Roma 1796; s.l. 1797. *Editions des écrits en prose*: Vinegia, di Aldo, 1540; Vinegia, di Aldo, 1546; Vi-

---

① 文章是由从论文中援引的大段文字组成的。

negia, Ferrari, 1550; Vinegia, D. Giglio, 1553; Vinegia, de Trinio, 1541; Vinegia, 1552; Vinegia, s. d. ; Vinegia, Giunti, 1551; London, J. Wolfe, 1584 – 1588; Berlino e Stralsunda, Lange, 1786; Berlino e Stralsunda, Lange, 1797. *Tutte le opere* : s. l. 1550 (5 éd.) ; s. l. 1679; s. l. 1680; Haya, 1726; Amsterdam, Jombert, 1728; Londra, 1747; Londra, T. Davies, 1772; s. l., 1782; Genova, 1798; s. l., 1796 [1798]; s. l., 1797 – 1798. (《君主论》)

Le Prince, de Nicolas de Machiavelle..., traduit de l'italien en françois, par G. Cappel, Paris, C. Estienne, 1553; Poitiers, E. de Marnef, 1553; Paris, R. le Mangnier, 1571; Paris, H. de Marnef et G. Cavellat, 1571, 1572, 1577; Rouen, N. Lescuyer, 1579; Rouen, J. Crevel, 1586; Rouen, R. Mallard, 1586 [deux éditions]; Paris, A. Perier, 1597; Rouen, T. Daré, 1600; Paris, E. Colin, 1606; Paris, J. Gesselin, 1606; Paris, Chappellain, 1614 [deux éditions]; Paris, M. Gobert, 1614; Paris, J. Houzé, 1614; Paris, C. Rigaud, 1614; Paris, G. Robinot, 1614; Paris, C. Collet, 1629; Paris, Quinet, 1629; Paris, A. Robinot, 1629; Paris, Quinet, 1634, 1634 – 1635; Paris, Blajart, 1637; Paris, Courbé, 1637; Paris, Bessin, 1646; Paris, Clousier, 1646; Rouen [Paris], 1664; Amsterdam, A. Wetstein, 1683 [traduit et commenté par A. N. Amelot, sieur de la Houssaie], 1684, 1686, 1694. (《君主论》)

Le prince sans fard, Cologne, P. Marteau, 1715. (《毫无掩饰的君主》)

Anti-Machiavel, ou Essai de critique sur le Prince de Machiavel. Publié par M. de Voltaire, La Haye, P. Paupie, 1740; Bruxelles, F. Foppens, 1740; A la Haye, Aux dépens de l'éditeur, 1740; Copenhague, J. Preuss, 1740; s. l., 1741; Amsterdam, La Caze, 1741; Copenhague, J. Preuss, 1741; Marseille, Frères Colomb, 1741; La Haye, van Duren, 1741 [deux éditions]; Londres, G. Meyer, 1741; Leipzig, Arkstée et Marcus, 1742; Amsterdam, Aux dépens de la Compagnie, 1747; Amsterdam, Aux dépens de la Compagnie, 1750; Londres 1751; Genève, Gosse, 1759; Londres, Meyer, 1759; s. l., 1760; s. l., 1767. (《反马基雅维里,或者对马基雅维里的〈君主论〉的批判研究》)

Le Prince, traduit de l'italien et dédié à la nation. Carcassone 1791. (《〈君主论〉,译自意大利文,并献给民族》)

Oeuvres: Paris 1696; Amsterdam, P. Brunel, 1713; La Haye, Aux dépens de la Compagnie, 1743; Paris, 1788; Paris Volland, 1793; Paris, 1795; Paris an VII. (《作品集》)

The Prince, London, R. Bishop, 1640; London, 1663; London, 1674. (《君主论》)

The Works of the famous N. M.: London, 1675; London 1680; London, 1694; London, 1720; London, T. Davies, 1762; London, T. Davies, 1775. (《N. M. 先生的著名研究》)

Anti-Machiavel: or, an Examination of Machiavel's Prince, London, 1741; London, 1752. ①(《反马基雅维里,或者对马基雅维里的〈君主论〉的批判研究》)

P XI. *Mémoires, correspondance et ouvrages inédits de Diderot, publiés d'après les manuscrits confiés, en mourant, par l'auteur à Grimm*, Paris, Paulin, 1830 – 1831, tome IV, pp. 241 – 367. (《狄德罗未发表过的回忆、通信及作品,根据作者逝世时交给格里姆的手稿出版》)

Oeuvres complètes de Diderot, J. Assezat et M. Tourneux éds., Paris, Garnier, 1875 – 1877, tome I, pp. 177 – 257. (《狄德罗全集》)

---

① 克莱格(H. Craig)在 1944 年出版了 Harvard-U. L. Houghton L. Eng. 1014 手稿。

D. Diderot, *Oeuvres Complètes*, Paris, Le Club Français du Livre, 1969, tome I, pp. 307 – 401. (《狄德罗全集》)

La Promenade du sceptique ou les Allées, H. Dieckmann et J. Deprun éds., *Oeuvres complètes de Diderot*, tome II, Paris, Hermann, 1975, pp. 65 – 169. (《怀疑论者的散步或者林荫小道》)

Q III. *Les Questions de Zapata*, *traduites par le sieur Tamponnet*, *docteur en Sorbonne*. Leipsik [Genève] 1766 [1767], in-8° de 53 pp; Leipsik 1766 [1767], in-8° de 35 pp. ; Leipsik 1768 [1767]. (《扎帕达的问题》,索邦博士唐波奈先生译)

Recueil nécessaire avec l'Evangile de la raison, London [Hollande], 1768, tome I. (《必读书文集,附带理性福音》)

Nouveaux Mélanges philosophiques, *historiques*, *critiques*, *etc.*, tome VII, s.l. [Genève, Cramer],1768, pp. 50 – 77. (《新的哲学、历史、批判等文章汇编》)

[*Oeuvres de Voltaire*, édition encadrée], s.l. [Genève, Cramer et Bardin], 1775, tome XXXVI, pp. 145 – 167. (《伏尔泰作品集》)

Collection complète des Oeuvres de Voltaire, tome XXIX, Genève, Cramer, et Paris, Bastien, 1777. (《伏尔泰全集》)

Oeuvres complètes de Voltaire. De l'imprimérie de la Société littéraire typographique, Kehl, 1785, tome XXXIII. ①(《伏尔泰全集》)

R III. *Recherches sur l'origine du despotisme oriental*, ouvrage posthume de Mr. B. I. D. P. E. C., s.l. [Genève], 1761; rééditions：1762 (deux fois), 1763 (deux fois), 1766, 1773, 1775, 1777. (《东方专制

---

① 《伏尔泰全集》(*Oeuvres complètes de Voltaire*, tome LXII, Oxford, The Voltaire Foundation, 1987)。

起源研究》)

Oeuvres de Boulanger, En Suisse, 1791, tome V; Paris, 1792, tome IV; Amsterdam, 1794, tome III. ①(《布朗吉作品集》)

摘要: Chamberlan, *Le Philosophe malgré lui*, Amsterdam, 1760. ② (《不由自主的哲学家》)

R V. Henri de Boulainviller. *Oeuvres Philosophiques* (éd. R. Simon), La Haye, M. Nijhoff, 1975, tome II, "Considération abrégée des opérations de l'entendement humain sur les idées" (pp. 1 - 16); "Considération sur les jugements de l'esprit humain et leur énonciation" (pp. 17 - 27); "Considérations sur les différentes méthodes de disposer nos jugements pour parvenir à la connaissance de la vérité" (pp. 28 - 41); "Jugements sur la nature de l'être et ses propriétés" (pp. 42 - 63); "Réflexions sur les principes de la religion chrétienne suivant la méthode de St. Ignace" (pp. 64 - 101); "De la persévérance" (pp. 102 - 113); "Extrait du livre du ministre Jurieu touchant les dogmes des mystiques et particulièrement contre Messieurs de Cambray et de Meaux" (pp. 114 - 133). (亨利·布兰维利耶,《哲学作品集》)

M. G. Zaccone Sina, "L'interpretazione della *Genesi* in Henry de Boulainvilliers. Fonti: Jean Le Clerc e Thomas Burnet. I", *Rivista di Filosofia Neoscolastica* LXXII-LXXIII (1980), 494 - 532 [extraits tirés des dissertations de Jean Le Clerc précédant son édition latine de la Genèse (Amsterdam, 1693) et de ses *Sentimens de quelques Theólogiens de Hollande sur l'Histoire critique du Vieux Testament*, composée par le P. Richard Simon de

---

① *The Origins and Progress of Despotism in the Oriental, and other Empires, of Africa, Europe, and America*, Amsterdam 1764; *Ueber den Ursprung des Despotismus besonders in den Morgenländern von Boulangée*, s. l., 1794.

② 第 103—118 页,第 141—168 页,第 187—197 页,第 214—223 页以及第 238—249 页 [据萨德兰(P. Sadrin),《尼古拉-安托万·布朗吉》(*Nicolas-Antoine Boulanger*…)第 43 页注]。

l'Oratoire; où remarquant les Fautes de cet Auteur, on donne divers Principes *utiles pour l'intelligence de l'Ecriture Sainte* (Amsterdam, 1685)]. (《〈创世记〉解释》)

G. Mori, "*Origine des êtres et espèces. Un inedito cosmogonico tra le carte di Boulainviller*", *Rivista di Storia della Filosofia* XLIX (1994), pp. 169‒192. (《生物起源》,载《哲学历史杂志》)

R VII. *Réflexions de Mrs Pascal et Locke sur la possibilité d'une vie à venir*, *Nouvelles libertés de penser*, Amsterdam, 1743. (《帕斯卡和洛克先生对来生可能性的思考,新思想自由》)

Examen de la Religion, *attribué à Mr. de St. Evremond*, *seconde partie*. A Trévoux, Aux dépens de la Société de Jésus, 1745. (《据说是圣·艾夫洛蒙所作的宗教研究,第二部分》)

Recueil philosophique, *ou mélange de pièces sur la religion et la morale*, *par différens auteurs*, London [Amsterdam, M. M. Rey], 1770, 1er vol. (《哲学文集,或者不同作者关于宗教和道德的文章汇编》)

La Bibliothèque du bon sens portatif, London, 1773, tome II [*La nouvelle liberté de penser*]. (《简装本常识丛书》)

Encyclopédie méthodique. Philosophie ancienne et moderne. Par M. Naigeon. Tome III, Supplément. Paris, H. Agasse, an II [1794], pp. 898‒907. (《系统百科全书》)

R VIII. *Réflexions sur l'existence de l'âme et sur l'existence de Dieu*, *Nouvelles libertés de penser*, Amsterdam, 1743. (《关于灵魂和上帝存在的思考》,《新的思想自由》)

Examen de la Religion, *attribué à Mr. de St. Evremond*, *seconde partie*. A Trévoux, Aux dépens de la Société de Jésus, 1745. (《据说是圣·艾夫洛蒙所作的宗教研究,第二部分》)

La Bibliothèque du bon sens portatif, London，1773，tome II ［*La nou-
velle liberté de penser*］.（《简装本常识丛书》）

L'Evangile de la raison. Ouvrage posthume de M. D. V. et D. F. Se
trouve chez tous les imprimeurs et libraires，s. l.，an X.（《理性福音》）

R IX. *La Religion chrétienne analysée*，par c. f. c. D. c.，Paris，1767.
（《基督教分析》）

Analyse de la religion chrétienne，*par Dumarsais*，dans *Recueil
nécessaire*，Leipsik，1765 ［1767］；*Recueil nécessaire*，*avec l'Evangile de la
raison*，London，1768；*Recueil nécessaire*，1776.（《迪马赛基督教分析》，
载《必读文集》）

Analyse de la religion chrétienne，par Du Marsais，dans *L'évangile de
la raison*，s. l.，1768；*L'évangile de la raison*. Tome II. Ouvrage posthume
de M. D. M.... y，s. l. n. d. ［Genève，1767 ou 1768?］.（《基督教分析》，
载《理性福音》）

Oeuvres de Fréret，Paris，Servière et Bastien，1792，tome IV.（《弗雷
莱作品集》）

Oeuvres de Dumarsais，Paris，Pougin，1797，7 vols.，tome VII，
pp. 3‑56.（《迪马赛作品集》）

R XII. *De la Religion du Laïc*（éd. J. Lagrée），dans *Le Salut du
Laïc. Sur Herbert de Cherbury*，Paris，Vrin，1989，pp. 167‑184.（《异教
徒的宗教》，载《异教徒的拯救，关于艾贝尔·谢布里》）

Religio Laici（éd. H. G. Wright），*Modern Language Review* XXVIII
（1933），pp. 295‑307.（《异教徒的宗教》，《现代语言杂志》）

R XIII. *La Religion mahummedane*，*comparée à la païenne de
l'Indostan*，*par Ali-Ebn-Omar Moslem*，*épître à Cinkniu*，*Pramin de*

Visapour, traduite de l'arabe, London, Compagnie, 1737. (《伊斯兰教与印度的异教比较,译自阿拉伯语》)

J. G. Hamann, *Vergleichung der mahomedanischen Religion mit der heidnischen von Indostan, durch Ali-Ebn-Omar, Moslem in einem Briefe an Cinkniu Braminen zu Visapour Aus dem Arabischen übersetz, Sämtliche Werke IV, Kleine Schriften 1750 – 1788* (éd. J. Nadler), Wien, Herder, 1952, pp. 195 – 207 et 480 – 482. ①

R XIV. *Nouvelles remarques critiques sur le Nouveau Testament*: un manuscrit clandestin inédit (éd. A. Hunwick), *Dix-huitième Siècle* XXIV (1992), pp. 239 – 266. (《对〈新约全书〉的新的批判说明》)

S I. *Sentimens des philosophes sur la nature de l'âme, Nouvelles libertés de penser*, Amsterdam, 1743. (《哲学家关于灵魂性质的观念》,《新的思想自由》)

Examen de la Religion, attribué à Mr. de St. Evremond, seconde partie. A Trévoux, Aux dépens de la Société de Jésus, 1745. (《据说是圣·艾夫洛蒙所作的宗教研究,第二部分》)

Recueil philosophique, ou mélange de pièces sur la religion et la morale, par différens auteurs, London [Amsterdam, M. M. Rey], 1770, 2ème vol. (《哲学文集,或者不同作者关于哲学和道德的文章汇编》)

La Bibliothèque du bon sens portatif, London, 1773, tome II [*La nouvelle liberté de penser*]. (《简装本常识丛书》)

---

① *Nachrichten von einer hallischen Bibliothek*, tome III, n° 208, pp. 38 ss, et n° 209, pp. 48 ss., 当中包括该作品的摘要和一些段落的翻译[据纳德勒前面所引作品第481页]。

S II. *Sermon des Cinquante*, s. l. ［Genève, Cramer］1749 ［1762］;
s. l. ［Genève, Cramer］, 1753 ［1763］.(《五十人演讲》)

L'évangile de la raison, ouvrage posthume de M. D. M...y, s. l. n. d
［1764］, pp. 93－120; *L'évangile de la raison*, ouvrage posthume de M.
D. V. et D. F., A London, aux dépens de la Compagnie de Jésus ［Amster-
dam, M. M. Rey］, 1764; *L'évangile de la raison*, ouvrage philosophique,
s. l. 1765, pp. 79－102; *L'évangile de la raison*, s. l. 1768. ①(《理性
福音》)

Recueil nécessaire, Leipsik ［Genève, Cramer］, 1765 ［1766］;
Recueil nécessaire, *avec l'Evangile de la raison*, London ［Amsterdam, M.
M. Rey］, 1768; Amsterdam, M. M. Rey, 1776.(《必读书文集》)

Oeuvres complètes de Voltaire, de l'imprimerie de la société ty-
pographique, Kehl, 1784 et 1785－1789, t. XXXII, pp. 380－404. ②
(《伏尔泰全集》)

S III. *Sermon du Rabbin Akib*, *prononcé à Smirne le* 20 *novembre*
1761, *traduit de l'hébreu*, s. l. ［Genève］, s. d. ［1761］; s. l. ［Paris］,
s. d. ［1762］; s. l. 1764; s. l. n. d. ［deux autres éditions］.③(《犹太教
教士阿基伯 1761 年 11 月 20 日在斯密尔纳的布道词》)

Nouveaux Mélanges philosophiques, *historiques*, *critiques*, etc., tome
III, s. l. ［Genève, Cramer］, 1765, pp. 72－83.(《新的哲学、历史、批
判等文章汇编》)

---

① 《理性福音》(*L'évangile de la raison*, ouvrage posthume de M. D. M···. y, s. l. n. d.)
［Genève, Cramer, 1768 ?］在目录中标有《五十人演讲》(*Sermon des Cinquante*),但是里面并
没有这部作品［Paris-B. N. D² 14639］;另一个版本 s. l. n. d. ［Genève, vers 1768; Paris-B.
N. D² 14881］当中也是这样。

② 帕特里克·李(J. Patrick Lee),《伏尔泰的"五十人演讲":一个批判版本》(*Voltaire's
Sermon des cinquante*:*a critical edition*, Ph. D. Dissertation, Fordham University, 1971)。

③ 1762 年 7 月 15 日的《百科全书日报》(*Journal Encyclopédique*)上有根据英国一份报
纸上发表的英文翻译转译成法文的译本［pp. 113－120］。

Recueil de nouvelles pièces fugitives de M. de Voltaire, troisième re-
cueil, Genève et Paris, Duchesne, 1762. (《伏尔泰新短文文集》)

L'Evangile de la raison, Genève, 1768[?]. (《理性福音》)

Collection complète des Oeuvres de Voltaire, tome XXVII, Genève,
Cramer, et Paris, Bastien, 1771. (《伏尔泰作品全集》)

[*Oeuvres de Voltaire*, édition encadrée], s. l. [Genève, Cramer et
Bardin], 1775, tome XXXVII. (《伏尔泰作品集》)

Oeuvres complètes de Voltaire. De l'imprimérie de la Société littéraire
typographique, Kehl, 1785, tome XXXII. [①](《伏尔泰全集》)

S IV. *Sermon prêché dans la grande assemblée des quakers de London*,
par le fameux E. Ellwall, *dit l'Inspiré*, *traduit de l'anglois*, London, Com-
pagnie, 1737. (《在伦敦贵格会信徒大会上的布道词》)

S V. *Spaccio della Bestia trionfante*, *proposto da Giove*, *effettuato dal*
conseglo, *revelato da Mercurio*, *recitato da Sophia*, *udito da Saulino*, *regis-*
trato dal Nolano, Paris [Londres, J. Charlewood], 1584. [②]

S VI. *Le Symbole d'un Laïque*, dans *De l'Imposture sacerdotale*, *ou*
Recueil de Pièces sur le clergé, traduites de l'Anglois, London, 1767. (《异
教徒的象征》,载《圣事欺骗,或者关于圣职人员的文章汇编》)

Jean-François de Bastide, *Réf lexions philosophiques sur la marche de*
nos idées: *suivies du Symbole d'un laïque*, *ou la profession de foi d'un hom-*
me désintéressé; *à laquelle on a joint la Lettre d'un avocat genevois*, *à Mr*

---

① 塞甘(J. A. R. Séguin)出版了一个最终的版本,也就是《新版汇编》(*Nouveaux*
mélanges)中的版本[Jersey C., E. Paxton, 1963]。

② *Spaccio della bestia trionfante. Or the Expulsion of the Triumphant Beast*, London, 1713
[托朗(J. Toland)出版的版本],《重塑的天空》(*Le Ciel réformé. Essai de traduction de partie du*
livre italien Spaccio della bestia trionfante, Paris, 1750)。

d'Alembert, & quelques Epîtres écrites de la campagne. Yverdun, de l'imprimerie du professeur de Félice, 1769; même titre, 1770.(《对我们的思想进程的哲学思考,附带日内瓦一个律师致阿朗贝尔的一封信,以及几封写于乡下的书信》)

L'Evangile du jour, tome VIII, London, 1770.(《当日福音》)

Le Symbole d'un Laïque ou la profession de foi d'un homme désintéressé (éd. A. Mc Kenna), dans P. Aquilon, J. Chupeau, F. Weil, *L'intelligence du passé: les faits, l'écriture et le sens*, Mélanges offerts à J. Lafond, Tours, Université de Tours, 1988, pp. 349 - 358.(《一个异教徒的象征,或者一个无私者的信仰表达》,载《过去的智慧:事实、文字和意义》)

S VIII. *Examen des Prophéties qui servent de fondement à la religion chrétienne. Avec un Essai de critique sur les Prophêtes & les Prophéties en général.* Ouvrages traduits de l'anglois. Londres, 1768 [pp. 118 - 204, Extrait de l'ouvrage qui a pour titre: *Examen du système de ceux qui prétendent que les prophéties se sont accomplies à la lettre*].(《对作为基督教基础的预言的研究,附带对一般预言者和预言的批判研究》)

T I. *Telliamed ou Entretiens d'un Philosophe Indien avec un Mission-naire François Sur la Diminution de la Mer, la Formation de la Terre, l'Origine de l'Hmme, etc. Mis en ordre sur les Mémoires de feu M. de Maillet.* Par J. A. G***, A Amsterdam, chez L'honoré & Fils, Libraires. MD-CCXLVIII.(《〈特里梅德〉或者一个印度哲学家与一个法国传教士关于海水减少、陆地形成、人的起源等的谈话,根据已故马耶先生的回忆整理》)

Telliamed... Mis en ordre sur les Mémoires de feu M. de Maillet, Par J. A. G***. A Basle, Chez les Libraires associés, MDCCXLIX.(《〈特里梅德〉……根据已故马耶先生的回忆整理》)

Telliamed, *ou Entretiens d'un Philosophe Indien avec un Missionnaire François Sur la diminution de la Mer*, Par M. de Maillet. Nouvelle édition. Revue, corrigée & augmentée sur les Originaux de l'Auteur, ave une Vie de M. de Maillet, A la Haye, Chez Pierre Gosse, Junior, MDCCLV [réimp. Paris, Fayard, 1984]. ①(《〈特里梅德〉或者一个印度哲学家与一个法国传教士关于海水减少的谈话》)

T II. *Theophrastus redivivus* (éd. G. Canziani et G. Paganini), 2 vols., Firenze, La Nuova Italia, 1981－1982.(《复活的狄奥弗拉斯特》)

T III. P. Pomponazzi, *De immortalitate animae*, Bologna, 1516 [éd. facsimile W. H. Hay, Harverford, 1938]. Autres éditions: 1524, 1634, 1791 [éd. Bardili]. ②(彭波纳齐,《论灵魂的永生不死》)

T VI. *Traité de l'immortalité de l'Ame* (éd. R. Simon), in *Henry de Boulainviller*, tome I, La Haye, M. Nijhoff, 1973, pp. 292－306.(《论灵魂的永生不死》)

T VII. *Traité de l'infini créé, avec l'explication de la possibilité de la Transsubstantiation. Traité de la Confession, et de la Communion.* Par le Père Malebranche, de l'Oratoire. A Amsterdam, chez Marc Michel Rey,

---

① *Telliamed: Or, Discourses Between an Indian Philosopher and a French Missionary on the Diminution of the Sea, the Formation of the Earth, the Origin of Men and Animals, And other Curious Subjects relating to Natural History and Philosophy.* Being a Translation from the French Original of Mr. Maillet, Author of the Description of Egypt, London 1750. *Telliamed: Or the World Explained Containing Discourses Between an Indian Philosopher and a Missionary, on the Diminution of the Sea, the Formation of the Earth, the Origin of Men & Animals and other singular subjects, relating to Natural History & Philosophy*, Baltimore 1797. *Telliamed, or conversations between an Indian philosopher and a French missionary on the diminution of the sea*, transl. and ed. Albert V. Carozzi, Urbana, Ill., University of Illinois P., 1968, p. 496[traduction d'un manuscrit daté de 1728].

② G. Gentile, Messina 1925; G. Morra, Bologna, 1954.

1769.(《论创造的无限，附带对圣餐变体可能性的解释。论忏悔和领圣体》)

Traité de l'infini créé suivi de l'Explication de la Présence réelle et de la Transsubstantiation. Traités de la Confession et de la Communion. Attribué à Malebranche. Nouvelle édition d'après l'édition d'Amsterdam de 1769 et deux manuscrits par E. Lafuma-Giraud. A l'occasion du Bicentenaire de Malebranche（1715‒1915），Voiron, A. Crolard, 1915.(《论创造的无限，附带对圣餐变体真实性的解释。论忏悔和领圣体》)

Traité de l'infini créé（éd. Paolo Cristofolini），Pisa，Annali della Scuola Normale Superiore di Pisa，Classe di Lettere e Filosofia，s. III，vol. IV，1，Pisa，1974，pp. 225‒297.(《论创造的无限》)

T VIII. *Traité de la liberté*, dans *Nouvelles libertés de penser*, Amsterdam，1743.(《论自由》，载《新的思想自由》)

Examen de la Religion, attribué à *Mr. de St. Evremond*, *seconde partie*. A Trévoux, Aux dépens de la Société de Jésus, 1745.(《据说是圣·艾夫洛蒙所作的宗教研究，第二部分》)

Traité de la liberté de M. de Fontenelle, Auxerre, 1760. ①(《丰特奈尔先生论自由》)

La Bibliothèque du bon sens portatif, London, 1773, tome II［*La nouvelle liberté de penser*］.(《简装本常识丛书》)

Oeuvres complètes de Mr de Chévrier, 1774, t. III, pp. 180‒209.(《谢夫里埃全集》)

Encyclopédie méthodique. Philosophie ancienne et moderne. Par M.

---

① 勒拉吉·德·利尼亚克(Lelarge de Lignac)，《与现代宿命论者世俗和可笑的信仰对立的内心感觉和经验的见证》(*Témoignage du sens intime et de l'expérience*, *opposé à la foi profane & ridicule des fatalistes modernes*, Auxerre 1770, Tome II, Second Supplément, pp. 433‒523)：
"对丰特奈尔先生的《论自由》的驳斥"。作者用引号抄录了全文，其间有他的驳斥。

Naigeon. Tome II. Paris, Pankoucke, 1792, pp. 474－480.(《系统百科全书》)

Oeuvres complètes de Fontenelle［éd. Depping］, 1818, tome II, pp. 605－616［reprint Genève, Slatkine, 1968］.(《丰特奈尔全集》)

Fontenelle. Textes choisis (éd. M. Roelens), Paris, E. Sociales, 1966, pp. 141－158.(《丰特奈尔选集》)

W. Krauss, *Fontenelle und die Aufklärung*, München, W. Fink, 1969, pp. 283－293.

Traité de la liberté de l'âme (éd. A. Niderst), dans Fontenelle, *Oeuvres complètes*, Paris, Fayard, 1989, tome III, pp. 219－236.(《论灵魂的自由》,载《丰特奈尔全集》)

T X-T XI. *La fausseté des miracles des deux testaments, prouvée par le parallele avec de semblables prodiges opérés dans diverses sectes. Ouvrage traduit du Manuscrit Latin intitulé*：*Theophrastus redivivus*, A London, 1775; s. l.［Amsterdam, M. M. Rey?］, s. d. ①(《〈新旧约全书〉中奇迹的虚伪,与其他各种教派的类似奇迹所做的比较可以证明其虚伪。译自拉丁文手稿〈复活的狄奥弗拉斯特〉》)

T XII. *La Vie et l'Esprit de Mr. Benoit de Spinosa*, MDCCXIX.(《博努阿·德·斯宾诺莎的生平与精神》)

De tribus impostoribus, des trois imposteurs, A Francfort sur le Mein, aux dépens du traducteur,1721. ②(《论三个骗子》)

Traité des trois imposteurs. A Yverdon［Amsterdam］. De l'imprimerie

---

①　在这些版本当中,《论奇迹》(*Traité des miracles*)占据前言和前八章的位置;《论预言》(*Traité des oracles*)是第九和第十章。

②　据马尚(P. Marchand),《历史和批判词典》(*Dictionnaire historique et critique*),"欺骗的艺术"词条。

du Professeur De Felice. M. DCC. LXVIII; s. l., M. DCC. LXXV; A Amsterdam, 1776; s. l., M. DCC. LXXVII; Nouvelle Edition. M. DCC. LXXX;① En Suisse, de l'Imprimerie Philosophique, 1793. (《论三个骗子》)

Traité des trois imposteurs, *Moïse*, *Jésus-Christ*, *Mahomet*. Par le Baron d'Holbach, Herbaly, Aux Editions de l'Idée Libre, 1932. (《论三个骗子,摩西、耶稣基督、穆罕默德》)

Traité des trois imposteurs (éd. P. Rétat), Saint-Etienne, Centre Interuniversitaire d'Editions et de Rééditions, 1973. (《论三个骗子》)

Traité des trois imposteurs. Moïse, Jésus-Christ, Mahomet. Attribué au Baron d'Holbach (éd. Pierre Naville), Montreuil, Les Editions de la Passion, 1991. (《论三个骗子,摩西、耶稣基督、穆罕默德》)

Anonymus, *Traktat über die drei Betrüger. Traité des trois imposteurs* (*L'esprit de Mr. Benoit de Spinosa*), Kritisch herausgegeben, übersetzt, kommentiert und mit einer Einleitung versehen von W. Schröder. Hamburg, F. Meiner, 1992. (《论三个骗子》)

Trattato dei tre impostori. La vita e lo spirito del Signor Benedetto de Spinoza. A cura di Silvia Berti, Torino, Einaudi, 1994. (《论三个骗子》, 《斯宾诺莎的生平和精神》)

The three imposters, translated from the French edition of this work, published at Amsterdam, 1776, published by J. Myles, Dundee, 1844; *The three imposters*, New York, G. Vale, 1846; *De tribus Impostoribus*, *A. D. 1230. The Three Impostors translated* (*with Notes and Comments*) *from a French Manuscript of the Work written in the year 1716, with a Dissertation on the Original Treatise and a Bibliography of the various editions by Alcofribas Nasier, the Later*. Privately Printed for the Subscribers, [Cleve-

---

① 样本在 Praha-N. K. Tres. Bf. 163。

land〕1904.（《三个骗子》，根据阿姆斯特丹1776年出版的法文本翻译成英文）

Spinoza II. oder Subiroth Sopim. Rom. bei der Wittwe Bona Spes. 5770〔Berlin 1787?〕; *Traktat über die drei Betrüger*, Hamburg, F. Meiner, 1992.

Mosè, Gesù e Maometto del barone d'Orbach, Milano, F. Scorza, 1863; *I tre impostori. Mosè-Gesù Christo-Maometto*, Ragusa, La Fiaccola, 1970; *Trattato dei tre impostori*, Milano, Unicopli, 1981; *La vita e lo spirito del Signor Benedetto de Spinoza*, Torino, Einaudi, 1994.

T XV. *La clef du sanctuaire*, Leyde, P. Warnaer, 1678; *Traité des cérémonies superstitieuses des Juifs*, Amsterdam, J. Smith, 1678; *Réflexions curieuses d'un esprit désintéressé*, Cologne, C. Emmanuel, 1678〕. ①（《神庙的钥匙》、《论犹太人的迷信仪式》、《一个无私者的奇怪思考》）

"Traduction de la Préface du *Traité Théologico-Politique* de Spinoza par J. F. Priere"（éd. J. Lagrée）, *Groupe de recherches spinozistes. Travaux et documents* I, Lire et traduire Spinoza, Paris, 1989, pp. 119－123.（《普里埃尔译斯宾诺莎〈神学政治论〉前言》）

V I. *La Vie de Mahomed* par M. le Comte de Boulainvilliers. Auteur de l'Etat de la France et des Mémoires historiques qui l'accompagnent, Londres, P. Humbert, 1730.（《穆罕默德生平》）

Histoire des Arabes avec la Vie de Mahomed, par le comte de Boulainvilliers. Auteur de l'Etat de la France et des Mémoires historiques qui

---

① 实际上是同一版本。

l'accompagnent, Amsterdam [Paris], P. Humbert, 1731. (《阿拉伯历史, 附穆罕默德生平》)

La Vie de Mahomed avec des réflexions sur la religion mahométane, et les coûtumes des Musulmans, par M. le Comte de Boulainvilliers auteur de l'Etat de la France, Amsterdam, F. Changuion et P. Humbert, 1731 [deux éditions]. (《穆罕默德生平,附带对伊斯兰教和伊斯兰习俗的思考》)

La vie de Mahomed, London, 1793. (《穆罕默德生平》)

La vie de Mahomed, London, Gregg, 1970.① (《穆罕默德生平》)

摘要:*Vie de Mahomed*, dans R. Simon, *Un révolté du Grand Siècle. Henri de Boulainviller*, Garches, 1948, Appendice, pp. 191 – 195. (《穆罕默德生平》,载《伟大世纪的反叛者布兰维利耶》)

V II. *La Vie de Spinoza*, *Nouvelles Littéraires contenant ce qui se passe de plus considérable dans la République des lettres*, tome X, Amsterdam, H. du Sauzet, 1719, pp. 40 – 74. (《斯宾诺莎生平》)

La Vie et l'Esprit de Mr. Benoit de Spinosa, MDCCXIX.② (《斯宾诺莎的生活和精神》)

La vie de Spinoza par un de ses Disciples, Hamburg, H. Kunrath, 1735. (《斯宾诺莎的一个弟子叙述的斯宾诺莎生平》)

J. Freudenthal, *Die Lebensgeschichte Spinozas in Quellenschriften, Urkunden und Nichtamtlichen Nachrichten*, Leipzig, 1899, pp. 1 – 25 et 239 – 245.

---

① *The Life of Mahomet. Translated from the French Original written by the Count of Boulainvilliers*··· (tr. J. Gagnier), London 1731 [deux éditions]; London 1752. *Vita di Maometo cavata dagli autori arabi maometani da cui si scuopre la sua impostura*, Venezia 1745. *Das Leben des Mahomeds, mit historischen Anmerkungen über die Mahomedanische Religion und die Gewohnheiten des Muselmänner*, Lemgo 1747, 1769. *Leben des Mahomet*, Halle, 1786.

② 高勒鲁(Colerus)的《斯宾诺莎生平》(*Vie de Spinoza*)发表于《对斯宾诺莎错误的驳斥》(*Réfutation des erreurs de Benoît de Spinosa* [Bruxelles 1731])当中,"里面增加了从哲学家的一个朋友所写斯宾诺莎生平的手稿中援引的很多特别之处"。

The oldest Biography of Spinoza edited with translation，introduction，annotation，etc. by A. Wolf，London，G. Allen & Unwin，1927［reprint New York-London，Port Washington，1970；Bristol，Thoemmes P.，1992］. (《最早的斯宾诺莎传记》，由沃尔夫翻译、作序并注释)

La Vie de Spinoza par un de ses disciples (éd. R. Caillois) Paris，Gallimard［Pléiade］，1954，pp. 1340 - 1356. (《斯宾诺莎的一个弟子叙述的斯宾诺莎生平》)

La vie de Monsieur Benoît de Spinosa (éd. J. Préposiet)，Bibliographie spinoziste，Paris，Les Belles Lettres，1973，pp. 435 - 454. (《斯宾诺莎先生的生平》)

La Vie de Monsieur Benoit de Spinosa，dans *Trattato dei tre impostori*，a cura de S. Berti，Torino，Einaudi，1994. (《斯宾诺莎先生的生平》)

V III. *La religion détruite*，London，s. d.［1766］. (《被摧毁的宗教》)

Le Catéchumène，s. l. n. d.［1768］. (《初学教理者》)

Le Catéchumène，*traduit du chinois*，Amsterdam，1768. (《初学教理者，译自中文》)

Le Voyageur catéchumène，London，1768. (《初学教理的旅行者》)

L'Américain sensé par hasard en Europe，*et fait Chrétien par complaisance*. Rome，Imprimerie de Sa Sainteté［London］，1769. (《偶然到欧洲的有见识的美国人，为了讨好而成了基督徒》)

Nouveaux Mélanges philosophiques，*historiques*，*critiques*，*etc.*，tome XI，s. l.［Genève，Cramer］，1772. (《哲学、历史、批判等的新的文章汇编》)

Bibliothèque du bon sens portatif，A London，1773，tome VI. 《简装本常识丛书》

［*Oeuvres de Voltaire*，édition encadrée］，s. l.［Genève，Cramer et

Bardin〕, 1775, tome XXXIX.（《伏尔泰作品集》）

Collection complète des Oeuvres de M. de Voltaire, tome XXIX, Genève, Cramer, et Paris, Bastien, 1777.（《伏尔泰作品全集》）

Le Secret de l'Eglise trahi, ou le Catéchumène, ouvrage peu connu d'un des plus grands philosophes de nos jours, s. l., an III de la République française.（《被背叛的教会的秘密,或者初学教理者,当今最伟大的哲学家之一不为人知的作品》）

V IV. *Le vrai sens du Système de la Nature*, London, 1774.（《自然体系的真正意义》）

附件四:译本的原始版本

A IX. *Amyntor: or, a defence of Milton's Life. Containing I. A general Apology for all Writings of that kind. II. A Catalogue of Books attributed in the Primitive Times to Jesus Christ, his Apostles and other eminent Persons*, London, 1699; London, 1761.(《阿明托,或为米尔顿生平辩护》)

A XI. C. Blount, *Anima Mundi: Or An Historical Narration of the Opinions of the Ancients Concerning Man's Soul After this Life: According to unenlightened Nature*, Amsterdam, Anno Mundi ... [London? 1678?]; London, W. Cademan, 1679; *The miscellaneous Works of C. B.*, [London], 1695, tome II.(《世界的灵魂,或古人对人死后的灵魂的看法的历史叙述》)

C II. *A Catalogue of Books Mention'd by the Fathers and other ancient Writers, as truly or falsely ascrib'd to Jesus Christ, his Apostles, and other eminent persons*, dans *A Collection of several Pieces of Mr. John Toland*, London, 1726.(《神父和其他古代作者提到的图书目录》)

C IV. *Censura in Symbolum apostolorum*, dans Théophile Raynaud, *Opera omnia*, Lugduni, 1665 – 1669, tome XX, pp. 262 – 264. ①(《对

---

① 肖皮乌斯(G. Scioppius)1633 年便在瓦尔加(A. de Vargas)的 *Relatio ad reges et prin-cipes christianos, de strategematis et sophismatis politicis Societatis Jesu ad monarchiam orbis terrarum sibi conficiendam* 当中发表过一本不完整版本的 *Censura*; (转下页注)

〈使徒信经〉的审查》）

C V. Matthew Tindal, *Christianity as old as the Creation: or, the Gospel a Republication of the Religion of Nature*, London, 1730 [rééd. G. Gawlick, Stuttgart-Bad Cannstadt, Frommann, 1967]; London 1731; London, 1732; Newburgh, D. Denniston, 1798. (单达尔，《与创世同样古老的基督教，或自然宗教福音再版》）

C VIII. [J. Toland], *Christianity not Mysterious: Or, A Treatise Shewing, That there is nothing in the Gospel Contrary to Reason, Nor Above it: And that no Christian Doctrine can be properly call'd A Mistery*, London 1696 [reimp. facs. G. Gawlick, Stuttgart-Bad Cannstatt, Frommann-Holzboog, 1964]. (托朗，《并不神秘的基督教，或在引用的论文中，与理性有违的福音一无是处》）

C XIV. Ph. van Limborch, *De Veritate Religionis Christianae. Amica Collatio cum erudito Judaeo*, Gouda, 1687. (林伯奇，《论基督教的真理》）

C XVI. *The primitive Constitution of the Christian Church, With an Account of the principal Controversies about Church-Government, which at present divide the Christian World*, dans *A Collection of several Pieces of Mr. John Toland*, London, 1726. (《基督教教会的原始组成》）

D VIII. S. Bourn, *Popery a Craft*, London, 1735; [C. Place], *Priestianity, or A View of the disparity between the Apostles and the Modern Clergy*,

---

（接上页注） 文本由茹里耶（P. Jurieu）翻译成《反对教皇主义的正当的偏见》（*Préjugés légitimes contre le Papisme*, Amsterdam, 1685）。

London, 1720.（布恩,《天主教会的诡计》）

D XXII. A. Collins, *A Discourse on the Grounds and Reasons of the Christian Religion*, London, 1724; London, 1737; London, 1741.（科林斯,《论基督教的背景和根据》）

D XXIII. *A Discourse on the Miracles of our Saviour*, *in view of the present controversy between Infidels and Apostates*. Nostrum est, tantas componere lites. The sixth edition. By Th. Woolston, London, 1729.（《论救世主的神迹,异教徒和叛教者之间存在争议的观点》）

D XXV. *Christianity set in a true light*. By a Pagan Philosopher newly converted［A. Radicati］, London, 1730.（《置于真理之光下的基督教,作者是一个新近皈依的异教哲学家》）

Discourses concerning Religion and Government, *inscribed to all Lovers of Truth and Liberty*, London, J. Martin, 1734; *Twelve discourses concerning Religion and Government*, *inscribed to all Lovers of Truth and Liberty*, by Albert Count of Passeran. Writtent by royal Command. The second edition. London, 1734. ①（《所有热爱真理和自由的人心中的宗教和政府》,《关于宗教和政府的十二篇论述》）

D XXVII. *A dissertation*: or, *Inquiry concerning the canonical authority of the Gospel according to Matthew*; *the reasons upon which it hath been antiently rejected by heretics*: *occasioned by a late pamphlet*, *intitled*, *A third pastoral letter... to the people of the two great cities of London and Westmin-*

---

①　文图瑞(F. Venturi)指出,萨维奥(T. Savio)1976 年到 1977 年在都灵写过一篇博士论文,主题是关于拉迪卡梯(Radicati)的论文的版本［*Dal Muratori al Cesarotti. Tomo V. Politici ed economisti del primo Settecento*, Milano-Napoli, Ricciardi, 1978, p. 25, note］。

ster, London, T. Cox, 1732; London, T. Warner, 1732. (《关于〈马太福音〉教规权威性的调查，其在古代被持异见者否弃的理由》)

D XXVIII. *A Philosophical Dissertation upon Death. Composed for the consolation of the unhappy*, London, W. Mears, 1732. (《关于死亡的哲学讨论》)

D XXXVII. Th. Burnet, *Telluris Theoria Sacra, originem et mutationes generales orbis nostri, quas aut jam subiit, aut olim subiturus est, complectens. Accedunt Archeologiae Philosophicae, sive Doctrina antiqua de Rerum originibus*, Amstelaedami, apud J. Wolters, 1694. ①(布尔内，《关于地球的神圣理论》)

E VI. D. Hume, *Philosophical Essays concerning Human Understanding*, London, 1748 [first Enquiry, *Of Miracles*]; London, 1750. (休谟，《人类理解论》)

E VIII. B. d. S. *Opera posthuma, quorum series post praefationem exhibetur*, s. l. [Amsterdam, J. Rieuwertsz], 1677. (斯宾诺莎，《遗著》)

E XVIII. Th. Burnet, *Telluris Theoria Sacra*, Londini, impensis G. Kettilby, 1681. ②(布尔内，《关于地球的神圣理论》)

G I. *The oracles of reason...*, by Charl. Blount esq., Mr. Gildon and others, London, 1693; *The miscellaneous Works of C. Blount*, [London],

---

① 该作品 1692 年第一次在伦敦出版。
② 只有前面两本书是这个时候问世的；后面两本于 1689 年在伦敦出版。

1695, tome I.(《理性的预言》)

I II. W. Lyons, *The Infallibility of Human Judgement*, *its Dignity and Excellency. Being an new Art of Reasonning and Discovering Truth*, *by reducing all disputable Cases to general and self-evident Propositions*, London, 1713; London, 1721; London, 1723; London, 1724.(里康,《人的判断之可靠无疑,其尊严,其优秀》,《作为思想和发现真理的一种新的艺术,将所有可争议的情况化简为一般的不言而喻的命题》)

I III. *The innocency of error*, *asserted and vindicated. In a letter to…*, *by Eugenius Philalethes* [A. A. Sykes], London, J. Wyat, 1715; London, J. Knapton, 1729.(《经过承认和澄清的错误是无害的,欧也妮·菲拉乐特写给某人的一封信》)

L III. [Hildrop, J.], *A letter to a member of Parliament*, *containing a proposal for bringing in a bill to revise*, *amend or repeal certain obsolete statutes commonly called the ten commendments*. London, R. Minors, 1738; the fith edition, London, 1729.(《写给议会议员的一封信,包括修订法案的建议,以修正或废除被称为十戒的某些过时的法规》)

L VI. *A Letter From An Arabian Physician To a Famous Professor In The University of Hall in Saxony*, *Concerning Mahomet's taking up Arms*, *his marrying of many Wives*, *his keeping of Concubines*, *and his Paradise*, London, 1713.(《一位阿拉伯医生写给萨克森州一位著名教授的信,内容关于穆罕默德使用武器,一夫多妻以及他的天堂》)

L VII. *Letter of Mylord Bolingbroke to Pope*, London, 1753; *Works*,

London, 1809, vol. Ⅴ, pp. 71‑116.①(《博林布鲁克大人写给教皇
的信》)

L Ⅸ. *The difficulties and discouragements which attend the study of
the Scriptures in the way of private judgement, represented in a letter to a
young clergyman: in order to show, that, since such a study of the Scrip-
tures is men's indispensible duty, it concerns all Christian societies to remove
(as much as possible) those discouragements.* By F. Hare, 1714. The sixt
edition, Boston, 1749.(《以个人判断研究〈圣经〉的困难和沮丧》)

L Ⅻ. *Letters to Serena…,* By Mr. Toland, London, 1704 [réed. G.
Gawlick, Stuttgart-Bad Cannstadt, Frommann, 1964]. (《致塞雷纳
的信》)

M Ⅰ. *The materiality or mortality of the soul of man, and its sameness
with the body, asserted and prov'd from the Holy Scriptures of the Old and
New Testament. Shewing, that, upon the death of the body, all sensation
and consciousness utterly cease, till the resurrection of the dead.* London, J.
Noon, 1729. (《根据〈圣经〉〈旧约〉和〈新约〉的说法和证明的人的灵
魂的物质性及其死亡,以及其与身体的一致性。据此,身体死亡之后,
一切感觉和意识均会停止,一直到死者复活》)

N Ⅰ. J. Toland, *Nazarenus: Or, Jewish, Gentile, and Mahometan
Christianity,* London, 1718 [deux éditions différentes]; *The Theological
and Philological Works Of the Late Mr. John Toland,* London, 1732. (托
朗,《拿撒勒:犹太人、外邦人以及伊斯兰教和基督教》,《已故的托朗关

---

① 据瓦德(I. O. Wade)的作品第 16 页和第 20 页。

于神学和语文学研究》)

N II. *Recueil de pièces curieuses sur les matières les plus intéressantes.* Par Albert Radicati comte de Passeran, Rotterdam ［La Haye］, 1736. (拉迪卡梯,《最值得关注的主题奇文文集》)

P II. ［A. Radicati］, *A Parallel between Muhamed and Sosem*, London, 23 of the Moon Moharran, in the Year of Hegira 1108 and of Christ 1731. (拉迪卡梯,《穆罕默德和索西姆之比较》)

P IV. *Free Thoughts on Religion, The Church and national Happiness.* By B. Mandeville, London, 1720; London, 1723; London, 1729 ［second edition, revised and enlarged with many additions by the author］. ①(《关于宗教、教会和国家幸福的自由思想》)

Q II. *The previous question, with regard to religion; humbly offer'd, as necessary to be consider'd, in order to the settling and determining all other questions on this subject.* By Th. Chubb, London, J. Darby, 1725; London, 1728. (《关于对宗教的看法而虚心提出的一个问题;为了解决或决定所有的问题必须解决这一问题》)

R I. *Curiositates philosophicae sive de principiis rerum naturalium dissertatio selecta*, Londini, 1713.

R XII. *De veritate, De causis errorum, De religione laici, Parerga,*

---

① *Freye Gedanken über die Religion, die Kirche, und den Wohlstand des Volkes.* By B. de Mandeville. Aus dem Englischen, 1765.

Paris, 1624; Londres, 1633; Londres, 1645 [fac-similé de la 3e édition, avec une introduction et des notes par G. Gawlick: Stuttgart, Frommann, 1966]. (《论真理》,《论错误的原因》,《世俗的宗教》,《补充》)

S IV. "The religion of Christ differs not from the religion of nature", third of the *Discourses concerning Religion and Government*, by A. Radicati. London, J. Martin, 1734; The second edition. London, 1734. (《基督教并非与自然宗教不同,关于宗教和政府的第三篇讲话》,作者:拉迪卡梯)

S VI. Th. Gordon, *The Creed of an Independent Whig: with an orthodox introduction, concerning Canons, Councils, Mysteries, Miracles, and Church-authority*, London, 1720. (《独立的辉格党纲领:附带关于教规、议会、神秘、奇迹的正统介绍》)

S VIII. *The Scheme of literal prophecy considered in a view of the Controversy occasion'd by a late book, intitled: A Discourse of the grounds and reasons of the christian religion*, The Booksellers of London and Westminster, 1726; London, 1727. (《从有争议的角度来解读预言的文字:从一本题为〈基督教的背景和理由〉的书说起》)

T XIII. B. d. S. *Opera posthuma, quorum series post praefationem exhibetur*, s. l. [Amsterdam, J. Rieuwertsz], 1677 (《遗著》)

T XV. *Tractatus theologo-politicus*, Hamburg, H. Kühnrath [Amsterdam, J. Rieuwertsz], 1670. (《神学政治论》)

地下哲学文稿的研究成果[①]

Akagi，S.，"Note sur un recueil de manuscrits clandestins du XVIIIe siècle：*Le Préjugé démasqué*"，*Etudes de Langue et Littérature Françaises* LIV（1989），99－107.（《18 世纪一本地下手稿文集〈揭去了面具的偏见〉中的注释》，载《法国语言和文学研究》）

－*Les idées antireligieuses en France de 1600 à 1750. Les libertins au XVIIe siècle et les manuscrits clandestins à la fin du XVIIe siècle et dans la première moitié du XVIIIe siècle*（en japonais，résumé et table de matières en français pp. 3－14，），Tokyo，Iwanami Shoten，1993.（《法国从 1600 年到 1750 年反宗教的观念。17 世纪的自由思想者和 17 世纪末和 18 世纪上半叶的地下书刊》（日文，第 3—14 页为摘要及法文目录））

Akerman，S.，*Queen Christina of Sweden and her circle. The transformation of a seventeenth-century philosophical libertine*，Leiden-New York-København-Köln，E. J. Brill，1991.（《瑞典女王克莉丝汀及其身边的人，17 世纪哲学自由派的转变》）

Allen，C. A.，*Doubt's Boundless Sea. Skepticism and Faith in the Renaissance*，Baltimore，J. Hopkins P.，1964（Appendix：*De tribus impostoribus*，pp. 224－243).（《怀疑的海洋，文艺复兴时期的怀疑与信念》）

---

① 本参考书目不考虑当时发表的一些研究，因为这些研究也是作为研究对象来看待的。总的来说，本参考书目优先考虑与地下论文手稿的编写和传播有关的文章。

Andreoni, C. "Il comunismo ateo de Jean Meslier", *Rivista critica di storia della filosofia* XXXII（1977）, pp. 363 – 400.

Armogathe, J. -R., "La terminologie sociale dans les oeuvres de Jean Meslier", *Wissenschaftliche Beiträge der Martin-Lüther-Universität* VII（1975）, pp. 53 – 58.（《让·梅叶作品中的社会词汇》）

– "Duclos auteur d'un extrait du *Mémoire de Jean Meslier*", *Revue d'Histoire Littéraire de la France* LXXVI（1976）, pp. 75 – 78.（《〈让·梅叶回忆录〉摘要的作者杜克洛》,载《法国文学历史杂志》）

– "La religion de Meslier", dans J. -L Marion et J. Deprun, *La passion de la raison*, Hommage à F. Alquié, Paris, 1983, pp. 275 – 285.（"梅叶的宗教",载《理性的激情》）

Artigas-Menant, G., "Un manuscrit inconnu de *Telliamed*", *Dix-huitième Siècle* XV（1983）, pp. 295 – 310.（《〈特里梅德〉一份未知的手稿》,载《18 世纪》）

– "Une continuation des *Entretiens*: Benoît de Maillet, disciple de Fontenelle", *Corpus* XIII（1990）, pp. 113 – 123.（《〈谈话〉的继续:博努阿·马耶,丰特奈尔的信徒》,载《资料集》）

– "Naissance des Lumières", dans R. Mauzi éd., *Précis de littérature française du XVIIIe siècle*, Paris, P. U. F., 1990, pp. 23 – 42.（《启蒙的诞生》,载《法国 18 世纪文学明细》）

– "Quatre témoignages inédits sur le*Testament* de Meslier", *Dix-huitième siècle* XXIV（1992）, pp. 83 – 94.（《对梅叶〈遗嘱〉的四个未发表过的见证》,载《18 世纪》）

– "La prière dans les *Difficultés sur la religion*", dans *Autour d'un roman*: *'Les Illustres Françaises' de Robert Challe*, Paris, Champion, 1992, pp. 41 – 55〔repris dans F. Déloffre（éd.）, *Autour de Robert Challe*.

Actes du colloque de Chartres（20 - 22 juin 1991），Paris，Champion，1993，pp. 257 - 270］.（《〈宗教的困难〉中的祈祷》，载《围绕一本小说：罗贝尔·夏尔的"法国名人"发生的事》）

－"Questions sur la 'Notice des écrits les plus célèbres，tant imprimés que manuscrits，qui favorisent l'incrédulité，et dont la lecture est dangereuse aux esprits foibles'"，*La Lettre clandestine* II（1993），pp. 35 - 50.（《关于"使人不轻信，信教的人读了会有危险的最有名的印刷或者手抄文章说明"的问题》，载《地下书简》）

－"Autour de Boulainvilliers，une nouvelle collection clandestine"，dans G. Canziani éd.，*Filosofia e religione nella letteratura clandestina（secoli XVII e XVIII）*，Milano，F. Angeli，1994，pp. 387 - 410.（《有关布兰维利耶的作品，新的地下文集》，载《地下书刊中的哲学与宗教》）

Assoun，P. L.，"Spinoza，les libertins français et la politique（1665 - 1725）"，*Cahiers Spinoza* III（1979 - 1980），pp. 171 - 207.（《斯宾诺莎，法国的自由思想者和政治（1665—1725）》，载《斯宾诺莎杂志》）

Auber，R.，"La répression de l'hérésie autour de Meslier"，dans R. Desné éd.，*Le Curé Meslier et la vie intellectuelle，religieuse et sociale à la fin du17e et au début du 18e siècles*，Reims，Bibliothèque de l'Université，1980，pp. 79 - 94.（《围绕梅叶的异端迫害》，载《梅叶本堂神甫以及17世纪末和18世纪初的知识、宗教和社会生活》）

Baczko，B.，"L'utopie et la prophétie chez Meslier"，dans *Le curé Meslier，op. cit.*，pp. 177 - 179.（《梅叶的乌托邦和预言》，载《梅叶本堂神甫》）

Barth，H. M.，*Atheismus und orthodoxie. Analysen und modelle christlicher Apologetik im* 17. *Jahrhundert*, Göttingen, 1971.

Benítez, M., "Benoît de Maillet et la littérature clandestine. Etude de sa correspondance avec l'abbé Le Mascrier", *Studies on Voltaire and the Eighteenth Century* CLXXXIII (1980), pp. 133－159.(《博努阿·德·马耶和地下书刊。马耶与马斯克里耶神甫的通信研究》)

－"Lumières et élitisme dans les manuscrits clandestins", *Dix-huitième Siècle* XIV (1982), pp. 289－303.(《启蒙和地下手稿中的精英主义》,载《18世纪》)

－"Liste et localisation des traités clandestins", dans O. Bloch éd., *Le matérialisme du XVIIIe siècle et la littérature clandestine*, Paris, Vrin, 1982, pp. 17－25.(《地下论文目录及处所》,载《18世纪的唯物主义和地下书刊,巴黎》)

－"La tentation du gouffre: la pluralité des mondes dans la littérature clandestine", *ibid.*, pp. 115－124.(《深渊的诱惑:地下书刊中世界的多元性》,出处同上)

－"Orobio de Castro et la littérature clandestine", *ibid.*, pp. 219－226.(《奥罗比奥·德·卡斯特罗和地下书刊》,出处同上)

－"Anatomie de la matière: matière et mouvement dans le naturalisme clandestin du XVIIIe siècle en France", *Studies on Voltaire* CCV (1982), 7－30.(《物质解剖:法国18世纪地下自然主义中的物质与运动》,载《伏尔泰研究》)

－"Naturalisme et atomisme. Le refus des atomes et du vide dans la littérature clandestine", *Studies on Voltaire* CCXV (1982), pp. 121－138.(《自然主义与解剖,地下书刊中对原子和真空的拒绝》)

－"La duda como método. Escepticismo y materialismo en la literatura clandestina", *El Basilisco* XV (1983), pp. 44－61.(《作为方法的怀疑,地下书刊中唯物主义的怀疑论》)

—"Entre le mythe et la science: Benoît de Maillet et l'origine des êtres dans la mer", *Actes du sixième Congrès International des Lumières*, Oxford, The Voltaire Foundation, 1983, pp. 307–309.(《神话与科学之间:马耶与海洋生物的起源》,载《第六届国际启蒙研讨会论文集》)

—"Benoît de Maillet et l'origine de la vie dans la mer: conjecture amusante ou hypothèse scientifique?", *Revue de Synthèse* CXIII-CXIV (1984), pp. 37–54.(《马耶与海洋生命的起源:是可笑的猜测还是科学的假设》,载《综合杂志》)

—"Philosophes et Libertins: le cas Durey de Morsan", dans F. Moureau éd., *Eros Philosophe*, Paris, Champion, 1984, pp. 21–38.(《哲学家和自由思想家:杜莱·德·默桑》,载《哲学爱罗斯》)

—"L'ailleurs dans la littérature clandestine: la Chine comme argument", *Revue de l'Université d'Ottawa* LVI (1986), pp. 41–55.(《地下书刊中的别处:作为理由的中国》,载《渥太华大学校刊》)

—"Trois lettres inédites de Joseph-Nicolas Delisle au comte de Plelo", *Dix-huitième Siècle* XVIII (1986), pp. 191–200.(《约瑟夫-尼古拉·德利尔写给普雷洛伯爵的三封未发表过的信》,载《18 世纪》)

—"Ancien et moderne dans la cosmologie du *Theophrastus redivivus*", dans *D'un Siècle à l'autre: Anciens et Modernes*, Marseille, 1987, pp. 31–42.(《〈复活的狄奥弗拉斯特〉宇宙论中的古与今》,载《从一个世纪到另一个世纪:古与今》)

—"Autour du *Traité des trois imposteurs*: l'affaire Guillaume", *Studi Francesi* IXC (1987), pp. 19–34.(《〈论三个骗子〉二三事:吉约姆事件》)

—"Sociétés secrètes philosophiques à l'aube des Lumières. Panthéistes et naturalistes", *Lendemains* XLVI (1987), pp. 11–17.(《启蒙前夕的哲学秘密团体。泛神论者和自然论者》,载《第二天》)

—"Diderot clandestino. Escepticismo y materialismo en *La Promenade* du sceptique", dans *Ideas y movimientos clandestinos de la Ilustración al Romanticismo*, *Cádiz*, *Universidad de Cádiz*, 1988, pp. 31–45. (《狄德罗的地下作品,〈怀疑论者的散步〉中的唯物主义怀疑论》)

–"Matériaux pour un Inventaire des manuscrits philosophiques clandestins des XVIIe et XVIIIe siècles", *Rivista di Storia della Filosofia* XLIII (1988), pp. 501–531. (《统计 17 世纪和 18 世纪地下哲学手稿的材料》,载《哲学历史杂志》)

–"De la barbarie à la civilisation: Histoire et Nature dans le *Telliamed*", dans *La Période révolutionnaire aux Antilles*, Schoelcher, Grelca Université d'Antilles-Guyane, 1989, pp. 65–75. (《从野蛮到文明:〈特里梅德〉中的历史与自然》,载《安地列斯群岛的革命时期》)

–"Le monde de Jean Meslier, entre le naturalisme et le mécanisme", *Actes du VIIe Congrès international des Lumières* (Budapest 26 juillet-2 août 1987), Oxford, The Voltaire Foundation, 1989, I, 554–557. (《梅叶的世界,自然主义和机械主义之间》,载《第七届启蒙国际会议论文集》)

–"Du bon usage du *Tractatus Theologico-Politicus*: *La Religion du Chrétien*", dans O. Bloch éd., *Spinoza au XVIIIe siècle*, Paris, Méridiens Klincksieck, 1990, pp. 75–83. (《如何好好利用〈神学政治论〉:〈基督徒的宗教〉》,载《18 世纪的斯宾诺莎》)

–"Fixisme et évolutionnisme au temps des Lumières: le *Telliamed* de Benoît de Maillet", *Rivista di Storia della Filosofia* XLV (1990), pp. 247–268. (《启蒙时代的物种不变论和物种进化论:马耶的〈特里梅德〉》,载《哲学历史杂志》)

–" Liber edendus de religione abolenda: *Réflexions morales et métaphysiques sur la religion et sur les connoissances de l'homme*", Lias XVII (1990), pp. 163–184.

–"Un spinozisme suspect: à propos du Dieu de Boulainvilliers", *Dix-huitième Siècle* XXIV (1992), pp. 17–28. (《值得怀疑的斯宾诺莎主

义:关于布兰维利耶的上帝》,载《18 世纪》)

　　—"La première édition du *Telliamed*", *Actes du VIIIe Congrès International des Lumières*（Bristol 21－27 juillet 1991）, Oxford, The Voltaire Foundation, 1992, pp. 1750－1753.(《〈特里梅德〉的第一个版本》,载《第八届启蒙国际会议论文集》)

　　—"La diffusion du *Traité des trois imposteurs* au XVIIIe siècle", *Revue d'Histoire Moderne et Contemporaine* XL（1993）, pp. 138－152.(《18 世纪〈论三个骗子〉的传播》,载《当代和现代历史杂志》)

　　—"Il ruolo della materia nei trattati panteisti clandestini del XVIII secolo", dans A. di Meo et S. Tagliagambe（éd.）, *Teorie e filosofie della materia nel Settecento*, Roma, Editori Riuniti, 1993, pp. 97－117.

　　—"Eléments d'une sociologie de la littérature clandestine: lecteurs et éditeurs de *Telliamed*", dans F. Moureau éd., *De bonne main. La communication manuscrite au XVIIIe siècle*, Paris-Oxford, Universitas-Voltaire Foundation, 1993, pp. 71－96.(《地下书刊的社会学元素:〈特里梅德〉的读者和出版者》,载《可靠来源,18 世纪手稿交流》)

　　—"La coterie hollandaise et la *Réponse à M. de la Monnoye sur le traité de tribus Impostoribus*", *Lias* XXI（1994）, pp. 71－94.(《荷兰的小帮派以及〈就三个骗子致拉莫努瓦耶的回复〉》)

　　—"La composition de la *Lettre de Thrasybule à Leucippe*: une conjecture raisonnable", dans C. Grell et C. Volpilhac-Auger éd., *Nicolas Fréret: legende et vérité*, Oxford-Paris, The Voltaire Foundation-Universitas, 1994, pp. 177－192.(《〈特拉西布尔致乐西普的信〉的组成:一种合理的猜测》,载《尼古拉·弗雷莱:传说与直理》)

　　—"Voltaire materialista: la *Lettre sur Mr Locke*", dans *Voltaire hoy: Un reto para el pensamiento*, A Coruña, 1995, pp. 25－37.(《唯物主义者伏尔泰:致洛克的信》)

　　—"Un traité fragmentaire sur la religion: le curé Guillaume ou l'abbé

Houtteville?", *Rivista di storia della filosofia* 50, 1995, pp. 579 - 602.
(《一篇关于宗教的不完全的论文:作者是吉约姆本堂神甫还是霍特维尔神甫?》,载《哲学历史杂志》)

Berkvens-Stevelinck, Ch., "Les Chevaliers de la Jubilation: Maçonnerie ou libertinage? A propos de quelques publications de Margaret C. Jacob", *Quaerendo* XIII (1983), pp. 50 -73, 125 -148. (《欢乐的骑士:共济会还是自由思想? 关于马加莱·雅哥布发表的几部作品》)

- *Prosper Marchand. Sa vie et son oeuvre*, Leiden, E. J. Brill, 1987. (《普罗斯贝·马尚的生平及作品》)

- *Catalogue des manuscrits de la collection Prosper Marchand*, Leiden, E. J. Brill, 1988. (《普罗斯贝·马尚收藏的手稿目录》)

Berriot, F., *Athéismes et athéistes au XVIe siècle en France*, Lille, Atelier National de Reproduction des Thèses, s. d. [1984] (chap. III: "Les trois imposteurs", pp. 303 - 590). (《法国 16 世纪的无神论和无神论者》)

Bertelli, S. -Innocenti, P., *Bibliografia Machiavelliana*, Verona, Valdonga, 1979. (《马基雅维里参考书目》)

Berti, S., "Radicati in Olanda. Nuovi documenti sulla sua conversione e su alcuni suoi manoscritti inediti", *Rivista Storica Italiana* XCVI (1984), pp. 510 - 522.

-"*La vie et l'Esprit de Spinoza* (1719) e la prima traduzione francese dell'Ethica", *Rivista storica italiana* IIC (1986), pp. 5 -46. [Traduction en anglais, "substantially revised and partially abbreviated": "The First Edition of the *Traité des trois imposteurs*, and its Debt to Spinoza's *Ethics*", dans M. Hunter and D. Wootton éd., *Atheism from the Reformation to the Enlightenment*, Oxford, Clarendon P., 1992, pp. 183 – 220]. (《斯宾诺莎的生平与精神》)

–"César Chesneau Du Marsais entre gallicanisme et 'philosophie': *l'Exposition de la doctrine de l'Eglise gallicane, par rapport aux prétentions de la Cour de Rome* (1757)", *Studies on Voltaire and the Eighteenth-Century* CCXLI (1986), pp. 237 – 251. (《处在法国天主教教会自主论和"哲学"之间的恺撒·谢斯诺·迪·马塞:〈法国天主教教会学说阐述,与罗马教廷要求相比较(1757)〉》,载《伏尔泰和启蒙世纪研究》)

–"Jan Vroesen, autore del *Traité des trois imposteurs*?", *Rivista Storica Italiana* CIII (1991), pp. 528 – 543. (《〈三个骗子〉的作者是让·夫洛森?》)

–"Scepticism and the *Traité des trois imposteurs*", dans R. H. Popkin and A. Vanderjagt éd., *Scepticism and Irreligion in the Seventeenth and Eigteeenth Centuries*, Leiden-New York-Köln, E. J. Brill, 1993, pp. 216 – 229. (《怀疑论与〈论三个骗子〉》,载《17 世纪和 18 世纪的怀疑论与宗教》)

Besthorn, R., "Dumarsais-Forschung?", *Beiträge zur romanischen Philologie* II (1962), pp. 5 – 26.

–"Die *Histoire critique de Jésus-Christ*. Ein Werk Holbachs", *Beiträge zur romanischen Philologie* V (1966), pp. 5 – 27. (《耶稣基督的批判历史》)

– *Textkritische Studien zum Werk Holbachs*, Berlin, Rütten & Loening, 1969 [pp 67 – 69, *Sentiments des philosophes sur la nature de l'âme*; pp. 76 – 91, *Le christianisme dévoilé*; pp. 92 – 105, *Lettre de Thrasybule à Leucippe*; pp. 105 – 117, *Lettres à Eugenie*].

Betts, C. J., *Early Deism in France. From the so-called 'déistes' of Lyon* (1654) *to Voltaire's "Lettres Philosophiques"* (1734), The Hague-Boston-Lancaster, M. Nijhoff, 1984. (《法国早期的自然神论,从所谓的里康的〈自然神论者〉到伏尔泰的〈哲学书信〉》)

Bianchi, L., "Sapiente e popolo nel *Theophrastus redivivus*", *Studi Storici* XXIV (1983), pp. 137 – 164.

—"La diffusion des idées libertines et matérialistes dans la littérature française du dix-huitième siècle: le cas du *Jordanus Brunus Redivivus*", *Actes du VIIe Congrès international des Lumières*, op. cit., 514 – 518. (《法国 18 世纪文学当中的自由思想和唯物主义思想的传播:〈复活的乔尔达诺·布鲁诺〉研究》,载《第七届启蒙国际会议论文集》)

— *Tradizione libertina e critica storica. De Naudé à Bayle*, Milano, F. Angeli, 1988.

—"'Nullo modo autem mors timenda est': paura e ragione secondo il *Theophrastus redivivus*", dans L. Guioli, M. R. Pelizzani et L. Valenzi, *Storia e paure*, Milano, F. Angeli, 1992, pp. 43 – 54.

—"Impostura religiosa e critica storica: *La Fausseté des miracles des deux testaments*", dans *Filosofia e religione nella letteratura clandestina*, op. cit., pp. 237 – 266.

Birn, R., "La contrebande et la saisie de livres à l'aube du siècle des Lumières", *Revue d'Histoire Moderne et Contemporaine* XXVIII (1981), pp. 158 – 173. (《启蒙前夜图书的走私与扣押》,载《现代和当代历史杂志》)

O. -R. Bloch, "Matérialisme et clandestinité: tradition, écriture, lecture", dans *Ideas y movimientos clandestinos*, op. cit., pp. 13 – 26. (《唯

物主义和地下书刊:传统,书写,阅读》,载《地下思想和运动》)

　　-"Quelques aspects de la tradition libertine dans la seconde moitié du dix-septième siècle", *Romanistische Zeitschrift für Literaturgeschichte* XIII (1989), 61–73.(《17 世纪后半叶自由思想传统的几个方面》)

　　-"A propos du matérialisme d'Ancien Régime", *Annalen der internationalen Gessellschaft für dialektische Philosophie* VI (1989), pp. 138–144.(《关于旧体制之下的唯物主义》)

　　-"Le médecin Gaultier, *Parité de la vie et de la mort*, et Spinoza", dans *Spinoza au XVIIIe siècle*, op. cit., pp. 105–120. (《高梯埃医生,〈生与死的平等〉和斯宾诺莎》,载《18 世纪的斯宾诺莎》)

　　-"L'héritage libertin dans le matérialisme des Lumières", *Dixhuitième Siècle* XXIV (1992), pp. 73–82.(《启蒙唯物主义中的自由思想遗产》,载《18 世纪》)

　　-"La contestation libertine des normes et valeurs traditionnelles du *Theophrastus redivivus* au médecin Gaultier", dans R. Duchêne et P. Ronzeaud éd., *Ordre et contestation au temps des classiques*, Paris-Seattle-Tübingen, Biblio 17, 1992, pp. 307–320.(《〈复活的狄奥弗拉斯特〉中对传统标准和价值的自由思想异议》,载《古典时代的秩序和异议》)

　　-"*Parité de la vie et de la mort*", dans *Filosofia e religione nella letteratura clandestina*, op. cit., pp. 175–208.(《生与死的平等》,载《地下书刊中的哲学与宗教》)

　　Bonnerot, O., "L'Imposture' de l'Islam et l'esprit des Lumières", *Etudes sur le XVIIIe siècle*, Strasbourg, 1980, pp. 101–114.(《伊斯兰的"欺骗"和启蒙精神》,载《18 世纪研究》)

　　Booy, J., *Histoire d'un manuscrit de Diderot: la Promenade du Sceptique*, Frankfurt, 1964.(《狄德罗一份手稿的历史:怀疑论者的散步》)

Bredel, M., *Meslier l'enragé, prêtre athée et révolutionnaire sous Louis XIV*, Paris, Balland, 1983. (《狂热的梅叶,无神论者的教士和路易十四时期的革命者》)

Bredvold, L. I., "Milton and Bodin's *Heptaplomeres*", *Studies in Philology* XXI (1924), pp. 399 – 402. (《米尔顿和博丹的〈七人会议〉》,载《19 世纪语文学研究》)

Brien, M. M., "The censorship of Lenglet Du Fresnoy's Méthode pour étudier l'histoire", *Papers of the Michigan Academy* XIX (1933), pp. 427 – 439. (《朗格莱迪·弗莱斯努瓦的〈历史研究方法〉的审查》)

Briggs, E. R., "L'incrédulité et la pensée anglaise en France au début du XVIIIe siècle", *Revue d'Histoire Littéraire de la France* XLI (1934), pp. 497 – 538. (《不轻信与 18 世纪初法国的英国思想》,载《法国文学历史杂志》)
–"Pierre Cuppé's debt to England and Holland", *Studies on Voltaire* VI (1958), pp. 37 – 66. (《皮埃尔·库佩思想的英国和荷兰渊源》,载《伏尔泰研究》)
–"Mysticism and rationalism in the debate upon eternal punishment", *Studies on Voltaire* XXIV (1963), pp. 241 – 254. (《对永恒的惩罚的争议中的神秘主义和理性主义》,载《伏尔泰研究》)

Brogi, S., *Il cerchio dell'Universo. Libertinismo, spinozismo e filosofia della natura in Boulainvilliers*, Firenze, Olschki, 1993.

Brummer, R., *Studien zur französischen Aufklärungsliteratur im Anschluss an Jacques-André Naigeon*, Breslau, 1932.

−"Fréret und die Lettre de Thrasybule à Leucippe", *Wissenschaftliche Zeitschrift der Universität Rostock* VI (1956 – 1957), pp. 11 – 26. (《弗雷莱和他的〈特拉西布尔致乐西普的信〉》)

Brunetti, F., "Il gioco della verità e del dominio: confronto tra il *Traité des trois imposteurs* e l'*Essai sur les préjugés*", *Studi di cultura francese ed europea in honore di L. Maranini*, s. l. (mais Fasano), Schena, 1983, pp. 283 – 297.

Busson, H., *Les sources et le développement du rationalisme*, Paris 1922; édition revue, *Le rationalisme dans la littérature française de la Renaissance (1533 – 1601)*, Paris, Vrin, 1957, 1971 [pp. 343 – 351, *De tribus impostoribus*; pp. 523 – 534, *Le Fléau de la foi*]. (《理性主义的源泉及发展》,载《法国启蒙文学中的理性主义》)
　−*La pensée religieuse de Charron à Pascal*, Paris, 1933 [pp. 105 – 109, *Traité des trois imposteurs*]. (《从夏隆到帕斯卡的宗教思想》)
　−*La Religion des Classiques*, Paris, P. U. F., 1948. (《古典思想家的宗教》)

Canziani, G., "La critica della civiltà nel *Theophrastus redivivus*, II. Ordine naturale e legalità civile", dans T. Gregory, G. Canziani et alii éd., *Ricerche su letteratura libertina e letteratura clandestina nel Seicento*, Atti del Convegno di Studi di Genova, 1980, Firenze, La Nuova Italia, 1982, pp. 83 – 118. (《17 世纪情色文学、情色书刊和地下书刊研究》)
　−"Une encyclopédie naturaliste de la Renaissance devant la critique libertine du XVIIe siècle: le *Theophrastus redivivus* lecteur de Cardan", *XVIIe Siècle* XXXVII (1985), pp. 379 – 406. (《复兴的自然主义百科全书面对 17 世纪自由思想的批判:加尔丹的读者〈复活的狄奥弗拉斯

特〉》）

-"L'esperienza editoriale del *Theophrastus redivivus*. Problemi relativi alla costituzione del testo e alla trama delle fonti", dans A. Postigliola éd., *Publicare il Settecento. Edizioni e ricerche in corso*, Materiali della Società italiana di studi sul secolo XVIII, Roma, 1991, pp. 9 - 11.

-"Critica della religione e fonti moderne nel *Cymbalum mundi o Symbolum sapientiae*. Primi note di lettura", dans *Filosofia e religione nella letteratura clandestina*, *op. cit.*, pp. 35 - 81.

Carabelli, G., *Tolandiana. Materiali bibliografici per lo studio dell'opera e della fortuna di John Toland* (*1670 - 1722*), Firenze, La Nuova Italia, 1975.

- *Tolandiana. Errata, addenda e indici*, Ferrara, 1978.

Carayol, E., *Thémiseul de Saint-Hyacinthe 1684 - 1746*, Oxford, The Voltaire Foundation, 1984 [pp. 143 - 146, L'*Examen de la religion*]. (《戴米色·德·圣-雅森特》)

Carozzi, A. V., "De Maillet's *Telliamed* (1748): An Editorial Venture of the Eightenth Century", *Stechert-Hafner Book News* XXII (1968), pp. 97 - 100. (《马耶的〈特里梅德〉,18 世纪出版业的冒险之举》)

-"De Maillet's *Telliamed* (1748): An Ultra-Neptunian Theory of the Earth", dans Cecil J. Schneer éd., *Toward a History of Geology*, Cambridge (Mass.), M. I. T. Press, 1968, pp. 80 - 99. (《马耶的〈特里梅德〉,地球的超级水成论》)

Carré, J. -R., *La Philosophie de Fontenelle ou le sourire de la raison*, Paris, 1932. (《丰特奈尔的哲学或者理性的微笑》)

– *Réflexions sur l'anti-Pascal de Voltaire*, Paris, 1935. (《对伏尔泰反帕斯卡思想的思考》)

Casini, P., "Fénelon, Meslier et les lois du mouvement", dans *Le curé Meslier*, *op. cit.*, pp. 263 –279. (《费纳隆、梅叶和运动的规律》, 载《梅叶神甫》)

Charles-Daubert, F. "Libertinage, littérature clandestine et privilège de la raison", *Recherches sur le XVIIe siècle* VII (1984), pp. 45 – 57. (《自由思想, 地下书刊和理性的优先》, 载《17 世纪研究》)

–"Le *TTP*, une réponse au *Traité des trois imposteurs*?, *Les Etudes Philosophiques* XIV (1987), pp. 385 –391. (《TTP, 对〈论三个骗子〉的回答?》, 载《哲学研究》)

–"Spinoza et les libertins. Le *Traité des trois imposteurs* ou l'*Esprit de Spinoza*", in Renée Bouveresse éd., *Spinoza, science et religion*, (Actes du colloque du Centre Culturel International de Cérisy-la-Salle, 20 – 27 septembre 1982), Paris, 1988, pp. 171 –181. (《斯宾诺莎与自由思想者,〈论三个骗子〉或者〈斯宾诺莎的精神〉》, 载《斯宾诺莎, 科学与宗教》)

–"Les traités des trois imposteurs et l'*Esprit de Spinosa*", *Nouvelles de la République des Lettres* VIII (1988), pp. 21 –50. (《〈论三个骗子〉和〈斯宾诺莎的精神〉》, 载《文学界新闻》)

–"Les principales sources de l'*Esprit de Spinosa*, traité libertin et pamphlet politique", *Travaux et documents du Groupe de Recherches spinozistes* I (1989), pp. 61 –107. (《〈斯宾诺莎的精神〉的主要来源, 自由思想论文和政治论战的小册子》, 载《斯宾诺莎研究小组的成果与资料》)

–"L'image de Spinoza dans la littérature clandestine et l'*Esprit de Spinoza*", dans *Spinoza au XVIIIe siècle*, *op. cit.*, pp. 52 –74. (《斯宾诺莎

在地下书刊中的形象和〈斯宾诺莎的精神〉》，载《18 世纪的斯宾诺莎》)

—"Les *Traités des trois imposteurs* aux XVIIe et XVIIIe siècles", dans *Filosofia e religione nella letteratura clandestina*, *op. cit.*, pp. 291 – 336. (《17 世纪和 18 世纪的〈论三个骗子〉》，载《地下书刊中的哲学与宗教》)

Chaurand, J., "Tromper et se tromper: Jean Meslier et le sens de l'Ecriture", dans *Le curé Meslier*, *op. cit.*, pp. 347 – 365. (《欺骗和被欺骗:让·梅叶和〈圣经〉的意识》，载《梅叶本堂神甫》)

Cherchi, G., *Satira ed enigma. Due saggi sul Pantheisticon di John Toland*, Lucca, Maria Pacini Fazzi Editore, 1985 [I. *Il Pantheisticon.* II. *J.* Toland ed il *Theophrastus redivivus*].

Christie, R. C., "*De tribus Impostoribus*", *Selected Essays and Papers*, New York-Bombay, Longmans, Green and Co., 1902, pp. 309 – 315. (《〈论三个骗子〉，杂文及论文选》)

Clair, P., *Libertinages et incrédules* (*1665 – 1715?*), *Recherches sur le XVII siècle* VI (1983). (《自由思想和不轻信者(1665 – 1715?)》，载《17 世纪研究》)

Cohen, C. "Les métamorphoses du *Telliamed*", *Corpus* I (1985), pp. 62 – 73. (《〈特里梅德〉的变异》，载《研究资料集》)

—"Temps géologique et temps des fables: de Fontenelle à Benoît de Maillet", in A. Niderst éd., *Fontenelle*, Actes du colloque tenu à Rouen octobre 1987, Paris, P. U. F., 1989, pp. 475 – 487. (《地质时间和神话

时间:从丰特奈尔到马耶》)

 － *La Genèse du Telliamed. Benoît de Maillet et l'histoire naturelle à l'aube des Lumières*, Thèse de Doctorat de l'Université de Paris III, Paris, 1989, dactylogramme. (《特里梅德的诞生,马耶和启蒙前夜的自然历史》)

 －"Benoît de Maillet et la diffusion de l'histoire naturelle à l'aube des Lumières", *Revue d'Histoire des Sciences* XLIV (1991), pp. 325 – 342. (《马耶和启蒙前夜的自然历史传播》,载《科学历史杂志》)

 －"La communication manuscrite et la genèse de *Telliamed*", dans *De bonne main. La communication manuscrite au XVIIIe siècle*, op. cit., pp. 59 – 69. (《手稿交流和〈特里梅德〉的诞生》,载《可靠来源,18 世纪手稿交流》)

Corsano, A., "Recenti studi sul libertinisme", *Bollettino di storia della filosofia dell'Università degli studi di Lecce* VI (1978), pp. 47 – 60.

Corvaglia, L., *Le Opere di Giulio Cesare Vanini e le loro fonti*, Roma, 1933 – 1934.

Costa, G., "Un collaboratore italiano del Comte di Boulainviller: Francesco Maria Pompeo Colonna (1644 – 1726)", *Atti e Memorie dell'Accademia Toscana di Scienze e Lettere La Colombaria* XIX (1964), pp. 212 – 215.

Cotoni, M. H., "Ebauches d'une étude comparative des religions dans la littérature clandestine du XVIIIe siècle", *Annales de la Faculté des Lettres et Sciences Humaines de Nice* XXII (1974), pp. 81 – 97. (《18 世纪地下书刊中的宗教比较研究初探》,载《尼斯人文科学和文学院年报》)

—"Dénigrément de la providence et défense des valeurs humaines dans les manuscrits clandestins de la première moitié du XVIIIe siècle", *Studies on Voltaire* CLII（1976）, pp. 497 – 513.（《18 世纪前半叶地下手稿中对天命的拒绝和对人文价值的捍卫》, 载《伏尔泰研究》）

—"Les manuscrits clandestins du XVIIIe siècle: nouveaux éléments et questions nouvelles", *Revue d'Histoire Littéraire de la France* LXXVII（1977）, pp. 24 – 29.（《18 世纪的地下手稿: 新的元素和新的问题》, 载《法国文学史杂志》）

— *L'exégèse du Nouveau Testament dans la philosophie française du dix-huitième siècle*, Oxford, The Voltaire Foundation, 1984.（《法国 18 世纪哲学中对〈新约〉的解释》）

Coulet, H., "Réflexions sur les *Méditationes* de Lau", dans *Le Matérialisme du XVIIIe siècle*, *op. cit.*, pp. 31 – 44.（《对洛的〈对上帝、世界和人的哲学思考〉的思考》, 载《18 世纪的唯物主义》）

—"La liberté selon Challe", *Autour de Robert Challe*, *op. cit.*, pp. 233 – 242.（《夏尔的自由》, 载《罗贝尔·夏尔二三事》）

Couperus, M. C., *Un périodique français en Hollande. Le Glaneur historique*（*1731 – 1733*）, La Haye-Paris, Mouton, 1971 [pp. 60 – 66, sur l'édition de la *Lettre sur Locke*; pp. 66 – 70, sur Varenne et l'*Examen de la religion*].（《荷兰的法语期刊,〈历史的拾穗者（1731—1733）〉》）

Couton, G., "Libertinage et apologétique: les *Pensées* de Pascal contre la thèse des trois imposteurs", *XVIIe Siècle* CXXVII（1980）, pp. 181 – 195.（《自由思想与卫教: 与三个骗子相对的帕斯卡的〈思想〉》, 载《17 世纪》）

Dagen, J., "Mer, mère, mythe", dans J. Balcou éd., *La mer au siècle*

des Encyclopédies, Paris-Genève, Champion-Slatkine, 1987, pp. 59 – 74.
(《海,母亲,神话》,载《百科全书世纪的海》)

Dán, R., "Martin Seidel's *Origo et fundamenta religionis christiane and Simon Péchi*", dans *Socinianism and its Role in the Culture of 17th and 18th Centuries*, Warszawa-Lodz, 1983, pp. 53 – 57.

Décamp, A., "Benoît de Maillet, consul général de France en Egypte (1692 – 1708), écrivain, égyptologue, arabisant", *Revue du Caire* XIX (1956), pp. 205 – 228. (《马耶,法国驻埃及总领事(1692—1708),作家,埃及学家,阿拉伯文化研究者》,载《开罗杂志》)

Deloffre, F., "Robert Challe, père du déisme français", *Revue d'Histoire littéraire de la France* LXXIX (1979), pp. 947 – 980. (《罗贝尔·夏尔,法国自然神论之父》,载《法国文学史杂志》)
　–"Un 'système' de religion naturelle: du déisme des *Difficultés sur la religion* au matérialisme du *Militaire philosophe*", dans *Le Matérialisme du XVIIIe siècle*, *op. cit.*, pp. 67 – 76. (《自然宗教体系:从〈关于宗教的困难〉中的自然神论到〈军人哲学家〉中的唯物主义》,载《18 世纪的唯物主义》)
　–"L'attribution des *Difficultés sur la religion* remise en question", *Travaux de Littérature* II, Paris, Les Belles Lettres, 1989, pp. 167 – 196. (《对〈宗教的困难〉作者身份的质疑》,载《文学研究》)

Del Prete, A., *Il Jordanus Brunus redivivus: fonti e finalità del materialismo infinitista nel '700*, Tesi di laurea, Università di Pisa, 1989 – 1990, dactylogramme.
　–"Il *Jordanus Brunus redivivus* e il materialismo infinitista nel Sette-

cento francese", dans *Filosofia e religione nella letteratura clandestina*, *op. cit.*, pp. 209 - 236.

Denonain, J. J., "Le 'Liber de Tribus Impostoribus' du XVIe siècle", dans *Aspects du libertinisme au XVIe siècle*, Paris, Vrin, 1964, pp. 215 - 226.

Deprun, J. "Jean Meslier et l'héritage cartésien", *Studies on Voltaire* 24 (1963), pp. 443 - 455. (《让·梅叶和笛卡尔的遗产》,载《伏尔泰研究》)

—"Jean Meslier et l'héritage scolastique", dans A. Soboul éd., *Etudes sur le curé Meslier*, Paris, 1966, pp. 35 - 50. (《让·梅叶和经院哲学的遗产》,载《梅叶本堂神甫研究》)

—"Meslier philosophe", dans Jean Meslier, *Oeuvres complètes*, tome I, Paris, Anthropos, 1970, pp. lxxxi-c. (《哲学家梅叶》,载《梅叶作品全集》)

—"Une oeuvre philosophique de la Régence: la *Lettre de Thrasybule à Leucippe*", dans *La Régence*, Paris, A. Colin, 1970, pp. 153 - 164. (《摄政时期的哲学作品:〈特拉西布尔致乐西普的信〉》,载《摄政》)

—"Quand Sade récrit Fréret, Voltaire et d'Holbach", dans *Roman et Lumières au XVIIIe siècle*, Paris, Editions Sociales, 1970, pp. 331 - 340. (《当萨德重写弗雷莱、伏尔泰和霍尔巴赫时》,载《18 世纪的小说与启蒙》)

—"Glanes mesliéristes", *Raison présente* IIXL (1978), pp. 87 - 95. (《梅叶的收获》,载《现在的理性》)

—"Meslier et la IIIe proposition de Jansenius: Notes de typologie philosophique", dans *Le curé Meslier*, *op. cit.*, pp. 249 - 261. (《梅叶与冉森的第三命题:哲学类型的笔记》,载《梅叶本堂神甫》)

－"Un nouvel exemplaire de l'Anti-Fénelon de Meslier", in *Le matérialisme du 18e siècle*, *op. cit.*, pp. 83－89.（《梅叶反费纳隆的一个新的样本》,载《18 世纪的唯物主义》）

－"Boulainviller et Spinoza: Note sur l'*Essai de métaphy-sique dans les principes de B... de Sp...*, publié en 1731（Bruxelles, Foppens）sous le titre de: *Réfutation de Spinoza*", dans *Spinoza au XVIIIe siècle*, *op. cit.*, pp. 29－32.（《布兰维利耶和斯宾诺莎:关于 1731 年以〈斯宾诺莎的反驳〉为题发表的〈B... de Sp...,的原则中的形而上学论〉》,载《18 世纪的斯宾诺莎》）

Deruette, S., "Sur le curé Meslier, précurseur du matérialisme", *Annales Historiques de la Revolution Française* LVII（1985）, pp. 404－425 [repris sous le titre "Le Curé Meslier, matérialiste, athée et communiste" dans *Etudes Marxistes* II（1989）, pp. 15－24].（《关于唯物主义的先驱梅叶本堂神甫》,载《法国大革命历史年鉴》）

－"Meslier et la destinée d'une pensée diffusée par manuscrits posthumes", dans *Actes du VIIIe congrès international des Lumières*, *op. cit.*, pp. 1753－1756.（《梅叶及其身后手稿传播的思想之命运》,载《第八届启蒙国际会议论文集》）

－"Le matérialisme de Jean Meslier: une pensée à peine née et déjà achevée", *Actes du VIIIe congrès international des Lumières*, *op. cit.*, pp. 1156－1160.（《让·梅叶的唯物主义:刚刚诞生的思想便已趋完善》,载《第八届启蒙国际会议论文集》）

Desné, R., "Meslier, lecteur de la Bruyère", dans *Etudes sur le curé Meslier*, *op. cit.*, pp. 87－104.（《拉布吕埃尔的读者梅叶》,载《梅叶本堂神甫研究》）

－"L'homme, l'oeuvre et la renommée", dans *Jean Meslier*, *Oeuvres* complètes, *op. cit.*, pp. xvii-lxxix. (《人，作品及声誉》，载《让·梅叶全集》)

　　- *Textes du curé Meslier*, Paris, Editions rationalistes, 1973. (《梅叶本堂神甫的文本》)

　　-" Meslier et le peuple ", dans *Images du peuple au dix-huitième siècle*, Paris, A. Colin, 1973, pp. 141 - 149. (《梅叶与人民》，载《18 世纪的人民形象》)

　　-" Les lectures du curé Meslier ", *Travaux de lingüistique et littérature de l'Université de Strasbourg* XIII (1975), pp. 613 - 628. (《让·梅叶读过的书》，载《斯特拉斯堡大学语言学和文学研究成果》)

　　-" Le titre du manuscrit de Jean Meslier: 'Testament' ou 'Mémoire'", dans *Approches des Lumières*, Paris, 1978, pp. 155 - 168. (《让·梅叶手稿题目：" 遗嘱" 还是" 回忆"》，载《接触启蒙》)

　　-"Meslier et son lecteur", dans *Le curé Meslier*, *op. cit.*, pp. 415 - 423. (《梅叶及其读者》，载《梅叶本堂神甫》)

　　-"Sur un manuscrit utilisé par d'Holbach: l'*Histoire critique de Jésus, fils de Marie*", dans *Le matérialisme du XVIIIe siècle*, *op. cit.*, pp. 169 - 176. (《霍尔巴赫使用过的一份手稿：〈玛丽的儿子耶稣的批判历史〉》，载《18 世纪的唯物主义》)

　　-" Le curé Meslier lu par le Père Desbillons ", *Mana* V (1986), pp. 66 - 71. (《戴毕用神父所看到的梅叶本堂神甫》)

　　-"Problèmes actuels de la recherche sur les manuscrits clandestins ", dans *Ideas y movimientos clandestinos*, *op. cit.*, pp. 47 - 57. (《地下手稿研究的现实问题》，载《地下思想和运动》)

　　-"Manuscrits philosophiques clandestins dans les bibliothèques de la R. D. A. ", *Dix-huitième Siècle* XXI (1989), pp. 451 - 455. (《德意志民主共和国图书馆中的地下哲学手稿》，载《18 世纪》)

　　-" Un sermon inédit du dix-huitième siècle sur les rapports de la sensibilité et de la religion", dans *Mélanges Jean Ehrard*, Paris, Nizet, 1992, pp. 207‑220. (《18 世纪未发表过的一篇关于宗教感性的说教》,载《让·艾拉尔文章汇编》)

—"Aperçus sur la représentation du Christ dans les manuscrits clandestins", dans M.‑C. Pitassi éd., *Le Christ entre Orthodoxie et Lumières*. Actes du colloque tenu à Genève en août, 1993, Genève, Droz, 1994, pp. 175‑188. (《地下手稿中基督的形象一览》,载《正统和启蒙之间的基督》)

Deveze, M., "Les villages et la région du curé Meslier sous Louis XIV, d'après les rapports des intendants", dans *Le curé Meslier*, *op. cit.*, pp. 11‑18. (《从总务管理报告来看路易十四时期梅叶本堂神甫的农村和宗教》,载《梅叶本堂神甫》)

Diaz, F., "Meslier dans la pensée de Voltaire", dans *Le curé Meslier*, *op. cit.*, pp. 485‑496. (《伏尔泰思想中的梅叶》,载《梅叶本堂神甫》)

Dieckmann, H., "The abbé Jean Meslier and Diderot's *Eleutheromanes*", *Harvard Library Bulletin* VII (1953), pp. 231‑235. (《梅叶神甫和狄德罗的自由狂想》)

—"Diderot's *Promenade du Sceptique*: a study in the relationship of thought and form", *Studies on Voltaire* LV (1967), pp. 417‑438. (《狄德罗的〈孤独者的散步〉:思想与形式的关系研究》)

Di Rienzo, E., "Il tema dell'"Impostura legum" e la fortuna di Cardano in Francia tra libertinismo erudito e illuminismo radicale", dans *Tra antichi e moderni. Antroplogia e Stato tra disciplinamento e morale privata*,

Napoli, ESI, 1989, pp. 409－460（repris dans E. di Rienzo, *L'Aquila e lo Scarabeo. Culture e conflitti nella Franzia del Rinascimento e del Barocco*, Roma, Bulzoni, 1989, pp. 195－260］.

－*La morte del carnevale*, Roma, Bulzoni, 1989［chap. Ⅲ: Il "Liber de tribus impostoribus" nel XVI secolo", pp. 99－141］.

Dommanget, M., *Le curé Meslier, athée, communiste et révolutionnaire sous Louis XIV*, Paris, Julliard, 1960.（《梅叶本堂神甫,路易十四时期的无神论者,共产主义者和革命者》）

－"Origine, enfance et mort du curé Meslier", dans *Etudes sur le curé Meslier*, *op. cit.*, pp. 11－24.（《梅叶本堂神甫的出生,童年和死亡》,载《梅叶本堂神甫研究》）

Doussot, P., "L'archaïsme de Meslier", dans *Le curé Meslier*, *op. cit.*, pp. 181－208.（《梅叶的陈旧》,载《梅叶本堂神甫》）

Dübi, H., *Das Buch von den drei Betrügern und das Berner Manuskript. Eine Untersuchung*, Bern, Verlag A. Francke Ag., 1936.

Dufrenoy, M.-L., "Benoît de Maillet, précurseur des théories de l'Evolution", dans *L'idée de progrès et la recherche de la matière d'Orient*, Paris, C. D. U., 1960, pp. 16－38.（《博努阿·德·马耶,进化论的先驱》,载《东方的进步思想和物质研究》）

Dunin-Borkowski, S. von, "Zur Textgeschichte und Texkritik der ältesten Lebensbeschreibung Benedikt Despinozas", *Archiv für Geschichte der Philosophie*, Neue Folge XVIII（1905）, pp. 1－34.

Ellis, H. E., *Boulainvilliers and the French Monarchy. Aristocratics Politics in Early Eighteenth-Century France*, Ithaca-London, Cornell U. P., 1988 [" Bibliographical Problems: Defining a Boulainvilliers' Corpus ", pp. 216 - 223].(《布兰维利耶和法国的君主政体,法国18 世纪早期的贵族政治》)

Ernst, G., "Campanella e il *De tribus Impostoribus*", *Nouvelles de la République des Lettres* VI (1986), pp. 143 - 170.
　　-*Religione, ragione e natura. Ricerche su Tommaso Campanella e il tardo Rinascimento*, Milano, Franco Angeli, 1991 [chap. 5, Religione naturale e impostura delle religioni. Contro il *De tribus Impostoribus*, pp. 105 - 133].

Esposito, M., "Una manifestazione d'incredulità religiosa nel Medioevo: Il detto dei 'tre impostori' e la sua trasmissione da Federico II a Pomponazzi", *Archivio Storico Italiano* XVI (1931), pp. 3 - 48.

Faak, Margot, "Die Verbreitung der Handschriften des Buches 'De Imposturis Religionum' in 18. Jahrhundert unter Beteiligung von G. W. Leibniz", *Deutsche Zeitschrift für Philosophie* XVIII (1970), pp. 212 - 228.

Fabre, J., "Jean Meslier, tel qu'en lui-même...", *Dix-huitième Siècle* III (1971), pp. 107 - 115.(《让·梅叶的内心世界》,载《18 世纪》)

Fairbairn, W., "Dumarsais and *Le Philosophe*", *Studies on Voltaire* LXXXVII (1972), pp. 375 - 395.(《迪马赛与〈哲学家〉》,载《伏尔泰研究》)
　　- et Schwarzbach, B. E., "Sur deux manuscrits clandestins", *Dix-*

huitième Siècle XXII（1990）, pp. 433 - 440.（《关于两份地下手稿》,载
《18 世纪》）

Firpo, L., "Una traduzione italiana inedita del *Recueil* di Alberto
Radicati di Passerano", *Rivista Storica Italiana* XCVI（1984）, pp. 585 -
590.

Fontius, M., "Une nouvelle copie du *Testament* de Meslier", dans
Etudes sur le curé Meslier, *op. cit.*, pp. 27 - 32.（《梅叶〈遗嘱〉的一个新
版本》,载《梅叶本堂神甫》）
-"Der Funktionswandel der Religion von den Ürsprungen bis zur En-
tstehung des Christentum-ein unveröffentlichen Entwurf der französische
Spätaufklärung", *Beiträge zur romanischen Philologie* XII（1973）, pp. 55 -
63.
-"Littérature clandestine et pensée allemande", *Le Matérialisme du
XVIIIe siècle*, *op. cit.*, pp. 251 - 262.（《地下书刊和德国思想》,载《18
世纪的唯物主义》）

Free, J. P., "Rousseau's Use of the *Examen de la Religion* and of the
Lettre de Thrasybule à Leucippe", Dissertation for the Degree of Doctor of
Philosophy, Princeton, 1935, dactylogramme.（《卢梭是如何利用〈宗教
研究〉和〈特拉西布尔致乐西普的信的〉》）

Freudenthal, J., "Über den Text der Lucasschen Biographie Spino-
zas", *Zeitschrift für Philosophie und philosophische Kritik* CXXVI（1905）,
pp. 189 - 208.

Geissler, R., "Boureau-Deslandes lecteur des manuscrits clandestins", in *Le matérialisme du XVIIIe siècle*, *op. cit.*, pp. 227 – 234. (《阅读地下手稿的布洛-戴朗德》,载《18 世纪的唯物主义》)

Gerber, A., *Nicolà Machiavelli. Die Handschriften*, *Ausgaben und Ubersetzungen seiner Werke im 16. und 17. Jahrhundert*, Gotha, A. A. Perthes, 1912.

Gericke, W., "Die Wahrheit über das Buch von den drei Betrügern (*De tribus impostoribus*) Moses, Jesus, Mohammed", *Theologische Versuchen* IV (1972), pp. 89 – 114.

—"Über Handschriften des Buches '*De Tribus Impostoribus*' (Von den drei Betrügern)", *Marginalien* XXIV (1974), pp. 45 – 59.

—"Zur Geschichte der deutschen Frühaufklärung. Matias Knutzen, der erste deutsche Atheist", *Theologische Versuchen* V (1975), pp. 83 – 108.

—"Wann enstand das Buch Von den drei Betrügern (*De tribus impostoribus*)", *Theologische Versuchen* VIII (1977), pp. 129 – 155.

—"Die handschriftliche Überlieferung des Buches Von den drei Betrügern (*De tribus impostoribus*)", F. Krause und E. Teige (éd.), *Im Auftrage der deutschen Staatsbibliothek*, VEB Bibliographisches Institut, Leipzig, 1988, pp. 5 – 28.

—"Die Handschriften des Buches *Von den drei Betrügern* (*De tribus impostoribus*)", *Das achtzehnte Jahrhundert* XVIII (1994), pp. 44 – 55.

Gilli, M., "L'émergence de la pensée matérialiste en Allemagne", *La Pensée* CCXIX (1981), pp. 5 – 17. (《德国唯物主义思想的出现》,载《思想》)

—"L'influence de Spinoza dans la formation du matérialisme allemand", *Archives de Philosophie* XLVI (1983), pp. 590 – 610. (《斯宾诺

莎对德国唯物主义形成的影响》,载《哲学档案》)

Glaziou, Y., *Hobbes en France au XVIIIe siècle*, Paris, P. U. F., 1993 [pp. 220 - 225, "Hobbes et la littérature clandestine"]. (《18 世纪法国的霍布斯》)

Goulemot, J. -M., "Meslier et son discours sur l'histoire", dans *Le curé Meslier*, *op. cit.*, pp. 209 - 222. (《梅叶及其关于历史的话语》,载《梅叶本堂神甫》)

Gregory, T., "Erudizione e ateismo nella cultura del Seicento. Il *Theophrastus redivivus*", *Giornale critico della filosofia italiana* LI (1972), pp. 192 - 240. (格里高利,《复活的狄奥弗拉斯特,17 世纪的博学与无神论》)
  - *Theophrastus redivivus. Erudizione e ateismo nel Seicento*, Napoli, Morano, 1979.
  - "'Omnis philosophia mortalitatis adstipulatur opinioni': quelques considérations sur le *Theophrastus redivivus*", in *Le matérialisme du XVIIIe siècle*, *op. cit.*, pp. 213 - 218.
  - "Aristotelismo e libertinismo", in *Aristotelismo veneto e scienza moderna*, Padova, Antenore, 1983, tome I, pp. 276 - 296.

Gross, G., "César Chesneau Dumarsais. Ein Beitrag zur Geschichte der französischen Aufklärungsliteratur", *Wissenschaftliche Zeitschrift der Universität Rostock* V (1955 - 1956), pp. 125 - 182.
  - "Zwei bisher unbekannte philosophische Schriften von Dumarsais", *Wissenschaftliche Zeitschrift der Universität Rostock* V (*1955 - 1956*), pp. 315 - 321.

－"Textkritik in der französischen Aufklärungsliteratur. Mirabaud － Dumarsais-Le Mascrier", *Wissenschaftliche Zeitschrift der Universität Rostock* VI（1956－1957）, pp. 235－250.

Guervin, M.-H., "Deux amis. Nicolas Fréret（1688－1749）Henry de Boulainviller（1658－1722）", *XVIIe Siècle* VII-VIII（1950－1951）, 197－204.（《两个朋友, 尼古拉·弗雷莱（1688—1749）和布兰维利耶（1658—1722）》, 载《18 世纪》）

Gulyga, A. W., *Der deutsche Materialismus am Ausgang des* 18. *Jahrhunderts*, Berlin, Akademie V., 1966.（Kapitel II, Von Pantheismus zum Materialismus, pp. 28－58）①
－"Ein Freigeist zwischen Spinoza und Kant", dans *Marxismus und Spinozismus*, Leipzig, Karl-Marx-Universität, 1981, pp. 176－179.

Haan, T., "Rudolf Charles et la diffusion de son édition du *Testament de Meslier*, 1860－1888", dans *Le curé Meslier*, *op. cit.*, pp. 539－573.

Hampton, J., *Nicolas-Antoine Boulanger et la science de son temps*, Genève-Lille, Droz-Giard, 1955.（《尼古拉-安托万·布朗吉及其当时的科学》）

Häseler, J., "Un commerce de manuscrits: Jordan-Uffenbach", *Actes du VIIIe Congrès International des Lumières*, *op. cit.*, pp. 892－895.（《手稿生意人: 约丹-乌芬巴赫》, 载《第八届启蒙国际会议论文集》）
－*Ein wanderer zwischen der Welten. Charles Etienne Jordan（1700－*

---

① 译自俄语, 莫斯科, 科学院, 1962 年。

1745), Sigmaringen, J. Thorbecke, 1993.

–"Réfugiés français à Berlin lecteurs de manuscrits clandestins", dans *Filosofia e religione nella letteratura clandestina*, *op. cit.*, pp. 373 – 385.(《柏林的法国难民,地下手稿的读者》,载《地下书刊中的哲学与宗教》)

Heinemann, F., "An unknown Manuscript of the oldest biography of Spinoza", *Tijdschrift voor Philosophie* 1, 1939, pp. 378 – 386.(《斯宾诺莎一份不为人知的最早期的传纪手稿》)

Holbrook, W. C., "A Ms. copy of writings by Voltaire", *Modern Language Notes* LIV (1939), pp. 365 – 366.(《〈致某小姐的信〉,伏尔泰一份手稿的抄件》)

Iofrida, M., "Matérialisme et hétérogénéité dans la philosophie de John Toland", *Dix-huitième Siècle* XXIV (1992), pp. 39 – 52.(《唯物主义和约翰·托朗哲学中的异质性》,载《18 世纪》)

Jacob, M. C., "Un unpublished Record of a Masonic Lodge in England:1710", *Zeitschrift für Religions-und Geistesgeschichte* XXII (1970), pp. 168 – 171.(《英国共济会未发表过的一份记录文稿》)

– *The Newtoniens and the English Revolution* 1689 – 1720, New York, Cornell U. P., 1976.(《牛顿学说的拥护者和英国 1689—1720 年革命》)

–"Clandestine culture in the early Enlightenment", in H. Woelf éd., *The analytic Spirit. Essays in History of Science in honour of H. Guerlac*, London, Ithaca, 1981, pp. 122 – 145.(《启蒙早期的地下文化》,载《分析精神,献给盖拉克的科学历史杂文集》)

– *The Radical Enlightenment*: *Pantheists*, *Freemasons and Republicans*, London. Allen & Unwin, 1981.(《激进的启蒙:泛神论者,共济会员和共和党人》)

–"The Knights of Jubilation-Masonic and Libertine", *Quaerendo* XIV (1984), pp. 63 – 75.(《游侠狂欢,共济会和自由思想》)

Janet, P., "Le spinozisme en France", *Revue philosophique de la France et de l'étranger* XIII (1822), 109 – 132 (Boulainvilliers, pp. 121 – 122).(《法国的斯宾诺莎主义》,载《法国和外国哲学杂志》)

Jordan, L., "Literarisch-bibliographische Studien. 1. Der *Telliamed* des Consul Benoît de Maillet", *Zeitschrift für französische Sprache und Literatur* XLIII (1915), pp. 1 – 6.

Julia, D., et McKee, D., "Le clergé paroissial dans le diocèse de Reims sous l'épiscopat de Charles-Maurice Le Tellier. Origine, carrière, mentalités", dans *Le curé Meslier*, *op. cit.*, pp. 19 – 39.(《查理莫里斯·勒戴利耶主教时期兰斯教区的神圣人员,起源,职业,精神》,载《梅叶本堂神甫》)

Kaitaro, T., "La littérature philosophique clandestine dans les collections de la bibliothèque de l'Université d'Helsinki", *La Lettre clandestine* II (1993), pp. 24 – 32.(《赫尔辛基大学图书馆收藏的地下哲学书刊》,载《地下书信》)

Kaminker, J., "Lenglet-Dufresnoy éditeur et plagiaire de Boulainvilliers", *Revue d'Histoire Littéraire de la France* LXIX (1969), pp. 209 – 217.(《朗格莱-迪弗莱斯努瓦,布兰维利耶的出版者和抄袭者》,载《法

国文学史杂志》)

Kaplan, Y., *From Christianity to Judaism*: *The Story of Isaac Orobio de Castro*, New York, Oxford U. P., 1989 [Appendix G, Translations of Orobio's Works in the Eighteenth and Nineteenth Centuries, pp. 451 – 464]. (《从基督教到犹太教:奥罗比奥的故事》)

Kohlbrugge, J. H. F., "B. de Maillet, J. de Lamarck und Ch. Darwin", *Biologischen Zentralblatt* XXXII (1912), 505 – 518. (《梅叶,拉玛克和达尔文》)

Kors, A. C., "Le Christ des incrédules à l'aube des Lumières", dans M. -C. Pitassi éd., *Le Christ entre Orthodoxie et Lumières*, *op. cit.*, pp. 163 – 173. (《启蒙前夜不轻信者的基督》,载《正统与启蒙之间的基督》)

Koutcherenko, G., "L'étude de Meslier: bilan et problèmes", dans *Le curé Meslier*, *op. cit.*, pp. 449 – 465. (《梅叶研究:总结与问题》,载《梅叶神甫》)

Kraemer, W., "Ein seltener Druck des Traktats 'De Tribus Impostoribus, 1598'", *Zeitschrift für Bücherfreunde*, Neue Folge, XIV (1922), pp. 101 – 111.

Krause, F., "Eine Buchauction in Berlin im Jahre 1716. Das abenteuerliche Schiksal der Bibliothek Johann Friedrich Mayer", *Marginalien* XLV (1972), pp. 16 – 28.

Krauss, W., "L'énigme de Du Marsais", *Revue d'Histoire littéraire de la France* LXII（1962）, pp. 514 – 522（repris dans *Studien zur deutschen und französischen Aufklärung*, Berlin, 1963, pp. 291 – 297.（《迪马塞之谜》,载《法国文学史杂志》）

　–"Jean Meslier et le problème de l'âme des bêtes", dans *Le curé Meslier*, *op. cit.*, pp. 281 – 284.（《让·梅叶和动物的灵魂问题》,载《梅叶本堂神甫》）

　Kristeller, P. O., *Iter Italicum. A Finding List of uncatalogued or incompletely catalogued humanistic manuscripts of the Renaissance in Italian and other Libraries*, London-Leiden, The Warburg Institute-E. J. Brill. Tome I, 1963（Italy. Agrigento to Novara）; tome II, 1967（Italy. Orvieto to Volterra）; tome III, 1983（Alia Itinera I. Australia to Germany）; tome IV, 1989（Alia Itinera II, Great Britain to Spain）; tome V, 1990（Alia Itinera III and Italy III. Sweden to Yugoslavia, Utopia, Supplement to Italy）; tome VI, 1992（Italy III and Alia Itinera IV. Supplement to Italy, Supplement to Vatican and Austria to Spain）.（克里斯特勒,《在意大利和其他国家图书馆发现的文艺复兴时期未编入手稿目录或编目不完整的人文作品篇目》）

　Kuntz, M. L., *Guillaume Postel. Prophet of the Restitution of All Things. His Life and Thoughtht*, The Hague, M. Nijhoff, 1981.（《波斯戴尔,万物复原的先知,其生平和思想》）

　Lachèvre, F., "L'ancêtre des libertins du XVIIe siècle. Geoffroy Vallée et *La Béatitude des Chrestiens*（1573）", *Mélanges sur le libertinage au XVIIe siècle*, Paris, Champion, 1920.（《17 世纪自由思想者的先祖,约弗鲁瓦·瓦勒和〈基督徒的永福〉(1573)》,载《17 世纪自由思想文章汇编》）

Lagrée, J., *Le Salut du Laïque. Sur Herbert de Cherbury. Etude et tra-duction du De Religione Laïci*, Paris, Vrin, 1989. (《异教的拯救,关于艾贝尔·德·谢布里的〈异教研究与翻译〉》)

—"Une traduction française du *Traité teologico-politique* de Spinoza", *Groupe de recherches spinozistes. Travaux et Documents*, no1,. Lire et traduire Spinoza, Paris, P. U. de Paris-Sorbonne, 1989, pp. 109 – 123. (《斯宾诺莎的〈神学政治论〉法文译本》,载《斯宾诺莎研究小组,成果与资料》)

Landucci, S. "Sul manoscritto clandestino *J. Brunus redivivus*", in *La Teodicea nell'età cartesiana*, Napoli, Bibliopolis, 1986, pp. 284 – 289.

Lanson, G., "Origines et premières manifestations de l'esprit philosophique dans la littérature française de 1675 à 1748", *Revue des cours et conférences* XVI (1907 – 1908); XVII (1908 – 1909); XVIII (1909 – 1910). (《法国 1675 年到 1748 年文学中的哲学精神的起源及最初表现》,载《课程与报告杂志》)

—"Questions diverses sur l'histoire de l'esprit philosophique en France avant 1750", *Revue d'histoire littéraire de la France* XIX (1912), pp. 1 – 29 et 293 – 317. (《关于法国 1750 年前哲学精神历史的各种问题》,载《法国文学史杂志》)

Lantoine, A., *Un précurseur de la franc-maçonnerie, John Toland 1670 – 1722. Suivi de la traduction française du Pantheisticon de John Toland*, Paris, E. Nourry, 1927. (《共济会的先驱者约翰·托朗,1670—1722,以及约翰·托朗的〈泛神论要义〉法文翻译》)

Lavicka, J., "Réminiscences hussites dans le *Mémoire des pensées et* sentiments de Jean Meslier", dans *Le curé Meslier*, *op. cit.*, pp. 223 – 248. (《〈让·梅叶的思想和观念的回忆〉中扬·胡斯的再现》,载《梅叶本堂神甫》)

　－"La genèse du *Sermon des cinquante*", *Studies on Voltaire* CCLVI (1988), pp. 49 – 82. ("《五十人演讲》的产生",载《伏尔泰研究》)

　Lemaire, J., "Une oeuvre peu connue de Diderot:*La Promenade du sceptique*", *La Pensée et les hommes* X (1974), pp. 376 – 385. (《狄德罗一部不大为人所知的作品:〈怀疑论者的散步〉》)

　Levy, D., "Qui est l'auteur de *L'Oracle des anciens fidèles?*", *Studies on Voltaire* CXVII (1974), pp. 259 – 270. (《〈古信徒神谕〉的作者是谁?》,载《伏尔泰研究》)

　Ley, H., *Geschichte der Aufklärung und des Atheismus*, Berlin, Deutsche Verlag der Wissenschaften, 1966 – 1989, 5 tomes en 9 volumes [tome 4/1, 1982, pp. 393 – 405, "Der Brief von Thrasibule an Leucippe"; tome 5/1, pp. 417 – 450, "Naigeons und Holbachs 'Militanter Philosoph'"; tome 5/2, pp. 7 – 108, "Testament des radikalen Bauernabbés Jean Meslier"].

　Lough, J., "Essai de bibliographie critique des publications du baron d'Holbach", *Revue d'Histoire littéraire de la France* XLVI (1939), 215 – 234; XLVII (1947), pp. 314 – 318. (《霍尔巴赫男爵发表的作品批判书目》)

　－"Un recueil inconnu de manuscrits clandestins", *Dix-huitième Siècle* XXII (1990), pp. 423 – 431. (《一本不为人所知的地下手稿文集》,载《18 世纪》)

Lurbe，P.，"Le spinozisme de John Toland"，dans *Spinoza au XVIIIe siècle*，*op. cit.*，pp. 33－47.（《让·托朗的斯宾诺莎主义》，载《18 世纪的斯宾诺莎》）

－"Matière，nature，mouvement chez d'Holbach et Toland"，*Dix-huitième Siècle* XXIV（1992），pp. 53－62.（《霍尔巴赫和托朗的物质、自然、运动》，载《18 世纪》）

Lussu，M. L. *Materiali per uno studio sui rapporti tra d'Holbach e Meslier*，Cagliari，Istituto di Filosofia，1978.

Lutaud，O.，"Du squatter du Surrey au curé des Ardennes：deux 'communistes'，Winstanley et Meslier"，dans *Le curé Meslier*，*op. cit.*，pp. 121－154.（《从萨莱擅自占据土地的人到阿登的神甫：两种共产党人》）

Macary，J.，"Pour une stylistique de Jean Meslier"，dans *Le curé Meslier*，*op. cit.*，pp. 385－398.（《让·梅叶的修辞》，载《梅叶本堂神甫》）

Maestroni，A.，"Meslier，lettore di Fénelon"，*Rivista critica di Storia della Filosofia* XXXVIII（1983），pp. 131－158.（《费纳隆的读者梅叶》，载《哲学史批判杂志》）

Marcialis，M. T.，"*L'âme matérielle*，tra libertinismo e clandestinità"，dans *Ricerche su letteratura libertina*，*op. cit.*，pp. 353－363.（《物质的灵魂》，载《情色书刊研究》）

Mars，F. L.，"Avec Casanova，à la poursuite du *Militaire philosophe*：

une conjecture raisonnée： Robert Challe", *Casanova Gleanings*, 1974, pp. 21‑30.(《与卡萨诺瓦一起追寻〈军人哲学家〉：合理的猜测》,载《卡萨诺瓦研究杂志》)

Massignon, L., "La légende De Tribus Impostoribus et ses origines islamiques", *Revue de l'Histoire des religions* LXXXII (1920), pp. 74‑78. (《三个骗子的传说及其伊斯兰的源头》,载《宗教历史杂志》)

Mauthner, F., *Der Atheismus und seine Geschichte im Abenlande*, Stuttgart und Berlin, Deutsche Verlags-Antalt, 1920, 〔reimp. Hildesheim, G. Olms, 1963〕(Band I, K. VII, "Das Buch von den drei Betrügern", pp. 311‑331].(《阿本兰德的无神论及其故事》)

Mazzilli, F., "Sulle origini libertine della filosofia di Jean Meslier", *Rivista di Filosofia* LXIV (1973), pp. 174‑179.(《让·梅叶哲学的自由思想源头》)

McKee, D. R., "Isaac de la Peyrère, a precursor of eighteenth-century critical deists", *Publications of the Modern Language Association of America* LIX (1944), 456‑485.(《拉佩莱尔,18 世纪批判自然神论者的先驱》)

Mc Kenna, A., "Note sur quelques collections de manuscrits clandestins", *Le Matérialisme du XVIIIe siècle*, *op. cit.*, pp. 27‑29.(《关于一些地下手稿收藏的笔记》,载《18 世纪的唯物主义》)

－"Les *Pensées* de Pascal dans les manuscrits clandestins du XVIIIe siècle', *ibid.*, pp. 131‑142.(《18 世纪地下手稿中帕斯卡的〈思想〉》)

－"Spinoza et les 'athées vertueux' dans un manuscrit clandestin du

XVIIIe siècle", dans *Spinoza au XVIIIe siècle*, *op. cit.*, pp. 85 – 92. (《斯宾诺莎与 18 世纪地下手稿中的〈有道德的无神论者〉》,载《18 世纪的斯宾诺莎》)

－"Sur l'hérésie dans la littérature clandestine", *Dix-huitième Siècle* XXII (1990), 301 – 313. (《关于地下书刊中的异端》,载《18 世纪》)

－ *De Pascal à Voltaire. Le rôle des Pensées de Pascal dans l'histoire des idées entre* 1670 *et* 1734, 2 vols., Oxford, The Voltaire Foundation, 1990 [La critique philosophique des *Pensées* dans les manuscrits clandestins, II, pp. 634 – 681; Appendice III, Pour une bibliographie des Trois Imposteurs, pp. 928 – 933]. (《从帕斯卡到伏尔泰,1670 年到 1743 年思想史当中帕斯卡的思想所起的作用》)

－"Le marquis d'Argens et les manuscrits clandestins", dans J. L. Vissière (éd.), *Le Marquis d'Argens*, Actes du colloque international du CAER XVIII 1988, Aix-en-Provence-Marseille, Université de Provence, 1990, pp. 113 – 140. (《达尔根侯爵与地下手稿》,载《达尔根侯爵》)

－"Réflexions sur l'argument de M. Pascal et de M. Locke: un manuscrit clandestin attribué à Fontenelle", dans *Fontenelle*, *op. cit.*, pp. 351 – 366. (《对帕斯卡和洛克的论据的思考:据说是出自丰特奈尔的一份地下手稿》,载《丰特奈尔》)

－"Le Père Paul Beurrier et les libertins: témoignage ou imposture littéraire?", dans L. Lenier et P. Ponzeaud éd., *Correspondances. Mélanges offerts à Roger Duchêne*, Tübingen-Aix-en-Provence, 1992, pp. 493 – 503. (《保罗博里埃神父和自由思想者:是见证还是文学上的冒名顶替?》,载《蓬佐通信集》)

－"Questions sur l'attribution des Difficultés", dans F. Deloffre éd., *Autour de Robert Challe*, *op. cit.*, pp. 243 – 256. (《关于困难之源的问题》)

－"Réflexions sur un recueil de manuscrits philosophiques clandestins", dans *De bonne main. La communication manuscrite au XVIIIe siècle*, *op. cit.*, pp. 51 – 57 [résumé dans les *Actes du VIIIe Congrès international des Lumières*, *op. cit.*, pp. 1747 – 1749]. (《对一份地下哲学手稿文集的思考》,载《可靠来源,18 世纪手稿交流》)

–"Hétérodoxie et libertinage à Paris vers 1685: le témoignage du père Beurrier", dans *Diffusion du savoir et affrontement des idées* 1600 – 1770, Montbrisson 1993, pp. 517 – 531. (《巴黎 1685 年前后的异端与自由思想:博里埃神父的见证》,载《1600—1770 年间的知识传播与思想交锋》)

Melo, A., "Un extrait manuscrit inconnu du *Mémoire* de Jean Meslier", *Dix-huitième Siècle* XIII (1981), pp. 417 – 420. (《让·梅叶的〈回忆录〉的一份未知手稿摘要》,载《18 世纪》)

– *Critique sociale et politique dans la "Conclusion" du Mémoire des pensées et sentiments de Jean Meslier*, D. E. A. de l'Université de Paris I, 1982, dactylogramme. (《让·梅叶的思想和感情回忆录中的社会和政治批判》)

Mercier, R., "Le travail dans la pensée de Meslier", dans *Le curé Meslier*, *op. cit.*, pp. 327 – 345. (《梅叶思想所受到的影响》,载《梅叶本堂神甫》)

Minerbi Belgrado, A., *Paura e ignoranza. Studio sulla teoria della religione in d'Holbach*, Firenze, Olschki, 1983 [Appendice I, Le redazioni manoscritte del *Despotisme oriental*, pp. 85 – 99]. (米纳毕·贝尔格拉多,《恐惧与无知,霍尔巴赫的宗教理论研究》)

Momdjian, K., "Meslier et l'orientation démocratique populaire dans le matérialisme français du 18e siècle", dans *Le curé Meslier*, *op. cit.*, pp. 315 – 325. (《梅叶与法国 18 世纪唯物主义中的大众民主方向》)

Moreau, P.-F., "Rezeption und Transformation des Spinozismus in der französischen Aufklärung", dans H. Delf, J. H. Schoeps et M. Walther éd., *Spinoza in der europäischen Geistesgeschichte*, Berlin, Hentrich, 1994, pp. 97 – 106. (《斯宾诺莎的思想在法国的接受和转变》, 载《欧洲思想史中的斯宾诺莎》)

Morehouse, A., *Voltaire and Jean Meslier*, New Haven-London, 1936 [réimp. New York, AMS P., 1973]. (《伏尔泰和让·梅叶》)

Mori, G., "Note sur l'abbé Molinier, lecteur de manuscrits clandestins", *La Lettre clandestine* I (1992), pp. 9 – 10. (《关于地下手稿的读者莫利尼耶神甫的笔记》)
–"Per l'attribuzione a Du Marsais dell'*Examen de la religion*", *Atti e Memorie dell'Accademia Toscana di Scienze e Lettere La Colombaria* LVIII (1993), pp. 257 – 333. (《迪马塞对〈宗教研究〉的贡献》)
– "Un frammento del *Traité des trois imposteurs* di Etienne Guillaume", *Rivista di Storia della Filosofia* XLVIII (1993), pp. 359 – 376. (《艾田·吉约姆的〈论三个骗子〉片断》, 载《哲学历史杂志》)
–"Du manuscrit à l'imprimé: les Nouvelles libertés de penser", *La Lettre clandestine* II (1993), pp. 15 – 18. (《从手稿到印刷本:新的思想自由》, 载《地下书信》)
–"L'ateismo 'malebranchiano' di Meslier: fisica e metafisica della materia", dans *Filosofia e religione nella letteratura clandestina*, *op. cit.*, pp. 123 – 160. (《梅叶的"马勒伯朗士"式的无神论:物理的和形而上学的物质》)

－"Boulainviller a-t-il traduit l'*Ethique*?", *La Lettre clandestine* III (1994), pp. 37－39.（《布兰维利耶翻译了〈伦理学〉吗?》,载《地下书信》)

Mortier, R., "Les *Dialogues sur l'âme* et la diffusion du matérialisme au dix-huitième siècle", *Revue d'Histoire littéraire de la France* LXI (1961), pp. 342－358.（《〈关于灵魂的对话〉和 18 世纪唯物主义传播》,载《法国文学史杂志》)

－"Meslier et le statut de l'ecclésiastique", dans *Le curé Meslier*, *op. cit.*, pp. 111－119.（"梅叶与神职人员的地位",载《梅叶本堂神甫》)

Mothu, A., "Hermétisme et 'libre-pensée'. Note sur l'esprit universel", *La Lettre clandestine* I (1992), pp. 11－13.（《神秘主义与自由思想,关于普遍精神的笔记》,载《地下书信》)

－"Travaux sur la littérature clandestine. Mise à jour bibliographique" et "Nouveaux titres et nouveaux exemplaires de manuscrits", *La Lettre clandestine* I (1992), pp. 17－30 et 35－42.（《关于地下书刊的研究,书目整理》和《手稿的新的篇目和新的样本》,载《地下书信》)

－"*Ed Etra... et De la diversité des religions* (Fontenelle)", *La Lettre clandestine* II (1993), pp. 18－23.（《丰特奈尔的〈艾德·艾特位……〉和〈论宗教的多样性〉》,载《地下书信》)

－"Benoît de Maillet et le gendre de Boulainvilliers", *La Lettre clandestine* II (1993), pp. 51－54.（《博努阿·德·马耶和布兰维利耶的女婿》,载《地下书信》)

－"Un autre *Theophrastus redivivus*", *La Lettre clandestine* II (1993), pp. 60－62.（《另一个〈复活的狄奥弗拉斯特〉》,载《地下书信》)

－"A propos du pseudo-Vallée", *La Lettre clandestine* III (1994), pp. 39－43.（《关于伪瓦勒》,载《地下书信》)

—"L'édition de 1751 des *Opinions des Anciens*", *La Lettre clandestine* III (1994), pp. 45 – 53. (《〈古人的观点〉1751 年的版本》,载《地下书信》)

Moureau, F., "Robert Challe et le roman de la religion. Notes critiques", *Revue de l'Histoire des Religions* 203 (1986), pp. 185 – 194. (《罗贝尔·夏尔和宗教小说》,载《宗教历史杂志》)

—"La plume et le plomb: la communication manuscrite au XVIIIe siècle", in J. Schlobach éd., *Correspondances littéraires érudites, philosophiques, privées ou secrètes*, I, Correspondances littéraires inédites. Etudes et extraits. Suivies de Voltairiana, Paris-Genève, Champion-Slatkine, 1987, pp. 21 – 30 [repris dans *De bonne main. La communication manuscrite au XVIIIe siècle*, op. cit., pp. 5 – 16]. (《笔与铅字:18 世纪的手稿交流》,载《私人或者秘密的博学,哲学文学通信集》)

—"A l'origine du texte: le manuscrit inconnu des *Difficultés sur la religion*", *Revue d'Histoire Littéraire de la France* XCII (1992), pp. 92 – 104. (《文本之初:〈宗教的困难〉不为人所知的手稿》,载《法国文学历史杂志》)

—"Clandestinité et ventes publiques: le statut du manuscrit", dans *De bonne main. La communication manuscrite au XVIIIe siècle*, op. cit., pp. 143 – 175]. (《地下传播与公开发售:手稿的地位》,载《可靠来源:18 世纪的手稿交流》)

Mulsow, M., "Bibliotheca Vulcani. Das Projekt einer Geschichte der verbrannten Bücher bei Johann Lorenz Mosheim und Johann Heinrich Heubel", *Das achtzehnte Jahrhundert* XVIII (1994), pp. 56 – 71.

—"Clandestine Literatur und deutsche Frühaufklärung", *Das achtzehnte Jahrhundert* XVIII (1994), pp. 94 – 102.

－"Peter Friedrich Arpe collectionneur", *La Lettre clandestine* III (1994), pp. 35 - 36.

Naville, P., *D'Holbach et la philosophie scientifique au XVIIIe siècle*, Paris, 1967. [deuxième partie, pp. 140 - 173, "La littérature matérialiste clandestine du début du XVIIIe siècle"]. (《霍尔巴赫和18世纪的科学哲学》)

Neubert, F., *Einleitung in eine kritische Ausgabe von Benoît de Maillet's. Ein Beitrag zur Geschichte der französischen Aufklärungsliteratur*, Berlin, 1920.
－"Das Weltsystem des Benoît de Maillet", *Archiv für das Studium der neueren Sprachen und Literatur* CXLI (1921), pp. 79 - 92.
－"'Textkritik' im 18. Jahrhundert. J. B. Mirabauds *Le Monde* (1751)", *Germanisch-romanische Monatschrift* XV (1927), pp. 213 - 232.

Niderst, A., *Fontenelle à la recherche de lui-même* (1657 - 1702), Paris, Nizet, 1972. (《寻找自我的丰特奈尔，1657—1702》)
－"L'*Examen critique des apologistes de la Religion Chrétienne*: les frères Levesque et leur groupe", in *Le matérialisme du XVIIIe siècle*, op. cit., pp. 45 - 66. (《〈对基督教卫道者的批判研究〉：勒维斯克兄弟以及他们的团体》，载《18世纪的唯物主义》)
－"Fontenelle et la littérature clandestine", dans *Filosofia e religione nella letteratura clandestina*, op. cit., pp. 161 - 173. (《丰特奈尔和地下书刊》，载《地下书刊中的哲学和宗教》)
－"Les *Difficultés sur la religion* ou les mystères de la biographie", *Autour de Robert Challe*, op. cit., pp. 271 - 282. (《〈宗教的困难〉或者传记的秘密》，载《罗贝尔·夏尔二三事》)

Niewöhner，F.，"The Parable of the ring and the book *De tribus impostoribus in Guillaume Postel's Letter of* 24 august 1563 to Andreas Masius"，dans M. L. Kuntz，*Postello，Venezia e il suo mondo*，Firenze，Olschki，1978，pp. 305－315.（《从吉约姆·波斯戴尔 1563 年 8 月 24 日写给安德烈·马修斯信中来看指环的寓言和〈论三个骗子〉》）

Veritas sive Varietas. Lessings Toleranzparabol und das Buch Von den drei Betrügern，Heidelberg，Verlag Lambert Schneider，1988.

Nisbet，H. B.，"*De Tribus Impostoribus*. On the Genesis of Lessing's *Nathan der Weise*"，*Euphorion* LXXIII（1979），pp. 365－387.（《〈论三个骗子〉，莱辛的〈智者纳旦〉诞生记》）

－"Spinoza und die Kontroverse *De Tribus Impostoribus*"，in K. Gründer et W. Schmidt-Biggemann，*Spinoza in der Frühzeit seiner religiösen Wirkung*，Heidelberg，Verlag Lambert Schneider，1984，pp. 227－244.

Nowicki，A.，"O Ukrytej obecnosci Vaniniego w *Subiroth Sopim* i w Mesliera"，*Euhemer* X（1966），pp. 23－32.

O'Higgins，J.，*Anthony Collins. The Man and his Works*，The Hague，M. Nijhoff，1970.（《人及其业绩》）

－*Yves de Vallone*：*The Making of an Esprit-Fort*，The Hague-Boston-London，M. Nijhoff，1982.（《不信神者的形成》）

Paganini，G.，"La critica della civiltà nel *Theophrastus redivivus*，I. Natura et cultura"，in *Ricerche su letteratura libertina*，op. cit.，pp. 49－82.

－"Pietro Giannone，Nicola Forlosia et le *Theophrastus redivivus* à Vienne"，*Lias* XII（1985），pp. 263－286.

—"L'anthropologie naturaliste d'un esprit-fort. Thèmes et problèmes pomponaciens dans le *Theophrastus redivivus*", *XVIIe Siècle* 37（1985）, pp. 349－377.（《不信神者的自然主义人类学,〈复活的狄奥弗拉斯特〉中的主题和彭波那齐问题》,载《18 世纪》）

—"Temps et Histoire dans la pensée libertine", *Archives de Philosophie* IL（1986）, pp. 583－602.（《自由思想中的时间与历史》,载《哲学档案》）

—"Empirismo e analisi del linguaggio nella letteratura filosofica clandestina", dans *Ideas y movimientos clandestinos*, op. cit., pp. 71－90.（《地下思想和运动》）

—"Esperienza e linguaggio nei manoscritti filosofici clandestini", *Dimensioni* L（1988－1989）, pp. 63－77.

—"Fontenelle et la critique des oracles entre libertinisme et clandestinité", dans *Fontenelle*, op. cit., pp. 333－349.（《丰特奈尔以及自由思想和地下书刊之间的神谕批判》）

—"Sulla circolazione dei manoscritti filosofici clandestini. Alcune riflessioni a partire dall'edizione del *Theophrastus redivivus*", dans *Pubblicare il Settecento*, op. cit., pp. 12－17.

—"Scepsi clandestina: i *Doutes des Pyrrhoniens*", dans *Filosofia e religione nella letteratura clandestina*, op. cit., pp. 83－122.

—"*Felicità, passioni, interessi. L'eredità del libertinismo nella seconda metà del Seicento*", *Siculorum Gymnasium. Rassegna della Facoltà di Lettere e Filosofia dell'Università di Catania* XLV（*1992*）, pp. 545－576.

Pagnoni Sturlese, M. R., "Postille autografe di John Toland allo *Spaccio del Bruno*", *Giornale critico della Filosofia Italiana* LXV（1986）, pp. 27－41.

—*Bibliografia, censimento e storia delle antiche stampe di Giordano*

Bruno, Firenze, Olschki, 1987.

Paul, J. -M., "Reimarus et le curé Meslier, évolution et révolution", dans J. Moes et J. -M. Valentin, *De Lessing à Heine. Un siècle de relations littéraires et intellectuelles entre la France et l'Allemagne*, Paris-Metz, Didier, 1985, pp. 73 - 91. (《赖玛勒和梅叶神甫,演变与革命》,载莫埃和瓦朗丁:《从莱辛到海思,法国和德国之间一个世纪的文学和思想关系》)

Pastine, D., "Note al *Theophrastus redivivus*", *Archivio di Filosofia* LI (1983), pp. 435 - 443. (《〈复活的狄奥弗拉斯特〉笔记》,载《哲学档案》)

-"Le Origini del poligenismo e Isaac Lapeyrère", dans *Miscellanea Seicento* I, Firenze, 1971, pp. 7 - 234.

Patrick Lee, J., "The textual history of Voltaire's *Sermon des cinquante*", *Actes du VIIIe Congrès international des Lumières*, *op. cit.*, pp. 1080 - 1083. (《从伏尔泰的〈五十人布道辞〉看文本历史》,载《第八届启蒙国际大会论文集》)

Perin, N., "Quelques aspects de la vie religieuse dans les campagnes ardennaises au temps de Meslier", dans *Le curé Meslier*, *op. cit.*, pp. 41 - 78. (《关于梅叶时代阿登乡下宗教生活的几个方面》)

Perrino, A., "Giulio Cesare Vanini nel *Theophrastus redivivus*", *Bollettino di storia della filosofia dell'Università degli studi di Lecce* X (1990 - 1992), pp. 199 - 212.

Pia, P., *Les Livres de l'Enfer. Bibliographie critique des ouvrages érotiques dans leurs différentes éditions du XVIe siècle à nos jours*, Paris, 1978. (《地狱的书,从 16 世纪至今情色作品各种版本的批判书目》)

Podach, E. F., "De la diffusion du *Christianismi restitutio* de Michel Servet (1553) au XVIe siècle. Ms. 14 de la Bibliothèque du Protestantisme à Paris", *Bulletin de la Société de l'Histoire du Protestantisme français* IC (1952), pp. 251 – 264. (《16 世纪米歇尔·塞尔维(1553)〈基督教复兴〉的传播》,载《法国耶稣教历史学会学报》)
  – "Die Geschichte der *Christianismi restitutio* im Lichte ihrer Abschriften", dans B. Becker éd., *Autour de Michel Servet et de Sebastien Castellion*, Haarlem, H. D. Tjeenk Willink & Zoon, 1953, pp. 47 – 61.

Pomeau, R., *La Religion de Voltaire* (nouvelle édition revue et mise à jour) Paris, Nizet, 1969 [pp. 163 – 189, *L'Examen de la Bible*]. (《伏尔泰的宗教》)

Popkin, R. H., "Spinoza and the conversion of the Jews", in C. de Deugd, *Spinoza's Political and Theological Thought*, Amsterdam-Oxford-New York, North Holland P. C., 1984, pp. 171 – 183. (《斯宾诺莎与犹太人的转变》,载德依格的《斯宾诺莎的政治和神学思想》)
  – "Un autre Spinoza", *Archives de Philosophie* XLVIII (1985), 37 – 57. ("另一个斯宾诺莎",载《哲学档案》)
  – "Some new ligth on the Roots of Spinoza's Science of Bible Study", M. Grene and D. Nails éd., *Spinoza and the Sciences*, Dordrecht-Boston-Lancaster, D. Reidel P. C., 1986, pp. 171 – 188. (《关于斯宾诺莎的〈圣经〉研究科学根源的一些新的认识》,载《斯宾诺莎与科学》)
  – "Could Spinoza have known Bodin's *Colloquium Heptaplomeres*?",

Philosophia XVI（1986），pp. 307－314.（《斯宾诺莎知道博丹的〈七学者会议〉吗?》,载《16 世纪哲学》)

－*Isaac La Peyrère*（*1596－1676*），Leiden-New York-Copenhague-Cologne，E. J. Brill，1987.（《伊萨克·拉佩莱尔(1596—1676)》）

－"The Dispersion of Bodin's *Dialogues* in England，Holland and Germany"，*Journal of the History of Ideas* XLIX（1988），pp. 157－160.（《博丹的对话在英国、荷兰和德国的传播》,载《思想史杂志》)

－"Spinoza's earliest philosophical years，1655－1661"，*Studia Spinozana* IV（1988），pp. 37－55.（《斯宾诺莎早年的哲学岁月,1655—1661 年》,载《斯宾诺莎研究》)

－"Spinoza and *Les Trois imposteurs*"，dans E. M. Curley -P. -F. Moreau éd.，*Spinoza. Issues and directions*，Leiden，E. J. Brill，1990，pp. 347－358[repris dans R. H. Popkin，*The Third Force in Seventeenth-Century Thought*，Leiden，E. J. Brill，1992，pp. 135－148].（《斯宾诺莎与〈论三个骗子〉》,载《斯宾诺莎,问题与方向》)

－"Some unresolved questions in the History of Scepticism. The Role of Jewish Anti-Christian Arguments in the Rise of Scepticism with Regard to Religion"，*The Third Force in Seventeenth-Century Thought*，*op. cit.*，pp. 222－235].（《怀疑论历史中几个未解决的问题,犹太基督教在宗教信仰的怀疑论兴起中所起的作用》)

－"Image of the Jew in Clandestine Literature circa 1700"，dans *Filosofia e religione nella letteratura clandestina*，*op. cit.*，pp. 13－34.（《1700 年流传的地下文学中犹太人的形象》,载《地下文学中的哲学与宗教》)

Porchnev，B. F.，*Jean Meslier et les sources populaires de ses idées*，Moscou，Editions de l'Académie des Sciences de l'U. R. S. S.，1975（édition bilingue；texte français，pp. 38－72）.（《让·梅叶与思想的民

众源泉》)

Porset, C., "Voltaire et Meslier: état de la question", in *Le Matérialisme du XVIIIe siècle*, *op. cit.*, pp. 193 – 201. (《伏尔泰与梅叶：问题的现状》,载《18 世纪的唯物主义》)

Pott, M., "Radikale Aufklärung und Freidenker. Materialismus und Religionskritik in der deutschen Frühaufklärung", *Deutsche Zeitschrift für Philosophie* XXXVIII (1990), 639 – 650.

Prandi, A., *Cristianesimo offeso e difeso. Deismo e apologetica cristiana nel secondo Settecento*, Bologna, Il Mulino, 1975.

Presser, J., *Das Buch "De tribus Impostoribus" (Von den drei Betrügern)*, Amsterdam, 1926.

Proust, J., "Meslier prophète", dans *Etudes sur le curé Meslier*, *op. cit.*, pp. 107 – 120. (《预言者梅叶》,载《梅叶本堂神甫研究》)

Quantin, J.-L., "La constitution d'un recueil de textes clandestins", *Dix-huitième Siècle* XXVI (1994), pp. 349 – 364. (《一份地下文集的组成》,载《18 世纪》)

Quennehen, E., "A propos des *Préadamites*: Deux manuscrits des Archives Nationales", *La Lettre clandestine* III (1994), pp. 17 – 20. (《关于〈亚当之前的人〉：国家档案馆的两份手稿》,载《地下书信》)

Raimondi, F. P., "Vanini e il *De tribus impostoribus*", *Ethos e cultura*.

Studi in onore di E. Riondato, Padova, Antenore, 1991, pp. 265 – 290.

Renault, F., "Le *Militaire Philosophe* et le Père Malebranche", *Revue d'Histoire Littéraire de la France* 79 (1979), pp. 1019 – 1024. (《〈军人哲学家〉与马勒布朗士神父》,载《法国文学史杂志》)

Rétat, P., *Le Dictionnaire de Bayle et la lutte philosophique au XVIIIe siècle*, Paris, Les Belles Lettres, 1971 [Les cheminements secrets de la pensée: les manuscrits clandestins, pp. 82 – 89; La libre-pensée française: les manuscrits clandestins, pp. 227 – 243]. (《贝尔的字典与18 世纪的哲学斗争》)

–"Meslier et Bayle: un dialogue cartésien et occasionaliste autour de l'athéisme", dans *Le curé Meslier*, *op. cit.*, pp. 497 – 516. (《梅叶与贝尔:围绕无神论的一场笛卡尔和偶因论的对话》,载《梅叶本堂神甫》)

– "Erudition et Philosophie: Mirabaud et l'Antiquité", in *Le Matérialisme du XVIIIe siècle*, *op. cit.*, pp. 91 – 99. (《博学与哲学:米拉波与古代》,载《18 世纪的唯物主义》)

Ricci, S., *La fortuna del pensiero di Giordano Bruno. 1600 – 1750*, Firenze 1990. (《布鲁诺的思想的机遇》)

Ricken, U., "Structures sémantiques et critique sociale dans le *Mémoire des pensées et sentiments de Jean Meslier*", dans *Le curé Meslier*, *op. cit.*, pp. 367 – 383. (《〈让·梅叶思想和感情回忆录〉中的语义结构和社会批判》,载《梅叶本堂神甫》)

Ricuperati, G., *L'esperienza civile e religiosa di Pietro Giannone*, Milano-Napoli, Ricciardi, 1970 [cap. VI, Libertinismo e deismo a Vienna:

Spinoza, Toland e il "Triregno", pp. 395 – 492].

–"Jean Meslier e la sua varia fortuna", *Rivista storica italiana* LXXX-VII (1975), pp. 533 – 556.

–"Il problema della corporeità dell'anima dai libertini ai deisti", in S. Bertelli, *Il libertinismo in Europa*, Milano-Napoli, Ricciardi, 1980, pp. 369 – 415.

Robinet, A., "Difficultés sur les *Difficultés*: réalité ou fiction dans *le Militaire Philosophe*", *Annales de l'Institut de Philosophie de Bruxelles* 69, 1972, pp. 51 – 75. (《关于〈宗教的困难〉的困难:〈军人哲学家〉中的现实与虚构》,载《布鲁塞尔哲学研究所年鉴》)

–"Boulainvilliers auteur du *Militaire Philosophe*", *Revue d'Histoire Littéraire de la France* 73 (1973), pp. 22 – 31. (《〈军人哲学家〉的作者布兰维利埃》,载《法国文学史杂志》)

–"De l'utopie chez Meslier et Deschamps", *Raison présente* XXXVIII (1976), pp. 99 – 108. (《梅叶和戴尚作品中的乌托邦》,载《现时的理性》)

–"Le *Traité de l'infini créé*", dans *Malebranche. Oeuvres complètes*, tome XX, Paris, Vrin, 1978, pp. 321 – 326. (《〈论创造的无限〉》,载《马勒布朗士全集》)

Romeo, C., "Matérialisme et déterminisme dans le *Traité de la liberté de Fontenelle*", in *Le Matérialisme du XVIIIe siècle*, *op. cit.*, pp. 101 – 107. (《丰特奈尔的〈论自由〉中的唯物主义与决定论》,载《18 世纪的唯物主义》)

Ronchetti, E., "Spinoza in Francia: dall'anatema religioso all'esegesi filosofica. Boulainviller e Condillac", dans *La Storia della filosofia come sapere critico*. Studi offerti à M. Dal Pra, Milano, F. Angeli, 1984, pp. 375 – 386.

Rothschild, H. D., *Benoît de Maillet-Eighteenth Century Naturalist* (*A Study of Telliamed*), Dissertation for the Degree of Doctor of Philosophy, Columbia University, 1959, dactylogramme. (《博努阿·德·马耶,18 世纪的自由主义者,〈特里梅德〉研究》)

-"Benoît de Maillet's Letters to the Marquis de Caumont", *Studies on Voltaire* LX (1968), pp. 311 – 338. (《马耶写给高蒙侯爵的信》,载《伏尔泰研究》)

Rousselot, X., *Oeuvres philosophiques de Vanini traduites pour la première fois*, Paris, Delahays, 1856. (《首次翻译的瓦尼尼哲学作品》)

Sabetti, A., "John Toland: il *Pantheisticon*", *Rivista di Storia della Filosofia* XLVIII (1993), pp. 23 – 46. (《约翰·托朗的〈泛神论要义〉》,载《哲学历史杂志》)

Sadrin, P., *Nicolas-Antoine Boulanger* (1722 – 1759) *ou avant nous le déluge*, Oxford, The Voltaire Foundation, 1986. (《尼古拉-安托万·布朗吉(1722—1759)或者我们之前是大洪水》)

Salvestrini, V., *Bibliografia di Giordano Bruno* (1582 – 1950), 2a edizione postuma a cura di L. Firpo, Firenze, Sansoni, 1958. (《乔尔达诺·布鲁诺书目》)

Sankey, M., "A new manuscript of Cyrano de Bergerac's *L'Autre Monde*", *Australian Journal of French Studies* XXVII (1990), pp. 214 –

230.(《西拉诺·贝日拉克的〈另一个世界〉的一份新的手稿》,载《澳大利亚法国研究杂志》)

-"Public, publicité, publication. Cyrano de Bergerac et ses lecteurs: le manuscrit clandestin au XVIIe siècle", dans *Ordre et contestation au temps des classiques*, Paris-Seattle-Tübingen, 1992, tome II, pp. 187 - 195.(《公众、广告、出版物,西拉诺·贝日拉克及其读者:18 世纪的手稿》,载《古典时代的秩序和异议》)

Sarney, B., "Meslier écrivain", dans *Le curé Meslier*, *op. cit.*, pp. 399 - 414.(《作家梅叶》,载《梅叶本堂神甫》)

Schröder, W., *Spinoza in der deutschen Frühaufklärung*, Würzburg, Königshausen-Neumann, 1987.

-"Das *Symbolum sapientiae* und der *Tractatus theologico-politicus*", *Studia Spinoziana* VII (1991), pp. 227 - 239.

- " Spinoza im Untergrund. Zur Rezeption seines Werks in der 'littérature clandestine'", dans *Spinoza in der europäischen Geistesgeschichte*, *op. cit.*, pp. 142 - 161.

-"Sur la fortune de l'*Examen de la religion* en Allemagne", *La Lettre clandestine* III (1994), pp. 26 - 28.(《〈宗教研究〉在德国的命运》,载《地下书信》)

Segal, L. A., "Nicolas Lenglet Du Fresnoy: tradition and change in French historiographical thought of the early eighteenth century", *Studies on Voltaire* IIC (1972),(塞加尔,《尼古拉·朗格莱·迪弗莱斯努瓦:法国 18 世纪早期历史学思想的传统与变化》,载《伏尔泰研究》)

-"Lenglet Du Fresnoy: the treason of a cleric in eighteenth-century France", *Studies on Voltaire* CXVI (1973), pp. 251 - 279.(《朗格莱·

迪弗莱斯努瓦:18 世纪法国教士的叛逆》,载《伏尔泰研究》）

Schwarzbach, B. E., "The problem of the Kehl additions to the *Dictionnaire Philosophique*: sources, dating and authenticity", *Studies on Voltaire* 201 (1982), pp. 7 –66 [X. Excursus regarding Voltaire's contact whit the *Analyse* and the *Examen critique*, pp. 46 –49]. (《凯尔对〈哲学词典〉的补充问题:来源、日期和真实性》,载《伏尔泰研究》）

 –"Sur l'attribution de deux textes 'clandestins' à Jean Levesque de Burigny", *Revue d'Histoire littéraire de la France* 85 (1985), pp. 54 –59. (《关于两篇据说是让·勒夫莱斯克·德·布里尼所做的"地下"文本》,载《法国文学史杂志》）

 –"Les adversaires de la Bible", dans Y. Belaval et Dominique Bourel, *Le Siècle des Lumières et la Bible*, Paris, Beauchesne, 1986, pp. 139 –166. (《〈圣经〉的对头》,载《启蒙世纪与〈圣经〉》）

 –"Une légende en quête d'un manuscrit: Le *Commentaire sur la Bible* de Mme Du Châtelet", dans *De bonne main. La communication manuscrite au XVIIIe siècle*, op. cit., pp. 97 –116. (《追求手稿的传说:夏特莱夫人的〈圣经评论〉》,载《可靠来源:18 世纪的手稿交流》）

 – et Fairbairn, W., "The *Examen de la religion*: a bibliographical note", *Studies on Voltaire* CCXLIX (1987), pp. 91 –156. (《〈宗教研究〉参考书目笔记》,载《伏尔泰研究》）

 –"Sur les rapports entre les éditions du *Traité des trois imposteurs* et la tradition manuscrite de cet ouvrage", *Nouvelles de la République des Lettres* VII (1987), pp. 111 –136. (《〈论三个骗子〉的版本和这一作品的手稿传统之间的关系》,载《文学领域新作》）

Secret, F., *Bibliographie des manuscrits de Guillaume Postel*, Genève, Droz, 1970. (《吉约姆·波斯戴尔手稿书目》）

Sheridan, G., "Censorship and the booktrade in France in the early eighteenth century: Lenglet Dufresnoy's *Méthode pour étudier l'histoire*", *Studies on Voltaire* CCXLI (1986), pp. 95 - 107. (《18 世纪早期法国的图书审查和买卖:朗格莱·迪弗莱斯努瓦的〈出版历史的方法〉》,载《伏尔泰研究》)

— *Nicolas Lenglet Dufresnoy and the literary underworld of the ancien régime*, Oxford, The Voltaire Foundation, 1989 [chapitre 4, Lenglet and libertinage: 1729 - 1739, pp. 97 - 168]. (《朗格莱·弗莱斯努瓦与旧制度时期的地下文学世界[第四章:朗格莱与情色文学]》)

Simon, R., *Henry de Boulainviller. Historien, Politique, Philosophe, Astrologue* (1658 - 1722), Paris, Boivin, s. d. [1941]; Garches, Editions du Nouvel Humanisme, 1947. (《亨利·德·布兰维利耶,历史学家、政治家、哲学家、天文学家(1658—1722)》)

— *A la recherche d'un homme et d'un auteur. Essai de bibliographie des ouvrages du comte de Boulainviller*, Paris, Boivin & Cie, s. d. [1941]. (《追寻一个人和一个作者,布兰维利耶伯爵作品书目研究》)

— *Un révolté du Grand Siècle*, *Henry de Boulainviller. Avec un portrait, un autographe, un horoscope et quatre traités inédits*, Garches, Editions du Nouvel Humanisme, 1948. (《伟大世纪的反叛者布兰维利耶》)

— "Raison, Imagination, entendement", *Dix-septième Siècle* 1956, pp. 391 - 396. (《理性,想象,知性》,载《17 世纪》)

— *Nicolas Fréret*, *Académicien*, Oxford, The Voltaire Foundation, 1961. (《院士尼古拉·弗雷莱》)

Skrzypek, M., "La fortune de Jean Meslier en U. R. S. S.", *Dix-huitième siècle* III (1971), pp. 117 - 143. (《让·梅叶在苏联的命运》,载《18 世纪》)

—"L'athéisme de Meslier et l'athéisme marxiste", dans *Le curé Meslier*, *op. cit.*, pp. 517 – 537. (《梅叶的无神论和马克思主义的无神论》，载《梅叶本堂神甫》)

—"La diffusion clandestine du matérialisme français dans les Lumières polonaises", dans *Le Matérialisme du XVIIIe siècle*, *op. cit.*, pp. 263 – 271. (《波兰启蒙世纪法国唯物主义的地下传播》，载《18 世纪的唯物主义》)

—"La *Métaphysique de Condillac* et les problèmes de l'hsitoire des religions", dans *Filosofia e religione nella letteratura clandestina*, *op. cit.*, pp. 267 – 287. (《〈龚迪亚克的形而上学〉和宗教历史的问题》，载《地下书刊中的哲学和宗教》)

Smith, D. W., "Helvetius, Rousseau, Franklin and two new manuscripts of Fréret's *Lettre de Thrasybule à Leucippe*", dans *Enlightenment Essays in memory of R. Shackleton*, Oxford, The Voltaire Foundation, 1988, pp. 277 – 282. (施密特，《爱尔维修、卢梭、富兰克林以及弗雷莱的〈特拉西布尔写给乐西普的信〉的两份新手稿》，载《为纪念夏克雷顿而出版的关于启蒙的文集》)

Soboul, A. (éd.), *Etudes sur le curé Meslier*, Paris, Société des Etudes robespierristes, 1966. (《梅叶本堂神甫研究》)

—"Le critique social devant son temps", dans *Jean Meslier*, *Oeuvres complètes*, *op. cit.*, tome I, pp. ci – cxlvi. (《对时代的社会批判》，载《让·梅叶全集》)

—"Lumières, critique social et utopie pendant le XVIIIe siècle", dans J. Droz (éd.), *Histoire Générale du Socialisme*, tome I, Paris, P. U. F., 1972, pp. 103 – 194 (Jean Meslier, pp. 103 – 123). (《启蒙、社会批判和 18 世纪的乌托邦》，载《社会主义通史》)

Souviron, M., "Diderot dans l'allée des Marronniers. Etre matérialiste en 1747", *Dix-huitième Siècle* XX (1988), pp. 353‑366.（"栗树小道上的狄德罗,1747 年的唯物主义者"）

Spini, G., *Ricerca dei libertini. La teoria dell'impostura delle religioni nel Seicento italiano*, Roma 1950〔nouva edizione riveduta e ampliata, Firenze, La Nuova Italia, 1983〕.

Spink, J. S., "La diffusion des idées matérialistes et antireligieuses au début du XVIIIe siècle: le *Theophrastus redivivus*", *Revue d'Histoire littéraire de la France* XLIV (1937), pp. 248‑255.（《18 世纪初唯物主义和反宗教的思想传播:〈复活的狄奥弗拉斯特〉》,载《法国文学史杂志》）

- "A 'prêtre philosophe' in the 18th Century, Jacques-Joseph Le Blanc", *The Modern Language Review* XXXVII (1942), pp. 200‑202.（《18 世纪的"哲学家教士"雅克-约瑟夫·勒布朗》,载《现代语言杂志》）

- "Libertinage et spinozisme: la théorie de l'âme ignée", *French Studies* 1 (1947), pp. 218‑231.（《自由思想和斯宾诺莎主义:火成灵魂理论》,载《法国研究》）

- *French Free-Thought from Gassendi to Voltaire*, London, Athlone P., 1960〔réimp. New York 1969; tr. fr. Paris, Editions Sociales, 1966〕.（《从伽森狄到伏尔泰的法国自由思想》）

- "Un Abbé philosophe à la Bastille (1751‑53): G.-A. de Méhégan et son *Zoroastre*", dans W. H. Barber, *The Age of the Enlightenment*, Studies presented to Th. Besterman, Edinburgh-London, 1967, pp. 252‑274.（《巴士底狱的一个哲学家神甫(1751—1753):梅赫冈及其〈扎拉图斯拉〉》,载《启蒙时代》）

—"'Pyrrhonien' et 'Sceptique' synonymes de 'Matérialiste' dans la littérature clandestine", Le matérialisme du XVIIIe siècle, op. cit., pp. 143 – 148. (《地下书刊中与"唯物主义"同义的"皮浪信徒"和"怀疑论者"》,载《18 世纪》)

Stancati, C., "La Dissertation sur la formation du monde et les origines du matérialisme: matière et mouvement", dans Le matérialisme du XVIIIe siècle, op. cit., pp. 109 – 113. (《〈论世界的形成〉以及唯物主义的起源:物质与运动》,载《18 世纪的唯物主义》)

Stiehler, G., Beiträge zur Geschichte des vormarxistischen Materialismus, Berlin, Dietz V., 1961 [pp. 9 – 27, G. Bartsch, "Das Buch von den drei Betrügern" (reproduction de l'introduction à l'édition De tribus Impostoribus, Berlin, Akademie V., 1960); pp. 28 – 43, W. Heise, "Mathias Knutzen"; pp. 139 – 163, G. Stiehler, "Friedrich Wilhelm Stosch"; pp. 164 – 212, G. Stiehler, "Theodor Ludwig Lau"].
— Materialisten der Leibniz-Zeit (Friedrich Wilhem Stosch, Theodor Ludwig Lau, Gabriel Wagner, Urban Gottfried Bucher). Ausgewählte Texte, Berlin, DVW, 1966.

Thomson, A., "Meslier et La Mettrie", dans Le curé Meslier, op. cit., pp. 467 – 484. (《梅叶与拉梅特里》,载《梅叶本堂神甫》)
—"Qu'est-ce qu'un manuscrit clandestin?", in Le Matérialisme du XVIIIe siècle, op. cit., pp. 13 – 16. (《何为地下手稿》,载《18 世纪的唯物主义》)
—"La Mettrie et la littérature clandestine", ibid., pp. 235 – 244. (《拉梅特里与地下书刊》)
— et Weil, F., "Manuscrits et éditions de l'Examen de la Religion",

ibid., pp. 177 – 185. (《〈宗教研究〉的手稿与出版版本》)

－"La littérature clandestine et la circulation des idées antireligieuses dans la première moitié du XVIIIe siècle", *L'Encyclopédie*, *Diderot*, *l'esthétique*. Mélanges en hommage à Jacques Chouillet 1915 – 1990, Paris, P. U. F., 1991, pp. 297 – 304. (《18 世纪前半叶的地下书刊与反宗教思想的流行》,载《百科全书·狄德罗·美学》)

－"L'*Examen de la religion*", dans *Filosofia e religione nella letteratura clandestina*, *op. cit.*, pp. 355 – 372. (《宗教研究》,载《地下书刊中的哲学与宗教》)

Torrey, N. L., "Boulainvilliers, the Man and the Mask", *Studies on Voltaire* I (1955), pp. 159 – 173. (《布兰维利耶,人与面具》,载《伏尔泰研究》)

Totaro, G., "Da Antonio Magliabechi a Philip von Stosch: Varia fortuna del *De tribus impostoribus* e de *L'Esprit de Spinosa* a Firenze", dans E. Canone éd., *Bibliothecae Selectae da Cusano a Leopardi*, Firenze, L. Olschki, 1993, pp. 377 – 417.

Trapnell, W. H., "Foi et superstition chez Robert Challe", *Autour de Robert Challe*, *op. cit.*, pp. 283 – 292. (《罗贝尔·夏尔的信仰和迷信》,载《罗贝尔·夏尔二三事》)

－ *Thomas Woolston*, *Madman and Deist*?, Bristol, Thoemmes P., 1994. (《托马斯·沃尔斯顿,疯子和自然神论者?》)

Trousson, R., *Histoire de la libre pensée*, *des origines à 1789*, Bruxelles, Editions du Centre d'Action Laïque, 1993. (《自由思想的历史,从开始到 1789 年》)

Vallin, P., "Un témoin de la diffusion des idées philosophiques en France au XVIIIe siècle", *Dix-huitième Siècle* V (1973), pp. 417 – 420. (《18 世纪法国哲学思想传播的一个见证者》,载《18 世纪》)

van Rooden, P. T. et Wesselius, J. W., "The early Enlightenment and Judaism: the 'Civil dispute' between Phillip van Limborch and Isaac Orobio de Castro", *Studia Rosenthaliana* XXI (1987), pp. 140 – 153. (《早期启蒙与犹太教:林柏奇与奥罗比奥之间的"民事纠纷"》)

Varloot, J., "Sur les manuscrits de Meslier", *Le Matérialisme du XVIIIe siècle*, *op. cit.*, pp. 187 – 191. (《关于梅叶的手稿》,载《18 世纪的唯物主义》)

Vartaniam, A., *Diderot and Descartes. A Study of scientific naturalism in the Enlightenment*, Princeton, P. U. P., 1953. (《狄德罗和笛卡尔,启蒙时代科学自然主义研究》)
—"Quelques réflexions sur le concept d'âme dans la littérature clandestine", *Le Matérialisme du XVIIIe siècle*, *op. cit.*, pp. 149 – 165. ("对地下书刊中灵魂的概念的一些思考",载《18 世纪的唯物主义》)

Venturi, F., *Saggi sull'Europa illuminista. I. Alberto Radicati di Passerano*, Torino, G. Einaudi, 1954.
— et alii, *Dal Muratori al Cesarotti. Tomo V. Politici ed economisti del primo Settecento*, Milano-Napoli, Ricciardi, 1978, nota introduttiva, pp. 3 – 29.

Venturino, D., *Le ragioni della tradizione. Nobiltà e mondo moderno nel pensiero di Henri de Boulainvilliers*, Torino, Le Lettere, 1993.

－"Un prophète 'philosophe'? Une vie de Mahomed à l'aube des Lumières", *Dix-huitième Siècle* XXIV（1992），pp. 321 – 331.（《"哲学家"预言者？启蒙前夜的穆罕默德生平》,载《18 世纪》）

Vercruysse，J.，*Bibliographie descriptive des écrits du baron d'Holbach*，Paris，1971.（《霍尔巴赫男爵文章说明书目》）

－"Bibliographie descriptive des éditions du *Traité des trois imposteurs*"，*Tijdschrift van de Vrije Universiteit Brussel* XVII（1974 – 1975），pp. 65 – 70.（"《论三个骗子》版本的说明书目"）

－"Un écrivain obscur des Pays-Bas au XVIIIe siècle：J. J. M. Cupis de Camargo et ses *Lettres de Cang-Ti*"，*Beiträge zur französischen Aufklärung und zur spanischen Literatur*（Mélanges W. Krauss），Berlin，1971，pp. 447 – 459.（《18 世纪荷兰一个名不见经传的作家：库毕·德·加马科及其〈康迪书信集〉》）

－"Le *Theophrastus redivivus* au XVIIIe siècle：mythe et réalité"，*Ricerche su letteratura libertina*，*op. cit.*，pp. 297 – 303.（《18 世纪的〈复活的狄奥弗拉斯特〉：神话与现实》,载《自由思想书刊研究》）

－"Du bon usage de la Chine：Les *Lettres de Cang-Ti*，une somme clandestine des Lumières"，dans *Ideas y movimientos clandestinos*，*op. cit.*，pp. 59 – 69.（《如何用好中国：〈康迪书信集〉，启蒙时期的地下书刊总目》,载《地下思想和运动》）

－"Les trois langages du rabbin de Woolston"，dans *Filosofia e religione nella letteratura clandestina*，*op. cit.*，pp. 337 – 353.（《犹太教教士沃尔斯顿的三种语言》）

Verley，E.，"Meslier et les animaux-machines"，dans *Etudes sur le curé Meslier*，*op. cit.*，pp. 71 – 85.（《梅叶与机器动物》,载《梅叶本堂神甫研究》）

Vernière, P., *Spinoza et la pensée française avant la Révolution*, Paris, P. U. F., 1954. (《斯宾诺莎与大革命之前的法国思想》)

Verona, L., *Jean Meslier, prêtre athée, socialiste et révolutionnaire* (1664‑1729), Milano, 1975. (《让·梅叶,无神论神父、社会主义者和革命者(1664—1729)》)

E. Vogel, "Zur Geschichte des ungedrückten Werks: *Colloquium Heptaplomeres s. de abditis rerum sublimium arcanis*, verfasst von dem Franzosem Jean Bodin", *Serapeum. Zeitschrift für Bibliothekwissenschaft, Handschriftenkunde und ältere Litteratur VIII* (1840), pp. 113‑116, 132‑138, 152‑155.

Voronizin, I., *O trex obmanchikax* (*Moisei-Cristos-Magomet*), Moscou, 1930 [pp. 3‑54, Introduction: Istoria ateisticheskoi knigi].

Wade, I. O., "The manuscripts of Jean Meslier's *Testament* and Voltaire's printed *Extrait*", *Modern Philologie* XXX (1932), pp. 391‑398. (《梅叶的〈遗嘱〉手稿及伏尔泰的印刷本〈摘要〉》,载《现代语文学》)
  ‑ *The Clandestine Organisation and Diffusion of philosophic Ideas in France from 1700 to 1750*, Princeton, Princeton U. P., 1938 (réimp. New York, Octagon, 1967). (《法国从 1700 年至 1750 年间的地下组织和哲学思想传播》)
  ‑ *Voltaire and Madame du Châtelet. An Essay on the Intellectual Activity at Cirey*, Princeton, Princeton U. P., 1941 (réimp. New York, Octagon, 1967). (《伏尔泰和夏特莱夫人,城市的知识分子活动研究》)
  ‑"Trois réformateurs de l'âge des Lumières", dans *Le curé Meslier*,

op. cit., pp. 95 – 109.（《启蒙时代的三个改革家》,载《梅叶本堂神甫》）

Waterman. M., " Voltaire and Firmin Abauzit ", *Romanic Review* XXXIII（1942）, pp. 236 – 249.（《伏尔泰与阿波齐》,载《拉丁研究》）

Weber, H., " Meslier et le XVIe siècle ", dans *Etudes sur le curé Meslier*, *op. cit.*, pp. 53 – 69.（《梅叶和 16 世纪》,载《梅叶本堂神甫研究》）

Weil, F., "La diffusion en France avant 1750 d'éditions de textes dits clandestins", *Le Matérialisme du XVIIIe siècle*, *op. cit.*, pp. 207 – 211. (《法国 1750 年前所谓的地下文本传播》,载《18 世纪的唯物主义》）
－" Le rôle politique de la religion d'après les manuscrits philos-ophiques", dans *Nature*, *Droit*, *Justice*, Actes du colloque des Sociétés britannique et française d'étude du XVIIIe siècle（6 – 9 septembre 1990）, Toulouse, P. U. Toulouse-Le Mirail, 1991, pp. 225 – 231.（《从哲学手稿来看宗教的政治作用》,载《自然・权利・司法》）
－"D'Holbach et les manuscrits clandestins: l'exemple de Raby", *Corpus* XXII-XXIII（1992）, p. 77.（《霍尔巴赫和地下手稿:以拉比为例》,载《资料集》）
－"La fonction du manuscrit par rapport à l'imprimé", *De bonne main. La communication manuscrite au XVIIIe siècle*, *op. cit.*, pp. 17 – 27 [résumé dans les *Actes du VIIIe Congrès International des Lumières*, *op. cit.*, pp. 1743 – 1744].（《与印刷品相比,手稿的作用》,载《可靠的来源,18 世纪手稿交流》）
－"Lévesque de Burigny au secours de la religion chrétienne", *La Lettre clandestine* II（1993）, pp. 54 – 59.（《勒弗莱斯克・德・布里尼,基

督教的救星》,载《地下书刊》)

—"Le rôle de Raby dans la rédaction et la diffusion des manuscrits philosophiques (1760 - 1770)", dans *Filosofia e religione nella letteratura clandestina*, *op.*, *cit.*, pp. 411 - 424. (《拉比在哲学手稿的编写和传播中的作用(1760—1770)》,载《地下书刊中的哲学与宗教》)

Wild, R., "Freidenker in Deutschland", *Zeitschrift für historische Forschung* VI (1979), 253 - 285 (version abrégée dans S. Bertelli éd., *Il libertinismo in Europa*, Milano, R. Ricciardi,1981, pp. 81 - 116.)

Wootton, D., "Hume's '*Of Miracles*': Probability and irreligion", in M. A. Stewart éd., *Studies in the Philosophy of the Scottish Enlightenment*, Oxford 1990, pp. 191 - 229 [§ 6. The Clandestine French Sources; § 7. The contrary Miracles Argument, pp. 210 - 214]. (《休谟的"论奇迹":可能性与不信教》,载《启蒙时期的哲学研究》)

Yardeni, M., "L'antisémitisme du curé Meslier", *Revue des études juives* CXXXVII (1978), pp. 47 - 60. (《梅叶本堂神甫的反犹太主义》,载《犹太研究杂志》)

Zaccone Sina, M. G., "Le *Apologie de Spinoza* di Languener", *Nouvelles de la République des Lettres* IV (1984 - II), 117 - 137; V (1985 - I), pp. 111 - 158; V (1985 - II), pp. 213 - 261 [édition de l'*Examen d'une réfutation abrégée du système de Spinoza*, par *M. de Cambrai*, de l'*Examen d'une nouvelle réfutation du système de Spinoza*, par un moine bénédictin et de l'*Apologie de Spinosa sur Dieu et la nature*]. ("朗格奈的《斯宾诺莎的辩护》",载《文学界新作》)

Zanier, G., "Cardano e la critica delle religioni", *Giornale critico della Filosofia italiana* LIV (1975), pp. 89–98. (《加尔达诺对宗教的批判》,载《加尔达诺对意大利哲学的批判》)

Zuber, R., "La répression de l'hérésie autour de Meslier", dans *Le curé Meslier*, *op. cit.*, pp. 79–95. (《围绕梅叶对异教的迫害》,载《梅叶本堂神甫》)

图书在版编目（CIP）数据

  启蒙的另一面：古典时代地下哲学文稿研究／（西）米格尔·贝尼泰兹著；闫肃伟译.—北京：商务印书馆，2016
  ISBN 978－7－100－12458－4

  Ⅰ.①启… Ⅱ.①米… ②闫… Ⅲ.①西方哲学—研究 Ⅳ.①B5

  中国版本图书馆 CIP 数据核字（2016）第 184151 号

启蒙的另一面
古典时代地下哲学文稿研究
〔西〕米格尔·贝尼泰兹 著 闫肃伟 译

商 务 印 书 馆 出 版
（北京王府井大街36号 邮政编码100710）
商 务 印 书 馆 发 行
山东临沂新华印刷物流集团
有 限 责 任 公 司 印 刷
ISBN 978－7－100－12458－4

2017 年 1 月第 1 版   开本 1/16
2017 年 1 月第 1 次印刷   印张 38.75
定价：80.00 元